Daniel Menning
Politik, Ökonomie, Aktienspekulation

Daniel Menning

Politik, Ökonomie, Aktienspekulation

—

‚South Sea Bubble und Co.' 1720

DE GRUYTER
OLDENBOURG

ISBN 978-3-11-077672-0
e-ISBN (PDF) 978-3-11-042149-1
e-ISBN (EPUB) 978-3-11-042155-2

Library of Congress Control Number: 2020933300

Bibliografische Information der Deutschen Nationalbibliothek
Die Deutsche Nationalbibliothek verzeichnet diese Publikation in der Deutschen
Nationalbibliografie; detaillierte bibliografische Angaben sind im Internet
über http://dnb.dnb.de abrufbar.

© 2021 Walter de Gruyter GmbH, Berlin/Boston
Dieser Band ist text- und seitenidentisch mit der 2020 erschienenen gebundenen Ausgabe.
Umschlagabbildung: „Gedenkmedaille an die Hamburger Aktienspekulation 1720". Abgedruckt in: *Hamburgisches Münz- und Medaillen-Vergnügen oder Abbildung und Beschreibung Hamburgischer Münzen und Medaillen, welchem ein Verzeichniß gedruckter Hamburgischer Urkunden, Documente und anderer Briefschaften auch nöthige Register beygefüget worden*. Hamburg 1753, S. 145.
Druck und Bindung: CPI books GmbH, Leck

www.degruyter.com

Vorwort

Es muss Ende der 1980er oder Anfang der 90er Jahre gewesen sein, als ich das Heft *Asterix und Kleopatra* geschenkt bekam. Neben Titel und Abbildung befand sich damals auch folgender Hinweis auf dem Cover: „14 Liter Tusche, 30 Pinsel, 62 weiche Bleistifte, 1 harter Bleistift, 27 Radiergummis, 38 Kilo Papier, 16 Farbbänder, 2 Schreibmaschinen und 67 Liter Bier waren zu seiner Verwirklichung notwendig." Als ich an meiner Promotion saß, kam mir dieser Hinweis hin und wieder in den Sinn, und ich fragte mich, welche Liste von Gegenständen wohl das Entstehen meiner Dissertation ermöglicht haben würde. Beim Abschluss der Überarbeitungen dieses, meines zweiten Buches, das die Philosophische Fakultät der Eberhard Karls Universität Tübingen im Sommersemester 2019 als Habilitationsschrift angenommen hat, musste ich einmal mehr an die Bemerkung auf dem Cover des Comics denken. Doch meine Gedanken nahmen eine andere Wendung. Während sich die materiellen Notwendigkeiten beim Entstehen eines Buches nicht ignorieren lassen, so sind sie doch für den erfolgreichen Abschluss nur von eingeschränkter Bedeutung. Eine viel größere Bedeutung kommt den Menschen zu, die mich auf dem Weg begleiten. Diesen möchte ich von Herzen danken.

Ewald Frie gebührt meine Dankbarkeit für die stete Unterstützung und Förderung, seine kritischen Rückfragen und hilfreichen Hinweise. Einen besseren Chef kann ich mir nicht vorstellen. Renate Dürr hatte ebenfalls stets ein offenes Ohr und unterzog sich schließlich der Mühe, ein Gutachten zu meiner Arbeit abzufassen. Hierfür gilt ihr mein Dank, genauso wie Stefan Brakensiek und Reinhard Johler, die meinen Text ebenfalls kritisch lasen und zusätzliche Gutachten schrieben.

Den Weg zur Geschichte der Börse ebnete Benjamin Ziemann im Rahmen eines Telefonats. Auch wenn dieses Buch nur noch wenig mit seinen damaligen Vorschlägen gemein hat, möchte ich ihm für seine Hinweise dennoch danken. Das gilt auch für Marlene Kessler, Rafael Streib, Monika Wienfort, Sven Oliver Müller und Jens Gründler, die verschiedene Versionen dieses Buches bzw. seiner Kapitel lasen und mir nützliche Hinweise gaben. Auch wenn nicht alle (ehemaligen) Tübinger Kolleginnen und Kollegen meine Begeisterung für die Börsengeschichte teilen, so fand ich doch bei ihnen stets ein offenes Ohr. Dafür möchte ich ihnen hiermit danken.

Profitiert hat das Buch darüber hinaus von meinen zahlreichen Gesprächen sowie dem Austausch von Ideen und Quellenfunden mit Stefano Condorelli. Diskussionen mit weiteren Forschern zum Börsengeschehen 1720 eröffneten zusätzliche Perspektiven. Auf Konferenzen und in Kolloquien in Saarbrücken, Kiel, Göttingen, Frankfurt, Bielefeld, Glasgow, Washington, Tübingen, Kyoto, Uppsala, und Ogden/Utah erhielt ich zahllose weitere Anregungen. Allen Beteiligten danke ich dafür herzlich. Eine Reihe studentischer Hilfskräfte hat mich bei der Arbeit immer wieder unterstützt. Mein Dank gilt insbesondere Julietta Fricke, Leon Zimmermann, Ruben Burkard, Anna Weininger und Jan Ruhkopf.

Meine Eltern Anne und Wolfgang Menning haben auch dieses Buch unterstützt, zumal meine Mutter, die immer neue Fassungen geduldig Korrektur gelesen hat.

Schließlich Benjamin Zychlinski: Dies ist das erste Buch, das er von den frühesten Gedanken bis zur Drucklegung mit durchlebte und dessen Entstehung ihn zuweilen eine Menge Kraft gekostet haben dürfte. Ihm sei es in Dankbarkeit für jeden Tag des Weges gewidmet. „Applaus, Applaus ..."

Stuttgart, 28. November 2019

Inhaltsverzeichnis

Vorwort

Einleitung
Perpetuum mobile, perpetua memoria (1) – Forschungsstand (2) – Ökonomie 1720 (7) – ‚Jealousy of Trade' und Emulation (12) – Methode, Gliederung, Quellen (16)

Ouvertüre
Das Risiko der Weltmeere und Londoner Versicherungsgesellschaften 1717 (19) – Britische Fischerei (27) – Das Système de Law (31) – Ideen für Habsburger Kompagnien (40) – Hannoversche Promotoren (44) – Die York Buildings Company und das Geschäft der Lebensversicherung (46) – Aktienskepsis, neue Anfänge und qualitative Veränderungen: Eine Zwischenbilanz (49)

Winter 1719/20
Parlamentseröffnung in Westminster (52) – Londoner Blicke nach Paris (56) – Britisch Nordamerika und die französische Aktienspekulation (59) – England, Indien und die bourbonische Konkurrenz (66) – Schiffbau für Law in Hamburg und an der Themse (70) – Englische Handwerker für Frankreich (71) – Kolonisten auf der Suche nach Gegenmaßnahmen (74) – Whitehall und das französische Vorbild (76) – Pläne der britischen Regierung und der South Sea Company (77) – Die Gefahr des Monopols (81) – John Law und das britische Empire: Eine Zwischenbilanz (83) – Kapitalflucht aus Paris (85) – Madras, Golkonda und der Diamantenhandel (87) – Beobachtung der Londoner Aktieneuphorie (91) – Afrika neu entdeckt (92) – Patente für Seeversicherungen (97) – Die York Buildings Company und ihre Konkurrenz (99) – Wolle und Seide gegen Calicos (101) – Paris, London und die Aktieneuphorie: Eine Zwischenbilanz (105) – Madrid und der Friede im Süden (108) – Erwerbungen in Florida? (109) – Pariser Schwierigkeiten (111) – Internationales Geld und Spekulanten in London (113) – Niederländische Gedankenspiele (116) – Hessen-Kassels Wirtschaftspläne (119) – Verunsicherung und neue Chancen in Europa: Eine Zwischenbilanz (121)

Frühjahr 1720
Neue Impulse: Europäisches Kapital in London (124) – Geld aus Dublin (130) – Der Wert der South Sea Company (132) – Beginn der Schuldenkonversion in London (134) – Französische Sabotage (137) – Aktienspekulation und Warenhandel in London (138) – Der Beginn der Börseneuphorie in London: Eine Zwischenbilanz (140) – Company Promotion in London (142) – Parlamentarische Ermittlun-

gen (144) – Charters für Londoner Versicherungsgesellschaften (149) – Das (vorläufige) Scheitern der Fischereigesellschaften (150) – Nordamerikanische Kolonien statt Baltikum (152) – Landkäufe und Charterfragen der York Buildings Company (154) – Der ‚Bubble Act' (156) – London im Frühjahr: eine Zwischenbilanz (158) – Diskussionen über eine Lissabonner Handelscompagnie (161) – Aktiengesellschaften für Harburg (163) – Dubliner Aktienbanken (169) – Eine Kolonie in Australien (176) – Die South Sea Company auf gutem Weg (178) – Internationale Kapitalströme und der Londoner Aktienhandel (180) – Paris (182) – Crash und Boom im Frühjahr: Eine Zwischenbilanz (184)

Sommer 1720
Frühsommer in der Exchange Alley (186) – Afrika und London (187) – Lebendfisch aus allen Meeren (190) – Madagaskar und Ostafrika (193) – Die Royal African Company (198) – Sommerhitze und Aktienspekulation (200) – Ende der Parlamentssession in Westminster (203) – Frühsommer in London: Eine Zwischenbilanz (204) – Großbritannien: Kutschen, Grundstückskäufe, Silber und Gold (206) – Umkehrung der Geldströme: Spekulationskapital auf dem Heimweg (208) – Niederländische Versicherungsgesellschaften (214) – Hamburger Assekuranzen (217) – Eine Bank für Braunschweig-Wolfenbüttel (224) – Englische Handwerker in Harburg (227) – Portugiesische Pläne (229) – Habsburger, Asien und der Orient (232) – London und Europa im Sommer: Eine Zwischenbilanz (236) – Schottische Fischerei (238) – Jamaican Mines (240) – Hudson's Bay Company (243) – Handelsstockung auf der Themse? (245) – Kampf den ‚Bubbles' (246) – Verhältnisse der South Sea Company (248) – Karibische Stürme und Londoner Versicherungen (253) – Spitalsfielder Weber in Aufruhr (255) – Indischer Ozean und South Sea (256) – London als Freihafen: Griff nach dem Welthandel? (257) – Kontraktion und Diffusion: Eine Zwischenbilanz (257)

Herbst 1720
Absturz in der Exchange Alley (260) – Europäische Geldflüsse (262) – Krise in London (266) – Gebannte Blicke: Europas Höfe und die Situation in Großbritannien (269) – James III. in Rom und seine englischen Anhänger (272) – König Georg I. in Hannover (274) – London in der Krise: Eine Zwischenbilanz (276) – Promotoren für Hessen-Kassel (278) – Emdens Aktiengesellschaft und die ostfriesische Innenpolitik (279) – Gründungsfieber in den Niederlanden (286) – Hintergedanken in Portugal? (288) – Wolfenbüttel und die Idee einer Aktienbank (291) – Die Harburger Handelskompagnie (294) – Eine Allianz für Irland (297) – Neuer Anlauf in Hamburg (299) – Bleibende Hoffnung und neue Skepsis in Europa: Eine Zwischenbilanz (300) – Geldflüsse in Europa (302) – Die Bank of England (308) – Seeversicherungen in schwerem Wasser (309) – Die York Buildings Company

und der ‚Bubble Act' (312) – Nordwestpassage? (314) – Rebellierende Soldaten für Afrika (315) – Jamaikanische Minen (317) – Madagaskar und die Karibik (318) – London zwischen Hoffen und Bangen (320) – Anpassungsstrategien und Lösungsversuche: Eine Zwischenbilanz (320)

Winter 1720/21
Große Erwartungen an Westminster (323) – Suche nach Problemlösungen (325) – Das Schicksal der South Sea Company (326) – Industry und Frugality (329) – Ein neuer Anlauf der Weber (331) – Parlamentarische Untersuchungen (333) – Londoner Krisenzeiten: Eine Zwischenbilanz (334) – Genuesische Diplomatenwohnung und Londoner Wechsel (336) – *Het groote tafereel der dwaasheid* (337) – Aktienbesitzer in Rotterdam (339) – Kleinterritoriale Verwicklungen: Emden, Aurich und Wien (340) – Portugiesische Gerüchte (342) – Europa und die Wende am Aktienmarkt: Eine Zwischenbilanz (344) – Im Fish-Pool (346) – London und Madagaskar (347) – Nordamerikanische Gefahren? (348) – Robert Knights Flucht (350) – Wut in London (353) – Konflikte, Kontinuitäten und Perspektiven: Eine Zwischenbilanz (355)

Ausklang
Abwicklung der South Sea Bubble (357) – Wirtschaftskrise und Petitionen (359) – Oktober 1721: Parlamentseröffnung in Westminster (361) – South Sea Company (363) – Frischwasser für London, schottische Güter und Lebensversicherungen (364) – Hoffnungen auf Harburg (367) – Kabeljau, Makrelen und Lachs im Fish-Pool (368) – Royal Mines Company (370) – Royal African Company (371) – Hudson's Bay Company (372) – Seeversicherungen und royale Schulden (373) – Umkämpfter Asienhandel (375) – Wien und die Levante (376) – Krise(nbewältigung) in Irland (378) – Eine Bank für Hessen-Kassel (383) – Ausklang: Eine Schlussbilanz (388)

‚South Sea Bubble und Co.' in Perspektive: Ein Fazit
‚Jealousy of trade' (390) – Strukturen der Emulation (394) – Europas politischökonomische Strukturen (400) – Das Konzept der Aktiengesellschaft und die Wirtschaftstheorie (403) – Unternehmensideen (410) – Aktienwissen und Spekulationswellen (418) – An der Schwelle zum industriellen Zeitalter (425)

Anhang
Verzeichnis der Grafiken und Tabellen (427) – Ungedruckte Quellen (428) – Gedruckte Quellen (429) – Onlinematerial (432) – Zeitungen und Zeitschriften (432) – Literatur (433) – Register (450)

Einleitung

Perpetuum mobile, perpetua memoria

Im Frühjahr 1720 rief eine Gruppe Londoner Unternehmer zur Zeichnung für eine neue Aktiengesellschaft auf. Zum Verkauf standen Anteile im Nennwert von £1 Million. Der Zweck des Unternehmens: Die Konstruktion eines Perpetuum Mobile – eines „Wheel of perpetual motion".[1] Die Promotoren der Company waren nicht die einzigen, die in diesem Jahr nach Investoren suchten. Zwischen Dublin und St. Petersburg, Stockholm und Sizilien diskutierten Unternehmer, Anleger und Regierungen Pläne für Aktiengesellschaften mit verschiedensten Geschäftszwecken, in einer ganzen Reihe von Städten entstanden Kompagnien auch tatsächlich. London war das Zentrum der Entwicklung. Gut 190 geplante Companies versuchten dort, Aktien an die Frau und den Mann zu bringen. Auch ältere britische Gesellschaften verkauften neue Anteile, und die South Sea Company bemühte sich mit Zustimmung des britischen Parlaments, zusätzlich noch über £30 Millionen Staatsschulden in Aktien umzuwandeln – etwas, das die französische Compagnie du Mississippi seit dem Sommer 1719 vormachte. Dank reger Spekulation der Anleger vervielfachten sich die Preise so mancher Unternehmensanteile. Allein, die hohen Kurse waren nicht von Dauer. Im ersten Halbjahr 1720 kam es in Paris zum Crash, im September in London, bis zum Oktober/November in den Niederlanden, für andere Orte fehlen präzise Informationen.

Gut vierzig Jahre später machte sich Adam Anderson, ein Sekretär der South Sea Company, daran, eine chronologische Geschichte der Entwicklung des britischen Handels von der frühesten Zeit bis in seine Gegenwart zu schreiben. Er verband mit seinem Werk die Hoffnung, dass es „shall be found to convey very many profitable notices and instructions in commercial points, as well as in other interesting concerns therewith connected."[2] Das Jahr 1720 begann er mit einer Warnung an seine Leser. Es sei

> remarkable beyond any other which can be pitched upon by historians for extraordinary and romantic projects, proposals, and undertakings [...] and which, therefore, ought to be had in perpetual remembrance, not only as being what never had its parallel, nor, it is to be hoped, ever will hereafter; but, likewise, as it may serve for a perpetual memento to the legislators and ministers [...] never to leave it in the power of any, hereafter, to hoodwink mankind into

---

1 Das Projekt wird aufgeführt in: The Political State of Great Britain, Juli 1720, S. 55.
2 Anderson, Adam: An Historical and Chronological Deduction of the Origin of Commerce, from the Earliest Accounts. Bd. I, London 1787, S. VII.

so shameful and baneful an imposition on the credulity of the people, thereby diverted from their lawful industry.[3]

Ewig mahnendes Gedenken stand ohne Zweifel im Widerspruch zur ewigen Bewegung, nach der die die Promotoren des „Wheel of perpetual motion" gestrebt hatten. Doch genau vor solchen Menschen, ihrer Ausnutzung der Leichtgläubigkeit anderer, ihres Betrugs, hoffte Anderson alle zukünftigen Generationen warnen zu können. Nicht umsonst führte er deshalb das Unternehmen unter einer größeren Anzahl von „bubbles" des Jahres 1720 auf – Luftblasen ohne Substanz, die zwangsläufig irgendwann platzen mussten.[4]

Andersons Mahnung richtete sich an eine britische Leserschaft, und tatsächlich sind in der anglo-amerikanischen Welt die seit den 1770er Jahren als ‚South Sea Bubble' bezeichneten Ereignisse auch heute noch präsent, während sie beispielsweise in Deutschland, aufgrund der geringeren Betroffenheit, in Vergessenheit geraten sind. Allerdings hat entgegen Andersons Hoffnung das Wissen um die Geschichte auch in Großbritannien keine weiteren Hyperspekulationen verhindert. Stattdessen gingen und gehen aus dem Scheitern neuer Aktienblasen auch jeweils frische Zyklen der Erinnerung und Erforschung der Vorkommnisse des Jahres 1720 hervor. Immer wieder brachten solche Börsencrashs Historiker, Finanzmarktwissenschaftler und Moralisten[5] in den vergangenen gut zweihundert Jahren dazu, zum besseren Verständnis ihrer aktuellen Geschehnisse auf die Geschichte zu schauen. Die Londoner Ereignisse 1720 sind so zur „benchmark for moments of intense financial speculation" geworden.[6]

Forschungsstand

Die Forschung zu ‚South Sea Bubble und Co.', das heißt den europäischen Aktiengesellschaftsplanungen und -spekulationen 1720, lässt sich grob in fünf Gruppen aufteilen, wobei sich die ersten beiden geographisch weitgehend auf

---

3 Ebd., Bd. III, London 1787, S. 91–92.
4 Ebd., S. 111.
5 Aus Gründen der Lesbarkeit ist im Folgenden mit der männlichen Form grundsätzlich die weibliche eingeschlossen.
6 Zur britischen Erinnerung vgl. Hoppit, Julian: The Myths of the South Sea Bubble. In: Transactions of the RHS 12 (2002), S. 165.

Großbritannien und Frankreich konzentrieren sowie, deutlich schwächer, die Niederlande einbeziehen.[7]

An erster Stelle stehen Untersuchungen, die nach der Rationalität oder Irrationalität der Spekulanten bzw. der Börse fragen. Sicher die älteste Fragestellung, lassen sich hierunter viele populäre Darstellungen, aber auch Untersuchungen von Finanzmarkthistorikern zusammenfassen. Zumeist konzentrieren sich Forscher dabei auf die Big Player Compagnie du Mississippi und South Sea Company, mit viel geringerer Intensität hat auch die Spekulation mit Aktien der Bank of England, der East India, Royal African und Hudson's Bay Companies Beachtung gefunden. Quantitative, auf Zahlenmaterial und Berechnungen fußende, und qualitative, auf Berichten der Zeitgenossen beruhende Untersuchungsmethoden haben allerdings unterschiedliche Ergebnisse zutage gefördert.[8] Problematisch erscheint an dieser Forschung zudem, dass die tragenden Narrative zeitlos sind

---

[7] Hier in Anlehnung, aber auch Abwandlung des Forschungsüberblicks von Yamamoto, Koji: Beyond Rational vs. Irrational Bubbles. James Brydges the First Duke of Chandos During the South Sea Bubble. In: Nigro, Giampiero (Hrsg.): The Financial Crises. Their Management, Their Social Implications and Their Consequences in Pre-Industrial Times. Florenz 2016, S. 330–332. Gewissermaßen einen Querschnitt durch Yamamotos Gruppen bietet der Sammelband von Goetzmann, William N./u.a. (Hrsg.): The Great Mirror of Folly. Finance, Culture, and the Crash of 1720. New Haven/CT 2013.

[8] Die Anhänger der irrationalen Interpretation begründen ihre Ansicht unterschiedlich – teils finanzmathematisch, teils eher moralisch. Vgl. Carswell, John: The South Sea Bubble. Dover/NH 1993; Menschel, Robert: Markets, Mobs & Mayhem. A Modern Look at the Madness of Crowds. Hoboken 2002, S. 18–24; Chancellor, Edward: Devil Take the Hindmost. A History of Financial Speculation. London 1999, S. 58–95; Dale, Richard: The First Crash. Lessons from the South Sea Bubble. Princeton 2004; ders./Johnson, Johnnie E.V./Tang, Leilei: Financial Markets Can Go Mad. Evidence of Irrational Behaviour During the South Sea Bubble. In: Economic History Review 58 (2005), S. 233–271; Hu, Yang/Oxley, Les: Exuberance in Historical Stock Prices During the Mississippi and South Sea Bubble Episodes. Working Paper 2017; dies.: Do 18th Century „Bubbles" Survive the Scrutiny of 21st Century Time Series Econometrics? Working Paper 2017. Auch bei den Rationalisten lassen sich unterschiedliche Grundlagen für ihre Aussagen ausmachen. Vgl. u.a. Murphy, Antoin E.: John Law. Ökonom und Visionär. Düsseldorf 1997; Shea, Gary S.: Financial Market Analysis Can Go Mad (in the Search for Irrational Behaviour During the South Sea Bubble). In: Economic History Review 60 (2007), S. 742–765; ders.: Understandig Financial Derivatives During the South Sea Bubble. The Case of the South Sea Subscription Shares. In: Oxford Economic Papers 59 (2007), S. 73–104; Garber, Peter: Famous First Bubbles. The Fundamentals of Early Manias. Cambridge/MA 2000; Neal, Larry: The Rise of Financial Capitalism. International Capital Markets in the Age of Reason. Cambridge 1990; Paul, Helen J.: The South Sea Bubble. An Economic History of Its Origins and Consequences. London 2011. Letztlich gehört in diese Kategorie auch der Innovations- und Klientelansatz von Frehen, Rik G.P./Goetzmann, William N./Rouwenhorst, K. Geert: New Evidence on the First Financial Bubble. In: Journal of Financial Economics 108 (2013), S. 585–607.

und a-historische Wahrheiten über die (Ir-)Rationalität von Aktienmärkten bzw. die Verführbarkeit und gierige Natur des Menschen propagieren. Weder wird die Frage gestellt, wie Märkte selbst rational sein können, noch berücksichtigen diese Forscher sich wandelnde Vorstellungen von Rationalität,[9] sondern der im Nachhinein vorhandene Spekulationsgewinn oder -verlust bzw. das ‚Normalverhalten' der Börse bilden den Maßstab.[10] Damit wird Rationalität aber zu einem Beschreibungsbegriff, dem, trotz aller wertvollen Erkenntnisse der Studien im Einzelnen, analytische Qualität fehlt, um Geschichte in ihrer historischen Spezifik verstehen zu können.

Diese Schwierigkeiten und die Dichotomie hat eine zweite Gruppe von Untersuchungen zu überwinden versucht. In Fallstudien wird das Verhalten einzelner Akteure beleuchtet. Erforscht werden religiöse, politische und soziale Einflüsse auf Entscheidungen beim Börsenhandel, auch der Genderaspekt spielt eine Rolle. Darüber hinaus ist das sich säkular wandelnde Verständnis der Wertpapierspekulation in der Politischen Ökonomie und öffentlichen Debatte zum Gegenstand von Analysen geworden. Aktienhandel erweist sich in all diesen Arbeiten als sich historisch wandelndes Phänomen. Doch so spannend die Ergebnisse für den Einzelfall oder die kleinere Personengruppe sind, umfassende neue Deutungen für die Ereignisse 1720 sind erst in Umrissen absehbar.[11]

---

[9] Vgl. dazu die pointierte Kritik bei Deringer, William: For What It's Worth. Historical Financial Bubbles and the Boundaries of Economic Rationality. In: ISIS 106 (2015), S. 646–650. Als historisch gewordenes Phänomen zeigt Rationalität Vietta, Silvio: Rationalität – Eine Weltgeschichte. Europäische Kulturgeschichte und Globalisierung. München 2012.

[10] Vgl. dazu auch die kritische Anmerkung bei Murphy, Anne L.: The Origins of English Financial Markets. Investment and Speculation before the South Sea Bubble. Cambridge 2009, S. 6. Versuche zur Erklärung des Phänomens bei Hueber, Anton: Was haben die „Grande Peur" und das Spekulationsfieber der „South Sea Bubble" gemeinsam? In: Innsbrucker Historische Studien 14/15 (1994), S. 94–96.

[11] Kleer, Richard: „The Folly of Particulars". The Political Economy of the South Sea Bubble. In: Financial History Review 19 (2012), S. 175–197; ders.: Riding a Wave. The Company's Role in the South Sea Bubble. In: Economic History Review 68 (2015), S. 264–285; Yamamoto, Beyond; Laurence, Anne: Lady Betty Hastings, Her Half-sisters, and the South Sea Bubble. Family Fortunes and Strategies. In: Women's History Review 15 (2006), S. 533–540; dies., Women Investors. „That Nasty South Sea Affair" and the Rage to Speculate in Early Eighteenth-Century England. In: Accounting, Business & Financial History 16 (2006), S. 245–264; Temin, Peter/Voth, Hans-Joachim: Riding the South Sea Bubble. In: American Economic Review 94 (2004), S. 1654–1668; Odlyzko, Andrew: Newton's Financial Misadventures in the South Sea Bubble. Working Paper 2018; Neal, Larry: „I Am Not Master of Events". The Speculations of John Law and Lord Londonderry in the Mississippi and South Sea Bubbles. New Haven/CT 2012; Froide, Amy: Silent Partners. Women as Public Investors During Britain's Financial Revolution, 1690–1750. Oxford

Eine dritte Gruppe von Untersuchungen erforscht die Wahrnehmung der Ereignisse und Partizipation an der Spekulation von außerhalb der Kernländer Frankreich, Großbritannien und der Niederlande – ein wichtiges Nebenphänomen, das die beiden vorherigen Erklärungsstränge bislang aber eher um eine europäische Dimension ergänzt und die den Kontinent umfassende Dynamik aufzeigt. Besonders interessant sind in diesem Zusammenhang jedoch die Überlegungen Eve Rosenhafts zur Beobachtung und Kommentierung des Aktienhandels in Mitteleuropa auf Basis von Pamphleten und Zeitungen.[12]

Konzentrieren sich die bisher angeführten Forschungen weitgehend auf das Phänomen der Spekulation und zugleich wenige große Unternehmen, so rücken mit dem vierten Strang die Aktiengesellschaftsgründungen abseits der Kernregionen bzw. die kleinen Londoner und niederländischen Gesellschaften in den Blick. Viele ältere Untersuchungen zu ersteren gehen aus landeshistorischem Interesse hervor und stellen in der Regel keinen Zusammenhang mit den Ereignissen an den anderen Orten her, der über die Behauptung einer allgemeinen Spekulationsneigung hinausginge.[13] Demgegenüber hat eine ökonometrische Untersuchung der Londoner „Bubble Companies" diese Unternehmen vor allem als Ausdruck dreier Innovationsschübe interpretiert. Während die quantitative

---

2017. Außerdem eine Reihe Aufsätze in Condorelli, Stefano/Menning, Daniel (Hrsg.): Boom, Bust, and Beyond. New Perspectives on the 1720 Stock Market Bubble. München 2019, S. 201–332.
12 Rosenhaft, Eve: „All That Glitters Is Not Gold, But ...". German Responses to the Financial Bubbles of 1720. In: Lindemann, Mary/Poley, Jared (Hrsg.): Money in the German-speaking Lands. New York 2017, S. 74–95; Walsh, Patrick: The South Sea Bubble and Ireland. Money, Banking and Investment, 1690–1721. Woodbridge 2014. Außerdem: Ders.: The Bubble on the Periphery: Scotland and the South Sea Bubble. In: Scottish Historical Review 91 (2012), S. 106–124; Für die Stadt Genf: Sayous, André-E.: L'affaire de Law et les Genevois. In: Revue d'histoire suisse 17 (1937), S. 310–340. Für den Kanton Bern: Altorfer, Stefan: Bulle oder Bär? Der bernische Staat und die „South Sea Bubble" von 1720. In: Gilomen, Hans-Jörg/Müller, Margrit/Veyrassat, Béatrice (Hrsg.): Globalisierung – Chancen und Risiken. Die Schweiz in der Weltwirtschaft 18.–20. Jahrhundert. Zürich 2003, S. 61–86; Linder, Nikolaus: „Diess Jahr hat das grosse Unglück so allerorten in Franckreich, Engelland, Holland, Genf um sich gegriffen ...". Zu den Gründen für den Bankrott der ersten Berner Bank 1720. In: Gilomen/Müller/Veyrassat, Globalisierung, S. 87–98; ders.: Die Berner Bankenkrise von 1720 und das Recht. Eine Studie zur Rechts-, Banken- und Finanzgeschichte der Alten Schweiz. Zürich 2004.
13 Aus einer größeren Zahl Titel, die das Phänomen oft aber nur am Rande berühren seien erwähnt zu Hamburg: Amsinck, Caesar: Die ersten hamburgischen Assecuranz-Compagnien und der Actienhandel im Jahre 1720. In: Zeitschrift des Vereins für Hamburgische Geschichte 9 (1894), S. 465–494. Für Emden: Kappelhoff, Bernd: Geschichte der Stadt Emden. Bd. II: Emden als quasiautonome Stadtrepublik 1611 bis 1749. Leer 1994, S. 348–356. Irland: Walsh, Ireland; Ryder, Michael: The Bank of Ireland, 1721. Land, Credit and Dependency. In: Historical Journal 25 (1982), S. 557–582.

Analyse wichtige Erkenntnisse liefert – Aktienkurse erreichten sehr unterschiedliche Höchststände, was dafür spräche, dass Investoren die Gesellschaften differenziert betrachteten –, bleibt die qualitative Erschließung des Problems aufgrund der genutzten Quellen und des a-historischen Erkenntnisinteresses aber schwach.[14] Ein neuerer Aufsatz zu den niederländischen Kompagniegründungen hat ebenso wertvolle Einblicke in die dortigen Ereignisse gebracht, kommt jedoch zu dem Ergebnis: statt um irrationale Investoren habe es sich um „folly" der Promotoren gehandelt. Dadurch schaffen die Autoren es am Ende auch nicht, aus dem Korsett von Rationalität und Irrationalität auszubrechen.[15] Im Hinblick auf den Rest Europas untersucht Stefano Condorelli die geographische Reichweite der Begeisterung für Aktiengesellschaften grundlegend und fragt nach Strukturen, ohne aber bislang systematisch Einzelprojekte in ihren lokalen Zusammenhängen zu analysieren.[16] Dies erfolgte jedoch nun erstmal im Hinblick auf einen ersten groben europäischen Vergleich einerseits und Untersuchungen zu Kompagnieentwürfen in Hessen-Kassel und Braunschweig-Wolfenbüttel andererseits.[17]

Schließlich hat eine fünfte Gruppe die Ereignisse nicht nur im Hinblick auf den stattfindenden Aktienhandel erforscht, sondern (auch) als Elemente längerer Entwicklungen betrachtet, die nicht zwangsläufig etwas mit der Börse zu tun hatten. Für Peter Dickson bildet 1720 einen wichtigen Teil der ‚Financial Revolution', die es dem britischen Staat erlaubte, Schulden dauerhaft und in steigendem Ausmaß aufzunehmen, wodurch der Aufstieg zur Weltmacht möglich geworden sei.[18] Arnaud Orain hat auf die gesellschafts- und staatspolitischen Debatten im Frankreich des frühen 18. Jahrhunderts hingewiesen und Laws système als deren Umsetzungsversuch interpretiert.[19] William Deringer hebt die

---

14 Frehen/Goetzmann/Rouwenhorst, Evidence.
15 Gelderblom, Oscar/Jonker, Joost: Mirroring Different Follies. The Character of the 1720 Bubble in the Dutch Republic. In: Goetzmann/u.a., Great Mirror, S. 121–139.
16 Condorelli, Stefano: The 1719–20 Stock Euphoria. A Pan-European Perspective. Working Paper 2015.
17 Condorelli, Stefano/Menning, Daniel: Wirtschaftspolitik in Zeiten der europäischen Börseneuphorie. Die Gründung der Leyh- und Commercien-Compagnie und die Reform der Tuchproduktion in Hessen-Kassel 1721. In: Hessisches Jahrbuch für Landesgeschichte 68 (2018), S. 99–114; dies.: Chartering Companies. A Dialogue about the Timeline and the Actors of the Pan-European 1720 Stock Euphoria. In: Dies., Boom, S. 45–66; Rosenhaft, Eve: Linen and Lotteries: The Anatomy of an English Bubble Company in Germany. In: Ebd., S. 67–94.
18 Dickson, P.G.M.: The Financial Revolution. A Study in the Development of Public Credit, 1688–1756. London 1967.
19 Orain, Arnaud: La politique du merveilleux. Une histoire culturelle du Système de Law (1695–1795). Paris 2018.

Auswirkungen der Ereignisse auf die politische Arithmetik hervor,[20] Jonathan Sheehan und Dror Wahrman interessierte die Spekulationsblase als ein Augenblick, in dem ein neues Verständnis von „self-organization" der Gesellschaft und Wirtschaft entstand.[21] Literaturwissenschaftler hat die Spekulation im Zusammenhang mit der Herausbildung und Veränderung von Vorstellungen von Kredit und dazugehörenden literarischen Figuren interessiert.[22]

Ökonomie 1720

Auffällig ist jedoch, dass die Ereignisse in London und Europa um 1720 bisher kaum im Hinblick auf die zugrundeliegenden Verständnisse von Ökonomie untersucht wurden – dem, was Historiker üblicherweise mit dem Konzept des ‚Merkantilismus' als einer frühneuzeitlichen Wirtschaftstheorie und -praxis bezeichnen.[23] Dies hängt sicherlich damit zusammen, dass das Phänomen der Aktienspekulation so modern erscheint, während der ‚Merkantilismus' doch häufig gerade als das Gegenstück einer zukunftsweisenden ökonomischen Doktrin konstruiert wird. Das legt dann jedoch die Vermutung nahe, dass sich die Modernität der Ereignisse 1720 zu einem guten Teil aus der Vernachlässigung des zeitgenössischen Wissens- und Erfahrungszusammenhangs ergibt. Trifft diese Annahme zu, so bedeutete dies in der Konsequenz, dass die Forschung die Ereignisse zu Beginn des 18. Jahrhunderts nicht selten teilweise dekontextualisiert und damit ihrer historischen Spezifik beraubt hat. Die Vorkommnisse müssen somit unverständlich bleiben, solange die wirtschaftlichen Überzeugungen hinter der Welle von Kompagniegründungen 1720 nicht ernst genommen werden. Daraus folgt weiter, dass eine Einbettung der Ereignisse in wirtschaftspolitische Ideenzusammenhänge eine angemessenere Interpretation des Geschehens selbst eröffnen kann. Gleichzeitig vermag ein besseres Verständnis der Gründungswelle von Aktiengesellschaften aber auch dazu beitragen, unser Wissen über Ökonomie

---

20 Deringer, For What.
21 Sheehan, Jonathan/Wahrman, Dror: Invisible Hands. Self-Organization and the Eighteenth Century. Chicago 2015.
22 Zum Beispiel Ingrassia, Catherine: Authorship, Commerce, and Gender in Early Eighteenth-Century England. A Culture of Paper Credit. Cambridge 1998; Stratmann, Silke: Myths of Speculation. The South Sea Bubble and 18th-century English Literature. München 2000; Hayden, Judy A.: Of Windmills and Bubbles. Harlequin Faustus on the Eighteenth-Century Stage. In: Huntington Library Quarterly 77 (2014), S. 1–16. Jetzt auch aus starker rhetorischer Perspektive Herring, William R.: Neither Pistols nor Sugar-plumbs. The Rhetoric of Finance and the 1720 Bubbles. In: Advances in the History of Rhetoric 21 (2018), S. 147–162.
23 Ansätze dazu bei Condorelli, 1719–20 Stock Euphoria.

und wirtschaftliche Entwicklung an der Schwelle zum industriellen Zeitalter insgesamt zu erweitern.

Eine die wirtschaftlichen Überzeugungen ins Zentrum stellende Arbeit kann an neuere Forschungen zum Konzept des ‚Merkantilismus' anschließen. Dieses hat in den letzten Jahren eine kritische Re-Evaluation erfahren. Zurückgehend auf Adam Smith ist die Idee einer frühneuzeitlichen Wirtschaftsdoktrin seit dem 19. Jahrhundert eng mit Staatsbildungsprozessen in Verbindung gebracht worden – häufig verknüpft auch mit dem Aufstieg des ‚Absolutismus'. Daraus ging eine starke Fixierung auf Monarchen und Regierungen als Initiatoren von Wirtschaftspolitik hervor. Diese Positionen werden nicht länger aufrechterhalten. Anstatt der scheinbaren Steuerung von oben sind zuletzt einerseits die Grenzen staatlicher Macht wesentlich stärker betont worden. Andererseits heben Historiker auch die Initiativen von unten sowie die Aushandlungsprozesse und Kooperationen zwischen Untertanen und Herrschern deutlicher hervor. Statt vom Merkantilismus als einer kohärenten Wirtschaftsideologie geht Steven Pincus für Großbritannien zudem eher von unterschiedlichen Positionen der Whigs und Tories zu bestimmten ökonomischen Themenkomplexen aus. Lars Magnusson spricht in europäischer Perspektive gar von Diskursfeldern, innerhalb derer sich einzelne Ansichten bewegten und entwickelten. Individuelle Positionierungen hingen dabei von persönlichen Präferenzen, aber auch von den politischen, ökonomischen und natürlichen Gegebenheiten des jeweiligen Territoriums ab, auf das sich Schriften bezogen.[24] Diese Dynamisierung unserer Vorstellung frühneuzeitlicher Wirtschaftstheorie und -politik ist für ein Verständnis der Ak-

---

[24] Vgl. zur Diskussion: Sokoll, Thomas: Merkantilismus. In: Enzyklopädie der Neuzeit, Bd. 8, Stuttgart 2008, Sp. 380–387; Pincus, Steven: Rethinking Mercantilism. Political Economy, the British Empire, and the Atlantic World in the Seventeenth and Eighteenth Centuries. In: William & Mary Quarterly 69 (2012), S. 3–34; Newell, Margaret Ellen: Putting the „Political" Back in Political Economy (This is not Your Parents' Mercantilism). In: Ebd., S. 57–62; Burnard, Trevor: Making a Whig Empire Work. Transatlantic Politics and the Imperial Economy in Britain and British America. In: Ebd., S. 51–56; Mussen, Susan D.: Political Economy and Imperial Practice. In: Ebd., S. 47–50; Koot, Christian J.: Balancing Center and Periphery. In: Ebd., S. 43–46; Matson, Cathy: Imperial Political Economy: An Ideological Debate and Shifting Practices. In: Ebd., S. 35–40; Pincus, Steven: Reconfiguring the British Empire. In: Ebd., S. 63–70; ders.: 1688. The First Modern Revolution. New Haven/CT 2009, S. 366–399; Magnusson, Lars: The Political Economy of Mercantilism. London 2015; Stern, Philip J./Wennerlind, Carl (Hrsg.): Mercantilism Reimagined. Political Economy in Early Modern Britain and Its Empire. Oxford 2014; Isenmann, Moritz (Hrsg.): Merkantilismus. Wiederaufnahme einer Debatte. Stuttgart 2014; Rössner, Philipp R. (Hrsg.): Economic Growth and the Origins of Modern Political Economy. Economic Reasons of State, 1500–2000, London 2016; Barth, Jonathan: Reconstructing Mercantilism. Consensus and Conflict in British Imperial Economy in the Seventeenth and Eighteenth Centuries. In: William & Mary Quarterly 73 (2016), S. 257–290.

tienspekulation interessant. Denn die Berücksichtigung wirtschaftspolitischer Überzeugungen liegt für die Aktiengesellschaftsgründungen 1720 auf der Hand. Kompagnien sollten immer (auch) ökonomische Unternehmen sein.

Nutzt man die Ereignisse des Jahres 1720, um Einblicke in die ökonomischen Strukturen des frühen 18. Jahrhunderts zu erlangen, so lassen sich vier Problemkomplexe für diese Arbeit entwickeln, die Aktiengesellschaften, Spekulation und Wirtschaftstheorie miteinander verbinden. Kompagnien warfen erstens eine wirtschaftstheoretische Grundsatzfrage auf – zumal wenn Promotoren Monopolrechte forderten. Die historische Forschung hat in den vergangenen Jahren betont, dass das 18. Jahrhundert eher ein Zeitalter der Abschaffung von Privilegien und (monopolistischen) Aktiengesellschaften gewesen sei. Den ökonomisch denkenden Zeitgenossen sei aufgefallen, dass diese Unternehmensform einen negativen Einfluss auf die Wirtschaft habe.

> Though the basic economic analysis of the causes of a community's wealth remained remarkably constant in early modern Europe, that of special privileges was completely overturned. Famous authors such as Joshua Child and Charles Davenant could admittedly still argue fervently for the benefits of monopoly and special privileges in the second half of the seventeenth century, but from Hobbes to Seckendorff and Cary to the mainstream of eighteenth-century political economy, guilds and chartered companies were against the principles of ‚free trade' understood as the individual's liberty for economic action within the framework given by the state and its collective interests. [...] If chartered companies had contributed to a state's penetration of foreign markets and its initial overseas conquests, its further flourishing depended on them being dismantled.[25]

---

[25] Reinert, Sophus A.: Rivalry. Greatness in Early Modern Political Economy. In: Stern/Wennerlind, Mercantilism, S. 359. Vgl. auch Pincus, 1688, S. 393 u. 385–388; Magnusson, Lars: Mercantilism. The Shaping of an Economic Language. London 1995, S. 101–103; ders., Political, S. 179–183; Pettigrew, William A./Cleve, George W. van: Parting Companies. The Glorious Revolution, Company Power and Imperial Mercantilism. In: Historical Journal 57 (2014), S. 617–638; Pincus, Rethinking, S. 19–21; Ormrod, David: The Rise of Commercial Empires. England and the Netherlands in the Age of Mercantilism, 1650–1770. Cambridge 2003, S. 343–344; Mandelblatt, Bertie: How Feeding Slaves Shaped the French Atlantic. Mercantilism and the Crisis of Food Provisioning in the Franco-Caribbean During the Seventeenth and Eighteenth Centuries. In: Reinert, Sophus A./Røge, Pernille (Hrsg.): The Political Economy of Empire in the Early Modern World. Basingstoke 2013, S. 192–220; Horn, Jeff: Lessons of the Levant. Early Modern French Economic Development in the Mediterranean. In: French History 29 (2015), S. 76–92; Davids, Karel: From De la Court to Vreede. Regulation and Self-regulation in Dutch Economic Discourse from c. 1660 to the Napoleonic Era. In: Journal of European Economic History 30 (2001), S. 245–289.

Besonders ausgeprägt habe diese Tendenz zur Deregulierung für Großbritannien gegolten. Aber war der Entwicklungstrend so eindeutig?[26] Wieso dann die Begeisterung für Aktiengesellschaften 1720? Wie lassen sich die europaweiten Planungen und Umsetzungen dennoch verstehen? Was heißt das für unser Verständnis wirtschaftstheoretischer Überzeugungen?

Zweitens werfen Unternehmensgründungen bei Investoren und Regierungen, die Aktiengesellschaften autorisieren sollen, immer auch die Frage nach dem konkreten Geschäftszweck auf. Insofern eröffnen die 1720 angedachten Kompagnien Perspektiven auf zeitgenössisch gesehene wirtschaftliche Entwicklungspotenziale an spezifischen Orten. Jeder weiß, dass es kein Perpetuum Mobile gibt. Oder etwa doch? Im August 1721 schrieb der Leidener Mathematiker Willem 'sGravesande aus dem kleinen Ort Weißenstein in der Landgrafschaft Hessen-Kassel einen Brief an Sir Isaac Newton, den berühmten Physiker. Zusammen mit Joseph Emmanuel Fischer von Erlach hatte er im dortigen Schloss ein Perpetuum Mobile des sächsischen Uhrmachers Johann Bessler besichtigt und sich vorführen lassen. Es schien tatsächlich zu funktionieren. 'sGravesande und Fischer von Erlach hatten keinen externen Antriebsmechanismus entdecken können – dennoch drehte sich das Rad. Zudem erfuhren sie, dass im Vorjahr andere Londoner Unternehmer zur Besichtigung vor Ort gewesen waren, denen der Erfinder die Offenbarung des Konstruktionsgeheimnisses für £20.000 versprach. Gleichzeitig habe Bessler die Rückerstattung des Geldes garantiert, sollte sich erweisen, dass es sich doch nicht um ein Perpetuum Mobile handle. Die Engländer hätten geplant, eine Aktiengesellschaft zum Erwerb des Wissens und seiner Ausnutzung zu gründen – wohl eben jenes Unternehmen, das Anderson Jahrzehnte später zu seinen „bubbles" zählte.[27] Beim Blick auf die vielen Kompagniegründungen scheint insofern unser heutiges Verständnis der Welt nicht (immer) jenem der Zeitgenossen gerecht zu werden. Auch sollte man nicht jenen Zeitgenossen vorschnell glauben, die von ‚bubble' oder im Niederländischen von ‚windhandel' sprachen – denn dies waren keine Beschreibungs-, sondern (Ab-)Wertungsbegriffe. Promotoren und Unternehmensideen in ihrer Zeit ernst zu nehmen und zu kontextualisieren, ermöglicht insofern eine Sicht auf die 1720 wahrgenommenen ökonomischen ‚Bedürfnisse' einerseits und Möglichkeiten wirtschaftlicher Entwicklung andererseits. Auch hier können die Befunde an längerfristige ökonomische Diskussionen rückgekoppelt werden und zu ihrer Erforschung beitragen.

---

26 Hinweise für das Gegenteil bei Gauci, Perry: Introduction. In: Ders. (Hrsg.): Regulating the British Economy, 1660–1850. Oxford 2011, S. 18; Hoppit, Julian: Britain's Political Economies. Parliament and Economic Life 1660–1800. Cambridge 2017, passim.
27 Schaffer, Simon: The Show That Never Ends. Perpetual Motion in the Early Eighteenth Century. In: British Journal for the History of Science 28 (1995), S. 157–158.

Dass Promotoren 1720 Regierungen in vielen Teilen Europas Vorschläge für Aktiengesellschaften machten, spricht drittens für einen hohen Grad an Verflechtung zwischen den Orten. Dass die eingereichten Konzepte darüber hinaus beraten und in zahlreichen Staaten und Territorien Unternehmen gegründet wurden, verweist auf ein Fundament geteilter ökonomischer Überzeugungen. Gleichzeitig zeichnete sich der Kontinent aber durch massive historisch begründete Unterschiede zwischen den einzelnen Staaten, Territorien und Gemeinwesen aus. Alte Stadtrepubliken und das stark föderale Heilige Römische Reich Deutscher Nation standen aufstrebenden Nationalstaaten in Westeuropa gegenüber. Die ökonomischen Voraussetzungen waren zudem aufgrund der Geographie höchst unterschiedlich. Aktiengesellschaften mussten sich 1720 zum Beispiel in Braunschweig-Wolfenbüttel und Portugal in ganz unterschiedliche Bedingungen einfügen. Wie war dies aus Sicht der Zeitgenossen möglich?

Die Chronologie der Ereignisse wirft viertens eine ganz praktische Frage auf, die auch schon Stefano Condorelli angeschnitten hat, allerdings ohne sie in ihrer vollen Komplexität zu beantworten.[28] Im Sommer bzw. Frühherbst 1720 waren die Aktienkurse in Paris und London abgestürzt, und über die wirtschaftlichen und politischen Folgen geplatzter Börsenblasen berichteten Zeitungen in ganz Europa in den grellsten Farben. Dennoch fand die Idee der Gründung einer Aktiengesellschaft in einer Reihe von Ländern und Städten weiterhin Anklang – offenbar war die Sorge vor Hyperspekulation hier nicht vorhanden. So kam der Rat der Stadt Emden im September zusammen, um über den Vorschlag niederländischer Kaufleute, vertreten durch einen Hamburger, zu beraten. Dieser wollte eine Handelskompagnie in der ostfriesischen Stadt gründen und benötigte dafür ein Privileg. Der Stadtrat genehmigte den Vorschlag, und im Spätherbst begann der Verkauf der Anteile, die größtenteils Subskribenten in Rotterdam und Amsterdam fanden.[29] Landgraf Karl von Hessen-Kassel war noch später dran. Er autorisierte erst im Frühjahr 1721 eine Aktienbank, als in London das Parlament gerade die Ereignisse des Vorjahres und die Ursachen des Börsencrashs öffentlichkeitswirksam untersuchte.[30] Das Scheitern von Aktiengesellschaften und die Gefahren der großen Spekulationswellen standen sowohl den Emdenern als auch der Regierung in Hessen-Kassel klar vor Augen. Warum hatte man dennoch offenbar an beiden Orten keine Angst vor einer Entwicklung wie in Paris und London? Die Antwort auf diese Frage erklärt nicht nur die Ereigniskette 1720, sondern eröffnet

---

28 Condorelli, 1719–20 Stock Euphoria, S. 32–40.
29 Als Einstieg Kappelhoff, Geschichte, S. 348–356. Zudem die Ausführungen weiter unten im Text.
30 Vgl. zu dem Projekt ausführlich Condorelli/Menning, Wirtschaftspolitik, sowie die Ausführungen weiter unten im Text.

auch Einblicke in Formen kreativer Adaption und die dafür notwendige Flexibilität der Organisationsform ‚Aktiengesellschaft'.³¹

Das Jahr 1720 ist aus Sicht dieser Arbeit somit nicht nur ein Moment, an dem sich Aktienspekulation untersuchen lässt, sondern die Gründungswelle neuer Kompagnien wirft Fragen in vier Bereichen auf. Zunächst zwei auf der Ebene ökonomischer Überzeugungen: Erstens nach den Grundverständnissen im Hinblick auf Aktiengesellschaften, zweitens danach, was zeitgenössisch sinnvolle Unternehmensvisionen waren. Bei beidem geht es ganz wesentlich um das Problem, wann und unter welchen Bedingungen bestimmte Teile des ökonomischen ‚Diskurses' praktische Geltung erlangen konnten. Ein dritter Komplex beschäftigt sich mit den strukturellen Bedingungen des ‚europäischen' Ereignisses: Verflechtung und Wissenstransfer. Diese drei Elemente verbinden sich sodann viertens mit der Frage nach der Asynchronität der Ereignisse.

‚Jealousy of Trade' und Emulation

Weil sich aber ‚ökonomische' von ‚politischen' Überzeugungen im frühen 18. Jahrhundert nicht trennen lassen,³² stellen Spekulationslaunen der Investoren und wirtschaftliche Überzeugungen notwendige, jedoch keine hinreichenden Bedingungen dar, um die Gründungswelle von Aktiengesellschaften 1720 historisch zu erklären. Hinzukommen müssen zwei weitere Basisüberzeugungen der Zeitgenossen, die sich aus Sicht David Humes und Adam Fergusons nicht voneinander trennen ließen: ‚Jealousy of Trade' und ‚Emulation'.³³

Das Auftauchen neuer Kompagnien in ganz Europa war nicht das Ergebnis eines Zufalls oder blinder Spekulationswut, sondern das Resultat der kompetitiven Grundstruktur der europäischen Staatenwelt. Die eigene Macht und damit Stellung auf dem Kontinent, dessen war man sich seit dem späten 16. Jahrhundert bewusst, beruhte nicht mehr nur auf militärischer Stärke, sondern zusätzlich auf wirtschaftlicher Potenz. Lars Magnusson hat Merkantilismus daher auch beschrieben als „discourses [...,] how national power could be achieved by economic

---

[31] Insofern scheint der Vorschlag von Frehen/Goetzmann/Rouwenhorst, Evidence, dass die Asynchronität auf vier unterschiedliche Innovationsprozesse zurückzuführen ist, nicht zuzutreffen.
[32] Dazu Stern, Philip J./Wennerlind, Carl: Introduction. In: Dies., Mercantilism, S. 7.
[33] Reinert, Sophus A.: Translating Empire. Emulation and the Origins of Political Economy. Cambridge/MA 2011, S. 32.

plenty, but also how plenty was dependent upon power."[34] Das hatte mehrere Folgen: So konnte Handel zunächst einmal als eine meist gewaltfreie Form des Wettbewerbs zwischen Staaten gesehen werden, bei dem es darum ging, die eigene ökonomische und damit auch politische Position innerhalb des Mächtesystems zu stärken. Doch natürlich konnte der Sieg in militärischen Auseinandersetzungen auch der Verbesserung der wirtschaftlichen und damit politischen Stellung eines Staates und im Anschluss daran seines Warenverkehrs dienen. Europäische Kriege begannen zwar vor 1740 in der Regel nicht wegen Handelsfragen. Das scheint ein erst im Laufe des 18. Jahrhunderts von der kolonialen Peripherie her importiertes Phänomen zu sein. Doch Kommerz war schon seit dem 17. Jahrhundert spätestens beim Friedensschluss wichtig, wenn es darum ging, einen unterlegenen Gegner auch in diesem Bereich langfristig zu schwächen. Handelsvereinbarungen mussten allerdings nicht zwangsläufig aus Kriegen hervorgehen und konnten dennoch den Kontrollverlust eines schwächeren Staates über seinen Außenhandel und damit einen erheblichen Machtverlust bedeuten. Umgekehrt nutzen Regierungen Verträge schließlich zuweilen auch dazu, eine gegenseitige Verständigung zu erreichen.[35] Aus diesem um Handel und politische Macht geflochtenen Knäuel bildete sich das Konzept der ‚jealousy of trade' heraus: die „tendency of nations to look with hostility on the commercial success of their rivals."[36] Denn der ökonomische Aufstieg eines Rivalen bedeutet dessen politische Stärkung und konnte wiederum eine Gefahr für die eigene politische Stellung darstellen. ‚Jealousy of trade' wurde so zu einer „natural reaction to the danger of falling behind in a world in which trade, war, and ultimately independence were inexorably intertwined."[37]

Ein Gradmesser zwischenstaatlicher Konkurrenz war die ‚balance of trade' – die Außenhandelsbilanz. Sie sollte deutlich machen, ob ein Land durch seinen grenzüberschreitenden Warenverkehr an Wohlstand gewann oder verlor. Allerdings betrachteten Zeitgenossen die ‚balance' nicht immer in einer Gesamtperspektive, sondern hoben im Hinblick auf einen bestimmten Konkurrenten zuweilen das spezifische Wechselverhältnis hervor. Dies bedeutete zu schauen, ob der eigene Staat oder der Wettbewerber einen Exportüberschuss erwirtschaftete

---

34 Magnusson, Political, S. X. Auch: Hont, Istvan: Jealousy of Trade. International Competition and the Nation-State in Historical Perspective. Cambridge/MA 2005, S. 4.
35 Shovlin, John: War and Peace. Trade, International Competition, and Political Economy. In: Stern/Wennerlind, Mercantilism, S. 305–327; Reinert, Rivalry, S. 350–351; ders., Translating, S. 16–29; ders./Røge, Pernille: Introduction. The Political Economy of Empire. In: Dies., Political, S. 2.
36 Shovlin, War, S. 314; Hont, Jealousy.
37 Reinert, Rivalry, S. 348.

und damit auf Kosten des jeweils anderen Reichtum – häufig noch im Empfang von Edelmetall zum Bilanzausgleich imaginiert – akkumulierte.[38] Im Zweifelsfall stellte ‚jealousy' dann jedoch noch keine eigentliche Reaktion auf die Erfolge eines Konkurrenten dar, als Emotion vermochte sie aber zu Gegenmaßnahmen zu motivieren.

Eine Strategie, mit der Akteure im 18. Jahrhundert auf die Bedrohung durch Wettbewerber reagierten, war ‚Emulation'.[39] Ursprünglich aus der Antike stammend, bezeichnete das Konzept in der Renaissance einerseits die Kopie römisch-antiker Vorbilder, andererseits auch die verbessernde Imitation der Wirtschaft der italienischen durch nordeuropäische Städte. Im Hinblick auf den zweiten Anwendungsbereich ging es um drei Elemente. Erstens bedeutete Emulation, so Sophus Reinert, ein „desire to imitate and improve on superiors".[40] Gefordert wurde mithin eine Weiterentwicklung fremder Vorbilder, bei der das Ergebnis möglichst besser sein sollte als das Original. Damit wollte man den als Vorbild dienenden Wettbewerber ausstechen. Freilich bestand die Gefahr, dass der zu Überholende zu Sabotageakten griff oder nach dem Vorbeiziehen des Nachahmers einen neuen Zyklus der Emulation begann.[41] Weil es aber nicht nur um eine schlichte Kopie des Vorbildes ging, konnten Erfahrungen der Konkurrenz und nicht intendierte Nebenwirkungen konstruktiv in die eigenen Pläne eingearbeitet werden. Mit Emulation beschäftigten sich außerdem nicht nur Regierungen. Auch Einzelpersonen griffen zu diesem Mittel. ‚Jealousy' konnte sich in diesem Fall dann sowohl auf die ‚internationale' als auch auf die ‚nationale' oder ‚territoriale' Ebene beziehen. Dies stellte für Obrigkeiten unter Umständen einen Vorteil dar:

---

38 Reinert, Translating, S. 13–16; Coleman, D.C.: Politics and Economics in the Age of Anne. The Case of the Anglo-French Trade Treaty 1713. In: Ders. (Hrsg.): Trade, Government and Economy in Pre-industrial England. London 1976, S. 187–211; Rashid, Salim: The Political Balance of Trade …?? BEBR Working Paper 1989; ders.: The Interpretation of the „Balance of Trade". A „Wordy" Debate. BEBR Working Paper 1989.
39 Alternativ hätte auch auf das im 18. Jahrhundert vorherrschende Verständnis von Imitation und Erfindung zurückgegriffen werden können. Vgl. dazu Berg, Maxine: From Imitation to Invention. Creating Commodities in Eighteenth-Century Britain. In: Economic History Review 55 (2002), S. 1–30. Diesen Kategorien fehlt jedoch die machtpolitische Stoßrichtung, die für ‚South Sea Bubble und Co.' extrem bedeutsam war und die in der Forschung zum Konzept der Emulation besser herausgearbeitet wurde.
40 Reinert, Translating, S. 2 u. 29–33. Auch: Ders.: The Empire of Emulation. A Quantitative Analysis of Economic Translations in the European World, 1500–1849. In: Ders./Røge, Political, S. 108; Reinert, Erik S.: Emulating Success. Contemporary Views of the Dutch Economy before 1800. In: Gelderblom, Oscar (Hrsg.): The Political Economy of the Dutch Republic. Farnham 2009, S. 19–39.
41 Reinert, Translating, S. 38–44.

Denn „Emulous citizens made for an emulous body politic."⁴² Solche Nachahmung führte aber mitunter auch zu schädlich erachtetem Wettbewerb im Landesinnern. Ein zweites Element von Emulation war, dass eine schlichte Übernahme der Konzepte von Konkurrenten schon aufgrund der von den Akteuren wahrgenommenen ganz verschiedenen Bedingungen in Ländern und Territorien in Europa meist unmöglich schien. Diese Unterschiede machten vielmehr zwangsläufig Anpassungen an die lokalen Bedingungen erforderlich, zuweilen erwiesen sich fremde Ideen auch trotz aller Sympathie für die Maßnahmen der Konkurrenz unter den eigenen Umständen als impraktikabel.⁴³ Schließlich stellte drittens in der Praxis der Emulation der Wissenstransfer von einem in ein anderes Land zuweilen ein Problem dar. Gegebenenfalls war die Übersetzung und Erläuterung von fremdsprachlichen Texten oder aber die Akquirierung ausländischen Fachpersonals als Wissensträger erforderlich.⁴⁴

Wirtschaftliche Auffassungen waren im frühen 18. Jahrhundert keine unabhängigen Variablen, sondern in den Machtkampf der europäischen Staaten hineingewoben. Dies ist ein wesentlicher Faktor für die Erklärung der Welle der Kompagnieplanungen und -gründungen 1720. Die enge Verbindung von Ökonomie und Politik bedeutet zugleich aber auch: ‚South Sea Bubble und Co.' bieten eine hervorragende Versuchsanordnung, um die europäisch-globale Wirtschaftsordnung am Anfang des 18. Jahrhunderts zu untersuchen und von den Praktiken her zu beschreiben. In der chronologischen Entwicklung und der geographischen Ausbreitung der Begeisterung für Kompagnien lassen sich wie bei einem Daumenkino von Seite zu Seite die Auswirkungen der ‚jealousy of trade', die daraus resultierende Anpassung ökonomischer Verständnisse in Europa sowie die Aneignungen und Emulationen der Idee der Aktiengesellschaft beobachten. Am Ende dieser Arbeit, so die Hoffnung, werden die Aktienspekulation 1720 *und* die europäisch-globale Wirtschaft am Vorabend des Aufbruchs in das industrielle Zeitalter besser verständlich.

---

42 Ebd., S. 32.
43 Vgl. für Spanien: Grafe, Regina: Polycentric States. The Spanish Reigns and the „Failures" of Mercantilism. In: Stern/Wennerlind, Mercantilism, S. 241–262. Allerdings zeigt Paquette, Gabriel: Views from the South. Images of Britain and Its Empire in Portuguese and Spanish Political Economic Discourse, ca. 1740–1810. In: Reinert/Røge, Political, S. 76–104, dass Spanien und Portugal nicht grundsätzlich zur Emulation unfähig waren. Allgemeiner Reinert, Translating, S. 44.
44 Für Übersetzungen insbesondere Reinert, Translating; ders., Empire. Für 1720 speziell jetzt auch Rosenhaft, Linens. Der Verbindung von Theorie des ökonomischen Denkens und der Emulation in der Praxis geht auch der Sammelband von Reinert/Røge, Political, nach.

Methode, Gliederung, Quellen

Die chronologische Struktur der Ereignisse, die Frage nach den Verflechtungen und der Emulation haben Folgen für die Anlage der weiteren Untersuchung – im Hinblick auf die Methode, die Quellenauswahl, die Untersuchungsregionen und die Gliederung des Textes:

Methodisch lehnt sich die Arbeit an das von Michael Werner und Bénédicte Zimmermann entworfene Konzept der *histoire croisée* an.[45] Als Untersuchungsobjekte stehen die geplanten und gegründeten Aktiengesellschaften und die damit verbundene Spekulation im Zentrum. Die verschiedenen europäischen Blickwinkel erlauben es, Asymmetrien in der Perzeption und Nutzung der Kompagnieidee aufzudecken, während die dramatische Entwicklung der Spekulationsblasen zugleich einen Hintergrund schafft, der für veränderte Wahrnehmungen im Laufe der Zeit sorgte. Es wird von konkreten Handlungssituationen ausgegangen und nach der Bedeutung von ökonomischen Überzeugungen und langfristigen Strukturen für die Wahrnehmung und Nutzung der Organisationsform Aktiengesellschaft gefragt. Die Untersuchung der konkreten Ausgestaltung von Kompagnien erlaubt es zudem, nicht mit einer vorgefertigten Kategorie arbeiten zu müssen, sondern mit Hilfe der tatsächlichen Pläne die Vielfältigkeit des um 1720 Vorstellbaren aufzudecken. Um möglichst viele Perspektiven auf die Ereignisse und ihre Dynamik zu gewinnen und die Maßstäbe regelmäßig zu wechseln, soll der Blick über die im Zentrum der Untersuchung stehende South Sea Bubble in London ausgeweitet werden. Auch wenn die Zahl der Promotionen von Companies in der britischen Hauptstadt am größten war, so standen die dortigen Ereignisse in einem europäischen Dialog und sind erst in diesem Umfeld umfassend verständlich.

Im Hinblick auf die Quellenauswahl ergibt sich daraus, dass die Arbeit nicht die üblicherweise durchforsteten Akten der britischen Regierung zur Staatsschuldenfrage und der South Sea Company nutzt. Stattdessen ist Material ausgewählt worden, das die unterschiedlichen Blickwinkel, Wahrnehmungen, Adaptionen und Nutzungen der Idee der Kompagnie beleuchtet. Hierzu gehören vor allem die Akten von neu gegründeten und bereits existierenden Aktiengesellschaften. Wechselkurs- und Gesandtenberichte sowie kaufmännische Korrespondenzen ergänzen das Material und zeigen Verbindungen zwischen Ländern auf. Englische Zeitungen wurden herangezogen, wo sie über einzelne Unterneh-

---

45 Werner, Michael/Zimmermann, Bénédicte: Vergleich, Transfer, Verflechtung. Der Ansatz der *Histoire croisée* und die Herausforderung des Transnationalen. In: Geschichte und Gesellschaft 28 (2002), S. 607–636.

men zusätzliche Aufschlüsse erlaubten. Deutsche Zeitungen werden exemplarisch für die Sicht von außen herangezogen. Sie führen nicht nur die Londoner Ereignisse in farbiger Schilderung vor Augen und bieten Detailinformationen zu dortigen Vorkommnissen, die Forscher bei der bisherigen Auswertung englischer Quellen entweder übersehen haben oder die dort nicht enthalten sind, sondern sie machen darüber hinaus eine Form des Wissenstransfers deutlich. Zudem zeigen sie sehr plastisch die kontinuierliche gegenseitige Beobachtung. Fremdsprachenkenntnisse setzen dem Autor dieser Arbeit freilich Grenzen, so dass vor allem der englisch- und deutschsprachige Raum Berücksichtigung erfährt bzw. solche Regionen der Welt, wo sich Akteure fanden, die diese Sprachen nutzten und lokale Ereignisse mit der Börsenspekulationswelle in Verbindung brachten. Diese Begrenzung wird aber zum Teil durch die Forschungen von Kollegen ausgeglichen.[46] Doch selbst so musste exemplarisch vorgegangen werden. Bei der Auswahl lag jedoch stets das Bestreben zugrunde, eine Großzahl von Räumen schlaglichtartig und soweit möglich quellennah berücksichtigen zu können. Neben dem Archivmaterial konnte schließlich auch auf eine ganze Reihe von Spezialstudien zur Wirtschaftspolitik in einzelnen europäischen Territorien bzw. zu einzelnen Unternehmen zurückgegriffen werden. In diesen stehen die South Sea Bubble und ihre Auswirkungen selbst selten im Zentrum, weshalb sie wohl auch oft keinen oder nur wenig Eingang in die Forschung zur Börsenblase gefunden haben. Die Studien geben aber Aufschluss über Ereignisse in der Unternehmensgeschichte und das Verhalten von Akteuren, die in direktem Zusammenhang mit der europäischen Spekulationswelle standen.

Die Gliederung der Untersuchung schließlich ist weitgehend chronologisch. Dies verlangt dem Leser und der Leserin einiges ab, weil sachliche Einzelaspekte oder das Schicksal einer einzelnen Kompagnie nicht gebündelt geschildert werden können. Die Anlage der Arbeit berücksichtigt aber die große Bedeutung des sich dynamisch entwickelnden Geschehens während einer Börsenspekulationsblase. Die Arbeit folgt dabei einem Verständnis von Ereignissen, in denen das Handeln der Akteure von längerfristigen Überzeugungen und Strukturen beeinflusst ist, gleichzeitig aber nicht darin aufgeht oder davon determiniert wird. Stattdessen war es 1720 möglich, dass, in Anlehnung an Manfred Hettling und Andreas Suter, „Akteure den strukturellen Kontext in verschiedenen Stadien [...] in eine Entscheidungslogik von Handlungschancen und -grenzen übersetzten und schließlich so oder anders handelten" und dabei unter Umständen Struktu-

---

[46] Dies gilt besonders für die Arbeiten und den vielfachen mündlichen Austausch von und mit Stefano Condorelli (Bern/Neapel). Einen Einblick in die Diskussionen bietet auch Condorelli/Menning, Chartering.

ren und langfristige Überzeugungen überwanden oder veränderten. Jede Aktion erfolgte hierbei „im Horizont einer für die Akteure offenen Zukunft", die schon in der chronologischen Struktur der Arbeit berücksichtigt werden soll.[47] In Form solcher „Zeitlupe[n]" kann das „Entscheidungs- und Handlungskalkül" an einzelnen Orten vor dem Hintergrund der Entwicklung des Geschehens andernorts angemessen rekonstruiert werden.[48] Die Untersuchung wechselt aufgrund der chronologischen Anlage der Arbeit zwangsläufig zwischen den Untersuchungsorten und damit zusammenhängenden Blickwinkeln im Sinne der *histoire croisée*. Aspekte der ‚jealousy' und Emulation sowie der vier ökonomischen Problemkomplexe kommen jeweils, soweit die Quellen Aussagen erlauben, in den Blick. Zugleich wird im Verlaufe der Arbeit ein Spannungsbogen sichtbar. Dieser handelt vom Aufstieg und Fall der Begeisterung für Aktiengesellschaften. Die thematische Bündelung unter Rückbezug auf Problemkomplexe und Fragen der Einleitung erfolgt schließlich in Form von Querschnitten im Schlusskapitel. Diese zeigen zudem, dass ‚South Sea Bubble und Co.' nicht nur als Spekulationsereignisse von Interesse sind, sondern dass die Ereignisse 1720 Grundstrukturen der europäischen Staatenpolitik, der Ökonomie und ihrer Theorie am Vorabend der Industrialisierung offenlegen.

---

47 Suter, Andreas/Hettling, Manfred: Struktur und Ereignis – Wege zu einer Sozialgeschichte des Ereignisses. In: Dies. (Hrsg.): Struktur und Ereignis. Göttingen 2001, S. 29.
48 Suter, Andreas: Ereignisse als strukturbrechende und strukturbildende Erfahrungs-, Entscheidungs- und Lernprozesse. Der schweizerische Bauernkrieg von 1653. In: Ebd., S. 185.

Ouvertüre

Der Auftakt von ‚South Sea Bubble und Co.' gleicht einer leisen, schleichenden Ouvertüre. Die Ereignisse beginnen nicht mit einem lauten Paukenknall. Die verzweigten Ursprünge lassen sich daher zum Teil auch erst aus der Rückschau als zusammengehörige Problemkomplexe und Entwicklungen identifizieren, wie sich musikalische Motive mitunter erst im Verlauf des Stückes zu einem Themenkomplex verbinden. Die entfernteren Vorläufer des Hyperspekulationsjahres reichen bis in die 1690er Jahre zurück, konkretere Spuren finden sich ab 1715 in Frankreich und ab 1717 in Großbritannien. Eine ansetzende kontinentale Entwicklung offenbart sich seit dem Frühling 1719 in Umrissen. Noch war aber wohl den meisten Zeitgenossen unbewusst, dass sich diese Einzelereignisse einmal in einem Großereignis verbinden könnten. Denn vor dem Sommer 1719 fehlte es noch an einer beeindruckenden, Europa verflechtenden Dynamik, die sich als Vorbote großer Ereignisse interpretieren ließ. Etwas Geduld ist insofern in diesem ersten Kapitel notwendig, weil die dynamisierende Kraft der Börsenspekulation einstweilen weitgehend fehlt.

Das Risiko der Weltmeere und Londoner Versicherungsgesellschaften 1717

In den Jahren vor 1720 herrschte unter vielen Kaufleuten in Großbritannien und den meist regierenden Whigs gegenüber Aktiengesellschaften ausgesprochene Skepsis vor. Seit dem frühen 17. Jahrhundert trieben Pamphlete über Companies die ökonomische Diskussion ganz wesentlich an.[1] Hierbei bildeten sich zwei ökonomische, teilweise parteipolitisch verankerte Grundpositionen heraus. Während Tories der Regulierung des Fernhandels durch Monopole positiv gegenüberstanden, weil dies für Ordnung sorge, forderten Whigs, dass der Warenverkehr unter dem Vorbehalt nationaler Gesetzgebung allen Untertanen frei zugänglich sein sollte. Letztere Position, so Steven Pincus, setzte sich nach 1694 in der Praxis weitgehend durch.[2] Das Monopol der Royal African Company wurde aufgehoben und jenes der East India Company massiv angegriffen, so dass sie nur durch Konzessionen, Pressekampagnen, Schmiergeldzahlungen, eine zeitweise

---

[1] Erikson, Emily/Hamilton, Mark: Companies and the Rise of Economic Thought: The Institutional Foundations of Early Economics in England, 1550–1720. In: American Journal of Sociology 124 (2018), S. 111–149.
[2] Pincus, 1688, S. 393.

Hinnahme von Konkurrenz und die Übernahme von £2 Millionen Staatsschulden 1698 überlebte. Die Gründung der Bank of England 1694 bildete keine prinzipielle Ausnahme im Hinblick auf die Ablehnung von Companies, denn sie war eine Whig-Institution, die das Manufakturwesen unterstützen sollte und für die Staatsschuldenfinanzierung im Angesicht des Krieges gegen Frankreich unabdingbar schien. Zudem durften private Bankiers ihre Geschäfte fortführen. Die South Sea Company, die den Ereignissen 1720 im Nachhinein ihren Namen geben sollte, gründete 1711 eine Tory-Regierung. Zeitgleich liefen jedoch Bemühungen der Royal African Company um die Wiedereinführung ihres Monopols ins Leere. Seit 1715 stellten die gegenüber Aktiengesellschaften skeptischen Whigs wieder die Regierungsmitglieder und die Mehrheit im Parlament in Westminster.[3]

Zur Skepsis gegenüber Aktiengesellschaften dürfte auch eine Spekulationsblase in den frühen 1690er Jahren beigetragen haben, die ihren Ursprung in der Vergabe von königlichen Patenten hatte. Diese erteilte die Krone „virtually on demand to anyone claiming to have a new invention and prepared to pay the steep fines involved."[4] Inhaber solcher royaler Autorisierungen durften sodann Investoren an der Ausbeutung ihrer Erfindung beteiligen. Deren Anteile entsprachen Aktien und ließen sich frei handeln. Im Gegensatz hierzu mussten Charters, die ebenfalls Grundlage einer Aktiengesellschaft sein konnten und über welche die großen Gesellschaften verfügten, vom Parlament beraten und beschlossen werden. Die zwei Wege zur offiziell genehmigten Kompagnie unterschieden sich also darin, dass das „patent system" dem Parteienstreit nicht direkt unterlag und es, so Christine MacLeod, eher eine Form von Patronage darstellte, während bei Beratungen in Westminster die unterschiedlichen parteipolitischen Sichtweisen eine viel größere Rolle spielten.[5] Auch wenn sich viele Unternehmen der frühen 1690er weitgehend auf Manufakturen konzentrieren wollten und insofern den Whigs vielleicht nicht unsympathisch waren, zog der Aktienhandel als ‚unproduktive Tätigkeit' im letzten Jahrzehnt des 17. Jahrhunderts dennoch große Kritik auf sich,

---

[3] Magnusson, Mercantilism, S. 101–103; ders., Political, S. 179–183; Barth, Reconstructing, S. 262, 273–276 u. 279–280; Ormrod, Rise, S. 343; Pincus, Rethinking, S. 19, 21 u. 23; ders., 1688, S. 374 u. 385–393; ders./Wolfram, Alice: A Proactive State? The Land Bank, Investment and Party Politics in the 1690s. In: Gauci, Regulating, S. 41–62; Pettigrew/Cleve, Parting; Swingen, Abigail L.: Competing Visions of Empire. Labor, Slavery, and the Origins of the British Atlantic Empire. New Haven/CT 2015, S. 172–195.
[4] Ebd., S. 550.
[5] MacLeod, Christine: The 1690s Patents Boom. Invention or Stock-Jobbing? In: Economic History Review 39 (1986), S. 570.

und das Scheitern der Spekulation erwies sich für das Ansehen der Organisationsform Company als nachteilig.[6]

Die eher negative Stimmung gegenüber Kompagnien lässt sich 1717/18 an einem Bespiel noch einmal schlaglichtartig beobachten. Im Nachhinein kann die Promotion einer Seeversicherungsgesellschaft jedoch auch als einer der Vorläufer der Ereignisse 1720 in London gelten. Sicher, Policen zum Schutz des eigenen Vermögens gegen die weiterhin großen Gefahren Wetter, unzureichendes nautisches Wissen (insbesondere die mangelhafte Kenntnis des Längengrades) und Piraterie gab es in London schon seit dem 16. Jahrhundert. Makler suchten einen oder bei höheren Summen mehrere Versicherer (zumeist Kaufleute), die auf Grundlage der Seeroute, der Jahreszeit, des Schiffs und des Kapitäns die Prämie berechneten und kassierten und im Unglücksfall die versicherte Summe auszahlten. Etwa 200 solcher Einzelassekuradeure soll es um 1720 in London gegeben haben.[7] Das System empfanden einige Promotoren jedoch als unbefriedigend. Denn die Versicherer, so führten sie aus, könnten beim zeitgleichen Eintritt mehrerer Schadensfälle schnell bankrottgehen, wenn ihr Vermögen zur Begleichung der eingegangenen Risiken nicht hinreiche.

Für Abhilfe sollte aus Sicht zweier zunächst konkurrierender Gruppen eine Aktiengesellschaft sorgen. Vorschläge dafür hatte es schon im 17. Jahrhundert gegeben.[8] Dort bereits ausformulierte Gedanken aufgreifend, argumentierten die Firmengründer 1717, dass aufgrund des großen Stammkapitals und der erheblichen Zahl beteiligter Anleger, die im Zweifelsfall Zubußen leisten müssten, eine höhere Garantie der Zahlungsfähigkeit im Schadensfall erreicht werde. Auch müsste die Company Forderungen schneller begleichen als Privatversicherer, weil ihr Ansehen davon abhänge. Wer eine Assekuranz benötige, brauche sich zudem

---

6 Murphy, Anne L.: Financial Markets. The Limits of Economic Regulation in Early Modern England. In: Stern/Wennerlind, Mercantilism, S. 273.
7 Supple, Barry: The Royal Exchange Assurance. A History of British Insurance 1720–1970. Cambridge 1970, S. 1–21; Scott, W.R.: The Constitution and Finance of English, Scottish and Irish Joint-Stock Companies to 1720. Bd. I, Cambridge 1910, S. 460. Zum größeren Kontext: Denzel, Markus A.: Die Seeversicherung als kommerzielle Innovation im Mittelmeerraum und in Nordwesteuropa vom Mittelalter bis zum 18. Jahrhundert. In: Cavaciocchi, Simonetta (Hrsg.): Ricchezza del Mare, Ricchezza dal Mare. Secc. XIII–XVIII, Florenz 2006, S. 597–600.
8 Scott, Constitution III, S. 396–397. Die Gründung von Versicherungsgesellschaften ist als eine der großen ökonomischen Innovationen des Jahres 1720 gepriesen worden. Frehen/Goetzmann/Rouwenhorst, Evidence, S. 586; Condorelli, 1719–20 Stock Euphoria, S. 24–32. Zu früheren Vorschlägen Carswell, South, S. 34–35; Scott, Constitution III, S. 294; Bogatyreva, Anastasia: England 1660–1720. Corporate or Private? In: Leonard, Adrian B. (Hrsg.): Marine Insurance. Origins and Institutions, 1300–1850. Houndsmill 2016, S. 182–185. In ebd., S. 186–198, auch eine ausführliche Wiedergabe der Diskussionen 1717 bis 1720.

selbst bei hohen Summen nur noch an einen Versicherer zu wenden – der Erwerb von Policen werde dadurch vereinfacht. Schließlich erwarteten die Promotoren, dass eine große Aktiengesellschaft aufgrund ihres beträchtlicheren Geschäfts auch insgesamt günstigere Prämien anbieten könnte.

Die Unternehmer ergänzten diese Überlegungen mit staatspolitischen Erwägungen, die europäische Geldflüsse in den Blick nahmen und damit auf der Klaviatur der ‚jealousy of trade' spielten. Denn grundsätzlich, so behaupteten sie, stehe der Londoner Versicherungsmarkt im Schatten des Amsterdamer, der günstigere Prämien und sicherere Schadensbegleichung biete. Dies habe zur Folge, dass Geld aus der britischen Hauptstadt in die Niederlande abfließe und damit verlorenginge. In Zukunft, hofften die Promotoren, würden Kaufleute auf dem Kontinent hingegen ihre Versicherungen bei der Londoner Company abschließen und die Prämienzahlungen dorthin gehen.[9] Die Unternehmer sahen die Aktiengesellschaft somit dem Einzelkaufmann im Versicherungsgewerbe gegenüber als strukturell überlegen an. Wollte man das Geschäftsfeld nur kopieren, so bezog sich Emulation auf die neu zu nutzende Organisationsform der Kompagnie. Diese sollte die Idee der Versicherung auf ein neues Level heben. Der Erfolg, so versprachen es die Promotoren, käme Investoren, Versicherten und dem Staat gleichermaßen zugute.

Die individuellen Assekuradeure in London erzählten eine andere Geschichte. Die bisherigen Einrichtungen hätten sich als durchaus angemessen erwiesen, es fließe kein Geld ins Ausland, sondern komme umgekehrt schon jetzt nach Großbritannien. Die Promotoren seien in erster Linie auf „stock-jobbing" aus. Damit wurde ein verbreitetes Schlagwort aufgegriffen, das eine Reihe negativer mit dem Aktienhandel verbundener Assoziationen weckte: Spekulation störe den Handel und verhindere Wachstum; Kursschwankungen würden durch gezielte betrügerische Fehlinformationen verursacht und damit die Moral untergraben; Spekulanten liefen zudem Gefahr, ihr Vermögen zu verlieren; der Idee der ‚jealousy of trade' folgend, stehe mit der vorherzusehenden Aktienspekulation ein nationaler Energieverlust zu erwarten.[10] Als zweiten Kritikpunkt führten die Gegner der Versicherungsgesellschaft an, dass „the granting [of] such [a] Cor-

---

[9] Gutachten des Attorney General Edward Northey und des Solicitor General William Thomson, o. O. 12.3.1718. In: The Special Report from the Committee Appointed to Inquire into and Examine the Several Subscriptions for Fisheries, Insurances, Annuities for Lives, and All Other Projects Carried on by Subscription, in and about the Cities of London and Westminster; and to Inquire into all Undertakings for Purchasing Joint-Stocks, or Obsolete Charters. London 1720, S. 25–26; Supple, Royal Exchange, S. 15–16.

[10] Murphy, Financial, S. 273; Hoppit, Julian: Attitudes to Credit in Britain, 1680–1790. In: The Historical Journal 33 (1990), S. 309.

poration will in consequence end in a monopoly". Auch wenn die Promotoren dies nicht von vornherein forderten, so sei dies doch die logische Konsequenz. Denn

> having such a large Stock, they will in Probability insure very low at the beginning to bring People to them, and thereby Discourage the present Method of insuring and oblige the People who are now concerned therein to leave off all Thoughts of insuring, and then the Company would put such Terms on the Insured, as they should think fit.[11]

Hier schloss die Argumentation an eine breitere und ältere monopolfeindliche Diskussionstradition an: „To be accused of being a monopolist was one of the most damning of political insults in seventeenth-century English political culture."[12]

König und Council zeigten keine Neigung, die Promotoren der projektierten Versicherungsgesellschaften tatkräftig zu unterstützen. Darauf deutet die Tatsache hin, dass sich die intensivere Beschäftigung mit einer Petition der ersten Unternehmergruppe, die diese zwecks Gewährung eines königlichen Patents Anfang 1718 eingereicht hatte, bis Anfang 1720 nicht rekonstruieren lässt. Verantwortlich für mangelndes Interesse mag der negative Bericht gewesen sein, den Attorney und Solicitor General gemeinschaftlich verfassten, nachdem der König sie um eine Stellungnahme gebeten hatte. Letztere stellten fest, dass es bislang keine Seeversicherungsgesellschaft gebe und „the making of an Experiment in a thing of this Nature, if it should prove amiss, would be of the utmost Consequence to the Trade of this Nation."[13] Das Risiko, den Handel und damit den Staat durch einen Fehlschlag zu schwächen, erschien den Beamten mithin zu groß, mindestens aber eine Beratung durch das Parlament zu erfordern. Zwar hatten die Promotoren der gegenüber Aktiengesellschaften skeptischen Stimmung noch vorzubeugen gesucht, indem sie in ihrer Petition betonten, dass sie weder die Geschäfte anderer Gesellschaften nachteilig beeinträchtigen, noch Einzelversicherer verbieten wissen wollten.[14] Auch hatten sie versucht, das Gutachten des Attorney und Solicitor General durch das Angebot von Erfolgsprämien bzw. der

---

11 Gutachten des Attorney General Edward Northey und des Solicitor General William Thomson, o. O. 12. 3. 1718. In: The Special Report, S. 27.
12 Stern, Philip J.: Companies. Monopoly, Sovereignty, and the East Indies. In: Ders./Wennerlind, Mercantilism, S. 181.
13 Gutachten des Attorney General Edward Northey und des Solicitor General William Thomson, o. O. 12. 3. 1718. In: The Special Report, S. 28. Auch: Scott, Constitution III, S. 397.
14 Petition, London 25. 1. 1718. In: The Special Report, S. 17.

bevorzugten Aktienvergabe an die beiden Offiziellen zu beeinflussen.[15] Doch zunächst blieb all dies ohne Erfolg.

Die Planer der beiden Versicherungsgesellschaften waren dennoch von ihrer Idee überzeugt. Sie hatten den Regierungsbeamten sogar noch mitgeteilt, dass ihre Gewinnerwartungen den gesetzlich zulässigen Zinssatz zu übersteigen versprächen, solange das Stammkapital nicht £1,2 Millionen übersteige. Dies schien auch gerechtfertigt, denn

> Certainly those that take from the Merchants all the Risques of the Seas, and give them a real and visible Security, ought to make more Interest of their Money, than in any other Business whatsoever.[16]

Vor dem Hintergrund solcher Hoffnungen ließen sich die Promotoren deshalb durch die Bedenkenträger ebenso wenig von ihrer Idee abbringen,[17] wie von der mangelnden offiziellen Genehmigung oder der Tatsache, dass es etwa ein halbes Jahr dauerte, bevor eine der Subskriptionslisten für die Unternehmensanteile 1717 gefüllt gewesen war – ein Anzeichen, dass die Begeisterung für Aktiengesellschaften und -spekulation noch keine breiteren Teile der Bevölkerung erfasst hatte, sondern es sich eher um persönlich interessierte Investoren gehandelt haben dürfte.[18]

In der Folge taten sich die beiden Unternehmergruppen für Versicherungen 1718 zusammen, und weil die Erlangung einer Charter weiterhin unwahrscheinlich blieb, nutzten sie seit 1719 zunächst diejenigen von zwei bankrotten Unternehmen, die sie günstig aufgekauft hatten. Unter diesem Deckmantel begann die später Royal Exchange Assurance genannte Versicherung mit dem Geschäft. Das Vorgehen weckte jedoch Zweifel, weil jede Charter den Unternehmenszweck genau spezifizierte und es jenen der Seeversicherung noch nicht gab. Doch das war nicht die einzige Besonderheit in der Umsetzung. Denn auch im Hinblick auf die neu ausgegebenen Aktien, die einen Nennwert von £100 hatten, planten die Unternehmer wohl nicht, das gesamte gezeichnete Kapital von £1,152 Millionen

---

15 Briefe von Bradley und Billingsley an Attorney General Edward Northey und Solicitor General William Thompson, Mercers Hall 6.3. u. 10.3.1718. In: Ebd., S. 28–31.
16 Briefe von Bradley und Billingsley an Attorney General Edward Northey und Solicitor General William Thompson, Mercers Hall 10.3.1718. In: Ebd., S. 30 bzw. 31.
17 Es gibt allerdings auch einen Hinweis, dass sie diese Form unter der Hand empfohlen haben könnten. Vgl. Bericht Case Billingsleys an die Parlamentskommission, o. O. 7.3.1720. In: Ebd., S. 33.
18 In diese Richtung weist auch ein Vergleich der Namen der Subskribenten der Versicherung 1717 mit denen einer Aktienausgabe der Royal African Company 1720. Es finden sich praktisch keine Überschneidungen. Shea, Gary: (Re)financing the Slave Trade with the Royal African Company in the Boom Markets of 1720. Working Paper 2011, S. 29–30.

einzahlen zu lassen. Sie begnügten sich zunächst vielmehr mit einer Anzahlung von 0,25 % auf jeden Anteil zum Zeitpunkt der Subskription. Mit Aufnahme des Geschäfts im Februar 1719 wurden dann weitere 4,75 % eingefordert und im Juli des Jahres noch einmal 5 %.[19] Dahinter stand vermutlich eine Idee, welche die Unternehmer einer später in Hamburg gegründeten Aktiengesellschaft expliziter ausführten.[20] Die Versicherung benötigte im Alltag wenig Betriebskapital – dieses forderte sie aber sofort von den Aktionären ein. Das nicht einbezahlte Kapital bildete einen „fund of credit".[21] Seit der Jahrhundertwende hatte es eine gewisse Euphorie für solche Formen der Kapitalschöpfung gegeben, wobei es zumeist um den Staatskredit ging und insofern hier eine weitere Adaption erfolgte. Die Idee der Versicherungen war, dass der Kredit im Alltag nicht gebraucht würde und daher in den Händen der Aktionäre verbleiben könne. Von diesen wollte man das ausstehende Geld nur im Bedarfsfall einfordern – etwa wenn zu hohe Schadensforderungen aufkamen. Diese Methode schuf für die Versicherten Sicherheit und steigerte für die Aktionäre die Verzinsung des eingezahlten Kapitals, solange nicht zusätzliches benötigt wurde. Und offenbar brauchte die neue Company 1719 noch nicht einmal das bislang eingezahlte Geld für den laufenden Betrieb, denn einen Teil legten die Direktoren in Aktien der East India Company an.[22]

In der Zwischenzeit hatten die Promotoren im Frühjahr 1719 erneut um ein königliches Patent gebeten – offensichtlich, weil sie sich des prekären Rechtszustandes der Nutzung fremder Charters bewusst waren und weil sie neue Gründe für die royale Gnade zu haben glaubten. In ihrem Schreiben verwiesen sie auf den laufenden Krieg der Quadrupelallianz gegen Spanien und einen jakobitischen Invasionsversuch 1719. Sie führten aus: „We are in hopes the Service we lately did, in furnishing a large Sum of Money, when the threaten'd Invasion [...] justly call'd for the Purses, as well as Hearts, of your Loyal Subjects, is come to your Majesty's Knowledge." Für die Zukunft versprachen sie: „It is only an Essay of the Assistance we shall at all Times readily give, being zealously attach'd to your Majesty's

---

19 Supple, Royal Exchange, S. 20. Die längerfristige Kapitalstruktur findet sich bei Scott, Constitution III, S. 410.
20 Vgl. dazu unten im Juli 1720. Aus den britischen Akten ergibt sich nur der knappe Hinweis, dass „a Joynt Stock of one or two Millions Sterling" gebildet werden solle, „a sufficient Part whereof should be deposited for the present, and the rest to be called for as there might happen to be Occasion." Bericht Case Billingsleys an die Parlamentskommission, o. O. 7.3.1720. In: The Special Report, S. 32.
21 Vgl. zu unterschiedlichen Konzeptionen dieser populären Idee Scott, Constitution I, S. 396– 398.
22 Hoppit, Attitudes, S. 308. Zum Investment in Aktien: Scott, Constitution III, S. 399.

Royal Person and Government."[23] Neben der Betonung ihrer Treue gingen sie auch auf die Monopolkritik der Einzelversicherer ein und versicherten, dass sie lediglich „exclusive of other Corporations" ihr Geschäft betreiben wollten. Individuelle Assekuradeure sollten hingegen weiterhin erlaubt bleiben – ähnlich wie im Fall der Bank of England und der Privatbankiers. Die Einzelversicherer waren allerdings erneut schnell mit einer Gegenpetition zur Stelle. Sie betonten, die geplante Emulation sei der falsche Weg: „an Innovation in the Method will be very fatal to Trade."[24] Beide Bittschriften wurden wiederum an den Attorney General verwiesen, der ein Gutachten erstellen sollte. Dieser kam der Aufforderung jedoch nur schleppend nach, so dass in den nächsten Monaten wenig passierte.

Das erste Geschäftshalbjahr der Versicherung zeigte trotz der rechtlichen Kunstgriffe, dass das Geschäftsmodell durchaus funktionierte. Fast 500 Kaufleute schlossen Assekuranzen in Höhe von etwa £1,3 Millionen ab. Die Gesellschaft verdiente an den Prämien so gut, dass sie Ende Oktober 1719 eine 5-prozentige Dividende an ihre Aktionäre ausschütten konnte und der Wertpapierkurs auf etwa 160% anstieg.[25] Von diesem Erfolg wollten auch andere profitieren und kopierten die Geschäftsidee der Versicherung. Zu den ersten Aktiengesellschaften des beginnenden Börsenbooms in London in der zweiten Jahreshälfte 1719 gehörte im August die spätere London Assurance unter der Leitung Stephen Rams. Sie konnte im November 1719 im Gegensatz zur ersten Versicherung schon relativ einfach Anteile im Nennwert von £1,2 Millionen verkaufen. Dies gelang, obwohl zeitgleich in Colebrook's Coffee House für eine weitere Company das Stammkapital von £800.000 zur Zeichnung auslag. Die beiden Unternehmen vereinigten sich dann im Dezember, während in eben diesem Monat auch die frisch gegründete ‚Shale's Insurance' erfolgreich um Investoren für Aktien in Höhe von £1 Million warb.

Die Skepsis gegenüber der Aktiengesellschaft, ihrer Emulation für neue Geschäftsfelder und vielleicht auch der Verknüpfung von Organisationsprinzip und „credit"-Idee war mithin 1717/18 groß. Auch Investoren zeigten sich noch zurückhaltend. Obwohl sich die Promotoren um eine Darlegung der Vorteile der Kompagnieform bemühten, behielten in der argumentativen Auseinandersetzung zunächst die vor einem schädlichen Monopol warnenden Einzelversicherer die Oberhand – ihr Verfahren schien im Interesse des Handels und der Macht des Staates zu sein. Freilich hatten sie wohl nicht mit dem weiteren Vorgehen der Promotoren gerechnet – und dass der Erfolg des ersten Unternehmens zusätzliche Kompagnien auf den Plan rufen würde.

---

[23] Petition der Versicherungsgesellschaft, o.O. o.D. [vor dem 9.5.1719]. In: The Special Report, S. 34.
[24] Petition einiger Bürger von London und Bristol, o.O. o.D. [vor dem 9.5.1719]. In: Ebd., S. 36.
[25] Supple, Royal Exchange, S. 20.

Britische Fischerei

Im Gegensatz zum Geschäftsfeld der Seeversicherung gab es eine Fischfangaktiengesellschaft in England schon seit dem 17. Jahrhundert. Insofern existierten hier jene Erfahrungswerte, die den Assekuranzen fehlten, zugleich aber die Skepsis gegenüber der Organisationsform eher verstärken mochten. Die Aktivitäten der Royal Fishery Company waren im zweiten Jahrzehnt des 18. Jahrhunderts nicht übermäßig lebhaft. Nach ihrer Selbstaussage hatten Kriegsverluste das Unternehmenskapital aufgezehrt.

Daneben gibt es jedoch zahlreiche Parallelen zur Entwicklung im Assekuranzwesen. Die Royal Fishery Company versuchte 1716 eine Subskription zu veranstalten, um an frisches Kapital zu kommen, als plötzlich ein Konkurrenzunternehmen auf den Plan trat: „The Company of the Grand Fishery of Great Britain". Diese beantragte Anfang 1718 ein königliches Patent, wogegen die Royal Fishery Einspruch einlegte. Die von König und Council um einen Bericht gebetenen Attorney und Solicitor General ließen sich knapp zwei Jahre Zeit für ihre Stellungnahme und kamen am 12. November 1719 zu dem Ergebnis: Im Gegensatz zur Versicherungsgesellschaft sei die Vergabe eines Patents an die „Grand Fishery" zu empfehlen. Die Unternehmer hatten jedoch auch in diesem Fall nicht erst auf einen Bescheid gewartet. Am 20. Juli 1719 rief zunächst die Royal Fishery und am 14. Oktober dann auch die Grand Fishery, letztere allerdings vorerst ohne Charter, zur Subskription von Aktien auf.[26] Drei weitere Gesellschaften mit demselben bzw. ähnlichem Geschäftszweck kamen bis Februar 1720 hinzu.[27] Auch hier findet sich somit eine deutliche Zunahme der Emulationsbereitschaft der Organisationsform in der zweiten Jahreshälfte 1719, nachdem Subskriptionen in den Vorjahren nicht erfolgreich gewesen zu sein scheinen.

Die Motive hinter den Gesellschaften lassen sich einer Reihe Pamphlete entnehmen, die zu ihrer Bewerbung 1720 entstanden, zum Teil aber nur Neuauflagen von Drucken der letzten hundert Jahre waren.[28] Demnach glaubten die

---

26 The Case of the Company of the Royal Fishery of England. London 1720. Zur Geschichte der Royal Fishery Company auch: A Discourse Concerning the Fishery within the British Seas, and Other His Majesty's Dominions. Edinburgh 1720, S. 6–23. Generell zur englischen und schottischen Heringsfischerei: Coull, James R.: Fishery Development in Scotland in the Eighteenth Century. In: Journal of Scottish Historical Studies 21 (2008), S. 1–21; Harris, Bob: Scotland's Herring Fisheries and the Prosperity of the Nation, c. 1660–1760. In: Scottish Historical Review 79 (2000), S. 39–60.
27 Scott, Constitution III, S. 445–447.
28 Z.B. die im Titel veränderte Wiederauflage des Traktats von 1618 von: Raleigh, Sir Walter: Observations on the British Fishery. London 1720. Außerdem die Auflistung relevanter Pamphlete in: Discourse Concerning the Fishery, S. 5–6. Zu früheren Fischfangaktiengesellschaften: Cars-

Autoren, „Britain's Golden Mines" entdeckt zu haben.[29] Besonders ging es ihnen um die Heringsvorkommen vor der britischen Küste. Die Fischerei wurde von zahlreichen Autoren als eine Ernte des Meeres und die Küstengewässer als Fortsetzung des eigenen Landes oder als dessen Kolonie, als mare clausum, betrachtet.[30] Bislang zögen allerdings niederländische Fischer zum großen Vorteil ihres Landes den Nutzen daraus und hätten sich fremdes Eigentum damit faktisch angeeignet. Durch den Fang ‚britischen' Fischs würden sie unglaubliche Reichtümer anhäufen, weil dieser als Nahrungsressource großen Absatz in vielen Ländern Europas fände. Der Verkauf habe nicht nur eine positive Handelsbilanz der Niederlande zur Folge gehabt und dadurch die dortigen Gold- und Silberbestände vermehrt sowie die Heranbildung tüchtiger Seeleute begünstigt, sondern aufgrund der erforderlichen Zulieferdienste gesamtwirtschaftlich positive Auswirkungen gezeitigt sowie eine wachsende Bevölkerung ernährt und beschäftigt. Insgesamt habe demnach die Fischerei in britischen Gewässern den Aufstieg der Niederlande zur europäischen Macht ermöglicht.[31]

Niederländische Fangboote vom Meer zu verdrängen, versprach, laut Pamphletisten, dem Wettbewerber (endlich gedachte) Marktanteile abzujagen und „if carry'd on to the extent it is capable of, [it] would prodigiously enrich the Nation, and raise it to such a height of Glory and Prosperity, as might render us the Envy of

---

well, South, S. 26. Vgl. zu den Diskussionen über den britischen Fischhandel seit dem 17. Jahrhundert auch Magnusson, Political, S. 60.
29 Britain's Golden Mines Discover'd. Or, the Fishery Trade Considered. London 1720.
30 Die Bezeichnung der Kolonie in: The Importance and Management of the British Fishery Consider'd. In a Letter to a Friend. London 1720, S. 32–33. Das mare clausum Argument in: A Discourse Concerning the Fishery, S. 3–4.
31 Raleigh, Observations; Barback, R.H.: The Political Economy of Fisheries. From Nationalism to Internationalism. In: Bulletin of Economic Research 19 (1967), S. 71–75. Vgl. zu dieser Sicht auf die niederländische Heringsflotte auch: Robinson, Robb: The Fisheries of Northwest Europe, c. 1100–1850. In: Starkey, David J. (Hrsg.): A History of the North Atlantic Fisheries. Bd. 1: From Early Times to the Mid-nineteenth Century. Bremen 2009, S. 140–144. Zum britischen Neid auf den niederländischen Fischfang vgl. auch Rommelse, Gijs/Downing, Roger: Anglo-Dutch Mercantile Rivalry, 1585–1688. Interests, Ideologies, and Perceptions. In: Isenmann, Merkantilismus, S. 173. Die neuere wirtschaftshistorische Forschung sieht den Anteil des Fischfangs am niederländischen Wirtschaftswachstum und die Auswirkungen auf Beschäftigung allerdings deutlich skeptischer. Vgl. Bochove, Christiaan van: The ‚Golden Mountain'. An Economic Analysis of Holland's Early Modern Herring Fisheries. In: Abreu-Ferreira, Darlene/Sicking, Louis (Hrsg.): Beyond the Catch. Fisheries of the North Atlantic, the North Sea and the Baltic, 900–1850. Leiden 2009, S. 209–243; ders./Zanden, Jan Luiten van: Two Engines of Early Modern Economic Growth? Herring Fisheries and Whaling During the Dutch Golden Age (1600–1800). In: Cavaciocchi, Ricchezza, S. 557–574.

the whole Earth!"³² ‚Jealousy of Trade' stand mithin auch beim Fischfang Pate. Doch nicht nur durch Fang und Handel gewinne man an Macht. Fischfangflotten seien eine „Nursery" für Seeleute, die wiederum die Voraussetzung für die Bemannung der Schiffe der Royal Navy zur Landesverteidigung in Kriegszeiten sowie für den Auf- und Ausbau des Empires seien – es ging somit auch um direkte Macht.³³ Schließlich habe die Fischerei im Gegensatz zu Goldvorkommen den Vorteil, dass sie zwar des beständigen Einsatzes bedürfte, dann aber Gold einbrächte. Während Spanien durch seine Minen faul geworden sei, würden in Britannien Arme und Unterbeschäftigte durch den Fischfang zusätzliche Arbeit finden, nicht nur als Seeleute, sondern auch in anderen Industriezweigen, die Produkte für den Schiffsbetrieb herstellten.³⁴ Fischerei „will [...] alleviate the Nation's burthen, and in some measure be a re-peopling of us too, by adding many lost hands to the Service of the Publick."³⁵ Neben den Auswirkungen auf Manufakturen und Beschäftigung wurden schließlich auch die Vorteile für den Handel aufgezählt. Hering erlaube den niederländischen Kaufleuten bislang

> not only [...] full Employment to their Ships, so that they need not go in Ballast to seek Freight, but by the Profit of outward-bound Voyages [they] are enabled to serve other Countries so cheap, as to render their Ships the Common Carryers of the World; and that besides, by continual bartering of such Exports, Holland is render'd the mighty Store-house and Emporium of all foreign Product and Manufacture.³⁶

In Zukunft könne London zu einem solchen Handelsknoten werden.

Als Gründe, warum Großbritannien bislang keinen Erfolg im Fischfang gehabt habe, führten Autoren regelmäßig Kriege und nicht hinreichende Investitionen und Bemühungen an.³⁷ Grundsätzlich sahen die Pamphletisten britische Fischer jedoch gegenüber Niederländern im Vorteil, weil die Fangzonen näher an ihren Heimathäfen lägen und daher Schiffe weniger Tage auf See verbringen müssten. Dies spare Geld und erlaube günstigere Verkaufspreise. Auch könne durch die geringere Entfernung der frische Fang des Jahres schneller zu den Märkten ge-

---

32 The Importance and Management, S. 4; Britain's Golden Mines Discover'd, S. 17. Briten waren auch nicht die einzigen, die hofften, die niederländischen Heringsflotten kopieren zu können. Vgl. Poulsen, Bo: Imitation in European Herring Fisheries, c. 1550 – 1860. In: Scandinavian Journal of History 41 (2016), S. 185 – 207.
33 The Importance and Management, S. 9; Britain's Golden Mines Discover'd, S. 14 – 15.
34 Ebd., S. 9 – 10; Barback, Political Economy, S. 74.
35 The Importance and Management, S. 14; Britain's Golden Mines Discover'd, S. 12 – 13. Eine ‚Modellberechnung' der Auswirkungen der Fischerei auf andere Gewerbezweige bei Raleigh, Observations, S. 45 – 46.
36 The Importance and Management, S. 15; A Discourse Concerning the Fishery, S. 26.
37 Ebd., S. 13 – 16.

langen, wo dann noch höhere Preise für das Produkt gezahlt würden. Schließlich sei aufgrund der Nähe zur Küste im Heringfang auch der Einsatz kleinerer und somit günstigerer Schiffe möglich.[38]

Allerdings gingen die Autoren davon aus, dass nur eine große Aktiengesellschaft Erfolg haben könne. Denn zu leicht gäben Einzelunternehmer oder kleinere Unternehmen bei Anfangsverlusten den Fischfang wieder auf. Um ihn von den Niederländern zurückzuerobern, müssten aber auch einige schlechte Jahre ausgehalten werden können. Außerdem sei viel Geld notwendig, um eine Flotte bauen, niederländische Fachleute für den Wissenstransfer anheuern und deren hohe Gehaltsforderungen begleichen zu können. Zumal es Niederländern gesetzlich verboten war, in Konkurrenzflotten mitzusegeln – ein Versuch, Spezialwissen im Land zu halten und dadurch fremde Emulationsbemühungen zu sabotieren.[39] Obwohl die Generalstaaten die Fischerei nicht durch eine Aktiengesellschaft betrieben, sei die Organisationsform der Company für Großbritannien somit die einzige Chance, im Fischfang zu reüssieren. Insofern ging es auch hier um die Nachahmung eines Gewerbezweiges, nicht einer Organisationsform. Der Wechsel der letzteren war eher das innovative Element des Plans.

Wohl um möglichen Widerständen zuvorzukommen, betonten die Promotoren der National Fishery in einem Schreiben an das House of Commons ausdrücklich, dass sie kein Monopol wünschten.[40] Auch eines der Pamphlete sprach sich gegen eine solche Marktbeschränkung aus, weil dann einem einzigen Unternehmen ein so wichtiger Wirtschaftszweig anvertraut würde und alle anderen Briten nicht länger darüber nachdächten. Im Falle eines Misserfolgs der Aktiengesellschaft sei dies ein hohes Risiko. Während beim Fehlen eines Monopols andere Interessierte die Fehlschläge der Kompagnie ausnutzen könnten, wendeten sie sich andernfalls von dem Geschäftszweck ab. Unter dem Druck nationaler Konkurrenz müsse sich die Gesellschaft zudem um den günstigsten Preis für ihre Ware bemühen und fördere damit das Wohl des Landes mehr, als wenn sie durch Schutzmaßnahmen überteuert produziere und von Ausländern in fremden Märkten ausgestochen würde. „[A]ll Monopolies are destructive to Trade, except that founded upon under-selling every Body else."[41]

Die Übernahme des Fischhandels diskutierten Briten schon lange, und ein Interesse daran zeigten nicht nur Promotoren. Auch das Parlament hatte seine

---

38 Britain's Golden Mines Discover'd, S. 52.
39 Z. B. ebd., S. 39–40 u. 54–60.
40 Reasons Humbly Offered to the Honourable House of Commons, for Carrying on a National Fishery. O.O. o.J. [London 1720].
41 Britain's Golden Mines Discover'd, S. 24–39, Zitat S. 39. Aus der französischen Diskussion ein ganz ähnliches Argument bei Orain, La politique, S. 233.

Unterstützung für den Geschäftszweig wiederholt bekräftigt. Erstens zahlte der Staat für Hering seit 1707, für Fisch allgemein seit 1719 eine Exportprämie.[42] Damit hofften die Abgeordneten in Westminster Anreize für den Aufbau einer britischen Fischfangflotte zu schaffen. Solche Bounties „often had both economic and non-economic objectives in view", wie sie auch die Kompagniebefürworter in ihren Werbeschriften betonten.[43] Zweitens war im März 1719 ein Vertrag zwischen Großbritannien und der Stadt Hamburg abgeschlossen worden, der in Zukunft den Import britischen Herings zu denselben Konditionen wie für niederländischen erlaubte und damit eine deutliche Handelserleichterung für Kaufleute aus dem Vereinigten Königreich brachte.[44] Für die Erwartung der Fischfanggesellschaften, dass König Georg I. Patente bewilligen würde, dürften solche langjährigen Debatten und neueren staatlichen Anreizstrukturen für und Bemühungen um den Fischfang nicht unbedeutend gewesen sein.

Auch im Fischfang war der Neid auf die Niederländer ein Antriebsmotiv, Aktiengesellschaften vorzuschlagen, zumal nur solche die Fähigkeit zu besitzen schienen, den ausländischen Fischern den Geschäftszweig tatsächlich abzujagen. Dies sahen auch Regierungsbeamte so und standen der Unternehmensgründung positiver gegenüber als im Falle der Versicherungen, zumal kein Monopol gefordert wurde und die Förderung der Fangflotten ohnehin auf der politischen Agenda stand. Emulation trat im doppelten Sinne in der Kopie eines ausländischen Geschäftszweigs und inländischer Konkurrenten mit der gleichen Organisationsform auf. Waren es zunächst in erster Linie Promotoren, so interessierten sich ab 1719 auch Investoren verstärkt für Aktiengesellschaften. Deren wachsendes Interesse hatte allerdings nicht nur etwas mit ,sinnvollen' Geschäftsideen und ,jealousy of trade' gegenüber den Niederlanden zu tun. Ganz wesentlich waren auch Ereignisse in Frankreich.

Das Système de Law

Während Briten vor dem Sommer 1719 auf der Suche nach Vorbildern für Geschäftsfelder in die Niederlande schauten und dabei die Organisationsform wechselten, nahm der Schotte John Law für seine Reform von Wirtschaft und Staatsfinanzen in Frankreich britische Aktiengesellschaften als Exempel – spe-

---

42 Die genaue Höhe für jede Fischart wurde abgedruckt in: The Importance and Management, S. 23–24.
43 Hoppit, Julian: Bounties, the Economy and the State in Britain, 1689–1800. In: Gauci, Regulating, S. 140 u. 141.
44 Harris, Scotland, S. 48.

ziell die Umwandlung von Staatsschulden in Aktien der South Sea Company bei deren Gründung 1711. Die Nachahmung angelsächsischer Ideen sollte so neben einer positiven ökonomischen Entwicklung in Frankreich und der Sanierung der Staatsfinanzen auch zum Wiedergewinn politischer Macht für die Bourbonenmonarchie führen. Denn deren Lage hatte sich nach dem Ende des Spanischen Erbfolgekriegs 1713 als schwierig erwiesen.[45]

Die französische Krone hatte im Laufe der militärischen Auseinandersetzungen unter Ludwig XIV. einen erheblichen Schuldenberg angehäuft. Die Steuereinnahmen reichten nicht mehr aus, um sowohl die wichtigsten Staatsaufgaben als auch die Zinszahlungen zu decken. Effektiv war der Staat somit bankrott. Die staatlichen Schuldtitel handelten Inhaber und Kaufinteressenten deshalb kurz nach dem Spanischen Erbfolgekrieg etwa 50 % unterhalb ihres Ausgabewerts, was den geringen Grad an Vertrauen in die Bedienung der Zinsen widerspiegelt. Die Regierung unternahm drastische Schritte gegen die Überschuldung. So wurde in einem ersten Schritt das Verhältnis von Münz- gegenüber Buchgeld verschlechtert, was dem Staat half, die Wirtschaft des Landes aber in eine deflationäre Krise stürzte. Der neue Finanzminister Adriene Maurice, Herzog von Noailles, machte diesen Schritt 1715 wieder rückgängig, um dem Staat Sondereinnahmen durch die zwangsweise Neuprägung von Geldstücken zu bescheren. Gleichzeitig entwertete dieser Schritt die drückende Schuldenlast der Monarchie. Darüber hinaus wurden Zahlungsverpflichtungen gestrichen bzw. gekürzt und Finanziers, denen man vorwarf vom Elend des Staates zu profitieren, durch ein Chambre de justice verfolgt. Die Maßnahmen hatten zwar einigen Erfolg, sie belasteten aber die wirtschaftliche Entwicklung des Landes und verstärkten insbesondere die Zweifel an der Verlässlichkeit der französischen Krone als Kreditnehmer.[46]

Nachdem John Laws Vorschlag, die Finanzprobleme mittels einer Staatsbank zu beheben, abgelehnt worden war, empfahl er dem Regenten Philipp II., Herzog von Orléans, 1716 die Gründung eines Kreditinstituts in Form einer privaten Aktiengesellschaft und in Nachahmung von Banken in anderen Ländern Europas. Einerseits war die Idee der Kompagnie in Frankreich ohnehin anschlussfähiger als in Großbritannien. Unter Ludwig XIV. und Jean-Baptiste Colbert hatte ein ihnen gegenüber aufgeschlossenes Klima vorgeherrscht. Neuere Forschungen zeigen zudem, dass ihre Gründung, wie im Falle Laws, oftmals auf die Initiative von Privatleuten zurückging – es sich somit nicht um staatliche Regelungswut han-

---

45 Shovlin, John: Jealousy of Credit. John Law's „System" and the Geopolitics of Financial Revolution. In: Journal of Modern History 88 (2016), S. 276.
46 Murphy, John Law, S. 193–198; Dale, First Crash, S. 56–57.

delte.⁴⁷ In Analogie dazu kann man Laws 1716 durch die Regierung genehmigte Bank sehen, die zu einer Belebung der Wirtschaft beitragen sollte. Andererseits gehören die Vorschläge des schottischen Finanzfachmanns in breitere französische Reformdiskussionen seit etwa 1700. Zahlreiche Denkschriften hatten in dieser Zeit Aktiengesellschaften als Weg aus der staatspolitischen und wirtschaftlichen Krise propagiert.⁴⁸ In der Bevölkerung herrschte nach den finanzpolitischen Maßnahmen der letzten Jahre allerdings zunächst große Skepsis ob Laws neuen Geldinstituts.⁴⁹

Die Banque Générale selbst sollte ein Stammkapital von 6 Millionen Livre (etwa £383.000) besitzen. Jedoch mussten die Anteilserwerber zunächst nur ein Viertel des Nennwerts jeder Aktie einzahlen und dies wiederum nur zu einem Viertel in Münzgeld und zu drei Vierteln in billets d'état. Hierbei handelt es sich um staatliche Schuldscheine, die das Geldinstitut zu ihrem Nennwert annahm, die Investoren zu jener Zeit aber wegen der schlechten staatlichen Zahlungsmoral für 40 % des Ursprungsbetrags kaufen konnten. Trotz der ihr entgegengebrachten Skepsis und des schmalen monetären Fundaments entwickelte sich Laws Bank jedoch zum Kern einer finanziellen Wiederbelebung Frankreichs. Sie gab Papiergeld aus, das durch Münzgeldeinlagen abgesichert, ständig in Edelmetall konvertibel und gegenüber Münzgeldabwertungen immun sein sollte. Dies schuf Vertrauen in ihre gedruckten Scheine. Auch diskontierte sie Wechsel, betrieb Devisengeschäfte und begann damit, Kredite an Kaufleute zu vergeben sowie Manufakturen zu fördern.⁵⁰ Weil aber die Summe der ausgegebenen Geldscheine entgegen der gesetzlichen Festlegung den Umfang des hinterlegten Münzgeldes überschritt, stand der Wirtschaft durch Laws Institut auch zusätzliches Geld zur Verfügung. Ziel war es, damit die französische Ökonomie insgesamt zu beleben. Denn: „Money's role in the body politic was compared to blood in the human body; its role was to distribute energy and nourishment to all of society's various parts."⁵¹ Zugleich postulierte Law mit seinen Papierscheinen sowie in seinen Texten auch, dass Geld nicht zwangsläufig aus Edelmetall bestehen müsse und dieses nur eine Ware neben vielen anderen sei, sodass in letzter Konsequenz der

---

47 Mandelblatt, Feeding; Horn, Lessons.
48 Orain, La politique, S. 25–78.
49 Murphy, John Law, S. 200–202.
50 Ebd., S. 198–207; Velde, François R.: Was John Law's System a Bubble? The Mississippi Bubble Revisited. In: Atack, Jeremy/Neal, Larry (Hrsg.): The Origins and Development of Financial Markets and Institutions. From the Seventeenth Century to the Present. Cambridge 2009, 101–102.
51 Wennerlind, Carl: Money. Hartlibian Political Economy and the New Culture of Credit. In: Ders./Stern, Mercantilism, S. 76; Newell, Margaret Ellen: From Dependency to Independence. Economic Revolution in Colonial New England. Ithaca/NY 1998, S. 113.

Übergang zu einer reinen, unbesicherten und auf Vertrauen basierenden Papierwährung erfolgen könne.[52]

Einstweilen erfuhr die Banque Générale zusätzlich Förderung, indem die französische Regierung 1717 Steuereinnehmer anwies, Geldtransfers auch in Scheinen des Unternehmens vorzunehmen – Laws Papiergeld wurde dadurch zu einer offiziell anerkannten Währung.[53] Die Erfolge der Bank erlaubten es dem schottischen Ökonomen zudem, mit Billigung des Regenten Maßnahmen zur Reform des französischen Staatsschuldenwesens insgesamt auf den Weg zu bringen.[54] Hierbei orientierte sich Law an der britischen South Sea Company. Deren Stammkapital hatte man bei ihrer Gründung 1711 aus Staatsschulden gebildet, die in Aktien umgewandelt wurden. Dem ging zeitlich die umfangreiche kriegsbedingte Ausgabe von Schuldscheinen durch den Exchequer, die Navy, das Ordonance und das Victualling Department voraus – mit denen die Regierung Warenlieferungen und Dienstleistungen für Heer und Marine im Spanischen Erbfolgekrieg vorläufig beglich. Für die Bezahlung dieser Schulden von £9,5 Millionen hatte das Parlament, im Gegensatz zu älteren Schuldtiteln, jedoch keine Einnahmen bestimmt. Sie galten daher als ‚unbesichert'. Vor dem Hintergrund der ohnehin seit 1690 rasant gestiegenen Staatsschulden und der neuen Lasten befand sich Großbritannien 1710 gefühlt in einer Kreditkrise, zumal die Regierung für die Fortführung des Spanischen Erbfolgekrieges zusätzliches Geld benötigte.[55] Letzteres erlangte sie 1711 und 1712 zwar durch ‚besicherte' Lotterieanleihen. Zugleich hatte sie aber eine höhere Verzinsung hierfür bieten müssen als bei früheren Krediten. Statt 6 % kamen ca. 8,5 % zustande. Das spiegelte die Zweifel der Kreditgeber ob der Zahlungsfähigkeit des Staates wider. Um diese unter Beweis zu stellen, mussten daher dringend Maßnahmen zur Beseitigung der ‚unbesicherten' Schulden ergriffen werden.[56]

Deren Besicherung sollte dadurch erfolgen, dass sie in das Stammkapital einer Aktiengesellschaft überführt wurden.[57] Helfen wollte dabei eine Gruppe von Unternehmern, die bereits seit der Jahrhundertwende erfolglos versucht hatte, der Bank of England als wichtigster Schuldenmanagerin des englischen/britischen

---

52 Zur britischen Diskussion vgl. Wennerlind, Money. Für den britisch-kolonialen Diskussionskontext vgl. Newell, Dependency, S. 107–180.
53 Murphy, John Law, S. 208–210.
54 Dale, First Crash, S. 57–61.
55 Carruthers, Bruce: City of Capital. Politics and Markets in the English Financial Revolution. Princeton/NJ 1996, S. 78.
56 Sperling, John G.: The South Sea Company. An Historical Essay and Bibliographical Finding List. Cambridge/MA 1962, S. 3.
57 Carswell, South, S. 34–35; Scott, Constitution III, S. 294.

Staates Konkurrenz zu machen. John Blunt und Sir George Caswall hatten die ursprünglich zur Produktion von Säbeln gegründete Sword Blade Company in den vorangegangenen Jahren zu einem Finanzinstitut umgebaut und waren aus Sicht der Regierung mit den notwendigen Maßnahmen für die Schuldenumwandlung bestens vertraut.[58] Am 7. März 1711 ging der Gesetzentwurf zur Gründung der South Sea Company an das House of Commons, am 10. September unterschrieb Königin Anne die Charter. Das Gesetz sah vor, dass die ‚unbesicherten' Schulden zwangsweise in Aktien umgetauscht werden mussten.[59] Des Weiteren setzte es fest, dass jeweils £100 Schuldscheine (die Spekulanten zu diesem Zeitpunkt für etwa £70 an der Börse handelten) in eine Aktie im Nennwert von £100 umgewandelt wurden. Für die übernommenen Verbindlichkeiten erhielt die South Sea Company 6% Zinsen. Um diese zu garantieren – die Staatsschuld zu besichern –, verpfändete das Parlament die Zollerträge u.a. aus Wein, Tabak und Essig. Die jährlichen Einnahmen der Aktiengesellschaft aus dem Kredit an den Staat und einer Verwaltungspauschale beliefen sich auf etwa £576.000.

Um den zukünftigen Aktionären zusätzlich Gewinnaussichten zu eröffnen, enthielt die Charter der Company ein Handelsmonopol für die spanischen Kolonien Südamerikas, präziser südlich des Orinoco Flusses an der Ostküste und an der gesamten Pazifikküste. Vom Monopolgebiet waren zwar die portugiesischen und niederländischen Besitzungen sowie spanische Häfen entlang der Nordküste des Kontinents und der Ostküste Mittelamerikas ausgenommen, weil diese gerne von britischen Schmuggelschiffen angelaufen wurden. Dennoch erhoffte man sich reiche Handelserträge für das Unternehmen aus dem Warenaustausch mit dem Rest des Kontinents und unter Umständen auch eine koloniale Expansion an dessen südlichem Ende in der Region um Buenos Aires. Von einem solchen Schritt erwartete man auch den Zugriff auf Edelmetallvorkommen, die bei der Abtragung der Staatsschulden behilflich sein konnten. Weil die Eroberung einer neuen Kolonie vor Ende des Spanischen Erbfolgekriegs unterblieb, und sich damit ein Teil der Erwartungen nicht erfüllte, erlangte die South Sea Company schließlich als Ausgleich aus den britischen Gewinnen beim Utrechter Frieden 1713 zumindest Konzessionen im spanischen Kolonialreich. Für die nächsten 30 Jahre erhielt sie das Asiento – ein sehr wertvoll eingeschätztes Monopolrecht zum Sklavenim-

---

[58] Dale, First Crash, S. 44; Bell, Stuart: „A Masterpiece of Knavery"? The Activities of the Sword Blade Company in London's Early Financial Markets. In: Business History 54 (2012), S. 623–638.
[59] Darüber waren nicht alle Inhaber unbesicherter Staatsschulden glücklich. Flinn, Michael W.: Sir Ambrose Crowley and the South Sea Scheme of 1711. In: Journal of Economic History 20 (1960), S. 51–66.

port – und das Privileg, jährlich ein Handelsschiff von 500 Tonnen zu den Messen in Portobelo, Cartagena und Veracruz zu entsenden.[60]

In Emulation des britischen Vorbilds gründete John Law 1717 zur besseren Verwaltung der französischen Staatsschulden die Compagnie d'Occident, die man umgangssprachlich bald Compagnie du Mississippi nannte. Die Gesellschaft erwarb ein 25jähriges Monopol für die Ausbeutung des nordamerikanischen Territoriums Louisiana – ein sich entlang des Mississippi erstreckender großflächiger Landstrich. Das Stammkapital von Laws Unternehmen sollte in Zukunft 100 Millionen Livre betragen, und die neu verkauften Aktien konnten Investoren mit billets d'état bezahlen. Diese nahm die Kompagnie wiederum zu ihrem Nennwert an, obwohl der Kurs bei etwa 40 % desselben lag. Staatsschulden wurden so in Anlehnung an das Vorbild der South Sea Company aber auch Laws Bank zum Stammkapital des Unternehmens. Zwar bestand kein Umtauschzwang, doch weil die französische Krone für die Verzinsung der billets keine Einnahmen spezifiziert und damit die Zahlungen garantiert hatte, letztere dem Unternehmen jedoch regelmäßig Zinsen zahlen wollte, bestand doch ein erheblicher Anreiz zur Konversion.[61]

Zeitgenossen nahmen die Parallelen zwischen britischem Vorbild und französischer Nachahmung deutlich wahr. So meinte ein anonymer Schreiber im französischen Außenministerium:

> Die unter dem Namen Compagnie d'Occident vorgeschlagene Gesellschaft verfolgt ähnlich wie die englische South Sea Company zwei Ziele – den Handel und die Rücknahme eines Großteils von billets d'état, um sie durch Aktien zu ersetzen, die auf dem Markt hoffentlich mehr Vertrauen genießen werden als die Staatspapiere.[62]

Aus Sicht John Laws, so hat John Shovlin argumentiert, sei die Mississippi-Faszination bei der ganzen Angelegenheit nur ein praktisches Vehikel für seine Politik zur Umwandlung der französischen Staatsschulden gewesen. An der kolonialen Expansion habe er tatsächlich kein Interesse gezeigt. Pläne in diese Richtung hätten allein dazu gedient, Kaufleute für seine Projekte zu interessieren und die Phantasie der Spekulanten zu wecken. Das tatsächliche Ziel seiner Bemühungen sei die Mobilisierung von in Staatsschulden gebundenem Kapital und

---

[60] Pincus, Steven: Addison's Empire. Whig Conceptions of Empire in the Early 18th Century. In: Parliamentary History 31 (2012), S. 99–117; Satsuma, Shinsuke: Britain and Colonial Maritime War in the Early Eighteenth Century. Silver, Seapower and the Atlantic. Woodbridge 2013, S. 160–188; Carswell, South, S. 55.
[61] Velde, John Law, S. 103–104.
[62] Zitat nach Murphy, John Law, S. 215. Zum Umwandlungsprojekt insgesamt auch ebd., S. 212–220.

die bessere Geldzirkulation gewesen. Flüssigeres Vermögen sollte die französische Landwirtschaft und den Gewerbefleiß beleben. Als größtes europäisches Land hätten Wohlstand und Kredit aus dem heimischem Agrar- und Manufakturwesen, so Shovlin, allein schon eine Vormachtstellung auf dem Kontinent gesichert, ohne dass Fernhandel oder militärische Eroberungen notwendig gewesen wären. „It was not empire but public credit that was at the heart of Law's vision of French prosperity and power."[63] Dem ist zuletzt deutlich widersprochen worden. Zum einen hat Arnaud Orain darauf hingewiesen, dass Law verschiedene Konzessionen für das nordamerikanische Territorium besaß und an anderen Unternehmen beteiligt war, die sich dessen Ausbeutung zum Ziel setzten. Die Begeisterung für die Mississippi-Region müsse ohnehin vor dem Hintergrund breiterer Debatten gesehen werden, in denen es um Kolonisation, Edelmetallfunde und den Pelzhandel mit Indianern sowie die Entdeckung von Seewegen nach Indien und die Eindämmung der britischen Expansion in der westlichen Hemisphäre ging.[64] Schließlich hat Malick W. Ghachem auf die Integration des Sklavenhandels und der karibischen Plantagenökonomie in Laws Planungen und auf die Auswirkungen der Projekte in der Karibik insgesamt hingewiesen.[65] Es spricht somit vieles für eine Reformagenda, die den französischen Staat auf beiden Seiten des Atlantiks stärken sollte.

Während die Umwandlung von Staatsschulden in Unternehmensanteile der Compagnie du Mississippi voranging, wurde im Herbst 1718 Laws private Bank in die Banque Royale umgewandelt und damit zur Staatsbank. Hierfür zahlte die Krone die bisherigen Aktionäre aus. Im Zuge dessen erreichte der Schotte zusätzliche Erleichterungen für die zukünftige Papiergeldausgabe sowie, dass Geldnoten fortan für zahlreiche Transaktionen das verpflichtende Zahlungsmittel darstellten. Außerdem schränkte die französische Regierung auf seine Bitte hin die Konvertibilität von Scheinen in Münzen ein. Zweigstellen des Geldinstituts entstanden in einer Reihe französischer Handelsstädte, und die enge Verbindung mit der Compagnie du Mississippi wurde festgeschrieben. Schließlich übernahm

---

[63] Shovlin, Jealousy, S. 283; ders.: Commerce, Not Conquest: Political Economic Thought in the French Indies Company, 1719–1769. In: Fredona, Robert/Reintert, Sophus A. (Hrsg.): New Perspectives on the History of Political Economy. London 2018, S. 176–180. Auch der Duc d'Orleans scheint sich wenig für eine koloniale Expansion interessiert zu haben. Vgl. Sturgill, Claude: Philip of Orleans „No Colonies" Policy, 1715–1722. In: Proceedings of the Meeting of the French Colonial Historical Society 10 (1985), S. 129–136.
[64] Orain, La politique, S. 79–90, 135–139, 176–190. Aus der älteren Forschung aber auch schon die Betonung bei Velde, John Law, S. 104.
[65] Ghachem, Malick W.: The Mississippi Bubble in Saint-Domingue (Haiti). In: Condorelli/Menning, Boom, S. 95–116.

die Handelsgesellschaft in der Folgezeit weitere Monopole bzw. Kompagnien mit solchen Rechten: 1718 das Tabakmonopol und die Senegal Compagnie, 1719 die Ostindien-, China- und Afrika-Compagnien – womit das Unternehmen fast den gesamten Kolonial- und Fernhandel kontrollierte – sowie die Münzpacht. Offiziell lautete die Bezeichnung nun Indienkompagnie (Compagnie Perpétuelle des Indes). John Law ging in Frankreich damit den Weg der Zusammenfassung möglichst vieler Aktivitäten unter einem Dach – der Gründung einer Super-AG, mit der sich auch umfassende politische Ziele verbanden.[66] Kritik an dieser Zusammenballung gab es zwar, sie fand einstweilen jedoch kein Gehör beim Regenten, dem Herzog von Orléans. Ob dieses Modell allerdings langfristig wirtschaftlichen und staatspolitischen Erfolg haben würde, musste sich noch zeigen.[67]

Jedenfalls gab die Compagnie du Mississippi, um die Übernahmen all der neuen Unternehmensteile zu finanzieren, im Juni und Juli 1719 weitere Anteile gegen Geld aus, wobei der Erwerb neuer den Besitz von Altaktien voraussetzte – was einer Werbemaßnahme für letztere entsprach. Für Neuaktien sah Law jedoch zugleich Ratenzahlungen vor, was deren Kauf erleichterte. Nachdem die Ausgabe von Unternehmensanteilen 1717 noch sehr mühselig verlaufen war, stellte sich die Situation zwei Jahre später erheblich einfacher dar. Denn parallel zur Bekanntgabe der Emissionen im Sommer 1719 stieg der Aktienpreis der Compagnie rasant an. Langsam entstand in Frankreich eine Börseneuphorie. Der vielleicht entscheidende Schritt erfolgte dann Ende August. Der schottische Finanzfachmann plante, die gesamte noch ausstehende französische Staatsschuld in Höhe von 1,5 Milliarden Livre aufzukaufen und dazu neue Aktien auszugeben. Insgesamt sah die Compagnie du Mississippi damit einer Verdopplung ihres Stammkapitals entgegen. Die Krone übergab ihr im Gegenzug im Herbst gegen eine Gebühr noch die Steuereinnahme in Frankreich und garantierte jährlich 3% Zinsen für die übernommenen Verbindlichkeiten. Weil diese garantierte Verzinsung einen Prozentpunkt niedriger lag als bislang, sah die französische Monarchie damit erheblichen Einsparungen im Schuldendienst entgegen.[68]

Die neueste Generation Aktien zur Schuldenumwandlung kam Ende September/Anfang Oktober auf den Markt, und sie mussten wiederum nur in Raten bezahlt werden, so dass Anleger zunächst de facto Optionen erhielten. Gleich-

---

[66] Stefano Condorelli, 1719–20 Stock Euphoria, S. 39, spricht von Konglomeraten und berücksichtigt damit vor allem die Vielzahl von Geschäftsfeldern. In Anbetracht von deren Verbindung mit einem extrem großen Stammkapital und Zielen der allgemeineren Wirtschaftsförderung erscheint der Begriff des Konglomerats aber als zu eng. Vgl. zu den politischen Ambitionen Orain, La politique, S. 125–172.
[67] Murphy, John Law, S. 203, 236–240, 251 u. 312.
[68] Velde, John Law, S. 105.

zeitig erreichte der Kurs der Compagnie du Mississippi immer wieder neue Höchststände, und die daraus resultierende Aktieneuphorie erleichterte die Umwandlung der staatlichen Verbindlichkeiten in Unternehmensanteile. Die Begeisterung der Investoren schien keine Grenzen mehr zu kennen. Durch die Vergabe günstiger Kredite, die Ausgabe von Papiergeld und die Festlegung von festen Ankaufpreisen für Aktien durch die Kompagnie selbst begegnete Law fallenden Kursen und heizte mittelfristig die sein Projekt ermöglichende Spekulation weiter an. Im November zahlten Anleger so für eine Aktienoption im Nennwert von 500 Livre bereits 6738 Livre.[69]

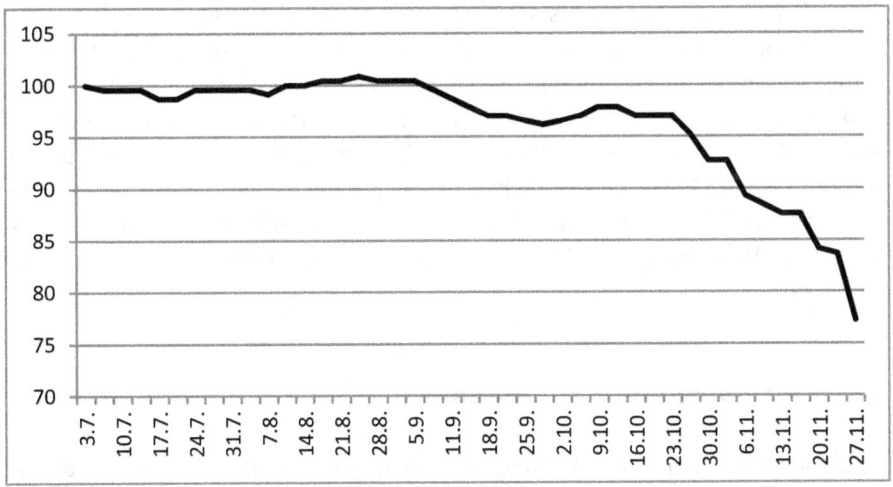

Grafik 1: Wechselkurs zwischen Paris und London 1719 (3. Juli 1719 = 100%). Die Angaben zu den Wechselkursen entstammen hier und im Folgenden dem in London publizierten und in der British Library einsehbaren Course of the Exchange 1719.

Durch die Kursentwicklung aufmerksam geworden, drängten aus vielen Teilen Europas internationale Investoren und Kapital nach Paris. Der Wechselkurs zwischen London und der französischen Hauptstadt bildet die Bewegung allerdings kaum ersichtlich ab, weil John Laws Papiergeldemission im Herbst eine Inflation auslöste, die sich auch in der Berechnung der Exchange Rate niederschlug. Einzig im August und Oktober deuten sich kurze Anstiege zugunsten Paris' an.[70] Ganz ähnliche Entwicklungen lassen sich für die Wechselkurse auf Hamburg

---

[69] Dale, First Crash, S. 61–65; Murphy, John Law, S. 211–212, 239–265; Velde, John Law, S. 111–112.
[70] Dale, First Crash, S. 65–72; Neal, Rise, S. 68.

und Amsterdam beobachten – auch von dort floss Anlagekapital an die Seine.[71] Einzelne Akteure riskierten erhebliche Summen: So soll zum Beispiel James Brydges, Herzog von Chandos, im September 1719 insgesamt £40.000 in Anteile der Compagnie du Mississippi investiert haben.[72]

Nicht nur dass Law durch seine Emulation der South Sea Company und die hervorgerufene Börseneuphorie auf dem besten Weg zu sein schien, die Kosten des französischen Staates für seinen Schuldendienst zu senken und dadurch die Staatsfinanzen zu sanieren. Es machte auf Beobachter auch den Eindruck, als ob Handel und Landwirtschaft im Bourbonenreich insgesamt von der durch Papiergeld und Aktienhandel ausgelösten wirtschaftlichen Dynamisierung profitierten.[73] Den Äußerungen des schottischen Finanzfachmanns in französischen Diensten lässt sich zudem entnehmen, dass seine Maßnahmen nicht nur finanzpolitische Ziele verfolgten, sondern dass er letztlich darauf abzielte, Frankreich zur Vormachtstellung in Europa zu verhelfen. Letztere sollte jedoch nicht auf militärischem, sondern wirtschaftlichem Weg errungen werden. Eine solche Vorherrschaft richtete sich freilich langfristig zwangsläufig und fundamental gegen andere Mächte. In diesem Sinn begann unter anderem der britische Botschafter in Paris zunehmend besorgte Briefe an seine Regierung in London zu schreiben.[74]

Ideen für Habsburger Kompagnien

Während in Frankreich die Aktienkurse in die Höhe schnellten, glaubte Alexander Otto von Landsberg-Vehlen Anfang Januar 1720, „un second Law" oder, mit Bezug auf die sagenumwobenen spanisch-südamerikanischen Silberminen, ein „petit Pérou" entdeckt zu haben, wie er seinem Vorgesetzten Prinz Eugen von Savoyen, dem Statthalter der österreichischen Niederlande, in einem Brief aus Brüssel mitteilte.[75] Er bezog sich mit seinen Äußerungen auf einen Plan für eine Aktien-

---

71 Zu Amsterdam vgl. Ebd., S. 65. Zu Hamburg vgl. Amtliche Kurse für Wechsel 1719. In: CBHH – S/653.
72 Carswell, South, S. 85; Walter Molesworth an John Molesworth, London 5.10.1719. In: Historical Manuscript Commission (Hrsg.): Report on Manuscripts in Various Collections VIII, London 1913, S. 281.
73 Murphy, John Law, S. 257–261.
74 Shovlin, Jealousy, S. 275–285.
75 Alexander Otto von Landsberg-Velen an Prinz Eugen von Savoyen, Brüssel 4.1.1720. Zitiert nach Huisman, Michel: La Belgique commerciale sous l'empereur Charles VI. La Compagnie d'Ostende. Brüssel 1902, S. 171.

gesellschaft, der ihm von den französischen Promotoren Marsaut und du Péray im Oktober 1719 aus Paris zugesandt worden war. Die beiden schlugen vor, im westlichsten Teil der Habsburgermonarchie eine Kompagnie für den Handel mit Asien und der Levante zu gründen und versprachen offensichtlich auch für den Staat reiche Gewinne aus dem Unternehmen. Mit der Parallele zu Law schuf Landsberg-Vehlen einen Referenzrahmen, innerhalb dessen die von ihm übersandten Vorschläge verstanden werden sollten.

Zwar äußerten Beamte in Wien Zweifel an dem konkret eingereichten Vorschlag. Doch dachten zeitgleich auch Kaiser Karl VI. und seine Berater intensiv über Aktiengesellschaften nach. Seit dem Frieden von Passarowitz 1718 standen wirtschaftliche Projekte weit oben auf der Agenda – zumal im Rahmen des Friedensvertrages auch ein Handelstraktat mit dem Osmanischen Reich abgeschlossen worden war. Der Kaiser und seine Berater hofften auf dessen Grundlage unter anderem, den Venezianern einen Teil ihres Warenverkehrs mit der Pforte abjagen zu können. Die Gründung einer Kaiserlich-Orientalischen Kompagnie zum monopolistischen Handel mit dem Osmanischen Reich im Mai 1719 verlief jedoch vergleichsweise glücklos. Bei Wiener Kaufleuten fand sie wenig Zuspruch; Investoren in Italien, den Niederlanden und Hamburg hielten sich ebenfalls zurück. Möglicherweise fürchteten die Geschäftsleute, durch ein von ihnen mitfinanziertes Unternehmen am Ende eigene Marktanteile in den Erblanden zu verlieren.[76] Insgesamt kamen lediglich 75.000 Gulden Stammkapital zusammen, was 75 verkauften Anteilen entsprach.[77] Das hatte jedoch bei Karl VI. nicht zum Erlahmen des Interesses an Aktiengesellschaften geführt – zumal auch in Wien Laws Erfolg im Herbst 1719 bekannt war – wohl aber zum Wechsel der Blickrichtung. Mitte November sprach sich die Ministerialkonferenz für die zusätzliche Gründung einer Fernhandelskompagnie in Flandern aus, und so erging am 9. Dezember 1719

---

[76] Hier sind noch weitere Forschungen notwendig. In diese Richtung deuten aber die Erkenntnisse zu den Wiener Niederlegern bei Rauscher, Peter/Serles, Andrea: Die Wiener Niederleger um 1700. Eine kaufmännische Elite zwischen Handel, Staatsfinanzen und Gewerbe. In: Österreichische Zeitschrift für Geschichte 26 (2015), S. 154–182.

[77] Mayer, Franz Martin: Die Anfänge des Handels und der Industrie in Österreich und die orientalische Compagnie. Innsbruck 1882, S. 36–44 u. 75–79; Dullinger, Josef: Die Handelskompagnien Österreichs nach dem Oriente und nach Ostindien in der ersten Hälfte des 18. Jahrhunderts. In: Zeitschrift für Social- und Wirthschaftsgeschichte 7 (1900), S. 47–48; Roider Jr., Karl A.: Reform and Diplomacy in the Eighteenth-Century Habsburg Empire. In: Ingrao, Charles (Hrsg.): State and Society in Early Modern Austria. West Lafayette/IN 1994, S. 317–319; Tschugguel, Helga: Österreichische Handelskompagnien im 18. Jahrhundert und die Gründung der Orientalischen Akademie als ein Beitrag zur Belebung des Handels mit dem Orient. Diss. phil., Wien 1996, S. 45–65. Zum Desinteresse in Hamburg vgl. Baasch, Ernst: Hamburg und die Compagnie von Ostende. In: Zeitschrift für Social- und Wirthschaftsgeschichte 5 (1897), S. 310.

die Anweisung an den Marquis de Prié in Brüssel, Vorschläge zu unterbreiten, wie der Handel von dort nach Asien am besten organisiert werden könne.[78]

In den österreichischen Niederlanden schienen die Bedingungen für wirtschaftliche Entwicklung wesentlich günstiger als in den Erblanden, weil dort das Interesse der örtlichen und auswärtigen Kaufleute am Fernhandel erheblich größer war. Die Provinz gehörte erst seit dem Ende des Spanischen Erbfolgekrieges zum Habsburgerreich, und der Übergang an den römisch-deutschen Kaiser hatte die Aufhebung von Handelsverboten für die dortigen Hafenstädte zur Folge gehabt. Weil Monopole der englischen und niederländischen Ostindiengesellschaften hier nicht galten, erschien die Region Kaufleuten zudem für Konkurrenzunternehmungen zur East India Company und der Vereenigden Oostindischen Compagnie günstig. Erstmals segelten 1715 zwei Schiffe von Ostende nach Indien und erwirtschafteten einen Profit von über 100%. Daraufhin schickten Unternehmer 1717 das nächste Schiff los, 1718 gingen drei und 1719 gar acht ab. Die Gesamttonnage entwickelte sich von 450 Tonnen im ersten Jahr über 200 im zweiten, 1.200 im dritten, auf über 2.400 Tonnen mit der vierten Expedition 1719. Zudem steuerten die Schiffe seit 1718 nicht mehr nur Indien, sondern verstärkt auch China an. Der Handel zeigte folglich vom Volumen und den Zielen her eine deutlich expansive Tendenz. Die Rentabilität der Reisen der Ostender erhöhte sich dadurch, dass sie im Gegensatz zur englischen oder niederländischen Ostindienkompagnie keine bedeutenden Stützpunkte in Asien unterhielten – mithin auch weniger laufende Ausgaben erwirtschaften mussten. Auch scheinen ihre Transportkosten in den Jahren bis 1723 geringer und die Fahrzeiten kürzer gewesen zu sein als bei den älteren Kompagnien. Das hatte zur Folge, dass die Waren der Ostender wesentlich günstiger in Europa verkauft werden konnten und sie der East India Company und der Vereenigden Oostindischen Compagnie erhebliche Konkurrenz machten.[79]

Hinter den Asienfahrern standen Chartergruppen, die sich allerdings nur zum Teil aus Flamen zusammensetzten. Daneben gaben auch Niederländer, Franzosen und Engländer Geld für die Ausstattung der Schiffe und verdienten an den Rückfrachten. Diese wollten vielfach die Handelsmonopole der Indienkompagnien in ihren Heimatländern auf dem Umweg über Ostende umgehen. Neben Kapital wurde aber auch auf weiteres Wissen, besonders aus Großbritannien,

---

[78] Huisman, Belgique, S. 158.
[79] Degryse, K./Parmentier, J.: Maritime Aspects of the Ostend Trade to Mocha, India and China (1715–1732). In: Bruijn, Jaap R./Gaastra, Femme S. (Hrsg.): Ships, Sailors and Spices. East India Companies and Their Shipping in the 16th, 17th and 18th Centuries. Amsterdam 1993, S. 139–175. Als knappen Überblick über die kurze Geschichte des Handels von Ostende nach Asien auch Nagel, Jürgen: Abenteuer Fernhandel. Die Ostindienkompagnien. Darmstadt 2014, S. 136–138.

zurückgegriffen. Denn aus dem Ausland kam eine nicht unerhebliche Zahl der Seeleute. Auf den Reisen nach Indien betrug ihr Anteil 11 %, auf Fahrten nach Kanton gar 33 %. Besonders als Kapitäne waren Engländer begehrt.[80] Ließe sich dieser Handel zum Nutzen der Habsburger Monarchie durch die Gründung einer Aktiengesellschaft in Emulation der britischen und niederländischen Unternehmen noch besser organisieren?

Bei den ab Herbst/Winter 1719 geführten Diskussionen bestand in Wien jedoch stets die Sorge vor der britischen und niederländischen Reaktion auf die Gründung einer kaiserlichen Asienkompagnie.[81] Diese Befürchtungen bestanden durchaus zu Recht. Denn sowohl die Regierungen als auch die Unternehmen in beiden Ländern reagierten auf die neue, teils durch eigene Kaufleute geförderte Konkurrenz verschnupft. Die Direktoren der East India Company bemühten sich in der Heimat um politische Unterstützung.[82] Dass englische Besatzungen den Ostende-Handel mit Asien ermöglichten, versuchte man per Gesetz zu unterbinden. Das Parlament in Westminster hatte schon 1718 auf Druck der East India Company eine Regelung erlassen, die es Engländern untersagte, auf fremden Asienschiffen anzuheuern. Zudem wurde englischen Kaufleuten untersagt, Geld in diese Handelsreisen zu investieren. Die East India Company erhielt außerdem das Recht, Ostender Schiffe aufzubringen, wenn sie im Verdacht standen, Handel jenseits des Kaps der Guten Hoffnung zu treiben.[83] Allerdings waren all diese Maßnahmen in der Praxis nicht immer leicht umzusetzen. Daher protestierte die britische Regierung schließlich auch diplomatisch am kaiserlichen Hof in Wien durch den Gesandten Georgs I., St. Saphorin, gegen die bisherige Praxis der Vergabe von Lizenzen zum Asienhandel an Einzelschiffe.[84] Eine Verdrängung der neuen Ostender Konkurrenz erschien allerdings trotz dieser Maßnahmen kurzfristig bald kaum mehr möglich. Langfristig würde sie durch eine formale Gesellschaft eher weiter erschwert, weil dann die Wiener Regierung noch stärker involviert würde. Die Habsburger versprachen sich hingegen aus der Gründung einer Asienkompagnie wegen der darin zum Ausdruck kommenden offiziellen

---

80 Degryse/Parmentier, Maritime.
81 Huisman, Belgique, S. 158.
82 Vgl. auch die umfangreiche undatierte Wunschliste: Difficultys which the East India Company Do Lye Under With Relation to Their Trade & Settlements, o. O. o. D. In: BL – IOR/D/97, unpag.
83 Degryse/Parmentier, Maritime, S. 144–145.
84 Vgl. zum englischen Kampf gegen die Konkurrenz aus Ostende den ausführlichen, wenn auch in vielem seiner Entstehungszeit verhafteten Aufsatz von Hertz, Gerald B.: England and the Ostend Company. In: English Historical Review 22 (1907), S. 255–279.

Unterstützung größere Sicherheit für die flandrischen Schiffe, auch wenn eine solche Protektion die Gefahr politischer Konflikte mit den Seemächten barg.[85]

Frankreich, John Law und seine Aktienprojekte avancierten spätestens im Herbst 1719 zum Vorbild für wirtschaftspolitische Maßnahmen in Europa – und damit für Emulation. Der Habsburger Kaiser und eine Reihe seiner Beamten standen Aktiengesellschaften als Mittel zur Wirtschaftsförderung allerdings wahrscheinlich schon etwas früher aufgeschlossen gegenüber. Projekte in den Erblanden fanden jedoch kaum Unterstützung bei Kaufleuten. Im Westen der Monarchie schienen die Voraussetzungen vielversprechender, zumal sich schon gezeigt hatte, dass die Nachahmung des britischen und niederländischen Asienhandels reichen Gewinn versprach – freilich aber auch geeignet war, den Neid beider Nationen zu wecken. Zudem: Was für die Orientalische Kompagnie nicht gelang, nämlich hinreichend (auch ausländisches) Investitionskapital anzulocken, mochte im Falle einer Ostender Asiengesellschaft vielleicht gelingen.

Hannoversche Promotoren

Während in Paris mit den Aktien der Compagnie du Mississippi spekuliert wurde und ebenso in Wien und London das Interesse an neuen Unternehmensgründungen zunahm, sah sich der Geheime Rat im Kurfürstentum Hannover im Herbst 1719 mit zwei mehr oder weniger geheimnisvollen Eingaben konfrontiert, die eine Emulation der französischen Maßnahmen vorschlugen. Die Projekte zeigen, wie man sich auch in ökonomisch eher rückständigen Städten und Ländern schon frühzeitig mit dem Geschehen auseinandersetzte und dies nicht nur aus der Warte von passiven Beobachtern.[86]

Das erste vorgeschlagene Projekt mutet fantastisch an, und man kann sich fragen, ob der anonyme Autor die Vorgänge in Frankreich tatsächlich durchschaute. An patriotischem Selbstbewusstsein mangelte es ihm jedenfalls nicht, wenn er behauptete, John Laws Konzepte stammten ursprünglich von einem Deutschen. Die Ideen des letzteren hätte man in Frankreich allerdings nur unvollständig umgesetzt. Nicht nur unterstellte der Autor somit eine umgekehrte Emulation, sondern betonte auch schwerwiegende Mängel in der Umsetzung. Vor allem die Fixierung auf Kolonien und dortige Edelmetallfunde sei riskant: „Ob wohlen die Indianische Compagnie [...] aller orthen, wegen des verhoffenden

---

85 Huisman, Belgique, S. 159.
86 Vgl. auch die zahlreichen Beispiele bei Condorelli, 1719–20 Stock Euphoria.

großen nuzens großes aufsehen machet",[87] seien nämlich die französischen Erwartungen auf Sand gebaut. Momentan fuße der Aktienhandel nur auf einer „vielen Kosten und gefährlichkeiten unterworfenen Hoffnung, und auf eine[m] noch mehrentheils ungebauten Lande, als Mississipp ist." Auch die Profitabilität erwarteter Gold- und Silbervorkommen müsse sich erst noch erweisen. „Woraus zum wenigstens dieses erhellet, daß die Quellen der französischen Indianischen Compagnie sich gar bald verstopfen werden, wann sie aus keinen andern Canaelen, als aus Mississipi in Frankreich geleitet werden sollen."[88] Sein eigenes Projekt habe hingegen ein viel sichereres Fundament und das Potenzial, auf ewige Zeiten große Mengen Geld ins Land zu ziehen. Voraussetzung sei, den Geldumlauf zu beschleunigen und damit den Gewerbefleiß anzuregen. Damit griff er zwei ökonomische Grundsatzüberlegungen auf, denen auch Law folgte und die man somit in Mitteleuropa teilte.[89] Was genau er beabsichtigte, darüber schwieg sich der Autor jedoch weitgehend aus. Man kann den Beschreibungen entnehmen, dass er unter Umständen eine Art Pfandleihanstalt für Kaufleute im Sinn hatte. Den möglichen Gewinn benannte der Schreiber demgegenüber relativ konkret: bis zu 1.000%. Allerdings: erst wenn er Sicherheit habe, dass man ihn ehrlich behandle, sei er bereit, das Geheimnis seines Projekts preiszugeben.[90]

Etwas konkreter war der zweite Vorschlag von Johann Friedrich von Eckhard, einem hannoverschen geheimen Kommerzienrat. Er empfahl die Gründung einer Handelsgesellschaft für Leinenstoffe und -garne, die bei Erfolg auch Bergbauprodukte sowie die Erzeugnisse von Gold- und Silbermanufakturen vertreiben könne. Im Weiteren sei auch an eigene Schiffe zu denken. In einem Begleitschreiben wies er darauf hin, dass es für „die Wohlfahrth eines Landes vornehmlich auf den Flor der Commercien" ankomme, „dazu aber durch wohleingerichtete Manufacturen [...] das fundament geleget werden müßte".[91] Mithin verfolgte auch von Eckhard eine ökonomische Vision, die den Reichtum eines Landes auf dem Fleiß der heimischen Bevölkerung und deren wichtigsten Manufakturprodukten begründet sah. Statt durch Kredite den Handel zu beleben,

---

87 Memoriale, die Aufrichtung einer sehr profitablen Handlungs-Compagnie betreffend, o. O. o. D. [Herbst 1719]. In: NLAH – Hann. 93, Nr. 1436, S. 40.
88 Ebd., S. 41–42. Weil keine eindeutige Datierung möglich ist, kann nicht geklärt werden, ob der Autor von der Übernahme von Münzanstalt und Steuerpacht durch die Compagnie du Mississippi nichts wusste, diese Tatsache verschwieg oder die Maßnahmen noch nicht erfolgt waren.
89 Gömmel, Rainer: Die Entwicklung der Wirtschaft im Zeitalter des Merkantilismus 1620–1800. München 1998, S. 42 u. 48.
90 Memoriale, die Aufrichtung einer sehr profitablen Handlungs-Compagnie betreffend, o. O. o. D. [Herbst 1719]. In: NLAH – Hann. 93, Nr. 1436, S. 43.
91 Johann Friedrich v. Eckhard an Georg I., Hannover 20.9.1719. In: NLAH – Hann. 93, Nr. 1437, S. 1.

wollte er mittels der vorgeschlagenen Handelsgesellschaft für den besseren Absatz der Landesprodukte sorgen. Während er zusagte, über die Details der Administration und des Geschäftsbetriebs in einem späteren Schreiben detaillierter Aufschluss zu geben, regte er nun schon an, dass der Monarch 600.000, die Landschaften 400.000 und er selber 200.000 Reichstaler für das Stammkapital aufbringen sollten. Die Parteien müssten allerdings nicht dauerhaft involviert bleiben, sondern dürften ihre Anteile „in kleinere Capitalien [...] vertheile[n] und an andere, wie in Holland mit deren Actien der Ostindischen Compagnie geschehen, [...] cedier[en], folglich damit marchandiert werden".[92] Damit machte er deutlich, dass es sich um eine an die hannoverschen Begebenheiten angepasste Nachahmung ausländischer Aktiengesellschaften und deren Verfahrensweisen handeln sollte. Eckhard verband seine Ideen mit einer gemäßigten Kritik am Geheimen Rat, für den, trotz aller Weitsicht, Wirtschaftsfragen doch immer nur ein Beiwerk darstellen und dementsprechend vernachlässigt würden. Da sei das Wissen von Praktikern wichtig, weshalb er ein persönliches Gespräch über seine Ideen anbot.

Es gibt in den Akten keine Hinweise, dass der Geheime Rat den Kontakt mit den beiden Promotoren gesucht hätte, um ihre Ideen zu diskutieren. Ohnehin war eine zielstrebige Wirtschaftspolitik im Hinblick auf Manufakturgründungen nicht seine Sache. Die Nachahmung von Aktiengesellschaften, die für manche Unternehmer und Regierungen interessante Mittel zur Wirtschaftsförderung darstellten, scheint die kurfürstliche Regierung im Herbst 1719 insofern nicht weiter interessiert zu haben.[93]

Die York Buildings Company und das Geschäft der Lebensversicherung

Die sich geographisch vom Zentrum in Frankreich ausbreitende Euphorie für Aktiengesellschaften hatte in London zunächst solche Companies und deren Nachahmer erreicht, die schon einige Jahre früher um Anleger geworben hatten.

---

92 Praeliminar-Project zu einer Societäts-Handlung vornehmlich in Linnen-Garn und Leinwand, o. O. o. D. [Sep. 1719]. In: Ebd., S. 3. Vgl. aus der Forschung auch Püster, Klaus: Möglichkeiten und Verfehlungen merkantiler Politik im Kurfürstentum Hannover unter Berücksichtigung des Einflusses der Personalunion mit dem Königreich Großbritannien. Diss. wiwi., Hamburg 1966, S. 97–98.
93 Ebd., S. 101–102; Opitz, Eckardt: Programmierte Stagnation. Harburg und der Merkantilismus der Welfen im 17. und frühen 18. Jahrhundert. In: Zeitschrift des Vereins für Hamburgische Geschichte 83 (1997), S. 278.

Doch auch für den Zweck der Lebensversicherungen wollten Unternehmer in der britischen Hauptstadt im Herbst 1719 die neue positivere Stimmung gegenüber Aktiengesellschaften ausnutzen. Um Assekuranzen im modernen Sinne handelte es sich allerdings noch nicht. Vielmehr ging es um „annuities", ein Begriff, hinter dem sich verschiedene Konstrukte verbergen konnten. In diesem Fall ging es wohl um eine Police, bei der nach dem Tod des Versicherungsnehmers dessen Nachkommen oder seine Witwe, bis zu ihrem Tod regelmäßige Zahlungen erhielten. Schon in den vorangegangenen Jahrzehnten hatte es in London einige Unternehmen gegeben, die diesem Geschäftszweig nachgingen.[94] Bei den Unternehmensgründungen ab 1719 handelte es sich somit um die Nachahmung bereits bestehender britischer Unternehmen. Mit Hilfe der Company sollte allerdings ein ganz neuer Umfang ermöglicht werden.[95]

Die Gruppe der Promotoren, die hinter den Lebensversicherungen standen, überschnitt sich in Teilen mit denen hinter den Seeassekuranzen. Sie alle begegneten zudem einem ähnlichen Problem: der Notwendigkeit, eine gültige Charter besitzen zu müssen. Zugleich fanden sie aber auch einen passgenaueren Weg, diese Schwierigkeit im Einvernehmen mit der Regierung zu lösen. Um ihrem Geschäft Legalität zu verleihen, kauften die Lebensversicherer zunächst ebenfalls eine alte Charter – jene der York Buildings Company. Das Unternehmen stammte ursprünglich aus dem 17. Jahrhundert und war zur Versorgung von Teilen Londons mit Frischwasser per Leitung zunächst als „co-partnership" entstanden. Während des Aktienbooms in den frühen 1690er Jahren wandelten die Eigentümer es dann in eine Company um. Jedoch erwies sich die Konkurrenz im angestammten Geschäftsfeld als zunehmend härter, und die Gewinne schwanden im zweiten Jahrzehnt des 18. Jahrhunderts.[96] Die Besitzer suchten daher seit März 1719 nach einer Gelegenheit, ihre Aktien zu verkaufen. Interessenten fanden sie in den Promotoren der Lebensversicherung.

Freilich interessierten sich diese nicht in erster Linie für den bestehenden Geschäftsbetrieb. Anders als die Seeversicherungen sahen sie in der Charter des Unternehmens aber auch mehr als nur eine Hülle. Denn jene der York Buildings Company umfasste zwar im Wesentlichen die Privilegien, welche die Wasserversorgung erforderte. Doch um letztere gewährleisten zu können, durfte das Un-

---

[94] Für einen sehr knappen Überblick über andere Pläne für solche Versicherungen 1719/20 vgl. Clark, Geoffrey: Betting on Lives. The Culture of Life Insurance in England, 1695–1775. Manchester 1999, S. 97–99. Ein weiteres Beispiel auch bei: Supple, Royal Exchange, S. 8–9.
[95] Scott, Constitution III, S. 422.
[96] Cummings, A.J.G.: The York Buildings Company. A Case Study in Eighteenth Century Corporation Mismanagement. Diss. phil., Strathclyde 1980, S. 1–15. Zum Aktienboom in den 1690ern vgl. MacLeod, 1690s.

ternehmen Land besitzen. Gedacht hatten die Schöpfer der Charter dabei an Grundstücke für Anlagen und Leitungen zur Wasserversorgung in und um London. Doch wieviel Land das Unternehmen besitzen durfte und zu welchem Zweck man dieses am Ende nutzen musste, wurde nicht explizit festgeschrieben. Ebenso enthielt die Charter keine Aussagen darüber, wie groß das Stammkapital der Gesellschaft sein durfte – 1719 gab es wohl nur 48 Anteile. Auf beide Möglichkeiten, das Recht zum Landbesitz und jenes zur Aktienausgabe, hatten es die Promotoren der Lebensversicherung abgesehen, als sie im Herbst 1719 die York Buildings Company kauften. Ersteres Privileg benötigte sie, weil beim Vertrieb der Assekuranzen eine Sicherheit für die zukünftige Zahlungsfähigkeit geboten werden musste – gerade wenn die Zahlungspflicht erst in Jahrzehnten eintrat. Landbesitz war hierfür günstig, weil er nicht nur als beständiger Wert gelten konnte, sondern seine Ausbeutung auch zusätzliche Erträge versprach. Letzteres Privileg, das Recht neue Aktien auszugeben, benötigten die Promotoren, um der Gesellschaft das notwendige Kapital für den Grunderwerb zuführen zu können.[97]

Freilich, dass die Charter den großflächigen Landbesitz nicht ausschloss und die Aktienausgabe nicht limitierte, machte das Vorgehen nicht zwangsläufig legal, zumal wenn Juristen nach der impliziten Intention der Charter fragten.[98] Daher wollten die Promotoren sich den guten Willen der Regierung noch auf andere Weise sichern. Diese hatte nach dem jakobitischen Aufstand in Schottland 1715 Güter von Rebellen konfisziert. Der Verkauf der Ländereien verursachte jedoch große Schwierigkeiten. Es existierten nur wenig Kaufwillige, die über genügend Geld verfügten und von den Vertreibungen zu profitieren wünschten. Das Parlament verabschiedete deshalb 1717 ein Gesetz, welches es erlaubte, die enteigneten Güter auch an Korporationen zu verkaufen. Doch auch diese Maßnahme führte nicht zum schleunigen Abverkauf, und die Preise mussten gesenkt werden. Durch den Erwerb der Güter konnte die York Buildings Company somit nicht nur die Grundlage des Versicherungsgeschäfts legen und Schnäppchen erwerben, sondern auch der Regierung helfen und hoffen, diese damit für sich einzunehmen.[99]

Schon Anfang Oktober hatten die Promotoren der Lebensversicherung erste Güter in Schottland im Wert von £130.000 gekauft. Zudem mussten für die Charter gut £7.000 an die Altbesitzer bezahlt werden. Um beides bewerkstelligen zu können, wollten die Unternehmer Kapital bei Investoren einsammeln. Hierzu riefen sie am 27. Oktober 1719 zur Zeichnung von £1,2 Millionen neuem Stamm-

---

97 Cummings, York Buildings, S. 8–12.
98 Genau diese Frage warf nämlich der Attorney General Anfang 1720 auf. Vgl. Bericht des Attorney General, o.O. 10.3.1720. In: The Special Report, S. 73.
99 Cummings, York Buildings, S. 32–33 u. 287.

kapital der York Buildings Company auf, wobei der Nennwert je Aktie £100 betrug, man zunächst aber lediglich £1 je Anteil einforderte.[100] Bis Jahresende erfolgte eine weitere Einzahlung von £9. Mit diesem Geld konnten die Promotoren den Erwerb der Charter und eine erste Rate für die gekauften Güter begleichen.[101] Wie bei den See-, so verband sich insofern auch bei der Lebensversicherungsgesellschaft die prekäre rechtliche Grundlage mit der Begeisterung für die neue Dimension von Geschäften, die Aktiengesellschaften zu ermöglichen schienen. Die Reaktionen auf die juristischen Probleme waren zudem ganz ähnlich, wenn auch vielleicht im letzteren Fall der Ausweg etwas glaubwürdiger erschien: Man suchte einerseits Sicherheit durch den Kauf alter Charters und bemühte sich andererseits, das Wohlwollen der Monarchie zu erlangen.

Aktienskepsis, neue Anfänge und qualitative Veränderungen: Eine Zwischenbilanz

Die Ursprünge des Großereignisses ‚South Sea Bubble und Co.' sind verzweigt, widersprüchlich und lassen sich für den Historiker aus der Rückschau leichter bestimmen als für die Zeitgenossen. Deutlich wird, dass die Begeisterung für Aktiengesellschaften bis zum Sommer 1719 kein bemerkenswertes Ausmaß erreicht hatte. Die Zahl der Neugründungen überstieg noch kaum das Niveau der Vorjahre.[102] Potenzielle Investoren zeigten sich, wie in Wien oder London, zurückhaltend. Manche Zeitgenossen lehnten im Anschluss an ältere Traditionen ökonomischen Denkens oder aus Furcht vor Konkurrenz neue Companies ausdrücklich ab. Dies lässt sich besonders gut in Großbritannien nachvollziehen. Beobachten lässt sich aber schon in dieser Frühphase, dass Akteure ‚jealousy of trade' als legitimes Motiv für ihre Projekte ansahen – sie ihre Vorschläge mit diesem Argument und zahlreichen weiteren gängigen ökonomischen Überlegungen gegenüber Obrigkeiten verkauften. Es ging um den Zugewinn von knappen Ressourcen wie Edelmetall und die Verdrängung von Konkurrenten durch ‚economies of scale'. Die Organisationsform der Aktiengesellschaft schien das Mittel zum Erfolg in der Emulation ausländischer und inländischer Geschäftszweige zu sein. Gleichzeitig bestand aber die Gefahr, durch die neuen Gesellschaften den Neid der Konkurrenz zu wecken, wie die Ostender erfuhren.

---

100 Ebd., S. 34–35.
101 Die genaue Datierung der Zahlung und der Calls ist unklar. Nach Ebd., S. 41, waren spätestens Ende Mai £10 pro Aktie eingezahlt worden. Laut Scott, Constitution III, S. 423, geschah dies schon Ende 1719.
102 Siehe die Statistik in Condorelli, 1719–20 Stock Euphoria, S. 54.

Der rasant steigende Aktienkurs der Staatsschulden verwaltenden Super-AG Compagnie du Mississippi in Paris im Sommer 1719 hatte dann eine qualitative Veränderung zur Folge. Nicht nur interessierten sich im Herbst international immer mehr Investoren für das Geschehen in der französischen Hauptstadt. Auch Promotoren in verschiedenen Teilen Europas sahen die Gelegenheit vor dem Hintergrund des Erfolgs im Bourbonenreich, Regierungen und Investoren für ihre Unternehmensentwürfe zu begeistern, versprachen beschleunigte ökonomische Entwicklung und Ressourcengewinne (auch gegenüber Konkurrenten). Sie hofften dabei wohl auf eine abnehmende Skepsis gegenüber der Organisationsform Aktiengesellschaft und ein wachsendes Interesse für deren ökonomisches Potenzial. Aus verstreuten Anfängen entwickelte sich so verstärkte Aktivität, die im Winter in unübersehbare Dynamik übergehen sollte.

Winter 1719/20

1. Dezember 1719

South Sea Company	124 ½[1]
Bank of England	148 ½
East India Company	197
Royal African Company	28

London, 19. Dezember: „Weilen seit 8. Tägen mehr / als 3000000. Rthrl. aus Frankreich nach London übermachet worden / so stiegen die Actien sehr; Daran eine Jungfrau bis 5. Millionen solle gewonnen haben; Derowegen sie den Grafen von Bellegard d'Antremont, den sie vor diesem schon geliebet / jüngstens auch geheyrahtet hätte."[2]

London, 26. Dezember: „Wegen des Herrn Laws seinen Actien in Frankreich geb es in London viel zureden; Und wolle verlauten / daß er diese Sachen vorlängstens dem Schottischen Parlement angetragen: selbiges aber habe solche nicht geachtet gehabt."[3]

London, 2. Januar: „Es sind hier vor kurzen 2 Indianische Prinzen ankommen, davon sich der eine für den Sohn eines gewissen Königes, dessen Länder an den Fluß Mißißipi gelegen, ausgiebet; sie waren gestern Abend in der Comödie zu Lincolns-Inn-Fiels, welches eine grosse Menge Volks, um selbige zu sehen, dahin gelocket".[4]

---

1 Die Aktienkurse auf dieser Monatsseite und den folgenden entstammen, soweit nicht anders vermerkt: Frehen, Rik/Goetzmann, William N./Rouwenhorst, K. Geert: New Evidence on the First Financial Bubble. Onlinematerial: https://papers.ssrn.com/sol3/papers.cfm?abstract_id=1371007 [Stand: 24.11.2019]; Course of the Exchange 1720.
2 Wiener Zeitung 6.1.1720.
3 Ebd. 10.1.1720.
4 Schlesischer Nouvellen Courier 18.1.1720.

Parlamentseröffnung in Westminster

Am 23. November 1719 wurde die neue Parlamentssession in Westminster mit der Verlesung der Thronrede Georgs I. eröffnet. Mit viel Charme und Optimismus beschwor der durch die führenden Minister verfasste und vom Lordkanzler verlesene Text die Verbindung zwischen Krone und Abgeordneten:[5] „The satisfaction, with which I always meet you, is very much increase'd at this Time." In verschiedenen Bereichen seien die Zukunftsaussichten sehr gut. Sowohl die seit dem Vorjahr geführte militärische Auseinandersetzung mit Spanien, das man zusammen mit Frankreich und den Habsburgern bekämpfte, als auch der seit 20 Jahren tobende Nordische Krieg, zuletzt vor allem zwischen Schweden und Russland ausgefochten, in den aber auch Großbritannien verwickelt war, schienen dem Ende nahe. Durch militärische Siege, wenn auch mit „some extraordinary Expence" erkauft, und geschickte Verhandlungstaktik scheine „all Europe, as well as these Kingdoms, [...] upon the Point of being deliver'd from the Calamities of War." Diese hervorragende Perspektive für die nahe Zukunft sei ganz wesentlich der britischen Politik zu verdanken. Zudem hätten sich die Hoffnungen auswärtiger Mächte, dass der spanisch-stuartsche Invasionsversuch im Jahr 1719 zu zermürbenden innerbritischen Auseinandersetzungen führen könne, als unbegründet erwiesen. Schließlich seien die Alliierten, mit denen man auf dauerhafte Freundschaft hoffe, am außenpolitischen Erfolg beteiligt.

Neben den äußeren Angelegenheiten spielte im weiteren Verlauf der Rede auch die Finanzpolitik eine Rolle. Mit Blick auf die Angehörigen des House of Commons betonte der Redetext, dass die in der vorherigen Session bewilligten Gelder sparsam verwendet worden seien und man daher um zügige Bewilligung neuer Mittel bitte. Außerdem wurden die Abgeordneten gebeten, „to turn your Thoughts to all proper Means for lessening the Debts of the Nation." Das Ende der Rede fasste die positiven Erwartungen für die kommende Session und das Jahr 1720 insgesamt noch einmal zusammen: „So far as human Prudence can foretell, the Unamity of this Session of Parliament must establish, with the Peace of all Europe, the Glory and Trade of these Kingdoms on a lasting Foundation." Einigkeit im Innern, Frieden nach Außen, nationaler Ruhm und Handel gingen mithin im Fazit eine Symbiose ein. Der Text endete mit der Aufforderung des Königs an die Zuhörer: „All I have to ask of you, is, that you would agree to be a

---

5 Vgl. zur Thronrede und Georgs Interesse an Ökonomie auch Hatton, Ragnhild: George I. Elector and King. London 1978, S. 247.

great and flourishing People, since it is the only Means by which I desire to become a happy king."[6]

Der pathetische Schluss war natürlich nicht ganz frei von Eigeninteresse. Lebhafter und besser noch wachsender Handel bedeuteten für den Staat steigendes Zoll- und Steueraufkommen.[7] Solch höhere Einnahmen ließen sich in militärischen Auseinandersetzungen nutzbringend anwenden, um wiederum die Stellung im europäischen Mächtewettbewerb zu verbessern. In der ersten Hälfte des 18. Jahrhunderts gab Großbritannien in Kriegszeiten stets über 65% des Staatshaushalts für das Militär aus, und auch in Friedenszeiten lag dieser Wert um 40%.[8] Für den Fall, dass die Einnahmen nicht hinreichten, konnte die Regierung bei einer wohlhabenden Bevölkerung Schulden aufnehmen, auch wenn es hierfür eine Obergrenze zu geben schien. Denn weit verbreitet war die Annahme, dass die zunächst vom englischen, dann vom britischen Parlament seit dem späten 17. Jahrhundert bewilligten Kredite das Land inzwischen zu erdrücken drohten, erst recht wenn es zu neuen Auseinandersetzungen kam, wie jene mit Spanien seit 1718. Zwischen 1714 und 1717 mussten in Großbritannien 50 bis 60% der Staatseinnahmen für Schuldzinsen aufgewendet werden. Die in der Rede geforderte Abtragung der Kredite in Friedenszeiten entsprach somit eindeutig dem Interesse der Regierung, auch weil die Akzeptanz hoher Steuern zu ihrer Bedienung in der Bevölkerung deutlich geringer ausfiel als in Kriegszeiten.[9] Außerdem schuf eine solche Reduktion neuen Spielraum für mögliche künftige Kriege.

Ende November 1719 bestanden die britischen Staatsschulden aus drei Hauptgruppen: Es gab zunächst £15,03 Millionen unkündbare Titel, sogenannte ‚irredeemables', die in mehreren Schüben in den 1690er Jahren ausgegeben worden waren. Für diese erhielten die Geldgeber je nach Tranche mit 7 bis 9% relativ hohe Zinsen. Diese Zahlungsverpflichtung bestand zudem über einen ex-

---

6 Thronrede König Georgs I. zur Parlamentseröffnung, Westminster 23.11.1719. Online: http://www.british-history.ac.uk/commons-hist-proceedings/vol6/pp198-218 [Stand 15.11.2019]. Die Betonung der Staatsschuldenproblematik bei Sperling, South, S. 27. Auch der preußische Resident meldete am 22. Dezember nach Berlin, dass das Parlament unter anderem nach Wegen zur Lösung suchte. Vgl. Bonet an Friedrich Wilhelm I., London 22.12.1719. In: GSTAPK – I. HA, Rep 81, Nr. 14, S. 1024.
7 Harris, Bob: Towards a British Political Economy: An Eighteenth-Century Scottish Perspective. In: Gauci, Regulating, S. 83–84. Der britische Staat war daher auch bemüht, alles, was den Zuwachs der Einnahmen behinderte, zu beseitigen. Vgl. Frykman, Niklas: Pirates and Smugglers. Political Economy in the Red Atlantic. In: Stern/Wennerlind, Mercantilism, S. 218–238.
8 Vgl. zu Staatseinnahmen und -ausgaben: O'Brien, Patrick K.: The Political Economy of British Taxation, 1660–1815. In: Economic History Review 41 (1988), S. 2 u. 9.
9 Brewer, John: The Sinews of Power. War, Money and the English State, 1688–1783. London 1989, S. 122.

trem langen Zeitraum – die letzten dieser Verbindlichkeiten sollten erst 1807 auslaufen. Eine Rückerstattung der ursprünglich geliehenen Summe erfolgte dann allerdings nicht mehr. Sodann gehörten zur Schuldenlast die ‚redeemables' oder kündbare Titel im Umfang von £16,54 Millionen. Hierbei handelte es sich vielfach um Lotterieanleihen, die dem Staat Geld verschafften und dem Käufer neben den regulären Zinsen zusätzliche Gewinne aus Losziehungen versprachen.[10] Die Zinslast war in diesem Fall geringer, und der Staat besaß das Recht, dem Geldgeber jederzeit seine Einlage zurückzuzahlen. Diese beiden Gruppen langfristiger Staatsschulden konnten als ‚besichert' gelten, weil das Parlament für ihre Bedienung klar definierte Einnahmequellen zur Verfügung gestellt hatte. Häufig handelte es sich dabei um Zölle und Verbrauchssteuern zum Beispiel auf Bier, Essig, Salz, Cider, Brandy, Rum oder Papier.

Tabelle 1: Langfristige britische Staatsschulden (Ende September 1719)[11]

Schulden im Besitz von Aktiengesellschaften	£18.321.872
Kündbare Staatsschulden	£16.546.202
Unkündbare Staatsschulden	
1. Langfristige (bei einer Kapitalisierung zum 20-fachen)	£13.331.322
2. Kurzfristige (bei einer Kapitalisierung zum 14-fachen)	£1.703.366
Summe	£49.902.762

Zu den Staatsschulden gehörte schließlich auch das Stammkapital der South Sea Company (1719 waren dies £11,74 Millionen) sowie jenes der Bank of England (£3,37 Millionen) und der East India Company (£3,2 Millionen). Die Unternehmen hatten der Regierung Geld geliehen und im Gegenzug Monopolrechte erhalten. Gegen die Sicherheit der staatlichen Papiere konnten sie sich wiederum Kapital von privaten Anlegern leihen, mit dem sie dann ihre Handelszwecke verfolgten. Den Aktionären der Companies winkte so eine regelmäßige Verzinsung des dem Staat geborgten Kapitals, die in den 1690er Jahren etwa 8 % betrug. Zu diesen Einnahmen konnten im Erfolgsfall noch Erträge aus Bankgeschäften bzw. Fernhandel kommen. Die drei Kompagnien und die Regierung waren durch die Zahlungsverpflichtungen aber auch miteinander verbunden. Die Unternehmen profitierten von ihren Monopolen, die sichere Einnahmen garantieren sollten. Sie konnten zudem erwarten, dass sich der Staat für den Schutz dieser Rechte gegenüber britischen Bürgern und (soweit möglich) Ausländern und anderen

---

10 Murphy, Origins, S. 217.
11 Dickson, Financial, S. 93.

Staaten einsetzen würde. Staat und Regierung zogen hingegen Nutzen aus den Krediten der Unternehmen.[12]

Mehrere kleinere Maßnahmen hatten nach dem Friedensschluss 1713 zur Senkung der Zinslast des britischen Staates beigetragen und stellten erste Schritte dar, einer möglich scheinenden Überschuldung vorzubeugen. Die Bemühungen richteten sich dabei auf die sofort rückzahlbaren Titel, weil die Kreditgeber sich in diesem Fall in einer schwächeren Verhandlungsposition befanden. Letztere konnten entweder niedrigere Zinsen akzeptieren, oder mussten in Kauf nehmen, dass sich die Regierung das Geld zu einem günstigeren Zinssatz von jemand anderem lieh und den ursprünglichen Gläubiger auszahlte. Für die Verleiher war dies ohne Zweifel unerfreulich, aber es handelte sich um eine legale Maßnahme, die das Vertrauen in die Schuldentragfähigkeit des Staates nicht beeinträchtigte – im Gegensatz zu den zahlreichen Maßnahmen, mit denen die französischen Finanzminister nach 1714 experimentiert hatten. Auf diese Weise gelang es der britischen Regierung, die Zinsen für kündbare Papiere auf 5 % zu reduzieren, und auch die drei Aktiengesellschaften mussten eine Absenkung auf diesen Wert akzeptieren. Außer Bestechungen hatte hier die Drohung geholfen, die Charters zu annullieren. Dank dieses Maßnahmenpakets sparte der britische Staat seit 1717 jährlich £326.000 Schuldzinsen, die für die schrittweise Abzahlung der Verbindlichkeiten verwandt werden sollten.[13] Daneben gab es aber noch die unkündbaren Staatsschulden, deren Bedienung deutlich teurer war. Bei diesen ließ sich eine Reduktion des Zinssatzes zudem nicht so einfach durchsetzen. Sie konnte nur mit expliziter Zustimmung der Kreditgeber erfolgen.[14] Da diese aber im Eigeninteresse keiner einfachen Senkung zustimmen würden, mussten ihnen Anreize für eine Verringerung geboten werden.[15] Sich auch hierum zu kümmern, mahnte die Thronrede implizit an.

In der Antwortadresse des House of Commons dankten die Abgeordneten Georg I. ausdrücklich für seine Bemühungen um den Frieden in Europa. Dieser nähre die Erwartung „of enjoying with Glory the Benefit of Trade and Tranquility." Zugleich wussten die Kaufleute unter den Parlamentariern, dass die vergangenen Kriege nicht ohne Gewinn für sie und das Land insgesamt geblieben waren. Vielmehr hatten sich die militärischen Auseinandersetzungen in einer einflussreicheren Stellung Großbritanniens im europäischen Mächtekonzert niedergeschlagen, was sich wiederum auf die eigenen Handelschancen positiv auswirkte.

---

12 Carruthers, City, S. 152–153; Sperling, South, S. 5–6; Wennerlind, Carl: Casualties of Credit. The English Financial Revolution 1620–1720. Cambridge/MA 2011, S. 189–216.
13 Roseveare, Henry: The Financial Revolution. London 1991, S. 53.
14 Dickson, Financial, S. 92; Brewer, Sinews, S. 122.
15 Ebd.; Neal, Rise, S. 13.

Ein ähnlicher Effekt stand für die Friedensschlüsse mit Spanien und im Nordischen Krieg zu erwarten. Schließlich versprachen die Mitglieder des House of Commons in ihrer Antwortnote auch Maßnahmen für den „support of publick Credit" und die Reduzierung der Staatsschulden zu verabschieden.[16] Denn deren Rückzahlung konnte sich, so wohl die Sichtweise des Hauses, nicht nur in einem erweiterten Spielraum der Regierung niederschlagen, sondern auch in niedrigeren Steuern und Abgaben für die Bevölkerung.[17]

Die Kriege der vergangenen Jahrzehnte, aber auch des zu Ende gehenden Jahres, waren für Großbritannien sehr erfolgreich verlaufen, und in naher Zukunft winkte die Friedensdividende. Monarch und Parlamentarier zeigten sich überzeugt, dass die in den militärischen Auseinandersetzungen gewonnene politische Macht dem Wachstum des Handels half und gleichzeitig ein größerer Warenverkehr die Handlungsfähigkeit des Staates erhöht hatte und weiterhin vergrößern würde. Zu hohe Staatsschulden gefährdeten jedoch beides: zunächst staatliche Macht, in einem Folgeschritt dann aber auch den Handel, den eine schwächelnde Regierung nicht schützen konnte. Allerdings gab den Parlamentariern nicht nur die Sorge vor einer eigenen ‚Überschuldung' zu denken. Auch die Ereignisse jenseits des Kanals und ihre Auswirkungen auf Großbritannien erregten im Frühwinter 1719/20 Befürchtungen.

Londoner Blicke nach Paris

Der rasante Aufstieg der Compagnie du Mississippi in Frankreich und die damit einhergehende Aktieneuphorie erschienen als massive Gefährdung der britischen Position. In einem Staatensystem, in dem der Aufstieg der einen Macht immer auch als relativer Positionsverlust durch eine andere wahrgenommen werden konnte und in dem man mit Neid und Argwohn auf Konkurrenten schaute, mussten die Projekte John Laws spätestens ab dem Sommer 1719 Sorgen wecken.

Die britische Ungewissheit gründete nicht zuletzt in den Ergebnissen des Spanischen Erbfolgekriegs, der mit den Verträgen von Utrecht 1713 zwar aus Sicht des Vereinigten Königreichs offiziell sein Ende gefunden hatte. Doch statt einen „ewigen Frieden"[18] einzuleiten, wie man ihn in der Frühen Neuzeit oftmals ab-

---

16 Dankesadresse des House of Commons, Westminster 23.11.1719. Online: http://www.british-hi story.ac.uk/commons-hist-proceedings/vol6/pp198-218 [Stand 15.11.2019].
17 O'Brien, Political Economy, S. 2; Frykman, Pirates, S. 222.
18 Opitz, Eckardt: Vielerlei Ursachen, eindeutige Ergebnisse. Das Ringen um die Vormacht im Ostseeraum im Großen Nordischen Krieg 1700 bis 1721. In: Wegner, Bernd (Hrsg.): Wie Kriege entstehen. Zum historischen Hintergrund von Staatenkonflikten. Paderborn 2000, S. 96.

schloss, „destabilisiert[e]" er das europäische Mächtesystem eher weiter.[19] „Die neue Struktur [... blieb] lange ungewiß", weil

> nach der Verdrängung Frankreichs aus seiner bisherigen Hegemonialstellung, dem deutlichen Niedergang Spaniens und unübersehbaren Prestige- und Machtverlusten der Generalstaaten und Schwedens keineswegs ausgemacht war, welche europäischen Staaten den Rang von wirklichen Großmächten erreichen und behalten würden.[20]

Großbritannien galt zwar als Aufsteiger in eine neue Führungsrolle in Europa, doch ob es diesen Status längerfristig einnehmen könnte, erschien ungewiss. Zur politischen Unsicherheit kam dynastische hinzu. Denn die 1688 vertriebenen Stuarts stellten die Thronfolge König Georgs I. in Frage. In dieser Hinsicht ähnelte die Lage auf der Insel jener des französischen Regenten: Jenseits des Kanals drohte die vertraglich vereinbarte Thronfolge vom spanischen König Philipp V. – einem Enkel Ludwigs XIV. – angefochten zu werden. In beiden Ländern bestand im Falle eines Herrschaftswechsels die Gefahr einer Destabilisierung des europäischen Mächtesystems insgesamt. Um diese Unsicherheiten einzuhegen, kam es Ende 1716 zu einer merkwürdigen Allianz. Frankreich und Großbritannien schlossen trotz der Kriege der vergangenen Jahrzehnte einen Bündnisvertrag ab, dessen Ziel die Aufrechterhaltung des Utrechter Friedens gegen spanische Ansprüche war. Aus diesem Grund kämpften beide Länder 1719 auch gemeinsam gegen die iberische Monarchie. Darüber hinaus spielte auch die gegenseitige Garantie der von den Stuarts und Philipp V. angefochtenen Thronfolgen in London und Paris eine Rolle.

Doch den Zeitgenossen war klar, dass es sich aller Voraussicht nach um ein Bündnis auf Zeit handelte. Ältere anti-französische Feindbilder verbunden mit Negativbezügen wie ‚Katholizismus' und ‚despotischer Herrschaft' existierten in Großbritannien fort. Zu unpopulär erwies sich die Allianz zudem in der Londoner Presse, während die parlamentarische Opposition Verrat witterte. Zu aktiv erschien aus britischer Sicht auch die dem Vereinigten Königreich feindlich gegenüberstehende Fraktion am Hof in Versailles. Zu häufig verursachten darüber hinaus französische Diplomaten Spannungen.[21] Zu gewöhnlich waren schließlich „dramatische Seitenwechsel und Geheimdiplomatie" in der europäischen Politik

---

[19] Duchhardt, Heinz: Das Zeitalter des Absolutismus. 3. Aufl., München 1993, S. 86.
[20] Ebd., S. 100; Black, Jeremy: Politics and Foreign Policy in the Age of George I, 1714–1727. Farnham 2014, S. 241–247.
[21] Black, Jeremy: The Anglo-French Alliance 1716–1731. A Study in Eighteenth-Century International Relations. In: Francia 13 (1985), S. 295–310; Williams, Basil: Stanhope. A Study in Eighteenth-Century War and Diplomacy. Oxford 1932, S. 348.

des 18. Jahrhunderts.[22] Langfristig standen die Macht und das Wohl des eigenen Staates für die Monarchen und ihre Regierungen an erster Stelle. Taktische Bündnisse schloss dies nicht aus, aber Allianzen als zum Beispiel religiös motivierte Herzensangelegenheiten gab es im frühen 18. Jahrhundert nicht mehr.

Die Konkurrenz zwischen Großbritannien und Frankreich war daher 1719 und 1720 auch nicht verschwunden, die beiden Mächte trugen sie nur gerade nicht militärisch aus. Stattdessen bargen die ‚friedlichen' Umschuldungsprojekte John Laws und die daraus resultierende Aktieneuphorie durch das im Sommer/Herbst 1719 erreichte Ausmaß die Gefahr einer massiven Machtverschiebung. Auch wenn die Maßnahmen des Schotten anfangs die aktuelle Herrschaft in Frankreich unter dem Herzog von Orléans und damit die französisch-britische Allianz stärkten und daher in Whitehall wohlwollend gesehen wurden, so änderte sich dies zunehmend.[23] Denn letztlich zielten die Maßnahmen darauf ab, die Zinslast der Pariser Regierung erheblich zu senken und die Staatsschulden vollständig abzutragen. Erwies sich Law dabei als erfolgreich, so würden Steuereinnahmen zu anderweitiger Verwendung frei. Der gewonnene Spielraum konnte dann im Zweifelsfall wiederum im (militärischen) Konkurrenzkampf unter den europäischen Mächten – und damit auch zwischen Frankreich und Großbritannien – eingesetzt werden. „The first power to achieve fiscal reconstruction – to pay off or reduce its former obligations – would probably wind up holding an advantage when hostilities began anew."[24] Die Allianz zwischen Franzosen und Briten sorgte bei letzteren daher 1719 und 1720 in den Worten Jeremy Blacks auch eher für „anxieties" und einen „sense of cooperation with France alongside unease".[25]

Darüber hinaus hatten Briten am Beispiel des eigenen Aktienmarkts gelernt, Wertpapierkurse als Zeichen von Erfolg und Misserfolg des Staates zu lesen.[26]

> In particular, it was recognised that the success or failure of an individual overseas trading company was bound up with the wider narrative of England's successes and failures as a corporate body in the wars against France. This association [...] was especially strong with connection to the Bank of England.[27]

---

22 Friedeburg, Robert v.: Europa in der Frühen Neuzeit. Frankfurt 2012, S. 255.
23 Shovlin, Jealousy, S. 287.
24 Brewer, Sinews, S. 122. Das Konkurrenzverhältnis zwischen Frankreich und Großbritannien als Ausgangspunkt der Schuldenkonversion betonen auch Sperling, South, S. 26; Paul, South, S. 44; Black, Politics, S. 259. Hierzu auch die Warnungen des britischen Botschafters und Botschaftssekretärs aus Paris bei Carswell, South, S. 78–79.
25 Black, Politics, S. 141 u. 243.
26 Parkinson, Giles: War, Peace and the Rise of the London Stock Market. In: Reinert/Røge, Political, S. 136.
27 Ebd., S. 138.

Musste eine solche Lesweise nicht auch für Frankreich und den Kurs der Compagnie du Mississippi in Friedenszeiten gelten? Zumal die scheinbar spielend einfache Umschuldung im Bourbonenreich fundamentale britische Gewissheiten in Frage stellte. Sicher waren sich viele Autoren, besonders Whigs, gewesen, dass ein ‚willkürlich' beherrschter Staat niemals längerfristig kreditwürdig sein könnte. Plötzliche Enteignungen und, dem gleichkommend, Münzverschlechterungen würden eine so große Gefahr darstellen, dass Anleger lieber in parlamentarisch regierten Monarchien oder Republiken investierten. Im Winter 1719/20 brachte Thomas Gordon in einem Pamphlet jedoch seine Verunsicherung und seinen Schrecken ob der Veränderungen jenseits des Kanals zum Ausdruck:

> Every true English Man must tremble at the growing Power of France, to see it, like the Phoenix, rise young, fresh, and vigorous, out of its own Ashes; 'Tis as terrible as amazing, to behold a despotick Government in a few Months possessed of the greatest Credit which ever appeared in the World, and to clear it self of an Hundred Millions of Debts, without paying one Penny; and this done too, not by any Act of Power, but by the Consent and Applause of the whole Kingdom.[28]

Der Erfolg von John Laws Projekten konnte somit aus britischer Sicht als eine eklatante Bedrohung gelesen werden, weil politische Macht nicht allein auf militärischer Macht aufbaute, sondern auch auf Handel und der Fähigkeit neue Staatsschulden aufzunehmen. Daher entwickelte sich 1719, so John Shovlin, neben der ‚jealousy of power' und ‚trade' gegenüber Frankreich auch eine „jealousy of credit".[29] Denn den Bourbonen schien auf einmal das Unmögliche möglich: ihre Staatsschulden zu bedienen und abzutragen, ohne Zwang auszuüben oder Verträge zu brechen.

Britisch Nordamerika und die französische Aktienspekulation

‚Jealousys of credit', ‚power' und ‚trade' standen zudem miteinander in enger sachlicher Verbindung und sorgten dafür, dass sich auch im weiteren britischen Empire ein Gefühl der Bedrohung durch Frankreich ausbreitete. So betonte Thomas Gordon in seinem Pamphlet, die Bourbonen hätten die vergangenen

---

28 Gordon, Thomas: Considerations Offered upon the Approaching Peace and upon the Importance of Gibraltar to the British Empire. London 1720, S 28 – 29. Vgl. zum weiteren Kontext auch Ahn, Doohwan: From Hanover to Gibraltar: *Cato's Letters* (1720 – 23) in International Context. In: History of European Ideas 42 (2016), S. 1048 – 1049. Ähnlich: Britain's Golden Mines Discover'd, S. 6 – 7. Außerdem: Pincus, Addison's, S. 104.
29 Shovlin, Jealousy.

Jahre nicht nur im Hinblick auf ihre Staatsschulden besser genutzt, sondern sich gegenüber Großbritannien noch einen weiteren Vorteil verschafft. Während letzteres sich nämlich auf den Krieg gegen Spanien in Europa konzentrierte, „giv[ing] no Jealousy or Offence to our Allies [Frankreich und die Habsburger], in applying any Part of our Force to the West Indies, or in seizing and planting Countries there",[30] hätten die Bourbonen sich an die Besiedlung des Mississippi-Gebiets gemacht. Damit griff Gordon zahlreiche Warnrufe auf, die aus unterschiedlichen politischen Lagern in den Kolonien Nordamerikas im Winter 1719/20 an die britische Öffentlichkeit und Regierung gerichtet wurden. Zwar spielten jeweils spezifische Interessenlagen der Kommentatoren bei der Beschreibung der französischen Bedrohung in der Neuen Welt eine Rolle.[31] Das ändert aber nichts daran, dass die durch den Aktienhandel scheinbar entfachte französische Kolonialpolitik weder für britische Kolonisten in Übersee noch für das Mutterland etwas Gutes zu verheißen schien.

In einer 1720 in London erschienenen anonymen Schrift, deren Autor angab, Bewohner Nordamerikas (vermutlich Massachusetts') zu sein, wurde der Vorwurf geäußert:

> Whatever Motives may have prevailed with those to sit silent and unactive, whose more particular Business it seems to be to examine into this Affair, and ward against the impending Danger; or how plausible soever the Pretences of the French may seem, to People unacquainted with their Practices in America, and the Situation and Extent of their new Empire Louisiana, I think my self oblig'd to acquaint my Countrymen, that if these New Settlements are permitted to be carried on, the English Trade will in a great Measure be ruined on the Continent of America, and all our Colonies, unless much better regulated and secured than they are at present, may one time or other, be entirely taken from us.[32]

Ignoranz und Tatenlosigkeit lauteten die Vorwürfe des Pamphletautors in Richtung britischer Politiker. Er selber wollte hingegen aufrütteln und führte die Gefahren aus: Die Franzosen schnitten dem englischen Indianerhandel das Hinterland ab. Dies habe erhebliche Verluste besonders für den Warenverkehr Neuenglands mit dem Mutterland zur Folge, zumal diese Region außer den von Indigenen erworbenen Fellen ohnehin nur über wenige Rohstoffe verfüge oder Waren herstellte, die Britannien nicht selbst herstelle. Weder Tabak noch Zucker

---

30 Gordon, Considerations, S. 26.
31 Vgl. dazu allgemein auch Pincus, Steven: Gulliver's Travels, Party Politics, and Empire. In: Fredona/Reintert, New Perspectives, S. 131–169; ders., Addison's.
32 Some Considerations on the Consequences of the French Settling Colonies on the Mississippi, with Respect to the Trade and Safety of the English Plantations in America and the West Indies. London 1720, S. 8.

könnten aufgrund der klimatischen Bedingungen angebaut werden. Eine Kolonie aber, die dasselbe wie das Mutterland produzierte, galt zahlreichen ökonomischen Denkern als weitgehend wertlos. Ginge somit nun auch noch der Indianerhandel an Frankreich verloren, so drohe dies die nördlichen Gebiete auf dem amerikanischen Festland des letzten Rests ihrer Funktion als Rohstofflieferanten zu berauben. Und dies waren nur die Risiken in Friedenszeiten. Denn im Falle eines britisch-französischen Krieges, so befürchtete der Autor des Pamphlets, könnten Indianer und Franzosen dann gemeinsam die im Binnenland kaum befestigten britischen Kolonien erobern.[33]

Vor diesem Problem warnte schon im Februar 1719 auch Deputy-Gouverneur William Keith in Pennsylvania. In einem Schreiben an das Board of Trade in London führte er aus: Die Franzosen breiteten sich nicht nur im Rücken der Briten aus, sondern würden sich auch bemühen, die Indianerstämme auf ihre Seite zu ziehen bzw. mit ihnen Allianzen abzuschließen. Sie hätten sich auf diese Weise inzwischen an die 60.000 Krieger verpflichtet. Dem Assembly der Kolonie teilte Keith am 5. Mai 1720 mit, dass er sich seit der letzten Session besonders um die Verteidigungsbereitschaft durch den Aufbau einer Freiwilligenmiliz gekümmert habe.[34] „The Indians are very numerous on the branches of this river [Mississippi], and if the French find means to gain them [the Indians], it will render the English plantations very unsafe."[35] Laut Lieutenant Governor John Hart in Maryland waren die Franzosen auch dafür bekannt, dass sie ihre neuen Siedlungspunkte mit Forts ausstatteten. Jetzt ginge es ihnen darum, auf diese Weise eine abgesicherte Verbindung zwischen dem Mississippi und Quebec herzustellen.[36] Im Sommer 1721 erfuhr der Pennsylvania Council von Indianern ähnliches: Die Franzosen würden ihr Territorium im Rücken der englischen Kolonien ausdeh-

---

33 Ebd.; Lt.-Gov. Spotswood an das Board of Trade, o. O. 1.2.1720. In: Virginia Historical Society (Hrsg.): The Official Letters of Alexander Spotswood. Bd. 2, Richmond 1885, S. 329; James Logan an Simon Clement, Philadelphia 20.4.1721. In: HSP – Logan Family Papers, Coll. 379, Vol. 10, S. 181. Die ganz praktischen Sorgen auch in einem Brief von James Logan an William Aubrey, Philadelphia 8.11.1721. In: Ebd., S. 204.
34 Deputy-Gouverneur Keith an Mr. Pople, Philadelphia 16.2.1719. In: Headlam, Cecil (Hrsg.): Calendar of State Papers, Colonial, America and West Indies. Bd. 31, London 1933, S. 35–36; Mitteilung des Deputy-Gouverneur Keith an das Assembly, Philadelphia 14.8.1721. In: MacKinney, Gertrude (Hrsg.): Pennsylvania Archives. Eighth Series, Vol. 2, Philadelphia/PA 1931, S. 1368.
35 William Byrd an Charles Boyle, Earl of Orrey, Virginia 6.3.1720. In: Tinling, Marion (Hrsg.): The Correspondence of the Three William Byrds of Westover, Virginia 1684–1776. Vol. 1, Charlottesville/VA 1977, S. 327.
36 Lt. Gov. Hart an den Council of Trade and Plantations, London 8.8.1720. In: Headlam, Calendar of State Papers, Bd. 32, S. 83.

nen, von Norden nach Süden verbinden und militärisch befestigen.[37] Schon 1719 hatte Keith gewarnt:

> Tho' It may be justly said that we exceed the French in the improved value of our settlements upon this Continent, yet from the above account it is plain, that we come far short of the industry which they use in cultivating a necessary correspondence and friendship with the natives, without which our further progress to the westward will soon be circumscribed, and we shall likewayes be under daily apprehensions of loseing what we already possess.[38]

Um den Vormarsch der Franzosen zu stoppen, forderten Schreiber aus den Kolonien eine bessere Verteidigung, wobei sie sich im Hinblick auf die erbetenen Maßnahmen zum Teil deutlich unterschieden. Manche wünschten eine Zentralisierung der Verwaltung in den nordamerikanischen Siedlungsgebieten, andere nicht.[39] Die Forderungen nach einem stärkeren Einfluss Londons verbanden einige auch mit einer expliziten Kritik am Verhalten der Gouverneure.[40]

Völlig unbegründet waren diese kolonialen Warnrufe nicht. Frankreich bemühte sich durchaus, ebenso wie Großbritannien, durch Allianzen mit Indianerstämmen die eigene Position in Nordamerika abzusichern bzw. zu verbessern. Dennoch hatten die Mahner natürlich auch ganz spezifische Interessen. So drohte das französische Vordringen in der Mitte des Kontinents nicht nur Siedlern das Hinterland als Expansionsraum abzuschneiden. Sondern in Pennsylvania, New York und Carolina fühlten sich auch die ökonomisch wichtigen Pelzexporteure durch das territoriale Ausgreifen Frankreichs bedroht. Ihre Handelsware, hauptsächlich Reh- und Biber-, aber auch Bärenfelle, erwarben sie vielfach von indigenen Jägern, die im Rücken der britischen Kolonien ihre Beute fanden – einem Einzugsgebiet, das bis zum Ohio und Mississippi reichte.[41] Diese Region drohte

---

37 Minutes of the Provincial Council, Philadelphia 20.7.1721. In: Minutes of the Provincial Council of Pennsylvania. Bd. 3, Harrisburg/PA 1840, S. 129–130. Zu den tatsächlichen Aktivitäten vgl. Norton, Thomas Elliot: The Fur Trade in Colonial New York 1686–1776. Madison/WI 1974, S. 160.
38 Deputy-Gouverneur Keith an Mr. Pople, Philadelphia 16.2.1719. In: Headlam, Calendar of State Papers, Bd. 31, S. 35–36; Lt. Gov. Hart an den Council of Trade and Plantations, London 8.8.1720. In: Ebd., Bd. 32, S. 83.
39 Some Considerations. Dazu auch: Greene, Jack P.: „The Principal Cornucopia of Great-Britain's Wealth". The Languages of Commerce, Liberty, Security, and Maritime Supremacy and the Celebration of Empire. In: Ders.: Evaluating Empire and Confronting Colonialism in Eighteenth-Century Britain. Cambridge 2013, S. 40.
40 Some Considerations. Vgl. dazu auch die Anmerkung in: William Byrd an Charles Boyle, Earl of Orrey, Virginia 6.3.1720. In: Tinling, Correspondence, S. 327.
41 Holland Braund, Kathryn E.: Deerskins and Duffels. The Creek Indian Trade with Anglo-America 1685–1815. 2. Aufl., Lincoln/NB 2008, S. 5 u. 31–39; Eccles, W.J.: The Fur Trade and

nun unter französische Kontrolle zu geraten. Zuweilen diktierten Kaufleute daher den staatlichen Vertretern in den Kolonien ihre Klagen über die französische Konkurrenz direkt in die Feder. So übernahm Deputy-Gouverneur Keith in Pennsylvania 1719 großzügig Textpassagen aus einer an ihn gerichteten Eingabe James Logans, der zu den wichtigsten Kaufleuten Philadelphias gehörte.[42]

Doch stets bemühten Bewohner der Kolonien sich, das individuelle Problem in größere staatliche Zusammenhänge zu stellen und damit Forderungen nach einem Eingreifen der Regierung in London zu legitimieren. Dabei half wiederum, dass Felle zu den wenigen Waren gehörten, die Pennsylvania und New York, ähnlich wie Massachusetts, direkt nach Europa exportierten und die ihre negative Handelsbilanz mit dem Mutterland aufbesserten sowie ihren Wert als Kolonien unterstrichen. Diese Ausfuhren machten in den Jahren vor 1720 im Schnitt etwa ein Drittel der Gesamtexporte von New York nach London aus, in Pennsylvania lag der Wert oftmals deutlich höher. Eine Ausnahme bildete Carolina, wo der Anteil um 1710 noch relativ hoch lag, dann jedoch deutlich abnahm. Dies lässt sich einerseits durch die Zunahme anderer kolonialer Exportgüter erklären, andererseits dadurch, dass seit 1716 ein Krieg mit den indigenen Felllieferanten tobte.[43]

Doch Deputy-Gouverneur Keith betonte zusätzlich, dass nicht nur von den Indianern gelieferte Pelze Richtung Europa gingen, sondern umgekehrt Kaufleute in den Kolonien auch britische Waren an die Indigenen vertrieben. Die französische Expansion, das implizierte er wohl, bedrohte somit zusätzlich auch Absatzmärkte für Waren aus dem Mutterland und damit die Arbeit britischer Manufakturen, Kauf- und Seeleute. „But as it is in vain to perswade an Indian to think otherwayes than that those are his best friends who can help him to the best bargain",[44] sei es im Grunde relativ einfach, Indianerstämme für sich zu gewinnen. Die von den Indigenen nachgefragten Produkte – Wollstoffe, Waffen, Munition und billiger Schmuck – müssten nur günstig und in ausreichenden Mengen lieferbar sein. Die Gouverneure sollten zudem darauf achten, dass die eigenen

---

Eighteenth-Century Imperialism. In: William & Mary Quarterly 40 (1983), S. 341–362; Adair, E.R.: Anglo-French Rivalry in the Fur Trade During the 18th Century. In: Bumsted, J.M. (Hrsg.): Canadian History before Confederation. Essays and Interpretations. 2. Aufl., Georgetown/Ont. 1979, S. 135–153.
42 Cutcliffe, Stephen H.: Colonial Indian Policy as a Measure of Rising Imperialism. New York and Pennsylvania, 1700–1755. In: Western Pennsylvania Historical Magazine 64 (1981), S. 250.
43 Vgl. dazu auch Holland Braund, Deerskins, S. 97. Zum Pelzhandel in New York in dieser Zeit vgl. besonders Norton, Fur, S. 100–120.
44 Deputy-Gouverneur Keith an Mr. Pople, Philadelphia 16.2.1719. In: Headlam, Calendar of State Papers. Bd. 31, S. 34. Völlig daneben lag er damit nicht. Vgl. auch Holland Braund, Deerskins, S. 26–39, Norton, Fur, S. 161.

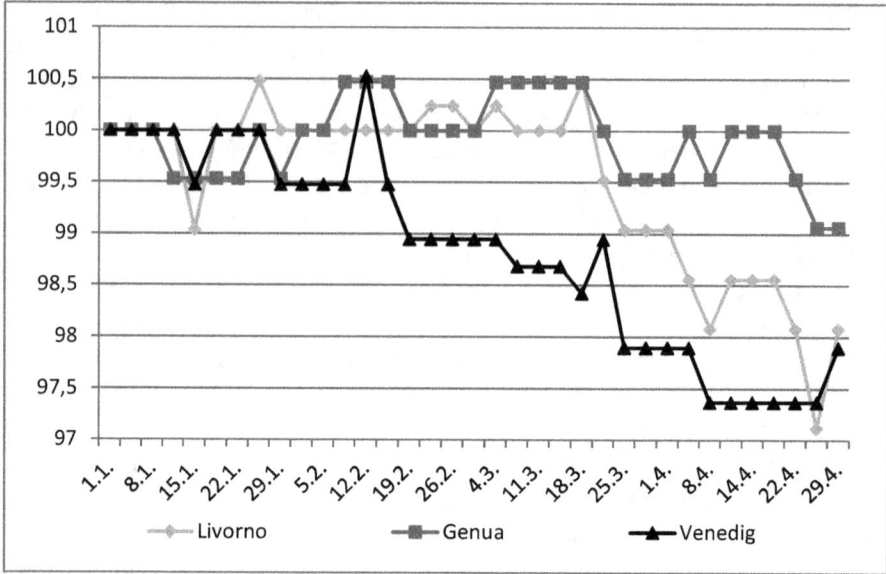

Grafik 2: Prozentualer Anteil der Fell-an den Gesamtexporten aus New York, Pennsylvania und Carolina nach London Cutcliffe, Colonial, S. 242–243; TNA – CUST 3/12 bis 3/22.

Fellhändler die Indianer nicht betrögen. Unnötige Konkurrenz zwischen den Kaufleuten unterschiedlicher Kolonien beim Einkauf der Pelze sei darüber hinaus zu vermeiden. Nur unter diesen Bedingungen könne man den Handelszweig erhalten.

Aber auch die Planter Colonies, die mehr den ökonomischen Vorstellungen überseeischer Siedlungen entsprachen, meldeten Sorgen wegen der französischen Konkurrenz an, die am Ende das ganze britische Empire in Mitleidenschaft ziehen könne. Alexander Spotswood, Lieutenant-Governor von Virginia, befürchtete, dass „Tobacco, Rice and other Commoditys, wth wch the greatest part of Europe is now supplied from these Plantations, will, no doubt, be cultivated and produced in the new French Settlement, and they w[ll] become our Rivals in that Trade in all fforeign Mark[ts]."[45] Die daraus folgende Bedrohung sei nicht nur eine der kolonialen Produzenten. Denn durch den zu erwartenden Rückgang des britischen Handels würden sich auch die Arbeit für Seeleute sowie die Staatseinnahmen verringern.

---

45 Lt.-Gov. Spotswood an das Board of Trade, o. O. 1. 2. 1720. In: Virginia Historical Society, Official Letters, S. 329.

Neben den Mahnrufen von jenseits des Atlantiks verstärkte wohl auch das Auftauchen von „2 Indianische[n] Prinzen" in London das britische Bewusstsein für die französische Expansion in Nordamerika. Der Londoner Korrespondent des *Schlesischen Nouvellen Courier* meldete, dass „der eine [sich] für den Sohn eines gewissen Königes, dessen Länder an dem Fluß Mißißipi gelegen, ausgiebet; sie waren gestern Abend in der Comödie zu Lincolns-Inn-Fiels, welches eine grosse Menge Volks, um selbige zu sehen, dahin gelocket".[46] Ebenso wie in anderen Fällen einige Jahre zuvor wurde die Anwesenheit der Indigenen somit nicht als ein Ereignis verstanden, das in erster Linie die Ureinwohner beeindrucken sollte, sondern eines, das sich dazu eignete, „Englishmen of the strength and glamor of the colonial cause" zu überzeugen.[47] Schließlich weckten der Besuch sowie die Berichte und Forderungen aus Nordamerika auch die Aufmerksamkeit des Parlaments. Das Unterhaus debattierte im Januar 1720 über das Problem der französischen Expansion. Der Korrespondent der *Wiener Zeitung* in der britischen Hauptstadt berichtete über die Diskussion:

> Sonsten habe das Unter-Hauß beschlossen / sich zubeschweren / daß die Franzosen unter allerhand Vorwand sich in Mississipi so ausbreiten / auch verschieden nah gelegene Landschaften sich zueigneten / um andurch den Engellischen Unterthanen ihre in Carolina und in andern Colonien von America aufgerichtete Handelschaften zuzerstören.[48]

Dem *Schlesischen Nouvellen Courier* konnten Leser entnehmen, dass das Parlament sich wegen eines vollständigen „Ruin[s]" der Besitzungen in Nordamerika sorge und die Abgeordneten in diesem Fall einen erheblichen Schaden für den britischen Staat insgesamt befürchteten.[49] Die ökonomische Funktion der Kolonien schien aus Sicht des Mutterlandes durch die beobachtete französische Expansion gefährdet. Zumal der britische Gesandte in Bern im Frühjahr dann auch vermeintliche französische Anwerbungen von Soldaten aus Neuchâtel für das Mississippigebiet nach London meldete.[50]

Handelsverluste und die daraus resultierende Schwächung des Mutterlandes waren eine der Gefahren, die Akteure an der Peripherie 1719 heraufbeschworen – die vollständige Verdrängung bzw. Eroberung der britischen Kolonien durch Frankreich eine andere. Christian J. Koot hat im Falle Großbritanniens von einem

---

46 Schlesischer Nouvellen Courier 18.1.1720.
47 Johnson, Richard R.: John Nelson. Merchant Adventurer. A Life Between Empires. New York/Oxford 1991, S. 118.
48 Wiener Zeitung 31.1.1720.
49 Schlesischer Nouvellen Courier 2.1.1720.
50 Francis Manning an James Craggs, Bern 17.4.1720. In: TNA – SP 96/20, unpag., S. 3.

„negotiated empire" gesprochen, in dem sich Kolonien und Mutterland im Hinblick auf Wirtschaftsfragen in einem Dialog befanden. In diesem versuchte die Peripherie im Zentrum auf sich aufmerksam zu machen und die Politik in London zu beeinflussen. Dies war möglich, weil die Regierung mangels einer hinreichenden Zahl eigener Beamter in Nordamerika auf solche Hinweise angewiesen blieb.[51] ‚Jealousy of trade' bildete die Argumentationsformel, mit der die Sorgen 1719 über den Atlantik vermittelt wurden. Die Mahnrufe trafen im Mutterland im Herbst/Winter auf eine Gesellschaft, in der das Bewusstsein für die französische Bedrohung in Amerika seit der Jahrhundertwende zunahm und sich bis in die 1720er Jahre weiter verbreitete.[52] In der Zwischenzeit begann (augenscheinlich) die französische Expansion, befeuert durch den Aufstieg der Compagnie du Mississippi.

England, Indien und die bourbonische Konkurrenz

Nicht nur in der westlichen Hemisphäre beschworen Briten die Gefahr der französischen Konkurrenz. Gleiches galt für die Region östlich des Kaps der Guten Hoffnung. Zwar war die bourbonische Indienkompagnie als Wettbewerberin schon länger bekannt, doch ihr wirtschaftlicher Zustand erwies sich nach dem Spanischen Erbfolgekrieg, der sie an den Rand des Bankrotts gebrachte hatte, als schlecht. Nach Kriegsende 1713 besaß sie keine Schiffe mehr. Stattdessen vergab sie Pässe an Kaufleute, die letzteren gegen die Zahlung einer Gebühr Reisen in das Monopolgebiet erlaubten. Als besonders gefährliche Konkurrenten wurden die Franzosen daher 1715 im britischen Madras auch nicht eingeschätzt.[53] Doch das änderte sich vier Jahre später durch Laws Zusammenlegung fast aller Fernhandelsgesellschaften unter dem Dach der Compagnie du Mississippi. Aus britischer Sicht stand ein erheblicher französischer Handelsausbau in Asien zu befürchten.

Ein öffentlichkeitswirksamer Indikator dafür, dass Law den Asienhandel Frankreichs massiv und auf Kosten der Konkurrenz zu vergrößern gedachte, war aus britischer Sicht eine Wette, die er im August 1719 mit Thomas Pitt Jr., Lord Londonderry einging. Zeitungen in der britischen Hauptstadt berichteten über die Verabredung, der ein geplatzter Wechsel über knapp £10.000 zugrunde lag.[54] Dieser Betrag stellte die letzte Rate für einen Diamantenkauf des Herzog von

---

51 Koot, Balancing, S. 46; Johnson, John Nelson, S. 132–136; Pincus, Reconfiguring, S. 64.
52 Greene, Principal, S. 39.
53 General Letter from Fort St. George to the Company, Madras 15.7.1714. In: Records of Fort St. George – Despatches to England, 1714–1718. Madras 1929, S. 9; dies., 30.6.1715. In: Ebd., S. 85.
54 Vgl. die Hinweise bei Neal, Master, S. 74–93. Außerdem auch Murphy, John Law, S. 299–300.

Orléans von Londonderrys Vater Thomas Pitt Sr. dar. Statt einen neuen Wechsel auszustellen oder Bargeld zu übergeben, bot Law auf einer Dinnerparty an, in einem Jahr 1.000 Aktien der englischen East India Company gegen Zahlung von £180.000 durch Londonderry an diesen zu verkaufen. Dies waren etwa 14 Prozentpunkte weniger als der Tageskurs an der Londoner Börse. Sollte sich der Aktienpreis in zwölf Monaten an selber Stelle befinden, stand für Londonderry in Aussicht, ungefähr £14.000 weniger zahlen zu müssen, als ein direkter Verkauf der Aktien einbrächte. Der geplatzte Wechsel wäre damit mehr als beglichen gewesen. Gelang es hingegen Law, zu niedrigeren Preisen zu kaufen, konnte er sparen. Lag der Endkurs unter £190 je Aktie, drohte Londonderry zu verlieren. Stieg schließlich der Preis über £194, und Law hatte sich nicht schon hinreichend mit Anteilen zu günstigeren Preisen eingedeckt, drohten ihm erhebliche Verluste. Londonderry durfte sich hingegen in diesem Fall über einen zusätzlichen Gewinn freuen.

Was trieb Law bei dieser Wette an? Vielleicht stellte sie für ihn eine bequeme Art dar, ein ‚kleineres' Problem (den geplatzten Wechsel) aus der Welt zu schaffen, während er gerade die Umwandlung der verbliebenen französischen Staatsschulden anging. Der britische Botschafter Lord Stair, der bei Abschluss der Vereinbarung zugegen war und den eine wechselseitige persönliche Abneigung mit Law verband, berichtete allerdings noch anderes:

> He [Law], in all his discourse, pretends that he will set France higher than ever she was before, and put her in a condition to give the law to all Europe; that he can ruin the trade and credit of England and Holland, whenever he pleases; that he can break our bank, whenever he has a mind; and our East India company. [...] He told Pitt, that he would bring down our East India stock; and entered into articles with him to sell him at twelve months hence, a hundred thousand pounds of stock.[55]

Er warnte folglich ausdrücklich vor dem Schotten in französischen Diensten. Zwar sind Stairs Ansichten in der Forschung häufig als unbegründet und aus seinem schlechten Verhältnis zu Law hervorgehend abgetan worden.[56] Doch letzterer brachte mit der Wette zweifellos öffentlichkeitswirksam sein Vertrauen in seine Maßnahmen zugunsten Frankreichs und seines Handels zum Ausdruck. Zugleich dokumentierte er seine Erwartung, dass sich die Geschäftsaktivitäten der Bourbonenmonarchie in Asien in näherer Zukunft positiv entwickeln und damit vor dem zeitgenössischen Interpretationshorizont eines ökonomischen Null-

---

55 Lord Stair an James Craggs, Paris 9.9.1719. In: Yorke of Hardwick, Philip (Hrsg.): Miscellaneous State Papers. From 1501 to 1726. Bd. 2, London 1777, S. 593. Außerdem Neal, Master, S. VIII.
56 Z. B. Williams, Stanhope, S. 343–344; Carswell, South, S. 78–79.

summenspiels negativ auf jene der englischen East India Company auswirken mussten. Denn das Szenario eines deutlichen Fallens des Börsenpreises, von dem Law bei der Wette profitieren konnte, war in erster Linie vor diesem Hintergrund realistisch.

Auch Lord Londonderry zeigte sich zumindest soweit verunsichert, dass er die Wette zwar annahm, dadurch auch öffentliches Vertrauen in die englische Handelsgesellschaft zum Ausdruck brachte, sich dann jedoch schleunigst darum bemühte, andere Interessenten am Risiko zu beteiligen. Er verkaufte dazu eine Anzahl der im Deal enthaltenen Aktien an Dritte.[57] Doch für die Zeitgenossen ging Laws Drohung wohl noch über das einzelne Unternehmen hinaus. Denn in der Forschung zur Wette wird übergangen, dass sich in Großbritannien in Kriegszeiten eine Sicht auf Aktienkurse durchgesetzt hatte, mit der „idea that an attack, which drove down the price of the funds, no matter how justified by the economic fundamentals or the problems of conducting a military campaign, was indeed an attack on the sovereignty of the state itself."[58] Laws Wette gegen die East India Company und ihren Handel konnte demzufolge auch als ein mittelbarer Angriff auf den britischen Staat selbst gewertet werden.

Aus anderer Warte blickten freilich die Direktoren der East India Company in London auf den Geschäftsgang. Aber auch bei ihnen machte sich Ende 1719 zumindest Nachdenklichkeit breit. Die Stellung der Compagnie du Mississippi in Frankreich, so schrieben sie nach Indien, sei mächtig, ihre Verbindungen zum französischen Hof gut. „What the Issue of this mighty Project will prove which at present appears like a blazing Comet Time only can ascertain."[59] Immerhin hatte der französische Indienhandel schon eine deutliche Belebung erfahren – möglicherweise sogar vor der Übernahme von Laws Compagnie du Mississippi. Denn Ende März 1719 befanden sich 16 Schiffe auf dem Weg nach Asien.[60] Die Besorgnis der Direktoren aufgrund der französischen Konkurrenz war daher Ende des Jahres auch groß genug, dass sie ihren Mitarbeitern in Indien Verhaltensrichtlinien an die Hand gaben. Sie betonten, dass man für viel Geld Handelsprivilegien von indischen Herrschern erworben habe. An diesen sollten die Franzosen auf keinen Fall partizipieren. Außerdem befürchtete man in London die Kooperationen zwischen englischen und französischen Kaufleuten vor Ort. Diese gelte es auf jeden Fall zu unterbinden. Allerdings solle dies auf friedlichem Weg erfolgen:

---

[57] Zu Law: Murphy, John Law, S. 299–300. Zu Londonderry: Neal, Master, S. 74–93.
[58] Murphy, Financial, S. 267.
[59] General Letter to Fort St. George, London 19.12.1719. In: BL – IOR/E/3/100, S. 137.
[60] Wellington, Donald C.: French East India Companies. A Historical Account and Record of Trade. Lanham 2006, S. 41–53; Orain, La politique, S. 139.

„[T]he intention of these Orders are not to bar Common Civilitys but to prevent as much as may be their prejudicing Us in our Trade."[61]

Die Sorgen wurden mit Zeitverzug aus Indien zurückgespiegelt. Die 1719 ausgelaufenen französischen Schiffe brachten laut Berichten von President und Council der East India Company in Madras extrem große Mengen Edelmetall mit. Etwa £533.000 hätten die Koromandelküste und den Golf von Bengalen erreicht, während die East India Company selber dorthin im Winter 1719/20 insgesamt nur £378.000 sandte.[62] Mit dem Geld seien von den Franzosen zunächst einmal alte Schulden samt Zinsen beglichen worden.[63] Vertrauensbildende Maßnahmen, so kann man vermuten. Doch es existiere, so der Bericht des President und Council in Madras weiter, noch so viel Kapital, dass auch Vorschüsse für die Lieferungen des kommenden Jahres an indische Tuchhändler gezahlt worden seien. Damit sicherten sich die Franzosen die Arbeit der indischen Weber und trieben aus britischer Sicht die Preise für Konkurrenten in die Höhe. Zumal durch die starken Edelmetallimporte auch deren Wert sank: Statt 14 bis 15 Silberdollar aus Europa pro 10 indischer Pagodas zu zahlen, rechnete man im August 1720 aufgrund der französischen Importe mit einem Preis von 15 ¼ Dollar.[64] Des Weiteren wurden die Verteidigungsanlagen des französischen Hauptsitzes in Pondicherry ausgebaut und Faktoreien in Mahe und Kalikut an der Malabarküste und in Yanam und Masulipatnam an der Koromandelküste (wieder)eröffnet.[65] Es sei geplant, meldeten President und Council aus Madras im Sommer 1720 schließlich, in Zukunft ein Geschäftskapital von mehr als einer Million Pfund im französischen Pondicherry vorzuhalten – was mehr als das Dreifache dessen darstellte, was der East India Company an der Koromandelküste zur Verfügung stand.[66]

---

61 General Letter to Fort St. George, London 19.12.1719. In: BL – IOR/E/3/100, S. 137.
62 Catesby Oadham an den President und Council of Fort St. George, Madras 10.8.1720. In: Records of Fort St. George – Diary and Consultation Book, 1720. Madras 1930, S. 141–142; Banerji, R.N.: Economic Progress of the East India Company on the Coromandel Coast (1702–1746). Nagpur 1974, S. 218–220. Zum französischen Handel generell auch Ray, Indrani: The French Company and the Merchants of Bengal (1680–1730). In: Subramanian, Lakshmi (Hrsg.): The French East India Company and the Trade of the Indian Ocean. Calcutta 1999, S. 77–89.
63 General Letter from Fort St. George to the Company, Madras 2.9.1720. In: Records of Fort St. George – Despatches to England, 1719–1727. Madras 1929, S. 30.
64 Catesby Oadham an den President und Council of Fort St. George, Madras 10.8.1720. In: Ebd. – Diary and Consultation Book 1720, S. 141–142
65 Banerji, Economic Progress, S. 178. Zur Notwendigkeit, Vorschüsse an Weber zu zahlen auch Chaudhuri, K.N.: Trade with India. In: Raychaudhuri, Tapan/Habib, Irfan (Hrsg.): The Cambridge Economic History of India. Bd. 1: c. 1200–c. 1750. Cambridge 1982, S. 404–406.
66 Catesby Oadham an den President und Council of Fort St. George, Madras 10.8.1720. In: Records of Fort St. George – Diary and Consultation Book 1720, S. 141–142.

Die Ereignisse in Paris schienen somit aus britischer Sicht auch für den Handel nach Asien neues Konfliktpotenzial und zunehmende Konkurrenz zu verheißen und erregten damit in London und Indien ‚jealousy'.

Schiffbau für Law in Hamburg und an der Themse

Für den weiteren Ausbau des französischen Handels mit Amerika und Asien waren freilich zusätzliche Schiffe notwendig. Doch diese stellten nicht nur Transportvehikel dar. Ihre primäre Funktion bestand zwar in Friedenszeiten darin, den regelmäßigen Kontakt und Warenaustausch mit den eigenen Kolonien zu gewährleisten und gleichzeitig fremde Konkurrenz fernzuhalten, wie es die britischen Navigation Laws vorschrieben. Außerdem dienten Schiffe natürlich dazu, Geschäftsverbindungen mit fremden Ländern aufzubauen. In letzterem Fall konnte die wachsende Aktivität eines Landes durchaus als Bedrohung des Warenverkehrs der Kaufleute eines anderen Staates angesehen werden, wie im Fall Indiens. Darüber hinaus schufen große Kaufmannsflotten aber auch ein Reservoir an geschulten Seeleuten, auf die der Staat im Konfliktfall für seine Kriegsschiffe zurückgreifen konnte – darauf hatten schon die Planer der Fischfangkompagnien in London verwiesen.[67] Schließlich konnten Kaufmannsschiffe in Kriegszeiten auch als Kaperer eingesetzt werden. Das Wachstum einer fremden Handelsflotte ließ sich insofern nicht von ihrem militärischen Potenzial trennen und warf damit zugleich immer Probleme hinsichtlich des politischen und ökonomischen Kräfteverhältnisses in Europa auf.

Daher überrascht es kaum, dass ganz unterschiedliche Akteure die Schiffbautätigkeit der Compagnie du Mississippi genau beobachteten, zumal Werften unter anderem in Großbritannien Bauaufträge aus Frankreich erhielten. Nach Zeitungsberichten lief Ende Dezember 1719 in Limehouse ein 600 Tonnen großes Schiff für Laws Unternehmen vom Stapel.[68] Das war schon eine ausgewachsene Größe – die britische East India Company nutzte zeitgleich solche mit 350 bis 480 Tonnen.[69] Die Direktoren der East India Company teilten ihren Mitarbeitern in Indien mit: „it is generally reported Ten or twelve Ships now building in England were set on the Stocks for their [the Mississippi Company's] Account all of considerable force & burdens besides what may be building in France or else-

---

67 Vgl. oben S. 27–31. Außerdem Greene, Principal, S. 29.
68 Relations Courier Hamburg 9.1.1720; Wiener Zeitung 13.1.1720; Neal, Master, S. 112. Ein weiteres Schiff sollte angeblich in Kürze folgen.
69 General Letter to Fort St. George, London 19.12.1719. In: BL – IOR/E/3/100, S. 137.

where."⁷⁰ Eben diese Zahl für Frankreich gebauter Schiffe lag nach Informationen der *Wöchentlichen Relationen Halle* Anfang Januar 1720 dann weitgehend segelfertig auf der Themse.⁷¹ Aus Hamburg, die Vermutungen der East India Company Direktoren gleichsam bestätigend, berichtete der britische Gesandte an seine Regierung, dass eine nicht näher spezifizierte Anzahl Schiffe von Laws Unternehmen zum Bau in Auftrag gegeben worden sei.⁷² Im Mai 1719 soll die Mississippi Kompagnie insgesamt 21, im Sommer 1720 dann schon 62 Schiffe besessen haben. Das war eine namhafte Flotte, wie ein weiterer Vergleich mit der East India Company verdeutlicht: Sie entsandte 1720 insgesamt 16 Schiffe, um in Asien Güter für den europäischen Markt zu laden.⁷³

Die Zahlen waren mithin beeindruckend. Für welchen Zweck die Compagnie du Mississippi ihre Flotte konkret benötigte, ob für Kolonialhandel oder Geschäfte mit fremden Ländern und ob ihre Matrosen im Krieg in der französischen Marine dienen würden, all dies musste sich erst noch zeigen.⁷⁴ Zu Wachsamkeit und ‚jealousy' bot sich in Großbritannien aber noch mehr Anlass.

Englische Handwerker für Frankreich

Es waren nicht nur die französischen Aktivitäten in den Kolonien, im Fernhandel und im Schiffbau, die in Großbritannien zur Ausbreitung des Gefühls einer ökonomischen Bedrohung beitrugen. Sondern auch englische Manufakturbetreiber brachten ihre Beunruhigung zum Ausdruck. Als Auslöser wirkte hier, dass die Compagnie du Mississippi nicht allein koloniale Entwicklungsprojekte und Fernhandel betrieb, sondern sich unter Beteiligung der Banque Royale auch um die Belebung der heimischen Wirtschaft bemühte. Hierbei strebte Law die Verbesserung von Produktionsmethoden und die Expansion in neue Geschäftsfelder an, um damit wiederum Großbritannien Konkurrenz zu machen.

---

70 Ebd.
71 Wöchentliche Relationen Halle 20.1.1720; Schlesischer Nouvellen Courier 22.1.1720.
72 Cyril Wich an James Stanhope, Hamburg 12.4.1720. In: TNA – SP 82/37, S. 35.
73 Carswell, South, S. 137; General Letter to Fort St. George, London 19.12.1719. In: BL – IOR E/3/100, S. 136.
74 Britische Kommentatoren waren allgemein wegen der Expansion der französischen Handelsflotte seit dem Frieden von Utrecht besorgt. „French European and oceanic trade, and the French navy and mercantile marine, were all in a poor state at the end of the War of the Spanish Succession. Thereafter they recovered, albeit unevenly. This recovery implicitly challenged the British colonial, maritime and commercial position, and was explicitly seen in these terms despite the alliance between the two states." Black, Jeremy: Trade, Empire and British Foreign Policy, 1689–1815. The Politics of a Commercial State. London 2007, S. 127.

Wenn Unternehmer und Regierungen zeitgenössisch das Gefühl hatten, dass die Produkte eines Wettbewerbers besser und/oder günstiger waren, griffen sie häufig auf das Mittel der Anwerbung fremder Fachkräfte zurück. Diese sollten Wissens- und Kompetenztransfers und damit letztlich die Emulation ausländischer Manufaktur- und Gewerbeprodukte ermöglichen.[75] So wollten die neuen britischen Fischfanggesellschaften 1719 Personal in den Niederlanden gewinnen. Die englische Wirtschaft hatte zudem schon einmal in den 1690er Jahren vom Zustrom hugenottischer Fachleute profitiert, die aus Frankreich flohen.[76] Seit Ende 1718 schien sich die Situation jedoch umzukehren. Die Commissioners of Trade beschäftigten sich intensiv mit Meldungen, wonach arbeitslose Weber auswanderten. Angeblich plante John Law den Aufbau einer Wollindustrie mit britischen Fachkräften, um im Anschluss dem Vereinigten Königreich Konkurrenz bei seinem wichtigsten Exportprodukt zu machen.[77] Aus der Stahlindustrie und dem Uhrmacherhandwerk kamen Anfang 1719 ebenfalls Klagen, dass Fachleute von französischen Werbern dazu bewogen würden, ihre Heimat zu verlassen und jenseits des Kanals Produktionsstätten aufzubauen. Dort sollten sie auch Franzosen ihr Fachwissen vermitteln. Das britische Parlament reagierte hierauf prompt. Schon Mitte April verabschiedete es ein Gesetz, das es Handwerkern untersagte, das Land zu verlassen. Sowohl angeworbene Arbeitsleute als auch die Werber selbst konnten nun bestraft werden.[78] Das Gesetz zeigt: In der Situation Anfang 1719, als Personalabwerbungen und der damit einhergehende Wissenstransfer die britische ökonomische Stellung zu bedrohen schien, war das Parlament zu schnellem Handeln bereit.

Allerdings: Das Gesetz allein half offenbar nicht – zumindest aus Sicht britischer Handwerker und Manufakturbetreiber, die nun Anstrengungen zur Überwachung seiner Einhaltung forderten. Die Regierung in Whitehall bemühte sich daraufhin mit einigem Erfolg um eine bessere Kontrolle Ausreisender. Dennoch sollen sich zeitweise bis zu 200 einschlägig qualifizierte Personen in Frankreich aufgehalten haben. Deshalb versuchte man zusätzlich, Ausgewanderte mit positiven Anreizen zur Rückkehr zu bewegen – beispielsweise durch das Angebot

---

75 Vgl. dazu auch Reinert, Emulating, S. 30.
76 Dies taten auch andere Länder in Europa. Vgl. Paquette, Views, S. 82; Gömmel, Entwicklung, S. 45; Diest, Johann v.: Wirtschaftspolitik und Lobbyismus im 18. Jahrhundert. Eine quellenbasierte Neubewertung der wechselseitigen Einflussnahme von Obrigkeit und Wirtschaft in Brandenburg-Preußen und Kurhannover. Göttingen 2016, S. 368.
77 Thomas, P.J.: Mercantilism and the East India Trade. London 1926, S. 149–150. Vgl. auch die knappen Angaben aus französischer Perspektive bei Orain, La politique, S. 137–138.
78 Harris, J.R.: Industrial Espionage and Technology Transfer. Britain and France in the Eighteenth Century. Aldershot 1998, S. 7–10.

der Straffreiheit und von Geldzahlungen. Der Privy Council des Königs stellte dafür £3.000 zur Verfügung. Auch die britische Botschaft in Paris wurde um Hilfe gebeten. Sie sollte beim Herzog von Orléans gegen die Anwerbungen protestieren. Man kann dieses Maßnahmenbündel als gezielten Schritt zur Sabotage der französischen Emulationsbemühungen britischer Handwerksprodukte interpretieren. Der Erfolg blieb allerdings zunächst ungewiss, so dass 1719 in den Worten John Harris' „remarkable" war, „for the scale of technological transfer it encompassed, the range of skills involved, [and] the measures government was prepared to take to repatriate emigrated workers."[79]

Auch das Ausland erfuhr 1719 von der britischen Sensibilität im Hinblick auf die Abwerbung von Fachleuten. So berichtete der *Relations Courier Hamburg* Ende Dezember aus London, dass „man einen Middleton genandt / den man vor einen Agenten des Hrn. Laws hält / auff Befehl des Ritters Fryer in Neugate gefangen gesetzt / weil er unterschiedliche Künstler und Handwercker bewogen ihr Vaterland zu verlassen und sich nach Franckreich zu begeben."[80] Mitte Januar meldeten Zeitungen dann weitere Festnahmen. Diesmal seien, so der *Relations Courier*, „unterschiedliche Woll-Arbeiter und andere Handwercks-Leute persuadiret [worden,] nach Franckreich überzugehen / und eine Manufactur daselbst aufzurichten".[81] Man habe den illegalen Werber gerade noch festnehmen können, bevor er das Schiff für die Kanalüberfahrt besteigen konnte. Auf diesem befand sich zudem schon eine gehörige Anzahl britischer Handwerker. Laut einem Bericht des Londoner Korrespondenten der *Wiener Zeitung* wurden auch letztere festgenommen, weil sie sich angeblich über Frankreich nach Mississippi hätten begeben wollen.[82]

Die Anmerkung des Wiener Korrespondenten macht deutlich, wie schwer es von außen fiel, die Absichten hinter der Law'schen Wirtschaftspolitik zu erkennen. Handwerker konnten in Europa bleiben oder nach Übersee gehen. Zielten die Projekte des Schotten insofern in erster Linie auf die Belebung der französischen Wirtschaft ab oder ging es ihm auch um den Aufbau eines Kolonialreichs und von Fernhandelsverbindungen?[83] Briten fürchteten jedenfalls sowohl in Europa als auch in Übersee die neue Konkurrenz sowie die Schwächung der eigenen ökonomischen Macht zu Gunsten Frankreichs. Sie fragten sich zudem: Welche politischen Implikationen konnten die Veränderungen jenseits des Kanals mittel-

---

79 Ebd., S. 8 u. 11–27. Für weitere Einzelbeispiele: Shovlin, Jealousy, S. 282.
80 Relations Courier Hamburg 2.1.1720.
81 Ebd. 9.1.1720.
82 Wiener Zeitung 10.1.1720.
83 Vgl. zur Diskussion weiter oben im Text sowie: Shovlin, Jealousy, S. 279–285; Ghachem, Mississippi Bubble; Orain, La politique, S. 176, 186–187 u. 190.

fristig haben? Zumal dann, wenn sich eine wirtschaftliche Blüte und die Abzahlung der Staatsschulden im Bourbonenreich zusammen ermöglichen ließen? Die Sorgen, die Laws Aktivitäten in der britischen Regierung auslösten, lassen sich abschließend an zwei Bemerkungen der britischen Staatssekretäre besonders klar erkennen: Anfang Januar schrieb James Craggs an Lord Stair in Paris: „I will agree entirely to one thing with you that Law may so settle the finances of France as to make that kingdom more formidable than ever to its neighbours. I think we ought to tremble at it, and be very cautious and look well about us."[84] Sein Kollege James Stanhope war noch Anfang April 1720 der Auffassung, dass im Falle von Laws Erfolg Österreich, die Niederlande und England zusammen Frankreich nicht mehr die Stirn würden bieten können.[85]

Kolonisten auf der Suche nach Gegenmaßnahmen

Pläne, der Compagnie du Mississippi durch Emulation zu begegnen, diskutierte man wohl schon Ende 1718 bzw. Anfang 1719 in den britischen Kolonien Nordamerikas. Hier war offensichtlich das Bedrohungsgefühl zunächst stärker, während zeitgleich die Regierung in London die französische Aktiengesellschaft noch nicht mit übermäßiger Sorge betrachtete.

Die genauen Details der frühen Debatten westlich des Atlantiks lassen sich zwar bislang nicht erhellen. Aber der Deputy-Gouverneur von Pennsylvania William Keith schrieb am 16. Februar 1719, dass dem Council of Trade and Plantations die Idee vorgestellt werden könnte, „that in imitation of the French a Society may be incorporated, and a Company erected for carrying on the trade upon this Continent w^t. the Indians".[86] Während Keith weitere Details nicht übermittelte, enthält ein anonymes Pamphlet vom Jahresbeginn 1720 einen konkreteren Vorschlag. Der Autor forderte darin, dass „a certain Body of Men [...] employ their Money and Interest at Court, in securing and enlarging our Trade, by planting fine Countries belonging to the Crown in *America*, which at present are inhabited by *Indians* only, and wild Beasts". Diese Männer könnten „with a great Deal of Justice be entitled to the Honour of being thought *the English Mississippi Company*". Der Autor wünschte aber ausdrücklich keine exakte Imitation der

---

84 James Craggs an Lord Stair, Cockpit 25.1.1720. In: Graham, John Murray (Hrsg.): Annals and Correspondence of the Viscount and the First and Second Earls of Stair. Vol. II, Edinburgh/London 1875, S. 412. Vgl. auch Carswell, South, S. 83.
85 Vgl. Shovlin, Jealousy, S. 294. Weitere Ausdrücke solcher Besorgnis ebd., S. 291.
86 Deputy-Gouverneur Keith an Mr. Pople, Philadelphia 16.2.1719. In: Headlam, Calendar of State Papers, Bd. 31, S. 40.

französischen Vorgänge, besonders nicht ein „Stock-jobbing [of] the publick debts (whereby the Nation evidently loses great Sums, especially to Foreigners)".[87] Dahinter stand offenbar die Idee, dass mit der Organisationsform der Aktiengesellschaft nicht zwangsläufig eine Anteilsspekulation einhergehen müsse.[88] Im Prinzip hoffte der Autor aber wohl zusätzlich, dass die Investoren der britischen Company die Unternehmensanteile nicht als reines Spekulationsobjekt betrachten würden, wie es in Frankreich der Fall zu sein schien.

Solche Ideen, den Erfolg der Compagnie du Mississippi zu kopieren und sie dabei, soweit möglich, durch eine eigene Aktiengesellschaft noch zu übertreffen, warfen jedoch auch in den Kolonien wirtschaftspolitische Überzeugungsfragen auf. Das hatte Keith schon im Frühjahr 1719 dargelegt, als er über den Plan einer Aktiengesellschaft für den Indianerhandel schrieb:

> I must beg leave to observe that such a privilege or immunity would certainly become a very heavy burthen upon, and a great discouragement unto the planting as well as trading interest of every one and all of these Colonies, who from the taste they have of English liberty, are naturally averse to all monopolies, and ever will hardly be restrained by the maxims or example of a French Government.[89]

Alle Ansätze zur Emulation des französischen Vorbildes warfen insofern die Frage nach dem Verhältnis von Monopolen zu den Interessen von Einzelkaufleuten auf. Waren Wettbewerbseinschränkungen für Staat und Gesellschaft nützlich oder profitierten von ihnen nur einzelne, während die Masse der Untertanen verlor? Noch Anfang 1719 diente die stereotypisierende Gegenüberstellung von englischer Freiheit, auf die sich auch die Kolonisten beriefen,[90] und französischer ‚Tyrannei' als probates Argument, eine Aktiengesellschaft mit Monopolrechten abzulehnen, weil sie die Rechte des Individuums zu stark beschränke und dem Handel schade.

Doch wie sicher konnte man sich Ende 1719 im Angesicht der Entwicklungen in Frankreich solcher Maximen noch sein? Viele Briten hatten ja auch nicht geglaubt, dass ein ‚willkürlich' regierter Staat Vertrauen in seine Schulden generieren könne – doch genau dies schien im Herbst/Winter 1719 in Paris dank Laws Maßnahmen plötzlich möglich.

---

87 Some Considerations, S. 50. Hervorhebungen im Original.
88 Vgl. dazu das Zitat bei Hoppit, Attitudes, S. 309.
89 Deputy-Gouverneur Keith an Mr. Pople, Philadelphia 16. 2. 1719. In: Headlam, Calendar of State Papers, Bd. 31, S. 40.
90 Greene, Principal, S. 37.

Whitehall und das französische Vorbild

In der knappen Aufforderung der Thronrede zur Eröffnung des Parlaments, über die eigenen Staatsschulden nachzudenken, deutete sich bereits an, dass die britische Regierung inzwischen selber Maßnahmen gegen die rasante Entwicklung der Compagnie du Mississippi und deren Staatsschuldenumwandlung plante. Zugleich hatten zu diesem Zeitpunkt im Verborgenen schon entsprechende Beratungen begonnen. Man wollte offensichtlich nicht länger zusehen, wie sich Frankreich Vorteile in der Mächtekonkurrenz verschaffte – zumal mit Investmentkapital, das unter anderem auch aus London kam.

Die Verhandlungen wurden geführt zwischen einigen Direktoren der South Sea Company um John Blunt einerseits sowie James Craggs und dem Chancellor des Exchequer John Aislabie als Vertretern der Regierung andererseits. Allerdings sind in den Protokollen des Treasury Board und den Akten der South Sea Company vom November 1719 noch keine Hinweise überliefert. Dies spricht für äußerste Geheimhaltung, wohl auch, weil der Schritt geeignet war, in Frankreich die ‚jealousy of credit' weiter anzuheizen. Auch in der Londoner Presse lassen sich erst Anfang Januar 1720 erste Gerüchte finden. Diese machen jedoch deutlich, dass die britische Regierung und die South Sea Company, nachdem Law das britische Modell der Schuldenumwandlung nachgeahmt und übertroffen hatte, durch eine Emulation der Compagnie du Mississippi auf die Herausforderung reagieren wollten.

Aufgrund der internationalen Bedeutsamkeit wurden die britischen Überlegungen nach Bekanntwerden sofort von internationalen Korrespondenten weitergemeldet.[91] Allerdings blieb der volle Umfang des Projekts für die Öffentlichkeit zunächst noch unklar. So kursierten Gerüchte statt Gewissheiten: Regelmäßig wurde nur der Plan zur Umwandlung eines kleineren Teils der Gesamtschuld in deutschen Zeitungen gemeldet. Auch die East India Company habe Interesse an der Konversion einer Tranche angemeldet.[92] Deutlich wird jedoch aus den Berichten, dass die Ereignisse in Frankreich jenseits des Kanals bei regierenden Whigs zum Überdenken der Maxime geführt hatten, dass Monopolgesellschaften abzulehnen seien. Viele Überlegungen schienen nun eher dahin zu gehen, wie ein hinreichend großes britisches Konkurrenzunternehmen zur französischen Super-AG geschaffen werden könnte. Londoner Korrespondenten deutscher Zeitungen berichteten Anfang Januar von Gedankenspielen, die South Sea und Royal African

---

91 Dickson, Financial, S. 94; Sperling, South, S. 27; Carswell, South, S. 84.
92 Dickson, Financial, S. 96. Ein Überblick über die Planungen ebd. S. 94–100. Die Zeitungsmeldungen in Relations Courier Hamburg 16.1.1720 u. 22.1.1720

Company zu vereinigen, „um die Negoce mit mehr Vortheil zu thun / und die Negers gemächlicher an die Spanier zu liefern / was hier an sey / wird die Zeit lehren / unterdessen ist doch gewiß / daß solches die Actien dieser 2 Compagnien merklich steigen gemacht".[93] Der *Schlesische Nouvellen Courier* führte die hinter den Fusionsgerüchten stehenden Ideen etwas später noch breiter aus und bezog sie deutlich auf die Konkurrenz mit Frankreich: es gebe die „Hoffnung, daß diese Vereinigung [der Companies] der Nation und ihrem Handel grossen Nutzen bringen werde, indem diese Compagnien, wenn sie vereiniget seyn werden, im Stande sind, ihr Commercium eben so weit zu treiben, als die Französ. Indianische Compagnie".[94] Doch diese Firmenvereinigung war nicht die einzige Überlegung, die in London kursierte. In der zweiten Januarhälfte erreichten Gerüchte Hamburg, dass man auch eine Fusion von East India und South Sea Company in Betracht ziehe.[95]

Zwei Grundzüge der britischen Debatte lassen sich diesen Gedankenspielen entnehmen: Erstens würden die diskutierten Projekte der französischen Konkurrenz neben der Konversion der Staatsschulden am ehesten auf dem Feld des Fernhandels Paroli bieten. Koloniale Bestrebungen und innere Wirtschaftsdynamisierung durch Papiergeld spielten hingegen keine entscheidende Rolle. Zweitens schien die Maßgabe zu sein: Je umfassender das Konkurrenzunternehmen zur Compagnie du Mississippi, desto besser. Doch wie genau man eine ansehnliche Größe erreichen könnte, bildete den Gegenstand von Diskussionen.

Pläne der britischen Regierung und der South Sea Company

Gewissheit gab es erst am 21. Januar, als die Pläne von Regierung und Unternehmen dem gesamten Direktorium der South Sea Company mitgeteilt wurden sowie nachdem John Aislabie sie am darauffolgenden Tag dem House of Commons vorstellte.

Der Chancellor of the Exchequer verbreitete in seiner Rede Zuversicht: Dank des Konversionsprojekts und der dadurch sinkenden Zinslast könne es gelingen, die gesamten Verbindlichkeiten Großbritanniens innerhalb der nächsten 25 Jahre abzutragen. Das Angebot der South Sea Company sah vor, £31,5 Millionen Staatsschulden in Aktien umzuwandeln – also nicht nur die unkündbaren und im Zinssatz nicht veränderlichen, sondern auch die kündbaren Schulden. Dieser

---

93 Relations Courier Hamburg 16.1.1720. Über die Fusion berichtete auch die Wiener Zeitung 20.1.1720, mit Datum London 6.1.1720.
94 Schlesischer Nouvellen Courier 1.2.1720.
95 Relations Courier Hamburg 24.1.1720.

fiskalisch nicht notwendige Schritt spricht für ein Bestreben, die South Sea Company als Gegenspielerin der Compagnie du Mississippi maximal zu vergrößern – eine eigene Super-AG zu schaffen. Jedoch: In Abwandlung des französischen Vorbildes, in dem eine Aktiengesellschaft sämtliche Verbindlichkeiten übernahm, die der Staat aus der Welt zu schaffen versuchte, sollten im britischen Fall jene Gelder, die der Staat der East India Company und der Bank of England schuldete, keinen Gegenstand der Umwandlung darstellen. Dies erfolgte möglicherweise entgegen einem ursprünglichen Wunsch der South Sea Company aufgrund des Protests der Bank of England und der East India Company. Allerdings würden die Gewichte mit jeweils etwa £3 Millionen versus ca. £43 Millionen auch im Londoner Fall eindeutig verteilt sein.[96]

Der Plan besagte darüber hinaus, dass die South Sea Company für je £100 Staatsschulden das Recht erhalten sollte, eine Aktie im Nennwert derselben Summe auszugeben. Die Verzinsung der umgewandelten Verbindlichkeiten sollte zunächst 5% betragen und ab 1727 auf 4% sinken. Für das Recht, die Konversion ausführen zu dürfen, bot die Company £3 Millionen als Einmalzahlung an den Staat. Dies stellten Regierung und Unternehmen als ein Geschenk für das Privileg der Umwandlung dar, es könnte nicht-öffentlich, aber als weitere Zinssenkung gemeint gewesen sein.[97] Die Staatsgläubiger sollten – wie in Frankreich – nicht verpflichtet sein, ihre Papiere in Aktien umzuwandeln. Übertrugen jedoch sämtliche Kreditgeber ihre Papiere auf die Company, so sparte der Staat sofort etwa £422.500 Zinszahlungen jährlich und ab 1727 gar £542.500 – Geld, das er zur Abzahlung der aufgenommenen Kredite nutzen konnte.[98]

Trotz gegenteiliger Bemühungen hielt sich das Parlament in Westminster mit einer Entscheidung aber zunächst zurück. Statt direkt in die Beratungen des Vorschlags der South Sea Company und der Regierung einzutreten, erbat es ein Gegenangebot der Bank of England. Diese nahm den Bieterwettstreit an und unterbreitete eine noch günstigere Offerte. Sie erklärte sich unter anderem zur Zahlung von bis zu £5 Millionen bereit, für den Fall, dass sie das Privileg zur Staatsschuldenumwandlung erhielt. Sie wollte zudem eine frühere Reduktion der Verzinsung auf 4% akzeptieren und legte schließlich noch ein spezifisches Verhältnis zwischen Staatsschulden und Aktien bei der Konversion fest. Letzteres war insofern von Bedeutung, als sich der Wechselkurs zwischen den beiden Wertpapieren am Kurswert der Unternehmensanteile orientieren würde. Bei einem Preis von £100 für Bankaktien hätten die Staatsgläubiger je eine pro £100

---

[96] Carswell, South, S. 87–92; Sperling, South, S. 27.
[97] So das Argument von Kleer, Folly.
[98] Carswell, South, S. 87–92; Sperling, South, S. 28.

Staatsschulden erhalten. Ein Kurs von £200 bedeutete jedoch, dass nur eine Aktie für £200 Staatsanleihe geboten werden musste. Das Unternehmen konnte so einen überzähligen Anteil ‚erwirtschaften' und am Markt verkaufen – unter anderem, um die Zahlung an den Staat zu leisten, aber nach Ansicht der Zeitgenossen auch, um den Ausbau des eigenen Handels zu finanzieren.[99] Für die Staatsgläubiger bedeutete die von der Bank angebotene Festlegung eines Austauschpreises zwischen Unternehmensanteilen und Staatsschulden eine gewisse Sicherheit bei der bevorstehenden Konversion, verringerte aber auch die Wahrscheinlichkeit, dass der Aktienkurs über den festgelegten Umtauschkurs steigen würde und setzte damit der Spekulation Grenzen.[100] Das Angebot der Bank of England macht zweierlei deutlich. Einerseits konnte bei Überlegungen zur Emulation auch die französische Banque Royale als Vorbild mobilisiert werden. Andererseits sahen die Direktoren der Bank die Notwendigkeit, den Konversionsplan zu adaptieren, um eine Londoner Hyperspekulation, wie es sie zeitgleich in Frankreich gab, zu vermeiden.

Der South Sea Company gab das Parlament auf das Angebot der Bank of England hin die Gelegenheit, ihre Offerte noch einmal nachzubessern. Sie tat dies in außerordentlich großzügiger Weise: Sie bot dem Staat jetzt ein ‚Geschenk' von bis zu £7,7 Millionen, sollte die vollständige Umwandlung von Staatsschulden in Aktien erfolgen. Gleichzeitig lehnte sie es aber weiterhin ab, einen festen Wechselkurs zwischen Unternehmensanteilen und Staatsschulden festzulegen. Sie wollte vielmehr erst im Laufe der Konversion die Bedingungen hierfür festlegen. Damit war aus Sicht vieler Zeitgenossen klar: je höher der Aktienkurs beim Umtausch, desto mehr Anteile blieben vorerst im Besitz des Unternehmens. Dieser ‚surplus stock' stellte aus Sicht vieler ökonomisch weniger geschulter Spekulanten den Gewinn des Unternehmens aus der Konversion dar,[101] wobei ein Teil davon freilich für das ‚Geschenk' verkauft werden musste.

---

99 Deringer, For What, S. 652.
100 Carswell, South, S. 92–93.
101 Ebd., S. 93. Es ist allerdings darauf hingewiesen worden, dass der Verkauf der überzähligen Aktien einerseits die Gefahr barg, durch ein erhöhtes Angebot an Anteilsscheinen auf dem Markt den Preis zu drücken und dass andererseits auf diese Anteile auch wiederum eine Dividende hätte gezahlt werden müssen, was die relative Verzinsung aller Aktien des Unternehmens gesenkt hätte. Vgl. z. B. Neal, Rise, S. 110; Paul, South, S. 80–83. Damit bleibt aber unklar, wo der Nutzen des Unternehmens aus der Transaktion hätte liegen können. Kleer, Folly, hat als Hypothese vorgeschlagen, dass dieser Nutzen im Zugewinn regelmäßiger Zinszahlungen der Regierung gelegen haben könnte, die dann vor Auszahlung an die Aktionäre für anderweitige Geschäfte hätten eingesetzt werden können.

Das Parlament nahm das nachgebesserte Angebot der South Sea Company Anfang Februar prinzipiell an und begann, ein entsprechendes Gesetz zu beraten und auszuarbeiten. Gleichzeitig bemühten sich die Direktoren des Unternehmens, dem Gesetzentwurf auf dem Weg durch das Parlament behilflich zu sein. Dies geschah insbesondere durch die Verteilung umfangreicher Bestechungen. Die Verwaltung dieser Summen übernahm Robert Knight, der Kassierer der South Sea Company. Neben den führenden Mitgliedern der Regierung wurden die Mätressen des Königs, unter anderem Melusine von der Schulenburg, seit 1719 Herzogin von Kendall, und Georg I. selbst bestochen.[102] Außerdem schmierte die Company Mitglieder des House of Commons und des House of Lords. Die Bestechungen banden die Direktoren funktional an das Gelingen des Gesetzes und knüpften sie zudem an einen steigenden Aktienpreis. Bestochene erhielten fiktive Aktien zu einem hypothetischen Preis, die Zahlen hielt der Kassierer Knight in einem Buch fest. Nach der erfolgreichen Verabschiedung des Gesetzes konnten diese ‚Unternehmensanteile' jederzeit zum aktuellen Marktpreis – und damit hoffentlich wesentlich teurer – verkauft werden. Die Differenz zwischen ursprünglichem ‚Kaufpreis' und ‚Verkaufspreis' erhielt die jeweilige Person dann als Gewinn ausgezahlt.[103] Insgesamt verteilte Knight auf diese Weise £575.000 ‚Aktien'. Dass es bei diesen Bestechungen einigermaßen diskret zuging, lässt sich einem Brief des preußischen Gesandten Johann von Wallenrod entnehmen. Er vermutete nämlich fälschlicherweise Ende März 1720, dass die Verabschiedung des Gesetzes den Hof „ein gut Stück Geld gekostet" hätte[104] – dabei standen der König und seine nächste Umgebung auf der Seite der Profiteure.

Auch dank der Bestechungen, und nicht nur wegen des politischen und ökonomischen Nutzens, wurde die Entstehung einer britischen Super-AG in Nachahmung des französischen Vorbilds im Winter 1720 wahrscheinlicher – die gegenseitige Emulation ging in einen neuen Zyklus. Bedenken vor der Größe sowie dem politischen und wirtschaftlichen Einfluss einer solch angewachsenen South Sea Company hatten viele nicht (mehr) oder stellten sie einstweilen zurück. Zu erfolgreich mutete das französische Vorbild an, zu dringend notwendig erschienen Maßnahmen, um nicht gegenüber Frankreich relativ an Macht zu verlieren – zumal ja mit der Bank of England und der East India Company ein Rest an anderen Staatsgläubigern in Großbritannien erhalten bleiben sollte.

---

102 Black, Jeremy: Continental Commitment. Britain, Hanover and Interventionism 1714–1793. New York 2005, S. 56; Hatton, George I, S. 251. Zur Bestechung Georgs I. vgl. Carswell, South, S. 256–261.
103 Ebd., S. 95–96, 100–101 u. 103–104.
104 Johann v. Wallenrod an Friedrich Wilhelm I., London 22.3./2.4.1720. In: GSTAPK – I. HA, Rep. 11, Nr. 1908, S. 39.

Die Gefahr des Monopols

Doch verstummte nicht alle Kritik an der Vereinbarung mit der South Sea Company. Unter anderem kam sie noch von Richard Steele, der kein Freund des Projekts zur Schuldenkonversion war. Als Parlamentsabgeordneter sollte er im April aufgrund prinzipieller Bedenken gegen das Gesetz stimmen. Es leiteten ihn jedoch nicht finanztechnische Bedenken, sondern ihn trieben einerseits rechtliche Erwägungen hinsichtlich der Zulässigkeit der Konversion um, andererseits fürchtete er deren Folgen. In einem ersten Pamphlet bezweifelte Steele vor allem, dass die Umwandlung von Staatsschulden in Aktien mit den Gesetzen vereinbar sei: Bei den unkündbaren Schulden handele es sich um vertragliche Vereinbarungen zwischen dem Staat, vertreten durch das Parlament, und seinen Gläubigern. Nachträglich einen Act zu erlassen, der daran etwas ändere, „this attempt of unsettling what has been made irrevocable"[105], sei aus moralischen und juristischen Gründen verwerflich und würde zum Verlust der Kreditwürdigkeit Großbritanniens führen – laut Steele selbst dann, wenn dem Geldgeber das Letztentscheidungsrecht verblieb. „They who think otherwise on this Subject, I shall have an Opportunity of proving, to think like Cashiers and Stockjobbers, and not like Wisemen and Politicians."[106]

In einem zweiten Pamphlet führte Steele seine Kritik weiter aus und unterbreitete einen Gegenvorschlag. Das bisherige Projekt des Transfers der Staatsschulden schien ihm entweder auf den Aktienhandel abzuzielen: „Must it [der Vorteil der South Sea Company] not proceed from such Art and dexterity in the turning of Stocks and Money, as may deceive the present national Creditors ...?" oder auf eine Monopolisierung des britischen Außenhandels: „If this [stockjobbing] be not their View, what else can it be? Do they grasp at something more terrible, the Monopoly of Trade, and Impoverishment of the Nation?"[107] Beides, Aktienhandel und die Bildung eines Monopols mit den dazu gedachten Preissteigerungen, stellte aus Steeles Sicht eine Gefahr für das Land dar. Damit wiederholte er jene Kritik, die Gegner beispielsweise auch gegen die Seeversicherungsgesellschaft 1718 vorgebracht hatten. Als Alternative zu den von ihm

---

105 Steele, Richard: The Crisis of Property [...], London 1720. In: Blanchard, Rae (Hrsg.): Tracts and Pamphlets by Richard Steele. Baltimore 1944, S. 566. Zur Biographie Steeles vgl. Winton, Calhoun: Steele, Sir Richard. In: Oxford Dictionary of National Biography. Bd. 52, Oxford 2004, S. 358–364. Zu seiner Position 1720 auch Aitken, George A.: The Life of Richard Steele. Bd. 2, New York 1968, S. 238–242.
106 Steele, Crisis, S. 571.
107 Ders.: A Nation a Family: Being the Sequel of the Crisis of Property [...], London 1720. In: Blanchard, Tracts, S. 588.

befürchteten Bestrebungen der South Sea Company, den Fernhandel zu kontrollieren, entwarf Steele daher ein Projekt, in dem er vor allem den Einzelkaufmann im globalen Handel zum Garanten wachsenden Wohlstands stilisierte. Denn:

> Fair Traders are in my Opinion, the most honourable, because the most useful of Men to this State. Without them, we are confin'd within a narrow Tract, productive only of Necessaries; with them, the whole Earth, and all its Fruits, are within our Reach, for the Supply of our Pleasures, as well as our Wants.[108]

Das Loblied auf den Einzelkaufmann gegenüber der Super-AG hatte Folgen für den weiteren Vorschlag zur Abtragung der Staatsschulden. Denn Steele drehte die allgemeine Sichtweise um, dass die ‚irredeemables' das Hauptproblem bei den vorhandenen Verbindlichkeiten des Staates seien. Nicht diese belasteten am stärksten, denn trotz höherer Zinsen in der Gegenwart müsse am Ende ihrer Laufzeit das ursprünglich geliehene Kapital nicht zurückgezahlt werden. Das wirkliche Ärgernis seien vielmehr die kündbaren Titel, denn solange kein Geld existierte, um den Kreditbetrag zurückzuzahlen, fielen die Zinsen weiter an. Dennoch sah auch Steeles Projekt vor, alle Schulden umzuwandeln. Er forderte, über 8 Jahre jeweils £4 Millionen an die South Sea Company zu übertragen. Zugleich wünschte er eine mit 10 % hohe Verzinsung, diese aber auf das Leben einer spezifizierten Person begrenzt. Nach deren Tod verfiel das Kapital dann. Die South Sea Company selbst sollte das zusätzliche Geld im Handel einsetzen, um die Verzinsung aus eigener Kraft gewährleisten zu können. Dass nicht alle Schulden auf einen Schlag an das Unternehmen übergingen, sei ein Vorteil, denn so könnten dessen Direktoren den Handel schrittweise ausdehnen, und es liege nicht viel Geld unnötig in den Kassen herum. Der Akzent von Steels Vorschlags lag folglich eindeutig auf dem Ausbau des Warenhandels der South Sea Company. Er hoffte damit eine schädliche Aktienspekulation verhindern zu können. Denn Güteraustausch diene dem Allgemeinwohl, stock-jobbing der von ihm negativ bewerteten individuellen Bereicherung.[109] Zudem sah Steele zwar ein, dass die Umwandlung und Abtragung der Staatsschulden ein großes Unternehmen erforderte, wollte dessen Wachstum aber Grenzen setzen, weil er den Einzelkaufmann für gesellschaftlich nützlicher hielt.

Steele war insofern kein grundsätzlicher Feind von Aktiengesellschaften oder der South Sea Company, sondern widmete das Pamphlet gar einem ihrer Gouverneure. Stattdessen hoffte er, Regierung, Parlament und Unternehmen auf den Weg hinzuweisen, der seiner Ansicht nach dem Allgemeinwohl am besten zu

---

108 Ebd., S. 577.
109 Ebd., S. 581–587.

dienen versprach. Eine Super-AG mit Monopolrechten erschien ihm dabei nicht hilfreich. Seiner Meinung nach mussten ein freier Handel und viele starke Einzelkaufleute erhalten bleiben. Freilich repräsentierten Steeles Ansichten im Januar/Februar 1720 nicht die Mehrheitsverhältnisse im Parlament. Vielmehr verärgerte er die Regierung mit seiner Opposition und der Art und Weise, wie er diese artikulierte: „[being] such a Malcontent that he now takes the Ministry directly for his mark; and treats them (in the House) for some days past in so very frank a manner that they grow quite angry".[110]

John Law und das britische Empire: Eine Zwischenbilanz

Angesichts des französischen Erfolgs und der daraus hervorgehenden, an vielen Orten des britischen Empires evidenten Bedrohung für die Stellung des eigenen Staates im Mächtekonzert und für seine Wirtschaftsinteressen, erschien sogar Kritikern des konkreten Projekts der South Sea Company die ältere grundsätzliche Skepsis gegenüber Aktiengesellschaften im Winter 1719/20 fehl am Platz. Ökonomische Überzeugungen waren insofern vergleichsweise zügig wandelbar, wenn fremde Beispiele die eigenen Grundsätze zu widerlegen schienen. Zugleich glaubte man auch in London, dass die Abzahlung der eigenen Staatsschulden ein drängendes Problem darstelle. Was lag da näher, als zu versuchen, den Konkurrenten durch die Nachahmung seines Emulationsprojekts wiederum zu überrunden. Zumal das Parlament vorhandenen Sorgen vor einem Monopol dadurch zu begegnen schien, dass es die South Sea Company zwar zur Super-AG aufwertete, die East India Company und die Bank of England aber weiterhin einen Rest der Staatsschulden verwalten ließ. Den Warnungen vor ‚stock-jobbing' konnte so freilich nicht begegnet werden. Die damit verbundenen Risiken schätzten die Befürworter des Projekts jedoch offenbar als gering ein.

---

110 John Vanbrugh an Jacob Tonson, o.O. 18.2.1720. Zitat nach: Aitken, Life, S. 239.

1. Januar 1720

South Sea Company	128 ⅜
Bank of England	150 ¼
East India Company	200 ¼
Royal African Company	24
London Assurance	3 ⅛

London, 9. Januar: „Man hält vor gewiß davor / daß die würklich zu Pariß concertirende Mesures in kutzem den Friden mit Spanien hervor bringen werden / es wird daher der Mylord Stanhoppe / so zu dem Ende dorthin abgangen / bald anhero retourniren."[111]

London, 12. Januar: „Von Edenburg wird geschrieben / daß man den 1[.] dieses die Bücher öffnete zur Unterzeichnung 200000 Pf. vor Schottland reserviret / durch die Entrepreneurs des grossen Fischfangs so neulich zu Londen projectiret, welche Einzeichnung bald completiret wurde."[112]

London, 30. Januar: Man vernimmt / daß alle Jahr Renten von 6/5 und 4 pro Cent in die Haupt-Actien der Süd-See Compagnie nach ihrer Ordnung sollen genommen werden / welches so wohl zum Vortheil der Compagnie als Nutzen der Regierung gereichet."[113]

---

[111] Mercuri Relation München 3.2.1720.
[112] Relations Courier Hamburg 24.1.1720.
[113] Ebd. 9.2.1720.

Kapitalflucht aus Paris

Jeder Unternehmensauf- bzw. -umbau benötigt Geld. Neue Aktiengesellschaften, wie sie mit den Versicherungen in London 1719 entstanden, waren erst recht auf die Bereitschaft zahlreicher Investoren angewiesen, Anteile zu zeichnen. Die Bedingungen hierfür verbesserten sich im Winter 1719/20 erheblich, weil Spekulationskapital, das Anleger im Herbst nach Paris geschickt hatten, im Winter in die britische Hauptstadt zurückzukehren begann.[114] Es steht zu vermuten, dass dabei auch Gewinne aus dem französischen Aktienhandel hinzukamen.

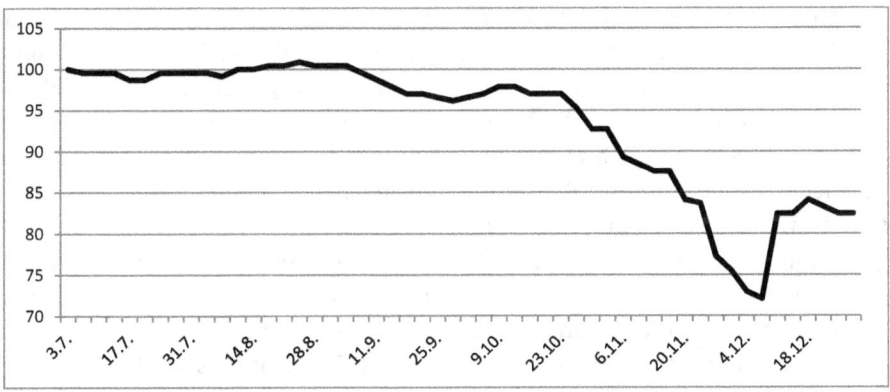

Grafik 3: Wechselkurs zwischen Paris und London 1719 (3. Juli 1719 = 100 %) Course of the Exchange 1719.

Diese Geldbewegungen beobachtete auch die internationale Presse. So berichtete der Korrespondent des *Relations Courier Hamburg* mit Datum vom 19. Dezember, dass allein mit der letzten Post Spekulanten £100.000 von Paris nach London transferiert hätten.[115] Der *Schlesische Nouvellen Courier* erfuhr, dass insgesamt 6 Millionen Gulden geflossen seien.[116] Die Besitzer dieser Kapitalien suchten in London nach neuen Anlagemöglichkeiten, wie die *Wiener Zeitung* am 19. des Monats berichtete: „Weilen seit 8. Tägen mehr / als 3000000. Rthrl. aus Frankreich nach London übermachet worden / so stiegen die Actien sehr".[117] Auch der Wechselkurs für Paris zeigt die Transfers deutlich. Der Livre hatte seit

---

114 Carswell, South, S. 85.
115 Relations Courier Hamburg 2.1.1720.
116 Schlesischer Nouvellen Courier 8.1.1720.
117 Wiener Zeitung 6.1.1720.

dem Herbst durch Papiergeldemissionen der Banque Royale und die darauffolgende Inflation gegenüber dem Pfund erheblich an Wert verloren, obwohl Investoren massiv Geld nach Frankreich transferierten. Anfang Dezember brach der Wechselkurs ein und lag schließlich fast 30 % unter dem Wert von Anfang Juli, wobei sich für die Zeit zwischen dem 27. November und 11. Dezember auch extrem hohe Tagesschwankungen zeigen. Danach stieg der Wechselkurs wieder an. Diese Bewegung, Absacken und Hochschnellen, deutet darauf hin, dass sich Investoren in London in dieser Zeitphase mit hoher Energie bemühten, Kapital aus der französischen in die britische Hauptstadt zu holen. Nachdem dieser große Druck genommen war, ging der Wechselkurs wieder zurück.[118] Allerdings wirkte sich der Geldzufluss auf diejenigen Londoner Aktien, deren Kurse wir für den Dezember 1719 kennen, noch sehr unterschiedlich aus. So konnte die Bank of England kaum davon profitieren, die Aktien der Royal African Company sanken sogar erheblich. Im Gegensatz dazu stiegen die Preise für Anteile der South Sea und East India Company zwischenzeitlich jeweils um £3,75 – im Vergleich zu ,normalen' Zeiten durchaus erhebliche Schwankungen.[119] Auch nach Amsterdam floss in dieser Zeit Geld aus Paris zurück, ohne dass dessen direkte Weiterverwendung bislang geklärt wäre – ein Teil floss wohl einfach über die Niederlande in die britische Hauptstadt.[120] Allgemeiner zeigte der Kapitaltransfer gen London und Amsterdam, das machten die Zeitungskorrespondenten deutlich, aber noch etwas anderes: Spekulanten waren bereit, ihr Vermögen zwischen unterschiedlichen Orten blitzschnell zu verschieben, wenn das Gewinnpotenzial am Aktienmarkt eines Ortes erschöpft schien und sich anderswo günstigere Anlagemöglichkeiten boten.

Für John Law stellte der Abzug von Investmentkapital ein gewaltiges Problem dar – denn als Voraussetzung für die Transfers wurden in Paris in großer Zahl Unternehmensanteile verkauft. Zeitgleich mit dem Hochschnellen des Wechselkurses zwischen Paris und London fiel der Wert der Aktien der Compagnie du Mississippi um 25 %. Obwohl es sich im Dezember vermutlich nicht um eine konzertierte Aktion handelte, hatte Law schon länger befürchtet, dass Großbritannien versuchen könnte, seine Projekte durch plötzliche koordinierte Massenverkäufe zu unterminieren. Er hatte deshalb die politische Allianz zwischen Frankreich und Großbritannien lange nach Kräften unterstützt, um sein System vor feindseligen Maßnahmen von jenseits des Kanals zu bewahren. Den Abzug von Spekulationskapital im Dezember, verbunden mit einem seiner Meinung nach

---

118 Vgl. auch die Ausführungen bei Neal, Rise, S. 68.
119 Vgl. dazu die Daten im Course of the Exchange.
120 Vgl. den Wechselkurs bei Neal, Rise, S. 65. Für Hamburg sind die Daten für den Pariser Wechselkurs im Dezember 1719 extrem lückenhaft, so dass hier keine Aussagen möglich sind. Vgl. Amtliche Kurse für Wechsel 1719/20. In: CBHH – S/653.

von London aus initiierten Run auf die Banque Royale im gleichen Monat sowie eine von ihm als negativ empfundene Pressekampagne in der britischen Hauptstadt, ergänzt schließlich um die britischen Umschuldungsprojekte im Januar fasste Law dann jedoch als konkrete Sabotageakte seiner Unternehmungen auf. Dies führte ihn zu der Überzeugung, dass er seine Maßnahmen zur Staatschuldenumwandlung in Frankreich nicht in Ruhe würde abschließen können. Zumal sich die Regierung in Whitehall auch durch diplomatischen Druck nicht vom Vorschlag der South Sea Company zu einem eigenen Schuldentransferprojekt abbringen ließ.[121] Die britische Emulation erwies sich so aus Sicht Laws wiederum als Gefahr für die eigenen Projekte.

Madras, Golkonda und der Diamantenhandel

Mit der Schwierigkeit Menschen davon abzuhalten, von einem Investmentprodukt in ein anderes zu wechseln, sah sich John Law jedoch nicht nur durch Kapitalabflüsse in Londoner Konkurrenzgesellschaften konfrontiert. Auch in Frankreich investierten Menschen ihre Gewinne aus dem Aktienhandel immer öfter in andere Anlageprodukte.

Am 2. Dezember 1719 sandte der Londoner Kaufmann Robert Nightingale einen Brief an John Scattergood und Thomas Harris, die zu dieser Zeit mit ihrem Schiff Bonita im innerasiatischen Handel zwischen Bombay, Madras und Kanton umhersegelten. Er berichtete: „Diamonds begin to rise that is by the means of Mississippi stock in France which was at 37 has been at Eighteen hundred has now come down to a Thousand which you will say is a fine Rise and so People are willing to have something for their Money which makes them buy Diamonds."[122] Er benötige deshalb dringend Nachschub aus den Minen im indischen Golkonda. Eine Reihe weiterer Briefe aus England an Scattergood und Harris machen deutlich, dass die französische Aktienspekulation auch bei anderen Diamantenhändlern für rege, teils unerwartete Geschäfte sorgte. Francis Acton bemerkte schon neun Tage vor Nightingale in einem Brief: „I wrote you October 15 1718 ... wherein I gave you an Accountt of the then state of the Diamond Trade, and that I would have none bought for my Account till further Orders."[123] Jetzt hätten sich

---

121 Shovlin, Jealousy, S. 285–292 u. 296–297; ders., Commerce, S. 180.
122 Robert Nightingale an John Scattergood und Thomas Harris, London 2.12.1719. In: BL – Mss. Eur 387/2, S. 400.
123 Francis Acton an John Scattergood und Thomas Harris, London 23.11.1719. In: Ebd., S. 348; William Phipps an dies., o.O. 10.12.1719. In: Ebd., S. 406; Peter Godfrey an dies., London 2.2.1720. In: Ebd., S. 442.

die Dinge grundlegend verändert, und er wolle an der positiven Konjunktur des Diamantenmarktes teilhaben. Er bat Scattergood und Harris, für 7.000 Pagodas (gut £2.500) Diamanten zu kaufen und mit dem ersten verlässlichen Schiff nach Europa zu senden. Der aus dem französischen Kaufrausch entstandenen Angebotsverknappung in Europa versuchten Edelsteinhändler somit durch Bestellung neuer Ware zu begegnen.

Der Umfang der Orders lässt sich gut nachvollziehen, denn zu Beginn des 18. Jahrhunderts existierte nur eine wesentliche europäische Bezugsquelle für Diamanten: Die Region nordwestlich der indischen Stadt Madras. Der wichtigste Handelsmarkt war hier Golkonda.[124] Zugleich gab es aus britischer Sicht auch nur einen legalen Bezugsweg, namentlich über die East India Company, die das Monopol für Importe aus dem asiatischen Raum besaß. Zwar hatten die Erfahrungen des 17. Jahrhunderts die Company gelehrt, dass der Handel mit Edelsteinen für sie als große Aktiengesellschaft nicht wirtschaftlich war. Das lag zum einen an ihrer Unternehmensstruktur und zum anderen daran, dass sich Schmuggel nur schwer unterbinden ließ – handelte es sich doch um eine Ware von geringem Volumen, die man leicht verstecken und illegal transportieren konnte. Seit 1664 hatte die Company daher mit zeitweisen Unterbrechungen den Diamantenhandel für alle interessierten Einzelkaufleute geöffnet. Das Unternehmen verlangte aber, dass Händler das Edelmetall oder andere Exportwaren für den Diamantenkauf, in der Regel Korallen, an die East India Company übergaben und eine Gebühr für diese Exporte und für die importierten Edelsteine zahlten. Zudem mussten in Indien Mitarbeiter der Company mit dem Kauf der Diamanten beauftragt werden. Dadurch beförderte das Unternehmen einerseits den Handel und sicherte sich andererseits eine risikolose Einnahmequelle. Für die Edelsteinhändler in Europa war diese Variante so attraktiv, dass auch Niederländer über die East India Company bestellten. London stieg so zum europäischen Handelszentrum für ungeschliffene Edelsteine auf, und das Volumen des gesamten europäischen Diamantenhandels lässt sich anhand der Akten der East India Company mit einiger Genauigkeit nachvollziehen.[125]

Man kann die Veränderungen des Interesses an Diamantenkäufen an zwei Indikatoren beobachten – einmal durch den Blick auf den Export von Zahlungsmitteln nach Indien und dann durch die Ermittlung der importierten Edelsteinmengen. Betrachtet man die Entwicklung der Ausfuhren von Silber und Korallen, so fallen erhebliche Schwankungen auf. Dasselbe Bild vermitteln die

---

124 Yogev, Gedalia: Diamonds and Coral. Anglo-Dutch Jews and Eighteenth Century Trade. Leicester 1978, S. 81 u. 130–132.
125 Ebd., S. 82–102.

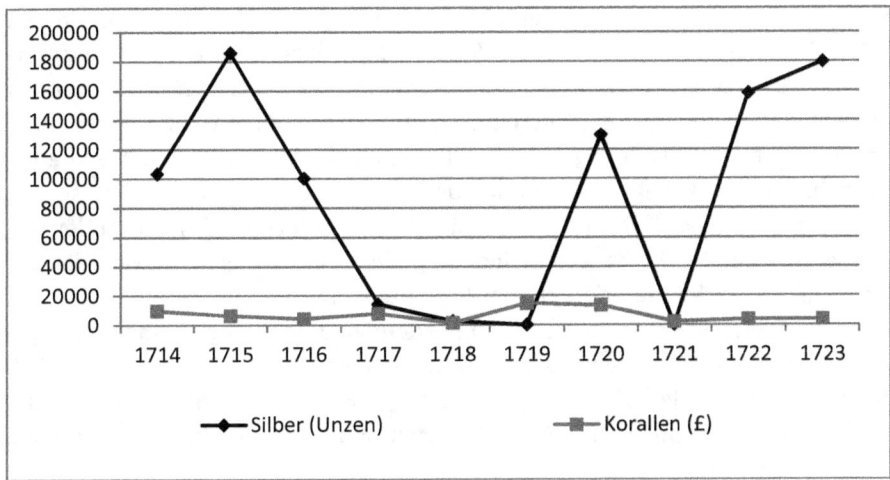

Grafik 4: Wert der Edelmetall- (Unzen) und Korallenexporte (£) nach Indien durch die East India Company Records of Fort St. George – Despatches from England 1713–1727 sowie BL – IOR/E/3/98–102.

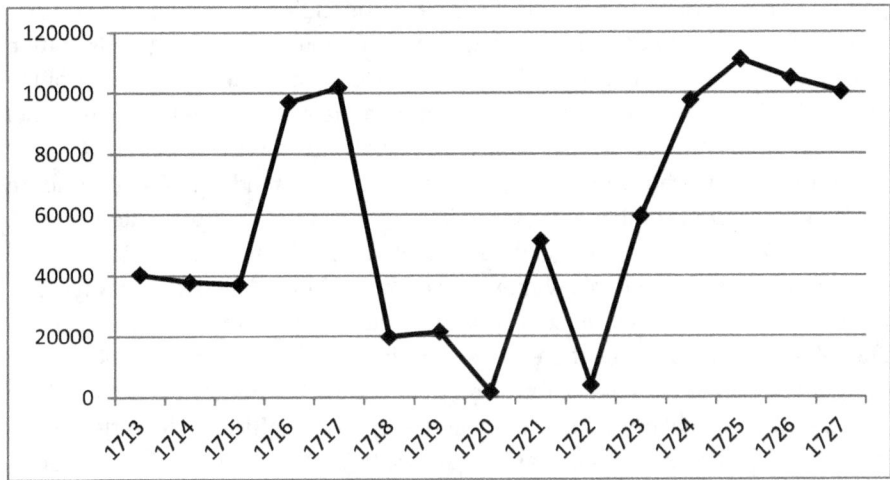

Grafik 5: Diamantenimporte durch die East India Company (£) Yogev, Diamonds, S. 337.

Daten zum Diamantenimport, wobei beim Vergleich der Im- und Exportdaten der Zeitverzug durch den langen Seeweg berücksichtigt werden muss. Dieser führt dazu, dass die Exporte an der Jahreswende 1719/20 sich hauptsächlich in den Importdaten des Jahres 1721 niederschlagen, zu einem geringen Teil auch erst 1722. Insofern sind die zwischen 1713 und 1715 jährlich eingeführten Mengen noch ein Spiegel der ausklingenden europäischen Kriege. Gleichzeitig gingen in den ersten Nachkriegsjahren aber große Bestellungen nach Indien. Der einsetzende Frieden schuf offenbar ein erneutes Interesse an Luxusobjekten. Dies hatte zur Folge, dass 1716 und 1717 der Wert der importierten Diamanten in die Höhe schoss und bei je etwa £100.000 lag. Diese sprunghaft steigenden Importmengen hatten allerdings Angebotsengpässe und daraus resultierende steigende Einkaufspreise in Indien zur Folge.[126] Die Bestellungen aus Europa blieben deshalb in den folgenden Jahren niedrig bis verschwindend gering – möglicherweise war auch der europäische Markt nach den großen Importen 1716 und 1717 gesättigt. Erst zur Jahreswende 1719/20, als die Briefe an Scattergood und Harris abgingen, stiegen die Diamantenbestellungen wieder sprunghaft an, was sich auch in deutlich höheren Importen des Jahres 1721 niederschlägt. Freilich erreichte der Nachschub an Diamanten Europa erst, als die Börseneuphorie bereits ihr Ende gefunden hatte.

Dass sich in den Importen 1721 auch vorrangig Bestellungen europäischer Händler widerspiegeln, welche eine günstige Konjunktur auszunutzen suchten, und nicht etwa die Rücktransferierung von Vermögen aus Indien (ein zweiter regelmäßiger Grund für hohe Diamantenimporte), zeigt eine Aufstellung der Importeure. Juden waren die wichtigsten Edelsteinhändler in London und Amsterdam. Zuweilen schlossen sie sich auch mit Christen zu Handelsgesellschaften zusammen. Juden allein bzw. im Verbund mit Christen betrieben so den Großteil des professionellen europäischen Diamantenhandels. Auf diese Gruppen entfiel 1721 ein Anteil von 84,8 % der Importe, der dritthöchste Wert zwischen 1713 und 1727 und ein deutliches Indiz dafür, dass nicht heimkehrende Kaufleute, sondern professionelle Edelsteinhändler den Anstieg der Einfuhren verursachten.[127]

Offensichtlich, darauf deutet der Diamantenhandel hin, bestand nicht nur ein Bedürfnis, Geld aus Aktiengewinnen nach London und Amsterdam zu transferieren, sondern auch, es in Luxusprodukte zu konvertierten, um den eigenen Status(gewinn) zu dokumentieren bzw. um das erworbene Vermögen vor einem eventuellen Fallen der Aktienkurse und der Papiergeldinflation in Frankreich zu schützen. Doch nicht nur erfuhr damit das Geschäft der britischen Importeure und der niederländischen Schleifer auf französische Kosten eine erhebliche Förderung, und floss für den Kauf weiteres französisches Kapital ins Ausland. Das Geld,

---

126 Schon im Oktober 1716 teilte der General Letter der Verwaltung der East India Company aus Madras mit, dass eine Menge Geld nach London zurücktransferiert worden sei, „this occasion'd by the dearness of Dyamonds." General Letter from Fort St. George to the Company, Madras 9.10.1716. In: Records of Fort St. George – Despatches to England 1714–1718, S. 102.
127 Zahlen nach ebd. 1720 hatte ihr Anteil nur bei 17,6 % gelegen, ein ungewöhnlich niedriger Wert, betrug er doch zwischen 1713 und 1727 sonst nie unter 40 %.

das für Edelsteine ausgegeben wurde, ging tendenziell auch dem Aktienhandel und damit der Compagnie du Mississippi verloren. Dies erzeugte zusätzlichen Druck auf deren Wertpapierkurs. Beides – Geldabflüsse und Gewinnumwandlungen – konnten kundige Zeitgenossen als Anzeichen verstehen, dass die Aktienspekulation in Frankreich an Schwung verlor. Sie mussten es aber nicht, denn John Law hatte weiterhin großen Einfluss auf die Kursentwicklung in Paris und nutzte diesen ab Januar 1720 auch wieder verstärkt zur Kursstabilisierung.[128]

Beobachtung der Londoner Aktieneuphorie

In London breitete sich derweil die Euphorie für Aktiengesellschaften weiter aus. Diese Information übermittelten Londoner Korrespondenten an ausländische Zeitungen. In deren Artikeln, aber auch in Übersetzungen längerer Pamphlete[129] und in Theaterstücken, stellten die Autoren sachliche Verknüpfungen zwischen europäischen Regionen her – und dies nicht nur zwischen jenen des Autors und Lesers. Sie schufen damit in gewisser Weise Vorwissen für Investmentinteressierte. Auch wenn deutsche Zeitungen, im Gegensatz zu englischen keine hinreichenden Grundlagen vermittelten, um als Investmentanleitungen dienen zu können, lässt sich doch beobachten, dass das Geschehen an den ausländischen Aktienmärkten Menschen in Mitteleuropa faszinierte.[130]

In einem Bericht der *Europäischen Fama* über London, der das zweite Halbjahr 1719 abdeckte, hieß es: „Im übrigen höre man von nichts als den Actien und dem Commercien-Wesen, als worinnen die Seele der Wohlfahrt von dieser Nation bestehet."[131] Als wesentliches Vorbild machte der Autor die Ereignisse in Paris aus: „Zum wenigsten hat die neue Französische Compagnie die See-Puissancen ziemlich aufmercksam und wachsam gemacht: Dannenhero man hin und wieder

---

128 Vgl. die Auswirkungen der zunehmenden Markteingriffe auf Spekulanten bei Kessler, Marlene: „L'on entend tant dire pour et contre, que le plus habile doit agir au pure hasard". A Case Study on one Investor's Decision-Making in the Mississippi Bubble. In: Condorelli/Menning, Boom, S. 201–234.
129 Geographische Beschreibung der Provinz Louisiana in Canada, von dem Fluß St. Lorenz bis an den Ausfluß des Flusses Missisipi […]. Leipzig 1719; Zenner, Gottfried: Historische und geographische Beschreibung Des an dem grossen Flusse Mississippi in Nord-America gelegenen herrlichen Landes Louisiana […]. Leipzig 1720; Marperger, Paul Jacob: Kurtze Remarques über den jetziger Zeit Weitberuffenen Missisippischen Actien-Handel in Paris […]. o.O. o.J. [1719 oder 1720]; ders.: Fortsetzungen der Remarquen über den noch immer anhaltenden Weltberühmten Missisippischen Actien-Handel in Paris. Leipzig 1720.
130 Rosenhaft, All That Glitters. Zu Großbritannien: Murphy, Origins.
131 Europäische Fama 228 (1720), S. 760.

von Aufrichtung neuer Compagnien zu reden angefangen."[132] Es wurde mithin ein kausaler Zusammenhang zwischen den Entwicklungen an unterschiedlichen Orten hergestellt und betont, dass über Emulation in London und den Niederlanden nachgedacht würde. Ohne dass es die Intention des Autors gewesen sein dürfte, ging aus dem Artikel zugleich hervor, dass Promotoren in der britischen Hauptstadt bereits die Grenzen des Pariser Vorbilds überschritten. Denn die *Fama* zählte im weiteren Verlauf einige der im Jahr 1719 neu gegründeten oder geplanten britischen Aktiengesellschaften auf und machte deren Vielfalt deutlich: Fischereigesellschaften für die heimischen Küstengewässer sowie eine für Neufundland, ein Unternehmen zur Belebung der Manufakturen, eine Nordamerikakompagnie, die Schiffbaumaterial nach Großbritannien importieren wolle, sowie schließlich eine Gesellschaft für Frischwasserversorgung. Das positive Fazit: „Welche von diesen Compagnien das meiste einbringen dürffte, wird die Zeit lehren."[133]

Der Bericht unterstreicht, dass die South Sea Company und der Staatsschuldentransfer nicht den alleinigen Auslöser der Londoner Ereignisse im Jahr 1720 darstellten, sondern dass das Unternehmen Teil einer breiteren Entwicklung war, in der sich die von Frankreich ausgehende Begeisterung für Aktiengesellschaften mit lokalen, seit 1717 nachvollziehbaren Initiativen verband. Die Entwicklung, darin lag der Unterschied zu Frankreich, konzentrierte sich somit nicht weitgehend auf ein Unternehmen, sondern es entstand eine Vielzahl von Anlageobjekten.

Afrika neu entdeckt

In London erfasste die einsetzende Dynamik im Spätwinter auch eine alte, seit Jahren mehr oder minder brachliegende Aktiengesellschaft – die Royal African Company. Ursprünglich im 17. Jahrhundert mit dem Monopol für den Handel mit Westafrika ausgestattet und damit auch allein zum Sklaventransport in die englischen Kolonien in der Karibik und in Nordamerika berechtigt, waren ihr diese Privilegien Ende der 1690er Jahre und 1712 in zwei Schritten unter maßgeblichem Einfluss des gegenüber Aktiengesellschaften skeptischen Klimas entzogen worden. Aus Sicht der Mehrheit der Abgeordneten in Westminster hatte sich gezeigt, dass freie Kaufleute im Handel mit Afrika Monopolgesellschaften überlegen waren. Trotz aller Bemühungen ließ sich der Sklavenhandel der Company gegen die Konkurrenz nicht gewinnbringend betreiben, so dass die Schiffe des Unterneh-

---

132 Ebd., S. 761.
133 Ebd., S. 762.

mens 1717 und 1718 schließlich keine menschliche Fracht mehr transportierten. Die Royal African Company besaß zwar weiterhin die für den Handel notwendigen Forts in Afrika und musste diese unterhalten, Unterstützung erhielt sie dafür von den Einzelkaufleuten aber seit 1713 keine mehr, obwohl diese von der Infrastruktur profitierten.[134]

Allerdings scheint das Unternehmen seit seiner Gründung nicht unwesentlich unter strukturellen Problemen gelitten zu haben. Denn die Charter aus dem letzten Drittel des 17. Jahrhunderts sah vor, dass die Gesellschaft in erster Linie Manufakturwaren nach Afrika exportieren sollte, um aus deren Verkauf einerseits Sklaven für die Kolonien und andererseits Gold zu erwerben. Im Gegensatz zur East India Company war ihr der Edelmetallexport ausdrücklich untersagt. Nun war jedoch Gold das beste Tauschmittel entlang der afrikanischen Küste, während sich die exportierten europäischen Güter häufig als schwer verkäuflich erwiesen, zumal deren Absatz teils von schnell wechselnden Moden abhing. Mit den Trends der Konsumenten mitzuhalten wurde durch die lange Dauer der drei Teilstrecken des atlantischen Dreieckshandels zusätzlich erschwert. So gestaltete sich schon der Kauf von Sklaven als schwierig. Hatte das Unternehmen diese dann in die Neue Welt transportiert, erhielt es für die Menschenfracht im günstigsten Fall Rohstoffe (Zucker, Tabak, etc.), die dann auf dem Londoner Markt verkauft werden mussten – wobei nicht immer ein Gewinn heraussprang. Im ungünstigeren Fall konnten die Sklaven aber nur gegen die Gewährung von Krediten an die Planters verkauft werden. Letztere besaßen jedoch eine lange Laufzeit und ließen sich im Falle eines Zahlungsverzugs nur schwer eintreiben. Unter dem Strich musste daher für die jeweils nächste Handelsrunde auf das Stammkapital der Kompagnie zurückgegriffen werden, welches so nach und nach schwand.[135]

Anfang 1720 formierte sich dann allerdings eine Investorengruppe, welche die alte Kompagnie, ähnlich wie die York Buildings, übernahm und ihr neues Leben einhauchte. Angeführt wurden die Promotoren von James Brydges, Herzog von Chandos, wenn dieser sich auch zunächst bemühte, im Hintergrund zu bleiben.[136] Wesentlicher Teil der Wiederbelebung war zunächst die Ausgabe zusätzlicher Aktien mit dem Ziel, alte Schulden des Unternehmens zu begleichen und den bisherigen Aktionären eine Dividende von bis zu £10 zahlen zu können. Darüber

---

134 Swingen, Competing, S. 172–195.
135 Hermann, Robin: Money and Empire. The Failure of the Royal African Company. In: Carey, Daniel/Finlay, Christopher J. (Hrsg.): The Empire of Credit. The Financial Revolution in the British Atlantic World, 1688–1815. Dublin 2011, S. 97–119.
136 So kolportierte es zumindest die Duchess of Chandos an Duchess of Grafton, o. O. 22.2.1720. In: O'Day, Rosemary (Hrsg.): Cassandra Brydges (1670–1735). First Duchess of Chandos. Life and Letters. Woodbridge 2007, S. 109.

hinaus sollten etwa £260.000 für den Geschäftsbetrieb selbst zur Verfügung stehen.[137] Der Nennwert der Unternehmensanteile der Royal African Company betrug Anfang 1720 £430.400, den Realwert setzte man mit £240.000 fest. Das Stammkapital der Gesellschaft wollten die Promotoren durch die Ausgabe neuer Aktien auf einen Nennwert von £2 Millionen erhöhen, wobei Investoren für neue Anteile einen Kurswert von £25 bezahlen mussten. Dieser Betrag war in vier Raten zu £8, £5, £5 und £7 über ein dreiviertel Jahr hinweg zu begleichen.[138]

Obwohl die britische Regierung dem Verfahren skeptisch gegenüberstand,[139] verlief die Subskription im April 1720 problemlos. Die weit überwiegende Mehrheit der 15.696 neuen Aktien zeichneten Personen, die bislang keine Anteile der Royal African Company besaßen – insgesamt 82%. Zwar beteiligte sich auch gut jeder zweite Alteigentümer an der Zeichnung, allerdings kauften sie zusammen lediglich 2.350 Aktien.[140] Die Eigentümerstruktur der Gesellschaft veränderte sich insofern drastisch, Neuinvestoren gewannen das Übergewicht. Was die Zeichner anbelangt, lässt sich beobachten, dass es sich nur zu einem geringen Teil um Kleinanleger handelte. Von den 566 Subskribenten erwarb ein gutes Drittel 5 bis 40 Anteile, annähernd drei Fünftel kauften zwischen 45 und 70 und knapp 7% über 75 Aktien – es handelt sich folglich eher um vermögende Investoren. Zudem lässt sich beobachten, dass ein guter Teil von ihnen aus der politischen Führungsriege Großbritanniens und der höheren Aristokratie stammte. Die Neuinvestoren gehörten schließlich vermutlich auch nicht zur Gruppe klassischer Aktionäre. Im Gegensatz zur Seeversicherungsgesellschaft von 1717 und der Bank of England zeigt sich somit bei der rekapitalisierten Royal African Company deutlich das Eindringen von staatsnahem und dem Fernhandel eher fernem (Adels-)Kapital in eine Aktiengesellschaft.[141]

Verantwortlich dafür war sicherlich auch, dass der Verkauf der Anteile von wenigen Personen organisiert und so die Verteilung gesteuert wurde. Zahllose Bitten um Berücksichtigung bei der Vergabe gingen an den Herzog von Chandos

---

137 Insgesamt war der Ausgleich zwischen Alt- und Neuaktionären, Wert der Unternehmensbestandteile und Schulden kompliziert und das Verfahren zur Ausgabe neuer Aktien daher ebenfalls komplex. Im Detail findet es sich erläutert bei Shea, (Re)financing, S. 5–12.
138 Mitchell, Matthew D.: „Legitimate Commerce" in the Eighteenth Century. The Royal African Company of England Under the Duke of Chandos, 1720–1726. In: Enterprise and Society 14 (2013), S. 548.
139 Duchess of Chandos an Duchess of Grafton, o.O. 22.2.1720. In: O'Day, Cassandra, S. 109.
140 Shea, (Re)financing, S. 18; Carlos, Ann M./Moyen, Nathalie/Hill, Jonathan: Royal African Company Share Prices During the South Sea Bubble. In: Explorations in Economic History 39 (2002), S. 73.
141 Shea, (Re)financing, S. 25–29 u. 43; Pettigrew, William A.: Freedom's Debt. The Royal African Company and the Politics of the Atlantic Slave Trade, 1672–1752. Chapel Hill/NC 2013, S. 168.

und seine Frau. Diese betonten verschiedentlich das Privileg, wenn jemand Berücksichtigung fand. Mancher Bewerber musste sich auch mit weniger Aktien zufriedengeben als gewünscht oder wurde gar nicht bedacht. Die Verfügungsgewalt bedeutete so für den Herzog und seine Frau erhebliches Prestige und die Möglichkeit, sich Menschen zu verpflichten.[142] Hierzu gehörten dann aber eben weniger Mitglieder der Kaufmannschaft in London als Personen am Hof und aus der hohen Politik. Die Verschiebung in der Aktionärsstruktur, weg von den Alteigentümern, hatte schließlich auch zur Folge, dass der Herzog von Chandos und eine Reihe ihm nahestehender Personen bei der Neuwahl des Direktoriums der Royal African Company Führungsposten erlangten.[143]

Aber was für ein Handel sollte neu aufgebaut werden? Den Versicherungen und Fischereigesellschaften hatte die Überzeugung zugrunde gelegen, dass in ihren Geschäftszweigen Großunternehmen dem Einzelkaufmann überlegen seien und daher erhebliche Positionsgewinne bzw. Aufholeffekte in der internationalen Konkurrenz ermöglichen könnten. Der Sklavenhandel hatte aber schon in den vergangenen Jahrzehnten immer wieder gezeigt, dass private Händler effektiver wirtschafteten, als es die Royal African Company mit ihrer Charter vermochte. Von welchem Geschäftsbereich konnten sich die Promotoren daher Vorteile aus einer ‚economy of scale' erhoffen? Was war ihre ökonomische Vision?

Es scheint, als hätten unterschiedliche Sichtweisen vorgeherrscht. In der Aktiengesellschaften gegenüber positiven Stimmung Anfang 1720 mögen die Aussichten der Royal African Company im Sklavenhandel wieder günstiger beurteilt worden sein, obwohl historisch wenig dafür sprach. Doch vielleicht schien die Möglichkeit einer Allianz mit der South Sea Company bessere Aussichten zu garantieren. Die Erwartung könnte mithin gewesen sein, dass der nahende Frieden mit Spanien, der die Wiedereröffnung des Handels der South Sea Company mit Süd- und Mittelamerika erlauben würde, auch den Bedarf an Sklaven stark ansteigen lassen könnte – und mit dem Menschenhandel verbanden Zeitgenossen außerordentliche Profiterwartungen.[144] Von einer solchen Intensivierung von Handelsverbindungen mochten dann auch andere Unternehmen als Zulieferer profitieren. In diese Richtung argumentieren Gary S. Shea und Larry Neal. Letzterer meint: „The Royal African Company expected to profit from the success of the South Sea Company by procuring the slaves that the South Sea Company was bound to deliver."[145] Neal deutet dies zugleich als Motiv, warum der Herzog von Chandos und andere in das Unternehmen investierten. Erwartungen an Profite

---

142 Mitchell, Legitimate, S. 549–550; O'Day, Cassandra, S. 23–24.
143 Mitchell, Legitimate, S. 550–551.
144 Swingen, Competing, S. 172–195; Wennerlind, Casualties, S. 197–234.
145 Neal, Master, S. 97; Shea, (Re)financing.

aus dem Sklavenhandel befeuerte das Unternehmen Anfang 1720 auch selbst, und das Gerücht scheint verfangen zu haben.[146] So behauptete der Londoner Korrespondent der *Wöchentlichen Relationen Halle*, die South Sea Company könne „ohne Consens der Africanischen den Handel mit den Negren nicht wohl treiben".[147]

So einfach war es jedoch tatsächlich nicht. Denn wenn man in die Akten der Gesellschaft schaut, so hatten es die führenden Akteure um den Herzog von Chandos wohl weit weniger auf den traditionellen Geschäftszweig Sklavenhandel abgesehen. Vielmehr gingen sie davon aus, dass dieser für eine Aktiengesellschaft unprofitabel sei und hielten damit an traditionelleren Vorstellungen fest. Sie wollten daher in Zukunft das Augenmerk der Company zum einen auf den Direkthandel zwischen Afrika und London verlegen.[148] Europäische Waren sollten exportiert, afrikanische nicht-menschliche Fracht nach Großbritannien importiert werden. So hoffte man, bei den Ausfuhren mit Modetrends besser mithalten zu können. Als Rückfracht dachten die Unternehmer an Elfenbein und Gold. Aber sie wollten noch zusätzlich eine afrikanische Plantagen- und Ausbeutungsökonomie aufbauen. Die Direktoren erhofften sich zum einen Goldfunde, zum anderen wollten sie Indigo und Cochineal, beides Färbestoffe für Textilien, Ingwer, Pfeffer und Zimt sowie Baumwolle auf Plantagen des Unternehmens anbauen und soweit möglich auch direkt durch die lokale, teils versklavte Bevölkerung verarbeiten lassen. Schließlich hoffte man, sich verstärkt in den Handel mit dem Innern Afrikas einmischen und dabei indigene Zwischenhändler an der Küste umgehen zu können.

Chandos stand hinsichtlich der wirtschaftlichen Möglichkeiten nicht nur mit erfahrenem Personal der Royal African Company vor Ort in brieflichem Austausch. Um herauszufinden, welche Pflanzen in der geplanten Kolonie sonst noch gewinnbringend wachsen würden, trat er auch mit dem führenden Botaniker Sir Hans Sloane in Kontakt. Neue medizinische und aromatische Gewächse hoffte man darüber hinaus noch zu entdecken. In einem Brief an Gouverneur Phipps in Afrika brachte Chandos seine Erwartungen Anfang Januar 1721 auf den Satz: „I am so fully perswaded of the advantages which may accrue from this trade, that I shall not despair of having Africa become so beneficial to England as America is to

---

146 Mitchell, Legitimate, S. 559–560.
147 Wöchentliche Relationen Halle 11.5.1720.
148 Die folgenden Ziele und Erwartungen finden sich in verschiedensten Briefen in den Folgejahren. Vgl. Mitchell, Legitimate, S. 554–562; Johnson, Joan: Princely Chandos. James Brydges 1674–1744. Gloucester 1984, S. 57–58; Pettigrew, Freedom's, S. 170.

Spain."¹⁴⁹ Er verknüpfte damit existente Bilder über den Reichtum der spanischen Kolonien mit den Geschäftszielen der Royal African Company. In den Worten William Pettigrews: „It was nothing less than an amalgamation of all of Britain's imperial experience up to that point; it combined the development of a market for English goods and a resource for extracting precious metals and importing valuable raw materials for the British and European markets."¹⁵⁰

Die Promotoren der neuen Royal African Company scheinen es insofern eher auf ein Kolonialprojekt an der afrikanischen Küste abgesehen zu haben.¹⁵¹ Dies war aus ihrer Sicht ein Geschäftszweig, in dem eine Aktiengesellschaft ihre Vorteile gegenüber Einzelkaufleuten ausspielen konnte und für dessen Aufbau zugleich, sollte es funktionieren, hohe Anfangsinvestitionen erforderlich schienen. Zu solchen war aber nur eine Company in der Lage. In gewisser Weise kann man das Projekt daher als Nachahmung älterer für Nordamerika gegründeter Kolonialgesellschaften des 17. Jahrhunderts sehen.¹⁵²

Patente für Seeversicherungen

Die Promotoren hinter der Royal African Company mussten sich über ein Problem keine Gedanken machen, das zeitgleich die neuen Seeversicherungen beschäftigte: Das Fehlen einer offiziellen Autorisierung. Denn auch wenn die Gründung von Aktiengesellschaften in der einsetzenden Londoner Dynamik des Herbsts und Winters 1719/20 zunächst ohne offizielle Autorisierung der Regierung erfolgte, so waren doch die meisten neuen Unternehmen weiterhin von der Notwendigkeit einer gesetzlichen Legitimation überzeugt – dies bedeutete, entweder ein königliches Patent oder eine parlamentarische Charter. Es scheint, dass Promotoren vor dem Hintergrund der positiveren Stimmung gegenüber Aktiengesellschaften den Erhalt der Legitimierung im Winter für deutlich wahrscheinlicher hielten. Denn so wie die erste Seeversicherung 1719 baten im Januar 1720 sämtliche anderen As-

---

149 Zitat nach Ebd., S. 166. Chandos Korrespondenz mit Governor Phipps und der Gedankenaustausch zu wirtschaftlichen Möglichkeiten in Afrika streift auch Henige, David: „Companies Are Always Ungrateful". James Phipps of Cape Coast, a Victim of the African Trade. In: African Economic History 9 (1980), S. 36–37.
150 Pettigrew, Freedom's, S. 170.
151 Das Projekt steht damit dem näher, was Steven Pincus als Tory-Version für die Empireausgestaltung bezeichnet hat. Vgl. Pincus, Addison's.
152 Roper, L.H.: Advancing Empire. English Interests and Overseas Expansion 1613–1688. Cambridge 2017.

sekuranzkompagnien den Privy Council um die Gewährung royaler Patente.[153] Die Anträge wurden, wie bereits im Vorjahr, an den Attorney General weitergereicht. Dieser bestellte die verschiedenen Unternehmer und die Gegner der Versicherungsgesellschaften zu Gesprächen ein.

Dem später abgefassten Bericht lassen sich einige neue Argumente entnehmen, die Befürworter und Gegner der Assekuranzen in die Diskussion einbrachten. Zunächst wurde von ersteren betont, dass die Versicherung nicht nur Briten, sondern auch deren Alliierten dienen sollte – offenbar mit Blick auf den jüngsten Krieg gegen Spanien. Die Unternehmensvertreter betonten zudem, man hoffe durch die Möglichkeit der Assekuranz Kaufleute zu ermutigen, „to enlarge Commerce and increase your Majesty's Customs."[154] Die Existenz der Versicherungsgesellschaft sei eine „great Invitation and Encourgement to the Trader, to extend his trade."[155] Einige ursprüngliche Gegner reichten Atteste ein, in denen sie nun die Bitte um ein Patent unterstützten. Humphrey Morice, der mit Afrika Handel trieb, betonte, dass im Falle der Nicht-Genehmigung die britischen Geschäfte gegenüber jenen Frankreichs und der Niederlande zurückgehen könnten „and according to the Share of Trade Great-Britain enjoys, she will be more or less powerful in Europe, and make a Figure in the World proportionably."[156] Handelsexpansion, steigende staatliche Zolleinnahmen und politische Macht als gegenseitig bedingende Faktoren versprachen die Versicherungen somit zu befördern. Schließlich verwiesen die Unternehmer auch auf den erfolgreichen Geschäftsbetrieb seit dem Frühjahr 1719. Die Forderung nach einem Monopol hatten sie inzwischen aufgegeben. Der Widerstand dagegen schien trotz der wachsenden Euphorie für Aktiengesellschaften zu groß. Doch statt stillschweigend über das Argument der Schädlichkeit von Monopolen hinwegzugehen, wendeten es die Promotoren nun gegen die Einzelversicherer:

> As they [the Company's supporters] think it would be a Prejudice to Trade, if a Corporation was established to assure Ships and Merchandize exclusive of private Persons, so they think it would be a much greater Evil, if private Persons were to carry on that Business exclusive of a Corporation.[157]

---

153 Supple, Royal Exchange, S. 23–25. Die Petitionen auch abgedruckt in: The Special Report, S. 48–49, 51–53, 57–58 u. 67–68.
154 Gutachten des Attorney General Nicholas Lechmere, o. O. 3. 3. 1720. In: Ebd., S. 37.
155 Ebd., S. 41.
156 Ebd., S. 42.
157 Ebd., S. 41.

Vorbildlich sei vielmehr die Bank of England, die trotz ihres Monopols als einzige Aktienbank die Privatbankiers nicht verdrängt habe. Vielmehr würden beide Formen fruchtbar koexistieren. Die Unterstützer einer anderen Seeversicherung ergänzten, dass die Genehmigung von zwei Aktiengesellschaften das Risiko des Monopols erst recht eindämmen könnte.[158]

Dem hatten die Gegner einer Inkorporierung wenig Neues entgegenzusetzen: fehlendes Vorbild, grundsätzliches Funktionieren des gegenwärtigen Assekuranzsystems, Gefahr der Aktienspekulation und Monopolbildung blieben ihre zentralen Argumente. Darüber hinaus begründeten sie ihre Ablehnung jetzt noch mit der illegalen Nutzung fremder Charters durch die Unternehmer. Hierdurch seien alle Versicherungsverträge der Kompagnie de facto ungültig. Demgegenüber betonten die Promotoren, dass gemäß der von ihnen genutzten Charters die Vergabe von Bonds – also Schuldverschreibungen – zulässig sei. Bei Versicherungsverträgen handle es sich einfach nur um eine spezielle Form derselben. Insofern deckten aus ihrer Sicht die zweckentfremdeten Charters das Verfahren.[159]

Die Promotoren der Versicherungsgesellschaften brachten neue Argumente und Erfahrungen zur Unterstützung ihrer Anträge vor und hatten die gegenüber Aktiengesellschaften positivere Stimmung auf ihrer Seite – zumal sie entdeckten, dass sich das Argument des Monopols auch gegen die Einzelversicherer in Stellung bringen ließ. Im Gegensatz dazu beharrten ihre Gegner weitgehend auf alten Argumenten. Welche Darlegungen den Attorney General am Ende überzeugten, blieb aber einstweilen unklar, denn die Abfassung seines Votums zu den Anträgen zog sich hin.

Die York Buildings Company und ihre Konkurrenz

Doch nicht nur die See-, auch die Lebensversicherungsgesellschaften hofften, die gegenüber Aktiengesellschaften aufgeschlossenere Stimmung nutzen zu können. So beantragten die Unternehmer hinter der York Buildings Company ebenfalls Anfang 1720 ein Patent, um ihren neuen Geschäftszweck zu legalisieren. Der Name des Unternehmens sollte in Zukunft lauten: „The Governor and Company for purchasing and improving Forfeited and other Estates in Great Britain, for granting Annuities for Life and Assuring Lives".[160]

---

158 Gutachten des Attorney General Nicholas Lechmere, o. O. 7. 3. 1720. In: Ebd., S. 54.
159 Ebd., S. 47.
160 Cummings, York Buildings, S. 35–45 u. 288–291. Allerdings irrt Cummings, wenn er die staatliche Erlaubnis zur Ausgabe von Lebensversicherungen auf S. 33 als 1719 schon erfolgt bezeichnet. Die Genehmigung erfolgte erst im Sommer 1720.

Neben den Gedanken des Vorjahres griffen sie die Diskussionen über die Umwandlung der britischen Staatsschuld auf, zumal zum Zeitpunkt der Abfassung der Petition die Pläne der South Sea Company wohl noch nicht öffentlich waren. So hieß es, das Unternehmen wolle „Annuities for Life" für solche Untertanen anbieten, „as are streightned in their Fortunes by the Reduction of Interest, whereby the Annuities formerly granted by Parliament (which are the most difficult of all the publick Debts) may be more easily redeem'd".[161] Dahinter scheint die Idee gestanden zu haben, dass Inhaber unkündbarer Staatsschulden durch das Angebot höherer Zinsen zum Wechsel in Annuitäten der Gesellschaft zu bewegen sein könnten, was dem Staat Erleichterung beim Schuldendienst und der Company Geschäft verschafft hätte. Zugleich hofften die Promotoren, sich durch das Patent vor Konkurrenz in der Unternehmensform, nicht allerdings vor Privatversicherern, zu schützen. Denn sie hätten mit ihrem Projekt „the Envy" anderer geweckt. Diese würden nun versuchen, „to make the Undertaking of no Value to your Petitioners". Zugleich seien die Konkurrenten bemüht, ebenfalls eine Gesellschaft zu gründen, „a little to imitate your Petitioners."[162] Gegenüber dem Attorney General sprachen sie später von „pyrating", was das Geschäft am Ende für alle Companies uneinträglich machen und damit wohl den Kauf beschlagnahmter Güter vom Staat erschweren würde.[163] Um die Konkurrenz und ihre Emulationsversuche weiter zu sabotieren, unterstellten die Promotoren hinter der York Buildings Company den Wettbewerbern schließlich noch, sie seien „not so well affected to your Majesty".[164]

Die Nachahmer gingen in ihrer Petition auf die Vorwürfe der Emulation und der Untreue nicht ein. Stattdessen legten sie dar, dass Lebensversicherungen gerade für Geschäftsmänner interessante Anlageprodukte seien. Denn indem sie etwas Geld für ihre Frauen in diese Policen investierten, könnten Kaufleute diesen eine sichere Existenz garantieren. Gleichzeitig müssten sie sich dann bei ihrem normalen Geschäft keine Sorgen mehr über das zukünftige Auskommen der Gattin machen. Auch könnten sie ihr eigenes Leben versichern. Dies wiederum würde sie ermutigen, „to be more bold in their Undertakings."[165] Schließlich trat auch noch die Amicable Society auf den Plan, eine 1706 mit königlichem Patent ausgestattete Korporation. Sie beklagte sich, dass nicht erst die zweite Kompagnie, sondern schon die Unternehmer der York Buildings Company ihre Ge-

---

161 Petition, o. O. o. D. [vor 8.1.1720]. In: The Special Report, S. 66. Der Zusammenhang wird deutlicher im Gutachten des Attorney General Nicholas Lechmere, o. O. 10.3.1720. In: Ebd., S. 70.
162 Petition, o. O. o. D. [vor 8.1.1720]. In: Ebd., S. 66.
163 Gutachten des Attorney General Nicholas Lechmere, o. O. 10.3.1720. In: Ebd., S. 71.
164 Petition, o. O. o. D. [vor 8.1.1720]. In: Ebd., S. 66.
165 Petition, o. O. o. D. [vor 8.1.1720]. In: Ebd., S. 67.

schäftsidee der Lebensversicherung kopierten – obwohl das Recht der Amicable Society zum Landbesitz eng begrenzt war und die neuen Gesellschaften somit Emulation als sachliche Weiterentwicklung betrieben. Ein zusätzlicher Vorwurf gegen die Neugründungen lautete wiederum, es handle sich eigentlich nur um Projekte zum „stock-jobbing".[166]

Vergleicht man die Argumentationen der verschiedenen Assekuranzen, so fällt auf: Die erste Seeversicherung zeigte sich bereit, auch andere Companies zu akzeptieren, weil die Privatversicherer mit ihrer Warnung vor einem Monopol der größere Gegner zu sein schienen. Hingegen wurde bei den Lebensversicherern auch zwischen Aktiengesellschaften ein erbitterter Kampf geführt. Um königliche Patente zu erlangen, versprachen alle Unternehmen, auf die eine oder andere Weise die Ausdehnung des Handels zu befördern, die York Buildings Company gar zur Abtragung der Staatsschulden beitragen zu können. Insgesamt sorgten die vielen Gründungen aber für eine Zunahme der Vielfalt und Dynamik am Londoner Aktienmarkt und eine anders geartete Konjunktur als in Paris, wo sich die spekulative Energie hauptsächlich auf die Compagnie du Mississippi konzentrierte.

Wolle und Seide gegen Calicos

Nicht alle Londoner erfuhren die Situation Ende 1719 als den Beginn einer neuen, positiven Dynamik. Die britischen Woll- und Seidenweber klagten schon seit mehr als 20 Jahren über den Rückgang ihres Gewerbes durch den Import von Baumwollstoffen aus Indien. In der Folge sei es unter ihnen zu verbreiteter Verarmung gekommen.

Bei dem Thema ging es allerdings nicht nur um die Frage, wie Wohlstand generiert würde – durch Handel oder Produktion –, sondern auch um das englische nationale Selbstverständnis. Baumwollgegner beriefen sich am Ende des 17. Jahrhunderts darauf, dass Wollstoffe das Hauptexportgut Großbritanniens seien und ihr Verkauf viel Geld aus dem Ausland einbrächte. Die Produktion verschaffe Armen die Möglichkeit zum Gelderwerb, und ihre Verschiffung ins Ausland fördere die Existenz einer Handelsmarine mit geschickten Seeleuten. Die heimischen Produkte würden auf ausländischen Märkten aber zunehmend durch indische Calicos verdrängt. Importierte Baumwolle steche darüber hinaus auch in Großbritannien die selbst hergestellten Seiden- und Wollstoffe aus und befördere gleichzeitig den Geldabfluss ins Ausland, weil die East India Company sie mit Silber in Indien erwarb. Insgesamt seien Calicos somit eine Katastrophe für die

---

166 Gutachten des Attorney General Nicholas Lechmere, o.O. 10.3.1720. In: Ebd., S. 72–73.

Wirtschaft und Macht Großbritanniens. Die Baumwollbefürworter hielten mit dem Argument dagegen, dass die Stoffe aus Indien durch Zölle und Abgaben zu teuer seien, um tatsächlich eine ernsthafte Konkurrenz für Wollprodukte darzustellen – einfache Menschen könnten sie sich gar nicht leisten. Dass die Seidenweber etwas unter der Konkurrenz litten, gestanden sie zwar ein. Doch dies müsse vor dem Hintergrund des größeren Gesamtnutzens gesehen werden, der aus dem Reexport von Calicos nach Europa resultiere. Dieser brächte mehr fremdes Geld ein, als dafür nach Indien ginge. Schließlich trügen auch die britischen Baumwolldruckereien zur Wertschöpfung im eigenen Land bei und würden viele Arbeiter beschäftigen. Die Calicobefürworter unterlagen allerdings zunächst 1700 in der Auseinandersetzung. Ein erstes Gesetz verbot Baumwollimporte. Aus Sicht der Weber schaffte es aber nur bedingt Abhilfe, weil es weder Chintze einschloss, noch solche Textilien, die erst in England bedruckt wurden. Auch hatte das Parlament im Sinne eines Kompromisses die Kolonien vom Verbot ausgenommen, wobei diese einstweilen noch keinen bedeutenden Absatzmarkt darstellten.[167]

Seit 1717 schien sich die Situation der Woll- und Seidenweber, zumal durch den Krieg gegen Spanien und eine zu große Zahl neuer Lehrlinge, noch einmal verschärft zu haben. Daher bemühten sich die Handwerker seit 1719 erneut darum, den Verkauf aller Calicos auf der Insel verbieten zu lassen. Zentrale Argumente der Unterstützer eines Verbots 1719/20 waren erneut, dass die Herstellung von Wollstoffen zahllosen Armen Nahrung verschaffe und alles, was diesem Handwerkszweig schade, zum Nachteil des gesamten Landes gereiche. Einem hydraulischen Verständnis folgend, dass der Verlust des einen der Gewinn des anderen sei, schrieb Daniel Defoe: „the calicoes and woollen manufactures [...] are] like two balances, when one scale went down, the other went up, and when one went up, the other went down."[168] Nur dass von der Verarbeitung von Baumwolle in erster Linie Indien profitierte, von Wollstoffen aber Großbritannien. Nicht nur ökonomisch seien die Folgen daher bedenklich, klagten Baumwollgegner, sondern sie brachten auch neue moralische Argumente vor: Das Tragen von Calicos führe zu einer Feminisierung von Männern, und die im Baumwoll-

---

[167] Thomas, Mercantilism, S. 68–97, 151; Eacott, Jonathan P.: Making an Imperial Compromise. The Calico Acts, the Atlantic Colonies, and the Structure of the British Empire. In: William & Mary Quarterly 69 (2012), S. 744. Aus ökonomischer Perspektive die Einordnung bei Hoppit, Britain's, S. 217–221; O'Brien, Patrick/Griffiths, Trevor/Hunt, Philip: Political Components of the Industrial Revolution. Parliament and the English Cotton Textile Industry, 1660–1774. In: Economic History Review 44 (1991), S. 402–403.

[168] Zitat nach Thomas, Mercantilism, S. 151. Die Metapher der Waage wurde auch schon um 1620 genutzt. Vgl. Barth, Reconstructing, S. 265.

konsum zum Ausdruck kommende Luxussucht der Frauen korrumpiere Britannien. Beides sei für die Nation gefährlich.[169]

Um ihrem Unmut zusätzliches Gehör zu verschaffen, griffen Webergesellen 1719 gezielt Konsumentinnen an, und dies nicht nur mit Worten. Die Kampagne begann mit ersten Zusammenrottungen in Spitalsfield am Abend des 10. Juni. Am nächsten Morgen rissen gut 2.000 Textilarbeiter Frauen auf Londoner Straßen Calicos vom Leib und übergossen diese mit Salpetersäure. Außerdem wollten die Unruhestifter Baumwolldruckereien zerstören. Teils gingen die Rioter in kleinen Gruppen vor, teils wurden ganze ‚Regimenter' unter der Führung von ‚Captains' ‚gemustert' und marschierten hinter Flaggen. Die Unruhen zogen sich bis in den September hin, als offensichtlich das kältere Wetter dazu führte, dass weniger Frauen in Baumwollkleidung auf die Straße gingen. Aufgrund des Ausbruchsdatums der Unruhen, dem Geburtstag des Pretenders James III. Stuart, wurden die Rioters von der Whig-Presse schnell mit den Jakobiten assoziiert. Schon um für ihr Anliegen die Unterstützung der Regierung und des Parlaments zu erlangen, bemühten sich die Meister und viele Gesellen allerdings immer wieder, sich vom Jakobitismus zu distanzieren und bekundeten ihre Treue zum König.[170]

Die Unruhen der Weber wirkten sich auch auf die größere Parteipolitik aus. So berichtete die Presse nicht nur über die Vorkommnisse, sondern zwischen Tory- und Whig-Zeitungen entstand ein Meinungsstreit darüber, ob die Not der Weber durch ein Verbot von Baumwollstoffen gelindert werden könne – dem Thema widmeten sich gar eigene Zeitschriften. Tories bejahten tendenziell die Frage, ob Calicos schädlich seien, und wollten die Handwerker durch ein vollständiges Verbot schützen. Whigs hingegen verneinten sie und kamen damit dem Handel und den Baumwolldruckern zu Hilfe. Parallel zur publizistischen Auseinandersetzung sammelten auch die Commissioners of Trade Informationen zu dem Problem, wozu sie König Georg I. aufgefordert hatte. Die Beamten traten im Dezember 1719 der Sicht der Weber bei, dass ein zentraler Teil der britischen Wirtschaft durch den Baumwollimport geschädigt würde. Ein Gesetz könne Abhilfe schaffen, wie es Frankreich beweise. Die Weber hatten derweil schon eine Flut von

---

169 Smith, Chloe Wigston: „Callico Madams". Servants, Consumption, and the Calico Crisis. In: Eighteenth-Century Life 31 (2007), S. 29–55; Thomas, Mercantilism, S. 138–139 u. 144; Eacott, Making, S. 734–754.
170 O'Brien/Griffiths/Hunt, Political, S. 406–407; Thomas, Mercantilism, S. 140–152; Plummer, Alfred: The London Weavers' Company 1600–1970. London 1972, S. 292–305; Shoemaker, Robert B.: The London „Mob" in the Early Eighteenth Century. In: Journal of British Studies 26 (1987), S. 273–304. Zur Vorgeschichte jakobitischer Unruhen in London mit Schwerpunkt um 1715 vgl. Rogers, Nicholas: Popular Protest in Early Hanoverian London. In: Past and Present 79 (1978), S. 70–100.

Petitionen an das Parlament auf den Weg gebracht. Doch auch die East India Company, die Baumwolldrucker und andere betroffene Kreise bemühten sich, ihrem Standpunkt in Westminster Gehör zu verschaffen.[171] Die *Wöchentlichen Relationen Halle* berichtete von einem Gerücht, das die Calico- mit der Staatsschuldenfrage verband. Demnach habe die „Ost-Indische Compagnie [...] dem Parlament so viel Vorschuß / als die Regierung verlangen möchte / gegen 4 pro Cent offeriret; wodurch sie das Verbot / wegen Einführung der Indianischen Stoffe / zu hintertreiben hoffet."[172] Die Information bewahrheitete sich jedoch nicht, oder das Angebot stieß nicht auf Interesse. Im Februar sah es eher danach aus, dass es zu einem vollständigen Verbot von Calicos kommen würde.[173]

Es gab aber auch Unternehmer wie Richard Wrightson und Oliver Hurst, die zusammen mit weiteren Baumwolltuchhändlern in Großbritannien ganz anders auf die Probleme reagieren wollten. Sie planten eine heimische Calicoproduktion aufzubauen. Dazu hatten sie im November 1719 eine Petition an die Commissioners of Trade geschickt, in der sie ihr Projekt darlegten. Sie hofften, einem großen Unternehmen sei es möglich, „to transplant a very considerable branch of the treasure of the Indies [to Britain] and [to] make an addition to our trade."[174] Die Produkte einer britischen Baumwollmanufakturgesellschaft sollten es ermöglichen, Edelmetallabflüsse nach Asien zu stoppen, zusätzlichen Außenhandel zu generieren, Arme zu beschäftigen und die heimischen Tuchdruckereien mit den benötigten Waren beliefern zu können. Eine Berechnung ergab, dass Großbritannien jährlich 1.627 Tonnen Rohbaumwolle brauche und 38.160 Menschen durch deren Verarbeitung Einkommen finden könnten. Erste Versuche zur Baumwollherstellung gab es zudem schon in Großbritannien. An diese wollten die Promotoren vermutlich anschließen und sie dank einer größeren Gesellschaft auf ein neues Level heben. Kurze Zeit später baten sie auch offiziell um eine Inkorporierung und die Gewährung eines königlichen Patents.[175] Allerdings gab es bei aller Euphorie eine wesentliche technische Hürde bei der Emulation indischer Calicos: Denn bislang war es Europäern nicht gelungen, Baumwollfäden in hin-

---

171 Zu Petitionen im englischen Gesetzgebungsverfahren allgemein vgl. Loft, Philip: Involving the Public. Parliament, Petitioning and the Language of Interest, 1688–1720. In: Journal of British Studies 55 (2016), S. 1–23; Hoppit, Britain's, S. 150–162.
172 Wöchentliche Relationen Halle 20.1.1720.
173 Thomas, Mercantilism, S. 143–143 u. 153–159.
174 Zitat nach Ebd., S. 131.
175 Ebd., S. 131. In Scott, Constitution III, S. 451–452, werden insgesamt drei Projekte für Aktiengesellschaften zur Baumwollproduktion aufgeführt. Es ist nicht klar, welches davon von Wrightson und Hurst stammt.

reichender Festigkeit zu spinnen, so dass sie als Kette (tragende Längsfäden) und nicht nur als Schuss (Querfäden) des Gewebes genutzt werden konnten.[176]

Aber unabhängig davon: Die vorgeschlagene Aktiengesellschaft sollte ähnlich wie andere zum Aufholen gegenüber Konkurrenten dienen. Nur dass diese nicht in Europa, sondern in Asien ansässig waren. Angesichts der Tatsache, dass die East India Company Importe aus Indien hauptsächlich mit Silber bezahlte, versprach die heimische Calicoproduktion den Vorteil, Geld im Land zu halten. Zudem gab das Projekt der Hoffnung Raum, ein neues Exportprodukt herzustellen, über das sonst niemand in Europa in solchem Ausmaß verfügte. Dies eröffnete die Möglichkeit, zusätzliches Edelmetall anzuziehen – denn Baumwollstoffe erfreuten sich nicht nur in Großbritannien zunehmender Beliebtheit. Insofern waren auch hier Parallelen zu anderen neuen Aktiengesellschaften vorhanden. Allerdings versprach die Calico-Company zusätzlich noch durch die Schaffung von Arbeitsplätzen zur Versöhnung ökonomischer Interessen im Inland beizutragen – freilich unter Ausschluss der East India Company.

Paris, London und die Aktieneuphorie: Eine Zwischenbilanz

Die seit dem Herbst 1719 erhöhte Bereitschaft von Investoren, Risikokapital für kurzfristig zu erzielende Spekulationsprofite zwischen Räumen zu verschieben sowie die Tendenz, Gewinne in ‚dauerhafte' Werte wie Diamanten umzuwandeln, war aus Sicht John Laws brandgefährlich, weil dadurch dem französischen Aktienmarkt Geld entzogen wurde. Dies drohte seine Bemühungen, die Zinslast und Verschuldung des französischen Staates zu senken, ebenso zu sabotieren wie die Emulation der Compagnie du Mississippi durch die South Sea Company. Gleichzeitig war aber die Dynamik der Aktiengesellschaftsgründung in der britischen Hauptstadt im Winter 1719/20 doch schon viel breiter, was durch die häufige Konzentration auf die South Sea Company verdeckt wird. Konzentrierte sich das Interesse in Paris weitestgehend auf eine Gesellschaft, so glaubten in der britischen Hauptstadt immer mehr Unternehmer, mit Vorschlägen zur Reorganisation bzw. mit Ideen für neue Companies an die Öffentlichkeit treten zu können. Den Londoner Promotoren zahlreicher neuer Unternehmen schien die Gewährung von Patenten durch den König im neuen, gegenüber Aktiengesellschaften aufgeschlosseneren Klima, wahrscheinlicher. Freilich ist interessant, dass sich auch in Großbritannien – in Analogie zu Frankreich – die Dynamik zunächst auf *eine* Stadt beschränkte. ‚Jealousy' und ‚envy' bestanden in London aber aufgrund der vielen Companygründungen nicht

---

[176] Zu den Anfängen der Baumwollweberei in England O'Brien/Griffiths/Hunt, Political, passim.

nur zwischen neuen Gesellschaften und dem Ausland, zwischen Neugründungen, Einzelkaufleuten und alten Korporationen, sondern verstärkt auch zwischen neuen Companies selbst. Zugleich lässt sich beobachten, dass die Erfahrungen von Aktiengesellschaften in einem bestimmten Handelszweig bei der Reorganisation berücksichtigt wurden. Schließlich schien Emulation nicht nur für die Produkte europäischer, sondern auch globaler Konkurrenten geeignet. Wenn es um die Geschäftszwecke ging, betonten Promotoren vorrangig den Nutzen für die britische Wirtschaft und den Staat.

Zeitungen aus dem Ausland betrachteten das Londoner Treiben aufmerksam und mit Interesse. Doch Europa war nicht nur Beobachter – Ereignisse auf dem Kontinent beflügelten auch die Londoner Entwicklung.

1. Februar 1720

South Sea Company	131
Bank of England	151
East India Company	207
Royal African Company	25
London Assurance	4
Royal Exchange Assurance	19 ½

London, 9. Februar: „Man versichert / daß die Banco der Regierung 5 Millionen und 800000 Pf. Sterl. offeriret um den Vorzug zu haben / dahingegen die Süd-See-Compagnie nur viertehalb Millionen geben will. Und in dem Vermuthen / daß die Banco werde angenommen werden / sind deren Actien selbigen Tags 3 pro Cento gestiegen / und der Süd-See ihre selbigen Abend 6 / und heute wieder drittehalb gefallen."[177]

London, 13. Februar: „Die Actien der Süd-See Compagnie / welche seith Mittwoch gefallen waren / weil es schiene / daß der Plan der Banco zur Reducierung der publiquen Schulden / dem von gemeldter Compagnie sollte vorgezogen werden / sind gestern wieder gestiegen / und die von der Banco hingegen gefallen / nachdem das Unter-Hauß in einer grossen Commission den Schluß gefasset hatte / die neue Anbietung der Süd-See Compagnie [...] anzunehmen."[178]

London, 20. Februar: „Wegen des Banco und der Suder Compagnie scheine es / als ob die Strasse von Quincampoix nach Londen übersetzt wäre / weilen eben fast dergleichen Bewegungen sich alda zuäussern anfingen."[179]

London, im Februar: „Die Süder-Compagnie hat [...] ihre Actien schon mit so grossem Zulauf vertheilet / daß selbige in 3 Tagen von 147 auf 180 gestiegen. Weil aber gar zu viele Actionisten selbige in einem so hohen Preiß wieder zu verkaufen gesuchet / sind sie wieder auf 166 gefallen.[180]

---

[177] Relations Courier Hamburg 16. 2.1720.
[178] Ebd. 23. 2.1720.
[179] Wiener Zeitung 6. 3.1720.
[180] Wöchentliche Relationen Halle 9. 3.1720.

Madrid und der Friede im Süden

Am 21. Dezember erreichte London die Nachricht, dass der spanische König Philipp V. seinen Staatsminister Kardinal Alberoni, Organisator des Krieges seit 1717, zum Verlassen des Reichs aufgefordert hatte.[181] Damit war die zentrale Voraussetzung erfüllt, welche die Regierungen in Großbritannien, Frankreich und im Habsburgerreich für Friedensverhandlungen gestellt hatten. Nachdem Alberoni Madrid einige Tage später verlassen hatte, wertete man dies in London als „Praeliminarie" zum Frieden.[182] Anfang Januar reiste Staatsekretär Stanhope hastig nach Paris, um dort Gespräche über die vertragliche Beendigung des Krieges mit der iberischen Monarchie aufzunehmen. Mit dem Abschluss der Verhandlungen rechnete man innerhalb kürzerer Zeit.[183] Die Aktienkurse der drei großen britischen Kompagnien goutierten die Neuigkeiten aus Südeuropa mit merklichen Anstiegen Ende Dezember. Die Antizipation von Frieden hatte auch früher schon zu höheren Wertpapierkursen geführt, nicht nur weil sich Profitaussichten verbesserten, sondern auch, weil Aktienpreise den Zeitgenossen als Verkörperung des politischen Erfolgs der Nation galten.[184]

Mitte Januar wurde schließlich eine offizielle Erklärung zur Wiedereröffnung des britischen Handels mit Spanien erwartet. Der Korrespondent des *Relations Courier Hamburg* berichtete aus London: „Unterdessen sind unsere Kauffleute beschäfftiget / die Schiffe und Güter so dahin destiniret / in Eil fertig zu machen."[185] Mit dem sich abzeichnenden Eingeständnis der Niederlage durch die spanische Krone wurde jedoch nicht nur der Handel mit der iberischen Halbinsel wieder möglich. Denn auch wenn es Spanien bei dem Krieg vorrangig um Erbfolgeansprüche in italienischen Territorien ging, hatte die Auseinandersetzung doch zugleich die anderen Ergebnisse des Friedens von Utrecht aus dem Jahr 1713 in Frage gestellt. Dieser befestigte neben der Erbfolge in Madrid vor allem das Handelssystem des spanischen Weltreichs, das weniger der iberischen Monarchie als Frankreich, Großbritannien und den Niederlanden nützte. Nicht zuletzt hatte der Frieden auch die Handelsprivilegien der South Sea Company im spanischen

---

181 Relations Courier Hamburg 8.1.1720. Zum Kontext Kuethe, Allan J./Andrien, Kenneth J.: The Spanish Atlantic World in the Eighteenth Century. War and the Bourbon Reforms 1713–1796. Cambridge 2014, S. 61.
182 Wiener Zeitung 10.1.1720
183 Schlesischer Nouvellen Courier 25.1.1720; Mercuri Relation München 3.2.1720.
184 Parkinson, War, S. 139–141.
185 Relations Courier Hamburg 26.1.1720. Laut Schlesischer Nouvellen Courier 8.2.1720 kursierten in London schon am 23.1. Berichte, dass erste britische Schiffe wieder problemlos in Cádiz eingelaufen seien. Ähnlich Wiener Zeitung 6.2.1720.

Kolonialreich in Süd- und Mittelamerika festgeschrieben. Unterstützung der britischen Regierung für deren Erhalt und Ausübung durfte im Hinblick auf einen siegreichen Kriegsausgang erwartet werden. Eine gute Nachricht für alle Aktionäre des Unternehmens.[186]

Die Frage, die man sich in London darüber hinaus stellte, war: Wie von dem Sieg profitieren? Welche Vorteile konnten Staat und Kapital aus dem erfolgreichen Waffengang auf Kosten Spaniens ziehen? Wie ließ sich der Machtgewinn der Krone zusätzlich in Handelsvorteile für britische Kaufleute ummünzen? Mitglieder des House of Commons forderten im Januar weiterreichende Handels- und Territorialkonzessionen von Seiten Spaniens als bislang. Die Londoner Presse diskutierte unter anderem die Gründung einer Kolonie in einem bisher nicht von Spaniern besiedelten Teil Südamerikas. Auch über einen bevorstehenden Austausch des britischen Gibraltar gegen Cartagena de Indias liefen Gerüchte um. Dessen Besitz hätte eine erhebliche Vereinfachung des Schmuggels mit dem spanischen Kolonialreich bedeutet.[187]

Mit der sich abzeichnenden Niederlage Spaniens war die wechselseitig förderliche Beziehung von staatlicher Macht und privatem Handel in Großbritannien somit jenes Ordnungsprinzip, mit dem man auch zukünftig das Verhältnis zur iberischen Monarchie zu strukturieren wünschte.

Erwerbungen in Florida?

Neben kaufmännischem Profit dachten Briten auf beiden Seiten des Atlantiks zudem über die zukünftige Absicherung des Empires nach. Auch hierbei ging es um Territorialfragen. Die Diskussionen zeigen, wie Regierungsvertreter vor dem Hintergrund der spanischen Niederlage Maßnahmen erwogen, die sich nicht nur gegen die iberische Monarchie richteten, sondern die gleichzeitig Positionsgewinne gegenüber dem derzeitigen Verbündeten Frankreich und dessen Aktiengesellschaft versprachen. Obwohl der Pariser Aktienmarkt zeitgleich schwächelte, wurde das französische Unternehmen in Britannien somit immer noch als eine erhebliche Bedrohung wahrgenommen. Unter Umständen fänden sich aber Möglichkeiten, auf Kosten Spaniens der französischen Gefahr zusätzlich vorzubeugen. Die diesbezüglich angestellten Überlegungen stellen gewissermaßen ein

---

186 Paul, South, S. 35, ähnlich S. 41; Williams, Stanhope, S. 345. Außerdem Scott, Constitution III, S. 307.
187 Black, Trade, S. 123; ders., Politics, S. 126–127.

Pendant zur britischen Diskussion über die eigenen drückenden Staatsschulden und das Emulationsprojekt der South Sea Company dar.

Potenziellen und tatsächlichen Gegnern in militärischen Auseinandersetzungen zusätzliche Schranken aufzuerlegen, erschien am ehesten in Amerika möglich. Dies zeigt eine Anfrage, die das Board of Trade dem Lieutenant-Governor von Virginia, Alexander Spotswood zusandte, betreffend: „The Importance of taking St. Augustine from the Spaniards."[188] Diese Anfrage musste aus London schon abgegangen sein, als die Niederlage Spaniens im Krieg in Europa noch nicht vollkommen absehbar und das Schuldenumwandlungsprojekt der South Sea Company noch geheim waren. Das strategische Kalkül verschwand allerdings im Februar 1720 nicht. Und so sind Spotswoods Ausführungen von Interesse. Er schrieb: Im Prinzip seien das spanische Fort in St. Augustine und das dazugehörige Dorf von keiner großen kommerziellen Bedeutung. Er empfehle aber zu berücksichtigen, dass zwischen der Küste Floridas und den zu Großbritannien gehörenden Bahamas eine zentrale Seeverkehrsader verlaufe, die alle Schiffe aus dem Golf von Mexiko nutzten. Dies gelte bislang für die spanischen Handelsflotten, in Zukunft aber auch für jene der Compagnie du Mississippi. Daraus resultiere eine eminente militärstrategische Bedeutung des Forts. Denn im Krieg könne niemand unbeobachtet durch die Meerenge segeln. Die Stationierung von Kaperern in einem britischen St. Augustine würde in solchen Zeiten dafür sorgen, dass „the whole Trade of the Mississippi Colony may [...] be destroyed."[189] Spotswood empfahl, wenn möglich, auch Anspruch auf St. Marks an der Westküste Floridas zu erheben, da Großbritannien von dort die Ausdehnung der französischen Kolonie im südlichen Nordamerika eindämmen und seinen Einfluss auf die Indianerstämme wahren könne. Schließlich solle man auch noch versuchen, einen Hafen an der Südspitze Floridas zu erlangen. Von dort ließe sich der Handel feindlicher Nationen in Kriegszeiten zusätzlich stören. Mithin sah Spotswood durch Besitzungen in Florida in erster Linie die Möglichkeit, fremden Warenverkehr im Kriegsfall zu behindern und die territoriale Expansion der französischen Überseegesellschaft in Nordamerika einzudämmen – eine Position, der sich auch Staatssekretär Craggs im Sommer anschließen sollte.[190]

Die Sorge vor der Entwicklung der Compagnie du Mississippi war somit in London und Nordamerika weiterhin groß, obwohl man bereits Gegenmaßnahmen ergriffen hatte. In den Überlegungen zum Friedensschluss mit Philipp V. wurde das französische Unternehmen deshalb als zukünftiger Machtfaktor einkalkuliert.

---

188 Lt.-Governor Spotswood an das Board of Trade, o. O. 1.2.1720. In: Virginia Historical Society, Official Letters, S. 330.
189 Ebd.
190 Williams, Stanhope, S. 350; Hatton, George I, S. 228.

Pariser Schwierigkeiten

Im Nachhinein stehen die britischen Befürchtungen in Kontrast zu den Schwierigkeiten, die sich seit Jahresbeginn 1720 am Pariser Aktienmarkt abzuzeichnen begannen. Freilich dürften die Ereignisse den Zeitgenossen noch nicht als eindeutige Warnsignale erschienen sein.

Denn trotz der Abzüge von Kapital aus Aktien seit Ende November und des Kurseinbruchs im Folgemonat, was John Law beides als Angriff auf sein System wertete: ein veritables Krisenbewusstsein erfasste die Spekulanten und Beobachter in Paris noch nicht. Vielmehr erreichten die Anteile der Compagnie du Mississippi im Dezember einen neuen Höchststand zwischen 9.500 und 10.000 Livre, und viele Beobachter rechneten mit weiter steigenden Preisen.[191] Allerdings stützte die Banque Royale schon zu diesem Zeitpunkt die Kurse durch die Vergabe von Krediten an Aktionäre. Weil im Gegenzug für diese Darlehen Unternehmensanteile hinterlegt werden mussten, wirkte dies dahin, dass einerseits mehr Geld zur Verfügung stand und sich andererseits das Angebot an Aktien verknappte und der Preis dadurch gestützt bzw. angetrieben wurde. Gleichzeitig kaufte die Compagnie du Mississippi ab Ende Dezember auch selber Anteile zum Marktwert zurück, um den Kurs zu stabilisieren. Zur Bezahlung griff sie wiederum auf Papiergeld zurück, welches die Banque Royale in immer größerer Menge zur Verfügung stellen musste. Um zeitgleich auch noch die Spekulation einzuhegen und den privaten Terminmarkt für Aktien zu zerstören, verkaufte Laws Unternehmen ab dem 9. Januar gegen eine Zahlung von 1.000 Livre Bezugsscheine, die es ermöglichten, innerhalb der nächsten sechs Monate eine Aktie für weitere 10.000 Livre zu erwerben. Handelsabschlüsse oberhalb dieses Wertes machten somit ab sofort eigentlich keinen Sinn mehr. Statt den Wink zu verstehen, begannen Anleger nun aber in großer Zahl sich diese Bezugsscheine zuzulegen. Sie nahmen an, die Vergabe sei ein Hinweis darauf, dass der Kurs der Compagnie du Mississippi weiter deutlich steigen werde. Für diesen Fall konnte es nur von Vorteil sein, sich jetzt noch Optionen für Anteile zu einem ‚günstigen' Preis zu sichern. Um die Bezugsscheine bezahlen zu können, stießen zahlreiche Investoren jene Aktien ab, die sie bereits besaßen. Damit sank deren Kurs zumindest kurzzeitig auf unter 8.000 Livre. Dies widersprach aber nicht nur Laws Intention, den Wert der Unternehmensanteile auf hohem Niveau zu stabilisieren – effektiv handelte es sich ab Dezember um einen gemanagten Aktienmarkt in Paris –,

---

[191] Murphy, John Law, S. 261.

sondern auch der von vielen Anlegern gehegten Erwartung, dass der Preis auf über 10.000 Livre steigen würde.[192]

John Law selbst hatte der Herzog von Orléans Anfang Januar zum Generalkontrolleur der Finanzen Frankreichs ernannt. Der Finanzspezialist bemühte sich in seiner neuen Funktion in den folgenden Wochen, die Nutzung von Papiergeld weiter voranzutreiben. Dazu war schon am 1. Dezember 1719 ein arrêt erschienen, der die Banknoten zum offiziell anerkannten Zahlungsmittel für alle Geschäfte erklärte. Im Januar beschränkten weitere Regelungen zunehmend die Nutzung von Münzgeld. Man hoffte, dass die Bevölkerung im Anschluss daran Hart- gegen Papiergeld eintausche. Dies traf allerdings nur bedingt auf Gegenliebe. Stattdessen investierten Anleger verstärkt in ‚sichere' Gegenstände wie Edelsteine und Diamanten, bis ein arrêt dies Anfang Februar zu unterbinden suchte. Daraufhin stieg die Popularität von Produkten aus Edelmetall über das ohnehin normale Ausmaß, mit der Folge, dass ein zusätzlicher Erlass Mitte Februar von deren Erwerb ebenfalls abzuhalten suchte. Ende des Monats wurde schließlich der zulässige Münzgeldbesitz auf 500 Livre begrenzt.[193] Zeitgleich ergingen neue Maßnahmen für den Aktienmarkt. Ab dem 22. kaufte die Compagnie du Mississippi keine Unternehmensanteile mehr zurück. Damit gab Law einen wichtigen Pfeiler seiner Kursstützungspolitik auf, und der Preis der Aktien geriet in freiere Bewegung. Die Notwendigkeit, die inzwischen grassierende Papiergeldinflation zu bekämpfen, zwang den Schotten jedoch zu diesem Schritt. Dem gleichen Ziel sollte auch ein Erlass dienen, der den Banknotendruck erheblich strikteren Regeln unterwarf und dadurch Vertrauen schaffen sollte. Diese Maßnahmen hatten allerdings nicht lange Bestand. Denn am 5. März wurde der Kurs der Mississippi-Aktien auf 9.000 Livre festgesetzt und erneut ein Büro zum An- und Verkauf von Anteilen durch das Unternehmen eröffnet. Dies machte wiederum die Produktion von frischem Papiergeld erforderlich und beförderte die Inflation.[194]

Hatte Law sich somit zunächst noch bemüht, die Geldentwertung durch eine Begrenzung der Banknotenproduktion einzuhegen, damit aber ein Fallen des Wertpapierkurses akzeptiert, vollzog er Anfang März eine Kehrtwende. Indem er einen festen Umtauschkurs von Aktien in Papiergeld festlegte, erhielten Anteile der Compagnie du Mississippi im Prinzip nun auch die Funktion von Bargeld. Gleichzeitig erforderte der weitere Ankauf von Aktien wiederum den Druck von Papiergeld. So stieg die Menge an Papierinstrumenten in Frankreich durch Anteilskäufe und den de facto Geldwert der Aktien bis Anfang Mai auf knapp

---

[192] Ebd., S. 261–262, 267–273 u. 283; Velde, John Law, S. 112–113.
[193] Murphy, John Law, S. 263–265 u. 275–278; Velde, John Law, S. 107–108.
[194] Murphy, John Law, S. 283.

4 Milliarden Livre. Am 11. März wurde zudem ein arrêt erlassen, der die schrittweise Wertsenkung und schließliche Außerkurssetzung von Edelmetallmünzen über die nächsten Monate ankündigte. Dies sollte die Bevölkerung zwingen, außer für Kleinstgeschäfte nur noch Papiergeld zu nutzen.[195]

Die Maßnahmen am Pariser Finanzmarkt im Spätwinter und zu Beginn des Frühjahrs erschienen vielen Zeitgenossen als äußerst widersprüchlich. Schwierigkeiten zeichneten sich Ende Februar/Anfang März immer deutlicher ab, doch gleichzeitig scheinen nicht wenige Spekulanten Law weiterhin vertraut zu haben.

Internationales Geld und Spekulanten in London

Die Lage am Londoner Aktienmarkt prägte zu Jahresbeginn größere Stabilität als in Frankreich. Der Kurs der South Sea Company hatte sich im Januar all den Neuigkeiten und Möglichkeiten des Friedens mit Spanien und der Schuldenumwandlung zum Trotz vergleichsweise unspektakulär entwickelt – aus Frankreich zurückkehrendes Kapital floss unter Umständen zunächst stärker in Anteile neu gegründeter Unternehmen. Der Wert der South Sea Company Aktie stieg nur langsam und lag nicht wesentlich über den in früheren Jahren schon erreichten Kursen. Anfang Januar befand er sich knapp über £128, um dann bis zum 12. auf £136 zu klettern, bevor er zum Monatsende wieder fiel und etwas unter £129 schloss. Auch wenn wir über keine Daten zum Umfang der täglichen Transaktionen verfügen, so lässt sich übermäßige spekulative Aktivität kaum attestieren.[196] Mit dem sich abzeichnenden Erfolg des Angebots der Schuldenumwandlung zog der Preis dann im Februar jedoch deutlich an und bewegte sich den Monat über zwischen £129 und £186. Allerdings scheint es auch Investoren gegeben zu haben, die noch mit einem Sieg der Bank of England rechneten, was den Kursanstieg gedämpft haben mag.[197]

Nicht unbeträchtlich trug zum Anstieg im Februar wohl Spekulationskapital bei, das von außerhalb nach London strömte und damit die schnelle regionale Verschiebbarkeit von Geld erneut verdeutlicht. Die Entwicklung lässt sich anhand der Wechselkurse zwischen London und einigen europäischen Handels- und Hauptstädten nachvollziehen. Deren Schwankungen sind zwar keine sicheren Indizien dafür, dass Kapital in Aktienkäufe floss, und die Wechselkurse sagen auch nichts über den Umfang der Geldtransfers aus – eher über das Bedürfnis,

---

195 Ebd., S. 279–281 u. 285. Velde, John Law, S. 113.
196 Scott, Constitution I, S. 409.
197 Hinweise dazu bei Walsh, South, S. 95.

Vermögen von einem bestimmten Ort nach London zu übermitteln. Doch die Parallelität zwischen der Entwicklung des Aktienpreises der South Sea Company, aber auch vieler anderer englischer Gesellschaften, und den Wechselkursen legt nahe, dass schon ab Februar 1720 spekulative Investments am Londoner Aktienmarkt getätigt wurden.

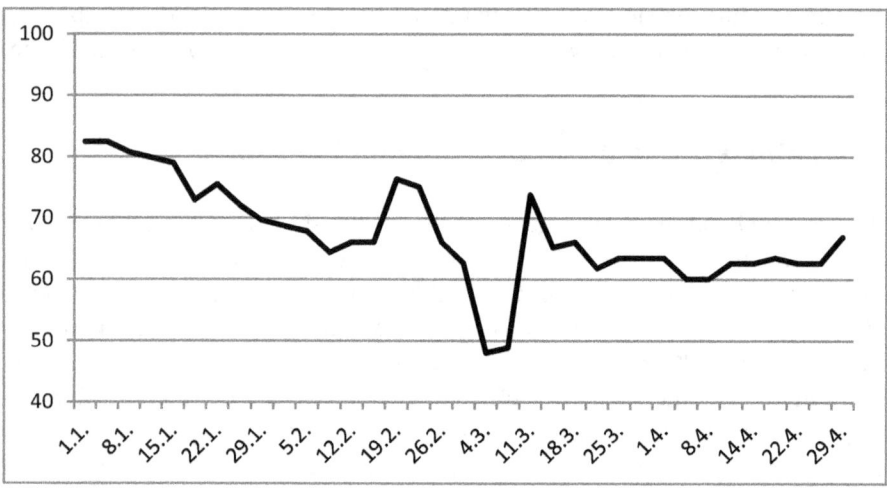

Grafik 6: Wechselkurs zwischen Paris und London Anfang 1720 (3. Juli 1719 = 100%) Course of the Exchange 1720.

Am deutlichsten sichtbar ist der Zufluss von Kapital vom Pariser Aktienmarkt, wo Investoren ihr Geld aus der Compagnie du Mississippi abzogen. Ein kurzzeitig gültiges französisches Verbot von Vermögenstransfers per Wechselbrief ins Ausland am 12. Februar hatte zunächst ein Steigen des Wechselkurses zur Folge – es sieht so aus, als ob Kapital nach Paris fließen würde. Hierbei handelte es sich aber wohl um einen Ashton-Kindleberger-Effekt.[198] Aufgrund der rechtlichen und wirtschaftlichen Unsicherheit in Paris bemühten sich viele Besitzer von Wechselbriefen, diese möglichst schnell loszuwerden und verursachten durch ein Überangebot sinkende Preise. Als der Markt für Wechselbriefe in der französischen Hauptstadt dann am 23. Februar wieder öffnete, konnten Spekulanten erneut Geld nach London transferieren, was sie auch innerhalb kurzer Zeit taten. Der Wechselkurs fiel in die Tiefe. Nachdem der Druck abnahm, stieg er dann im

---

198 Vgl. dazu Neal, Rise, S. 67; Schubert, Eric: The Ties That Bound. Market Behavior in Foreign Exchange in Western Europe During the Eighteenth Century. Diss. wiwi., Urbana/IL 1986, S. 108–116; Ashton, T.S.: Economic Fluctuations in England 1700–1800. Oxford 1959, S. 113.

März/April wieder.[199] Mit den Kapitaltransfers gen London setzte sich ein Prozess aus dem Dezember 1719 fort. Vielfach dürfte es sich bei den bewegten Geldsummen um britisches Spekulationskapital gehandelt haben, das Anleger gleichsam repatriierten.

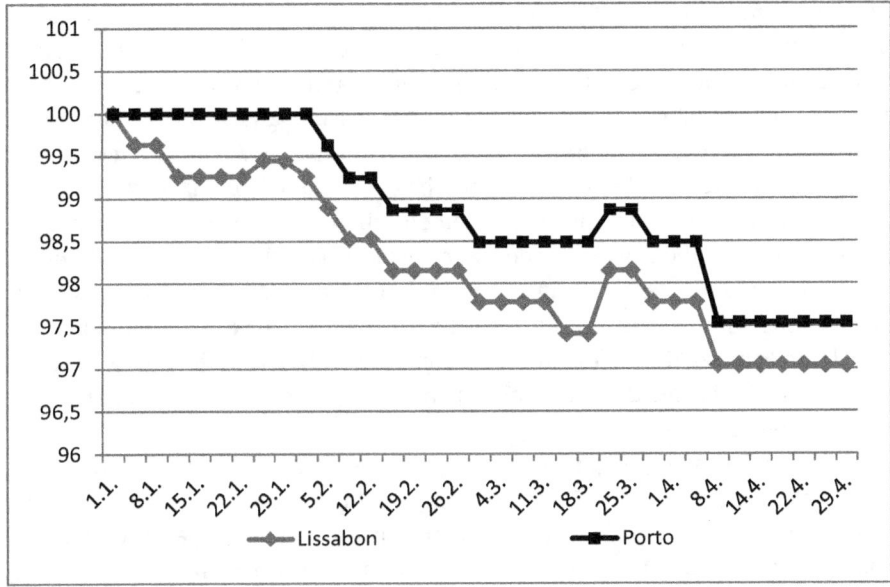

Grafik 7: Wechselkurse zwischen Portugal und London Anfang 1720 (1. Januar 1720 = 100 %) Course of the Exchange 1720.

Neben Paris lassen sich im Februar 1720 aber auch aus Portugal Geldzuflüsse nach London beobachten. Anfang des Monats, zeitgleich mit der Entscheidung des Parlaments in Westminster, das Angebot der South Sea Company zur Umwandlung der Staatsschulden anzunehmen, verzeichneten die Wechselkurse auf Lissabon und Porto einen deutlichen Anstieg. Neben dem engen zeitlichen Zusammenhang legen zwei weitere Gründe die Vermutung nahe, dass hier in erster Linie Londoner Kaufleute im Ausland lagerndes Geld zur Spekulation in die Heimat holten. Zunächst lassen sich kaum portugiesische Anleger in britischen Aktien feststellen, wenn wir aufgrund der Quellenlage auch nur jene im Jahr 1723 kennen. Vielleicht noch wichtiger waren allerdings zweitens die asymmetrischen Handelsverhältnisse zwischen den beiden Ländern. Dank einer Reihe von Verträgen seit dem 17. Jahrhundert, bestätigt im Methuen-Treaty von 1703, hatten

---

199 Neal, Rise, S. 69; Schubert, Ties, S. 136–137.

britische Kaufleute umfangreiche Privilegien in der westlichen iberischen Monarchie. Diese erlaubten es ihnen unter anderem, große Teile der Exportgüter für die portugiesische Kolonie Brasilien zu liefern und mit eigenen Schiffen über Lissabon nach Südamerika zu segeln. Dieser Konkurrenz waren iberische Kaufleute und Manufakturen nicht gewachsen. Großbritannien gelang es so, in erheblichem Ausmaß die Erträge des brasilianisch-portugiesischen Warenaustausches abzuschöpfen. Dass im Gegenzug für diese britischen Handelsvorteile portugiesischer Wein beim Importzoll in Großbritannien gegenüber Spanien und Frankreich begünstigt wurde, half der iberischen Monarchie nur wenig – Wert und Volumen dieses Handelsguts fielen zu gering aus. Die Entwicklung zwischen 1703 und 1760 prägte daher ein rasant wachsendes Handelsbilanzdefizit zwischen beiden Ländern, was als Konsequenz einen erheblichen Export brasilianischen Goldes über Lissabon nach London zum Zahlungsausgleich zur Folge hatte.[200] Britische Kaufleute verfügten insofern dank der Handelsverbindungen und des Bilanzdefizits in der Regel in Portugal über Guthaben aus dem Kolonialhandel, die sie im Februar 1720 offenbar beschleunigt nach Hause zu holen bemüht waren – teils mittels Wechseln, teils aber sicher auch in Edelmetall, worüber jedoch keine Daten vorliegen.

Die durch die Compagnie du Mississippi ausgelöste Geldflussdynamik nach Paris hatte sich im Winter 1719 umgekehrt – Geld strömte nun nach Amsterdam und London (zurück). Doch es ging Kapitalbesitzern wohl je länger je weniger nur um die Repatriierung von Gewinnen aus dem französischen Aktienhandel, sondern die Entwicklung am Londoner Wertpapiermarkt selbst wurde zur Attraktion. Darauf deuten die Wechselkurse zwischen Lissabon, Porto und der britischen Hauptstadt hin. Noch handelte es sich jedoch wohl in erster Linie um englische Investoren, welche Vermögen aus dem Ausland einzogen und die Chance zur frühen Investition in Aktien der South Sea Company und möglicherweise anderen Unternehmen zu nutzen suchten.

Niederländische Gedankenspiele

Vor dem Hintergrund der Spekulationen in Frankreich und den in London zahlreicher werdenden Planungen für die Rekapitalisierung bestehender sowie die

---

200 Bernecker, Walther L./Herbers, Klaus: Geschichte Portugals. Stuttgart 2013, S. 178. Vgl. zur handelspolitischen Abhängigkeit und ihren Ursachen außerdem ebd., S. 182–193; Fisher, H.E.S.: The Portugal Trade. A Study of Anglo-Portuguese Commerce 1700–1770. London 1971; Ligthart, Henk/Reitsma, Henk: Portugal's Semi-peripheral Middleman Role in Its Relations with England, 1640–1760. In: Political Geography Quarterly 7 (1988), S. 353–362.

Gründung neuer Companies begannen auch in den Niederlanden im Februar 1720 städtische Magistrate über die Autorisierung von Aktiengesellschaften nachzudenken – zumal auch dorthin Spekulationskapital aus Paris zurückfloss.[201] Dass zunächst vor allem auf der Ebene von Kommunen über das Für-und-Wider solcher Unternehmungen diskutiert wurde, spiegelt die niederländischen Bedingungen wider. Weil sich zentralstaatliche Institutionen dort nur vergleichsweise schwach ausgebildet hatten und es eine gesamtstaatliche Wirtschaftspolitik lediglich in Ansätzen gab – David Ormrod hat von einer „decentralised economic policy formation" gesprochen[202] – oblagen wirtschaftsfördernde Maßnahmen den einzelnen Städten. Ihre Magistrate stellten dementsprechend das Pendant zu den Regierungen in Paris, London, Wien und Hannover dar. Sie konnten über die Vergabe von Charters entscheiden.[203]

Andererseits offenbaren die Gedankenspiele den Erfahrungshorizont vieler mittlerer und kleinerer Städte. Bis Ende des 17. Jahrhunderts, argumentieren Gijs Rommelse und Roger Downing, gingen wichtige Impulse für die Wirtschaftspolitik von der Provinz Holland aus, wurden dort zuerst implementiert und dann auf die Generalstaaten übertragen.[204] Dies nutzte aber in erster Linie Amsterdam und, zu einem geringeren Teil, Rotterdam, wohin sich ökonomische Aktivitäten verlagerten, während die Wirtschaft vieler kleinerer niederländischer Städte im frühen 18. Jahrhundert stagnierte oder schrumpfte. Die Abnahme der Heringsfischerei durch Kriegseinwirkungen sowie die allgemeine Konkurrenz durch Großbritannien und Frankreich kamen erschwerend hinzu. Zumal, wie Koen Stapelbroek angemerkt hat, nach dem Ende des Spanischen Erbfolgekrieges zwar Großbritannien im Friedensschluss ökonomische Konzessionen erlangte, die Generalstaaten aber leer ausgingen.[205] Mit dem Abstieg insbesondere der kleineren Kommunen verstärkten sich Interessengegensätze nicht nur im Verhältnis zu anderen Mächten, sondern es gab auch eine ‚jealousy of trade' innerhalb der Generalstaaten. So beklagte beispielsweise der Bürgermeister von Middelburg, dass der Handel seit dem Spanischen Erbfolgekrieg nicht länger floriere und Geschäft nach Holland abgewandert sei.[206]

---

201 Neal, Rise, S. 65.
202 Ormrod, Rise, S. 20.
203 Ebd., S. 19. Als Überblick außerdem Gelderblom, Oscar: Introduction. In: Ders., Political, S. 1–17.
204 Rommelse/Downing, Anglo-Dutch, S. 194–195.
205 Stapelbroek, Koen: Between Utrecht and the War of the Austrian Succession. The Dutch Translation of the *British Merchant* of 1728. In: History of European Ideas 40 (2014), S. 1036–1038.
206 Gelderbloom/Jonker, Mirroring, S. 131. Zu diesen „intercity rivalries" auch Ormrod, Rise, S. 6 u. 21.

Gleichzeitig hatten seit 1713 Diskussionen begonnen, wie man auf die Niedergangserfahrung und zunehmende internationale Konkurrenz durch eine veränderte Handels- und Wirtschaftspolitik reagieren könne, wobei die Positionen erheblich voneinander abwichen und es zu einer politisierten Debatte kam.[207] Eine mögliche Lösung schien sich 1720 abzuzeichnen. Städtische Führungsschichten in kleineren niederländischen Städten dachten darüber nach, wie durch die Privilegierung von Aktiengesellschaften die Wirtschaft wiederbelebt werden könnte. Von einer großen Handelsgesellschaft, die etwa 30 Schiffe besitzen sollte, erhoffte sich dies beispielsweise der Bürgermeister von Middelburg.[208] Es sollte mithin in den Niederlanden das französische Konzept einer Super-AG für den Außenhandel auf der Ebene von Städten nachgeahmt werden.

Die Stimmung gegenüber Kompagnien und ihren Privilegien war in den Generalstaaten ohnehin positiver als beispielsweise in Großbritannien. Massive Bemühungen um die Auflösung von Monopolen oder Aktiengesellschaften unterblieben im 18. Jahrhundert. Auch wurden noch neue Gilden gegründet. Obwohl es auch in den Niederlanden vor dem Hintergrund des ökonomischen Niedergangs Debatten über ihre Auflösung und die Abschaffung privilegierter Handelskompagnien gab, waren die Meinungen nicht einhellig:[209]

> Discourse on economic matters generally revolved round such issues as [...]: could decline be reversed by enhancing the degree of coordination of the economy or, on the contrary, by increasing the extent of self-regulation? If the former course were desirable, at what sector of activity should this enhanced coordination be directed: at the sector of the Dutch economy that showed the highest degree of orientation to the international market or rather to the lower strata of collection and distribution, which to a greater or lesser extent were geared to domestic markets, or perhaps even both? [...] should the task be entrusted to urban governments, to provincial or central authorities or be left to semi-public chartered or privileged bodies [...]?[210]

Insofern traf in den Generalstaaten der vergleichsweise große Handlungsspielraum, den Kommunen in der Wirtschaftspolitik besaßen, mit einem spezifischen Interesse an Möglichkeiten zur Wiederbelebung der städtischen Ökonomie zusammen. Hinzu kamen eine vergleichsweise positive Haltung gegenüber privilegierten Körperschaften sowie die wachsende Euphorie für Aktiengesellschaften in Europa. Daraus sollte im Verlaufe des Jahres 1720 ein ganz eigener Charakter der niederländischen Entwicklung resultieren.

---

207 Stapelbroek, Between.
208 Gelderbloom/Jonker, Mirroring, S. 131.
209 Ormrod, Rise, S. 344; Davids, From De la Court.
210 Ebd., S. 255.

Hessen-Kassels Wirtschaftspläne

Eine Verdichtung von Handelsbeziehungen im In- und mit dem Ausland strebte auch Landgraf Karl von Hessen-Kassel schon länger an. Seine Bemühungen erhielten Anfang 1720 ebenfalls neue Impulse. Sein mit etwa 200.000 Einwohnern mittelgroßes Territorium war kein Zentrum eines entstehenden Kapitalismus, eher ökonomisch rückständig. Sicher, der Landgraf bemühte sich darum, die Wirtschaft und das Manufakturwesen zu beleben. Ein Prozess, den vor allem die Bedürfnisse des stehenden Heeres vorantrieben. Allerdings machte diese Form der Wirtschaftsförderung auch extrem abhängig. Allein konnte das Land die Armee nicht unterhalten – Subsidien anderer Großstaaten waren notwendig. Friedenszeiten schufen zudem ökonomische Probleme, weil dann die Ausstattung der Soldaten weniger Manufakturwaren erforderte. Andere Maßnahmen des Landgrafen umfassten die Verbesserung der Straßen und Versuche, die Weser mit der Lahn mittels schiffbarer Kanäle zu verbinden. Letzteres ein Projekt, das man in den 1720er Jahren allerdings aufgrund der unüberwindlichen technischen Schwierigkeiten aufgab. Neben diesen direkten Eingriffen ins Wirtschaftsleben hatte Landgraf Karl auch indirekt durch die Ansiedlung und Privilegierung französischer Hugenotten versucht, neue Gewerbezweige in seinem Territorium zu etablieren.[211]

Die Maßnahmen spiegeln die Lage im deutschen Binnenland im Verhältnis zu Westeuropa wider. Aufgrund der wesentlich kleineren Territorien spielte das Ressourcenmanagement eine wesentlich wichtigere Rolle als in Flächenstaaten. Dies erwies sich zudem als notwendig, weil koloniale Expansionen kaum praktikabel und einem Anschluss an den Fernhandel durch die Verkehrsbedingungen enge Grenzen gesetzt waren. Mittlere und kleinere deutsche Herrscher konzentrierten sich daher im Allgemeinen viel stärker auf eine innere ökonomische Dynamisierung als auf die Expansion des Außenhandels. Die Förderung von Manufakturen und Importsubstitutionen bildeten dabei wichtige Maßnahmen. Hinzu kamen Bemühungen um die Akklimatisierung von Nutzpflanzen. Die verfolgten Ziele glichen jedoch jenen in Westeuropa: „wealth, independence, and the

---

211 Vgl. zur Wirtschaftspolitik in Hessen-Kassel: Philippi, Hans: Landgraf Karl von Hessen-Kassel. Ein deutscher Fürst der Barockzeit. Marburg 1976, S. 666–683; Hauer, Kirsten: Landgraf Karl von Hessen-Kassel und seine Zeit. In: Fenner, Gerd (Hrsg.): Landgraf Karl und die Gründung von Karlshafen 1699–1999. Kassel 1999, S. 14–39; Bender, Eva: Karlshafen – Ein Vorhaben des wirtschaftspolitischen Landesausbaus. In: Ebd., S. 40–67; Lasch, Manfred: Untersuchungen über Bevölkerung und Wirtschaft der Landgrafschaft Hessen-Kassel und der Stadt Kassel vom 30jährigen Krieg bis zum Tode Landgraf Karls 1730. Diss. wiwi., Mannheim 1969.

almighty Glückseligkeit".[212] Deshalb waren wirtschaftspolitische Maßnahmen im Alten Reich auch trotz aller Unterschiede nicht von westeuropäischen Vorbildern und Ereignissen losgelöst. Dies zeigt Hessen-Kassel 1720 deutlich.

Am 25. November 1719 verstarb der leitende Kammerbeamte Wilhelm Balthasar von Görtz. Zu seinem Nachfolger ernannte der Landgraf Johann Reinhard von Dalwigk. Dieser hatte annähernd zwei Jahrzehnte als Gesandter Hessen-Kassels in den Niederlanden gewirkt und umfangreiche Eindrücke der dortigen weiter entwickelten Wirtschaft und ihres Finanzwesens gewonnen. Letzteres vor allem auch im Rahmen finanzieller Transaktionen und der Übermittlung von Subsidien, um die er sich für seinen Dienstherrn kümmerte. Zusätzlich hatte Dalwigk Reisen nach London unternommen und war so auch mit der englischen Wirtschaft in Kontakt gekommen. Insofern konnte er aus Sicht des Landgrafen als ausgesprochener Fachmann für Finanz- und Wirtschaftsfragen gelten.[213] Zweifelsohne dürfte Dalwigk von den Niederlanden aus auch den wachsenden Enthusiasmus für die Organisationsform der Aktiengesellschaft in Westeuropa im Herbst 1719 mitbekommen haben. Vor diesem Hintergrund sollte seine Ernennung bedeutsam werden.

In einem Schreiben an den Landgrafen, das von Dalwigk im Februar 1720 aus Den Haag sandte, wurde dies zunächst aber nur indirekt deutlich. Viel Raum nahm ein Lob der bisherigen Wirtschaftspolitik des Territorialherrn ein, vor allem die „etablirung vieler manufacturen undt vermehrung des Commercy".[214] Daneben sei besonders die Verbesserung der Straßen von großer Bedeutung, weil dadurch „das Commercium überall und biß in die geringste Dörfer gebracht" werde. Zudem vereinfachten die besseren Straßenverhältnisse den Personentransport durch das Territorium, und es würden „auch die Fuhrleuthe von diesen Landen undt denen teutschen HandellStädten attiriret, welches geldt undt nahrunge ins Landt gebracht".[215] Von Dalwigk lobte somit eine auf Fleiß und Manufakturen aufbauende Wirtschaftspolitik, die den Vertrieb der Produkte heimischer Unternehmen in anderen Ländern zu befördern versuchte. Um auf diesem Pfad weiterzukommen, habe er, wie gewünscht, einen Pflasterer in den Niederlanden engagiert und nach Kassel geschickt. Desgleichen empfehle er, einen erfahrenen Baumeister zur Oberaufsicht zu engagieren. Für eine Reihe von Produktionszweigen regte er die Anwerbung weiterer ausländischer Spezialisten an. So für die Textilproduktion einen Färber, da diese Waren bislang entweder nicht

---

212 Reinert, Translating, S. 238 u. 239–243; Gömmel, Entwicklung, S. 44.
213 Philippi, Landgraf Karl, S. 671.
214 Johann Reinhard von Dalwigk an Landgraf Karl von Hessen-Kassel, Den Haag 6.2.1720. In: HSTAMAR – 4f, Niederlande, Nr. 641, unpag., S. 1–2.
215 Ebd., S. 3.

hochwertig verarbeitet oder für diesen Prozess nach Frankfurt geschickt würden und dem Land somit Arbeit und Ertrag verloren gingen. Außerdem riet er, die Porzellanmanufakturen mittels Einstellung eines Porzellanbäckers wieder in Betrieb zu nehmen. Er betonte mithin, die bisherigen Anstrengungen fortführen und die vorhandenen Maßnahmen intensivieren zu wollen, zumal diese in Anbetracht der Lage des Territoriums sinnvoll schienen.

Nur knapp deutete von Dalwigk an, dass er durch die Emulation der in Europa immer populärer werdenden Aktiengesellschaft über den status quo in Hessen-Kassel hinausgehen wollte. Unklar bleibt zudem, ob Landgraf Karl die Anspielung begriff, wenn es in einem Nebensatz von Dalwigks Brief hieß, dass er für eine zu gründende Leinenmanufaktur niederländische Investoren suche. Schließlich endete das Schreiben noch mit dem Hinweis, dass durchaus weitere Reformprojekte vorstellbar seien. Diese müsse man aber in Kassel persönlich diskutieren.[216]

Verunsicherung und neue Chancen in Europa: Eine Zwischenbilanz

Mit Hessen-Kassel erreichte das Nachdenken über Aktiengesellschaften nach zwei stärker zentralistisch organisierten Staaten (Frankreich, Großbritannien) und dem munizipal gegliederten Gemeinschaftswesen der Niederlande sowie nach Hannover nun ein weiteres Mal das föderal strukturierte Heilige Römische Reich Deutscher Nation. Auch wenn sich John Law wachsenden Schwierigkeiten gegenübersah und Spekulanten in Anteilen der Compagnie du Mississippi mit ständig wechselnden Rechtsgrundlagen rechnen mussten: Das französische Vorbild schien offenbar weiterhin zur Emulation unter ganz unterschiedlichen politisch-ökonomischen Bedingungen einzuladen bzw. das Institut der Aktiengesellschaft für eine Anpassung an die jeweiligen regionalen Bedingungen hinreichend flexibel. ‚Jealousy of trade' und Machtstreben existierten überall und befeuerten das Nachdenken über Kompagnien und angemessene Reaktionen auf die Maßnahmen der Konkurrenz. Dies galt insbesondere für Großbritannien, das sich durch die Entwicklung in Frankreich massiv bedroht fühlte. Aber auch in den Niederlanden, wo man die Konkurrenz Amsterdams in kleinen Städten deutlich verspürte. Die Sorgen vor der Macht großer Unternehmen und ihren Monopolen verschwanden zwar nicht völlig, aber die Skepsis ihnen gegenüber nahm doch merklich ab. Freilich bildeten ökonomische Überlegungen und staatliche Strukturen nur einen Teil der Voraussetzungen für eine erfolgreiche Emulation. Dar-

---

216 Ebd., S. 10.

über hinaus benötigten die Promotoren von Unternehmen Kapital. Ohne dieses waren Gesellschaftsgründungen schwierig – das hatte die Kaiserlich-Orientalische Kompagnie in Wien 1719 erfahren. Gleichzeitig offenbart sich im Aspekt des Geldes die privilegierte Position Großbritanniens. Dort existierte lokales Risikokapital, und aus Paris und Portugal konnte zusätzliches abgezogen werden. Doch von Dalwigk machte mit dem Hinweis auf niederländische Investoren deutlich, dass auch für kapitalarme Territorien Geldmangel nicht zwangsläufig ein Hindernis darstellen musste.

Frühjahr 1720

1. März 1720

South Sea Company	177 ½
Bank of England	151 ¾
East India Company	212
Royal African Company	45
London Assurance	4
Royal Exchange Assurance	25
York Buildings (26.2.)	7½[1]

London, 1. März: „Zu Londen sollen die Directeurs und andere Mitteilhabende von dem Banco sehr mesvergnügt seyn / daß das Parlement die Vorschläge der Sud-Compagnie den ihrigen vorgezogen habe; Mit dem Beyfügen / daß der Banco alle Leib-Renten / so nur zubekommen / an sich kauffen solle."[2]

London, 24. März: „The delay of the messenger will be balanced by the good news he staid to bring your lordship of the success the South Sea Bill has met with in the Comittee of the whole House, when the question against fixing a price upon the annuities was carried yesterday by 244 against 140. This great majority in the most important article framed to oppose its success has had the desired effect upon the credit of the company, and must discourage any other little attempts against the Bill."[3]

London, 25. März: „Das *Parlament* hat sich zeithero *occupiret* mit der *affaire* wegen der Süd-See, vorgangenen Mittwoch liefen wieder viel Leuthe von *qualitet* auch *Dames* vom ersten *Orden* // nach der *Bourse* umb *actien* von der *Compagnie* der Süd-See einzukauffen; da dann die actien in einem Tag stiegen von 290 bißs 380. Gestern sind sie wieder gefallen bis 305 à 300. Diese *extraordinaire variation* hat viel Käuffer in wenig Stunden *ruiniret:* Man *attribuiret* zum Theil diese Veränderung dem Zu, daß heute im *Parlament* soll vor kommen, auf was vor einem Fueß die *Compagnie* von der Sud-See die *annuitaeten* über sich nehmen wird, und wie selbige zu *reguliren*. Aller *apparentz* nach werde die actien nach deren Außschlag fallen oder steigen."[4]

London, 26. März: „Man sagt / daß die Bill von der Süd-See-Compagnie zu Abtragung der öffentlichen Schulden fertig sey / um morgen oder am Freytag vor das Unter-Hauß gebracht zu werden. Diese Sache ziehet der gantzen Nation Auffmercksamkeit an sich."[5]

---

1 Cummings, York Buildings, S. 49.
2 Wiener Zeitung 13.3.1720.
3 James Craggs an James Stanhope, Whitehall 24.3.1720. In: Graham, Annals, S. 148.
4 Johann v. Wallenrod and Friedrich Wilhelm I., London 25.3./5.4.1720. In: GSTAPK – I. HA, Rep. 11, Nr. 1908, S. 41–42.
5 Relations Courier Hamburg 2.4.1720.

Neue Impulse: Europäisches Kapital in London

Im Frühjahr zeigte sich in London, wie entscheidend die Verfügbarkeit von Kapital für die erfolgreiche Promotion von Aktiengesellschaften und die Durchführung von Umschuldungsprojekten war. Darin wird zugleich aber auch ersichtlich, welche Rolle die Erwartung der Spekulantinnen und Spekulanten auf Profit aus Kurssprüngen spielte. In der britischen Hauptstadt beschleunigte sich in der zweiten Märzhälfte der Anstieg des Aktienpreises der South Sea Company, als die parlamentarische Verabschiedung des ausgearbeiteten Konversionsprojekts zunehmend wahrscheinlich erschien. Am 18. März stand der Kurs knapp unter £200, eine Woche später überschritt er schon £300. Während der zweiten Beratung des Gesetzes durch das House of Commons am 21. März brachten Boten regelmäßig Neuigkeiten vom Parlamentsgebäude in Westminster in die City, was wilde Schwankungen des Wertpapierkurses zwischen £270 und £380 ausgelöst haben soll.[6]

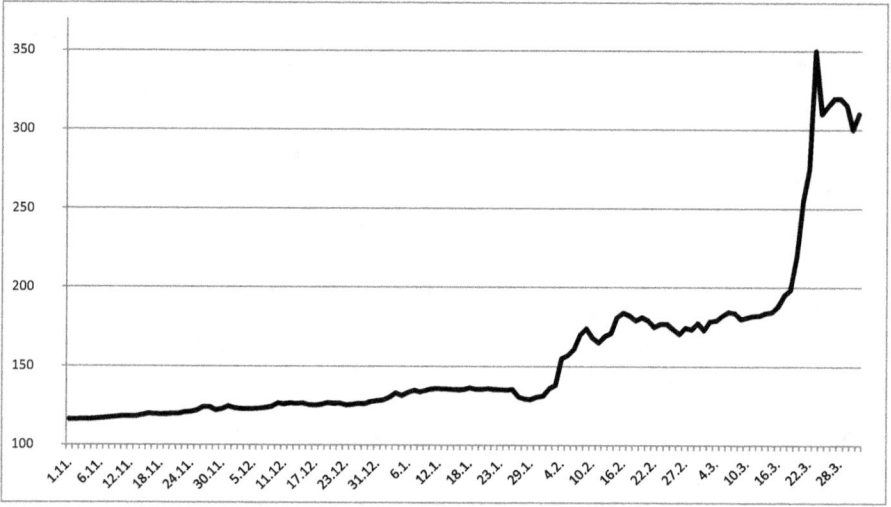

Grafik 8: Aktienpreis der South Sea Company November 1719 bis März 1720 (£) Frehen/Goetzmann/Rouwenhorst, New Evidence. Onlinematerial: https://papers.ssrn.com/sol3/papers.cfm?abstract_id=1371007 [Stand: 15.11.2019].

Die Kapitalzuflüsse im Spätwinter 1719/20 legten nahe, dass zunächst hauptsächlich britisches Geld den Aufstieg der Londoner Aktienkurse im Februar

---

6 Carswell, South, S. 101.

befeuerte. Demgegenüber deuten die internationalen Wechselkurse im März in Verbindung mit den überlieferten Angaben zu internationalen Investoren darauf hin, dass zunehmend Spekulanten aus anderen Regionen Europas Geld in London anlegten.[7] Zwar liegen Aktionärsverzeichnisse der South Sea Company leider erst für die Jahre ab 1723 vor. Rückschlüsse auf 1720 sind daher nur mit einiger Vorsicht möglich, weil nicht klar ist, wer in der Zwischenzeit seine Anteile verkauft bzw. neu erworben hatte. Die Angaben lassen sich aber mit Informationen zu Investments in anderen Londoner Aktiengesellschaften und britischen Staatsschuldpapieren kombinieren, um einen umfassenderen Eindruck zu gewinnen, in welchem Ausmaß die South Sea Bubble Kapital in die britische Hauptstadt zog.

Vereinzelt finden sich ausländische Geldanlagen in englischen Wertpapieren schon im ausgehenden 17. Jahrhundert. Die Investoren stammten überwiegend aus den mit dem Königreich wirtschaftlich eng verbundenen Niederlanden. Aus anderen Teilen Europas legten Kapitalisten nur vereinzelt Geld in London an. Dazu gehörten Einwohner der Schweizer Kantone und der Republik Genf, die sich seit der Jahrhundertwende nachweisen lassen. Ab 1709 weiteten sie ihr Engagement deutlich aus, und im Jahr 1718 hielten 161 Schweizer und Genfer Aktien der Bank of England und der East India Company im Nennwert von etwa £157.000. Hinzu kamen fünfprozentige englische Staatsanleihen. Etwa ein Drittel dieser Investoren müssen als ‚Klein'-Anleger bezeichnet werden. Ihr Engagement betrug weniger als £300. Nach 1713 stieg die Zahl niederländischer und anderer ausländischer Investoren weiter an. An den fünfprozentigen Staatsschuldpapieren von 1717 beteiligten sich etwa 2,3% ausländische Anleger (rund 300 von 13.000). Man kann mithin im Vorfeld der South Sea Bubble internationale Investitionen am Handelsplatz London feststellen, sie hielten sich aber noch sehr in Grenzen.[8]

Die South Sea Bubble zog dann wohl in erheblichem Maße Investoren an den Londoner Kapitalmarkt. Im Jahr 1723, dem ersten, für das gesicherte Daten vorliegen, wohnten etwa 4,5% der Aktionäre der South Sea Company im Ausland. Die East India Company und die Bank of England verzeichneten ein Jahr später sogar für 14,6 bzw. 12,2% ihrer Anteilseigner einen ausländischen Wohnort. In absoluten Zahlen besaßen 1.921 Personen Wertpapiere der drei großen englischen Gesellschaften, deren Nennwert sich auf £4,33 Millionen belief. Der relative Anteil ausländischen Eigentums am Kapital der Unternehmen lag jedoch noch höher. An der South Sea Company hielten sie 7,6%, an der East India Company 15,9% und an der Bank of England 14,2% des Stammkapitals. Dies verdeutlicht, dass es sich

---

7 Vgl. für Amsterdam und Hamburg Neal, Rise, S. 71.
8 Dickson, Financial, S. 304–311; Monter, William: Swiss Investment in England 1697–1720. In: Revue internationale d'histoire de la banque 2 (1969), S. 285–298.

jetzt um vergleichsweise größere Investoren handelte. So hielten Ausländer an der South Sea Company im Durchschnitt fast doppelt so viele Aktien wie Engländer. Bei der East India Company und der Bank of England fielen die Unterschiede allerdings nicht ganz so groß aus. Knapp zwei Drittel (1.236) der ausländischen Anleger kamen aus den Niederlanden und 15,8 % (303) aus der Schweiz. Werte zwischen 3,6 % und 5,9 % erreichten die österreichischen Niederlande (69), Irland (136) und Deutschland (113). Aus anderen Ländern kamen 4,7 % der Investments (91).[9] Da einige Anleger Aktien mehrerer Unternehmen besaßen, betrug die Gesamtzahl der ausländischen Kapitalisten nur 1.654. Differenziert man ihre Herkunft 1723 noch weiter, so lebten die meisten niederländischen Investoren in Amsterdam. Genf und Bern waren die Hauptwohnorte im Schweizer Raum. In Mitteleuropa hatte Berlin die Rolle als Zentrum inne, daneben gab es aber auch Anleger in den Seestädten Hamburg und Danzig, in Hannover und an einer Reihe weiterer Orte.[10] Freilich bleibt unklar, wie viele kontinentaleuropäische Investoren sich zwischen 1720 und 1723 wieder vom Londoner Aktienmarkt zurückgezogen hatten oder wie groß der Anteil jener Verzeichneten ist, der erst nach der Blase investierte. Dennoch: Es ist eine deutliche Sogwirkung für ausländisches Kapital an den Londoner Finanzmarkt zwischen 1719 und 1723 feststellbar.

Die möglichen Gewinne reizten sowohl Neulinge als auch erfahrene Anleger zum Investment. Professionelle Investoren sahen wohl die Wahrscheinlichkeit weiterer Kursanstiege der Aktien in London Anfang 1720 voraus. Sie gingen davon aus, dass ‚naive' Spekulanten aus Gier Unternehmensanteile kaufen und dadurch deren Preis in einer sich selbst erfüllenden Prophezeiung nach oben treiben würden. In diesem Fall war es aus Sicht erfahrener Anleger gewinnbringend, ebenfalls Geld in Aktien anzulegen, um diese dann möglichst nahe am Höhepunkt der Marktentwicklung wieder abzustoßen.[11] Diese Strategie verfolgten wohl in erster Linie die schon seit dem späten 17. Jahrhundert am britischen Kapitalmarkt aktiven Niederländer. Mitte März, als die Verhandlungen über das Gesetz zum Schuldentransfer im Parlament in Westminster große Schwankungen im Wertpapierkurs der South Sea Company verursachten, erblickten sie in größerer Zahl die Möglichkeiten, welche sich in der britischen Hauptstadt boten. Das *London Journal* berichtete am 26. März: „orders are come from Holland to buy

---

9 Dickson, Financial, S. 304–311. Diese Zahlen dürften wahrscheinlich zu niedrig liegen, wie Walsh, South, S. 59–84, am Beispiel der irischen Investitionen zeigt, die hier zur Grundlage genommen wurden.
10 Dickson, Financial, S. 312–317; Monter, Swiss Investment, S. 298; Walsh, South, S. 71.
11 Zur These, dass Geld solcher Spekulanten ganz wesentlich für den Londoner Markt war vgl. Neal, Rise, S. 68–71.

Stock at any Price".[12] Für die niederländischen Investitionen reichte der Wechselmarkt schon bald nicht mehr aus, um genügend Geld für Aktienkäufe zu transferieren, oder aber er wurde zu teuer, weil der Bedarf schlicht zu groß war. Zumindest legen dies Meldungen von Anfang April nahe, in denen es hieß, dass £250.000 in Edelmetall per Schiff aus den Niederlanden nach London unterwegs seien.[13] Auch mitteleuropäische Investoren transferierten Kapital in die britische Hauptstadt – Hamburg erschloss hier zu einem guten Teil den deutschen Raum. Sowohl aus den Niederlanden als auch aus/über Hamburg hatten zudem Spekulanten bereits im Pariser Aktienboom investiert, dort Erfahrungen gesammelt und dann die Gelder seit dem Winter 1719/20 aus der französischen Hauptstadt abgezogen, als der Aktienkurs der Compagnie du Mississippi seinen Zenit überschritten zu haben schien. Nun floss erneut Spekulationskapital, diesmal allerdings in die britische Hauptstadt. Ersichtlich wird diese Entwicklung in den ab Mitte März anziehenden Wechselkursen auf Städte entlang der Nordsee.

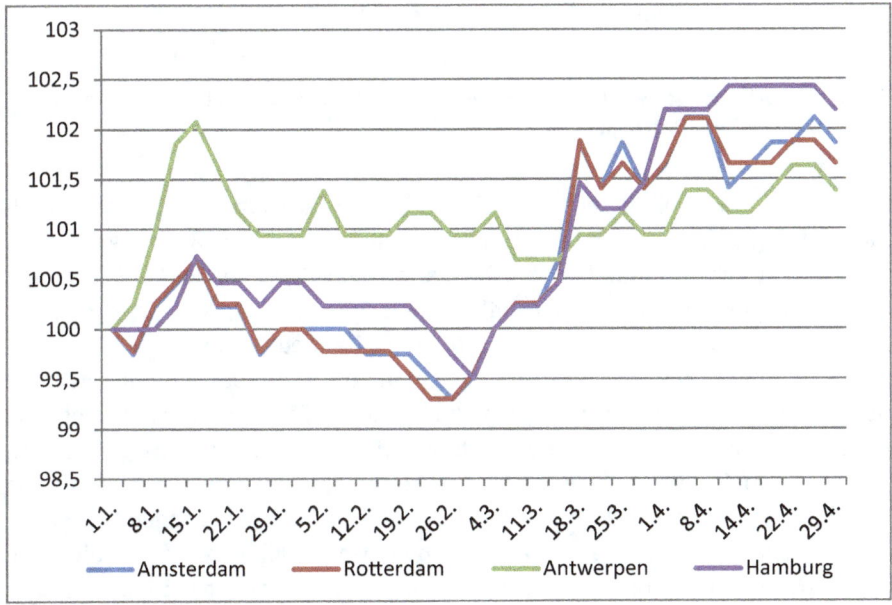

Grafik 9: Wechselkurse zwischen London und Nordseehäfen Anfang 1720 (1. Januar 1720 = 100%) Course of the Exchange 1720.

---

12 Zitat nach Dickson, Financial, S. 140.
13 Ebd.

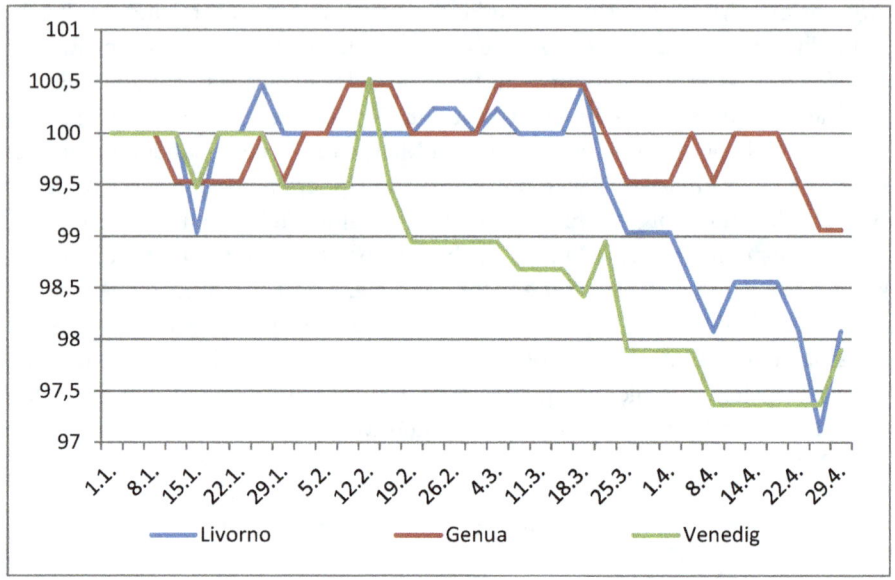

Grafik 10: Wechselkurse zwischen Mittelmeerhäfen und London Anfang 1720 (1. Januar 1720 = 100 %) Course of the Exchange 1720.

Wenige Tage später setzten auch Geldströme aus einer Reihe von Mittelmeerhäfen gen London ein. Aufgrund der unterschiedlichen Währungsumrechnung drückt sich dies allerdings wie bei Paris durch ein Fallen des Wechselkurses aus und nicht wie bei den Nordseehäfen durch einen Anstieg. Mit den Städten auf der italienischen Halbinsel pflegten Londoner Kaufleute traditionell gute Handelsbeziehungen, und zahlreiche Briten lebten dort. Dies könnte dafür sprechen, dass im Gegensatz zu den Nordseehäfen in diesen Fällen im Ausland liegende Gelder zur Spekulation in die Heimat transferiert wurden. Auch die geringe Anzahl südeuropäischer Anleger, die sich 1723 in den Unterlagen der South Sea Company nachweisen lassen, deutet darauf hin. Allerdings erscheint diese Erklärung nicht ganz zufriedenstellend. Denn in diesem Fall hätte man, ähnlich wie bei Portugal, wohl schon im Februar 1720 einen stärkeres Fallen der Wechselkurse erwarten können. Dieses deutet sich aber allenfalls bei Venedig an. Insofern scheint es wahrscheinlicher, dass, ähnlich wie im Fall der Nordseeanrainer, hier internationale Spekulanten oder im Ausland lebende Briten begannen, Kapital in London zu investieren.

Die spanischen Wechselkurse folgten der allgemeinen Tendenz noch einmal etwa eine Woche später. Erst Ende März lässt sich ein signifikantes und dauerhaftes Abfallen bemerken. Doch die überlieferten Aktionärsverzeichnisse aus der

Zeit nach 1723 verzeichnen keine nennenswerte Zahl spanischer Anteilseigner, so dass wiederum die Einziehung britischer Vermögen zu vermuten steht – dies gilt zumal für Cádiz. Über diese Stadt wurde der spanische Kolonialhandel abgewickelt, und britische Kaufleute verfügten hier, ähnlich wie im Falle Portugals, über Vermögen. Dass sie diese nicht schon Anfang Februar abzogen, mag mit dem noch nicht formal beendeten Krieg zwischen der iberischen und der britischen Monarchie zusammenhängen. Allerdings könnte der Anstieg des Madrider Wechselkurses auch für ein zumindest teilweises Engagement dortiger Einwohner am Londoner Aktienhandel sprechen.[14]

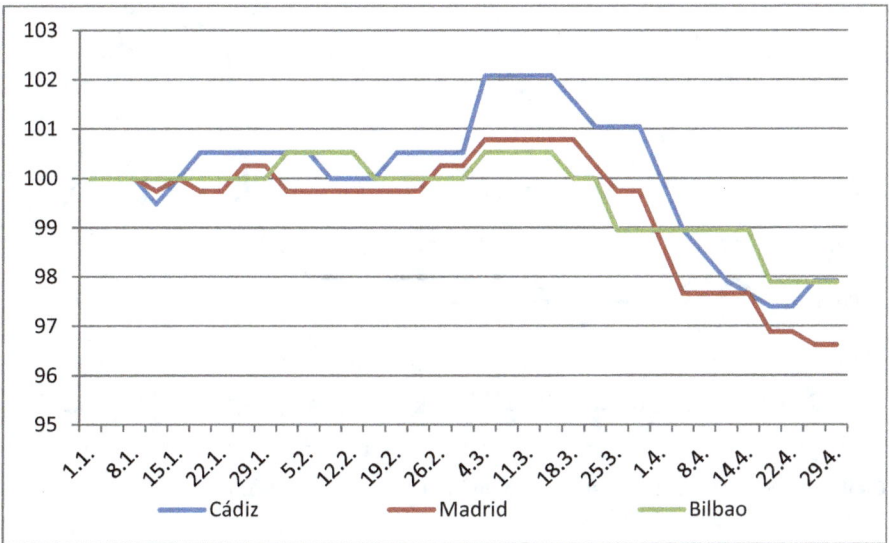

Grafik 11: Wechselkurse zwischen Spanien und London Anfang 1720 (1. Januar 1720 = 100%)
Course of the Exchange 1720.

Neben den parlamentarischen Verhandlungen über das Gesetz zur Konversion der Staatsschulden trug der Zufluss ausländischen Spekulationskapitals erheblich dazu bei, dass der Kurs der South Sea Company im März einen Sprung nach oben machte. Dank des Wechselmarktes kam Geld aus allen Ecken Europas nach London, und wo das Mittel des bargeldlosen Transfers nicht hinreichte, schickten Spekulanten Edelmetall.

---

14 Im August wünschte sich der Marquis de Scotti, Mitglied des Hofes in Madrid, Aktien der South Sea Company, wollte sie aber wohl nicht selber kaufen, sondern als Bestechung erhalten. Vgl. dazu William Stanhope an James Craggs, Escorial 19.8.1720. In: NA – SP 94/90, unpag, S. 7.

Geld aus Dublin

Nicht nur aus dem Süden und Osten, auch aus Irland floss Kapital in den Aktienhandel der britischen Hauptstadt. Der Wechselkurs gibt auch hier deutliche Signale. Dies ist insofern interessant, weil Irland zwar eine rechtlich umkämpfte und teils untergeordnete Stellung innerhalb der Monarchie einnahm, sich an diesem Beispiel aber nachverfolgen lässt, dass das britische Spekulationsinteresse 1720 nicht allein ein Londoner Phänomen war.

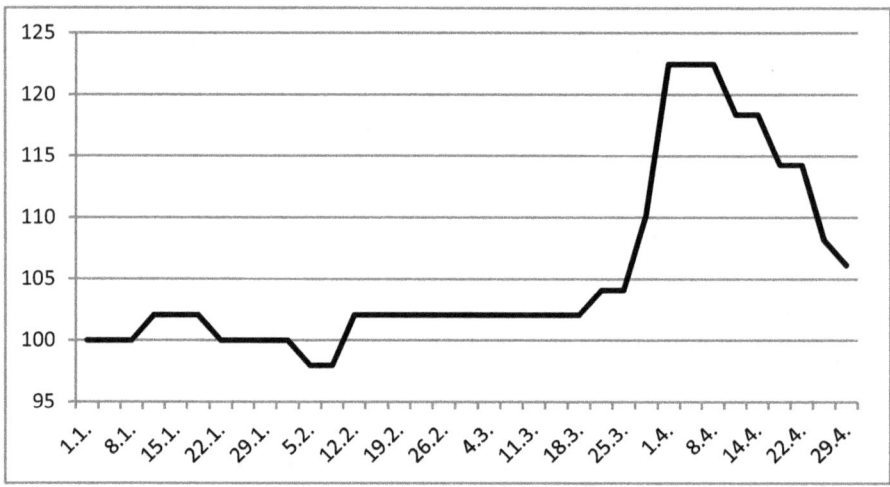

Grafik 12: Wechselkurs zwischen London und Dublin Anfang 1720 (1. Januar 1720 = 100%)
Course of the Exchange 1720.

Schon Mitte Februar verzeichnete der Wechselkurs zwischen Dublin und London einen leichten Anstieg. Dessen Ausmaß entspricht in etwa demjenigen, was man für eine Reihe anderer europäischer Handels- und Hauptstädte feststellen kann (um 2%). Unter Umständen überbetont die Kurve aber das Ausmaß von Geldtransfers nach London, denn der Wechselkurs auf Grundlage des Silbergehalts lag bei 13 irischen Pence für einen englischen Schilling. Am 1. Januar 1720 waren es aber nur 12,25 Pence.[15] Deutlicher Druck, Geld nach London zu transferieren, bestand somit sicher nicht. Dennoch ist im weiteren Verlauf ein markanter Unterschied zu allen anderen Wechselkursen, mit Ausnahme jenes nach Paris, sichtbar. Denn Anfang April schoss der Preis für Kapital aus Dublin förmlich in die Höhe. Eine direkte Erklärung können die Wechselkurse zwar nicht

---

15 Vgl. Walsh, South, S. 50.

liefern. Bekannt ist jedoch, dass eine Reihe in London lebender Iren mit Aktien der South Sea Company spekulierte. Diese ‚London Irish' berichteten auch in Briefen in die Heimat von den Möglichkeiten, die sich dank der Aktivitäten der South Sea Company ergaben. Solche persönlichen Informationen, aber auch andere Quellen, müssen wiederum Menschen auf der westlichen Insel zu Investitionen in der britischen Hauptstadt veranlasst haben.[16]

Weil die Post zwischen London und Dublin im frühen 18. Jahrhundert jedoch je nach Witterungsbedingungen bis zu vier Wochen brauchte, benötigten die Informationen einige Zeit, bis sie den zweifachen Weg zurückgelegt hatten. Schon Zeitgenossen behaupteten daher immer wieder, dass irische Anleger vergleichsweise spät in den Londoner Aktienmarkt eingestiegen seien – eine These, die der Vergleich des Dubliner mit anderen Wechselkursen zu bestätigen scheint. Zeitgenössische Berichte liefern zudem Hinweise darauf, dass Iren, aufgrund des vergleichsweise späten Kaufs ihrer Anteile, diese relativ teuer erwarben. Auch dies korreliert mit dem Anstieg des Aktienpreises der South Sea Company um £117,50 zwischen dem 18. und 29. März, jenem Tag, an dem der Wechselkurs deutlich anzog. Nach spätem Start dürften irische Spekulanten dann jedoch, darauf deutet der Ausschlag des Wechselkurses hin, versucht haben, sehr erheblich zu investieren. Das aus großen Geldtransfers resultierende massive Ungleichgewicht zwischen Angebot und Nachfrage verursachte so den starken Ausschlag des Wechselkurses. Der Anstieg deutet daher auch an, dass es wohl immer schwieriger wurde, mit Papierinstrumenten Kapital von Irland nach London zu transferieren. Nachdem der Preis für Wechsel zu hoch stieg bzw. Geld sich mangels Angebot an Wechselbriefen auf diese Weise überhaupt nicht mehr übersenden ließ, schickten Iren, ähnlich wie im Fall der Niederlande, Edelmetall in die britische Hauptstadt. „I believe most of our money of this kingdom is gone over to the South Sea Stock for I never saw it so hard to get in my life"[17], schrieb Lady Molesworth Mitte Mai aus der Nähe von Dublin an ihren Sohn John.

---

16 Zum irischen Investment in der South Sea Bubble vgl. ausführlich ebd., S. 59–109; ders.: Irish Money on the London Market. Ireland, the Anglo-Irish, and the South Sea Bubble of 1720. In: Eighteenth-Century Life 39 (2015), S. 131–154. Die Beurteilung der Wechselkursentwicklungen und des späten Eintritts der Iren in den Londoner Markt weicht hier allerdings von ebd., S. 146–147 ab. Da Walsh nicht durchgängige Wechselkursdaten untersucht hat, verlegt er das irische Engagement in den Spätsommer/Herbst 1720. Der frühzeitige Wechselkursanstieg scheint aber auf einen früheren, wenn auch im Vergleich zu anderen Anlegern vergleichsweise späten Termin hinzudeuten.
17 Lady Molesworth an John Molesworth, Breckdenston 17.5.1720. In: Historical Manuscript Commission, Report on Manuscripts in Various Collections VIII, S. 287.

Ob eine anfängliche Zurückhaltung oder schlechte Kommunikationsverhältnisse das späte Einsteigen irischer Investoren in den Londoner Aktienmarkt bedingten, muss offenbleiben.[18] Dann weist der Wechselkurs freilich auf ein erhebliches Engagement hin. Allerdings deutet sich im kontinuierlichen Abfallen des Wechselkurses ab dem zweiten Aprildrittel auch an, dass im Gegensatz zu vielen anderen europäischen Handelsstädten ein großer Teil an Geldübermittlung in einer kurzen komprimierten Phase erfolgte. Das Beispiel verdeutlicht zudem, dass es neben europäischen Kapitalströmen 1720 auch solche innerhalb des anglophonen Europas gab. Iren waren mit ihren Investments auch nicht allein. Schotten spekulierten ebenfalls heftig am Londoner Aktienmarkt. Zeitweilig sollen ihre Investitionen bis zu £1,5 Millionen betragen haben.[19] Jedoch existieren für Geldtransfers aus Edinburgh keine Datenreihen wie im Falle Dublins.

Der Wert der South Sea Company

Während zahlreiche in- und ausländische Spekulanten im Frühjahr 1720 nur versuchten, auf der Londoner Spekulationswelle zu reiten, führten Pamphletisten in der britischen Hauptstadt zeitgleich eine hitzige Debatte über den ‚intrinsischen' Wert der South Sea Company. Denn nur wenn sich dieser bestimmen ließ, konnte man auch einen angemessenen Aktienpreis berechnen. Präzise Ergebnisse erforderten jedoch aus Sicht von Zeitgenossen die Berücksichtigung verschiedener Faktoren, über deren jeweilige Gewichtung die Autoren von kleineren Schriften intensiv debattierten. Hierbei konnten Optimisten vom besten Szenario ausgehen, Pessimisten vom schlechtesten.[20]

Zu den wesentlichen Einflüssen auf den Aktienpreis gehörte zunächst das große Schuldenkonversionsprojekt, welches das Parlament allerdings noch nicht endgültig beschlossen hatte. Manche Bedingungen mochten sich im Gesetzgebungsprozess noch einmal ändern. Vom Ausgang hing der Zeitgenossen faszinierende zukünftige ‚Kredit' des Unternehmens ab. Dieser schien Companies, aber auch Individuen so viele Möglichkeiten zu eröffnen, sofern man ihn besaß. Und eine Super-AG mit bald über £40 Millionen Staatsschulden als Stammkapital und sicheren jährlichen Zinszahlungen der Regierung durfte wohl auf Kreditwürdigkeit rechnen.[21] Zudem: Ein solch bedeutender Staatsschuldner wie die

---

18 Walsh, South, S. 69 u. 74–75; ders., Irish Money, S. 139–140.
19 Ders., Bubble.
20 Deringer, For What; Neal, Rise, S. 111.
21 Hoppit, Attitudes; Scott, Constitution I, S. 438. Richard Kleer, Folly, hat argumentiert, dass es den Direktoren der South Sea Company im Hintergrund um eine Ablösung der Bank of England

vergrößerte South Sea Company konnte jede Unterstützung der britischen Regierung gegenüber Spanien bei Streitigkeiten hinsichtlich ihrer Handelsprivilegien in den Kolonien Süd- und Mittelamerikas erwarten. Denn auch der britischen Regierung musste am Wohlergehen der Gesellschaft gelegen sein. „The link between the major joint-stock companies and the state was close. The companies restructured the debt in return for the state's active protection of their monopoly status."[22] Hinzu kam die praktische Frage, wie viele Aktien nach dem Abschluss der Konversion im Besitz des Unternehmens verbleiben würden und wie hoch damit aus Sicht mancher Zeitgenossen der Profit der South Sea Company aus dem Konversionsprojekt ausfiel.[23]

Neben der Frage der Staatsschulden spielte der Handel mit dem spanischen Kolonialreich bei den Berechnungen mitunter eine Rolle. In dieser Hinsicht hatten sich die Aussichten im Frühjahr 1720 aus Perspektive der Zeitgenossen erheblich verbessert.[24] Die Gesetzesberatungen über das Konversionsprojekt erfolgten zwar im Moment des kriegsbedingten Stillstands, gleichzeitig stand Anfang März 1720 jedoch eine baldige Wiedereröffnung des Warenaustauschs zu erwarten. Am 17. Februar hatten Diplomaten in Den Haag den Waffenstillstandsvertrag zwischen Großbritannien, Frankreich und den Niederlanden einerseits, Spanien andererseits unterzeichnet. Dieser bestätigte schon einmal die handelspolitischen Elemente des Utrechter Friedens von 1713 und damit die Privilegien der South Sea Company. Der britische Gesandte in Madrid machte bereits Mitte März Druck, dass Philipp V. die Lizenzen für die Entsendung des jährlichen Handelsschiffes der South Sea Company im Sommer ausfertige.[25] Auch die baldige Wiedereröffnung des Sklavenhandels mit dem spanischen Kolonialreich schien nach dem Friedensschluss absehbar. Angesichts positiver Handelserwartungen kam ein zeitgenössischer Autor in seinen Kalkulationen auf eine wahrscheinliche jährliche Dividende der Südseegesellschaft von 38%.[26] Und selbst Kritiker des

---

als führendes Finanzinstitut ging. In die Pamphletdiskussion scheinen solche Überlegungen allerdings keinen Eingang gefunden zu haben.
22 Paul, South, S. 35, ähnlich S. 41. Außerdem Scott, Constitution III, S. 307.
23 Kleer, Folly.
24 Für qualitative Einzelnachweise Hatton, George I, S. 249 u. 362. Quantitative Hinweise in diese Richtung bei Frehen/Goetzmann/Rouwenhorst, Evidence. Ohne jegliche qualitative Begründung weist auf die Möglichkeiten des Handels auch der Ökonometriker Garber, Famous, S. 121–122, hin.
25 William Stanhope an James Stanhope, Madrid 13.3.1720. In: TNA – SP 94/89, unpag., S. 2.
26 Harrison, Paul: Rational Equity Valuation at the Time of the South Sea Bubble. In: History of Political Economy 33 (2001), S. 278. Auch Vertreter des Kantons Bern, eines der Großaktionäre der South Sea Company, rechneten schon 1719 damit, dass der Friedensschluss mit Spanien zur Belebung des Handels der Company beitragen und ihren Kurs steigen lassen würde. Vgl. Linder,

Konversionsprojekts sahen sich genötigt, ihre Ablehnung mit den angeblich schlechten Geschäftsaussichten des Unternehmens zu begründen.[27]

Die weit auseinandergehenden Erwartungen hinsichtlich der zukünftigen Profitabilität des Handels der baldigen Super-AG trugen somit neben der Frage der Schuldenkonversion zu erheblicher Verunsicherung ob des Fundamentalwerts der South Sea Company bei. Die Höhe der Gewinne musste sich, wie bei der Compagnie du Mississippi, erst noch erweisen – zumindest für jene, die auch an den Handel bzw. die Monopolrechte glaubten. Unabhängig davon freuten sich die französische und britische Regierung über die in Aussicht stehende Abtragung der Staatsschulden. Gleichgültig konnten hingegen jene den Diskussionen gegenüberstehen, die Aktien als reine Spekulationsobjekte erwarben. Sie interessierte nur, ob es wie in Paris auch in London zu dem kommen würde, was man in heutiger Terminologie als Hyperspekulation bezeichnen kann. Am Ende dürften aber alle, kurzfristige Spekulanten, längerfristige Investoren und die britische Regierung die im April anlaufende Umwandlung der britischen Staatsschuldpapiere in Aktien mit Spannung verfolgt haben.

Beginn der Schuldenkonversion in London

Am 7. April schloss König Georg I. mit seiner Unterschrift das Gesetzgebungsverfahren zur Umwandlung der staatlichen Verbindlichkeiten in Aktien der South Sea Company ab. Der Wertpapierkurs des Unternehmens sank im Anschluss daran am 8. April bis auf etwa £286, nachdem er im letzten Märzdrittel noch rasant über £300 gestiegen war. Für die Direktoren der Company stellte der Rückgang eine missliche Entwicklung dar. Denn die Inhaber von Staatsschuldpapieren würden kaum daran interessiert sein, ihre sicheren Titel in Anteile eines Unternehmens umzuwandeln, wenn dessen Kurs überbewertet schien. Die Abwärtstendenz gefährdete insofern das gesamte Projekt. Und auch Anleger, die im März Aktien gekauft hatten, erschraken ob der Papierverluste, mit denen sie sich plötzlich konfrontiert sahen.[28]

Die Direktoren ergriffen daher unverzüglich Maßnahmen. Am 11. April kündigten sie eine Aktiensubskription im Nennwert von £2 Millionen zum Preis von

---

Berner, S. 44–45. Zu Erwartungen des Profits aus dem Sklavenhandel zu Beginn des 18. Jahrhunderts generell auch Swingen, Competing, S. 172–195; Wennerlind, Casualties, S. 197–234.
27 Hoppit, Myths, S. 146–148.
28 Diese Interpretation und die folgende Schilderung in Anlehnung an Kleer, Riding, S. 264–285. Er widerspricht überzeugend der älteren Darstellung, die sich beispielsweise bei Carswell, South, findet.

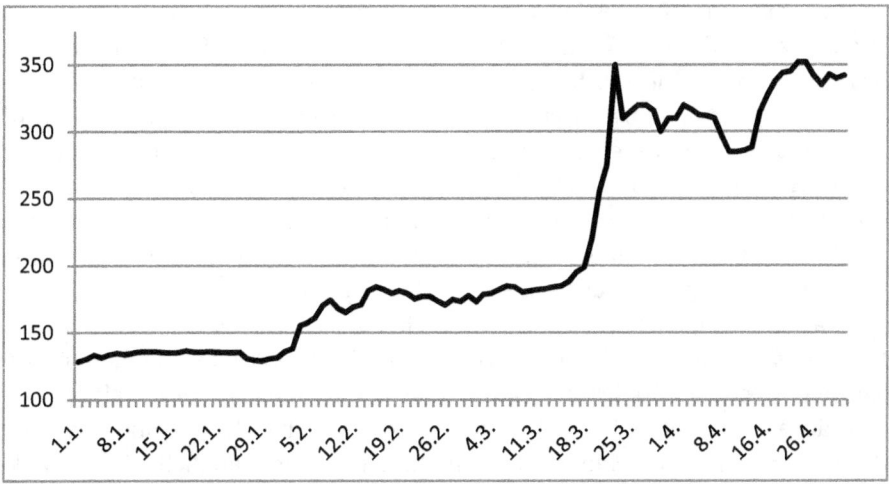

Grafik 13: Aktienpreis der South Sea Company Anfang 1720 (£) Frehen/Goetzmann/Rouwenhorst, New Evidence. Onlinematerial: https://papers.ssrn.com/sol3/papers.cfm?abstract_id=1371007 [Stand: 15.11.2019].

£300 je Anteil an und taten damit ihre Überzeugung kund, dass dies ein akzeptabler Kurs sei.[29] Tatsächlich hatte die Ankündigung der Zeichnung zunächst einen stabilisierenden Effekt, denn in der Woche nach ihrer Bekanntgabe kletterte der Wertpapierkurs der South Sea Company wieder auf etwa £350.[30] Den Erwerb der neuen Aktien gestalteten die Direktoren als Ratenkauf. Interessenten mussten zunächst nur 20 % des Preises und dann alle zwei Monate weitere 10 % bezahlen. Dies bedeutet, dass die Anzahlung pro Anteil £60 betrug – eine erhebliche Summe. Weil die Käufer noch keine volle Aktie erworben hatten, erhielten sie sogenannte Subskriptionsscheine. Diese konnten sie aber nach der Ausgabe bereits an der Börse handeln, und der Wert dieser Papiere stieg schon bald über den Ausgabepreis. Wer wollte, konnte also sofort wieder mit Gewinn verkaufen. Das Interesse an der Subskription war ausgesprochen groß, und führende Persönlichkeiten des Staates und der Regierung, unter anderem König Georg I., zeichneten erhebliche Summen. Außerdem befanden sich unter den Käufern 128 Mitglieder des House of Commons und 58 des House of Lords, was die offizielle

---

29 Vgl. zu dieser Rhetorik Herring, Neither Pistols.
30 Ausführlich zu dieser und den anderen Zeichnungen Dickson, Financial, S. 123–129; Carswell, South, S. 109–110. Allerdings folgt die Interpretation hier wiederum der Darstellung bei Kleer, Riding, S. 279.

Unterstützung der Konversion erneut unterstrich.³¹ Dieses Verhalten konnten andere Käufer als ein öffentliches Signal des Vertrauens der Staatsführung und des Parlaments in die South Sea Company verstehen. Daneben hatte aber vielleicht auch die Ankündigung einer Erhöhung der Sommerdividende von drei auf zehn Prozent einen Anteil am großen Erfolg der ersten Subskription. Statt der ursprünglich geplanten £2 Millionen wurden Aktien im Nennwert von £2,25 Millionen an 1.473 Personen verkauft. Durchschnittlich waren dies etwas mehr als 15 Stück pro Anleger bei einer ersten Rate von £917.³² Die Company selber konnte sich auf einen Kapitalzufluss von £1,35 Millionen freuen.

Das eingenommene Geld reichte jedoch aus Sicht der Direktoren nicht aus. Denn einmal waren die Bestechungen zu bezahlen, und dann planten sie zusätzlich, Kredite auf Aktien zu vergeben, sobald der Kurs wieder Anzeichen von Schwäche zeigen sollte. Dieser Fall trat im letzten Aprildrittel ein, und so verlieh das Unternehmen £1,7 Millionen. Solche Kredite wirkten, ähnlich wie in Frankreich, in zwei Richtungen. Einmal mussten Ausleiher als Sicherheit Unternehmensanteile der South Sea Company bei dieser hinterlegen. Das entzog dem Markt handelbare Papiere, verknappte das Angebot und konnte den Aktienpreis so stabilisieren helfen. Sodann hofften die Direktoren, dass die Kreditnehmer das Geld wieder in Anteilskäufe investierten und dadurch dem Preis zusätzlichen Auftrieb verliehen. Die Regelungen zur Darlehensaufnahme sahen vor, dass Interessenten für jeden hinterlegten Anteil £250 für einen Zeitraum von vier Monaten geliehen bekämen und der South Sea Company im Gegenzug 5% Zinsen schuldeten. Wie die Ankündigung der Subskription zwei Wochen früher, so hatte auch die Kreditvergabe positive Auswirkungen. Die Kursausschläge beruhigten sich bis Anfang Mai, und der Aktienpreis pendelte sich zwischen dem 10. und 17. Mai um £350 ein. Mit der sich abzeichnenden Konsolidierung des Börsenwerts endete auch die Vergabe von Darlehen.³³

Weil das Geldverleihen dem Unternehmen aber in erheblichem Maße Finanzmittel entzogen hatte und die Direktoren im Gegensatz zu John Law nicht die Möglichkeit hatten, Papiergeld zu drucken, beschlossen sie, Ende April eine zweite Subskription abzuhalten. Dieses Mal kamen Anteile im Nennwert von £1 Million (verkauft wurden schließlich £1,5 Millionen) mit einem Preis von £400 je Aktie auf den Markt. Wie schon bei der ersten Zeichnung erfolgte auch dieses Mal die Zahlung in Raten, wobei die Bedingungen großzügiger waren als zuvor: nur £40 mussten sofort bezahlt werden, der Rest in neun gleich großen Tranchen in

---

31 Garber, Famous, S. 112.
32 Die Zahlen bei Hoppit, Myths, S. 150.
33 Kleer, Riding, S. 279. Die Details auch bei Carswell, South, S. 111.

einem Abstand von jeweils drei Monaten. Weil der aktuelle Kurs der Aktie jedoch nur bei etwa £340 lag, wurde von den Zeichnern bei diesem Angebot hinsichtlich der zukünftigen Kursentwicklung einiger Optimismus erwartet.[34] Trotzdem, mit 1.786 Käufern erwies sich die zweite Subskription noch populärer als die erste. Allerdings sank die durchschnittlich erworbene Anzahl an Aktien auf unter neun, und die darauf zu leistende erste Rate betrug mit rechnerisch £336 erheblich weniger als Mitte April.[35] Dennoch brachte die Maßnahme dem Unternehmen kurzfristig etwa £600.000 ein.

Ebenfalls Ende April begann die eigentliche Konversion der Staatsschulden. Die Company lud Inhaber unkündbarer Titel ein, ihre Papiere zur Umwandlung in Aktien anzumelden. Damit versuchten die Direktoren jene Titel zuerst einschreiben zu lassen, die am schwierigsten zu erhalten sein würden, weil sie langfristig hohe Zinsen garantierten. Die schrittweise Umwandlung wählten sie aber wohl deshalb, weil der Transfer einen erheblichen Schreib- und Prüfaufwand mit sich brachte und die Umrechnung von ehemaligen, nicht immer in geraden Werten ausgegebenen, Staatsschuldpapieren in Aktien in einem System mit Pfund, Schilling und Pence überaus aufwändig war. Die Bedingungen der Konversion gaben die Direktoren allerdings noch nicht bekannt.[36]

Insgesamt konnte sich die Bilanz der South Sea Company aus Sicht der Direktoren im Frühjahr sehen lassen. Trotz einiger Stützungsmaßnahmen schien die Umwandlung der britischen Staatsschulden in Aktien zu funktionieren. Hinter dem Projekt stand eine breite Allianz aus Regierung, Parlament und investitionswilliger Öffentlichkeit.

Französische Sabotage

Allerdings plagten die Direktoren der South Sea Company, abgesehen von den Kursschwankungen im April, noch weitere Sorgen. Denn weil die eigenen Maßnahmen Ausdruck einer gegen Frankreich gerichteten „jealousy of credit" waren, drohte der Erfolg des britischen Emulationsprojekts wiederum Neid und möglicherweise Gegenmaßnahmen beim Wettbewerber jenseits des Kanals hervorzurufen.

John Law hatte noch im Winter 1719 versucht, die Verabschiedung des britischen Schuldentransferprojekts zu verhindern. Hierzu hintertrieb er unter ande-

---

34 Vgl. zu dieser Rhetorik Herring, Neither Pistols.
35 Hoppit, Myths, S. 150; Carswell, South, S. 119–120.
36 Ausführlich zu den Schritten bei der Konversion Dickson, Financial, S. 129–136; Carswell, South, S. 125–126. Dazu aber auch die neuere Interpretation bei Kleer, Riding.

rem britisch-französische Verhandlungen über Grenzziehungen in Nordamerika, ein Überbleibsel des Utrechter Friedens, und hoffte, damit diplomatischen Druck auf die Regierung in Whitehall aufbauen zu können. Zudem drohte er mit einer massiven kolonialen Expansion Frankreichs in der westlichen Hemisphäre. Die Bemühungen zeigten zwar keine Wirkung, dennoch setzte der schottische Finanzfachmann im Frühjahr 1720 seine aggressive anti-britische Strategie fort, zumal vor dem Hintergrund der Probleme am französischen Aktienmarkt und seinem Gefühl, dass mindestens teilweise Londoner Sabotageakte dafür verantwortlich waren. Zu den ergriffenen Maßnahmen gehörte unter anderem der Versuch, britisch-spanische Spannungen über die Zukunft Gibraltars als Teil der britischen Krone auszunutzen und die Regierung Georgs I. durch Kontaktaufnahme mit Anhängern der Stuarts zu verängstigen. Denn eine solche Allianz beschwor die Gefahr eines erneuten Invasionsversuchs von Gegnern der hannoverschen Thronfolge herauf. Zudem spielte Law mit dem Gedanken, den britischen Aktienmarkt durch koordinierte massenhafte Anteilsverkäufe zum Absturz zu bringen. Gerüchte in diese Richtung verbreitete unter anderem Großbritanniens Pariser Gesandter Stair. Aus Furcht vor einem solchen Sabotageakt hatte die South Sea Company bereits im Gesetzgebungsverfahren durchgesetzt, dass sie £1 Million Exchequer Bills, eine gering verzinste staatliche Form des Papiergeldes, geliehen bekommen sollte. Hiermit hofften die Direktoren reagieren zu können, für den Fall, dass es zu einem massiven Angriff auf den Kurs der South Sea Company kam.[37]

Gründe für eine hohe Wachsamkeit gegenüber den Aktivitäten des schottischen Finanzspezialisten in französischen Diensten waren aus britischer Sicht mithin reichlich vorhanden. Dies galt, obwohl sich die Schwierigkeiten am Pariser Aktienmarkt im Frühjahr auch für Londoner Spekulanten langsam deutlicher abzeichneten.

Aktienspekulation und Warenhandel in London

Zeitgleich mit dem rasant steigenden Aktienkurs der South Sea Company begann die Begleitung des Geschehens durch politisierende und moralisierende Kritiker und Satiriker. Eine große Zahl an Pamphleten, Balladen, Gedichten und Zeitungsartikeln sowie Karikaturen ist für die Jahre 1720/21 überliefert. In ihnen

---

[37] Shovlin, Jealousy, S. 292–296; ders., Commerce, S. 180; Kleer, Riding, S. 278; ders., Folly, S. 193; Carswell, South, S. 109; Murphy, John Law, S. 297–298.

verschafften sich besonders die Skeptiker und Gegner des Schuldenkonversionsprojekts noch einmal lautstark Gehör.[38]

Im Hinblick auf die Befürwortung oder Ablehnung von Aktiengesellschaften ist interessant, wie Pamphletisten mit dem Versprechen der Companies auf Handelsausbau einerseits und der beobachtbaren Börsenspekulation andererseits umgingen und beide Aspekte miteinander in Beziehung setzten. Eine immer wieder vorgebrachte, schon in den vergangenen Monaten in Frankreich geäußerte Kritik lautete: Die Papierspekulation halte vom produktiven Handel und der Landwirtschaft ab.[39] Mit Aktien ließe sich einfach schneller ein Vermögen verdienen als durch ehrliche Warenproduktion und deren Vertrieb. „Five hundred Millions, Notes and Bonds, Our Stocks are worth in value, But neither lie in goods or Lands, Or Money let me tell ye. Yet tho' our Foreign Trade is Lost; Of mighty Wealth we Vapour, When all the riches that we boast Consist in Scraps of Paper."[40] Damit standen aus Sicht der Autoren am Ende aber auch die Wohlfahrt und Sicherheit der Nation insgesamt in Frage, weil zu wenig Menschen zentrale ökonomische Maximen beherzigten. „[Instead of] bringing Treasure into the Kingdom, and encouraging [...] the Manufactures of Great Britain" verursache Aktienspekulation deren Verfall.[41] Wenige Monate früher wäre ein solches Argument gegen Aktiengesellschaften und den Handel mit ihren Anteilen in London vielen wohl nur begrenzt glaubhaft erschienen. Mit der steigenden Begeisterung für Spekulation machte es jedoch immer mehr Sinn.

Es ist am Ende allerdings eine kuriose Dialektik, dass die Kritiker der Papierwerte ihre Argumente auf demselben Zellstoff verbreiteten, auf denen Börsentransaktionen festgehalten wurden. Dem Wert ihrer Argumente, so behaupteten sie damit, könnten Leser mehr Vertrauen entgegenbringen, als dem Text auf Aktienzertifikaten.[42]

---

38 Dugaw, Dianne: High Change in ‚Change-Alley'. Popular Ballads and Emergent Capitalism in the Eighteenth Century. In: Eighteenth-Century Life 22 (1998), S. 43–58; Downes, Melissa K.: Ladies of Ill-Repute. The South Sea Bubble, The Caribbean, and *The Jamaica Lady*. In: Studies in Eighteenth-Century Culture 33 (2004), S. 23–48; Ingrassia, Catherine: The Pleasure of Business and the Business of Pleasure. Gender, Credit, and the South Sea Bubble. In: Ebd. 24 (1995), S. 191–210; dies.: Authorship, S. 17–39.
39 Orain, La politique, S. 234.
40 Zitat nach Dugaw, High Change, S. 53.
41 Zitat nach Ingrassia, Pleasure, S. 193–194.
42 In diese Richtung weist auch Dugaw, High Change, S. 43: „[Ballades] a familiar, popular form that circulated on paper as did the stocks themselves, [...] capture a world of transforming epistemology and shifting social and material relations." Ingrassia, Pleasure, S. 205–206, hat die zeitgleiche Entwicklung und Kritik des Romans in Parallele zu Wertpapieren gesehen. Beide, Roman und Aktie, forderten zur Imagination jenseits der Gegenwart auf.

Der Beginn der Börseneuphorie in London: Eine Zwischenbilanz

Nach dem Pariser zeichnete sich im Frühjahr 1720 auch am Londoner Aktienmarkt ein Boom ab. Die hohen Aktienkurse beförderte Investmentkapital, das aus weiten Teilen der Monarchie und Europas in die britische Hauptstadt geholt oder gesandt wurde. Die beachtliche Kursentwicklung der Anteile der South Sea Company warf aber auch Fragen auf. So ließ sich über den Fundamentalwert des Unternehmens, wie im Falle anderer neugegründeter Kompagnien, streiten. Ebenso regten die Auswirkungen der Börsenspekulation auf die Wirtschaft insgesamt zum Nachdenken an. Von solchen Debatten weitgehend unberührt liefen die Maßnahmen zur Schuldenkonversion der South Sea Company einigermaßen erfolgreich an. Zwei Aktiensubskriptionen hatten bereitwillige Abnahme gefunden, obwohl der Kaufpreis von den Erwerbern Optimismus verlangte. Für die Einschreibung der ersten Schuldtitel erhofften sich die Direktoren wohl ähnlich positives Interesse der Eigentümer. Auch kleinere Schwierigkeiten ließen sich überwinden: Als der eigene Aktienkurs Schwächen zeigte, sorgten Stützungsmaßnahmen stets zügig für Abhilfe. Schließlich hatte man auch für den Fall französischer Sabotageversuche Vorsorge getroffen.

1. April 1720

South Sea Company	310
Bank of England	148
East India Company	230
Royal African Company	60
London Assurance	3 ½
Royal Exchange Assurance	29 ¾

Nicht datierbare Aktienpreise neuer Unternehmen[43]

	eingezahlt	Höchstpreis 1720
Royal Fishery Company	10	25
Orkney Fishery	25	250
Whale-fishery (Sir John Lambert's)	½	5 ½
National Permits for a Fishery	5	60
The Grand Fishery	½	5

London, 2. April: „Ferner redet man von ungemeinen Gewinnen / so in wenig Tagen bereits passirt / darunter zehlet man den Lord Calemain [...] / und Monsr. Barber (Drucker) so wohl dreyssig tausend Pfund Sterlings und einige andere so 10 und 20000 Pf. Sterl. vor ihre eigen Conto sollen profitirt haben / ja dieser Handel gehet so starck / daß einige Menschen ihre feste Güter und die Frauen ihre Juwelen zu verfänden / anfangen/ welche letztere in die Ost-Indisch- und Französische Krämer-Buden gehen und die Macklers daselbst bescheiden / um vor sie auff die Börse zu negotiiren. Auch hat man am Sonntags bey Hofe und in der Stadt Actien gekaufft und verkaufft."[44]

London, 12. April: „Die *Actien* von dem *Mer du Sud* variiren ungemein, und fallen zu weilen in einem Tage zu funffzig, steigen auch wieder, welches viele Leuthe *ruiniret*, sowohl diejenigen so (wie man es hier nennt) *primes* genommen den *Stock* auff einen gewißen Fuß zu *livren*, alß auch diejenige, in einer gewißen *Summa* selbigen zu nehmen sich *engagiren*. Ich fürchte daß die Stricke alhie werden Teuer werden und viele Engelländer wegen der Süd-See sich noch erhencken, einige sind schon darüber doll geworden."[45]

---

43 Die Angaben entstammen der Auflistung in: The South Sea Bubble and the Numerous Fraudulent Projects to Which It Gave Rise in 1720 [...]. London 1825, S. 72 u. 74–75.
44 Relations Courier Hamburg 12.4.1720.
45 Johann v. Wallenrod an Friedrich Wilhelm I., London 12./23.4.1720. In: GSTAPK – I. HA, Rep. 11, Nr. 1908, S. 52.

Company Promotion in London

Der Londoner Börsenboom im Frühjahr 1720 hatte allerdings nicht nur Auswirkungen auf die South Sea Company, Versicherungs- und Fischereigesellschaften. Die Begeisterung für Aktiengesellschaften wollten noch zahlreiche weitere Promotoren für Unternehmensideen ausnutzen. Zwischen September und Dezember 1719 waren Aufforderungen zur Subskription für 13 Unternehmen in Zeitungen in der britischen Hauptstadt erschienen. Die zu zeichnende Nennwertsumme belief sich auf £19,22 Millionen, wobei die Royal Fishery Company mehr als die Hälfte davon einzunehmen plante (£10 Millionen), während drei Unternehmen nur Summen zwischen £100.000 und £120.000 zu benötigen vermeinten. Im Januar folgten fünf weitere Zeichnungsaufforderungen, bei denen das Stammkapital zwischen £1 und £3 Millionen lag. Im Februar kam es mit 24 Subskriptionsaufrufen zu einem vorläufigen Höhepunkt, während die Spannbreite der Nennwerte jener des Vormonats entsprach. Nachdem im März eine Unterbrechung ohne Neuausschreibungen eintrat, folgten der April mit 29 Unternehmen, die für Aktien im Nominalbetrag von £1 bis 2 Millionen um Anleger warben, und der Mai mit 20 Aufrufen und £1,5 bis 4 Millionen pro Kompagnie.[46]

Die geplanten Companies wollten sich den verschiedensten Geschäftszwecken widmen. Ohne dass die folgende Aufzählung Vollständigkeit beansprucht, so macht sie doch deutlich, wie Promotoren die Organisationsform Aktiengesellschaften für immer neue Bereiche für nützlich erachteten. Neben einer ganzen Reihe von Lebens-, See-, Feuer- und Einbruchsversicherungen sowie zahlreichen Fisch- und Walfanggesellschaften finden sich Unternehmen, die neue Kolonien gründen, Eisenerz abbauen oder Schiffbaumaterialien herstellen wollten. Auf Produktionsstätten in Großbritannien konzentrierten sich Manufakturunternehmen, Salzsiedereien, Gesellschaften zum Flachsanbau, der Baumwoll- und Leinenverarbeitung sowie eine Company für den Bau und die Vercharterung von Schiffen. Auf Handel zielten jene Projekte ab, die Diamanten importieren, den Kohlenhandel mit Newcastle verbessern und die Geschäftsbeziehungen mit europäischen, afrikanischen und amerikanischen Territorien aufbauen oder verdichten wollten.[47]

Nicht immer ist klar, ob es sich um ernstzunehmende Aufrufe handelte oder ob Satiriker die Werbeanzeigen platzierten. Aber auch möglicherweise von letzteren stammende Beispiele zeigen, welche Möglichkeiten einer Emulation der Idee der Aktiengesellschaft unter gleichzeitiger Anpassung an neue Geschäfts-

---

46 Scott, Constitution III, S. 445–452.
47 Ebd.

zwecke 1720 ‚vorstellbar' schienen. Sehr deutlich wird dies an einer geschlechtsspezifisch zugeschnittenen Company: einem „Proposal by several ladies and others to make, print and paint and stain callicoes in England and also fine linnen as fine as any in Holland to be made of British flax ... they are resolved as one man to admit no man but will themselves subscribe to a joint-stock to carry on the said trade. Subscribers must be women dressed in calico."[48] Damit wurden nicht nur die Weberproteste des Vorjahres aufgegriffen, sondern auch die geschlechtsspezifischen Angriffe auf Trägerinnen von Baumwollstoffen thematisiert. Jedoch muss beim gegenwärtigen Quellenstand unklar bleiben, ob diese Aktiengesellschaft tatsächlich einen ernsthaften Emulationsvorschlag darstellte, oder ob es sich um eine Kritik am Import von Calicos einerseits, an der Begeisterung für die Organisationsform der Company andererseits handelt – brachten doch Zeitgenossen die destabilisierende Wirkung des Aktienmarktes häufig mit weiblichen Attributen in Verbindung.[49] Die allermeisten Emulationsvorschläge dürften hingegen 1720 ernst gemeint gewesen sein.

Auffällig ist allerdings, dass viele Unternehmen für einen Grundstock warben, der in einem Missverhältnis zum angestrebten Geschäftszweck zu stehen scheint. Allerdings glaubten die Unternehmer wohl auch nicht, diese Summen (vorerst) zu benötigen. Zum Teil ging es ihnen wahrscheinlich nur darum, durch einen hohen Betrag Aufmerksamkeit für ihr Projekt zu erregen. Subskribenten hinterlegten dann bei der Zeichnung in der Regel zunächst aber nur einen kleinen Teil des Nennwertes der Aktie. Der Rest konnte in festgelegten Raten über einen gewissen Zeitraum zahlbar sein, wie es die South Sea Company oder die Royal African Company planten. Andere Unternehmen wollten das ausstehende Geld erst bei Bedarf einfordern, wie zum Beispiel die Versicherungsgesellschaften. Die geringen ersten Raten haben Historiker und Finanzmarktwissenschaftler als Anreiz zur Spekulation für kleine Leute interpretiert.[50] Sie lassen sich aber auch als durchaus nachvollziehbare Reaktionen auf strukturelle Anforderungen der Geschäftszweige interpretieren – wie im Fall der Seeassekuranzen. Eine weitere Begründung für ein hohes Stammkapital bei niedriger erster Rate präsentierten die Promotoren der National Fishery. Sie teilten dem House of Commons mit: „The Reasons for proposing so large a Capital [£10 Millionen] is, That the Calls upon the Subscribers may be Smaller, and yet Sufficiency rais'd for the effectual Carrying on the said Trade." Ebenso, führten die Unternehmer weiter aus, würden Nachforderungen dem Einzelnen nicht allzu schwer fallen. Dass man damit „Persons

---

[48] Ebd., S. 450; Thomas, Mercantilism, S. 130.
[49] Vgl. Ingrassia, Authorship; Murphy, Anne L.: „We Have Been Ruined by Whores". Perceptions of Female Involvement in the South Sea Scheme. In: Condorelli/Menning, Boom, S. 261–284.
[50] Dale, First Crash, S. 108.

of midling Circumstances" anspreche, sei gerade ein Vorteil. Denn zum einen beeinträchtige dies andere Unternehmen nicht bei der Kapitalsuche – die South Sea Company sprach mit ihren Subskriptionspreisen und den im Vergleich zu anderen Kompagnien hohen ersten Raten von £60 bzw. £40 ja nur wohlhabende Investoren an. Sodann sei es aber auch „undoubtedly the Interest of the Publick, That all Undertakings be carry'd on by a large Capital Stock; for in Case of Gain the Profits would be more generally Distributed, and if they should have Losses is the only Means that can obviate the Misfortunes of ill Success."[51] Im Kern präsentierten die Fischereiunternehmer somit die Idee einer ‚Volksaktie'. Das hohe Stammkapital war insofern in diesem Fall nicht zwangsläufig Ausdruck der gefühlten Notwendigkeit einer solchen Summe für den Geschäftsbetrieb, sondern ein Mittel, um möglichst viele Investitionswillige durch kleine Raten zu erreichen, das Risiko breit zu streuen und doch genug Geld für Schiffe, Ausrüstung und Personal für den Fischfang zur Verfügung zu haben.

Dies stellte jedoch nur eine Möglichkeit der Emulation der Organisationsform Kompagnie dar. So anpassbar wie sie sich für bestimmte Anlegerkreise erwies, so kompatibel schien sie auch für unterschiedliche Geschäftszweige zu sein. Was den meisten Projekten allerdings fehlte, war eine parlamentarische Charter oder ein königliches Patent. Doch so wie einige Promotoren diese schon im Januar beantragt hatten, arbeiteten auch zahlreiche neue Unternehmergruppen an einer Petition an den König.[52]

Parlamentarische Ermittlungen

Die zahlreichen Subskriptionsaufrufe nicht-autorisierter Aktiengesellschaften waren auch den Parlamentariern in Westminster aufgefallen – und sicher hatten sie ebenso von den Anträgen auf Erteilung royaler Patente erfahren. Zur Untersuchung der Vorgänge setzte das Unterhaus daher am 22. Februar ein Komitee ein, das nach eingehenden Ermittlungen Bericht erstatten sollte.

Forscher haben verschiedene Ursachen für die Gründung des Komitees und das daraus Anfang Juni hervorgehende Gesetz diskutiert. Erstens ist es als Resultat einer grundsätzlichen Skepsis gegenüber dem Aktienhandel gedeutet

---

[51] Reasons Humbly Offered. Auch in Britain's Golden Mines Discover'd, S. IV, das sich als Brief von Sally Fisher in Paris an Mally Loverus in London ausgab, scheint um neue Anlegerkreise geworben worden zu sein. Denn der Text betont einleitend, dass Kaufleute nichts Neues im Text fänden, aber für Frauen und galante Männer doch Anregungen dabei sein könnten.
[52] Journals of the House of Commons, Bd. 19: 1718–1721. London 1803, S. 351–356.

worden.⁵³ Eine zweite Erklärung läuft darauf hinaus, dass das Parlament fiskalische Rechte gegenüber den Promotoren von Companies schützen und sich durch den Verkauf von Charters zusätzliche Einnahmen sichern wollte.⁵⁴ Drittens ist argumentiert worden, dass die Direktoren der South Sea Company ganz wesentlich hinter der Maßnahme steckten. Sie hätten durch eine gesetzliche Unterdrückung der Wettbewerber zu verhindern versucht, dass Investmentkapital in andere Aktien floss und den Anstieg ihres Kurses gefährdete.⁵⁵ In aller Regel sind bei den Analysen jedoch nur der zweite Bericht des Parlamentskomitees vom 27. April und das Gesetz selber berücksichtigt worden. Wenn man indes den ersten Report vom 18. März hinzunimmt, erscheinen die Konflikte im Frühjahr 1720 in einem anderen Licht.

Verantwortlich für die Einrichtung des Komitees waren wohl zunächst nicht die Subskriptionen selber, sondern die große Politik. Innerhalb der Whig-Partei gab es im Frühjahr 1720 eine Spaltung, die aus unterschiedlichen politischen Konzepten und persönlichem Ehrgeiz resultierte. Im Parlament stand die Whig-Regierung daher ihren eigenen Anhängern, den Tories und einem oppositionellen Whig-Flügel gegenüber. Hinzu kam ein Konflikt zwischen Georg I. und seinem Sohn, der zur Folge hatte, dass beide nicht mehr miteinander sprachen und der Monarch seine Enkelkinder ihrem Vater vorenthielt. Prinz Georg wurde von den oppositionellen Whigs in Westminster unterstützt. Weil letztere Politiker aber nicht dauerhaft in der Opposition verbleiben, sondern wieder zurück in Regierungsämter kommen wollten, mussten sie zunächst eine Aussöhnung von König und Kronprinz bewerkstelligen. Aufgrund der tiefen gegenseitigen Abneigung beider Kontrahenten erforderte dies jedoch harte Maßnahmen. Einen Hebel hierzu bot die Nachricht, dass die königliche Zivilliste ein Defizit von £600.000 akkumuliert hatte. Allein die Existenz dieses Schuldenbergs warf schon konstitutionelle Fragen auf, denn „for what Use was having a Civil List if they could run in Debt and have it paid [by Parliament] as oft as they would."⁵⁶ Sodann bedeutet das Defizit aber auch ganz praktisch, dass entweder eine parlamentarische Mehrheit für ihre Begleichung sorgen oder die Regierung einen anderen Weg finden musste. Solange die Spaltung der Whigs fortdauerte, war eine Majorität in

---

53 Vgl. dazu z. B. Scott, Constitution I, S. 436–437.
54 Patterson, Margaret/Reiffen, David: The Effect of the Bubble Act on the Market for Joint Stock Shares. In: Journal of Economic History 50 (1990), S. 163–171.
55 Vgl. dazu beispielsweise Carswell, South, S. 96–97, 117 u. 139; Dickson, Financial, S. 147–148; Harris, Jon: The Bubble Act. Its Passage and Its Effects on Business Organization. In: Journal of Economic History 54 (1994), S. 610–627.
56 Cowper, Mary Countess: Diary of Mary Countess Cowper. Lady of the Bedchamber to the Princess of Wales 1714–1720. London 1864, S. 132–133.

Westminster für eine gesetzliche Lösung und möglicherweise zusätzliche Steuern aber nicht abzusehen.[57] Doch Robert Walpole, Führer der oppositionellen Whigs hatte wohl einen Plan – „[to] demonstrate his political power in the House of Commons and force George to restore him to office and the inner cabinet."[58]

An dieser Stelle kamen die vielen Kompagnieprojekte und die Untersuchung durch das Parlament ins Spiel. Der erste Teil des Komiteeberichts beschäftigte sich nicht mit den Subskriptionen selbst, sondern ausführlich mit der Beantragung königlicher Patente durch Promotoren – dem einen Weg zur Inkorporation als Aktiengesellschaft. Spezifischer ging es dabei um Hinweise, „that some Persons concerned in the Undertakings [...] had endeavoured by Corruption and other undue Practices, to obtain Charters, to carry on their Projects."[59] Der ehemalige Solicitor General Sir William Thompson hatte Informationen übergeben, die darauf hinwiesen, dass Attorney General Nicholas Lechmere bestechlich sei. Eben jener war zu diesem Zeitpunkt mit der Abfassung von Berichten über Patentanträge neuer Kompagnien für den Privy Council des Königs beschäftigt. Das House of Commons kam zwar auf der Grundlage des ersten Komiteeberichts zu dem Ergebnis, dass man keine Korruption feststellen könne.[60] Aber allein die Untersuchung war schon eine deutliche Warnung an den Attorney General, letztlich damit aber auch an den König, Patente mit dem Ziel der Gründung einer Aktiengesellschaft nicht gegen Geld zu verkaufen und sich damit eine Einnahmequelle am Parlament vorbei zu erschließen.[61] Auf die Möglichkeit einer ebensolchen Unterstützung der Krone hatte eine Versicherungsgesellschaft ja in ihrem Antrag im Januar bereits hingewiesen. Die Ermittlungen stellten also zunächst einmal ein Signal an König Georg I. dar. Dieser verstand offensichtlich den Wink, denn am Samstag, dem 23. April, erfolgte die Aussöhnung mit seinem Sohn – wenn sie auch nicht besonders herzlich ausfiel. Auch die oppositionellen Whigs kehrten an den königlichen Hof zurück. Der Monarch beugte sich damit der Tatsache, dass eine parlamentarische Mehrheit erforderlich sein würde, um die Schulden der Zivilliste abzutragen und dass diese ohne Unterstützung der gesamten Whig-Partei nicht zu haben war.[62] Auch die Promotoren von Aktiengesellschaften scheinen nach zeitweiliger Verunsicherung ob der Ziele des Komitees

---

57 Plumb, John H.: Sir Robert Walpole. Bd. 1: The Making of a Statesman. London 1956, S. 285–289; Hatton, George I, S. 211–216.
58 Ebd., S. 212. Carswell, South, S. 106–108 u. 113–116, sieht den Zusammenhang zwischen Versöhnung, Finanzfragen und Kompagniegründungen nicht.
59 Special Report des Komitees, Westminster 18.3.1720. In: The Special Report, S. 5.
60 Ebd., S. 13.
61 Macleod, 1690s, S. 550.
62 Plumb, Walpole, S. 289–291.

die politische Motivation hinter den Ermittlungen durchschaut zu haben. Denn nachdem im März keine einzige neue Kompagnie zur Subskription aufforderte – offenbar, weil tatsächlich Sorge vor den Ermittlungen bestand – nahm die Zahl der Aufrufe im April wieder deutlich zu.[63]

Nach der Aussöhnung hatte sich der Zweck des Komitees zur Untersuchung der Subskriptionen im Prinzip erledigt, doch vielleicht stand der zweite Bericht schon auf der Tagesordnung des Unterhauses, oder Georg I. sollte noch einmal nachdrücklich darauf hingewiesen werden, dass eine Finanzierung über Patente inakzeptabel sei. Indem das Komitee in seinem zweiten Report eine ganze Reihe von Subskriptionen selber untersuchte und das Parlament über zahllose Details der Zeichnungen informierte, konnte letzteres auch noch einmal ausdrücklich betonen, dass die Deutungshoheit über die Angemessenheit von Aktiengesellschaften, deren Unternehmenszwecke sowie die nationalen Bedürfnisse letztlich in Westminster liege. Dieser Fingerzeig an den König wird deutlich, wenn man die Ergebnisse zweier älterer Gutachten hinsichtlich der Erteilung von Patenten für Seeversicherungsgesellschaften noch einmal liest. Attorney General Edward Northey und Solicitor General William Thompson kamen im März 1718 mit Blick auf die Assekuranzen noch zu der Erkenntnis, dass deren Genehmigung „of the utmost Consequence to the Trade of this Nation" sei. Daraus folgerten sie: „That it will be proper for the Consideration of the Parliament".[64] Demgegenüber vertrat Nicholas Lechmere als neuer Attorney General zwei Jahre später die Ansicht: „[it is] your Majesty's undoubted Prerogative, by Letters-Patent under the Great-Seal [...] if you shall think fit, to create a Corporation for the Ends desired."[65] Diese Übernahme der Entscheidungskompetenz in Handelsdingen wollte sich das Parlament möglicherweise nicht gefallen lassen – dies war die Stoßrichtung des zweiten Berichts, den das Komitee fünf Tage nach der Versöhnung von König und Kronprinz im Parlament vorstellte.

Der Bericht selber kam zu dem Ergebnis, dass Investoren bei den Subskriptionen zwar stets nur einen kleinen Betrag des Stammkapitals einzahlen mussten,

> though amounting in the Whole, to great Sums of Money: and that the Subscribers having acted as Corporate Bodies, without any legal Authority for their so doing, and thereby drawn in several unwary Persons into unwarrantable Undertakings; the said Practices manifestly tend to the Prejudice of the publick Trade and Commerce of the Kingdom.[66]

---

63 Vgl. oben S. 138–140.
64 Gutachten des Attorney General Edward Northey und des Solicitor General William Thomson, o.O. 12.3.1718. In: The Special Report, S. 28.
65 Gutachten des Attorney General Nicholas Lechmere, o.O. 3.3.1720. In: Ebd., S. 48.
66 Journals of the House of Commons 19, S. 351.

Die Abgeordneten des Unterhauses pflichteten dieser negativen Sicht bei und beauftragten fünf Parlamentarier damit, einen Gesetzentwurf zur Unterdrückung von Aktiensubskriptionen auszuarbeiten. Zu den Beauftragten gehörte unter anderem Robert Walpole, Anführer der nun nicht mehr oppositionellen Whig-Fraktion. War dieses Gesetz überhaupt noch notwendig? Sicherlich konnte das Parlament versuchen, sich damit für die Zukunft eine Handhabe gegen königliche Experimente zur Selbstfinanzierung zu sichern. Vielleicht nahm man die Subskriptionen inzwischen aber auch tatsächlich als Störung wahr (im April forderten 29 neue Unternehmen zur Zeichnung auf), oder es herrschte das Gefühl vor, dass auf den Bericht nun doch Taten folgen müssten.

Wie dem auch sei, in der Zwischenzeit waren Georg I. und seine Minister wieder am Zug, sich um die Schulden der Zivilliste zu kümmern. In einer royalen Botschaft, die dem House of Commons am 4. Mai zuging, führte der König die Anträge auf Patente von zwei Versicherungsgesellschaften an. „[H]is Majesty, being of Opinion, that erecting Two such Corporations [...] may be of great Advantage [...] is willing and desirous to be strengthend by the Advice and Assistance of this House in a Matter of this Nature and Importance."[67] Mit den Gesuchen der Assekuranzen verbunden war das Angebot der Unternehmen, die royalen Außenstände abzuzahlen und dadurch das Ausgangsproblem zu beheben. Mit 186 gegen 72 Stimmen entschied das Unterhaus, die Arbeit an einem entsprechenden Gesetz aufzunehmen. An den Seeversicherungen wird noch einmal ersichtlich, dass der zweite Komiteebericht am 27. April – der im Übrigen die Assekuranzen nicht als potenziell nützliche Projekte aufzählte – ein Nachhall politischer Konflikte war.[68] Denn einen Tag vor der Berichterstattung im Parlament hatte Robert Walpole, als Insider handelnd, Aktien der Ram's Insurance und der Old Insurance im Nennwert von £20.000 bzw. £4.000 erworben – insgesamt gab er £2.550 für diese Wertpapiere aus. Dies waren eben jene Unternehmen, auf die sich König Georg I. in seinem Schreiben an das Unterhaus wenig später beziehen sollte. Das heißt, Walpole wusste schon vor dem zweiten Report im Parlament, was in den nächsten Wochen passieren würde. Auf das Bekanntwerden der Nachricht, dass die Assekuranzen eine parlamentarische Autorisierung erhalten sollten, zogen deren Aktienkurse rasant an. Acht Tage nach der königlichen Mitteilung an das Unterhaus verkaufte Walpole die erworbenen Wertpapiere für £5162 mit mehr als 100% Profit.[69]

---

[67] Ebd., S. 355.
[68] Ebd., S. 356.
[69] Plumb, Walpole, S. 291. Möglicherweise wusste auch der Duke of Chandos Bescheid. Vgl. Yamamoto, Beyond, S. 346.

Aus den parlamentarischen Diskussionen über die Subskriptionen lässt sich somit am Ende nicht auf eine erneute prinzipielle Skepsis gegenüber Aktiengesellschaften schließen. Auch ging es nicht darum, dass die Direktoren der South Sea Company Angst vor der neuen Konkurrenz hatten oder dass das Parlament einfach nur den Verlust von Staatseinnahmen befürchtete. Zentral waren vielmehr innenpolitische Machtfragen, welche sich um die Unabhängigkeit des Monarchen von der Geldbewilligung des Unterhauses und um den Machthunger der oppositionellen Whigs drehten. In dieser Auseinandersetzung musste sich Georg I. am 23. April geschlagen geben.

Charters für Londoner Versicherungsgesellschaften

Dass Walpole sich durch den Kauf von Aktien bereits festgelegt hatte, erwies sich für die Seeversicherungen in den Tagen vor der königlichen Botschaft an das Parlament am 4. Mai als förderlich. Denn die Promotoren anderer Kompagnieprojekte hofften nach dem royalen Friedensschluss ebenfalls, eine Charter gegen entsprechende Geldzahlungen erlangen zu können. Doch Walpole und Staatssekretär James Craggs, der offenbar genauso wie ersterer sein Insiderwissen nutzte, „would not hear no other Proposals, though others offered double which these [the insurances] did; and W.[alpole] at a Meeting of Commons the Night before [3. Mai], had openly said to Poult.[ney]: ‚By G____! Sir, I tell you we will hear no Proposals, for these will do.'"[70] So erwies sich die Entscheidung zu Gunsten der Versicherungen als nicht mehr abwendbar. Die Ausarbeitung eines Gesetzes für die Erteilung von Charters erfolgte in den nächsten Wochen, und das Parlament stimmte ihm schließlich Anfang Juni zu. Neben der Zahlung von jeweils £300.000 setzte das Unterhaus dabei noch einen ‚freiwilligen' Kredit der Assekuranzen an die Staatskasse in Höhe von £156.000 je Kompagnie durch, der allerdings nicht offiziell in der Charter Erwähnung fand.[71]

Auch wenn damit die rechtlichen Fragen der Seeversicherungen geklärt waren, hatte das Arrangement für die Unternehmen weitreichende Folgen. Die Begleichung der Schulden der Zivilliste und das Darlehen verschoben die Kapitalstruktur deutlich. Bisher hatten die Assekuranzen mit wenig Betriebskapital und hohem Aktionärskredit operiert und auch in Zukunft so verfahren wollen. Diese Praxis erkannte das Parlament an, indem das Gesetz lediglich die Vorhaltung eines solchen „Stock of ready Money" vorschrieb, „as shall be sufficient to an-

---

70 Cowper, Diary, S. 159.
71 Supple, Royal Exchange, S. 29–35.

swer, from Time to Time, all just Demands upon their Policies of Assurance for any Losses whatsoever which shall happen."[72] Durch die Zahlungen an den Staat wurde jetzt aber wesentlich mehr Geld gering bzw. zum größten Teil unverzinslich angelegt. Dieses tote Kapital mussten die verkauften Versicherungsverträge in Zukunft de facto mitverzinsen. Eine so hohe Rendite wie im ersten Geschäftshalbjahr 1719 zu erwirtschaften, wurde so erheblich schwieriger.

Um den beiden Companies dennoch einen angemessenen Geschäftsgewinn zu sichern, erhielten sie vom Parlament ein beschränktes Duopol. Das heißt, es sollten keine weiteren Aktiengesellschaften für Seeassekuranzen gebildet werden dürfen. Auch waren Partnerships, Zusammenschlüsse mehrerer Kaufleute, zu diesem Zweck nicht mehr länger zulässig. Nur Einzelpersonen durften neben den Gesellschaften Policen vertreiben. Damit verhinderten die Abgeordneten zugleich aber auch die von den Einzelversicherern gefürchtete Bildung eines Monopols. Die Entstehung eines solchen in der Praxis sollte zudem eine gesetzliche Regelung verhindern, die es den Direktoren der Unternehmen untersagte, Aktien beider Assekuranzen zu besitzen.[73] Wohl weil das reine Versicherungsgeschäft wegen der hohen Geldgeschenke trotzdem nicht auszureichen schien, erhielten die beiden neuen Gesellschaften auch das Recht, Bottomry Kredite zu vergeben. Hierbei handelt es sich um eine Form von Darlehen, bei der die Waren bzw. das Schiff selbst als Sicherheit dienten. Weil letztere im Falle eines Schiffbruchs verloren ging, trug der Kreditgeber so ein größeres Risiko. Für die Übernahme dieser zusätzlichen Gefahr erhielt der Gläubiger auch einen entsprechend höheren Zins als bei einem normalen Darlehen. Anderen Kompagnien und Partnerships sollte es, mit Ausnahme der East India und South Sea Company für ihre eigenen Schiffe, wiederum verboten sein, Geld auf diese Weise zu verleihen.[74]

Ob die Privilegien hinreichende Profitabilität im Angesicht des erheblichen Geldgeschenkes an die Krone garantieren würden? Die Promotoren und Aktionäre der Seeversicherungen waren in der Euphorie der (eigenen) steigenden Aktienkurse wohl so sehr von ihrer Idee überzeugt, dass sie daran glaubten.

Das (vorläufige) Scheitern der Fischereigesellschaften

Ein möglicher Mitanwärter auf die Erteilung einer parlamentarischen Charter Anfang Mai war eine Fischereikompagnie. Der Komiteebericht vom 27. April hob

---

72 6 George c. 18, Abs. IV.
73 Ebd., Abs. XIV.
74 Ebd., Abs. XII.

einen Plan zu einem solchen Unternehmen lobend hervor. Allerdings traf das Unterhaus nicht direkt eine Entscheidung, ob in diesem Fall eine Charter angängig sei, sondern vertagte die Behandlung der Materie einstweilen.[75] Das Projekt ist insofern interessant, weil es für das Komitee und das House of Commons offensichtlich zeitweilig die interessantere und glaubwürdigere Alternative zu den Seeversicherungen darstellte und eine ganz eigene Vision ökonomischer Entwicklung beinhaltete. Diese reagierte auf die starke räumliche Konzentration, die sich bei der Company Promotion in Großbritannien bislang zeigte. Denn fast alle 1720 geplanten Aktiengesellschaften entstanden in der Hauptstadt, wo sich wohl auch die meisten Subskribenten aufhielten.

Die von den Abgeordneten in nähere Erwägung gezogene Fischereikompagnie hingegen firmierte unter dem Namen British Fishery – und die Benennung war wohl durchaus programmatisch gedacht. Ursprünglich gaben die Promotoren am 15. Januar £1,5 Millionen zur Subskription frei. Auf einem Treffen der Anteilserwerber am 4. Februar beschloss man dann jedoch, noch einmal dieselbe Summe zeichnen zu lassen, aber nicht in London, sondern

> to invite into it the Fishing Towns of *England* and *Scotland* as conducive to the Advantage of the said Undertaking, and the Interest of the said Towns: And was further agreed, That such of the said Towns in *South Britain*, by their Representatives in Parliament, in their behalf, may subscribe a Sum, not exceeding £.10,000.; and that a Sum, not exceeding £.500,000. in the Whole may be subscribed for *North Britain*.[76]

Die Promotoren und Aktienzeichner passten die Idee der Kompagnie dadurch in einer solchen Weise an, dass sie regionale Wirtschaftspolitik zu unterstützen schien. Am Ende sollten nicht nur Londoner Investoren von den Gewinnen profitieren, sondern Anleger im ganzen Land. Dem Komitee, das über die Aktiensubskriptionen Ermittlungen angestellt hatte, gefiel dies. Es betonte gerade den regionalen Aspekt, wenn es schrieb, dass

> the said Undertaking [...] wherein the Sea Ports and Royal Boroughs are concerned, may be successfully carried on, and prevent great Sums going annually out of the Nation, and secure a valuable Trade, and may upon any Emergencie, furnish Seamen to man the Royal Navy [... and that the undertaking] deserves Encouragement.[77]

---

75 Journals of the House of Commons 19, S. 351.
76 Ebd.
77 Ebd.

Trotz dieser Fürsprache erwies sich die erste Vertagung der Beratung des Projekts Ende April jedoch als fatal. Denn als der Antrag des Unternehmens auf eine Charter erneut auf der Tagesordnung des Parlaments stand, verwarf ihn die Mehrheit der Abgeordneten kurzerhand.[78]

Dennoch deckt die Company eine weitere Möglichkeit auf, die Idee der Aktiengesellschaft an empfundene Bedürfnisse anzupassen. In diesem Fall ging es um eine breitere regionale Streuung der Investorenschaft, die der starken Konzentration der Subskriptionen auf London entgegenzuwirken versprach. Den Parlamentsmitgliedern schien die gezielte regionale Wirtschaftspolitik, welche die Company versprach, zumindest bedenkenswert.

Nordamerikanische Kolonien statt Baltikum

Um regionale Wirtschaftspolitik wollte sich auch eine Reihe anderer neugegründeter Aktiengesellschaften bemühen. Sie strebten unter anderem eine bessere Ausnutzung der nordamerikanischen Kolonien an, besonders der nördlichen und mittleren. Den Kern der Projekte bildeten die Ressourcen Land und Wald, die jenseits des Atlantiks im Übermaß vorhanden zu sein schienen und die man für den Bau und Betrieb der britischen Handelsflotte und der Schiffe der Royal Navy nutzen wollte.

Im Hintergrund stand zugleich ein seit dem 17. Jahrhundert immer wieder diskutiertes Problem. Traditionell kamen viele Schiffbaumaterialien aus dem Ostseeraum, vor allem aus Schweden, Russland und dem Baltikum sowie Dänemark-Norwegen.[79] Schätzungen von 1716 beliefen sich auf Kosten von £511.000 für diese Importe, obwohl die Zahl etwas hoch gegriffen scheint.[80] Diese Einfuhren hielten Zeitgenossen aus dreierlei Gründen für nachteilig. Erstens konnten Feinde die Lieferungen in Kriegszeiten unterbrechen, also gerade dann, wenn man sie für die Ausstattung der Royal Navy am dringendsten benötigte. Zweitens drohte Russland durch seine Erfolge im Nordischen Krieg eine zu starke Kontrolle über

---

78 Ebd.; Wöchentliche Relationen Halle 22.6.1720. Ob Adam Andersons Begründung dafür stimmt, dass das Unternehmen schließlich keine Autorisierung erhielt, ist unklar. Vgl. Anderson, Historical III, S. 100–101.
79 Åsträm, Sven-Erik: English Timber Imports from Northern Europe in the Eighteenth Century. In: Scandinavian Economic History Review 18 (1970), S. 57–71.
80 Anderson, Historical III, S. 70. Vgl. im Gegensatz dazu die Werte (allerdings ohne regionalen Ursprung) bei Schumpeter, Elizabeth Boody: English Overseas Trade Statistics 1697–1808. Oxford 1960, Tabelle XV.

die „naval stores" zu erlangen. Drittens standen den Importen nicht in gleichem Maße Exporte entgegen. Es ging durch den Handel also im wirtschaftspolitischen Sinne Geld verloren, und die spezifische ‚balance of trade' mit dem Ostseeraum gestaltete sich in der Folge für England ausgesprochen ungünstig. Die Substitution der baltischen Waren durch Kolonialgüter versprach hingegen drei Vorteile: Großbritannien machte sich dadurch von Einfuhren aus dem Baltikum unabhängig, die negative Handelsbilanz konnte abgebaut und gleichzeitig den Kolonien ein ausgewogeneres Verhältnis von Im- und Exporten mit dem Mutterland ermöglicht werden.[81]

Ebenfalls seit dem frühen 17. Jahrhundert hatte es zahlreiche Versuche gegeben, aus den theoretischen Diskussionen praktische Konsequenzen zu ziehen – allerdings stets mit mäßigem Erfolg. Neuen Schwung hatten solche Versuche zuletzt durch eine Krise bei den Einfuhren baltischer ‚naval stores' um 1700 erhalten. Im Jahr 1704 erbaten Unternehmer daher die Genehmigung zur Gründung einer Aktiengesellschaft für den Import von Schiffbaumaterial aus Amerika. Die hierfür vom Board of Trade als zunächst zuständiger Regierungsbehörde aufgestellten Bedingungen verhinderten jedoch die Umsetzung des Projekts. Stattdessen führte das englische Parlament 1705 Importprämien ein, um dadurch Anreize zur Produktion der benötigten Waren in den Kolonien zu schaffen.[82] Damit setzte Westminster auf den Einzelkaufmann und -produzenten, statt auf die Company. Die Bounties wirkten sich in der Folge zwar positiv auf die Produktionsmengen aus, doch ergab sich ein weiteres Problem: Die Herstellung von hochwertigem Teer und Harz war technisch anspruchsvoll, und die Qualität der von Privatpersonen in den Kolonien produzierten und nach Großbritannien verschifften Ware genügte der Royal Navy nicht. Obwohl amerikanische ‚naval stores' günstiger waren als jene der Konkurrenz aus dem Baltikum, konnten sie wegen ihrer mangelnden Güte die Importe aus dem Ostseeraum deshalb nicht verdrängen. Insbesondere die Royal Navy zahlte lieber höhere Preise, als bei der Qualität Abstriche zu machen. So wurde 1708 erneut die Gründung einer privilegierten Aktiengesellschaft empfohlen, da diese die geforderten Produktstandards sicherstellen könne. Doch auch diesem Versuch, das Problem mittels Wechsel der Organisationsform zu bewältigen, war kein Erfolg beschieden.[83] Zwischen Februar

---

[81] Greene, Principal, S. 29–30; Barth, Reconstructing, S. 281; Williams, Justin: English Mercantilism and Carolina Naval Stores, 1705–1776. In: Journal of Southern History 1 (1935), S. 169–185.
[82] Hoppit, Bounties, S. 140.
[83] Malone, Joseph J.: Pine Trees and Politics. The Naval Stores and Forest Policy in Colonial New England 1691–1775. Seattle 1964, S. 24 u. 28–46; Snow, Sinclair: Naval Stores in Colonial Virginia. In: Virginia Magazine of History and Biography 72 (1964), S. 75–93; Williams, English.

und Mai 1720 suchte das Parlament in Westminster erneut nach Wegen, die Güte der Importe aus den Kolonien zu steigern – zumal Importeure über erhebliche Preissteigerungen der Zulieferer entlang der Ostseeküste berichteten.[84]

Die Idee, Kompagnien für die teils technisch anspruchsvollen Produktionsprozesse von ‚naval stores' zu gründen, stand somit bereits im Raum. Das Interesse, den Kolonialhandel aus- und jenen mit der Ostsee abzubauen, war ebenfalls vorhanden. Auch Regierung und Parlament hatten ihre Bereitschaft gezeigt, „both economic and non-economic objectives" im Falle der ‚naval stores' finanziell durch Prämien zu fördern.[85] Die Begeisterung für Aktiengesellschaften kam 1720 hinzu. Zu den in diesem Jahr neugegründeten Unternehmen gehörte eines „for importing naval stores from Nova Scotia and Virginia", ein weiteres „for pitch and tar, from America and Scotland" und ein drittes „for hemp and flax from Pennsylvania".[86] Dass es den Unternehmern ernst war, zeigt sich zumindest für die letztere Gesellschaft, bei der überliefert ist, dass sie Zugriff auf Land in Nordamerika besaß.[87]

Landkäufe und Charterfragen der York Buildings Company

Auf eine andere Weise hofften die hinter der York Buildings Company stehenden Unternehmer von der Peripherie zu profitieren. Mit dem Kauf konfiszierter Güter in Schottland wollten sie ihrem Projekt einer Lebens- und Pensionsversicherung eine solide Grundlage verleihen. Gleichzeitig rechneten sie damit, dass sie durch die Käufe staatlich enteigneter Ländereien den König und die Regierung zur Erweiterung ihrer Unternehmenscharter bewegen könnten, weil diese froh sein mussten, endlich Abnehmer für den Grundbesitz zu finden. Eine entsprechende Petition auf Erweiterung der Rechte hatte man noch im Winter übergeben.

Allein, so einfach ließ sich nicht an zusätzliche Privilegien gelangen. Denn der um eine Stellungnahme gebetene Attorney General Lechmere stand der Ausweitung des Unternehmenszwecks skeptisch gegenüber und vertrat die Ansicht, dass die ursprüngliche Charter auch kein grenzenloses Recht zum Landerwerb für die York Buildings Company beinhaltete. Die Fähigkeit, Grund und

---

84 Journals of the House of Commons 19, S. 281–359 passim. Auch Snow, Naval, S. 84–85.
85 Hoppit, Bounties, S. 140.
86 Vgl. die Auflistung in: The South Sea Bubble, S. 78.
87 Allerdings sah der in Philadelphia lebende James Logan den Wert des Landes als viel zu gering an im Verhältnis zum Stammkapital der Aktiengesellschaft – hatte vielleicht aber auch die Logik der Stammkapitale 1720 nicht durchschaut. James Logan an Simon Clement, Philadelphia 25.11.1721. In: HSP – Logan Family Papers, Coll. 379, Vol. 10, S. 231.

Boden zu besitzen, beschränke sich im Statut, wenn nicht explizit, so doch dem Geiste nach, auf die für die Londoner Wasserversorgung notwendigen Flächen. Die Gesellschaft habe sich daher auf den ursprünglich spezifizierten Geschäftszweck zu konzentrieren.[88] Die Unternehmer reagierten in ganz eigener Weise auf die Kritik. Sie scheinen sich hinsichtlich der Landbesitzrechte ihrer Charter einigermaßen sicher gewesen zu sein. Zumal sie damit rechneten, dass der König und mit ihm die Regierung kein Interesse daran hatten, die von der York Buildings Company bereits im Vorjahr ersteigerten Güter zurückzubekommen. Das Unternehmen kaufte daher weiteren konfiszierten Grundbesitz. Es scheint so, als ob die Direktoren dabei auch höhere Preise bezahlten, als die zuständige Kommission forderte. Zusätzlich zu den 1719 erworbenen, kamen so Ende März und im Mai 1720 nochmals zwei Güter für gut £110.000 Pfund in den Besitz der Aktiengesellschaft.[89]

Dieses Bestreben, sich um die Interessen der Regierung und des Steuerzahlers verdient zu machen, scheint am Ende Anerkennung gefunden zu haben. Denn die York Buildings Company erhielt zwar keine neue Charter, und der Umfang ihres Rechts, Land zu besitzen, blieb ungeklärt. Aber am 11. Juni verabschiedete das Parlament ein Gesetz, welches es Korporationen ganz allgemein erlaubte, Grundbesitz als Sicherheit für den Vertrieb von Lebensversicherungen und Pensionen zu nutzen. Auch wenn in dessen Titel die York Buildings Company nicht auftauchte, so scheint es doch spezifisch auf sie zugeschnitten gewesen zu sein, wenn es hieß: „An act ... for enabling such corporations as shall purchase any of the said [forfeited] estates to grant annuities, not exceeding the yearly value of the said estates".[90] Vermutlich um diesen Parlamentsbeschluss zu befördern, schuf der Court of Assistants der York Buildings Company in einer Sitzung Ende Mai 500 zusätzliche Aktien, die an nicht näher spezifizierte „persons of distinction" zum bisher eingerufenen Subskriptionsbetrag von £10 je Anteil gehen sollten.[91] Da der Börsenpreis schon Anfang Mai bei £14,75 lag, dürften die ‚Käufer' hiervon erheblich profitiert haben, zumal wenn sie die Anteile nicht direkt verkauften. Denn im Juli überschritt der Kurs des Unternehmens £90.[92]

Die Parallele zur South Sea Company scheint offensichtlich: Bestechungen stellten ein Mittel dar, um Parlamentsentscheidungen herbeizuführen. Die Di-

---

88 Gutachten des Attorney General Nicholas Lechmere, o. O. 10.3.1720. In: The Special Report, S. 73; Cummings, York Buildings, S. 36–40.
89 Ebd., S. 291–292.
90 6 George c. 24; The British Chronologist. Bd. II, London 1775, S. 57.
91 Zitat nach Cummings, York Buildings, S. 41.
92 Die Daten für die York Buildings Company sind lückenhaft. Für den 5.5. ist ein Preis von £14¾ überliefert, der nächste für den 5.7. lag bei £90. Vgl. Ebd., S. 51.

rektoren der York Buildings Company entschieden sich am Ende zwar, auf eine explizite Erweiterung ihrer Charter zu verzichten. Aber durch die Ergänzung der allgemeinen Bestimmungen über konfiszierte Güter erreichten sie doch de facto ihr Ziel – die förmliche Autorisierung des Versicherungsgeschäfts. Die Regierung und eine Parlamentsmehrheit ließen sich jedoch nur auf indirektem Weg gewinnen.

Der ‚Bubble Act'

Das Gesetz über die Gründung der beiden Seeversicherungen bildete den ersten, wesentlich umfangreicheren Teil eines Acts, den das Parlament schließlich Anfang Juni verabschiedete. Der zweite Teil beschäftigte sich mit nicht autorisierten Subskriptionen und ist von späteren Generationen als ‚Bubble Act' bezeichnet worden. Der eigentliche Titel lautete

> An Act for the better securing certain Powers and Privileges intended to be granted by His Majesty by Two Charters for Assurance of Ships and Merchandizes at Sea, and for lending Money upon Bottomry; and for restraining several extravagant and unwarrantable Practices therein mentioned.[93]

Die nachträgliche Änderung des Namens im Alltagsgebrauch hat dazu geführt, dass das Gesetz mit Dingen in Zusammenhang gebracht wurde, die nicht den Intentionen der Parlamentarier entsprachen. Denn es ging nicht um eine generelle Ablehnung von Aktienspekulation, und die Direktoren der South Sea Company lassen sich auch nicht als die treibenden Kräfte hinter dem Act identifizieren.

Dass es nicht um Aktienspekulation ging, verdeutlichen die Vorschläge des Abgeordneten Archibald Hutcheson, der dem Projekt der South Sea Company zur Staatsschuldenumwandlung und dem Aktienhandel insgesamt feindlich gegenüberstand. Er beantragte, im Gesetzesteil gegen nicht autorisierte Subskriptionen einen Passus aufzunehmen, der unter anderem Zeitverkäufe von Unternehmensanteilen verbot und eine Mindesthaltezeit für Aktien vorschrieb. Damit hoffte er, Möglichkeiten zum ‚stock-jobbing' einzudämmen. Seine Kollegen lehnten dies aber in den Beratungen ab, sahen mithin im Aktienhandel kein

---

93 6 George c. 18.

Phänomen, dass es legislativ zu bekämpfen galt.[94] Auch scheint die These, die Direktoren der South Sea Company seien die eigentlichen Urheber der Maßnahme, schwer haltbar. Als das Komitee zur Untersuchung der Subskriptionen im Februar mit der Arbeit begann, war der Aktienkurs der South Sea Company nicht unter besonderem Druck, zumal aus ganz Europa Kapital nach London strömte. Ein direkter Versuch der Einflussnahme auf das Gesetz durch Vertreter des Unternehmens lässt sich anhand von Quellen ohnehin erst Ende Mai feststellen, nachdem zuvor das gesamte Unterhaus und ein von ihm benanntes Komitee den Text bereits in je zwei Sitzungen beraten hatten. Erst wenige Tage vor diesen Debatten in Westminster kam es in einer Direktoriumssitzung der South Sea Company gemäß überlieferter Protokolle überhaupt erst zu einer Diskussion über den geplanten Act.[95] Ergänzungsvorschläge der South Sea Company beriet das Parlament erstmals am 27. Mai und nahm diese teilweise an. Weitere fügten die Abgeordneten noch in der dritten Lesung, und damit kurz vor der endgültigen Abstimmung, in den Text ein.[96] Wenn die Direktoren der South Sea Company hinter dem ganzen Verfahren gestanden hätten, so wären ihre Vorschläge sicher schon früher in den Text eingegangen.[97] Zudem ist schließlich auffällig, dass Lady Cowper in ihrem Tagebuch über das Leben am Hof zwar schon Anfang Mai berichtete, dass andere Anbieter gern mehr Geld als die beiden Versicherungsunternehmen zur Zahlung der Schulden der Zivilliste geben wollten. Den Namen der South Sea Company erwähnte sie in diesem Zusammenhang aber nicht.[98] Das ist natürlich kein direkter Beweis dafür, dass das Unternehmen nicht zu den Gegenbietern gehörte, erstaunlich ist das Fehlen eines Hinweises auf die South Sea Company in Anbetracht seiner Bedeutung dann aber doch.

Auch der Aussage des Korrespondenten des *Relations Courier Hamburg* zufolge scheint die Südseegesellschaft erst Ende Mai versucht zu haben, das Gesetz mit allen Mitteln zu verhindern, indem die Direktoren ihre Anhänger im Parlament mobilisierten und bis zu £800.000 boten, für den Fall, dass der Act nicht zustande komme.[99] Der Widerstand mag einmal darauf zurückzuführen sein, dass

---

94 Journals of the House of Commons 19, S. 367. Vgl. dazu auch Harris, Bubble, S. 616–617. Zu den Schwierigkeiten, Gesetze gegen den Aktienhandel allgemein im 17. und 18. Jahrhundert durch das britische Parlament zu bringen Murphy, Financial.
95 Zudem waren einige Offizielle der South Sea Company zugleich Direktoren einer der Versicherungsgesellschaften. Vgl. Carswell, South, S. 115.
96 Journals of the House of Commons 19, S. 368. Außerdem Gower, L.C.B.: A South Sea Heresy? In: Law Quarterly Review 68 (1952), S. 217–218.
97 Zumal nicht, wenn es sich um für sie so zentrale Teile gehandelt hätte, wie Harris, Bubble, argumentiert.
98 Cowper, Diary, S. 159.
99 Relations Courier Hamburg 14.6.1720.

die Versicherungen jetzt als Konkurrenz erschienen, immerhin hatten sie ihren Aktienkurs im Mai jeweils mehr als verdoppelt. Doch im Verhältnis zur South Sea Company waren sie damit immer noch sehr klein. Zweitens mag vielleicht noch mehr das Privileg für Bottomry Kredite gestört haben. Denn wenn die Südseegesellschaft sich tatsächlich stärker auf finanzielle Dienstleistungen konzentrieren wollte, wie Richard Kleer argumentiert, verschloss ihr das geplante Gesetz ein mögliches Marktsegment.[100] Schließlich wurde drittens aber auch die Stoßrichtung gegen nicht autorisierte Subskriptionen offensichtlich als eine Gefahr für die eigenen beiden Aktienzeichnungen im April angesehen. Hatte man diese möglicherweise widerrechtlich abgehalten? Um ihre Gültigkeit zu garantieren, wurde daher in der dritten Lesung noch ein Absatz in den ‚Bubble Act' eingefügt, der deren Rechtmäßigkeit stipulierte.[101]

London im Frühjahr: eine Zwischenbilanz

Worum ging es somit am Ende beim ‚Bubble Act'? Es gibt wohl mehrere Ursachen, warum die Absätze gegen Subskriptionen ins Gesetz kamen, obwohl der ursprüngliche politische Zweck des Komitees erfüllt war. Gegenüber den Promotoren in London und der von ihnen ausgelösten erstaunlichen und breiten Eigendynamik bei der Eröffnung von Subskriptionen für Aktiengesellschaften betonte der Act, dass eine offizielle Genehmigung die Voraussetzung und nicht die Folge einer Anteilszeichnung sein sollte. Damit verwies das Gesetz auf die zwei vorhandenen Wege zur Autorisierung: entweder die Erlangung eines königlichen Patents oder einer parlamentarischen Charter. Weil die Unternehmen im Gegenzug für die Erlangung der staatlichen Anerkennung zu Zahlungen bereit waren, ging es dem Parlament außerdem darum, seine fiskalischen Rechte gegenüber dem Monarchen zu sichern und eine Finanzierung der Krone ohne eigene Mitwirkung zu unterbinden. Dass bei einer Mehrheit der Abgeordneten damit keine erneute prinzipielle Abneigung gegenüber Aktiengesellschaften einherging, zeigt sich darin, dass man eine Fischereigesellschaft näher beraten wollte, zwei Versicherungskompagnien genehmigte und der York Buildings Company, obwohl Gutachten gegen ihr Vorgehen sprachen, unter die Arme griff. Zugleich zeigen die nicht genehmigten Projekte die erstaunliche Vielfalt von Emulation. Die Aktiengesellschaft schien ein Mittel zur Regionalpolitik, der Vermögensbildung in Form von Volksaktien, des Abbaus von Importen aus Skandinavien, dem Baltikum und

---

100 Dies das Argument von Kleer, Folly.
101 Journals of the House of Commons 19, S. 368.

Russland sowie zur Förderung der Kolonien, vielleicht sogar zur Stärkung Baumwolle tragender Frauen in ihrer Auseinandersetzung mit Woll- und Seidenwebern. Befördert wurde die Begeisterung für Londoner Aktiengesellschaften insgesamt durch das aus weiten Teilen Europas zuströmende Investmentkapital.

2. Mai 1720

South Sea Company	339
Bank of England	155
East India Company	240
Royal African Company	60
London Assurance	14 ¼
Royal Exchange Assurance	33
York Buildings (5. Mai)	14 ¾

Nicht datierbare Aktienpreise neuer Unternehmen[102]

	eingezahlt	Höchstpreis 1720
Globe Permit (Segeltuch)	0	70
Building Ships to let to freight	1	15
Raising Hemp and Flax	⅛	1 ½
Pennsylvania Hemp and Flax	2 ½	28
Bottomree Company	1	3

London, Mai: „The question you ask about the fair lady's gain, & my own, is not easily answered. There is no gain till the stock is sold, which neither theirs nor mine is. So that, instead of wallowing in money, we never wanted more for the uses of life, which is a pretty general case with most adventurers, each having put all the ready money they had into the stock. And our estate is an imaginary one only: one day we were worth two or three thousand, and the next not above 3 parts of the sum."[103]

London, 10. Mai: „Man wundert sich hier gar sehr, daß nicht nur gemeine Leute, sondern auch solche Personen, die im Commercien-Wesen vollkommen erfahren sind, und welche bis hieher mit der Süder-Compagnie nichts zu thun haben wollten, Hauffenweise hingehen und ihre jährliche Renten bey derselben einschreiben lassen."[104]

London, 14. Mai: „Man hat zwar in den Gedancken gestanden, die neuen Compagnien würden von dem Parlament verboten werden, weil es aber noch nicht geschehen, so entstehen täglich noch mehr andere, welches dem Commercio großen Schaden verursachet, indem die Leute, so Geld haben, selbiges auf dieses Spiel zu wenden pflegen."[105]

---

102 The South Sea Bubble, S. 74–75.
103 Alexander Pope an John Caryll, o.O. o.D. [London, Anfang Mai]. In: Sherburn, George (Hrsg.): The Correspondence of Alexander Pope. Vol. II: 1719–1728. Oxford 1956, S. 42.
104 Schlesischer Nouvellen Courier 27.5.1720.
105 Ebd. 30.5.1720.

Diskussionen über eine Lissabonner Handelscompagnie

Doch nicht nur in Großbritannien breitete sich die Begeisterung für Aktiengesellschaften weiter aus. Auch im Rest Europas nahm sie zu. ‚Jealousy of trade' war auf beiden Seiten des Kanals ein wichtiger Antrieb zur Emulation, während die Existenz von Investmentkapital eine, wenn nicht die Voraussetzung für alle Projekte blieb. Schon Anfang 1720 hatten Ideen zur Formierung von Handelsgesellschaften auf Aktienbasis auch Portugal erreicht – wobei die Compagnie du Mississippi zunächst das Vorbild abgab. So diskutierte die Regierung in Lissabon eine Brasiliengesellschaft, die, wie das französische Beispiel, bei der Abtragung der Staatsschulden helfen, darüber hinaus aber auch den Handel mit der Kolonie in Südamerika verbessern und ausbauen helfen sollte. Unter anderem hatte der portugiesische Botschafter in Paris einen Plan für ein solches Projekt übersandt.[106] Zudem bemühte man sich im Winter, mit Sir John Lambert einen Direktor der South Sea Company und aktiven Spekulanten in Aktien der Compagnie du Mississippi als Ratgeber anzuwerben und von einer Reise nach Lissabon zu überzeugen.[107] Offensichtlich bestand das Gefühl, einen solchen Wissensträger für eine erfolgreiche Emulation zu benötigen.

Politisch und ökonomisch versprach eine Handelsgesellschaft aus portugiesischer Sicht zahlreiche Vorteile. Sie konnte ein Schritt zu mehr politischer Unabhängigkeit darstellen – insofern war das Motiv der ‚jealousy of trade' wiederum wichtig. Denn durch die vertraglich festgeschriebenen asymmetrischen Handelsbeziehungen zu Großbritannien war das Land am Rande dessen, was „many Europeans feared[:] that a state could be enslaved by purely economic means."[108] Dank der „indirekte[n] englische[n] Beherrschung" bereicherten die portugiesischen Kolonien nicht in erster Linie das Mutterland, es litt vielmehr unter mangelnder Manufakturproduktion, während britische Arbeiter viele Waren für den Export nach Südamerika herstellten und Kaufleute in London die größten Gewinne einstrichen.[109] Die Gründung einer mächtigen portugiesischen Handelskompagnie konnte insofern unter Umständen die Zurückdrängung des britischen Einflusses im Brasilienhandel ermöglichen. Vom Kolonialreich würde dann wieder stärker die eigene Wirtschaft profitieren und deren Wachstum in der Folge auch die Macht und Unabhängigkeit des portugiesischen Staates befördern.

---

106 Für mehr Details zu den Projekten Condorelli, 1719–1720 Stock Euphoria, S. 14 u. 67–68.
107 Carswell, South, S. 99.
108 Reinert, Translating, S. 27.
109 Bernecker/Herbers, Geschichte, S. 178. Vgl. zur handelspolitischen Abhängigkeit und ihren Ursachen außerdem ebd., S. 182–193; Fisher, Portugal Trade; Ligthart/Reitsma, Portugal's.

Wegen ihrer Implikationen für Handel und Gewerbe waren die Projekte der iberischen Monarchie aber auch für die britische Regierung und Londoner Kaufleute von Bedeutung – weckten deren Interesse, gaben aber auch zu Besorgnis Anlass. Gelang die Gründung einer portugiesischen Kompagnie, so drohten in Zukunft unter Umständen weniger Manufakturwaren verkauft zu werden. Dies konnte wiederum zur Folge haben, dass kein Edelmetall mehr als Zahlungsausgleich von Südamerika über Portugal ins Vereinigte Königreich floss. Im Gegensatz zu solchen Befürchtungen konnte sich durch eine portugiesische Kompagnie aber auch die Möglichkeit zur britischen Partizipation an der Aktiensubskription ergeben und damit eine Ausweitung des Einflusses von angelsächsischem Kapital auf den Kolonialhandel des iberischen Reiches. Aus all diesen Gründen ist es wenig überraschend, dass der britische Generalkonsul und der Gesandte die Diskussionen in Lissabon aufmerksam und relativ präzise verfolgten und darüber in die Heimat berichteten.[110]

In seinem Brief vom 3. März zeigte sich Thomas Burnet hinsichtlich der Erfolgsaussichten des Projektes jedoch einigermaßen skeptisch. Dies hatte weniger mit dem Ziel der Handelsgesellschaft zu tun als mit den Kräfteverhältnissen in der portugiesischen Innenpolitik. Der Generalkonsul meinte, dass

> the natural Jealousy of the People here and the Power of the Inquisition make such a Scheme very impracticable: since the Jews, who are the only Persons that could manage such an Affair would never place their Wealth, where the Inquisition could so easily lay their hands upon it.[111]

Wenn Juden sich jedoch nicht engagierten, so Burnets Folgerung, sei die Gründung einer Kompagnie in Portugal wegen des vorherrschenden Kapitalmangels aus eigener Kraft kaum möglich.[112]

Für die Lissabonner Regierung konnte eine Emulation somit neben der Abtragung von Staatsschulden eine größere Kontrolle über den eigenen Kolonialhandel bedeuten und in der Folge die Wiedergewinnung von politischem Handlungsspielraum. Allerdings stand sie laut Burnet aufgrund verbreiteter Kapitalarmut im eigenen Land vor einem ganz praktischen Problem: wie sollten der Einfluss der Kirche und die Sicherheitsbedürfnisse heimischer Vermögender

---

110 Die Präzision ergibt sich aus dem Vergleich mit den Angaben aus den portugiesischen Regierungsdokumenten, die Condorelli, 1719–1720 Stock Euphoria, S. 14, vorstellt.
111 Thomas Burnet an James Craggs, Lissabon 3.3.1720. In: TNA – SP 89/28, S. 25–26.
112 Hinweise auf die Diskussion innerhalb der portugiesischen Administration bei Condorelli, 1719–1720 Stock Euphoria, S. 14. Zur Bedeutung der Inquisition für getaufte Juden allgemein Bernecker/Herbers, Geschichte, S. 181.

miteinander in Einklang gebracht werden? Schwierigkeiten, inländische Kapitalbesitzer als Investoren zu gewinnen, legten mithin, ähnlich wie in Wien bei der Kaiserlich-Orientalischen Kompagnie, allen Planungen für eine Aktiengesellschaft enge Grenzen auf.

Aktiengesellschaften für Harburg

Während sich die Regierung in Lissabon Vorschlägen für Aktiengesellschaften gegenüber aufgeschlossen zeigte, hatte der Geheime Rat in Hannover im Herbst/Winter 1719 trotz zweier eingereichter Konzepte kein Interesse an der Gründung einer Handelskompagnie oder einer Bankgesellschaft gezeigt. Solche Gleichgültigkeit bzw. zum Teil auch offene Feindschaft gegenüber Plänen für Großunternehmen lässt sich in den Vorjahren auch in der zum Kurfürstentum gehörenden Stadt Harburg beobachten, deren ökonomische Entwicklung 1720 mehrere Aktiengesellschaften vorantreiben wollten.

Als der Brite Thomas Bourges 1717 den Bürgern Harburgs die Gründung einer Gesellschaft für den Fischfang vorschlug, wollte ihn niemand unterstützen. Ob diese Ablehnung aus Skepsis gegenüber der Idee, aus Kapitalmangel oder aus beidem resultierte, lässt sich den Akten nicht eindeutig entnehmen. Auch für weitere Projekte – eine Leinenbleiche, Zuckersiederei und/oder Kattundruckerei – gelang es Bourges nicht, Unterstützung vor Ort zu mobilisieren. Stattdessen kam es zu aktiven Behinderungen. Verantwortlich für die mangelnde Unterstützung waren womöglich auch Monopolforderungen des britischen Unternehmers.[113] Die Bemühungen standen zudem in Konkurrenz zu Plänen Thomas Slifords, der nach Auskunft eines selbst verfassten englischen Pamphlets zwischen 1716 und 1717 in Hannover und London dafür geworben hatte, Harburg in Konkurrenz zu Hamburg zur wichtigsten deutschen Hafenstadt an der Nordseeküste auszubauen. Eine Lotterie sollte Geld für die Erweiterung und Vertiefung des Hafens einbringen, während die rechtliche Privilegierung hannoverscher und britischer Kaufleute oder die Einführung ihnen behilflicher Zollsätze, die Handelsströme in das neue Hafenbecken umleiten sollten. Auch den Aufbau von Manufakturen sahen Slifords Planungen vor. Im Gegensatz zu Bourges setzte Sliford in seinem Pamphlet damit allerdings eher auf englisches Kapital zur Entwicklung der hannoverschen

---

113 Püster, Möglichkeiten, S. 125–132.

Hafenstadt als auf deutsches, und er dachte organisatorisch nicht an eine Aktiengesellschaft, sondern an Einzelkaufleute und Partnerships.[114]

Die Pläne der beiden Promotoren deckten sich teilweise mit landesherrlichen Bestrebungen zur Förderung Harburgs, die es schon in der zweiten Hälfte des 17. Jahrhunderts gab und die seitdem intensiviert wurden. So unterschrieb Kurfürst Georg Ludwig von Hannover, ab 1714 zugleich König von Großbritannien, zwischen 1707 und 1709 mehrere Deklarationen mit dem Ziel, insbesondere ausländische Kaufleute für den Außenhandel der Stadt anzuwerben. Harburg sollte auch aus Sicht des Landesherrn in Emulation Hamburgs zur Handelsstadt aufsteigen – ‚jealousy of trade' spielte für solche Bestrebungen eine wichtige Rolle. Ein Erfolg blieb jedoch aus, weil die Hansestadt sich bemühte, die hannoverschen Bestrebungen zu sabotieren und weil Harburgs schlechte Hafenanlagen dessen Aufstieg behinderten.[115] Eine Expansion der harburgischen Wirtschaft durch die Anlegung von Manufakturen strebte die Regierung in Hannover hingegen offiziell nicht an. Initiativen von Privatleuten, die in diese Richtung zielten, machten regelmäßig Probleme. Obwohl manche Bürger der Hafenstadt die Eröffnung großer Betriebe wünschten, kam es zwischen dem Rat der Stadt und dem örtlichen kurfürstlichen Beamten immer wieder zu Reibereien. Zugleich hintertrieben Sorgen der Bevölkerung vor möglicher Konkurrenz Bemühungen wie jene Bourges'. Trotz der ausdrücklichen Befürwortung von Entwicklungsplänen durch den Kurfürsten und jetzigen König Georg I. und den seit 1714 in London weilenden Teil der hannoverschen Regierung scheiterte der Aufstieg Harburgs somit regelmäßig an Widerständen innerhalb der Verwaltung und der Bevölkerung sowie am örtlichen Kapitalmangel.[116]

Im Frühjahr 1720 glaubten die sich in der britischen Hauptstadt aufhaltenden Regierungsräte dann allerdings, Aktiengesellschaften mit hannoverscher Charter könnten sämtliche Probleme lösen. Direkt zwei Anfragen für eine Handels- und

---

114 Sliford, Thomas: A Brief Account of What Hath Been Done Towards Making a Settlement of Trade at Harburg [...]. London 1717.
115 Zu Plänen für ihren Ausbau vgl. Kausche, Dietrich: Pläne zur Erweiterung Harburgs um 1700. In: Ellermeyer, Jürgen/Richter, Klaus/Stegmann, Dirk (Hrsg.): Harburg. Von der Burg zur Industriestadt. Beiträge zur Geschichte Harburgs 1288–1938. Hamburg 1988, S. 107–119. Zur gezielten Förderung von Landstädten in Konkurrenz zu Reichsstädten und zu Bemühungen Warenströme umzuleiten vgl. auch Press, Volker: Der Merkantilismus und die Städte. Eine Einleitung. In: Ders. (Hrsg.): Städtewesen und Merkantilismus in Mitteleuropa. Köln 1983, S. 12–13; Klötzer, Wolfgang: Reichsstadt und Merkantilismus. Über die angebliche Industriefeindlichkeit von Frankfurt a.M. In: Press, Städtewesen, S. 152.
116 Opitz, Programmierte, S. 279–280; Werth-Mühl, Martina: Zwischen Mittelalter und neuer Zeit. Die Harburger Zuckersiederei als Beispiel merkantilistischer Wirtschaftsplanung. In: Ellermeyer/Richter/Stegmann, Harburg, S. 122–123.

eine Manufakturgesellschaft lagen ihnen vor, wobei sich der Kreis der beteiligten Personen zum Teil überschnitt. Beide Kompagnien sollten sich gemäß ihrer Pläne gegenseitig ergänzen. Die Entwürfe schlossen in vielem an die Ideen Thomas Slifords von 1717 an, der seine Gedanken seit dem Frühjahr 1719 auch mit anderen britischen Unternehmern diskutiert hatte. Offensichtlich verhinderte dann jedoch die Reise Georgs I. nach Hannover, dass die Angelegenheit letzterem vorgelegt wurde. Interessant ist der Wandel zwischen Slifords Pamphlet von 1717, in dem er eine Aktiengesellschaft ablehnte, und der Situation im Frühjahr 1719, als sich offenbar erstmals Geldgeber für ein solches Unternehmen zusammenfanden. Im Frühjahr 1720 gewannen die Initiativen für Harburg dann neuen Schwung.

Aus Sicht der hannoverschen Regierungsmitglieder in London war die Idee zur Gründung von Kompagnien in mehrfacher Hinsicht bestechend: Britisches Kapital sollte Harburgs Entwicklung zum Handelsknotenpunkt und damit die Wirtschaft des Kurstaates insgesamt voranbringen. Im Gegensatz zu früheren Unternehmern, die sich an der Entwicklung der Stadt versucht hatten, schien aus Sicht Georgs I. dieses Mal eine kapitalkräftige und vertrauenswürdige Gruppe gefunden. An den Geheimen Rat in Hannover berichtete ein Brief des Monarchen: bei den Promotoren handle es sich um einige

> der vornehmsten Capitalisten und verständigsten und erfahrensten Commercianten der Stadt London, worunter die Directores und andere Oberste Officianten der hiesigen Ost-Indischen- und Süd See Compagnie, auch der Banc, imgleichen verschiedene Magistrats-Personen, und der diesen Herbst antretende Lord Maire selbst, auch vierzehn Parlaments Gliedern sich befinden.[117]

Es bestanden mithin weder an den kommerziellen Fähigkeiten der Unternehmer Zweifel, noch an ihren finanziellen Möglichkeiten. Die geplanten Kompagnien könnten dank ihrer Unterstützer, so die hannoverschen Regierungsmitglieder in London, £1 Million, bei Bedarf aber auch das Zwei- bis Dreifache aufbringen.

Importieren sollte die Handelsgesellschaft aus Großbritannien und seinen Kolonien unter anderem alle Arten von Wollfabrikaten, Tabak, Zucker und Reis sowie gesalzenen und geräucherten Fisch. Hinsichtlich dieser Produkte wurde ein Monopol erbeten. Für den Import von Walprodukten und anderen Waren, vor allem aus Asien, forderte das Unternehmen kein Privileg, sondern deren Einfuhr sollte Händlern aller Nationen offenstehen. Exportieren wollte die zukünftige Kompagnie Leinenstoffe, Metallwaren, Zinn und Holz. Nicht einzuführen gedachte man hingegen Salz und Blei, da Hannover diese Waren selbst produziere – hier nahmen die Promotoren somit Rücksicht. Darüber hinaus versprachen sie,

---

117 Georg I. an Geheimen Rat, London 24.5./4.6.1720. In: NLAH – Dep. 113, Nr. 22, unpag., S. 2–3.

die von ihnen eingeführten Waren 10 % günstiger anbieten zu können, als wenn diese über Zwischenhändler in Hamburg oder Bremen ins Kurfürstentum gelangten. Gleichfalls seien sie in der Lage, für hannoversche Exportprodukte nach Großbritannien 10 % mehr zu bezahlen als Kaufleute der ehemaligen Hansestädte. Schließlich versprachen die britischen Unternehmer noch, auf vorhandene und neu entstehende Manufakturen im Kurfürstentum Rücksicht zu nehmen und diese nicht durch preisgünstigere Importe zu schädigen. Während die Anlage von Manufakturen nicht im Zentrum der Aufmerksamkeit der Unternehmer stand, planten sie aber eine Bank in Harburg zu gründen, die nach zeitgenössischen Vorstellungen den Geldumlauf beschleunigen und damit die Wirtschaft beleben konnte.[118] Schließlich beabsichtigten die Promotoren auch den Einstieg in den Heringsfang, wobei die dafür sprechenden Argumente jene aus Großbritannien aus dem Winter replizierten: Fisch werde günstiger, und die Fangschiffe schüfen direkt und, durch ihren Materialbedarf, indirekt Arbeit für die Einwohner des Kurfürstentums. König Georg I. profitiere schließlich von der höheren Beschäftigung seiner Landeskinder und steigenden Einnahmen aus Zöllen und Akzise.

Neben den Monopolrechten baten die Unternehmer allerdings darum, dass der Hafen Harburgs für große Schiffe ausgebaut und Kais sowie Lagerhäuser angelegt würden. Auf Warenimporte aus Europa und Asien wünschten sie sich zudem die Erhebung eines Zolls zum Nutzen der Company. Darüber hinaus forderten sie Abgabenbefreiungen für ihre Mitarbeiter in Harburg und eine 60jährige Gültigkeit der Charter.[119] Diese Bitten entsprechen weitgehend dem, was Sliford bereits 1717 in seinem Pamphlet gefordert hatte. Und diese Begehren versprachen, vorrangig britische Interessen zu fördern.[120] Das ließ sich trotz der versprochenen niedrigeren Import- und höheren Exportpreise für das Kurfürstentum und möglicher wirtschaftlicher Dynamisierungseffekte und steigender Steuereinnahmen kaum übersehen.

Eine zweite Aktiengesellschaft versprach hingegen, der hannoverschen Wirtschaft durch die Anlage von Manufakturen direkter zu dienen.[121] Auch wenn das Stammkapital von £300.000, das die 42 Unterzeichner aufzubringen zusicherten, für die Londoner Verhältnisse des Jahres 1720 vergleichsweise klein

---

118 Gömmel, Entwicklung, S. 42 u. 48.
119 Memoire B, o. O. o. D. [Frühjahr 1720]. In: NLAH – Dep. 113, Nr. 22, unpag.; Memoire C, o. O. o. D. [Frühjahr 1720]. In: Ebd., unpag.
120 Sliford, Brief Account.
121 Die Verbindung zwischen beiden Unternehmen wird neben den Überschneidungen in den Subskribentenlisten deutlich in Memoire B, o. O. o. D. [Frühjahr 1720]. In: NLAH – Dep. 113, Nr. 22, unpag., S. 9–10. Die Subkribenten in: Anlage A, London 24.5./4.6.1720. In: Ebd., unpag.; Georg I. an den Geheimen Rat, St. James 24.5./4.6.1720. In: Ebd., unpag., S. 5.

ausfiel, war die Liste der angestrebten Produktionszweige lang: die Herstellung von feinen und groben Stoffen, Tauen und Segeln fand sich darauf ebenso wie das Einlegen von Heringen, die Gerberei, Tran- und Seifensiederei, Zuckerraffinerie, Papier- und Tapisserieherstellung sowie der Betrieb von Sägemühlen „et generalement toutes sortes de Manufacture qu'on jugera avec le tems utiles et necessaires".[122] Die Unternehmer gaben an, bereits britische Handwerksmeister angeheuert zu haben, die als Wissensträger aus dem Ausland nach Hannover übersiedeln sollten. Als Arbeiter und Lehrlinge wollten sie hingegen nur hannoversche Landeskinder annehmen und damit einen dauerhaften Wissenstransfer ermöglichen. Verbunden wurde mit diesem Unternehmen jedoch die Erwartung, dass die Regierung die im April beantragte Handelskompagnie ebenfalls genehmige, da beide Gesellschaften sich gegenseitig ergänzten. Insofern zielte das Projekt also nicht nur auf die ökonomische Entwicklung des rückständigen Kurfürstentums ab, sondern war womöglich auch als Hebel gedacht, um die Zustimmung zum ursprünglichen Projekt der Handelskompagnie zu erlangen.

Die Deutsche Kanzlei in London und Georg I. hatten den Unternehmern dieser Manufakturkompagnie bereits die Gewährung einer Charter zugesichert. Denn, so berichteten sie in die Heimat, das intendierte Unternehmen fordere keine Privilegien über das hinaus, was man bereits 1708 und 1716 für Harburg zugesichert habe, und es fordere auch keine Monopole. Außerdem, so ließen die Londoner Kollegen den Geheimen Rat in Hannover wissen, gebe es noch eine weitere geheim zu haltende Überlegung. Die Unternehmer wollten nämlich durch „ihren Credit zu wege bringen sich getrauen", dass die britischen Zölle auf den Import hannoverscher Leinenstoffe gesenkt würden,

> ja gar almählig dem hiesigen oder Irländischen Linnen gleich herunter gesetzet werden solle, woran man bisher, wie ihr wißet, vergeblich gearbeitet, und es vielleicht nimmer dahin bringen wird, wann es nicht durch diese itzige occasion geschiehet, durch welche es also zum wenigsten zu versuchen der Mühe wol wehrt ist.[123]

Im Hintergrund dieser Überlegungen stand wohl die Beobachtung größerer Verschiebungen auf dem englischen Markt für Leinentextilien. Dort stieg der Anteil mitteleuropäischer Fabrikate in den Jahrzehnten seit 1700 erheblich – vor allem aufgrund ihrer zollrechtlichen Bevorzugung im Verhältnis zu niederländischer und französischer Ware. Das geheime Angebot stellte somit eine zusätzliche Begünstigung des Kurfürstentums gegenüber Konkurrenten im Alten Reich in Aus-

---

122 Französischsprachiger Entwurf einer Manufakturkompagnie für Hannover, o.O. o.D. [London, Mai 1720]. In: Ebd., unpag., S. 2.
123 Georg I. an den Geheimen Rat, St. James 24.5./6.6.1720. In: Ebd., unpag., S. 2–3.

sicht. Ein solches Privileg war von erheblicher wirtschaftlicher Bedeutung, denn Leinen gehörte zu den namhaftesten britischen Einfuhrgütern.[124] Während man von der Autorisierung der Kompagnie also keine Nachteile zu befürchten hatte, mochten sich gar weit über die Aktiengesellschaft hinausgehende Vorteile ergeben. Die beiden Companyprojekte versprachen insofern jenen Zielen zu dienen, die deutsche Monarchen regelmäßig verfolgten: innere Wirtschaftsbelebung und Förderung des Exports.[125] Darüber hinaus gaben sie Anlass zur Hoffnung, in Zukunft fremde durch heimische Produkte substituieren und damit Geld im Land halten können – und all dies erleichtert durch britisches Kapital und Wissen.

Erschöpften sich darin die ökonomischen Vorteile der Kompagnien, so kamen schließlich noch politische hinzu. Denn andere Schriftstücke machen deutlich, dass es sich nicht nur um eine Allianz britischen Kapitals mit der durch Personalunion verbundenen Regierung Hannovers handelte, die dem Ziel der ökonomischen Entwicklung dienen sollte. Mit einem weiteren Memoire versuchten die Unternehmer ihre Aktiengesellschaftspläne auch politisch schmackhaft zu machen. Der Text rekurrierte auf Diskussionen in Großbritannien hinsichtlich des Verhältnisses zu Hannover und des Vorrangs der Interessen des einen oder anderen Teils in der internationalen Politik – etwas, das die Zeitgenossen im Vereinigten Königreich bewegte, die befürchteten, auf Kosten hannoverscher Ziele ausgenutzt oder vernachlässigt zu werden.[126] Konkret sprach das Memoire die kursierenden Behauptungen an, dass Georg I. sein Heimatland mittels britischer Ressourcen vergrößere, wie im Fall des Erwerbs von Bremen-Verden 1715, wobei er hierzu Großbritannien gegen seine politischen und ökonomischen Interessen, aber zum Vorteil des Kurfürstentums in den Nordischen Krieg hineingezogen habe. Dies seien selbstverständlich unbegründete Anschuldigungen. Stattdessen habe die kurfürstliche und königliche Politik hinsichtlich Harburgs seit 1708 gezeigt, dass Georg I. sich um die Förderung des direkten Handels zwischen Hannover und Britannien bemühe und danach trachte, Zwischenhändler in Hamburg und Bremen auszuschalten, die bisher den Warenverkehr verteuerten und damit auch verringerten. Die Privilegierung der Handelsgesellschaft sollte zusätzlich zeigen, dass sowohl Hannover als auch das britische Königreich Vorteile voneinander hätten. Denn der Erwerb Bremen-Verdens mit der Kontrolle der Wesermündung werde sich als Pendant zur zukünftigen Kontrolle der Elbe durch Har-

---

124 Harte, N.B.: The Rise of Protection and the English Linen Trade, 1690–1790. In: Ders./ Ponting, K.G. (Hrsg.): Textile History and Economic History. Manchester 1973, S. 75–112.
125 Reinert, Translating, S. 238–239.
126 Holmes, Geoffrey S.: The Making of a Great Power. Late Stuart and Early Georgian Britain. London 1993, S. 386; Black, Continental, S. 24–59.

burg erweisen und so große Bedeutung für den britischen Handel gewinnen.[127] Doch nicht nur für Georg I. konnten die vorgeschlagenen Aktiengesellschaften so einen Ausdruck seiner Loyalität zu Großbritannien darstellen. Umgekehrt bekannten sich die Investoren hinter den Unternehmen auch zur hannoverschen Erbfolge.

Die Deutsche Kanzlei in London war so angetan von den Ideen, dass sie dem Geheimen Rat im Kurfürstentum nur geringfügige Änderungen an den von der Handelsgesellschaft geforderten Privilegien vorschlug.[128] Nachdem in Hannover und Harburg lokale Hindernisse, insbesondere Desinteresse, Kapitalmangel sowie Widerstände in Verwaltung und Bevölkerung, zunächst vorgeherrscht hatten und ausländische Einzelunternehmer entweder scheiterten oder das Risiko scheuten, versprachen britische Investitionen in Aktien einer kurfürstlichen Kompagnie 1720, diese Probleme überwinden zu helfen. Dafür forderten die Investoren freilich eine Gegenleistung in Form einer stark auf den Außenhandel orientierten Komponente statt einer reinen Konzentration auf die innere Entwicklung des Territoriums. Die wirtschaftlichen Vorteile ergänzten allerdings solche politischer Natur, indem breitere Zustimmung für die hannoversche Thronfolge gewonnen werden sollte.

Dubliner Aktienbanken

Im Gegensatz zu Hannover ging in einem anderen Teil des Reichs Georgs I. die Initiative von der einheimischen Bevölkerung aus. In gewisser Weise brachten die führenden Teile der irischen Gesellschaft in der Emulation der Companyidee ihr Selbstbewusstsein als ‚Irish Protestant Nation'[129] zum Ausdruck und unterstrichen ihre Überzeugung, dass „Ireland's natural position should be at the hub not on the rim"[130] des Empires – obwohl sich die Lage in Wirklichkeit ganz anders darstellte.

Irland befand sich 1720 in einer verfassungsrechtlich unscharfen Position. Seit den 1690er Jahren hatte sich zwar die Gewohnheit entwickelt, dass der König

---

127 Memoire B, o.O. o.D. [Frühjahr 1720]. In: NLAH – Dep. 113, Nr. 22, unpag.
128 Anlage D, London 24.5./4.6.1720. In: Ebd., unpag.
129 McGrath, Charles Ivar: ‚The Public Wealth is the Sinew of the Life, of Every Public Measure'. The Creation and Maintenance of a National Debt in Ireland, 1716–45. In: Carey/Finaly, Empire, S. 171–207.
130 Bartlett, Thomas: Ireland, Empire, and Union, 1690–1801. In: Kenny, Kevin (Hrsg.): Ireland and the British Empire. Oxford 2004, S. 70; Pincus, Gulliver's Travels, S. 134.

das Parlament in Dublin alle zwei Jahre einberief. Dieses verfügte über das Steuerbewilligungsrecht und konnte andere Gesetze für das Land beschließen. Somit verfügten die anglikanischen Iren über eine begrenzte politische Mitbestimmung, während die katholische Bevölkerungsmehrheit ausgeschlossen blieb. Aber die ökonomische Unterordnung unter Großbritannien war eindeutig. Weil Westminster Irland als „rival to English trade and navigation" ansah, schlossen Gesetze die Insel in einer Reihe wichtiger Produkte von den Navigation Acts und damit dem Zugang zum britischen Empire aus.[131] Auf Druck englischer Kaufleute hatte das Parlament in Westminster 1699 außerdem den Export von irischer Rohwolle und von Wollstoffen in andere Länder als England verboten. Dies schützte englische Arbeiter und Kaufleute vor der Konkurrenz aus dem Westen. Im Gegenzug existierten zwar Prämien für die Leinenweberei in Irland, um die Bevölkerung zur Produktion einer Ware zu ermutigen, die in Britannien kaum hergestellt wurde. Einen richtigen Ersatz schuf dies einstweilen aber nicht.[132] „Mercantilism for Ireland in a British context meant, before 1779, dependency; it also usually meant [...] the absence of a broader vision of commercial integration as a tool of political integration."[133]

Am Ende des zweiten Jahrzehnts des 18. Jahrhunderts nahmen protestantische Iren das Verhältnis zu Großbritannien daher immer stärker als eines der Unterordnung wahr. Maßnahmen wie der in Westminster beschlossene Declaratory Act vom April 1720 verschärften dieses Gefühl zusätzlich. Denn das Gesetz schrieb vor, dass das britische Parlament Entscheidungen des irischen überstimmen konnte und dass für Gerichtsverfahren Westminster die letzte Instanz war. Auch den Woolen Act interpretierten Iren zunehmend als unterdrückerische Maßnahme, die schwere wirtschaftliche Probleme ausgelöst und das Land seiner dauerhaft einträglichsten Exportware beraubt habe. Ersatz schien nicht in Sicht, weil die sonstigen irischen Ausfuhren sich weitgehend aus Lebensmitteln zusammensetzten. Die Nachfrage nach diesen hing aber stark von Ernteausfällen

---

131 Morgan, Kenneth: Mercantilism and the British Empire, 1688–1815. In: Winch, Donald/ O'Brien, Patrick K. (Hrsg.): The Political Economy of British Historical Experience, 1688–1914. Oxford 2002, S. 168–169.
132 Zum Woolen Act besonders Kearney, H.F.: The Political Background to English Mercantilism, 1695–1700. In: Economic History Review 11 (1959), S. 484–496. Generell: Gillespie, Raymond: Economic Life, 1550–1730. In: Ohlmeyer, Jane (Hrsg.): Cambridge History of Ireland. Vol. 2: 1550–1730. Cambridge 2018, S. 552–553.
133 Harris, Towards, S. 85.

und Tierseuchen in anderen Ländern ab und schwankte daher von Jahr zu Jahr erheblich.[134]

Überlegungen, was man gegen die Misere unternehmen könne, wurden im April 1720 der Öffentlichkeit präsentiert. Die Problemanalyse baute zunächst auf der Wahrnehmung des Edelmetallbestandes in Irland auf. John Irwin argumentierte in einem Pamphlet, dass in den letzten Jahrzehnten durch die gesetzlichen Beschränkungen der irischen Exporte bei gleichbleibenden Importen ein erhebliches Handelsbilanzdefizit entstanden sei. Zum Ausgleich hätten Kaufleute daher viel Hartgeld exportieren müssen. Durch Zahlungen an in London lebende irische Grundbesitzer sei das Problem noch zusätzlich verschärft worden. Den Schlusspunkt der Entwicklung bilde

> another Circumstance [, which] has considerably encreased it [den Geldabfluss]. The expectation of extravagant Gain has prevailed on many Persons, to send over all the Mony they had Credit for, to purchase *Mississippi* and *South* Sea Stocks [...] and when this humour will have an End, no Body knows.[135]

Das Ergebnis war laut Irwin, dass „in the mean time, this Kingdom is Exhausted of the greatest part of its Current Cash". Damit befinde sich Irland in einer höchst problematischen Situation, denn Geldmangel verursachte, so die Sicht der Zeitgenossen, eine Verlangsamung der Wirtschaft insgesamt: „Draining it [Ireland] of the Mony that should keep up the Circulation of Trade, will, unless speedily remedied, cause a general Stagnation in the Body Politick."[136]

Für Abhilfe sollte eine Aktienbank in Dublin sorgen, die, gestützt auf ihr Stammkapital, Papiergeld ausgeben konnte. Die Idee, eine solche Währung einzuführen, war keine prinzipielle Innovation, wie Irwin betonte. Bislang emittierten allerdings nur Dubliner Privatbankiers solche Noten. Deren Edelmetallreserven stünden aber nicht immer in einem angemessenen Verhältnis zum ausgegebenen Papier, was bei zu starkem Rücklauf der Scheine Schwierigkeiten

---

134 Bartlett, Ireland, S. 61–89; McGrath, Charles Ivar: Politics, 1692–1730. In: Ohlmeyer, Cambridge History, S. 136–143; Simms, J.G.: The Establishment of Protestant Ascendancy, 1691–1714. In: Moody, T.W./Vaughan, W.E. (Hrsg.): A New History of Ireland. Vol. IV: Eighteenth-Century Ireland 1691–1800. Oxford 1986, S. 14–15. Allerdings sind die tatsächlichen ökonomischen Auswirkungen des Woolen Acts lange überschätzt worden. Vgl. Cullen, L.M.: Economic Development 1691–1750. In: Ebd., S. 131–138. Zur weiteren ökonomischen Entwicklung Irlands ebd., S. 123–158; Gillespie, Economic Life, S. 552–553.
135 Irwin, John: To the Nobility, Gentry and Commonalty of this Kingdom of Ireland. Dublin 1720, S. 1.
136 Ebd. Die Diskussion findet zahlreiche Parallelen in den Papiergelddiskussionen der britischen Kolonien in Nordamerika. Vgl. Newell, Dependency, S. 107–180.

verursache.[137] So sollte die geplante Bankgesellschaft größere Sicherheit bieten, als dies bisher der Fall war. Es gehe insgesamt ohnehin weniger um Neuerfindung als um Emulation, betonte Irwin:

> We partly know the Use and Benefit of Paper Credit already, and whoever considers that almost all the Trading Nations of Europe, and even the meanest Republicks have their several Banks, and that the Trade of *Great Britain*, could not be carryed on without many Millions of Paper Mony, will think it needless, to spend more time in enquiring into the Advantages of it.[138]

Nicht nur erklärte Irwin Irland damit zur Handelsnation, es war mithin keine Kolonie, sondern er hoffte, dass zusätzliches Geld es den irischen Kaufleuten auch erlauben werde, ihre Geschäfte auszudehnen. Dies bedeute in der Folge mehr Arbeit für Handwerker und führe zu einer insgesamt florierenden Wirtschaft. Obwohl die Bank in erster Linie Handel und Gewerbe dienen sollte, half sie am Ende laut Irwin aber doch auch jenen, die ihr Einkommen aus Verpachtung bezogen. Denn ohne Geld könnten die Landesbewohner weder Steuern noch Pachtgebühren bezahlen – die neue Bank mache dies mit ihrem Papiergeld möglich.[139]

Es blieb nicht bei diesen Überlegungen. Ende April erschien eine Zeitungsanzeige, die zur Zeichnung des Stammkapitals der Bank in Höhe von £500.000 aufrief. Die Subskriptionslisten lagen ab dem 19. Mai in einem Dubliner Kaffeehaus aus, und es dauerte lediglich vier Tage, bis mehr Anteile gezeichnet waren, als zur Verfügung standen. Noch mussten Zeichner kein Geld bezahlen, und um die irischen Edelmetallbestände auch in Zukunft nicht durch Einlagerung in der Bank noch zusätzlich zu verknappen, sah das Konzept für die Bank vor, dass Aktienkäufer auch Hypotheken mit fünfprozentiger Verzinsung übertragen durften. Wo sich Edelmetall als knapp erwies, schien Land die Fähigkeit zu besitzen, es als Einlage der Bank zu ersetzen. Damit schloss das Konzept in Teilen an Ideen

---

137 Hall, F.G.: The Bank of Ireland 1783–1946. Dublin 1949, S. 3–5; Cullen, L.M.: Landlords, Bankers and Merchants. The Early Irish Banking World, 1700–1820. In: Murphy, Antoin E. (Hrsg.): Economists and the Irish Economy from the Eighteenth Century to the Present Day. Dublin 1983, S. 25–30.
138 Irwin, To the Nobility, S. 2. Auf Beispiele von Banken in Italien und den Niederlanden schaute man auch in Massachusetts in den 1690ern, das sich in einer ähnlich abhängigen Stellung gegenüber dem Mutterland wähnte. Vgl. Newell, Dependency, S. 121.
139 Irwin, To the Nobility, S. 1. Vgl. zu den Grundvorstellungen bezüglich Geld in britischen Diskussionen Pincus, 1688, S. 391–392.

für Bodenbanken an, die seit den 1690er Jahren im britischen Empire diskutiert wurden.[140] Insgesamt wollten 132 Personen Aktien des Unternehmens erwerben. Darunter befanden sich Mitglieder aller politischen Richtungen. Zu den Zeichnern gehörten zudem Angehörige der gesellschaftlichen Spitze, wie James Hamilton, 6th Earl of Abercorn, und 48 Angehörige des irischen Unterhauses, aber auch ein anglikanischer Bischof und sechs niedere kirchliche Würdenträger. Offensichtlich wurde die Bank von der irisch-anglikanischen Führungsschicht des Landes, unabhängig von politisch-ökonomischen Überzeugungen, als eine Möglichkeit angesehen, die Wirtschaft der Insel zum Nutzen aller zu fördern. Gleichzeitig finden sich keine internationalen Investoren auf der Zeichnerliste.[141]

Ende Mai wurde dann auf einer Versammlung der Subskribenten der Entwurf einer Charter ausgearbeitet, außerdem wählte man einen Gouverneur und ein Direktorium. Während die Unternehmenskonstitution zusammen mit einem Memorandum über die Lord Justices an den Lord Lieutenant nach London ging, beschlossen die Aktionäre, auf demselben Weg auch eine Petition an Georg I. zu senden. In dieser baten sie den König, die Bank zu autorisieren. In London lebende Mitglieder des irischen Establishments ersuchte man im Juni ebenfalls um Hilfe bei den Beratungen mit der Regierung. Diese empfahlen dem Direktorium in Dublin, „to Shew the Use and Advantage as well as Necessity for such an Establishment and that 'tis not intended for a project but for a lasting and real Advantage to the Kingdom."[142] Darauf reagierten die Promotoren mit der Zusage, die Bank wolle in Zukunft Kredite zu einem Zinssatz von 5% vergeben statt der bislang üblichen 8%. Diese Maßnahme versprach aus Sicht der Zeitgenossen die Wirtschaft zu fördern.[143] Zudem betonten sie, dass die Bank dank der Möglichkeit, die Einzahlung der Aktien teilweise durch Hypothekenkredite zu begleichen, ein Fundament in ‚wahren' Werten habe.[144]

Dem ersten Companyprojekt in Dublin folgten im Juni schnell zwei weitere. Neben einer Feuerversicherungsgesellschaft, über die allerdings wenig bekannt ist, gründeten Unternehmer auch eine zweite Bank. Die Promotoren dieses Geldinstituts planten in ihrem Antrag für eine Charter, £1 Million Stammkapital aufzubringen. Als Anreiz für die Regierung in London, ihr Projekt zu genehmigen,

---

140 Diese Idee ist in abgewandelter Form auch in den Papiergelddiskussionen der britischen Kolonien in Nordamerika zeitgleich diskutiert bzw. in einigen auch bereits umgesetzt worden. Vgl. Newell, Dependency, S. 107–180.
141 Walsh, South, S. 143–157.
142 Zitat nach Ryder, Bank, S. 561.
143 Die Chronologie hier nach Ebd., S. 559–562. Außerdem Walsh, South, S. 125–138.
144 Dieses Argument wurde 1721 ausgeführt. Vgl. Ryder, Bank, S. 572.

versprachen sie, die irische Nationalschuld von £50.000 abzuzahlen.[145] Sie boten sich damit indirekt auch als Allianzpartner der Krone für andere Fälle an, in denen Geld gebraucht würde. Dies hatten die Promotoren der ersten Gesellschaft mit der Begründung abgelehnt: „it being the proper business of parliament to supply His Majesty's occasions".[146] In diesen unterschiedlichen Positionen zeigten sich zum einen die prekäre Stellung des irischen Parlaments gegenüber Großbritannien, zum anderen aber auch jene Auseinandersetzungen um die Rolle von Monarch und Parlament, die dem Londoner Bubble Act zugrunde lagen.

Die Aktien der zweiten von Lord Forbes als Gouverneur angeführten Bank zeichneten laut der überlieferten Subskriptionsliste aus dem Spätsommer 1720 insgesamt 207 Personen, welche Anteile im Nennwert von £521.000 zu übernehmen versprachen. Die geplante Company scheint stärker auf dem Londoner Kapitalmarkt Anleger geworben zu haben, als dies bei der ersten Bank der Fall war. Doch auch sie konnte namhafte Mitglieder der irischen Politik und Gesellschaft zu ihren Subskribenten zählen, darunter neun Mitglieder des Oberhauses, drei anglikanische Bischöfe und 44 Unterhausabgeordnete. Ausländer finden sich jedoch auch hier nicht unter den Zeichnern – dafür aber einige irische Katholiken. Während sich wie bei der ersten Gesellschaft keine Verortung der Subskribenten in einem politischen Lager beobachten lässt, gab es zwischen den Investoren der Unternehmen fast keine Überschneidungen.

Die Planungen für diese Aktiengesellschaften und die Aufrufe zur Subskription dürften ganz wesentlich die Entwicklung des Wechselverkehrs zwischen London und Dublin beeinflusst haben, auch wenn zumindest bei der ersten Bank zunächst noch kein Geld fällig wurde. Nachdem im April und Anfang Mai noch Kapital nach London floss, deutete der Wechselkurs ab der Mitte des Monats eine Umkehrung des Stroms an. Im letzten Maidrittel fiel er dann unter den Ausgangswert vom Anfang des Jahres und blieb bis Ende Juni kontinuierlich darunter. Einstweilen holten also entweder irische Investoren Geld aus London zurück, oder Anleger in der britischen Hauptstadt transferierten Guthaben nach Dublin, möglicherweise in der Hoffnung, bei den Banken dabei sein zu können.[147]

Irland war zweifelsohne eines der Länder in Europa, das am besten die drohenden Gefahren verdeutlichte, die die Unterwerfung unter eine andere Macht und deren ‚jealousy of trade' zur Folge hatte. Sogar in Massachusetts galt die

---

145 Ebd., S. 561–562; Walsh, South, S. 135–138.
146 Zitat nach Ebd., S. 138.
147 Hinweise für letzteres sind in den Zeichnungslisten der Bankprojekte überliefert, wobei sich exakte Zahlen nicht rekonstruieren lassen. Die Auswertung der Zeichnungslisten bei ebd., S. 148–149 u. 157.

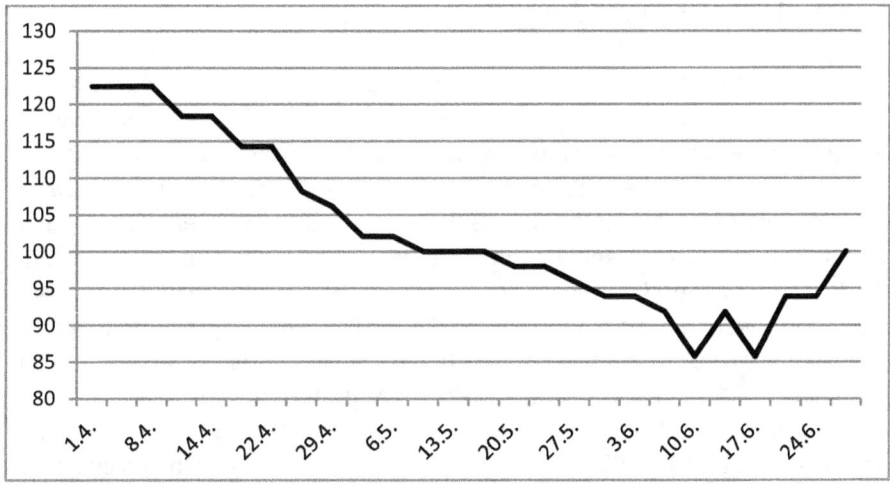

Grafik 14: Wechselkurs zwischen London und Dublin April/Mai 1720 (1. Januar = 100%) Course of the Exchange 1720.

grüne Insel als Beispiel für koloniale Unterentwicklung.[148] Doch die Emulation der Aktieneuphorie versprach, ähnlich wie im ebenfalls in seiner politischen und ökonomischen Bewegungsfreiheit eingeschränkten Portugal, einen Ausweg. Mittels einer großen Bankgesellschaft erhofften sich anglikanische Iren einen, zumindest begrenzten, Rückgewinn der Kontrolle über die eigene Wirtschaft. Die Insel war zudem, ähnlich wie Portugal und Hannover, vergleichsweise arm an flüssigem Investmentkapital. Das irische Projekt beschrieb aber im Kern einen Weg der Einlagengenerierung, der in einer solchen Situation ein Ausweg sein konnte: Land als Stammkapital ließe sich, so die Hoffnung, nutzen, um Papiergeld zu fundieren. Letzteres sollte dann gemäß zeitgenössischer ökonomischer Überlegungen den Geldumlauf beschleunigen und die Wirtschaft in Schwung bringen. Doch damit nicht genug: Die Wechselkursentwicklung macht zudem deutlich, dass neue Aktienprojekte Risikokapital durchaus auch in kleinere, periphere Orte zurückholen oder umleiten konnten – das war eine gute Nachricht für viele Länder und Städte, die über eine Emulation von Aktiengesellschaften nachdachten, denen es aber an Besitzern von Risikokapital oder der Bereitschaft, Grundbesitz als Ersatz anzuerkennen, mangelte.

---

148 Newell, Dependency, S. 168–169.

Eine Kolonie in Australien

Auch in Mitteleuropa dachten Promotoren weiter darüber nach, wie sich Aktiengesellschaften zur Ausdehnung des Warenverkehrs und der Handelsverbindungen sowie für Siedlungsprojekte nutzen ließen. Gottfried Zenner, bis 1720 Kammer- und Archivsekretär im Fürstentum Anhalt-Zerbst, entwarf einen besonders ambitionierten Kolonisationsplan.[149] Er stand zwar dem Aktienhandel grundsätzlich kritisch gegenüber. Bei seinem Projekt handele es sich jedoch um die Erschließung großer Reichtümer, nicht um eine der üblichen Seifenblasenideen. Dies verringerte aus seiner Sicht die Risiken einer ungerechtfertigten Hyperspekulation. Es verdeutlicht zugleich aber wiederum das Bemühen der Zeitgenossen, den ‚wahren' Wert von Projekten abzuschätzen.

Im Pamphlet schweift Zenners Blick auf der Suche nach von Europa nicht besetzten Landstrichen über Nord- und Südamerika sowie an den Küsten Afrikas entlang. Er kommt jedoch zu dem Schluss, dass all diese Regionen entweder bereits einer europäischen Macht unterstünden oder der Kolonisation nicht wert seien.

> Nur alleine ist noch übrig derjenige Welt-Theil, der das unbekante Süd-Land heisset, und so wohl von Africa als Ost-Indien, auf dem Aethiopischen, und Sud-Meer zwischen Asien und America gegen den Mittag zu ablieget, und biß an den Süd-Polar Circul sich erstrecket; Hier nun sollte wohl vor die Europäer, die sich versuchen und etwas hazardiren wollten, was zu thun seyn.[150]

Es müsse „in einem Lande oder Reiche von Europa eine Compagnie" errichtet werden, führte Zenner weiter aus, um „die allda gelegenen Lande und ihre Reichthümer, welche nur auf einen Conqueranten warten", einzunehmen. Er wollte „auch nicht zweiffeln, es habe die Mildigkeit, und Weißheit GOttes ein und anderer Nation in Europa, solche bis hieher verborgen gehaltenen Schätze selbiger Lande zugedacht".[151]

> An ihrer Fruchtbarkeit, und Reichthum in Specereyen, ingleichen Metallen, [sei] nicht zu zweiffeln, weilen sie eben die Breite und Erd-Länge haben, welche diejenigen Länder und Insuln haben, darinnen Gold, Edelgesteine, Gewürtz und andere Reichthümer des Orients

---

149 Vgl. zu Zenner: Mendheim, Max: Gottfried Zenner. In: ADB. Bd. 45, Berlin 1900, S. 65–66. Vorschläge zur Auffindung und Ausbeutung der terra Australis kursierten in Großbritannien schon um 1711. Vgl. Carswell, South, S. 50. Der Kolonialplan bildet nur einen Teil des Pamphlets. Andere Teile beschäftigten sich mit der Compagnie du Mississippi. Vgl. zur Interpretation dieser Abschnitte Rosenhaft, All That Glitters, S. 81–83.
150 Zenner, Historische, S. 65.
151 Ebd., S. 69.

und Occidents gefunden werden, als in Peru, Brasilien, Monomotova, Sumatra, Java, den Moluccischen, und Bandarischen Insuln, in jenem nehmlich den Südlichen Hemisphaerio; und in dieser Nordlichen halben Welt-Kugel, die Antillen-Insuln, Mexico, Guinea, Abyssina, die Insul Ceylon, das Königreich Siam, die Philippinischen Insuln und andere herrliche Lande mehr.[152]

Aus geographischen Analogien schloss Zenner, dass und welche Schätze sich in den noch unbekannten Ländern finden ließen. Sein Denken beruhte auf dem Glauben an einen göttlich geordneten Kosmos, in dem Ressourcen nach bestimmten Regelmäßigkeiten verteilt seien, die sich dem genau beobachtenden Menschen erschlössen. Und die noch nicht entdeckten Reichtümer, führte er weiter aus, habe Gott für die guten protestantischen Christen zurückbehalten. Kommerz war aus dieser Weltsicht in die göttliche Ordnung eingebunden und Gewinnaussichten gut abschätzbar.[153] Schlug Zenner zunächst vor, die Handelsschiffe aus Ostende sollten sich auf die Suche nach der Terra Australis konzentrieren, hatte er später im Text auch Schweden und Dänen im Blick. Diese würden nicht nur über eine ausreichende Seemacht verfügen, sondern „es würde ihnen auch der Göttliche Seegen, als Rechtgläubigen [d.h. protestantischen] Nationen [zuteil], wenn sie die gehörige GOttseeligkeit, als ohne welche nichts Gutes mit Bestand zu hoffen, mitnähmen und gebrauchten".[154]

Zenner gelang es so, in seinem Projekt die Emulation der Idee der Aktiengesellschaft mit einer klassischen Kolonialvision und grundsätzlichen religiösen Erwägungen zu verbinden. Diese Kombination erlaube dann einen ‚realen' Aktienhandel. Sein Aufruf scheint allerdings weitgehend ungehört verklungen zu sein. Es gibt keine Hinweise auf konkrete, an seine Idee anschließende Planungen. Das dürfte mit einer größeren Skepsis gegenüber solchen Projekten in Mitteleuropa zusammengehangen haben, die den Bedingungen der kleinstaatlichen und oft binnenländischen Territorien nicht entsprachen.

---

152 Ebd., S. 71–72.
153 Zu Vorstellungen des noch nicht entdeckten Australiens und der ‚Reichtümer' des Pazifiks aus spanischer Perspektive sowie englischen Plänen zur Erschließung Australiens durch Aktiengesellschaften vgl. Williams, Glyndwr: The Great South Sea. English Voyages and Encounters 1570–1750. New Haven/CT 1997, S. 7–12 u. 185–189, der jedoch zuweilen möglicherweise zu kritisch ist. Außerdem Markley, Robert: The Far East and the English Imagination, 1600–1730. Cambridge 2006, S. 214–215 u. 217–218.
154 Zenner, Historische, S. 73.

Die South Sea Company auf gutem Weg

Der Aktienkurs der South Sea Company in London hatte sich Mitte Mai um £350 stabilisiert, und auch die Einzeichnung unkündbarer Staatsschuldtitel zur Umwandlung in Aktien machte gute Fortschritte. Allerdings waren die Bedingungen der Konversion den bisherigen Inhabern noch bekanntzugeben.

Das im Mai veröffentlichte Angebot erwies sich als einigermaßen großzügig. Als Grundlage für die Umwandlung wurde ein Preis pro Aktie von £375 genommen. Zwar lag der Kurs am Tag der Bekanntgabe nur bei £340. Die Differenz verschwand aber durch den zugrunde gelegten Wert der Anleihen, welche die Direktoren der South Sea Company zum Zweck der Konversion überbewerteten. So nahmen sie beispielsweise für einen £100 Schuldschein mit einer Laufzeit von 99 Jahren einen Tageswert von £3.200 an. Die Regierung ging im April hingegen nur von £2.000 aus. Die Gläubiger erhielten die £3.200 von der South Sea Company in Form von sieben Aktien, was bei dem angenommenen Kurs £2.625 entsprach. Zusätzlich erhielten sie £575 in Bargeld und verzinslichen Schuldscheinen der South Sea Company. Bei Staatsschuldpapieren mit einer Laufzeit von 30 Jahren war die Relation £1.700 der South Sea Company gegenüber £1.400 der Regierung – der Anteil von Bargeld, Schuldscheinen der Company und Aktien unterschied sich zwischen verschiedenen ursprünglichen Anleihen etwas. Berechnet man den Einstiegskurs für die 99-Jahre-Staatsschuldscheine, so ergibt sich durch die Kombination aus Über- und Unterbewertungen sowie dem Verhältnis von Unternehmensanteilen zu Bargeld und Schuldscheinen ein Wert von £146,5 pro Aktie.[155] Sollte der Kurs der South Sea Company unter diesen Betrag sinken, verloren ehemalige Staatsgläubiger tatsächlich. Freilich bestand die Gefahr, dass sie sich schon bei weniger als £375 als relative Verlierer fühlen würden. Weil allerdings der Kurs am Tag nach der Bekanntgabe der Bedingungen auf £400 hochschnellte, schienen Sorgen vor Verlusten einstweilen unbegründet. Und so machte kaum ein Gläubiger von der Möglichkeit der Rücknahme seiner Einzeichnung von Ende April Gebrauch. Allerdings wussten letztere im Mai auch noch nicht, dass ihnen das Unternehmen ihre Anteile erst Ende Dezember aushändigte und sich ein kurzfristiger Verkauf daher als schwierig erweisen sollte.[156] Damit wurden viele Sparer, die bisher in Staatsanleihen investiert hatten, zu Aktionären.[157]

---

155 Scott, Constitution III, S. 309–311; Carswell, South, S. 125.
156 Dale, First Crash, S. 104.
157 Für Beispiele Laurence, Women Investors.

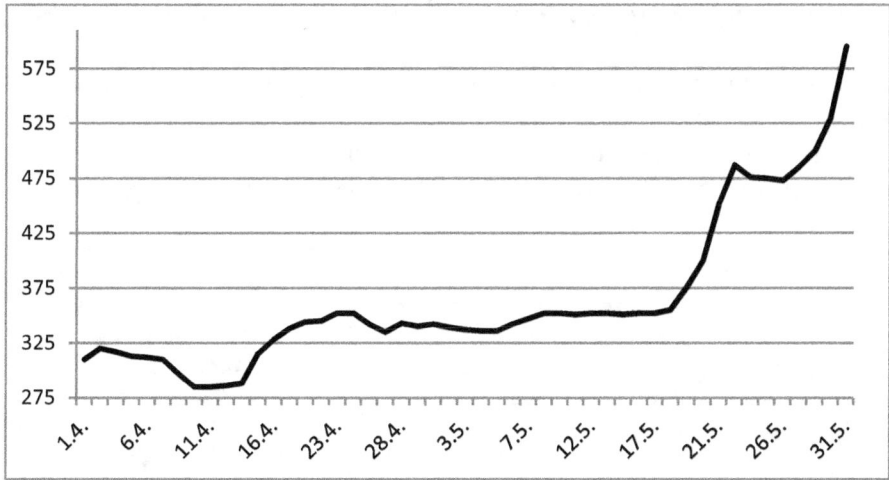

Grafik 15: Aktienpreis der South Sea Company Frühling 1720 (£) Frehen/Goetzmann/Rouwenhorst, New Evidence. Onlinematerial: https://papers.ssrn.com/sol3/papers.cfm?abstract_id=1371007 [Stand: 15.11.2019].

Währenddessen konnten sich die Direktoren der South Sea Company über den erfolgreich angelaufenen Schuldentransfer freuen. Sie hatten aber offenbar nicht mit dem plötzlichen Kursanstieg Mitte Mai gerechnet, der sich auch in der Folgezeit fortsetzte. Am letzten Tag des Monats handelten Spekulanten die Anteile des Unternehmens bereits für £595. Stattdessen war man in der Company eher von erneutem Preisdruck ausgegangen, weil sich erhebliche Liquiditätsengpässe am Londoner Geldmarkt andeuteten. Zusätzliches Kapital für die Investition in Unternehmensanteile war knapp, und so drohte jeder Aktienverkauf zu einem Absinken des Kurses zu führen. Als Reaktion darauf hatten die Direktoren am 20. Mai ein weiteres Kreditprogramm beschlossen, aus dem sie allerdings nur vergleichsweise wenig Geld vergeben mussten – insgesamt £400.000. Sie blieben damit aber auch nicht allein. Die Direktoren der Bank of England beschritten seit dem 10. Mai denselben Weg. Gegen Hinterlegung ihrer Anteile konnten sich Interessierte bei ihr gleichfalls Kapital borgen. Anleger griffen zu: Am Ende sollten 29 % der Aktien der Bank auf diese Weise dem Verkehr entzogen sein.[158] An der Bereitschaft, den Markt mit Liquidität zu versorgen und die Aktienkurse dadurch zu stützen, mangelte es insofern im Mai 1720 in London nicht.

---

[158] Neal, Rise, S. 112; Kleer, Riding, S. 279.

Internationale Kapitalströme und der Londoner Aktienhandel

Dafür, dass der Mangel an Barmitteln in London weitgehend ohne Inanspruchnahme der Kreditprogramme überwunden werden konnte, war der internationale Wechselmarkt verantwortlich. Doch auch in seinen Kursen hinterließ die Londoner Geldknappheit im späten Frühling deutliche Spuren.

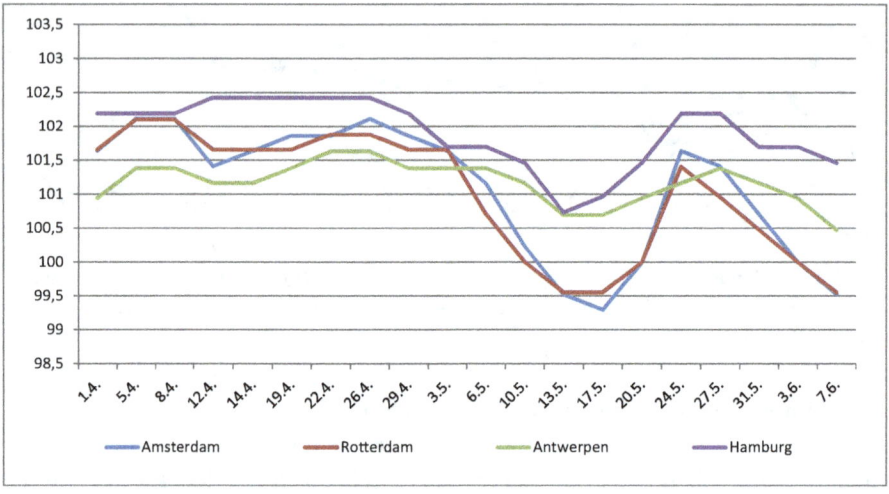

Grafik 16: Wechselkurse zwischen London und Nordseehäfen April/Mai 1720 (1. Januar 1720 = 100%) Course of the Exchange 1720.

Seit Februar hatten Anleger aus verschiedensten Regionen Europas Geld per Wechsel (aber auch in Edelmetall) zur Spekulation nach London transferiert. Im April und Anfang Mai bewegten sich die Wechselkurse dann zumeist auf einem Plateau oberhalb (Nordeuropa) bzw. unterhalb (Südeuropa) des Standes vom Jahresbeginn. Dies spricht für weitere Kapitaltransfers in die britische Hauptstadt. Auf den ersten Blick wirkt es so, als sei dann Mitte Mai kurzfristig Spekulationskapital aus der britischen Hauptstadt abgeflossen. Darauf deutet das Abfallen in Grafik 16 bzw. das Steigen in Grafik 17 hin. Der erste Anschein trügt jedoch. Vielmehr handelt es sich hierbei wohl um die Auswirkungen eines Ashton-Effekts zwischen dem 17. und 20. Mai.[159] Auf den akuten Geldmangel in London reagierten in- und ausländische Spekulanten, indem sie versuchten, Kapital aus dem Aus-

---

[159] Neal, Rise, S. 71. Zu dieser Wechselkurssignatur außerdem ebd., S. 67; Schubert, Ties, S. 108–116; Ashton, Economic Fluctuations, S. 113.

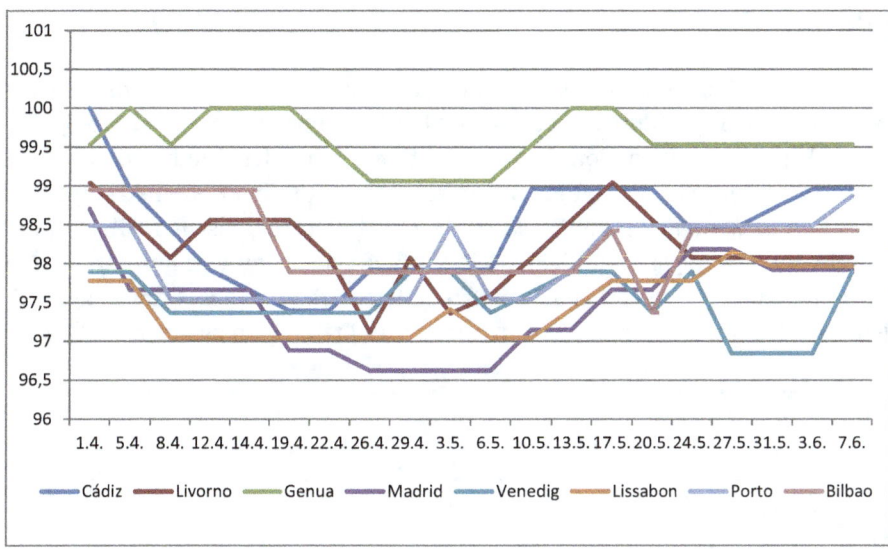

Grafik 17: Wechselkurse zwischen südeuropäischen Städten und London April/Mai 1720 (1. Januar 1720 = 100 %) Course of the Exchange 1720.

land nach London zu transferieren. Der hohe Druck, an Barmittel zu kommen, ließ die Kurse in Richtung zahlreicher Städte, wie in Paris im März, zunächst absacken, weil zu viele Wechsel auf den Markt kamen, für die es bei hohen Preisen an Käufern mangelte. Ab dem 24. Mai normalisierte sich die Situation wieder, das plötzliche Überangebot war absorbiert worden.

Es deutet sich insofern für Mitte Mai in London ein „scramble for liquidity" an.[160] Es war zunächst nicht genug Kapital vorhanden, um die Aktienkurse in der britischen Hauptstadt zu stützen, geschweige denn höher zu treiben. Ohne das von außerhalb Großbritanniens zuströmende Geld hätte der Londoner Markt vielleicht schon im Mai seinen Höhepunkt überschritten gehabt, oder die Direktoren der South Sea Company hätten wesentlich mehr Geld zur Kursstützung verleihen müssen. Dank ausländischer Hilfe ging die Spekulation jedoch weiter. Allerdings deutet sich auch das Risiko für den Londoner Markt an. Investmentkapital konnte bei günstiger Gelegenheit jederzeit woandershin fließen.

---

[160] Neal, Rise, S. 104.

Paris

Diese mittelfristige Gefahr ließ sich im Prinzip schon länger am Pariser Wechselkurs ablesen. Von dort war seit November/Dezember 1719 eine Menge Spekulationskapital nach London (zurück-)geströmt, und der Exodus dauerte im Frühling weiter an. Auch im Preis der Wechsel auf die französische Hauptstadt zeigt sich im Mai ein Ashton-Effekt (17. Mai nach dem julianischen Kalender der Grafik). Er ist weniger auffällig, mit einer Differenz von gut vier Prozentpunkten allerdings stärker ausgeprägt als bei den anderen Städten. Dieses Ansteigen hing jedoch nicht mit Londoner, sondern mit Pariser Ereignissen zusammen.[161]

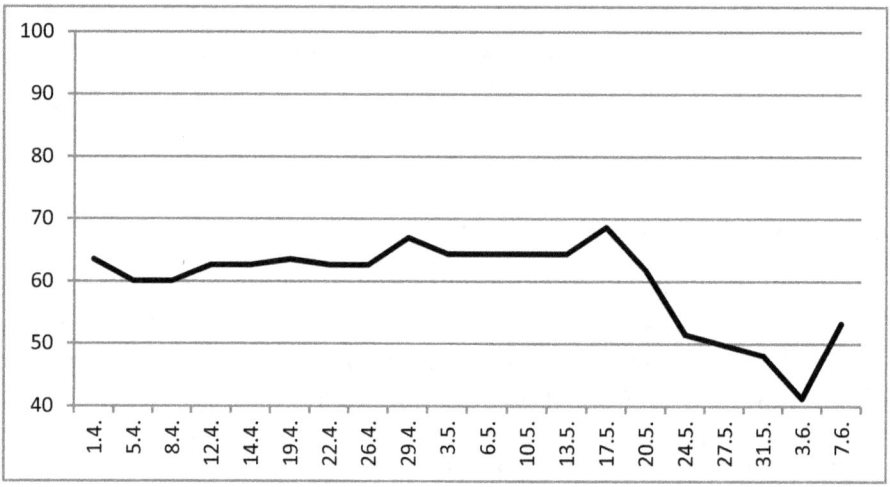

Grafik 18: Wechselkurs zwischen Paris und London April/Mai 1720 (3. Juli 1719 = 100 %) Course of the Exchange 1720.

In der französischen Hauptstadt ließ John Law am 10. Mai (21. Mai nach dem gregorianischen Kalender) eine Art Deflationserlass veröffentlichen. Mit diesem wollte er auf die Auswirkungen seiner Maßnahmen aus dem März reagieren, die unter anderem den Aktienpreis der Compagnie du Mississippi auf 9.000 Livre festgeschrieben hatten – ein Schritt, der zum weiteren Anstieg der Papiergeldinflation beitrug. Das Edikt setzte nun fest, dass der Wert von Unternehmensanteilen sofort auf 8.000 Livre sank und bis zum 1. Dezember schrittweise auf 5.000 Livre fallen sollte. Mit dem Wert der Banknoten verfuhr Law ganz ähnlich, so dass

---

[161] Ebd., S. 70. Außerdem ebd., S. 67; Schubert, Ties, S. 108–116; Ashton, Economic Fluctuations, S. 113.

jene à 10.000 Livre ab sofort nur noch einen Wert von 8.000 Livre besaßen und bis zum 1. Dezember auf 5.000 Livre sanken.[162] Diese Maßnahmen stießen jedoch in der Bevölkerung auf Widerstand, weil es sich dabei um einen eklatanten Vertrauensbruch handelte. Der öffentliche Druck sorgte dafür, dass man das Dekret eine Woche später am 17. Mai bereits wieder aufhob. Daraufhin zog der Wechselkurs an, was auf einen erneuten erheblichen Geldabfluss gen London hinweist. Das direkt folgende Fallen unter den Ausgangswertes lässt zudem auf einen Kindleberger-Effekt schließen – ein Zeichen dafür, dass die Spekulationsblase in Paris nun endgültig geplatzt war und internationale Anleger förmlich aus Paris flohen.[163] Mit aller Macht und unter Hinnahme von 80% Verlust wünschten ausländische Spekulanten Geld von Paris nach London zu übermitteln. Hierbei zogen sie auch französische Investoren mit.

Nach all diesen Verwirrungen notierten die Anteile der Compagnie du Mississippi Ende Mai nur noch zwischen 4.200 und 4.500 Livre. Der Regent enthob Law seines Amtes als Generalkontrolleur der Finanzen und stellte ihn unter Hausarrest. Dieser währte zwar nur kurzzeitig bis Anfang Juni. Anschließend erhielt der schottische Finanzspezialist als Generalintendant für Handel auch wieder eine offizielle Stellung – ein Hin-und-Her, das auf massive Machtkämpfe seiner Gegner und Unterstützer im Umfeld des Herzogs von Orléans hindeutet. Dem Aktienkurs der Compagnie du Mississippi half Laws Rückkehr aber nur kurzfristig etwas. Danach sackte er in den Folgemonaten immer weiter ab. Es erwies sich zudem als zunehmend schwieriger, für das umlaufende Papiergeld Abnehmer zu finden. Gold- und Silbermünzen zirkulierten hingegen kaum noch. Zugleich kam es in Paris mehrfach zum Ansturm auf die Banque Royale. Neben der ökonomischen Verwerfung sorgte schließlich auch der Widerstand des Parlements gegen Law und den Herzog von Orléans für eine innenpolitische Destabilisierung in Frankreich.[164]

Vom Vorbild wandelte sich die Pariser Aktieneuphorie so für zahlreiche Menschen in Europa zum Schreckensbild. Für andere Beobachter lieferte der Zusammenbruch hingegen Hinweise, was für eine erfolgreiche Emulation zu berücksichtigen war.

---

162 Murphy, John Law, S. 307.
163 Neal, Rise, S. 70. Dort im Gegensatz zu Schubert, Ties, S. 137–138, der dies nicht sieht.
164 Murphy, John Law, S. 303–375.

Crash und Boom im Frühjahr: Eine Zwischenbilanz

Recht präzise gibt die Reihenfolge der Begriffe in der Kapitelüberschrift die aus heutiger Sicht merkwürdige Entwicklung im Frühjahr 1720 wieder. Obwohl sich die Risiken der Aktienspekulation am Beispiel Frankreichs und am Pariser Wechselkurs abzeichneten, hielt dies Akteure in anderen Teilen Europas nicht von ihren Planungen für Unternehmen ab, die allesamt auf Probleme reagieren sollten, die in zeitgenössischen ökonomischen Begrifflichkeiten beschrieben wurden. Die Organisationsform der Aktiengesellschaft sollte aber nicht nur wirtschaftliche Schwierigkeiten beheben und bei der Abtragung von Staatsschulden helfen, sondern in manchen Regionen zudem als Instrument zur Rückgewinnung politischen Handlungsspielraums oder der innenpolitischen Befriedung dienen. Möglichkeiten zur Emulation schienen somit mannigfaltig vorhanden. Freilich stellte sich stets die Frage, woher das Stammkapital für eine Gesellschaft kommen konnte – doch Geldflussdynamik und das Nachdenken über Alternativen zum Edelmetall als Einlage schufen hier auch für kapitalarme Regionen neue Möglichkeiten.

Besonders ausgeprägt zeigte sich der Boom in London, wo einerseits die Schuldenkonversion der South Sea Company erfolgreich anlief, andererseits aber von den vielen Vorschlägen für Companies bis Ende Mai nur wenige die Autorisierung oder zumindest indirekte Unterstützung des Monarchen und/oder des Parlaments in der innenpolitisch komplizierten Gemengelage erhielten. Dennoch sind die verschiedenen Pläne instruktiv, weil sie das Spielen mit der Organisationsform Aktiengesellschaft – ihre Anpassbarkeit an Anlegergruppen und Unternehmenszwecke (was freilich auch andernorts erfolgte) – deutlich vor Augen führen. Schließlich war London auch der Ort, an dem im Frühjahr 1720 vielleicht am heftigsten über ein Grundproblem diskutiert wurde, das die rasant steigenden Aktienpreise offenbarten: Was waren wahre Werte? Welche Preise schienen für Aktien gerechtfertigt? Welche Wirkung hatte Aktienspekulation auf die reale Wirtschaft?

Sommer 1720

1. Juni 1720

South Sea Company	720
Bank of England	215
East India Company	290
Royal African Company	140
London Assurance	54
Royal Exchange Assurance	91

Nicht datierbare Aktienpreise neuer Unternehmen[1]

	eingezahlt	Höchstpreis 1720
Harburg Company	15	120
Schiffbarmachung des Dougals	5	70
Frischwasser für Liverpool	10	20
Temple Mills brass works	10	250

London, 3. Juni: „Die *Fureur* der Leuthe vor die *actien* der *Compagnie de la Mer du Sud* ist so starck, daß sie gestern morgen dieselbe biß zu Neunhundert und Funffzig *poussiret* haben, des Abend sind sie wieder biß 800 gefallen, [...] Ob dieses hiesiger *Nation avantageur* oder vielmehr schädlich seyn wird, darüber sind hier viele *differente* Meinungen. Die erste Frucht, welche die *Sud*-See *Compagnie produciret*, ist daß viele Leuthe zu Narren geworden, wie den ein gewißer sonst kluger Mann, so bläde geworden, daß er Tag und Nacht nichts anders Thut, aß immer rechnen und *transporte* machen aus der *Sud*- in die *Ost* Indische und aus selbiger in die *africanische Compagnie*, ich fürchte die bevorstehende Hitze werde noch üble *Suiten* nach sich ziehen."[2]

London, 14. Juni: „Die Actien überhaupt, insonderheit aber der Süder-Compagnie ihre, sind vergangenen Mittwoch sehr hoch, nemlich von 600 auff 700. Gestiegen; Sie sind zwar wieder in etwas gefallen, man zweifelt aber nicht, sie werden in wenigen Tagen bis auf 1000 hinankommen, weil es gewiß ist, daß die Compagnie die Sache durch ihre Agenten zu dem Ende so starck treiben lässet, daß der große Profit die Besitzer der jährlichen Leibes-Renten zur Unterschreibung anlocken soll."[3]

London, 25. Juni: „[D]er Süder-Compagnie ihre [Aktien stehen] auf 715. welche aber bis gegen Weyhnachten, wie ihrer viele hoffen, bis auf 1500 steigen werden"[4].

---

1 The South Sea Bubble, S. 73–74.
2 Johann v. Wallenrod an Friedrich Wilhelm I., London 3./14.6.1720. In: GSTAPK – I. HA, Rep. 11, Nr. 1908, S. 94.
3 Schlesischer Nouvellen Courier 1.7.1720.
4 Ebd. 11.7.1720.

Frühsommer in der Exchange Alley

Auch im Juni wurde in der Londoner Exchange Alley weiter spekuliert, und dies nicht nur mit den Aktien etablierter Gesellschaften, sondern zusätzlich mit immer mehr Subskriptionszetteln neuer Companies. Deren Kurse schossen zumindest teilweise in die Höhe. Bei 40 Unternehmen, für die es Daten gibt, betrug der Preisanstieg prozentual in 22 Fällen mehr als bei der South Sea Company selber. Das heißt, sie erfreuten sich ausgesprochen großer Beliebtheit bei Investoren und Spekulanten.[5] Täglich kamen zudem weitere Subskriptionen hinzu. Im ersten Junidrittel und damit noch vor Verabschiedung des ‚Bubble Acts' warben 76 Gesellschaften um Anleger – die Emulation der Organisationsform für immer weitere Unternehmenszwecke hatte offensichtlich ihren Höhepunkt noch nicht erreicht.[6] Vielleicht wollten die Promotoren auch sicher gehen, dass sie ihre Anteile verkauft hatten, bevor das Parlament das Gesetz gegen nicht-autorisierte Zeichnungen verabschiedete. Ein königliches Patent oder eine parlamentarische Charter würde sich dann vielleicht im Nachhinein erlangen lassen – zumal die Versicherungsgesellschaften ja zeigten, dass es dabei im Zweifelsfall nur auf die Bezahlung eines entsprechenden Geldbetrags ankam.[7]

Der Abschluss des Gesetzgebungsverfahrens zum ‚Bubble Act' am 11. Juni 1720 dämpfte die Ankündigungen für neu zu gründende Aktiengesellschaften dann jedoch erheblich, weil Unsicherheit über das weitere Verfahren herrschte. Das Parlament hatte schon in der letzten Maiwoche Petitionen auf Erteilung einer Charter von einigen neugegründeten Companies abgelehnt.[8] Mit dem Act machte es nun zudem deutlich, dass es die vielen Subskriptionen ohne seine Genehmigung nicht länger tolerieren wollte und dass der missbräuchlichen Nutzung bestehender Charters ein Riegel vorgeschoben werden sollte. Damit wiederholte es implizit auch den Hinweis an den König, royale Patente nicht zur umfangreichen Finanzierung von Ausgaben am Parlament vorbei einzusetzen. Insofern versuchte das Gesetz dem Monarchen für die Zukunft Grenzen aufzuerlegen. An der Regierung war es jetzt, für die administrative Umsetzung des ‚Bubble Acts' zu sorgen. Dafür wies sie am 23. Juni den Attorney und den Solicitor General an zu ermitteln, wie man auf seiner Grundlage am schnellsten gegen illegale Gesellschaftsgründungen vorgehen könne.[9]

---

5 Scott, Constitution I, S. 418–421; Frehen/Goetzmann/Rouwenhorst, Evidence.
6 Scott, Constitution III, S. 452–456.
7 Relations Courier Hamburg 14.6.1720.
8 Journals of the House of Commons 19, S. 366; Relations Courier Hamburg 18.6.1720.
9 Carswell, South, S. 129–130.

Der ‚Bubble Act' und die Erwartung seiner Anwendung scheinen zum Einbruch der Kurse zahlreicher neuer Unternehmen geführt zu haben, die keine Charter besaßen. So berichtete der Korrespondent des *Relations Courier Hamburg* am 25. Juni: „Die Bubble-Actien gelten anjetzo nur einen Drittheil von dem was sie vor 4 Tagen gegolten".[10] Seit der Veröffentlichung des Gesetzes in der Change Alley und an der Börse „hätte das Zusammenlauffen der Actien-Händler und anderer Interessenten in diesem Negoce sehr abgenommen."[11] Doch nicht alle Promotoren gaben auf. Stattdessen gingen (wieder) vermehrt Petitionen mit der Bitte um ein Patent an den königlichen Privy Council – insgesamt mindestens 18 Stück. Dieser lehnte erst Mitte Juli sämtliche Anträge endgültig ab.[12]

Allerdings war damit der möglicherweise illegalen Nutzung alter Charters durch einige Companies noch kein Riegel vorgeschoben. Dieses Problem blieb einstweilen bestehen. Außerdem hatte das Gesetz neue Subskriptionen auch nicht vollständig verboten. Vielmehr verblieben hierfür außer dem königlichen Patent noch zwei weitere legale Möglichkeiten: Erstens konnte versucht werden, andere Rechtsformen in einem Prozess der Emulation an die Idee der Aktiengesellschaft anzugleichen, zweitens durften auch die rechtmäßig bestehenden Companies neue Anteile ausgeben, soweit ihre Charters nichts Gegensätzliches festlegten. Beide Wege ließen reichlich Spielraum für weitere Abwandlungen der Idee der Aktiengesellschaft und für die Ausnutzung der Börseneuphorie.

Afrika und London

Ein Projekt, das durch den Wechsel der Rechtsform versuchte, den ‚Bubble Act' zu umgehen, stammte von Humphrey Morice. Er war einer der namhaftesten Londoner Sklavenhändler des frühen 18. Jahrhunderts und zugleich Parlamentsabgeordneter, Sympathisant der Versicherungsgesellschaften[13] und Direktor der Bank of England.

Seit der Jahrhundertwende kämpfte Morice dagegen an, dass die Royal African Company erneut ein Monopol erhielt, weil dies seine eigenen Geschäfte zu beeinträchtigen drohte. Von kleinen Anfängen ausgehend, segelten 1720 acht Schiffe für den Kaufmann an die afrikanische Küste und im atlantischen Dreieckshandel. Informationssammlung und geschickte Anweisungen an seine

---

10 Relations Courier Hamburg 4.7.1720.
11 Ebd. 16.7.1720.
12 Carswell, South, S. 137; Gower, South Sea, S. 219; Schlesischer Nouvellen Courier 15.8.1720.
13 Gutachten des Attorney General Nicholas Lechmere, o.O. 3.3.1720. In: The Special Report, S. 42.

Kommandanten ermöglichten ihm eine außergewöhnliche Effektivität. Diese basierte auch darauf, dass er, obwohl prinzipiell im Sklavenhandel aktiv, seine Schiffe nur in Notfällen mit menschlicher Fracht den Atlantik überqueren ließ. Im Idealfall sollten sie hingegen Waren nach Afrika transportieren und mit deren Verkauf direkt Rückfrachten für England, unter anderem Gold und Elfenbein, erstehen. Die doppelte Ozeanüberquerung, von Afrika in die Karibik und von dort nach England, hatte aus seiner Sicht genau den Nachteil, unter dem die alte Royal African Company litt: dass Informationen über Warenbedarf und afrikanische Modetrends mit zu großer Zeitverzögerung in London eintrafen, als dass sie für die nächste Schiffsladung hätten berücksichtigt werden können. Der direkte Verkehr zwischen Westafrika und London ermöglichte hingegen einen wichtigen Zeitvorteil gegenüber der Konkurrenz. Morice setzte mithin in erster Linie auf bilateralen Handel.[14] Seine Strategie ähnelte somit zum Teil jener der neu organisierten Royal African Company, allerdings interessierten ihn weder Plantagen noch die Suche nach Gold.

Morice beabsichtigte das von ihm erprobte System durch die Gewinnung von Investoren weiter auszubauen. Wohl um das Verbot des ‚Bubble Acts' zu umgehen, wollte er jedoch eine Co-Partnership, also eine Teilhabergesellschaft gründen. Der Wechsel der Rechtsform hatte den Vorteil, dass keine offizielle Charter notwendig war, sondern nur ein Vertrag unter den Mitgliedern. Dadurch umging Morice das Gesetz gegen Subskriptionen. Allerdings ergaben sich auch einige Nachteile, denn Partnerships waren eigentlich für kleine Personenkreise gedacht. Oft kannten sich alle Finanziers persönlich. Außerdem löste sich ein so organisiertes Unternehmen mit dem Tod eines Teilhabers automatisch auf, und der Handel mit den Anteilsscheinen, der die rasanten Aktienkursanstiege ermöglichte, unterlag zahlreichen Erschwernissen. Schließlich mussten alle Teilhaber wichtigen Entscheidungen geschlossen zustimmen und hafteten für Verluste mit ihrem Privatvermögen, auch über das eingezahlte Kapital hinaus – wobei beschränkte Haftung auch bei Aktiengesellschaften noch nicht die Norm darstellte.[15] Zentrale Merkmale der Aktiengesellschaft fehlten damit aus heutiger Sicht. Allerdings schienen die Probleme den Zeitgenossen beherrschbar. Verschiedene Entwürfe für den Partnership-Ver-

---

14 Rawley, James A.: London, Metropolis of the Slave Trade. Columbia 2003, S. 40–56. Zu den Problemen der Royal African Company Hermann, Money, S. 103.
15 Vgl. Aldous, Michael/Condorelli, Stefano: An Incomplete Revolution. Corporate Governance Challenges of the London Assurance Company and the Limitations of the Joint-Stock Form. In: Enterprise & Society 34 (2019), S. 17.

trag von Morice' Unternehmen sind überliefert, die die Schwierigkeiten möglichst eindämmen sollten.[16]

Die rechtlichen Finessen und ihre weiteren Implikationen scheinen jedoch mindestens für einige Investoren gar keinen Unterschied gemacht zu haben. Dies lässt sich Subskribentenbriefen an Morice entnehmen: Die Schreiber unterschieden sprachlich selten zwischen Aktien und Anteilen an einer Partnership – es wird zumeist einfach von „share" oder „stock" gesprochen.[17] Auch gestanden die an der Zeichnung Interessierten freimütig ein, sich zum Afrikahandel bislang keine Meinung gebildet zu haben. So schrieb John Gibbons, als er um Berücksichtigung bei der Verteilung der Anteile bat: „I never had any Opinion Of that Trade til now, & the reason I have now is because I suppose it will be Cheifley under your direction".[18] Henry Knollys gab an, Morice' Urteilsvermögen voll zu vertrauen.[19] Joseph Andrews vermutete, dass „the Character of that Gent ... [is] likely to give a Great Credit to such an Affair".[20] Alles in allem erhoffte sich E. Cardigan, das Unternehmen werde „in all probability ... be of very considerable advantage to the subscribers".[21] Freilich scheint der Wert dieses Lobs fraglich, bewarben sich die Autoren doch um die Verteilung einer begrenzten Anzahl Unternehmensanteile. Mit dem proklamierten Vertrauen in Morice hing aber wohl auch zusammen, dass fast ein Drittel der Subskriptionswilligen gar nicht angab, wie viel sie zu zeichnen beabsichtigten. Acht Interessenten erbaten so viel wie möglich, zwölf spezifizierten die Summe nicht weiter. Von den Verbliebenen wünschten sich die meisten namhafte Summen: einer £200, einer £300, neun £500, zehn £1.000, neun £2.000, drei £3.000, zwei £4.000, fünf £5.000 und drei £10.000. Es war für die Investoren also nicht Voraussetzung, tatsächlich über Wissen zum Afrikahandel zu verfügen. Es genügte, den führenden Kopf des Unternehmens in London als vertrauenswürdigen Menschen und kompetenten Geschäftsmann zu kennen.

Trotz Umgehung der offiziellen Genehmigung mittels Partnership-Vertrag lassen sich zudem Verbindungen in die Regierung finden, die wiederum eine

---

16 Undatierte Entwürfe. In: BEA – Humphrey Papers 542, unpag., #4. Zum Unterschied zwischen Aktiengesellschaft und Personengesellschaft Carruthers, City, S. 131–134; Patterson/Reiffen, Bubble, S. 166; Turner, John D.: The Development of English Company Law before 1900. Working Paper 2017.
17 Siehe die Schreiben in: BEA – Humphrey Papers 532, unpag.
18 John Gibbon an Humphrey Morice, o.O. 8.7.1720. In: Ebd., unpag. Sprachlich denkbar ist auch, dass Gibbons zuvor eine schlechte Meinung vom Afrikahandel hatte. Bei dieser Übersetzung wäre aber der zweiten Halbsatz nur bedingt verständlich.
19 Henry Knollys an Joseph Moyle, Southampton 5.7.1720. In: Ebd., unpag.
20 Joseph Andrews an unbekannt, London 21.6.1720. In: Ebd., unpag.
21 E. Cardigan an unbekannt, Hambley 11.7.1720. In: Ebd., unpag.

allgemeine Abneigung offizieller Stellen gegenüber Spekulation unwahrscheinlich erscheinen lassen. Einige Regierungsmitglieder wurden von Investitionswilligen um Unterstützung gebeten bei ihrem Bestreben, Anteile von Morice zu bekommen – denn an diese kam man offenbar nicht einfach heran. Die Offiziellen gewährten solche Hilfe auch. So finden sich in den Briefen Fürsprachen von Charles Delafaye, Mitarbeiter im Northern Department unter Staatssekretär Stanhope, und von Horatio Walpole, Diplomat und Bruder des führenden Whig Robert Walpole. Joseph Andrews klagte hingegen: „It is my particular misfortune at this juncture that Mr. [Robert] Walpole is in Norfolk who I assure my self wou'd have been so good to have spoke or writt to Mr. Morris on this heed".[22]

In Morice' Projekt wurde somit eine Alternative zur Emulation der Aktiengesellschaft an sich entworfen, die freilich einigen Schwierigkeiten unterlag. Neben Hürden in der Organisationsform fiel zudem die Verbindung zum Staat weniger stark aus – sie blieb persönlicher, als dies für die größeren offiziellen Aktiengesellschaften galt. Allerdings ist unklar, ob dies den Subskribenten in der Hitze der Spekulation im Sommer 1720 tatsächlich bewusst war. Sie verließen sich eher auf ihre Kenntnis der Person Morice oder hofften, erworbene Anteile schnell wieder mit Profit losschlagen zu können.

Lebendfisch aus allen Meeren

Doch neben der Partnership standen nach dem ‚Bubble Act' noch andere Wege zur legalen Subskription weiterhin offen. Das Fish-Pool-Projekt macht die Ambivalenzen nicht nur der Rechtsinstitute, sondern auch der persönlichen Überzeugungen hinsichtlich Companies deutlich. Denn obwohl Richard Steele im Winter die Schuldenkonversion der South Sea Company lautstark kritisierte und die Bildung eines Monopols fürchtete, hielt ihn dies im Sommer 1720 nicht davon ab, selber eine Aktiengesellschaft ins Leben zu rufen.[23] Prinzipiell erlaubt war ihm die Gründung einer solchen trotz des ‚Bubble Acts', weil er schon ein königliches Patent für eine Erfindung in Händen hielt.[24] Dieses erlaubte es ihm auch jetzt noch, andere Personen an dem Unternehmen zu beteiligen.

Bereits seit Anfang der 1710er-Jahre hatte Steele an einem Projekt gearbeitet, das, wie in verschiedenen Begrifflichkeiten mehrfach wiederholt, „a Benefit to all

---

22 Joseph Andrews an unbekannt, London 21.6.1720. In: Ebd., unpag.
23 Seine Kompagnie hat bislang wenig Beachtung gefunden und ist in der Regel als Unsinn abgetan worden. Vgl. z. B. Walsh, South, S. 125. Hier wird eine andere Position vertreten.
24 Winton, Calhoun: Sir Richard Steele, M.P. The Later Career. London 1970, S. 183–184.

the World" werden könne.²⁵ Er hatte die Idee, Fisch „Wherever taken, [lebend und frisch] to any other Part However Distant" zu transportieren.²⁶ Dadurch hoffte er, den Preis für dieses Lebensmittel zu drücken und die Qualität zu verbessern. Die Idee war keineswegs vollkommen neu. Es gab bereits sogenannte ‚well boats', die über Wasserbecken im Rumpf verfügten, in die man lebend gefangene Fische setzte. Als Problematisch erwies sich jedoch, dass die Tiere mit der Zeit den Sauerstoff im Wasser aufbrauchten und deshalb nicht mehr so richtig frisch an Land ankamen. ‚Well boats' seien „Vehicle to bring Fish wasting alive, and to be delivered sick and decay'd".²⁷ Zudem waren die Becken innerhalb des Rumpfs bei Seegang gefährlich, weil das herumschwappende Wasser das Schiff destabilisieren und zum Kentern bringen konnte. Steeles Entwurf eines ‚Fish-Pool', den er zusammen mit dem Mathematiker Joseph Gillmore bereits 1718 der Öffentlichkeit in einem Pamphlet präsentierte, sah demgegenüber eine Reihe Verbesserungen vor. Statt nur mittig über einen Tank zu verfügen, sollte das gesamte Unterdeck des Schiffes mit Wasser gefüllt sein. Dadurch würde der Schwerpunkt nach unten verlagert und ein Kentern bei schwerem Seegang unwahrscheinlicher. Zusätzlich planten die Erfinder am Bug und Heck Gitter einzubauen, die einen regelmäßigen Wasseraustausch im Tank und damit die Sauerstoffzufuhr sicherstellen sollten.²⁸ Für den Entwurf erhielten beide schließlich ein königliches Patent zur Ausbeutung der Erfindung.²⁹

Schon vor der Veröffentlichung des Pamphlets und dem Entstehen der South Sea Bubble hatten Steele und Gillmore, zusammen mit Unterstützern, ein Schiff nach ihren Plänen bauen lassen. Damit wollten sie den Nachweis der Seetauglichkeit und der Eignung für den Fischtransport erbringen. Zu einer ersten Fangfahrt kam es 1719. Zeitungen berichteten mehrfach, das Fahrzeug sei seetauglich und dem Zweck entsprechend konstruiert.³⁰ Neben der Entwicklungsarbeit und der Versuchsfahrt beschäftigten die beiden Erfinder einerseits

---

25 Steele, Richard/Gillmore, Joseph: An Account of the Fish-Pool [...]. London 1718, hier S. 2.
26 Richard Steele an John Law, o. O. 12. 8.1719. In: Blanchard, Rae (Hrsg.): The Correspondence of Richard Steele. London 1941, S. 141–142.
27 Steele/Gillmore, Account, S. 45.
28 Ebd. Vgl. zur Frühgeschichte auch Aitken, Life, S. 157–179.
29 Richard Steele passte insofern gut in die Gruppe jener, die Patente nachsuchten, wie Christine MacLeod, 1690s, S. 557, sie umrissen hat. „A patent was more likely to be sought to protect an invention that was mechanical rather than chemical, pertaining to a centralized, highly capitalized field, where competition was fiercer than usual, and that was made by someone outside the normal structure of manufacturing to which it related."
30 Daneben ist auch ein Brief und Bericht des Kommandanten des Schiffes überliefert: Henry Cutteford an Richard Steele, Poole 29. 5.1719. In: Blanchard, Correspondence, S. 135–136. In den Fußnoten zum Bericht auch die Verweise auf die Zeitungsartikel.

Rechtsstreitigkeiten hinsichtlich ihres alleinigen Rechts zur Patentverwertung, andererseits dachten sie über die weitere Nutzung ihrer Idee nach. Zunächst scheinen sie die Gründung einer Co-Partnership erwogen zu haben – dieses Faktum verdeutlicht noch einmal die bis zur Spekulation mit den Anteilen der Compagnie du Mississippi eher skeptische Haltung gegenüber Aktiengesellschaften in Großbritannien. Im Juli und August 1719 bemühte sich Steele daher um Teilhaber, wie James Brydges, Herzog von Chandos. Zudem holte er Rat bei Robert Knight ein, dem Kassierer der South Sea Company, und bat John Law in Paris um Protektion und die Garantie der Verwertungsrechte für seine Erfindung in Frankreich.[31] Danach verschwindet der Fish-Pool für einige Monate aus den überlieferten Quellen.

Im Sommer 1720 taucht er dann jedoch wieder auf, in einer Atmosphäre, in der seit dem Herbst 1719 zahlreiche Fischfangaktiengesellschaften für ihre Anteile geworben hatten und die Euphorie für Companies keine Grenzen mehr zu kennen schien. Von der großen Investitionsbereitschaft wollte auch Steele profitieren. Er warb um Anleger für insgesamt 1.200 Aktien und legte hierfür unter anderem das Pamphlet über den Fish-Pool von 1718 neu auf. Neben der Existenz des Patents, das die Ausgabe von Anteilen rechtfertigte, legitimierte Steele sein Unternehmen auch damit, dass es dem Allgemeinwohl und nicht den Monopolisierungsinteressen einer kleinen Clique diene – obwohl auch er zweifelsohne nach Profit strebte.[32] Zeitgleich verbreiteten Zeitungen Werbenachrichten: So habe das Testschiff am 18. Juni 1720 London in Richtung Norwegen verlassen. Anfang August hieß es, der Fish-Pool sei mit 30.000 Hummern zurückgekehrt. Weitere Artikel verbreiteten das Gerücht, dass Steele sein Patent oder das Testschiff für viel Geld verkauft habe.[33] Der *Relations Courier Hamburg* meldete hingegen im Juli, dass sich fünf Schiffe nach dem Konstruktionsprinzip im Bau befänden. Die Investoren nähmen „Mesures [...] / dis Commercium ernsthaft zu poussiren / und zweiffeln nicht / daß es sehr vortheilhafft seyn werde."[34] Währenddessen hielt der Erfinder

---

31 James Brydges an Richard Steele, o.O. 30.7.1719. In: Ebd., S. 139; dies., o.O. 11.8.1719. In: Ebd., S. 140–141; Richard Steele an Robert Knight, o.O. 7.8.1719. In: Ebd., S. 139–140; ders. an John Law, o.O. 12.8.1719. In: Ebd., S. 141–142. Von einem joint-stock ist in den Briefen im Gegensatz zu den Anmerkungen Blanchards nicht die Rede.
32 Vgl. dazu Aitken, Life, S. 116 u. 136; Winton, Steele, S.102–103.
33 Applebee's Original Weekly Journal 18.6.1720 u. 27.8.1720; London Journal 18.6.1720, 2.7.1720 u. 6.8.1720; Daily Post 13.8.1720. Vgl. auch die Darstellung der Ereignisse bei Blanchard, Correspondence, S. 501–502.
34 Relations Courier Hamburg 19.7.1720.

selbst den Verkauf von Permits für die Unternehmensanteile in seinem Tagebuch fest.[35]

Dank des schon vor 1720 erlangten königlichen Patents konnte auch im Fall des Fish-Pools eine Subskription abgehalten werden, obwohl der ‚Bubble Act' dies eigentlich verhindern sollte. Steele war in der Ausnutzung dieser Lücke im Gesetzestext auch nicht allein. Zwischen dem 17. Juni und 2. Juli kündigten noch mindestens fünf weitere Unternehmer mit Patenten für die Produktion von Öl, Stärke, Hopfen und Malz eine Aktienzeichnung an.[36]

Madagaskar und Ostafrika

Neben Neugründungen spielten im Sommer ältere Aktiengesellschaften weiterhin eine Rolle auf dem Markt für Subskriptionen. Nachdem die South Sea, Royal African und York Buildings Company schon neue Anteile ausgegeben hatten, erwarteten Anleger einen solchen Schritt Anfang Juli auch von der East India Company. Doch was plante diese?

Im Hintergrund stand die Idee, den Handel in neue Richtungen auszudehnen. Greifbar werden die Überlegungen anhand des Protokolls der Generalversammlung des Unternehmens am 17. Juni 1720. Auf ihr erfuhren die Aktionäre von einem Vorschlag, den Reverend William Gordon und John Huggins dem Direktorium unterbreitet hatten.[37] Die beiden planten, regelmäßige Handelsverbindungen mit der Südostküste Afrikas aufzubauen. Weil die East India Company das Handelsmonopol östlich des Kaps der Guten Hoffnung und damit auch für Ostafrika besaß, konnten die Promotoren dies aber nicht einfach so tun. Sie machten der Company daher zwei Vorschläge. Entweder gründeten sie selber eine Aktiengesellschaft. In diesem Fall baten sie darum, ihnen das exklusive Recht zum Handel mit dem Küstenabschnitt für 31 Jahren einzuräumen. Für dieses Privileg waren sie zur Zahlung von £300.000 und 10 Prozent Kommission auf sämtliche Exporte aus der Region bereit. Sie betonten zudem, dass ihre Geschäftstätigkeit jene der

---

35 Richard Steele's Journal 1720 – 1. In: Blanchard, Correspondence, S. 536 – 537.
36 Scott, Constitution III, S. 457.
37 Die folgenden Pläne werden von Ökonomen, die sich mit dem Handel mit Aktien der East India Company 1720 beschäftigen, nicht oder nur unsystematisch in ihren Analysen berücksichtigt. Neal, Larry: „For God's Sake, Remitt Me". The Adventures of George Middleton, John Law's London Goldsmith-Banker, 1712–1729. In: Business and Economic History 23 (1994), S. 27–60; Mays, Andrew/Shea, Gary S.: East India Company and Bank of England Shareholders During the South Sea Bubble. Partitions, Components and Connectivity in a Dynamic Trading Network. Working Paper 2011.

Asiengesellschaft nicht beeinflussen, es also zu keiner Konkurrenz kommen würde. Sie hegten aber wohl von Anbeginn Zweifel an der Bewilligung ihrer Wünsche durch die East India Company. Daher unterbreiteten sie direkt noch eine zweite Möglichkeit. Wolle die Company selbst die Geschäftsverbindungen mit der ostafrikanischen Küste aufnehmen, zeigten sie sich bereit, ihr Wissen zu teilen, wobei sie hierfür dann eine Gratifikation von £10.000 erbaten.

Was versprachen sich die beiden von dem neuen Handel? Auf der einen Seite liefen in London Gerüchte über reiche Edelmetallvorkommen in Ostafrika um. Der *Relations Courier Hamburg* verbreitete über Gordon die Information, dass er schon „sehr reiche Gold Minen entdeckt habe / auf der Africanischen Küsten".[38] Es sei geplant, die Bergwerke mit der Errichtung einer Festung zu sichern, meldete der *Schlesische Nouvellen Courier.*[39] Allerdings waren Edelmetallfunde wohl nur ein Teil des Projekts. Daneben spielte der Sklavenhandel eine Rolle. Schon im 17. Jahrhundert hatten englische Schiffe Menschen auf Madagaskar gekauft und in die amerikanischen Kolonien transportiert. Seit 1716 liefen wiederum private Menschenhändler aus Großbritannien die Insel im pazifischen Ozean an. Die East India Company legalisierte diese Fahrten durch die Vergabe von Lizenzen. Unter anderem waren so auch 1.000 Sklaven für die South Sea Company nach Buenos Aires gekommen.[40] Einige dieser Fahrten erwiesen sich als finanziell extrem lukrativ. Nach wenigen Jahren wurde diese Praxis 1719 aber durch die East India Company wieder beendet, denn parallel zu den Reisen der Menschenhändler nahm auch die Piraterie um Madagaskar massiv zu. Die Direktoren der Company machten die Sklavenschiffe dafür verantwortlich. Denn sie nähmen auf der Hinfahrt die von Piraten benötigten Güter mit und erlaubten den Freibeutern so ihren längerfristigen Aufenthalt in den Gewässern.[41] Sein Potenzial als Markt für Sklaven hatte Madagaskar aber trotz dieser Wirrungen gezeigt.

Neben diesen anhand des Unternehmensarchivs nachvollziehbaren Motiven gibt es Hinweise auf weitere Beweggründe. Schon im ersten Jahrzehnt des

---

38 Relations Courier Hamburg 9.7.1721. Die Nachricht vom Goldfund hatte in Deutschland auch die Veröffentlichung eines Traktates zur Folge: Z***: Raisonnement einiger Curiösen Personen, über das ungemein-reiche Gold-Bergwerck in Africa welches unlängst von zwey Engländern erfunden, und der Ost-Indischen Compagnie daselbst, gegen einen grossen Recompens, eröffnet worden [...] Leipzig 1720.
39 Schlesischer Nouvellen Courier 22.7.1720.
40 Dewhurst, Kenneth/Doublet, Rex: Thomas Dover and the South Sea Company. In: Medical History 18 (1974), S. 115.
41 Platt, Virginia B.: The East India Company and the Madagascar Slave Trade. In: William & Mary Quarterly 26 (1969), S. 548–559; Bialuschewski, Arne: Pirates, Slavers, and the Indigenous Population in Madagascar, c. 1690–1715. In: International Journal of African Historical Studies 38 (2005), S. 403–409 u. 417–418.

18. Jahrhunderts hatte ein Promotor in London für die Erschließung Madagaskars durch die East India Company oder eine neue Aktiengesellschaft geworben – allerdings am Ende ohne Erfolg.[42] Eine im Nachlass von Thomas Pitt jr., Lord Londonderry, überlieferte anonyme Denkschrift aus den späten 1710er-Jahren beleuchtet darüber hinaus das mögliche Interesse der East India Company an der Insel im Indischen Ozean. Der Autor empfahl dem Unternehmen schon vor 1716 die Gründung einer Siedlung auf Madagaskar. Für ihn spielten bei den Überlegungen Gold und besonders Sklaven eine Rolle. Darüber hinaus könne man auf der Insel aber auch Indigo, Zuckerrohr, Baumwolle, Gewürze und Kaffee anbauen. Holz zum Färben und für den Schiffbau sowie Metalle seien ebenfalls vorhanden. Für weitere Informationen verwies er auf den französischen Bericht Étienne de Flacourts von 1661.[43] Außerdem sollte eine königliche Amnestie die Piraten als Unterstützer und Ortskundige gewinnen helfen. Die Denkschrift warnte aber auch, dass französische Offizielle ebenfalls die Besiedlung der Insel planten. „The Event of this would be, That those Advantag^s which might be proposed to the East India Comp^y for our Nation, would Irrecoverably become that of France."[44] Staatenkonkurrenz und relativer Macht- durch absoluten Ressourcengewinn führte die Denkschrift somit als zentrale Beweggründe für die Ausdehnung von Handelsverbindungen an – ‚Jealousy of Trade' motivierte den anonymen Autor. Der Vorschlag Gordons und Huggins' stand folglich in einem Kontext, in dem schon ausführlicher über die Ausbeutung metallurgischer, menschlicher und pflanzlicher Ressourcen Madagaskars und Ostafrikas nachgedacht und auch eine mögliche Besiedlung und Plantagenwirtschaft erwogen worden war.

Die Generalversammlung der Aktionäre der East India Company diskutierte die Vorschläge von Huggins und Gordon und kam zu dem Ergebnis: „That it will be many ways prejudicial to the Company to Consent to such an Exclusive Trade and therefore that it ought not to be granted". Eine neue Aktiengesellschaft für Madagaskar lehnte man folglich ab. Sorgen um die Beeinträchtigung ihres Monopols östlich des Kaps der Guten Hoffnung stellten sicher ein Motiv für die Anteilseigner der Asiengesellschaft dar. Doch offensichtlich hatte der Vorschlag auch das Interesse der Generalversammlung selbst geweckt. Sie beschloss: „But in regard as they Apprehended the said proposed Trade may be made very ex-

---

42 Bialuschewski, Arne: Greed, Fraud, and Popular Culture: John Breholt's Madagascar Schemes of the Early Eighteenth Century. In: McGrath, Charles I./Fauske, Chris (Hrsg.): Money, Power, and Print. Interdisciplinary Studies on the Financial Revolution in the British Isles. Newark/DE 2008, S. 104–114.
43 Flacourt, Étienne de: Histoire de la grande isle Madagascar. O.O. 1661.
44 Remarks on Madagascar in Order to Make an Advantageous Settlement, o.O. 1716. In: TNA – C 108/416, Nr. 11.

tensive & Advantagious to the Company, This Court are of Opinion That this Company should open and carry it on themselves".[45] Die Aktionäre brachten damit ihre ganz eigene ‚jealousy of trade' zum Ausdruck.

Der Handel konnte aus Sicht der East India Company neben dem Gewinn aus dem Warenverkehr aber wohl zusätzlich noch eine politische Dividende abwerfen – auch wenn das Protokoll dies nicht ausführte. Für das Geschäft mit Indien und China war das Unternehmen bislang auf Edelmetallexporte aus Großbritannien angewiesen. Goldfunde in Afrika versprachen diese Ausfuhren zu ersetzen. Aber auch der Transport von Sklaven in die Karibik hätte bedeutet, dass man dort Anschluss an die Silbervorkommen in den spanischen Kolonien erlangt hätte. Mit diesen Edelmetallen würde es dann möglich sein, wiederum Waren für den Handel mit Menschen und asiatischen Produkten zu erwerben. Alles zusammen oder auch eine dieser Varianten versprach, die East India Company vom öffentlich kritisierten Edelmetallexport aus Großbritannien unabhängiger zu machen. Vor diesem Erwartungshintergrund erteilte die Generalversammlung den Direktoren eine Vollmacht, Handelsverbindungen mit der Südostküste Afrikas aufzubauen und Gordon und Huggins für ihren Vorschlag eine Vergütung zukommen zu lassen.

Anfang Juli 1720 wollten immer mehr Menschen von der möglichen Eröffnung eines Warenverkehrs mit Ostafrika profitieren: „It being represented to the Court That many of the Adventurers and others had often prest The Directors about The Company opening a Subscription for a new Trade to The South East Coast of Affrica or for some other purposes of which there is much discourse about Town".[46] Eine Subskription für den Ostafrikahandel bedeutete, in Emulation der South Sea und Royal African Company vorzugehen. Zusätzliche Aktien hätten das Stammkapital allerdings ausgedehnt. Die Direktoren fragten sich jedoch wohl, ob man überhaupt frisches Kapital für den neuen Handelszweig benötigte oder ob die Ausgabe neuer Unternehmensanteile nicht vielmehr das Risiko barg, erhöhte Gewinne aus neuen Geschäften mit mehr Anteilseignern teilen zu müssen. Zumal man im Gegensatz zur South Sea Company kein großzügiges Geschenk an die Regierung versprochen hatte und im Unterschied zur vor 1720 weitgehend bankrotten Royal African Company hinreichend Kapital für den laufenden Geschäftsbetrieb besaß – und somit unter Umständen auch für dessen Ausdehnung.

---

45 Protokoll des General Court, London 17.6.1720. In: BL – IOR/B/255, S. 212–213.
46 Protokoll des Court of Directors, London 9.7.1720. In: BL – IOR/B/56, S. 61. Nach Berichten im Relations Courier Hamburg 9. u. 16.7.1720 wurde die Neuemission von Aktien in London für wahrscheinlich gehalten. Allerdings zeigen sich hinsichtlich der präzisen Geographie auch Verwirrungen. Vgl. dazu Relations Courier Hamburg 9.7.1720 u. Wöchentliche Relationen Halle 20.7.1720.

Die Direktoren beeilten sich deshalb nicht mit einer Entscheidung über eine Subskription, wenn sie diese überhaupt ernsthaft in Erwägung zogen.

Sie beschlossen stattdessen zunächst, dass das Committee of the Treasury über das Thema beraten solle. Dieses reichte die Aufgabe dann noch einmal an ein hochkarätig besetztes Gremium weiter. Mit Matthew Decker und Robert Nightingale gehörten ihm zwei führende Londoner Kaufleute und Direktoren der Company an. Zunächst sammelte das Komitee Informationen über die Handelsmöglichkeiten auf Madagaskar und die Beschaffenheit der Festlandküste.[47] Außerdem nahm es Kontakt mit dem in London befindlichen Teil der britischen Regierung auf – König Georg I. war Mitte Juni zu einem Sommeraufenthalt nach Hannover aufgebrochen und hatte einen Teil seiner Minister und zahlreiche Mitglieder des Hofes dorthin mitgenommen. Geklärt werden musste das Recht der East India Company, Sklaven von Afrika direkt in die Karibik zu transportieren. Denn eigentlich sah die Charter des Unternehmens vor, dass alle Waren zunächst nach England gehen mussten, was im Fall von Sklaven allerdings eine hohe Todesrate und damit mangelnden Profit implizierte.[48] Schließlich entschied das Komitee noch, drei bis vier Schiffe zum Sklavenhandel nach Madagaskar segeln und ein weiteres zusammen mit kleineren Booten die afrikanische Küste erkunden und dort Handel treiben zu lassen.[49] In der Aufteilung der Flotte zeichnet sich damit die Erwartung eines relativ gewissen Profits aus dem Menschenhandel einerseits und eines eher ungewissen Ertrags aus dem Warenhandel an der Küste und im Hinblick auf die Suche nach Gold andererseits ab. Drei Tage später erbat die Company öffentlich Angebote für Schiffe, die sie für diese Handelsfahrten zu chartern beabsichtigte.[50]

Dass das Direktorium und die Aktionäre das Angebot ernst nahmen, sie eine geographische Ausdehnung ihres Handels und nicht pure Aktienspekulation interessierte, kam nicht nur in den ganz konkreten Planungen zum Ausdruck. Auch sprachlich zeugen die Quellen davon, dass man die Idee nicht für eine ‚Blase' hielt. Stets sprechen die Quellen von einem „scheme" oder „proposal"– also als einem Plan, Vorhaben oder Vorschlag. Die Begriffe ‚bubble' oder ‚project' – ein zeitgenössisch oft eher negativer besetzter Terminus – tauchen hingegen nicht

---

47 Committee about opening a Trade to the South East Coast of Affrica, London 15.7.1720. In: BL – IOR/B/56, S. 65; dies., London 2.8.1720. In: BL – IOR/D/97, unpag., S. 1.
48 Platt, Madagascar, S. 561; Relations Courier Hamburg 16.7.1720.
49 Ebd. 2.8.1720 u. 30.8.1720; Committee about opening a Trade to the South East Coast of Affrica, London 2.8.1720. In: BL – IOR/D/97, unpag., S. 1.
50 Entwurf, London 5.8.1720. In: Ebd.; Relations Courier Hamburg 30.8.1720 u. 12.9.1720; Schlesischer Nouvellen Courier 5.9.1720.

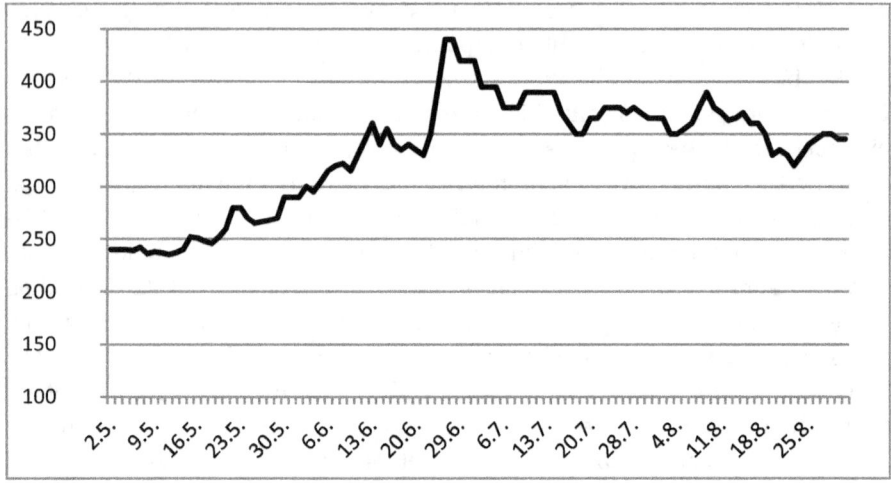

Grafik 19: Aktienpreis der East India Company Sommer 1720 (£) Frehen/Goetzmann/Rouwenhorst, New Evidence. Onlinematerial: https://papers.ssrn.com/sol3/papers.cfm?abstract_id=1371007 [Stand: 15.11.2019].

auf.[51] Eine Ausgabe neuer Aktien wurde dennoch nicht weiter diskutiert, so dass sich aller Wertpapierhandel auf die vorhandenen Anteile der East India Company konzentrieren musste. Der rasante Kursanstieg Mitte Juni ist ein deutliches Anzeichen dafür, dass Spekulanten sich für das vorgeschlagene Projekt interessierten oder zumindest sein Potenzial sahen, ‚naive' Anleger anzulocken.[52] Auch wenn im Fall des Ostafrikahandels somit am Ende keine neue Aktiengesellschaft gegründet oder zusätzliche Aktien ausgegeben wurden, kommt in den Planungen doch die Nachahmung der Begeisterung für neue Handelsmöglichkeiten zum Ausdruck, die sich auch bei einer Reihe anderer Companies Bahn gebrochen hatte.

Die Royal African Company

War die East India Company mit der Umsetzung ihrer Pläne für die Handelsausweitung fleißig beschäftigt, so galt dasselbe für die Royal African Company. Ihren

---

51 Vgl. zur zeitgenössischen Bedeutung der Unterscheidung Hoppit, Myths, S. 163.
52 Selbst wenn man berücksichtigt, dass ein Teil des Kursanstiegs auf die Aktienwette zwischen John Law und Lord Londonderry aus dem Vorjahr zurückgeht (vgl. Neal, Master), kann diese kaum den gesamten Kursanstieg erklären.

Direktoren stellte sich vor allem die Frage, wie nach der erfolgreichen Ausgabe neuer Unternehmensanteile im Frühjahr das eingenommene Kapital – £8 je Aktie im April und weitere £5 Anfang Juni[53] – schnell und im Sinne des avisierten Geschäftszwecks verwendet werde könnte – zum Aufbau von Plantagen in Afrika, zur Suche nach Edelmetallvorkommen sowie zum Sklavenhandel. Ähnlich wie im Fall der East India Company ging es bei der Subskription nicht darum, unwissende Investoren in eine Falle zu locken, sondern es war den Promotoren ernst mit ihrer Geschäftsidee.

Die Direktoren sahen sich zunächst vor der „absolute necessity [...] of sending out very large Supplies of Factors, Writers, Officers, Soldiers, Artificers and all manner of Stores and necessaries."[54] Sie berieten Standorte für neue Forts, erstellten Listen mit dem notwendigen Personal und platzierten Anzeigen in Zeitungen, die Interessenten für die zukünftigen Posten in Afrika zur Bewerbung aufforderten.[55] Der *Schlesische Nouvellen Courier* berichtete, allein für das zu errichtende Fort im Fluß Gambie beabsichtige das Unternehmen die Anstellung von „200 Soldaten nebst vielen Consthäblern und Handwerks-Leuten".[56] Zeitgleich rüstete die Royal African laut Mitteilung des Korrespondenten des *Relations Courier Hamburg* zehn Schiffe für die Fahrt in den südlichen Atlantik aus. Weil vor der Küste Afrikas in den letzten Jahren jedoch zahlreiche Piraten ihr Unwesen getrieben hatten, wandte man sich an den in London verbliebenen Teil der britischen Regierung und beantragte Geleitschiffe der Royal Navy.[57] Die Aussichten der Company scheinen so gut eingeschätzt worden zu sein, dass sich zahlreich nachgeborene Söhne von Grundbesitzern um Stellen bewarben.[58] Die zusammenfassende Aussage des *Relations Courier Hamburg* zu den Aktivitäten lautete, die Direktoren hätten sich „entschlossen / ihr Commercium mit mehrem Nachdruck als vormahls fortzusetzen".[59] Ob dies gelingen würde, musste die Zeit zeigen.

Genug Kapital war einstweilen vorhanden – sogar zu viel für die aktuellen Bedürfnisse. Um das Geld nicht einfach herumliegen zu lassen, sondern damit auch Erträge zu erwirtschaften, beschlossen die Direktoren im Juli, Kredite auf ihre Aktien zu vergeben und folgten damit dem Vorbild der South Sea Company und der Bank of England. Besitzer von Anteilsscheinen der Royal African Com-

---

53 Mitchell, Legitimate, S. 548.
54 Zitat nach ebd., S. 552.
55 Ebd.
56 Schlesischer Nouvellen Courier 8.8.1720.
57 Relations Courier Hamburg 19.7.1720; Mercuri Relation München 3.8.1720.
58 Vgl. die Briefe aus dem Sommer 1720 in O'Day, Cassandra.
59 Relations Courier Hamburg 8.9.1720; Schlesischer Nouvellen Courier 19.8.1720.

pany erhielten das Recht, für jede neue Aktie aus der Aprilsubskription £60 (für alte Unternehmensanteile £80) für drei Monate zu leihen. Hierfür mussten Kreditnehmer 4% Zinsen per annum bezahlen. Jeder Aktionär konnte für maximal zehn Anteile ein Darlehen aufnehmen. In Anbetracht der Tatsache, dass der Wertpapierkurs der Gesellschaft zwar seit Anfang Juni etwas gesunken war, aber immer noch bei £135 lag, schien das Risiko des Geldausleihens gering und ein zusätzlicher Profit gewiss. Zugleich entzog die Hinterlegung von Aktien gegen Kredite auch in diesem Fall dem Markt handelbare Anteile, was eine Angebotsverknappung und Stabilisierung des Kurses versprach. Gleichzeitig führte die Maßnahme dem Geldmarkt momentan nicht benötigtes Kapital wieder zu.[60]

Ein Teil der Aktiensubskribenten aus dem Frühjahr war trotz aller Bemühungen der Direktoren nicht mehr am Unternehmen interessiert. Bis Anfang Juni hatten 10% der im Frühjahr neu ausgegebenen Anteile den Besitzer bereits gewechselt, ebenso viele Aktien folgten bis zur Monatsmitte. Danach verlangsamte sich das Tempo allerdings.[61] Die Verkäufer nutzten wohl die günstige Kursentwicklung – sie versuchten auf der Börsenblase zu ‚reiten' – und interessierten sich nicht für den tatsächlichen Handel. Sie strebten allein danach, Kursgewinne zu erzielen und realisierten diese, als ihnen der Moment günstig schien. Mancher mag allerdings auch durch die Londoner Kapitalknappheit im Mai zum Verkauf gezwungen worden sein. Doch insgesamt ist bemerkenswert, dass der größte Teil der Neuinvestoren seine Aktien festhielt – er hoffte somit entweder auf weiter steigende Kurse oder vertraute auf die ökonomische Vision der Direktoren der Company.

Sommerhitze und Aktienspekulation

Der Aktienkurs der South Sea Company hatte im letzten Maidrittel einen erneuten Sprung gemacht, von £400 am 20. Mai auf £720 am 1. Juni. Innerhalb der nächsten beiden Tage stieg er noch einmal um £50. Danach schwankte der Preis mit leichter Abwärtstendenz. Dies mag darauf zurückzuführen sein, dass die zweite Rate für die erste Subskription Mitte des Monats fällig wurde und deren Begleichung Geld erforderte, das Anleger zum Teil durch Aktienverkäufe einzunehmen suchten. In dieser Situation entschlossen sich die Direktoren der Company, den Markt erneut durch Kredite zu stützen. Ab dem 10. Juni pumpten sie durch die Vergabe von Darlehen innerhalb kurzer Zeit £2,7 Millionen in den Markt. Dafür verwendeten

---

[60] Mitchell, Legitimate, S. 570.
[61] Shea, (Re)financing, S. 31.

sie unter anderem die £1 Million Exchequer Bills, die das Unternehmen von der Regierung bekommen hatte, um gegen Sabotageangriffe gewappnet zu sein. Weil die Maßnahmen den Kursverfall jedoch nicht stoppten, wurde der Kassierer Knight angewiesen, Aktien auch direkt am Markt zu kaufen. Damit strebte man eine unmittelbarere Stabilisierung an als durch die Kredite. Denn das verliehene Geld konnte auch für andere Zwecke ausgegeben werden als für Aktienkäufe. Weil die South Sea Company im Gegensatz zu John Law diese Ankäufe allerdings nicht durch neu gedrucktes Papiergeld bezahlen konnte, griffen diese Maßnahmen die Barreserven des Unternehmens massiv an. Um diese wieder aufzufüllen, planten die Direktoren deshalb am 15. Juni, zwei Tage später eine weitere Subskription abzuhalten.[62]

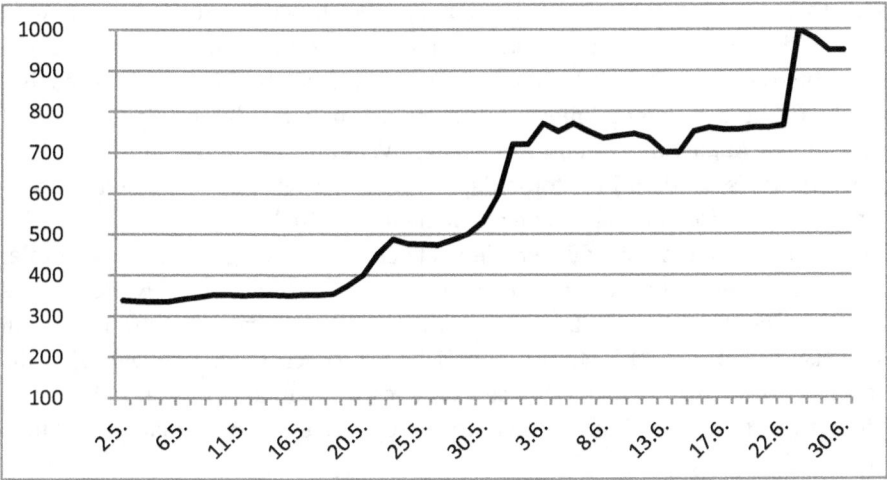

Grafik 20: Aktienpreis der South Sea Company Mai/Juni 1720 (£) Frehen/Goetzmann/Rouwenhorst, New Evidence. Onlinematerial: https://papers.ssrn.com/sol3/papers.cfm?abstract_id= 1371007 [Stand: 15.11.2019].

Die Bedingungen der dritten Aktienzeichnung forderten von Erwerbern erneut Zuversicht. 50.000 Anteile kamen zum Preis von £1.000 pro Stück zum Verkauf – was deutlich über dem aktuellen Wertpapierkurs lag. 10 % des Preises mussten sofort bezahlt werden, der Rest in Raten im Abstand von sechs Monaten. Larry Neal vermutet, dass die Direktoren mit diesem hohen Preis Investoren eher

---

[62] Hier der Interpretation folgend von Kleer, Riding, S. 279–280. Als alternative Deutung Carswell, South, S. 131–132.

abschrecken wollten.[63] Wenn sie dies tatsächlich beabsichtigten, so verfehlten sie ihr Ziel gründlich. Denn tatsächlich sorgte die Ankündigung dafür, dass der Aktienkurs zunächst wieder auf £760 anzog. Insofern könnte der hohe Preis auch einen bewussten Ausdruck von Optimismus dargestellt haben, der auf Aktienspekulanten übergriff.[64] Auch der Verkauf der neuen Anteile verlief am 17. Juni ohne weitere Probleme. Mehr als 5.000 Investoren, etwa dreimal so viele wie Ende April, zeichneten im Schnitt jeder 8,5 Aktien. Die Gesamtaktion dürfte zunächst £5 Millionen Bargeld in die Kassen des Unternehmens gespült haben, was die erneute Vergabe von Krediten in Höhe von £2,7 Millionen zur Kursstabilisierung ermöglichte. Hiervon gingen allein £1,7 Millionen an einem einzigen Tag raus.[65]

Am 22. Juni schlossen dann die Transferbücher der South Sea Company, in denen der Besitzwechsel von Aktien vermerkt wurde. Sie sollten erst zwei Monate später wieder geöffnet werden. Offiziell ging es bei diesem Schritt darum, die 10 % Sommerdividende gutschreiben zu können sowie den Sekretären des Unternehmens die Gelegenheit zu bieten, weitere notwendige Schreibarbeiten nachzuholen. Der Kurs der Unternehmensanteile spiegelt daher zwischen Ende Juni und dem späten August nicht den tatsächlichen Verkaufspreis wider, sondern einen ‚forward' Preis, zu dem Investoren das Geschäft bei Wiedereröffnung der Transferbücher vereinbarten. Damit kamen Elemente des Kredits in die Berechnung des Aktienkurses hinein. Sie dürften den letzten Preisanstieg der Anteile größer aussehen lassen, als er tatsächlich ausfiel.[66] Doch beeindruckend war es für die Zeitgenossen sicher allemal, als die Aktie der South Sea Company Ende Juni kurzfristig über £1.000 kletterte. Aus Sicht des Unternehmens erwies sich die Tatsache, dass es keine ‚spot'-Preise gab, auch deshalb als günstig, weil weitere Stützungsaktionen des Kurses durch Kredite oder Aktienkäufe zunächst entfallen konnten.[67]

Die Aufregung des Aktienhandels ließ dennoch auch im Juli 1720 nicht nach – Anleger wetteten de facto einfach auf die Kurse nach Wiedereröffnung der Transferbücher im August. Doch der Preis der Anteile der South Sea Company stieg nach der Jahresmitte nicht mehr, vielmehr pendelte er zunächst zwischen etwa £850 und £950.

---

63 Neal, Rise, S. 107.
64 Vgl. zu dieser Rhetorik Herring, Neither Pistols.
65 Kleer, Riding, S. 280; Neal, Rise, S. 105. Die Zahlen zu den Investoren bei Hoppit, Myths, S. 150; Details zu den Investoren bei Carswell, South, S. 132–133.
66 Neal, Rise, S. 101. Zur Diskussion über die Höhe der Kreditzinsen auch Shea, Financial.
67 Kleer, Riding, S. 280–281.

Ende der Parlamentssession in Westminster

Am 11. Juni beschloss die Thronrede König Georgs I. die Parlamentssession in Westminster in einem Grundton der Zuversicht: „tho' it hath advanc'd so far into the Summer, [it] cannot be thought a tedious one, when we consider how much Business hath been done, and the great Advantages that may be expected from it."[68] In seiner Rede schnitt der Monarch eine Reihe Themen an, die schon seine Eröffnungsrede im November geprägt hatten. Fortschritte seien an vielen Fronten sichtbar. Die Umwandlung der Staatsschulden in Aktien lobte die Rede ausdrücklich, insbesondere, dass sie ohne einen Vertrauensbruch vonstattengehe. Dies habe innenpolitisch Einigkeit erzeugt. Außenpolitisch hingegen sei „our Friendship yet more valuable to all Foreign Powers". Die Verbindung zwischen König und Volk wurde als Fundament der politischen und ökonomischen Macht beschworen: „by what hath happen'd both Abroad and at Home, my People must be convinc'd, that their Welfare is inseparable from the Strength and Security of my Government." Dies werde gerade im Hinblick auf die Frage von Krieg und Frieden in Europa deutlich:

> Your seasonable Vigour and Perseverance to support me in the Measures I have taken with my Allies, for restoring the Tranquility of Europe, have produc'd most of the Effects I could desire. Much the greatest Part of Christendom is already freed from the Calamities of War.

Wohl mit Blick auf Spanien und dessen Akzeptanz der Grundlagen des Friedens von Utrecht und der Rechte und Privilegien der South Sea Company im Handel mit dem spanischen Kolonialreich führte die Rede weiter aus: Auch Madrid werde bald einsehen, dass es „more Credit, Security, and Greatness" bringe, wenn man den Frieden bewahre und sich genauestens an „just Engagements" halte. Kriegsglück sei etwas zu Unbeständiges. Um auch den militärischen Konflikt in Nordeuropa schleunigst zu beenden, kündigte Georg I. an, sich nach Hannover begeben und von dort die Verhandlungen vorantreiben zu wollen. Allen Anhängern der Stuarts empfahl die Rede schließlich, den Widerstand gegen die Hannoversche Erbfolge aufzugeben. „[I]t is become vain and useless, and can only end unfortunately for those who shall still persist in struggling against it." Mit Blick auf die nächste Parlamentssession im Winter zeigte sich die Rede überzeugt, dass man nur noch eine „finishing Hand" anlegen müsse, „to all those good Works which, by your Assistance, I have brought so near to Perfection."

---

[68] Dieses und die folgenden Zitate: Thronrede König Georgs I. zur Parlamentsschließung, Westminster 11.6.1720. Online: http://www.british-history.ac.uk/commons-hist-proceedings/vol6/pp198-218 [Stand 15.11.2019].

Schließlich hielt es die royale Proklamation für ausgemacht, „that I shall find you, at my Return [from Hannover], in such a State of Tranquility, as will shew Mankind how firmly my Government is establish'd."

Frühsommer in London: Eine Zwischenbilanz

Großbritannien befinde sich, dies war die Grundaussage der Thronrede, dank des Zusammenhalts von Regierung und Bevölkerung sowohl innenpolitisch als auch außenpolitisch auf Erfolgskurs – politische und wirtschaftliche Macht bedingten und bestärkten sich gegenseitig. Freilich, allzu viel wirtschaftliche Eigendynamik bzw. deren Ausnutzung durch einen Geld benötigenden Monarchen hatte das Parlament durch das Verbot von nicht autorisierten Subskriptionen zu unterdrücken versucht. Während es damit seine eigenen Rechte schützte, zielte die Maßnahme dennoch nicht auf eine generelle Beseitigung von Spekulation. Zumal sich diese mit dem ‚Bubble Act' gar nicht unterbinden ließ. Denn auch wenn die Regierung gegenüber neuen Aktiengesellschaften durchgriff, indem sie deren Anträge auf Charters ablehnte: mit den rechtmäßig bestehenden Gesellschaften, den auf Grundlage von Patenten legal neugegründeten Companies und den Aktiengesellschaften nachahmenden Partnerships waren reichlich Investmentobjekte vorhanden. Und als solche längerfristigen Anlageprodukte erschienen die Londoner Unternehmen zahlreichen Aktienkäufern im Frühjahr und Sommer 1720. Viele Anleger hielten aus Interesse am Geschäft und aus dem Glauben an dessen Rentabilität an ihren Aktien fest, statt die hohen Preise zum Ausverkauf zu nutzen. Auch bei den Promotoren und Direktoren handelte es sich nicht um Betrüger. Sie versuchten vielmehr konsequent das Gewinnpotenzial in den von ihnen verfolgten Geschäftszweigen zu erschließen.

1. Juli 1720

South Sea Company	950
Bank of England	238
East India Company	420
Royal African Company	145
London Assurance	73
York Buildings (6. Juli)	89

Nicht datierbare Aktienpreise neuer Unternehmen[69]

	eingezahlt	Höchstpreis 1720
Settling the Bahamas	3	40
Fish Pool	0	160

London, 5. Juli: „Die Franzosen sollen ein Capital von mehr als 500000 Pfund Sterling bey dieser [South Sea] Compagnie stehen haben, wovon dieselbe über 4 Million Pfund Sterling nach dem Fuß, auff welchem die Actien izo stehen, ziehen können."[70]

London, 5. Juli: „Am Mittwochen als der letzte Transport [von Aktien der South Sea Company vor Bücherschließung] geschahe / war ein unaussprechlich Getümmel und Gedräng / daß die Gaudiebe nicht viel Mühe hatten etlichen die Taschen abzuschneiden / und Briefe von grossen Summen heraus zu bekommen."[71]

London, 12. Juli: „Die 3 ersten Subscriptiones haben der Compagnie 55 Millionen und 756000 Pfund Sterling zuwegen gebracht [...]; man sihet aber nicht, wo das alles hinaus will, ausser daß einige dadurch ihr Glük machen, wie denn auch jederman sein Geld deßwegen dahin bringet; Allein die Ausländer nehmen ihr Geld, das sie bey dieser Compagnie angeleget haben, allmählig wieder heraus."[72]

London, 16. Juli: „Man continuiret zu sagen / daß die Compagnie den festen Preiß ihrer Actien bald setzen werde. Man vermeinet / daß es zu 1200 pro Cent Capital geschehen und daß sie eine jährliche Abtheilung reguliren werde."[73]

---

69 The South Sea Bubble, S. 75.
70 Schlesischer Nouvellen Courier 22.7.1720.
71 Relations Courier Hamburg 16.7.1720.
72 Schlesischer Nouvellen Courier 25.7.1720.
73 Relations Courier Hamburg 23.7.1720.

Großbritannien: Kutschen, Grundstückskäufe, Silber und Gold

Rückblickend baute die Selbstzufriedenheit der Thronrede in Westminster auf einem in Teilen schwachen Fundament auf. Auch wenn Georg I. dies wohl nicht bewusst war, er noch selber in die dritte Subskription der South Sea Company investierte,[74] zeigen die Stützungsversuche der Direktoren der Südseegesellschaft deutlich, dass jeweils nach Preissprüngen Anleger ihre Anteile in größerer Zahl verkauften und so Gewinne realisierten, um sie womöglich in andere Sachwerte zu investierten. Vor dieses Problem hatte sich im Winter schon John Law gestellt gesehen.

Neuer Reichtum erzeugte so aus Sicht von Zeitungskommentatoren auch in London eine gesteigerte Nachfrage nach Luxusprodukten: „Man siehet hier Leute in der Gutsche fahren, die unlängst fast nichts gehabt haben, durch den Handel der Süder-Compagnie aber so empor kommen sind", berichtete der *Schlesische Nouvellen Courier* im August.[75] Frauen solcher Spekulanten „lauffen täglich aus einer Galanterie-Bude in die andere / und kauffen die schönsten Edelgesteine und was nur rar und sonderliches zu bedencken ist". Die Erfolge im Aktienhandel hätten viel „Prunk und Pracht" verursacht, urteilte der schwedische Resident Anders Skutenhielm. Die Handwerker arbeiteten deshalb „nun unvergleichlich mehr [...] als zuvor."[76] Als der Aktienkurs der South Sea Company im September fiel, sollen bei einem Handwerker von 40 bestellten Kutschen 28 Aufträge storniert worden sein. Auch das Bedürfnis nach anderen Luxusgütern (Uhren, Kleidung, Geschirr) brach laut zeitgenössischen Berichten in diesem Monat massiv ein.[77] Es muss zum gegenwärtigen Zeitpunkt allerdings unklar bleiben, wie groß der von Kommentatoren beobachtete Luxuskonsum Neureicher tatsächlich war, oder ob es sich vor allem um soziale Abgrenzungsmechanismen handelte.

Doch dass eine Verschiebung im Gang war, es neben Luxus auch um Geldsicherung ging, deuteten ebenfalls zahlreiche Zeitungsartikel an. Denn die neuen Kutschen wurden nicht nur innerhalb Londons eingesetzt. „Männer fahren [...] hinaus auffs Land / und besehen die von ihren Agenten ihnen angewiesenen Häuser: Wann sie nun selbige nach ihren Sinn befinden / machen sie keine Schwierigkeiten / solche auff 40 bis 50 und mehr Jahre von ihren Einkünfften zu kauffen".[78] Solche

---

74 Carswell, South, S. 131–132 u. 260.
75 Schlesischer Nouvellen Courier 22. 8. 1720.
76 Anders Skutenhielm an Friedrich I., London 2. 8. 1720. In: RA – Diplomatica Anglica 229, unpag., S. 7–8.
77 Carswell, South, S. 164.
78 Relations Courier Hamburg 2. 9. 1720. Auch ebd. 9. 8. 1720; Schlesischer Nouvellen Courier 12. 8. 1720 u. 5. 9. 1720. Elizabeth Scattergood an John Scattergood, Lincoln 2. 11. 1720. In: BL – Mss. EUR 387/3, S. 69, berichtet von ähnlichen Preissteigerungen. John Hervey, Earl of Bristol schloss Ende

Preise entsprachen noch einer Rendite von knapp über 2% oder auch darunter und spiegeln eine Wahrnehmung wider, nach der unter Spekulationsgewinnern eine extreme Bereitschaft bestand, von Papier- in Sachwerte zu wechseln und damit neuen Status zu dokumentieren, aber auch langfristig zu sichern. Das beobachtete auch der Londoner Korrespondent des *Relations Courier Hamburg*. Er meldete am 13. August: „Die Actien halten sich ungefehr in demselben Preiß wie sie vorige Woche waren / man bemercket aber / daß diejenigen so grosse Gewinne in diesen Fondsen gezogen / trachten so viel sie immer können / dieselbe belegen / und kauffen Häuser und Länder".[79] Schottische Quellen deuten ebenfalls an, dass im Sommer die Preise für Grundbesitz im nördlichen Teil der Monarchie deutlich anzogen.[80]

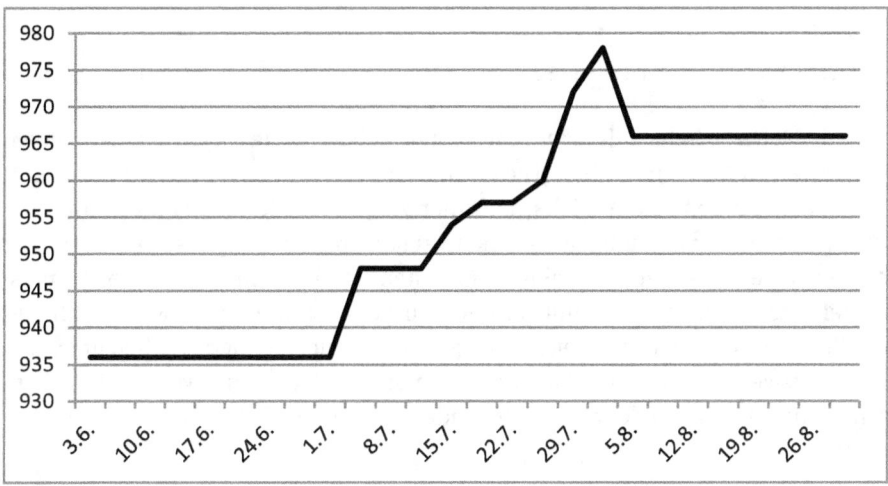

Grafik 21: Preis für Gold in London Sommer 1720 (Pence pro Unze) Course of the Exchange 1720.

August 1720 nach eigenen Angaben einen Kaufvertrag über den 24-fachen Reinertrag ab, obwohl er den 40-fachen hätte haben können. The Diary of John Hervey, First Earl of Bristol 1688 to 1742. London 1894, S. 69–70. Margaret Lady Verney hoffte im August gar Land für das sechzigfache der jährlichen Rendite verkaufen zu können. Zur selben Zeit soll aber auch ein Besitz für das Dreißigfache verkauft worden sein. Vgl. Verney, Margaret Maria Lady (Hrsg.): Verney Letters of the Eighteenth Century from the MSS at Claydon House. London 1930, S. 67 u. 81; Carswell, South, S. 131.
79 Relations Courier Hamburg 23. 8. 1720.
80 Walsh, Patrick: The Bubble on the Periphery. Scotland and the South Sea Bubble. In: Scottish Historical Review 91 (2012), S. 121–122. Skeptisch ob solcher Aussagen ist jedoch Hoppit, Myths, S. 151–152.

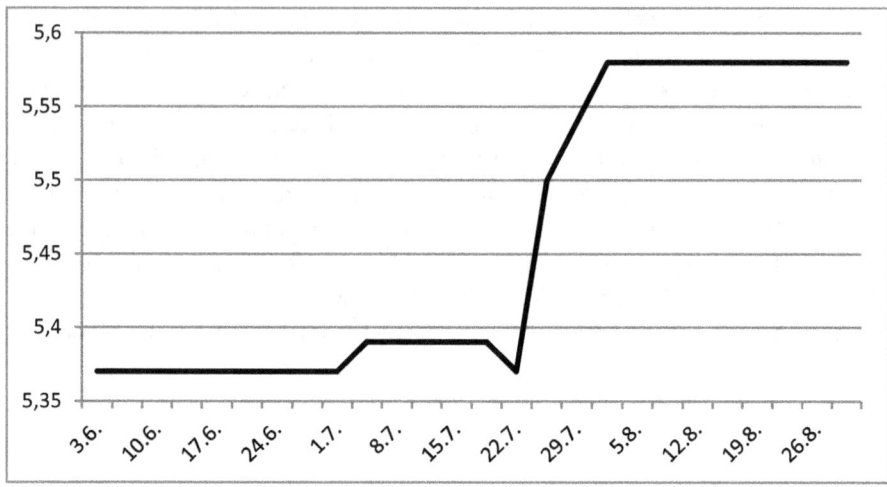

Grafik 22: Preis für Silber in London Sommer 1720 (Pence pro Unze) Course of the Exchange 1720.

Ein weiteres Indiz dafür, dass Investoren sichere Wertanlagen suchten, bieten die Preise für Gold und Silber. Diese sind im *Course of the Exchange* überliefert und zeigen für den (späten) Juli und frühen August Anstiege, die im Verhältnis zu den normalen Schwankungen signifikant ausfielen. Der Goldpreis reagierte früher als der Silberpreis, der Ausschlag des zweiten fiel dann aber im letzten Monatsdrittel umso markanter aus und verblieb im August auf hohem Niveau, während der Kurs für Gold wiederum leicht nachgab. Doch auch er blieb deutlich über dem Ausgangswert. Zahlreiche lokale Spekulanten scheinen somit von papierbasierten Geldformen auf Edelmetall und andere stabilere Werte übergeschwenkt zu sein.[81]

Umkehrung der Geldströme: Spekulationskapital auf dem Heimweg

Doch nicht nur britische Spekulanten zogen sich aus dem Aktienmarkt zurück und trieben die Edelmetallpreise nach oben. Auch internationale Investoren begannen damit, ihre Anlagen in der britischen Hauptstadt zu verkaufen. Verantwortlich waren dafür vermutlich Erwartungen, dass der Aktienpreis der South Sea Company seinen Höhepunkt überschritten habe. Manche derjenigen, die nur auf

---

[81] In Schlesischer Nouvellen Courier 16.9.1720 werden besonders die ausländischen Investoren für die Preissteigerungen des Edelmetalls verantwortlich gemacht.

der Spekulationsblase ‚reiten' wollten, sahen das Ende der Londoner Euphorie sowie fallende Kurse voraus und holten ihre Gewinne jetzt erst einmal nach Hause. Die Wechselkurse zwischen London und anderen europäischen Städten zeigen, dass im Sommer in großem Umfang Spekulationskapital aus der britischen Hauptstadt in Richtung Kontinent abfloss.

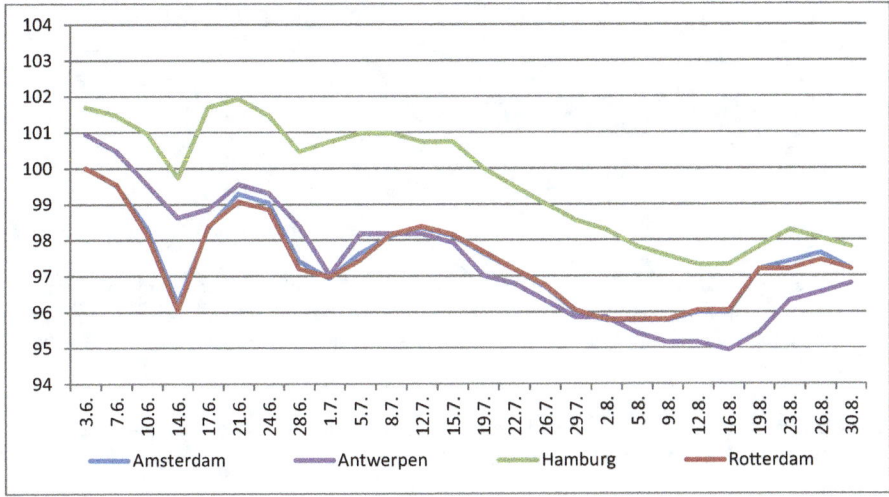

Grafik 23: Wechselkurse zwischen London und nordeuropäischen Städten Sommer 1720 (1. Januar 1720 = 100 %) Course of the Exchange 1720.

Anhand der Grafiken lässt sich beobachten, dass die Wechselkurse zwischen London und wichtigen nordeuropäischen Handelsstädten bis Ende Juli allesamt unter den Wert vom Jahresbeginn fielen bzw. im Hinblick auf südeuropäische Städte darüber stiegen – ein deutliches Indiz, dass nun Geld aus London abfloss. Es sind bei genauerem Hinsehen jedoch Differenzierungen möglich. An zwei Stellen lässt sich ein Ashton-Effekt beobachten[82] – zunächst Mitte Juni und dann weniger stark ausgeprägt Anfang Juli zeigen sich kurzfristig, zackige Kursausschläge. Es gab somit nochmals Phasen eines „scramble for liquidity", in denen Londoner Anleger versuchten, sich mit Barmitteln aus dem Ausland zu versorgen, was ein kurzfristiges Hochschnellen der Wechselkurse und ihr späteres Zurücksinken auf den Ausgangswert für Nordeuropa bzw. weniger deutlich in die umgekehrte Richtung für Südeuropa zur Folge hatte.[83] Die erste dieser beiden

---

82 Neal, Rise, S. 67; Schubert, Ties, S. 108–116; Ashton, Economic Fluctuations, S. 113.
83 Neal, Rise, S. 104.

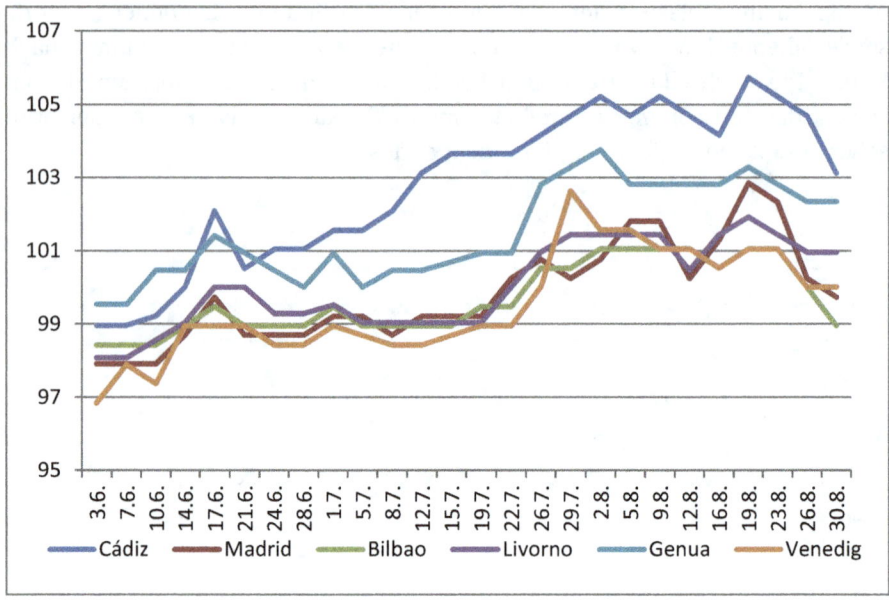

Grafik 24: Wechselkurse zwischen südeuropäischen Städten und London Sommer 1720 (1. Januar 1720 = 100 %) Course of the Exchange 1720.

Signaturen verursachte vermutlich die dritte Aktienzeichnung der South Sea Company. Deren Direktoren bemühten sich, auf den Bargeldmangel, welcher den Aktienkurs schwächte, zu reagieren, indem sie das für die neuen Aktien einkommende Geld direkt wieder in Form von Krediten an den Markt zurückgaben.[84] Für die zweite Signatur ist der Grund unklar.

Zusätzlich lässt sich zwischen einzelnen Städten unterscheiden. Die Wechselkurse auf Amsterdam (sowie der damit fast vollständig parallel verlaufende auf Rotterdam) und Antwerpen sanken schon im Juni unter die 100 % Grenze bzw. stiegen im Falle von Cádiz und Genua darüber – was frühe Geldabflüsse aus London impliziert. Diejenigen auf Hamburg, Madrid, Bilbao, Livorno und Venedig kreuzten die 100 %-Marke gut einen Monat später Mitte Juli. Die Schwankungen fielen auch nicht ganz so drastisch aus. Dennoch: das ausländische Geld, welches mitgeholfen hatte beim Kursanstieg der Aktien der South Sea Company, kehrte dem Londoner Markt den Rücken. Die hohen Preise der Unternehmensanteile wurden derweil noch durch Kredite des Unternehmens selbst, durch britisches

---

[84] Der Geldmangel und die Gegenmaßnahmen werden auch beschrieben in Relations Courier Hamburg 5.7.1720.

Kapital sowie durch die Verzögerung der Auswirkung von Verkäufen auf den ‚spot'-Preis durch die Schließung der Transferbücher aufrechterhalten.

Zeitungsberichte thematisierten die Aktienverkäufe durch Ausländer verschiedentlich. So meldete der Korrespondent des *Schlesischen Nouvellen Courier:* „Den 24 dito [Juni] sollen für mehr als 300000 Pfund Sterling auf die Compagnie vom Süder-Meer verkaufft worden seyn; Den größten Theil aber derselben haben die Frembden verkauft."[85] Den darauf folgenden Geldabzug beobachteten auch britische Vertreter und Diplomaten in Europa mit Sorge. So berichtete der patriotische und von den wohl begründeten Handelschancen und damit dem hohen Aktienkurs der South Sea Company überzeugte Konsul John Fuller Anfang September aus Livorno:

> People here who are not informed of the Intrinsic Vallue of our S.S. Stock & not proper Judges of it say that they do not Envy our Chimerical Riches for that there is not in all Europe Moneys enough to purchase the Stock at 1000 p Cent. The Foreigners seem to sell out & Mr Mutter an agent at London for the Canton of Berne & others have lately remitted considerable Summs too Livorne on that account. It were to be wisht that That Evill of the Foreigners carrying away our Money could be guarded against that a future Mischief might be prevented by it.[86]

Doch nicht nur mittels bargeldlosem, und damit in Wechselkursen sichtbarem, Transfer wurde im Hochsommer Spekulationskapital aus London abgezogen. Ehemalige Anleger schafften auch Edelmetall außer Landes. Die Ausfuhr von Gold und Silber betrachteten Zeitgenossen wie Fuller oft mit Sorge. Denn es galt für einen Staat als wichtig, möglichst viel davon innerhalb der eigenen Grenzen anzusammeln. Deshalb untersagten britische Gesetze den Export heimischer geprägter Münzen, lediglich fremde durften ausgeführt werden. Doch nicht nur politisch hielt man viel Münzgeld für ein erstrebenswertes Ziel und Zeichen ökonomischer Potenz, auch für alltägliche Transaktionen konnte eine zu geringe Menge sich als hinderlich erweisen. Sporadische Meldungen über (besonders große) Edelmetallexporte aus Großbritannien finden sich aufgrund ihrer generellen Bedeutung daher in deutschen und englischen Zeitungen immer mal wieder. Stets bezogen sie sich dabei auf die Angaben der Londoner Zollstellen, um die Verlässlichkeit der Daten zu belegen. Doch im Hochsommer 1720 häuften sich die Mitteilungen, besonders für Ausfuhren in die Niederlande und nach Frankreich. Die Londoner *Daily Post* begann in dieser Phase der Spekulationsblase entgegen

---

85 Schlesischer Nouvellen Courier 8.7.1720.
86 John Fuller an James Craggs, Livorno 9.9.1720. In: TNA – SP 98/24, unpag., S. 2.

ihrer Gewohnheit sogar damit, Edelmetallausfuhren in Richtung der Niederlande regelmäßig zu vermelden.[87]

Tabelle 2: Edelmetallexporte im Sommer 1720 in Unzen nach Frankreich, in die Niederlande und mit nicht spezifiziertem Ziel in deutschen Zeitungen[88]

		Gold NL	Gold F	Gold o. O.	Silber NL	Silber F	Silber o. O.
19.7.1720	RCH 30.7.	5022	1508				21794
26.7.1720	SNC 8.8.			7000			24000
2.8.1720	RCH 9.8.	650			14000		
13.8.1720	RCH 23.8.	2152	265				3852
16.8.1720	RCH 23.8.	4600					
23.8.1720	SNC 9.9.				2895		
27.8.1720	RCH 9.5.	1055	1539				

Zeitgleich berichteten die Londoner Korrespondenten deutscher Zeitungen auch jenseits von Zahlen über eine zunehmende Sensibilität für diese Exporte. So konnten Interessierte im *Schlesischen Nouvellen Courier* Ende August lesen: „Das Ausführen des Goldes und Silbers aus unserm Reich nach Holland währet noch immer, obgleich schon viele Memorialen bey den Herren Regenten dawider eingegeben, und gezeiget worden, daß solche Ausführung der Nation zum höchsten Nachtheil und Schaden gereiche."[89] Als Ursache machte die *Daily Post* die Aktienverkäufe aus: „Our Merchants continue to make very great Entries of Foreign Gold and Silver at the Custom-house for Exportation to France and Holland, which is look'd upon as the Effect of Foreigners drawing out a great Part of their Cash from our Funds."[90] Über die Niederlande ging das Geld dann zum Teil weiter: „Die Teutschen fahren fort, ihre Actien mit aller Macht zu verkaufen, sie sollen schon mehr als 800000 Pfund Sterling Gewinn über Holland bekommen haben."[91] In der Folge verbreitete sich in London Mitte August die Wahrnehmung, dass durch den Edelmetallexport „die Species-Gelder bey uns nunmehr anfangen rar zu

---

87 Schubert, Ties, S. 151.
88 RCH = Relations Courier Hamburg, SNC = Schlesischer Nouvellen Courier.
89 Schlesischer Nouvellen Courier 26.8.1720.
90 Daily Post 26.7.1720. Außerdem: Oberpostamtszeitung 7.9.1720; Wiener Zeitung 10.8.1720 u. 7.9.1720; Schlesischer Nouvellen Courier 9.9.1720.
91 Schlesischer Nouvellen Courier 22.7.1720.

werden."[92] Besonders beträfe dies die für den Export allein zulässigen fremden Münzen.[93]

Als Gegenbewegung zum Geldabfluss in zahlreiche europäische Städte lässt sich jedoch die Entwicklung in Richtung Dublin ausmachen. Nachdem im Mai Geld von London aus gen Westen übersandt worden war, deutet der Wechselkurs noch bis Ende Juni an, dass Kapital nach Irland floss. Allerdings drehte der Kurs dann Anfang Juli ins Positive. Die Erklärung dafür ist wohl, dass irische Spekulanten in London wieder zunehmend versuchten, sich von Dublin aus mit Geld zu versorgen, wie bereits im April.[94] Die verstärkten Kapitaltransfers in die britische Hauptstadt nahm auch Henry Ingoldsby in einem Brief vom 8. August wahr, etwa eine Woche nachdem der Wechselkurs einen vorläufigen Höhepunkt von gut 122,5% erreicht hatte: „there was such a demand for money that the bankers [in Dublin] themselves wanted it prodigiously, and got vast exchange for money in England."[95]

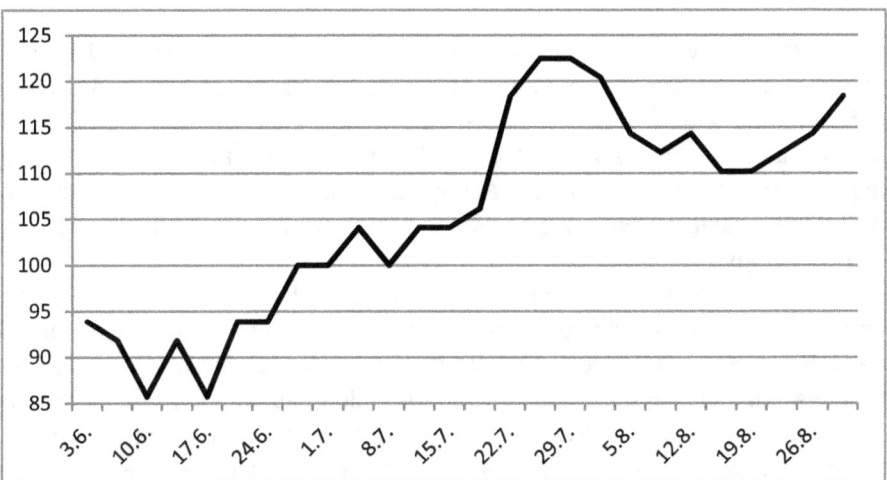

Grafik 25: Wechselkurs zwischen London und Dublin Sommer 1720 (1. Januar 1720 = 100%) Course of the Exchange 1720.

Signalisierten die Wechselkurse, dass britische Wertpapiere verkauft und Kapital bargeldlos über den Kanal transferiert wurde, so deuteten die Edelme-

---

92 Ebd. 2.9.1720.
93 Relations Courier Hamburg 3.9.1720.
94 Walsh, South, S. 117.
95 Henry Ingoldsby and William Smyth, o.O. 9.8.1720. Zitiert nach: Ebd., S. 116.

tallexporte darauf hin, dass ausländische Anleger Papiergewinne auch in Gold und Silber zu realisieren und exportieren suchten. Deutlich nahm man in London diesen Ausverkauf der Aktien als Bedrohung für den Geldbestand des Landes wahr. Auch wenn vorhandene Daten über das Gesamtjahr 1720 keine außergewöhnlich hohen Edelmetallexporte belegen,[96] wurden Münzen in London im Sommer in Relation zum gefühlten Bedarf knapp, und die Zinsen für private Kredite stiegen in der Folge erheblich.[97] Zwar mühten sich die Direktoren der South Sea Company bis ins letzte Junidrittel, den Aktienkurs durch Kreditprogramme zu stützen – letztere führten das durch Subskriptionen dem Markt entzogene Geld diesem wieder zu. Doch ohne die bislang äußerst umfangreiche Hilfe ausländischer Spekulanten setzte im August ein langsamer Sinkflug des Aktienpreises der South Sea Company ein.

Niederländische Versicherungsgesellschaften

Währenddessen verbreitete sich die Begeisterung für Wertpapiere und für die Chancen, die sich aus der Emulation von Aktiengesellschaften ergeben konnten, auf dem Kontinent im Sommer auch jenseits Frankreichs erheblich. Ein guter Teil des Spekulationskapitals verließ London deshalb vielleicht auch nicht (nur), weil der Zenit der South Sea Company Aktien überschritten schien, sondern (auch), weil neue Anlagealternativen interessanter anmuteten: zum Beispiel solche in den Niederlanden.

Das erste neue Unternehmen, in das Anleger hier Mitte Juni investieren konnten, war eine Versicherungsgesellschaft in Rotterdam – eine Nachahmung der britischen Assekuranzen, die kurz vorher ihre parlamentarisch bestätigten Charters erhalten hatten.[98] Wie in Großbritannien gab es auch in den Niederlanden schon vor 1720 Vorschläge, Seeversicherungen durch Unternehmen auf Aktienbasis verkaufen zu lassen. Allerdings scheiterten diese, ebenso wie in London, am Einspruch der Einzelversicherer, die, wie ihre britischen Kollgen, den Vorwurf des Versuchs der Monopolbildung in ihren Argumentationen nutzten.[99] In dieser Situation kamen vermutlich im späten Frühling George Roeters und

---

[96] Wobei natürlich illegale Ausfuhren ohne Zollgenehmigung nicht in den Daten enthalten sind.
[97] Neal, Rise, S. 104–105; Shea, Financial.
[98] £300.000, so wurde im Juli aus London berichtet, sollen zur Spekulation in einer niederländischen Versicherungskompagnie übersandt worden sein. Schlesischer Nouvellen Courier 5.8.1720; Wiener Zeitung 21.8.1720.
[99] Gelderblom/Jonker, Mirroring, S. 128; Go, Sabine: Marine Insurance in the Netherlands 1600–1780. A Comparative Institutional Approach. Amsterdam 2009, S. 216.

Edmond Hoyle aus London nach Amsterdam. Die beiden traten als Wissensträger für Emulationsprojekte auf, denn sie konnten über die britischen Versicherungsgesellschaften aus erster Hand berichten und waren unter Umständen in ihre Gründung involviert. Die beiden Promotoren gingen daran, für die Vorteile der Nutzung der Aktiengesellschaft für Seeassekuranzen zu werben und versuchten die Zustimmung des Amsterdamer Stadtrats für die Gründung einer Kompagnie zu gewinnen. Relativ schnell zeigte sich allerdings, dass die dortigen Einzelversicherer sich weiterhin dagegen sträubten und ihre Argumente bei der städtischen Führung ein offenes Ohr fanden. Der Amsterdamer Versicherungsmarkt schien stark genug, der Konkurrenz der neuen Gesellschaften jenseits des Kanals standzuhalten – Angst, durch die britischen Unternehmen überrundet zu werden, herrschte unter den meisten Maklern nicht vor. Auch im Stadtrat gab es wohl keine allzu großen Befürchtungen, dass Geld für Prämienzahlungen in Zukunft auf die Insel abfließen könnte und damit dem eigenen Gemeinwesen verloren ginge. So erfuhren die beiden aus London kommenden Promotoren eine Abfuhr.[100]

Das Gefühl der Stärke in Amsterdam konnte sich neben der internationalen Stellung auch auf die Position der Assekuradeure innerhalb der Generalstaaten stützen. So war dem Stadtrat in Rotterdam schon zu Beginn des 18. Jahrhunderts die Schwäche des lokalen Marktes für die Absicherung gegen Seerisiken bewusst. Nur für kleinere Beträge ließen sich Versicherer vor Ort finden. Sollten höhere Summen abgedeckt werden, griffen Kaufleute regelmäßig auf Makler in Amsterdam zurück.[101] Bisher gelang es letzteren aus Rotterdamer Sicht dadurch, Geld zulasten der kleineren Stadt anzuziehen. Diese Gedanken ähneln dem britischen Vorbild im Denken in absoluten Mengen, bei denen der eigene Verlust zwangsläufig den Gewinn des Wettbewerbers nach sich zieht. Dieses Konkurrenzgefühl – diese ‚jealousy of trade' – zwischen Städten war für die Entwicklung des Aktienbooms in den Niederlanden wesentlich. Der kommunale Wettbewerb bildete den entscheidenden Referenzrahmen, in dem Emulation gedacht wurde. Weil Städte als Hauptträger wirtschaftspolitischer Maßnahmen auftraten und das Recht besaßen, Aktiengesellschaften zu autorisieren, eröffneten sich 1720 ganz neue Möglichkeiten in der Auseinandersetzung mit konkurrierenden Gemeinden.

---

100 Ebd.; Go, Sabine: Amsterdam 1585–1790. Emergence, Dominance, and Decline. In: Leonard, Marine Insurance, S. 124–125.
101 Go, Marine, S. 216. Zur mangelnden Wahrnehmung des tatsächlich schon seit Anfang des 18. Jahrhunderts einsetzenden Niedergangs des Amsterdamer Versicherungsmarktes vgl. Go, Amsterdam, S. 107–129.

Das war offenbar auch Roeters und Hoyle bewusst, die sich nach ihrem Scheitern in Amsterdam nicht lange dort aufhielten. Stattdessen reisten sie nach Rotterdam weiter. Dort griff man ihre Vorschläge begeistert auf. Eine Seeversicherung versprach nicht nur Prämiengelder in der eigenen Stadt zu halten. Auch die neue britische Konkurrenz war wohl nicht allein entscheidend.[102] Hinzu kam nach Meinung Sabine Gos „[t]he fact that the city would then become home to an institution which its great rival, Amsterdam, did not yet possess."[103] Aufgrund der munizipalen Struktur der Niederlande sollte Rotterdam mit seinen Bestrebungen auch nicht allein bleiben. Ähnliche Motive, aber wohl andere Promotoren, trieben Planungen für Versicherungskompagnien in Delft, Gouda, Schiedam und Middelburg voran. Auch den Großteil der Aktien kauften in Rotterdam und den anderen Städten die jeweiligen Einwohner und besonders die lokalen Führungsschichten und brachten damit ihr Interesse an diesen Unternehmen zum Ausdruck. Die enge Verbindung zwischen Stadt und Aktiengesellschaft wurde darüber hinaus durch die Überlassung von kommunalen Räumlichkeiten an die Unternehmen bekräftigt.[104] Durch die Emulation der britischen Aktiengesellschaften hofften die niederländischen Gemeinwesen somit in der Konkurrenz mit Amsterdam aufholen zu können. Wie in London versprach die Organisationsform der Kompagnie einen wirtschaftlichen Sprung nach vorn.

Das Vorgehen in den niederländischen Städten unterschied sich aber von seinem britischen Vorbild eben dadurch, dass Konkurrenz immer zugleich zwischen Unternehmen *und* mit ihnen verbundenen Städten existierte – drei Vorschläge für eine gesamtniederländische Versicherungsgesellschaft, die auch mit einer Staatsschuldenumwandlung verbunden waren, konnten sich hingegen nicht durchsetzen.[105] In einer Reihe von Kommunen versprach die Kompagnie dagegen einen Schritt in Richtung des wirtschaftlichen Machtgewinns der Heimatgemeinde – das war eines der zentralen Gründungsmotive der städtischen Führungsschichten, die die Unternehmen autorisierten. Zudem war auch ein Zurückbleiben, sobald ein Konkurrent den Schritt zur Emulation der Aktiengesellschaftsidee gewagt hatte, potenziell gefährlich. Drohte doch dem eigenen Gemeinwesen dann ein (weiteres) Zurückfallen gegenüber der Konkurrenz. Denn ‚Jealousy of Trade' bezog sich ja nicht nur auf Amsterdam, sondern potenziell auf alle anderen Städte. So meldete der Korrespondent der *Wiener Zeitung* in den Niederlanden im August: „Indessen gienge der Actien-Handel durch ganz Holland

---

102 Auf die Bedeutung der britischen Kompagnien als wahrgenommene Konkurrenz in Rotterdam weisen Frehen/Goetzmann/Rouwenhorst, Evidence, S. 587, hin.
103 Go, Marine, S. 217.
104 Zahlreiche Beispiele für Rotterdam ebd., S. 220–221.
105 Gelderblom/Jonker, Mirroring, S. 130.

noch stark von statten / und gewinne das Ansehen / als ob eine Compagnie die andere verderben wolle."[106] Dieser munizipalen Konkurrenzsituation steht die starke Zentralisierung und Bündelung der Spekulation in einem Unternehmen in Frankreich ebenso gegenüber wie die weitgehende Dominanz Londons, wo gleichzeitig eine innerstädtische Vielfalt der Anlageobjekte und Konkurrenz zwischen den Companies herrschten. Außerdem spielte im Gegensatz zu London, aber in Parallele zu Paris, die Obrigkeit wieder eine größere Rolle. Ohne deren Zustimmung gingen Promotoren nicht vor.

Die Rotterdamer Versicherung schien schon im Sommer ihren wirtschaftspolitischen und geschäftlichen Zweck zu erfüllen. So behauptete eine Zeitung im August, dass Policen für zahlreiche Amsterdamer Schiffe bereits in Rotterdam abgeschlossen worden seien.[107] Dass die neuen Wettbewerber versuchten, die Bedingungen auf dem Versicherungsmarkt umzudrehen, wollte sich auch in Amsterdam nicht jeder gefallen lassen. In einer Eingabe an den Stadtrat Anfang Juli mahnten 264 Unterzeichner, dass die neuen Gesellschaften zu deutlichen Rückgängen an Versicherungsabschlüssen und damit auch Geldzuflüssen in die eigene Stadt führen würden. Neben der Sorge um das Gemeinwesen gaben die Kaufleute aber auch den Wunsch nach niedrigeren Versicherungsprämien bei ihrer Eingabe für eine eigene Kompagnie als Motive an. Der Stadtrat von Amsterdam unterstützte dennoch weiterhin die Privatversicherer und blieb bei seiner Ablehnung der Bildung einer Versicherungsgesellschaft.[108] Im Gegensatz zu London trauten sich die Amsterdamer Kaufleute offensichtlich auch nicht, ohne städtische Genehmigung mit einem Assekuranzgeschäft in Kompagnieform anzufangen und erst nachträglich die Anerkennung einzuholen bzw. zu erzwingen.

Hamburger Assekuranzen

Zwischen Hamburg, der größten mitteleuropäischen Handelsstadt, sowie den Niederlanden und London bestanden traditionell enge Kontakte. Kaufleute an der Elbe waren über Vorgänge in den anderen Ländern gut informiert – auch im Jahr 1720.[109] Darüber hinaus existierten ganz ähnliche ökonomische Bedürfnisse und

---

106 Wiener Zeitung 24.8.1720.
107 Go, Marine, S. 217–219; Gelderblom/Jonker, Mirroring, S. 127–129 u. 139.
108 Ebd., S. 128–129; Go, Marine, S. 216.
109 Krieger, Martin: Geschichte Hamburgs. München 2006, S. 52–74; Loose, Hans-Dieter: Zeitalter der Bürgerunruhen und der großen europäischen Kriege 1618–1712. In: Ders./Jochmann, Werner (Hrsg.): Hamburg. Geschichte der Stadt und ihrer Bewohner. Bd. 1, Hamburg 1982, S. 288; Kopitzsch, Franklin: Zwischen Hauptrezeß und Franzosenzeit 1712–1806. In: Ebd., S. 353.

Probleme im Hinblick auf den Seeverkehr – Wetter, Kriege und Piraten gefährdeten Waren und Schiffe. Nachdem sich der Erfolg der neuen Seeversicherungsgesellschaften in London im Winter 1719 und Frühjahr 1720 abzeichnete und niederländische Städte Kompagnien gründeten, ist es daher vielleicht nicht erstaunlich, dass man in Hamburg ebenfalls zur Emulation schritt, um den heimischen Assekuranzmarkt zu befördern.[110]

Seit Mai finden sich Belege für die Diskussion einer Assekuranzgesellschaft. Direkte Einflussnahme englischer Promotoren lässt sich den Quellen im Gegensatz zu Rotterdam aber nicht entnehmen. In einer Flugschrift mit dem Titel „Unvorgreifliche Gedancken, Das Assecurans-Wesen ... betreffend" wurde dann im Sommer 1720 der Vorschlag zur Gründung einer Hamburger Versicherungskompagnie dem Publikum unterbreitet.[111] Die Argumentation für das Projekt verlief in weitgehend ähnlichen Bahnen wie in Großbritannien und Rotterdam. Hamburger Promotoren führten geschäftliche Argumente für die Kompagnie an und mobilisierten Gedanken der ‚jealousy of trade'. Den Ausweg bildete aus Sicht des Verfassers der Flugschrift eine eigene Versicherungsgesellschaft – in Emulation der ausländischen Vorbilder. Für diese würden viele Personen „ein groß zusammen geschossenes Capital" aufbringen, um „diejenige so sich wollen Assecuriren lassen gantz und gar sicher zu stellen".[112] Viele Teilhaber könnten im Zweifelsfall leichter einen Schaden ersetzten als Einzelpersonen. Ausführlicher formuliert als in den britischen Akten war die Idee, dass das Unternehmen sich auf den Kredit seiner Aktionäre stützen wollte. Das Stammkapital der Versicherung veranschlagte die Flugschrift mit 8 Millionen Mark Hamburger Banco, wovon 10 % durch die Aktionäre einzuzahlen seien. Die Versicherung sollte so zunächst mit ausreichend Betriebskapital ausgestattet werden. Nur wenn zu viele Schadensfälle einträten, bräuchte das Unternehmen weitere Teile des Zeichnungsbetrags zu erheben. Die Möglichkeit jedoch, das zunächst nur nominelle Kapital der Versicherung jederzeit zur Schadensregulierung realisieren zu können, garantiere die Bonität des Unternehmens. Diese Gesellschaft, so stellte der Autor klar, nütze nicht nur den Aktionären, Kaufleuten und Schiffseignern, sondern dem gesamten hamburgischen Gemeinwesen. Denn die gebotene Sicherheit der Assekuranzkompagnie wüssten neben Einheimischen bald auch auswärtige Kaufleute zu schätzen. Das Geld, das für die Prämien der letzteren nach Hamburg fließe, würde dessen Wirtschaft stimulieren. Um die Gewinnaussichten besser zu verdeutlichen,

---

110 Als deskriptiver Überblick Amsinck, Assecuranz-Compagnie.
111 Unvorgreifliche Gedancken, das Assecurans-Wesen, hauptsächlich aber die in Hamburg auffgerichtete Assecurans-Compagnie betreffend. Hamburg 1720.
112 Ebd., S. 24.

enthielt die Flugschrift eine Liste des Hamburger Schiffsverkehrs und der daraus zu erzielenden Einnahmen. Freilich berücksichtigte der Autor bei der Berechnung des Gewinns weder die Wahrscheinlichkeit eines Versicherungsfalls, noch kalkulierte er die Konkurrenz der zeitgleich in Großbritannien und den Niederlanden entstehenden Gesellschaften mit ein.[113] Diese Leerstellen in der Werbeschrift wurden aber offenbar nicht als grundsätzliches Problem gesehen.

Kurze Zeit später warben andere Promotoren für eine zweite Hamburger Assekuranzkompagnie. Über deren Argumente erfahren wir etwas in einem Schreiben an den Rat der Stadt. Sie ergänzten die Überlegungen der Flugschrift an einem interessanten Punkt, indem sie darauf aufmerksam machten, dass in den vergangenen Jahren zahlreiche Pläne zur Ausweitung der hamburgischen Handelsverbindungen, unter anderem nach Mokka und Ostindien, an fehlenden Versicherungsmöglichkeiten gescheitert seien. In den Niederlanden und England hätten die dortigen Ostindiengesellschaften die Versicherung hamburgischer Schiffe verhindert, um sich lästige Konkurrenz vom Hals zu halten. In der Elbstadt selber fehle es an Assekuradeuren, die das Risiko einzugehen bereit seien. Folglich unterblieben Reisen um das Kap der Guten Hoffnung.[114] Mit einer eigenen Versicherungsgesellschaft schien nun jedoch ein Weg gefunden, bestehende Hemmnisse für diese schon eine Weile erwogenen Ausweitungen des Handels zu beseitigen. In der Folge musste sich eine solche Expansion natürlich auch positiv für die Stadt insgesamt auswirken.

Was im Anschluss an die erste Werbeschrift in Hamburg geschah, darüber berichtet eine Reihe von Quellen, am ausführlichsten ein nachträglich entstandener Bericht.[115] Wer Aktien kaufen wolle, so hatte die Flugschrift angekündigt, möge beim Makler Markus Russe einen unterschriebenen Zettel mit der Höhe der Zeichnung hinterlassen. Dass es sich bei dem Projekt nicht um eine Gesellschaft für Kleinaktionäre handelte, macht schon deutlich, dass Aktien einen Nennwert von 4.000 Mark Banco besitzen sollten. Dies bedeutete, dass pro Anteil 400 Mark Banco einzuzahlen waren – eine stattliche Summe.[116] Dennoch erwies sich die Begeisterung als groß. Zu den Anlegern gehörte eine Reihe namhafter Hamburger Kaufleute, und auch von außerhalb der Stadt kamen Zeichnungen. Darüber hinaus scheint es gelungen zu sein, europäisches Spekulationskapital anzuzapfen, das nach Hamburg floss. Beim Verkauf der Anteile half schließlich wohl auch, dass im Juli Investmentkapital aus London in die Elbstadt zurückkehrte. Im Er-

---

113 Ebd.
114 Wiedergabe des Schreibens in: Bericht über die Hamburger Ereignisse Anno 1720, o.O. o.D. In: STAHH – 111–1, Cl VII, Lit. Ka No. 5, Vol. 4a, unpag., S. 7–9.
115 Soweit nicht anders angegeben, orientiert sich die folgende Schilderung an dem Bericht ebd.
116 Unvorgreifliche Gedanken.

gebnis zeichneten Subskribenten so bis zum 15. Juli bereits 9 statt der projektierten 8 Millionen Mark Banco.[117]

Gleichzeitig setzte der Handel mit den noch nicht verteilten Aktien ein. Cyril Wich, britischer Resident in Hamburg und selber Subskribent,[118] berichtete am 16. Juli, dass der Kurs bereits um 75% gestiegen sei.[119] Daraufhin gründeten Kaufleute, die bei der ersten Kompagnie nicht zum Zuge gekommen waren, am 18. Juli eine zweite Versicherungsgesellschaft. Analog zur britischen und im Gegensatz zur niederländischen Situation entstand damit innerstädtische Konkurrenz zwischen Kompagnien. Auch die Anteile des zweiten Unternehmens fanden reges Interesse beim investitionsfreudigen Publikum. Am 19. Juli schrieb Wich, der Handel habe zwischenzeitlich eine „fureur [erreicht], qui passe l'imagination".[120] Am selben Tag erließ der Rat der Stadt jedoch ein Mandat:

> Mit großer Befremdung und Mißfallen [habe er] vernommen, welchergestalt einige Privati, unter dem Prätext einer Assecuranz-Compagnie, sich eigenmächtig unternommen, einen sogenannten Actien-Handel zu veranlassen und anzufangen, daraus aber gar viele gefährliche und dem Publico sowol als Privatis höchstnachtheilige Folgen zu besorgen.

Er annullierte zugleich sämtliche Aktiengeschäfte und befahl den Börsenmaklern, bei solchen Transaktionen nicht länger behilflich zu sein.[121] Die Reaktion macht deutlich: Im Gegensatz zu Rotterdam bestand keine Kooperation zwischen städtischer Führungsschicht und Promotoren der Aktiengesellschaften. Eher orientierte man sich in Hamburg am Londoner Modell, wo sich unabhängig von der Obrigkeit eine Eigendynamik der Aktiengesellschaftsgründung entwickelte.

Die Unternehmer an der Elbe reagierten auf die Anweisung des Rates in zweifacher Weise. Zunächst gingen sie davon aus, dass die Gesellschaften nicht in ihrer Existenz getroffen seien, da das Mandat ja nur den Aktien*handel* verbot. Sie taten damit nicht zuletzt ihre Überzeugung in den zugrundeliegenden Geschäftszweck kund. Sodann wurden am 20. Juli von den jeweiligen Investorengruppen Deputationen gewählt, die die Genehmigungen der Oberalten der Stadt zu den Unternehmensgründungen einholen sollten. Die Anträge dafür stellte man

---

117 Amsinck, Assecuranz-Compagnie, S. 469.
118 Ebd., S. 471.
119 Cyril Wich an James Stanhope, Hamburg 16.7.1720. In: TNA – SP 82/37, S. 107.
120 Dies., Hamburg 19.7.1720. In: Ebd., S. 111.
121 Befehl, daß keine Privati sich unterstehen sollen, unter dem Prätext einer Assecuranz-Compagnie, Handel anzufangen, 19.7.1720. In: Sammlung der von E. Hochedlen Rathe der Stadt Hamburg so wol zur Handhabung der Gesetze und Verfassungen als bey besonderen Eräugnisse ... ausgegangenen allgemeinen Mandate, bestimmten Befehle und Bescheide. 1. Teil, Hamburg 1767, S. 927.

am 24. Juli. Die zweite Kompagnie wies dabei noch einmal darauf hin, dass „die entstandenen nachteiligen Gerüchte, als wollten wir die Schranken unserer heilsahmen intention gar verlasen, und bloßerdings einen so genandten Actien-Handel anfangen", nicht zuträfen.[122] Die Commerzdeputation, die in Hamburg als Vertretung der Kaufleute fungierte, schaltete sich am 24. Juli ebenfalls in die Diskussion ein. Sie bestätigte, dass die Ziele der Versicherungsgesellschaften sehr löblich seien. Sie würden es ermöglichen, in Zukunft Versicherungsprämien in der Stadt zu halten. Die geplanten Gesellschaften sollten daher bestehen, die Spekulation mit Unternehmensanteilen aber verboten bleiben. Denn durch den „hizigen Actien Handel" sei der eigentliche Hauptzweck der Kompagnien in den Hintergrund gedrängt worden. Ähnlich sah dies auch die Erbkaufmannschaft.[123] Damit zogen Akteure in Hamburg eine Trennlinie zwischen der Kompagnie als sinnvoller Organisationsform einerseits und der Aktienspekulation andererseits, in der Hoffnung, dass eine Emulation der britischen und niederländischen Assekuranzen so doch noch die Zustimmung des Rates fände. Aber ließ sich die Idee der Kompagnie in einer Form abwandeln, die Spekulation mit den Anteilen unmöglich machte und bei der Kapitalbesitzer dennoch investierten?[124]

Der Rat war von der vorgeschlagenen Grenzziehung zwischen Organisations- und Handelsform nicht überzeugt und veröffentlichte am 26. Juli ein neues Mandat, in dem er nun auch die Versicherungsgesellschaften selbst untersagte.[125] Vier Argumente brachte er in der Begründung seiner Entscheidung vor – zwei vorrangig wirtschaftliche, zwei politische. Erstens kritisierte er Wertpapiere allgemein. Die Spekulation damit halte Kaufleute vom wirklichen Handel ab – ein Argument, das Gegner von Kompagnien auch in Frankreich und Großbritannien vorbrachten. Daraus entstehe aber im kleinräumigen Deutschland ein besonders ernsthaftes Problem. Denn während sich alles auf den Wertpapierhandel konzentriere,

---

122 Wiedergabe des Schreibens in: Bericht über die Hamburger Ereignisse Anno 1720, o.O. o.D. In: STAHH – 111–1, Cl VII, Lit. Ka No 5, Vol. 4a, unpag., S. 9.
123 Protokoll, Hamburg Juli 1720. In: CBHH – Protocollum Commercii, Bd. 8, S. 187.
124 In ähnlicher Weise war in London 1696 eine Trennlinie zwischen Aktienhandel und in Kompagnieform umgesetzter Geschäftsidee gezogen worden, wenn es hieß: „The pernicious Art of Stock-jobbing hath, of late, so wholly perverted the End and Design of Companies and Corporations, erected for introducing, or carrying on, of Manufactures ...". Zitat nach Hoppit, Attitudes, S. 309.
125 Decret wegen der Assecuranz-Compagnie, 26.7.1720. In: Sammlung der von E. Hochedlen Rathe, S. 927–928.

liegt das wahrhaffte Commercium darnieder, die Arbeits-Leute finden wenig zu thun, und werden dannenhero genötiget ihren Stab weiter zu setzen; wozu denn ein gewisser Potentat ins Fäustgen lachen muß, der nichts so sehr verlangt, als Manufacturen anzulegen, und solche Nachfolgern zu hinterlassen, die seinen gemachten Entwurff zu vollführen würdig sind, dessen Absicht dahin gehet, seinen Handel auf die zerfallene Trümmer des unsrigen zu befestigen, ja, der uns in diesem Stück eben so gefährlich seyn sollte, als er seinen Feinden furchtbahr ist.[126]

Das Überhandnehmen des Papier- und der Rückgang des realen Handels hätten mithin einen dauerhaften Verlust an Wirtschaftskraft und eine Stärkung möglicherweise feindlicher Territorialherren zur Folge, die in ihrer ‚jealousy of trade' nur auf die Schwäche der Reichsstadt warteten. Vermutlich dachte der Rat hierbei an den Kurfürsten von Hannover, der Harburg mittels Aktiengesellschaften auszubauen trachtete, und an den dänischen König, der Hamburg in sein Territorium einzugliedern wünschte und dessen Wirtschaft durch die Förderung Altonas Konkurrenz machte. Die städtische Obrigkeit leitete bei ihrem Verbot der Kompagnien somit wohl die Sorge vor der im 18. Jahrhundert „zunehmend aggressiven territorialen Wirtschaftspolitik" von Landesherren gegenüber Reichsstädten.[127]

Die zweite Befürchtung bezog sich auf die wirtschaftliche Rentabilität und die Organisationsform selber. Um Versicherungsnehmer aus anderen Städten anzulocken, müssten die Assekuranzgesellschaften geringere Prämien fordern als ihre Konkurrenten. Dies gefährde jedoch ihre Ertragsfähigkeit. Außerdem sei

unvereinlich und einen jeden auß eigener anmerckung bekand, daß das Assecuriren wegen der viellerley arten von gefährlichkeiten und betrigereyen, denen der Assecuradeur sich auf das verbindlichste und fast ohne ausnahme exponiret, der aller unsicherste und mißlichste Contract von der Welt sey, wobey auch ehender zehne verdorben, als einer vortheil ... ziehet.[128]

Statt Geld anzuziehen, würde Hamburg deshalb durch die Versicherungsgesellschaften unter dem Strich Kapital verlieren, weil solches als Schadenersatz aus der Stadt abfließe. Zudem leide eine Gesellschaft gegenüber einem privaten Versicherer darunter, dass die Verantwortlichen nicht immer mit dem nötigen Engagement und der notwendigen Umsicht vorgingen. Der Einzelne sei daher dem Großunternehmen gegenüber im Vorteil. Der Rat hielt somit die ganze Idee einer Versicherungsgesellschaft für falsch. Die bereits absehbare Pleite der Un-

---

126 Betrachtung des Neuen Finanz-Wercks. Allwo der Schade angezeigt wird, welcher aus Errichtung der Compagnien entstehet. Alles auff die Erfahrung und vernünfftige Folge gegründet. Hamburg 1720, S. 16–17.
127 Press, Merkantilismus, S. 11, auch S. 12.
128 Zitat nach Amsinck, Assecuranz-Compagnie, S. 480.

ternehmen berge schließlich große Risiken für die Wohlfahrt der Stadt: „wannenhero dan die gesunde vernunfft erfordert den sichersten weg zu gehen und lieber dem unheil in zeiten vorzubiegen, als hernach, wen kein Pflaster mehr möchte helfen können, Heilungs-Mittel zu suchen."[129]

Dass auswärtige Mächte die Gelegenheit nutzen könnten, um in innerhamburgische Verhältnisse einzugreifen, möglicherweise die Stadt sogar zu mediatisieren, war die dritte Befürchtung des Rates. Denn es ließe sich kaum vermeiden, dass Fremde Aktien kauften.

> Diese aber würden, nicht nur im dem Fall, wann sie sich in ihrer Rechnung auf die letzte [die Versicherungen] betrogen und in Schaden geführt finden sollten, den directeurs zwar zuerst Hertzleyd genug machen, jedoch hernach leicht ihre Praetensiones an große, der Stadt nicht gewogene Herren cediren, die solche an die Stadt selbst, insonderheit bey gewissen conjuncturen, wen man derselben etwa vorhin gern zu leibe wolte, auf allerhand arth fodern könnten.[130]

Auch hier scheint insofern die Sorge vor den Machtgelüsten des dänischen Königs – und darin die komplexe Struktur des Heiligen Römischen Reiches Deutscher Nation – noch einmal durch.[131] Feinden wollte der Rat keine Hilfsmittel an die Hand geben, die Unabhängigkeit Hamburgs zu beeinträchtigen. Die vierte Sorge schließlich rekurrierte auf die jüngere Stadtgeschichte. Denn der Rat fürchtete, dass Unfrieden zwischen Teilhabern der Kompagnie und solchen, die keine Aktien erhielten, entstehen könne. Stadtinterne Auseinandersetzungen waren erst 1712 mit einem Hauptrezeß beigelegt worden, der die Machtverteilung im Gemeinwesen neu geregelt hatte.[132] An einem Wiederaufflammen von Konflikten bestand offenbar wenig Interesse.

Der Rat erkannte schließlich an, dass die Unternehmer eine gute Idee mit Ernst zu verfolgen meinten,[133] allein die Sorgen vor dem Aktienhandel und seinen Folgen für die Wirtschaft, die Innen- und Außenpolitik der Stadt waren größer. Eine Nachahmung ausländischer Vorbilder, das heißt die Übernahme und Anpassung der Organisationsform Aktiengesellschaft sei unter den gegebenen politischen und ökonomischen Bedingungen nicht praktikabel. Hamburg war aus Sicht des Rates keine Insel, sondern sah sich der Konkurrenz militärisch starker

---

[129] Zitat nach ebd., S. 483.
[130] Zitat nach ebd., S. 484.
[131] Prange, Carsten: Handel und Schiffahrt im 18. Jahrhundert. In: Stephan, Inge/Winter, Hans-Gerd (Hrsg.): Hamburg im Zeitalter der Aufklärung. Berlin 1989, S. 42; Krieger, Geschichte, S. 52 u. 59–60; Loose, Zeitalter, S. 289–327; Kopitzsch, Hauptrezeß, S. 354–357.
[132] Krieger, Geschichte, S. 59.
[133] Zitat nach Amsinck, Assecuranz-Compagnie, S. 485.

und ökonomisch schwächerer Territorialherren gegenüber, welche versuchten, den städtischen Handel in ihre eigenen Häfen umzuleiten und danach trachteten, bei Gelegenheit auch das Gemeinwesen zu unterwerfen. Die kleinräumige politische Struktur des Alten Reiches wurde somit im Gegensatz zu den Niederlanden am Ende eher als eine politische Bedrohung wahrgenommen. Zumal die Elbstadt aus einer Position der noch vorhandenen ökonomischen Stärke gegenüber den angrenzenden Territorialherren agierte und der Rat, ähnlich wie in Amsterdam, mehr auf Bewahrung als auf Veränderung setzte. Freilich, die innerstädtische Dynamik hatte mehr Parallelen zu London als zu den Niederlanden.

Eine Bank für Braunschweig-Wolfenbüttel

Auch in Braunschweig-Wolfenbüttel sah sich die Regierung im Sommer 1720 mit einem Emulationsvorschlag konfrontiert – allerdings ging es um ein wesentlich breiteres Feld von Geschäftstätigkeiten, und die Promotoren hatten noch nicht mit der Aktienzeichnung begonnen.[134] Dass die Euphorie der Kompagniegründungen überhaupt auf das Herzogtum abstrahlte, hatte nichts mit lokalen Akteuren zu tun, sondern ging auf die Initiative englischer Kaufleute zurück. Denn als Wirtschaftsreformer größeren Umfangs waren weder Herzog August Wilhelm und seine Beamten, noch die lokale Kaufmannschaft bekannt. Stattdessen hatten die Baulaunen der Herzöge das Land mit hohen Schulden belastet. Trotz Bemühungen, durch die Förderung der Wirtschaft ein höheres Steueraufkommen zu generieren, und damit die Schulden abzubezahlen, verlief die Reformpolitik um 1720 weitgehend in überlieferten Bahnen. Zwischen 1714 und 1731 wurden im Wesentlichen Privilegien für einige Manufakturen und das städtische Handwerk erlassen. Umfassende Neuerungen erfuhr die Wirtschaftspolitik erst nach 1735.[135] Dass sich englische Kaufleute dennoch für das deutsche Territorium interessierten, lag wohl unter anderem an den verwandtschaftlichen Verbindungen des Herzogs zum englischen König. Beide entstammten dem Haus Braunschweig-Lüneburg. Militärisch waren Braunschweig-Wolfenbüttel und Hannover/Groß-

---

134 Vgl. zu den Aktivitäten in Braunschweig jetzt auch ausführlicher Rosenhaft, Linen.
135 Kaufhold, Karl Heinrich: Die Wirtschaft in der frühen Neuzeit. Gewerbe, Handel und Verkehr. In: Heuvel, Christine van den/Boetticher, Manfred v. (Hrsg.): Geschichte Niedersachsens. Bd. 3.1: Politik, Wirtschaft und Gesellschaft von der Reformation bis zum Beginn des 19. Jahrhunderts. Hannover 1998, S. 365–368; Burmeister, Friedrich-Karl: Der Merkantilismus im Lande Braunschweig-Wolfenbüttel im 16. bis 18. Jahrhundert. Frankfurt 1929, S. 62–65; Wagnitz, Friedrich: Herzog August Wilhelm von Wolfenbüttel (1662–1731). Fürstenleben zwischen Familie und Finanzen. Wolfenbüttel 1994.

britannien darüber hinaus eng miteinander verbunden, weil das Herzogtum sich vertraglich verpflichtet hatte, 5.000 Mann unter Waffen zu halten, die im Zweifelsfall an der Seite englischer bzw. hannoverscher Truppen eingesetzt werden sollten. Dafür zahlte Großbritannien jährlich £25.000 Subsidien, die den Braunschweig-Wolfenbütteler Staatsetat aufpäppelten.[136]

Das 1720 beratene Projekt von Ebenezer Corr sah die Gründung einer Aktienbank in Braunschweig vor. Hierfür erbat er von der herzoglichen Verwaltung ein Privileg. Das Stammkapital des Unternehmens sollte 1,5 Millionen Reichsgulden betragen und aus 15.000 Aktien bestehen. Das waren je Anteil 200 Hamburger Mark Banco oder 5 % dessen, was die Aktien der Versicherungsgesellschaft in der Reichsstadt kosten sollten. Vorerst seien nur 40 % dieser Summe einzuzahlen, weitere Einschüsse wollte man erst bei Bedarf einfordern. Das Projekt sprach somit Investoren deutlich kleinerer Vermögen an, als es die Promotoren der norddeutschen Assekuranzkompagnie taten. Die Bank sollte über ihr Kerngeschäft hinaus das Recht erhalten, Güter und Gerechtsamkeiten inner- und außerhalb des Fürstentums zu erwerben, Großhandel zu treiben, Geld zu verleihen, „an andere Orte zu übermachen, anzulegen und an baarem Geld oder Wechsel-Briefen oder auf andere Art [zu investieren,] wie es die Kaufleuthe Wechsler und Geldschneider in London in Gebrauch haben oder sonst d[er] Eignerausschuß der Compagnie es von Zeit zu Zeit [für die ...] Banc [für] am vortheilhaftesten" erachte.[137] Des Weiteren sollte die Gesellschaft Leben, Gebäude, Waren und Schiffe versichern dürfen. Sie war also auf ein breites Spektrum an Aktivitäten ausgelegt. Kurz vor Ende des Konzepts fand sich noch die Forderung eines namhaften Privilegs. In Zukunft sollte im Herzogtum keine neue Gesellschaft mit mehr als 4 Teilhabern und über 8.000 Dukaten Kapital zulässig sein. Die Bank forderte mithin das Monopol für Großunternehmungen in Braunschweig-Wolfenbüttel für die Zukunft.

Das versprochene Ziel des Projektes umriss eine Regierungskommission mit den Worten:

> Das Land soll ... Volck und Geldt reich werden, mithin Handel und wandel darin floriren, auch in allen Staats-Bedürfnißen ein genugsahmer fonds bey der Banc, jedoch gegen reelle hypothec und Verzinsung zur Hand seyn. Braunschweig soll ein Hauptwechselplatz und Reiche KauffStad werden, mithin ihren Handel und Geldt-circulation bis in die austersten theile von Europa extendiren.[138]

---

[136] Burmeister, Merkantilismus, S. 62; Wagnitz, Herzog August Wilhelm, S. 5.
[137] Entwurf des Inhalts der fürstl. Verbriefung über die Anrichtung einer Banc in Braunschweig, o.O. o.D. In: NLAWF – 4 Alt 5, Nr. 358, unpag., S. 5.
[138] Kommissionsbericht über die Vorschläge Corrs, Braunschweig 20.11.1720. In: NLAWF – 2 Alt, Nr. 6544, S. 20.

Kredit, beschleunigter Geldfluss und daraus hervorgehende Betriebsamkeit – die Ziele ähnelten dem, was auch die Dubliner Promotoren erstrebten. Das aus London stammende Bankvorhaben war aber auch solcher Art, dass es deutsche Regierungsbeamte verstanden. Denn „cameralists seem to have been somewhat obsessed with circulation, i.e. the idea of a high velocity and a low demand for money to hold, as a low velocity and high demand for money to hold may well lead the economy into a cycle of deflation and depression."[139] Die angestrebte europäische Dimension des Geschäftsbetriebs der Braunschweig-Wolfenbütteler Bank mag hingegen von Vornherein Zweifel geweckt haben, waren kleinere deutsche Territorien doch in aller Regel stärker auf die effektive Ausnutzung lokaler Ressourcen bedacht als auf expansive Projekte.[140]

Offensichtlich war sich der Promotor Corr auch nicht sicher, ob die ökonomischen Anreize allein ausreichten, um die Regierung von seinen Plänen zu überzeugen. Er verband das Projekt daher mit den Bemühungen des Fürstentums, eine Lotterieanleihe zur Finanzierung von Staatsschulden auszugeben. Deren Lose sollten vornehmlich in London verkauft werden, und ihren Vertrieb wollte Corr mit der geplanten Aktiengesellschaft verknüpfen. Jeder, der fünf Lose kaufte, so der Plan, erlange das Recht, eine Aktie zu erwerben.[141] Dies zwang potenzielle Interessenten der Unternehmensanteile auf den Umweg über die Lotterie, und die Landesregierung profitierte dadurch zusätzlich. In gewisser Weise handelt es sich um eine Abwandlung der Projekte Laws, bei denen der Kauf von Neuaktien den Besitz von älteren Anteilen voraussetzte. Sodann macht dieser Aspekt aber deutlich, dass Corr wohl ähnlich wie die Promotoren der Harburger Kompagnien daran dachte, vornehmlich britisches Investmentkapital für die Bank in Braunschweig-Wolfenbüttel anzuzapfen.

Schließlich sah der Plan für die Bank noch vor, Herzog und Regierungsmitglieder direkt am Unternehmen zu beteiligen. Laut Corrs Entwurf des Gesellschaftsvertrages erhielt der Landesherr 1.000 Aktien gratis. Vier Minister sollten jeweils 100 kostenlose Anteile bekommen, weitere 600 hatte Corr für verschiedene andere Nutznießer eingeplant. Dadurch bot man den Regierungsbeamten noch einen zusätzlichen Vorteil. Damit nicht genug, trug der Promotor dem Herzog außerdem den Posten des Gouverneurs der Bank an, so wie der englische König „sich haben gefallen lassen, den Nahmen vom Gouverneur der Sud-Com-

---

139 Rössner, Philipp Robinson: Mercantilism as an Effective Resource Management Strategy? Money in the German Empire, c. 1500–1800. In: Isenmann, Merkantilismus, S. 55.
140 Reinert, Translating, S. 238–243.
141 Vgl. zu den Bemühungen um eine Lotterie die Schreiben Ebenezer Corr an Herzog August Wilhelm von Braunschweig-Wolfenbüttel, London 9.2.1720. In: 2 Alt, Nr. 6544, unpag.

pagnie anzunehmen.“¹⁴² Herzogliche Beamte sah Corr wiederum für verschiedene andere Posten in der Führung der Bank vor. Unternehmen und territoriale Verwaltung wurden damit eng aufeinander bezogen und miteinander verzahnt. Für den Fall, dass Herzog August Wilhelm Engländer für die Erstbesetzung der restlichen Direktorenposten zulasse, schlug der Promotor sich selbst und drei weitere Personen schon einmal vor. Für seine eigenen Mühen wünschte Corr abschließend selber 1.000 Aktien der Bank gratis zu erhalten.

So erreichte die Euphorie für Aktiengesellschaften ein weiteres Territorium des Alten Reiches. Das Projekt versprach, die Wirtschaft durch bessere Geldzirkulation und eine Ausweitung des Kredits voranzubringen und fand zunächst interessierte Aufnahme. Der Herzog forderte seine Beamten auf, das Projekt zu begutachten und ihm einen Bericht vorzulegen – ob aufgrund der Einbettung der Lotterie, der persönlichen monetären oder der wirtschaftlichen Anreize, ist allerdings unklar.¹⁴³

Englische Handwerker in Harburg

Während der Rat in Hamburg die Experimente mit Versicherungen beendete und in Brauschweig-Wolfenbüttel die Beamten die vorgeschlagene Bank noch berieten, war man in Hannover auf dem Weg zu einer offiziell autorisierten Kompagnie schon einen erheblichen Schritt weiter.

Am 5./16. Juli 1720 fertigte König Georg I. die Charter der Harburger Manufakturkompagnie aus.¹⁴⁴ Das Unternehmen erhielt ein Privileg für 40 Jahre, und gleichzeitig durfte in demselben Zeitraum keine weitere Manufakturkompagnie in Harburg oder einer anderen Stadt des Kurfürstentums autorisiert werden. Im Gegenzug musste die Gesellschaft je zwei Lehrlinge für alle neu eingeführten Geschäftszweige kostenlos sieben Jahre lang ausbilden. Abgesehen davon erteilte die Regierung kaum Privilegien, die über das hinausgingen, was man neuen Bewohnern Harburgs seit Jahrhundertbeginn nicht ohnehin schon gewährte. Das Stammkapital der Gesellschaft betrug £500.000, und weil die Promotoren mehrheitlich wohl aus Großbritannien kamen, legte die Charter für die Generalversammlungen explizit keinen Ort fest – sie konnten also problemlos in der briti-

---

142 Entwurf des Inhalts der fürstl. Verbriefung über die Anrichtung einer Banc in Braunschweig, o. O. o. D. In: NLAWF – 4 Alt 5, Nr. 358, unpag., S. 9.
143 August Johann v. Mattenberg an Herzog August Wilhelm, Braunschweig 28.7.1720. In: NLAWF – 2 Alt, Nr. 6543, S. 10.
144 Vgl. auch die kurze Anmerkung bei Black, Continental, S. 56.

schen Hauptstadt stattfinden. Der Habsburger Resident Hoffmann berichtete Anfang August aus London, die Aktien seien in London bereits gezeichnet.[145] Die Tatsache, dass Briten mehrheitlich die Unternehmensanteile erwarben, bedeutete zugleich, dass die Gefahr eines Aktienhandels in Hannover gering war. Denn die Wahrscheinlichkeit, dass sich Anbieter und Interessent für ein Wertpapier der Kompagnie fanden, war in London erheblich größer als im Kurfürstentum. Dass im Gegensatz zu Hamburg in Hannover allerdings keine prinzipielle Angst vor Aktienspekulation bestand, zeigte sich darin, dass dem Unternehmen die Öffnung von Subskriptionsbüchern im Kurfürstentum explizit erlaubt war.[146] Nicht nur die erfolgreiche britische Erfahrung mit der South Sea Company, auch die gegenüber anderen Territorien wie Hamburg vergleichsweise große Machtfülle des Landesherrn dürfte für eine deutlich geringere Angst vor einem Börsencrash im Kurfürstentum gesorgt haben – die Erwartung des Profits überwog eindeutig.

Kurze Zeit später sandte die Kompagnie erste Handwerker aus England nach Harburg, um das benötigte handwerkliche Wissen zu transferieren. Im Gegensatz zu den von John Law 1719 angeworbenen Handwerkern verursachte dies in London jedoch offenbar keine Unruhe. Man kann die Aktivitäten in Harburg danach in Umrissen verfolgen, weil der Geheime Rat dem Harburger Landdrosten Georg Friedrich von Spörcke auftrug, regelmäßig über die angekommenen Engländer zu berichten. Zugleich wies man ihn an, dass die Handwerker „freundlich aufgenommen [werden sollten] u. ihnen mit allem was zu ihrer bequemen unterbringung u subsistenz gereichen kann, aufs beforderlichste an hand" zu gehen sei.[147] Das erschien dem Geheimen Rat in Hannover nach den Problemen Bourges in den Vorjahren wohl nicht selbstverständlich.[148] Die insgesamt 27 im Herbst 1720 in Harburg ansässigen englischen Handwerker konnten so zunächst zu Werke gehen. Der Landdroste berichtete, sie seien auf der Suche nach einem guten Bauplatz und hätten bereits 250.000 Ziegelsteine bestellt. Bauholz würden sie ebenfalls schon kaufen. Für die Seifenherstellung verfügten sie über einen großen Kessel. Fett und Pottasche für die Waschmittelproduktion beziehe man aus Hamburg. Die für die Papierherstellung benötigten Lumpen kämen hingegen aus Altona. Schließlich beschäftigten sich die Neuankömmlinge auch mit dem Aufbau einer Zuckersiederei, so „daß also aus solchen Veranstaltungen es anscheinen

---

[145] Johann Philipp Hoffmann an Karl VI., London 2.8.1720. In: HHSTA – England, Korrespondenz, Karton 60, S. 18.
[146] A Copy and Translation of the Harburg Patent, o.O. 5./16.7.1720. In: NLAH – Dep. 113, Nr. 22, unpag.
[147] Georg I. an Landdrost v. Spörcke, Hannover 26.8.1720. In: Ebd., unpag., S. 2.
[148] Püster, Möglichkeiten, S. 125–132.

will, ob sey ihnen das Vorhabende werck ein rechtschaffener Ernst."[149] Dieser Sicht schloss sich der Geheime Rat in Hannover an. Damit sich die Manufaktur- und die seit dem Frühjahr geplante Handelskompagnie die vorhandenen Bauplätze in Harburg nicht streitig machten oder sie sich gegenseitig behinderten, forderte er daher Ende September einen genauen Lageplan samt eingezeichneten Bauvorhaben der bestehenden Manufakturgesellschaft vom Landdrosten an, um darüber mit den in Hannover weilenden Vertretern der noch nicht genehmigten Handelskompagnie zu verhandeln.[150] Ersteres Unternehmen sollte wohl nicht schon Grundstücke bebauen, die letzteres benötigte.[151]

Im Kurfürstentum Hannover zeichneten sich die ersten positiven Entwicklungen aus der Infusion ausländischen Kapitals ab, welche die Aktieneuphorie in Europa möglich machte. Zudem versprach die Ausbildung von Landeskindern in den neuen Gewerbezweigen, dass handwerkliches Fachwissen auch für den Fall eines späteren Scheiterns der Kompagnie im Land verblieb. Trotz des Platzens der Mississippi-Blase in Paris erschienen die Risiken der Organisationsform Aktiengesellschaft gegenüber den möglichen Vorteilen für die beschleunigte Entwicklung der Wirtschaft im Falle Harburgs gering zu sein, zumal die Aktien der Manufakturkompagnie hauptsächlich Londoner hielten.

Portugiesische Pläne

Auch in anderen Teilen Europas berieten Regierungen weiterhin Pläne für Aktiengesellschaften. Ende Juli berichtete der britische Generalkonsul Thomas Burnet aus Lissabon erneut an Staatssekretär Craggs in London von portugiesischen Gedankenspielen.

Die Regierung der iberischen Monarchie sei, ebenso wie der König, enthusiastisch. Weiterhin denke man über eine Handelskompagnie für Brasilien nach – wobei jetzt die South Sea Company und nicht mehr die Compagnie du Mississippi als Vorbild diene. Das Exempel für Emulation hatte mithin gewechselt, nachdem der Pariser Aktienmarkt in die Krise geraten war. Doch die Ereignisse in der französischen Hauptstadt hatten die Erwartung nicht erschüttert, dass eine Kompagnie im Falle Portugals am ehesten auf dem Fundament des Kolonialhandels aufbauen könne und durch ein solches Unternehmen das Land mehr vom Warenverkehr mit seinen Überseeterritorien profitieren werde. Allein, man sei

---

149 Landdrost v. Spörcke an den Geheimen Rat, Harburg 24.9.1720. In: NLAH – Dep. 113, Nr. 22, unpag., S. 3.
150 Geheimer Rat an v. Spörcke, Hannover 27.9.1720. In: Ebd., unpag.
151 Actum, Hannover 28.9.1720. In: Ebd., unpag.

sich weiterhin nicht sicher, schrieb Burnet, wie die Inquisition aus der Angelegenheit herausgehalten werden könne. Dies sei aber notwendig, um die Kapital besitzenden konvertierten Juden als Investoren zu gewinnen. Letztere würden fortwährend ihre Enteignung durch einen zu großen Einfluss der Geistlichen fürchten. Eng damit verbunden sah Burnet noch eine zweite Sorge der portugiesischen Regierung. Sollten sich nicht genug einheimische Anleger finden, sei das Unternehmen gezwungen, auf internationales Geld zurückzugreifen. Davor schreckten die Verantwortlichen jedoch zurück, weil Portugal aus ihrer Sicht in diesem Fall Gefahr liefe, dass die Aktien hauptsächlich an Engländer und Niederländer übergingen. Deren Einfluss könnte zur Folge haben, dass die Brasilienschiffe in Zukunft direkt von London und Amsterdam aus lossegelten und Lissabon vollkommen umgingen.[152] Burnets Schilderung der Sorgen der portugiesischen Regierung vor den Auswirkungen internationalen Kapitals macht deutlich, dass die Beamten offensichtlich nicht nur von einem Spekulationsobjekt ausgingen, das, mit einem Konversionsprojekt verbunden, die portugiesischen Staatsschulden beseitigen sollte. Sondern sie erwartete, dass die Gesellschaft tatsächlich Kolonialhandel betreiben würde. Im Zentrum der Beratungen stand somit die Frage, wie sich die Idee der Aktiengesellschaft zum größten Vorteil Portugals abwandeln ließe.

Dass sich die Angst vor ausländischem Einfluss nicht von der Hand weisen ließ, zeigte sich im August. In diesem Monat überschnitten sich zwei Entwürfe für eine portugiesische Gesellschaft. Neben jenem der Regierung kam ein weiterer in Lissabon an, den Londoner Kaufleute in Kooperation mit dem dortigen Botschafter der iberischen Monarchie ausgearbeitet hatten. Die darin in Aussicht gestellte Kompagnie sollte mit allen Teilen des portugiesischen Überseereiches Handel treiben dürfen. Die einzige Ausnahme bildete Brasilien. Das Projekt ging insofern auf Sorgen in Lissabon ein, den Handel mit Südamerika an Kaufleute aus Nordeuropa zu verlieren, suchte aber gleichzeitig den britischen Einfluss auf andere Teile des portugiesischen Kolonialreichs auszudehnen. Der erste Entwurf, so berichtete der Londoner Korrespondent des *Schlesischen Nouvellen Courier* am 30. August, habe allerdings Bedenken bei der Regierung in Lissabon hervorgerufen. Diesen hätten die Promotoren jetzt mit einem neuen Konzept entgegenzusteuern gesucht. Der Zeitungsbericht beurteilte das Projekt im Übrigen sehr wohlwollend und unterschied es von gleichzeitig aufgezählten „chimerischen Compagnien".[153]

---

[152] Thomas Burnet an James Craggs, 28.7.1720. In: TNA – SP 89/28, S. 102; Condorelli, 1719–1720 Stock Euphoria, S. 67.
[153] Schlesischer Nouvellen Courier 16.9.1720; Wiener Zeitung 14.9.1720.

Doch nicht nur Pläne wurden aus der britischen Hauptstadt nach Lissabon geschickt, auch Spekulationskapital. Im Gegensatz zu vielen Wechselkursen zwischen europäischen Handelsstädten und London lagen jene nach Portugal noch bis Ende Juli unter dem Ausgangswert vom 1. Januar und hielten sich im Anschluss bis zum 9. August unterhalb von 101%. Plötzliche hohe Geldtransfers Richtung Lissabon und Porto führen dann aber ab dem 16. August zu einem kurzzeitigen massiven Anstieg. Diesen verursachten aber nicht etwa portugiesische Spekulanten, die Geld aus der South Sea Bubble heimholten. Stattdessen verschoben britische Investoren in großem Stil Kapital auf die iberische Halbinsel, um möglichst früh Aktien zeichnen zu können, sollte in Portugal eine Kompagnie die offizielle Billigung finden.

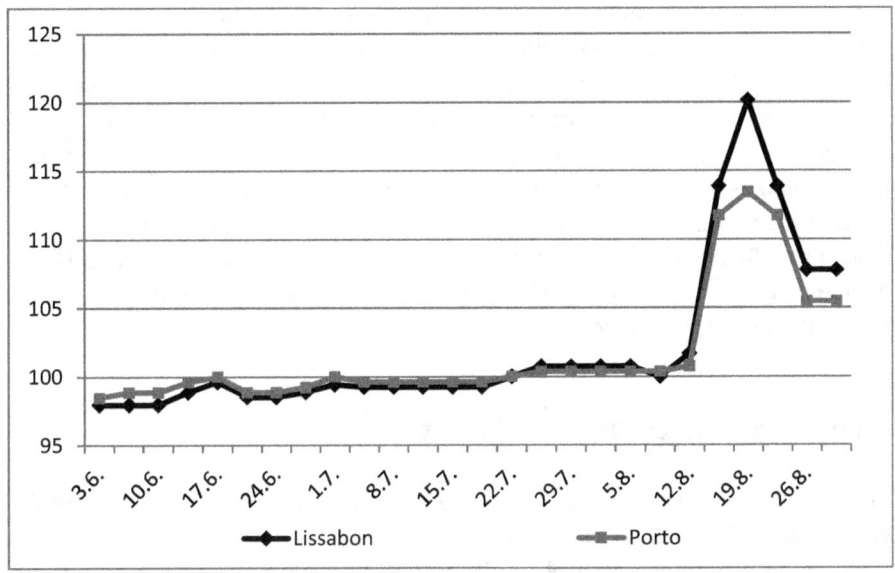

Grafik 26: Wechselkurs zwischen Portugal und London Sommer 1720 (1. Januar 1720 = 100%) Course of the Exchange 1720.

Diese plötzliche Geldflussdynamik ist schon den Zeitgenossen aufgefallen.[154] Auch werteten sie den plötzlichen Ausschlag als besonderes Krisenzeichen für London, weil die Transfers die Geldknappheit in der britischen Hauptstadt erheblich zu verschärfen schienen. Thomas Wentworth, Earl of Strafford, kommentierte Ende August: „This is now the crisis in my opinion. I don't find the

---

154 Schlesischer Nouvellen Courier 16.9.1720. Vgl. auch Schubert, Ties, S. 155.

Dutch doe us any great harm, the Exchange alter'd a little, but is now again in our favour, which is proof as certain as can be; but there has been considerable sums sent to Portugal, and that has been more prejudicial to our Stocks."[155] Auch übermittelten Spekulanten Kapital nicht nur per Wechsel – vermutlich weil der Markt dafür zu begrenzt war. Der Korrespondent der *Europäischen Fama* meldete, dass im September 480.000 Cruzados (etwa £64.000) mit dem Paketboot von Falmouth kommend in Lissabon angelangt seien. Eine Tatsache, die laut einem Londoner Bankier den Anstieg des Goldpreises in London im August mitverursachte.[156] Diese Nachricht ist auch deshalb erstaunlich, weil normalerweise Gold in die umgekehrte Richtung floss – von Brasilien über die portugiesische Hauptstadt mit dem Paketboot in die Cornwaller Hafenstadt.

Trotz all dieser Vorschläge und Geldzuflüsse betonte die *Europäische Fama*, dass die Skepsis innerhalb der portugiesischen Regierung bezüglich eines möglicherweise entstehenden Aktienhandels weiterhin groß sei. Keiner der Pläne aus dem August 1720 kam daher seiner Verwirklichung näher.[157] Schwierig blieb aus Sicht der Beamten in Lissabon zudem die Frage, mit welchem Geld eine Aktiengesellschaft ausgestattet werden sollte – einheimischem oder ausländischem. Ersteres gab es nur gegen rechtliche Garantien. Letzteres war zwar reichlich vorhanden, es bestand jedoch die Gefahr, dass die Profite der Kompagnie in ausländischen Taschen endeten, während man selber wenig von dem neuen Unternehmen profitierte und unter Umständen noch die Kontrolle über das eigene Kolonialreich vollständig verlor.

Habsburger, Asien und der Orient

In Wien und den österreichischen Niederlanden diskutierten Unternehmer, Regierung und Beamte vor dem Hintergrund der Aktieneuphorie in Europa im Frühjahr und Sommer 1720 ebenfalls weiter über Handelsgesellschaften. Die

---

155 Thomas Wentworth an Lord Bathurst, London 30.8.1720. In: Cartwright, James J. (Hrsg.): The Wentworth Papers 1705–1739. London 1883, S. 449. Die Geldtransfers nach Portugal kommentieren auch Thomas Burnet an James Craggs, Lissabon 14.10.1720. In: TNA – SP 89/28, S. 125; Henry Worsely an James Craggs, Lissabon 15.10.1720. In: Ebd., S.130.
156 Allerdings belegen dies die überlieferten Daten nicht. Der Goldpreis stieg schon deutlich vor dem Anstieg des Wechselkurses. Europäische Fama 238 (1720), S. 848; Thomas Burnet an James Craggs, Lissabon 14.10.1720. In: TNA – SP 89/28, S. 125; Condorelli, 1719–1720 Stock Euphoria, S. 17.
157 Europäische Fama 238 (1720), S. 846–847; Schlesischer Nouvellen Courier 23.9.1720; Oberpostamtszeitung 28.9.1720.

Kaiserlich-Orientalische Kompagnie von 1719 stellte einen Beratungsgegenstand, ein Unternehmen für den Asienhandel einen weiteren dar.

Noch vor der großen Welle der Unternehmenspromotionen in Europa entstanden, litt die Gesellschaft für den Handel mit dem Osmanischen Reich allerdings unter Kapitalmangel. Weder Wiener Kaufleute noch auswärtige Anleger hatten in der Zeit vor dem rasanten Anstieg der Pariser Wertpapierkurse in größerem Maße investiert. Mit den Ereignissen 1720 schien sich jedoch für Regierung und Unternehmer eine größere Bereitschaft zur Investition abzuzeichnen – wie die portugiesischen Wechselkurse und die britischen Investitionen in Harburg ja nur zu deutlich machten. Was lag da näher als zu versuchen, die internationale Geldflussdynamik auszunutzen. Daher gab die Kaiserlich-Orientalische Kompagnie offenbar im Spätsommer 1720 eine neue Aktiensubskription bekannt, über die auch internationale Zeitungen berichteten. So war gesichert, dass Leser und Investoren in weiten Teilen Europas davon erfuhren.[158] Freilich musste man den Erfolg des Aufrufs einstweilen abwarten.

Im Hinblick auf die zweite angedachte Handelsgesellschaft, zwischen den österreichischen Niederlanden und Asien, kam man hingegen nicht über Diskussionen hinaus. Mindestens zehn unterschiedliche Vorschläge lassen sich für eine solche Kompagnie zwischen 1719 und dem Sommer 1720 ausmachen. Diese diskutierten Beamte teils wohl nur in Brüssel, teils aber auch in Wien. Darunter befanden sich Projekte von Kaufleuten aus Antwerpen, Gent und Ostende, die sich in den letzten Jahren bereits am privaten Handel mit Asien beteiligt hatten. Aber auch britische Geschäftsleute, die sich ebenfalls schon mit Kapital an den Ostender Fahrten nach Asien beteiligten und so das Monopol ihrer heimischen Gesellschaft umgingen, machten Vorschläge für eine Habsburger Kompagnie.[159] Anschließen konnten all diese Projekte an das britische und niederländische Vorbild und an die Erfahrungen der Privatfahrten der vergangenen Jahre.

Interessant sind die Pläne, weil sie aus der britischen Spiegelung noch einmal verdeutlichen, wie Emulation(spläne) in einer Feedbackschleife beim ursprünglich kopierten Unternehmen Sorgen und ‚jealousy' hervorriefen. So wie sich John Law über die britische Emulation ärgerte und versuchte, sie zu sabotieren, bemühte sich die East India Company, den Ostender Handel, einstweilen noch mit Privatschiffen, aber schon bald vielleicht durch eine Kompagnie betrieben, zu unterbinden. Aus Sicht der Direktoren in London stellten die Ostender zusammen

---

158 Einzelnachweise bei Condorelli, 1719–1720 Stock Euphoria, S. 17–18.
159 Ebd., S. 57–59; Huisman, Belgique, S. 170–181.

mit der französischen Compagnie du Mississippi in Asien eine Bedrohung des „National Trade[,] our own and that of all our Covenant servants in the East Indies" dar.[160] Die Berufung auf die Nation erscheint durchaus angemessen. Denn die East India Company war nicht nur ein wichtiger Wirtschaftsfaktor.[161] Der Anteil der englischen Importe aus Asien betrug zwischen 1701 und 1710 etwa 11 % der Gesamteinfuhren (durchschnittlich £0,48 Millionen pro Jahr), im Folgejahrzehnt stieg er auf 13,6 % (£0,74 Millionen jährlich).[162] Sie als Repräsentantin der Nation zu verstehen, verdeutlichte aber auch die enge Verknüpfung zwischen Unternehmens- und Staatswohl, die Zeitgenossen gern herstellten.

Die neue Konkurrenz erschwerte nun nach Ansicht der Direktoren und ihres Personals in Übersee den Handel der Asiengesellschaft erheblich. Denn das Erscheinen von Schiffen aus Ostende auf dem asiatischen Markt löste, ebenso wie jenes französischer Segler, eine Kettenreaktion aus. Zunächst exportierten die Konkurrenten ebenso wie das britische Unternehmen Edelmetall, zumeist Silber, für den Wareneinkauf. Da die Schiffe aller Kompagnien aufgrund der jeweils vorherrschenden Winde zu einem ähnlichen Zeitpunkt Europa verließen, erreichten sie Asien auch mit nur geringer Zeitdifferenz.[163] Wenn dann alle Gesellschaften ihr Edelmetall verkauften, sank der Preis, zu dem es die indischen Kaufleute annahmen, aufgrund des kurzzeitigen Überangebots. Der President und Council in Madras klagten im Juli 1720 über das erhebliche Fallen des Silberpreises, „by the Ostenders importing so much at Covelon and the French at Pondicherry".[164] Gleichzeitig machten sich die Europäer beim Einkauf asiatischer Waren Konkurrenz. Denn es traten mehr Käufer auf, die angebotene indische Warenmenge stieg jedoch nicht im gleichen Verhältnis. In der Folge versuchten die indischen Kaufleute, die Einkaufspreise zu erhöhen. Und schließlich sorgten die größeren Warenimporte und die Konkurrenz beim Verkauf der asiatischen Güter dann eben auch in Europa für sinkende Preise.

Die Direktoren der East India Company in London verlangten daher regelmäßige Berichte über die Abfahrt und Ladungen der Konkurrenzschiffe, „as it does and may guide Us in Our resolutions, whether to put up more or less of every

---

160 General Letter to Fort St. George, London 16. 2.1722. In: Records of Fort St. George – Despatches from England, 1717–1721. Madras 1927, S. 114; Minutes of Council, Madras 1.12.1720. In: Ebd. – Diary and Consultation Book, 1720, S. 186.
161 Nagel, Abenteuer, S. 37–42.
162 North, Michael: Geschichte der Ostsee. Handel und Kulturen. München 2011, S. 183.
163 Alpers, Edward A.: The Indian Ocean in World History. Oxford 2014, S. 6–9.
164 Minutes of Council, Madras 28. 7.1720. In: Records of Fort St. George – Diary and Consultation Book, 1720, S. 125.

Species of Goods at the ensueing Sales".[165] Sie versuchten darüber hinaus sowohl in Europa als auch in Asien noch auf andere Weise gegen die neue Konkurrenz aus Ostende vorzugehen. Jenseits des Kaps der Guten Hoffnung setzte man auf Verdrängung – wobei alle Mittel recht waren. „Are so sensible of the mischief from these ships[,] will do all possible to disappoint them", beteuerten President und Council in Madras.[166] Dazu stellten letztere unter anderem indische Kaufleute vor die Alternative, entweder Handel mit den Engländern oder mit Schiffen aus Ostende zu treiben. Der Einfluss war hierbei freilich auf direkte Geschäftspartner und die eigenen Besitzungen begrenzt – alle Handelskontakte der Schiffe aus Ostende ließen sich so nicht unterbinden. In Besitzungen der East India Company wie Madras, wo die Bewohner der Gerichtsbarkeit des Unternehmens unterstanden, kam es aber auch zu massiven Drohungen. So ließ der President die örtlichen Kaufleute sowie wichtige Einwohner am 14. Juli 1720 zusammenrufen und verkündete, dass Geschäfte mit Schiffen aus Ostende, auch über Mittelsmänner, nicht toleriert würden. Wage es dennoch jemand, so werde man seinen Besitz konfiszieren und den Schuldigen lebenslang einsperren.[167] Die in Indien lebenden Offiziellen aus Ostende wollte man zudem ignorieren, und jeder Kontakt zwischen Engländern in Asien und Schiffen aus Ostende sollte unterbleiben.[168] Britische Kaufleute, die von der East India Company die Berechtigung zur Teilnahme am innerasiatischen Handel erworben hatten, mussten zusätzliche Verpflichtungen unterschreiben, dass sie nicht mit den Ostendern in Kontakt träten. Freilich war diese letzte Anordnung in der Praxis schwierig umzusetzen. London lag aus indischer Perspektive weit entfernt, und die Gelegenheit zu zusätzlichem Gewinn ließ sich nicht jeder entgehen.[169] Die Zusammenarbeit vor Ort befördert auch, dass ein guter Teil der Besatzungen der Schiffe aus Ostende Engländer waren und persönliche Bekanntschaften zu Briten in Asien bestanden. Die Direktoren in London reagierten wiederum sehr verschnupft auf jedes Anzeichen solcher Kooperation.[170]

---

165 General Letter to Fort St. George, 29.11.1723. In: Ebd. – Despatches from England, 1721–1724. Madras 1928, S. 103.
166 General Letter from Fort St. George to the Company, Madras 2.9.1720. In: Ebd. – Despatches to England 1719–1727, S. 24.
167 Minutes of Council, Madras 15.7.1720. In: Ebd. – Diary and Consultation Book, 1720, S. 115.
168 Dies., Madras 19.10.1721. In: Ebd. – Diary and Consultation Book, 1721. Madras 1930, S. 133; General Letter from Fort St. George to the Directors, Madras 3.2.1722. In: Ebd. – Despatches to England, 1719–1727, S. 66; General Letter to Fort St. George, London 3.2.1720. In: BL – E/3/100, S. 174–175.
169 Vgl. dazu John Scattergood. In: BL – Mss. Eur 387/2–3
170 General Letter to Fort St. George, London 16.2.1722. In: Records of Fort St. George – Despatches from England, 1717–1721, S. 108–110.

Mobiles Kapital und Personal aus dem Ausland machten den aufstrebenden Ostender Asienhandel möglich und drohten ihn mittels einer Aktiengesellschaft in Emulation der britischen und niederländischen Indienkompagnien zu verstetigen. Darauf versuchte die englische East India Company auch in Asien zu reagieren. Währenddessen versuchte die Kaiserlich-Orientalische Kompagnie von Kapitalflüssen in Europa zu profitieren, um ihr Geschäft zu beleben.

London und Europa im Sommer: Eine Zwischenbilanz

Während der Fluss von Spekulationskapital, der Wissenstransfer durch Menschen und die Emulation von Geschäftsfeldern im Jahr 1720 für die eine Seite eine Bedrohung ihrer Wertpapierkurse und ihres Handels darstellte, bedeutete Nachahmung für die jeweils andere Seite eine Chance zu wirtschaftlicher Entwicklung. Aus der britischen Hauptstadt und den dortigen Aktiengesellschaften abfließendes Geld war eine Möglichkeit, wohlfundierte Kompagnien in Braunschweig-Wolfenbüttel, Lissabon oder Harburg ins Leben zu rufen. Die Idee der Versicherungsgesellschaft stellte für Menschen in Rotterdam und Hamburg eine Chance dar, die Wirtschaft ihrer Kommunen zu beleben und dank der den Aktiengesellschaften zugeschriebenen Fähigkeiten gegenüber der Konkurrenz Positionsgewinne zu verbuchen. Doch in allen Fällen waren lokale politische und wirtschaftliche Umstände zu berücksichtigen und agierten Promotoren auf unterschiedliche Weise – dies sorgt dafür, dass die Rezeption der Organisationsform Kompagnie und die Gründung von Unternehmen in den Niederlanden eine völlig andere Emulationsstruktur hinterließen als in Hamburg, Portugal oder Wolfenbüttel.

2. August 1720

South Sea Company	840
Bank of England	230
East India Company	365
Royal African Company	138
London Assurance	82
Royal Exchange Assurance	154
York Buildings (4. August)	270

Nicht datierbare Aktienpreise neuer Unternehmen[171]

	eingezahlt	Höchstpreis 1720
Welsh Copper Company	4,125	95
English Copper Company	5	105
Improvement of land	5	20
Salt to be made at Holyhead	5	15

London, 6. August: „Wie denn unterschiedliche Schottländer bey drey Millionen sollen gewonnen haben; Die Schweitzer auch ihrer zwey; die Holländer und Franzosen wo nicht mehr, doch gewiß nicht viel weniger, welche aber ihr Geld noch immer allmählich wieder heraus zu nehmen fortfahren. Es sind einige Tage her bis 80 Personen von hier nach Holland gangen, bey den Assecurations-Compagnien ihr Glük zu machen."[172]

London, 9. August: „ Die Vorsteher der Süder-Compagnie, welche ungemein grosse Summen bey ihren Actien gewonnen, sollen, zu ihrem ewigen Andencken, ein Spital auffzurichten beschlossen haben, in welches aber niemand als alte Leute, und unheilbare Schäden haben, wird genommen werden."[173]

London, 16. August: „Einige sagen / daß die Directores der [South Sea] Compagnie die Actien selbst fallen machen / auff daß die Lands Creditores in Hoffnung von Gewinn neue Einzeichnungen thun mögen."[174]

London, 16. August: „[E]s gibt noch immer Besitzer von langwierigen Renten, die keine Lust zum subscribiren haben, weil sie ihr Brod, das ihnen gewiß ist, gegen was ungewisses und unsichtbares nicht gerne vertauschen wollen."[175]

---

171 The South Sea Bubble, S. 73–76.
172 Schlesischer Nouvellen Courier 22.8.1720.
173 Ebd. 26.8.1720.
174 Relations Courier Hamburg 23.8.1720.
175 Schlesischer Nouvellen Courier 29.8.1720.

Schottische Fischerei

Regional spezifische Muster der Emulation gab es auch in Großbritannien. Das Zentrum der Aktieneuphorie bildet zweifelsohne London. Doch nicht nur in Irland, das eine politisch untergeordnete Stellung einnahm, sondern auch in Schottland, das seit den Unionsverträgen von 1707 einen Teil des Vereinigten Königreichs bildete, machte sich 1720 Unbehagen über die starke Rolle der britischen Hauptstadt und die Auswirkungen der dortigen Spekulation breit. Allerdings weckten in Edinburgh im Gegensatz zu Dublin nicht politisch-wirtschaftliche Maßnahmen der Regierung und des Parlaments Sorgen. Nachdenklichkeit verursachte vielmehr die von beiden Institutionen unabhängige Dynamik der Aktiengesellschaftsgründung. Die Idee, in der schottischen Hauptstadt ein eigenes Unternehmen zu schaffen, resultierte direkt aus diesen Londoner Entwicklungen.

Obwohl mit Ausnahme des Fish-Pools 1720 schließlich keine englische Fischereikompagnie ins Leben trat, verursachten die zahlreichen Pläne dafür im nördlichen Teil des Vereinigten Königreichs erhebliche Aufregung. Denn die Entwürfe in der britischen Hauptstadt schienen regionale Fischereimonopole zu gefährden. Dies erschien umso problematischer, als damit nicht nur lokale Privilegien angegriffen, sondern auch das schottische Selbstverständnis hinsichtlich der eigenen Rolle innerhalb der Monarchie in Frage gestellt wurde. Im Gegensatz zu Irland, das zunächst hauptsächlich dieselben Waren produzierte wie England und das britische Kaufleute als Konkurrenten wahrnahmen, sahen Schotten die eigene Wirtschaft als komplementär zur englischen an. In dieser Sicht stellte der Fischfang einen spezifischen Beitrag des nördlichen Inselteils zum Gesamtwohl der Monarchie dar.[176] Auf diesen drohten die Londoner Unternehmer nun durch ihre Companies massiv zuzugreifen – mithin die Rolle Schottlands in der Union in Frage zu stellen. In einer Reihe Petitionen machte die Convention of the Royal Burghs auf das Problem aufmerksam. Unter anderem hieß es, die englischen Fischereigesellschaften seien „hurtful and prejudicial to the Whole Body of the Nation". Die Reaktionen machen deutlich, dass es 1720 auch zwischen der ‚englischen' und ‚schottischen' Nation zur ‚jealousy of trade' kommen konnte.[177]

Die Convention war jedoch gegenüber Maßnahmen zur ökonomischen Entwicklung nicht prinzipiell feindlich eingestellt, sondern sie bemühte sich selber darum.[178] Daher kann es, wenn man die Aktiengesellschaftseuphorie berück-

---

176 Harris, Towards, S. 87–88.
177 Zitat nach Harris, Scotland's, S. 49.
178 Harris, Towards, S. 90.

sichtigt, kaum überraschen, dass man als Gegenmaßnahme eine Emulation der englischen Fischereikompagnien plante. Um nun jedoch nicht unter den ‚Bubble Act' zu fallen, zeichneten Interessenten zunächst keine Aktien, sondern die Promotoren wählten den offiziellen Titel einer „Copartnery". Deren Bestimmungen machen dennoch deutlich, dass die Promotoren die Organisationsform der Company vor Augen hatten. Denn kein Teilhaber sollte zu höheren Zahlungen verpflichtet sein, als er subskribierte. Dies widersprach im Prinzip den Rechtsgrundsätzen der Personengesellschaft mit ihrer unbeschränkten Haftung. Zugleich zeigt der Prospekt aber auch die Bemühung, durch die Emulation von Statuten die Spekulation mit den Unternehmensanteilen einzudämmen. So erforderte der Verkauf von Anteilen die schriftliche Zustimmung eines festgelegten Teils der Manager des Unternehmens. Diese musste an die Transferbescheinigung angeheftet werden.[179] Das machte den Handel mit Anteilen wesentlich schwerfälliger. Somit schienen Anpassungen an die gegenüber nicht autorisierten Aktiengesellschaftsgründungen feindlichere Atmosphäre wiederum durch die Wahl der rechtlichen Organisationsform möglich. Zugleich kam in den Regelungen zum Transfer von Anteilen ein Bemühen zum Ausdruck, Spekulation einzudämmen.

Wohl weil die Unternehmer um die rechtlichen Schwierigkeiten wussten, erbaten sie kurz später dennoch eine königliche Charter. Deren tatsächliche Erteilung zeigt, dass König und Regierung in London weiterhin neuen Kompagnien ihre Zustimmung gewährten. Dies geschah im konkreten Fall möglicherweise auch, um Konflikte zwischen Peripherie und Zentrum nicht zu befördern. Den schottischen Promotoren half aber sicher ebenso, dass die Burghs in London politisch gut vernetzt waren und dort als regionale Interessenvertretung agieren konnten.[180] Die neue schottische Fischereigesellschaft revanchierte sich für das offizielle Vertrauen, indem schon Mitte September acht Companyschiffe zum Fischfang aufbrachen.[181]

---

179 Articles of the Copartnerey of the Freemen-Burgess of the Royal Burrows of Scotland for Carrying on a Fishing Trade. Dated at Edinburgh, 8th, 9th, 10th, 11th & 12th August. 1720. Edinburgh 1720, S. 9–10. Die Beantragung einer Charter war schon bei Gründung der Co-Partnership geplant. Vgl. ebd., S. 17. Über die Einschränkung der Stückzahlen berichtete auch Schlesischer Nouvellen Courier 29.8.1720 u. 3.10.1720. Ebd. wurde zudem berichtet, dass gar kein Aktienverkauf möglich sein solle.
180 Harris, Towards, S. 100. Für den weiteren Verlauf des 18. Jahrhunderts zeigt dies auch Hoppit, Bounties, S. 147–148.
181 Schlesischer Nouvellen Courier 29.8.1720 u. 3.10.1720.

Jamaican Mines

Trotz des ‚Bubble Acts', der Geldknappheit durch abfließendes internationales Spekulationskapital und der konkurrierenden europäischen Anlagemöglichkeiten im Spätsommer war auch in London selber noch kein Ende der Subskriptionen in Sicht. Möglicherweise hatte die Edelmetallknappheit Auswirkungen darauf, warum Promotoren jetzt bestimmte Vorschläge veröffentlichten und die dazugehörigen Aktiengesellschaften solchen Zulauf erfuhren. Das galt nicht nur für die East India Company, die sich Goldfunde in Südostafrika erhoffte, sondern auch für die Royal Mines Company. Die Gesellschaft wollte Gold-, Silber- und Kupferminen in Jamaika eröffnen, und ihre Anteile fanden im August unter Investoren in der britischen Hauptstadt großen Zuspruch.

Zu den Promotoren der Gesellschaft gehörten Charles Long, Großgrundbesitzer in Jamaika mit Wohnsitz in England, und sein Sohn Samuel, John Ayscough, ehemals Präsident des Councils der Karibikinsel, Richard Thompson, Kaufmann, Colonel und Mitglied des jamaikanischen, ab März 1720 dann des britischen Parlaments, sowie Samuel Lowe, ein weiterer Abgeordneter in Westminster. Es handelte sich somit um eine auf der Karibikinsel und in der Politik des Mutterlandes insgesamt gut vernetzte Gruppe, deren Mitglieder zudem entweder miteinander verwandt oder mindestens eng befreundet waren. Sie hatten gemeinschaftlich am 4. Juli 1720 von Georg I. ein Patent zur alleinigen Ausbeutung aller Edelmetallvorkommen auf Jamaika für die nächsten 30 Jahre erlangt.[182] Im Gegenzug für das Monopol profitierte die Krone von etwaigen Funden, indem sie sich ein Fünftel des Reinertrags des Unternehmens sicherte.[183] Solchen Arrangements in zu großer Zahl wollte das Parlament wohl mit dem ‚Bubble Act' einen Riegel vorschieben. Freilich musste das die Unternehmer der Royal Mines Company nicht interessieren, denn sie besaßen mit ihrem Patent das Recht, Interessenten mittels einer Aktienzeichnung an ihrem Unternehmen zu beteiligen.

Sie beauftragten William Wood, der im zweiten Jahrzehnt des 18. Jahrhunderts einige Pamphlete zugunsten Jamaikas und gegen die South Sea Company veröffentlicht hatte und der zudem gute Kontakte zu Robert Walpole besaß, die

---

182 Eine kurze Darstellung des Unternehmens und der Promotoren in C.E.L.: Royal Mines Company, 1720. In: Gentleman's Magazine 38 (1852), S. 137–139. In kleineren Details davon abweichend die Erinnerungen aus der Familie Long in Howard, Robert Mowbray (Hrsg.): Records and Letters of the Family of the Longs of Longville, Jamaica, and Hampton Lodge, Surrey. Bd. 1, London 1925, S. 68–70.
183 C.E.L.: Royal Mines.

Unternehmensanteile zu verkaufen.[184] Das Stammkapital war mit £150.000 vergleichsweise gering. Von den 2.000 Aktien zu je £75 behielten die Promotoren schon einmal 250 als Entschädigung für ihre Kosten und Mühen zurück, ohne dafür zu bezahlen.[185] Den Rest konnten Investoren erwerben, wobei jede Person maximal fünf Anteile zeichnen durfte und diese auch sofort vollständig bezahlen musste. Eher ungewöhnlich für 1720, richten sich die Promotoren mit diesen Zahlungsmodalitäten eindeutig an wohlhabende Investoren. In Anbetracht der Tatsache, dass der Bergbau große Investitionen erforderte, war die Einziehung des gesamten Kapitals aber wohl auch notwendig und kam für Investoren nicht völlig überraschend. Gleichzeitig versprach das Arrangement die Zahl der Gewinnempfänger ebenfalls klein zu halten. Die Gesamtsumme scheint sich schnell verkauft zu haben. Unter den Anlegern fanden sich namhafte Mitglieder des Adels und enge Verwandte der führenden Politiker des Landes. Auch James Brydges, Herzog von Chandos, der die Wiederbelebung der Royal African Company vorantrieb, befand sich darunter.[186]

Der Preis der Aktien vervierfachte sich nach dem Ende der Subskription innerhalb von vier Tagen.[187] Für den Erfolg des Unternehmens und den günstigen Wertpapierkurs sprachen aus Sicht der Zeitgenossen aber auch einige gute Gründe. So hielten sich hartnäckig Gerüchte über spanische Minen auf der Insel, die während der britischen Eroberung Jamaikas zerstört und noch nicht wieder entdeckt worden seien. Darüber hinaus besaßen einige der Promotoren Plantagen auf der Insel und hatten dort auch längere Zeit gelebt. Sie konnten mithin als Kenner der Region gelten. Reiche Edelmetallvorkommen vermutete außerdem Henry Barham, der sich als Arzt, Naturforscher und Mitglied der Royal Society lange Jahre auf Jamaika aufgehalten hatte und mit dem größten britischen Naturforscher der Zeit, Sir Hans Sloane, in engem Kontakt stand.[188] Andere Investoren zeigten sich allerdings skeptisch, ob das Unternehmen tatsächlich lang-

---

184 Wood, William: The Assiento Contract Consider'd. As also the Advantages and Decay of Trade of Jamaica and the Plantations with the Causes and Consequences thereof. London 1714; ders.: A True State of Mr. Aylmer's Brief Narrative. London 1716; ders.: A View of the Proceedings of the Assemblies of Jamaica, for Some Years Past. With Some Considerations on the Present State of the Island. London 1716; ders.: Occasional Papers on the Assiento, and the Affairs of Jamaica. London 1716. Interessanterweise wird gerade jener William Wood von Barth, Reconstructing, S. 266, als Vertreter einer auf Handel setzenden Wertschöpfung gesehen, der sich gegen Minen aussprach.
185 Howard, Records, S. 72; C.E.L., Royal Mines.
186 Eine Reihe von Namen aus einer nicht aufgefundenen Liste bei C.E.L., Royal Mines, S. 138–139.
187 Schlesischer Nouvellen Courier 16.9.1720.
188 Stearns, Raymond P.: Science in the British Colonies of America. Urbana/IL 1970, S. 369–371.

fristig Gewinn erwirtschaften würde. So schrieb der Herzog von Chandos im September an seinen jamaikanischen Korrespondenten Nicholas Law und bat darum, „to let me know your thoughts whether it is a project likely to come to Good & whether in reality there hath been any Such Mines discover'd or reason to beleive there can be."[189] Doch immerhin: er interessierte sich, wie bei der Royal African Company, für die Gewinnaussichten aus dem Geschäftsbetrieb und nicht nur für Spekulationsprofite. Erhebliche Zweifel hegte hingegen der Londoner Korrespondent der *Wöchentlichen Relationen Halle* im Hinblick auf die Behauptung, dass die Goldbergwerke erzhaltiger seien als jenes der Spanier in Potosi.[190] Dies schien dann doch schwer zu glauben, und so zählten deutsche Zeitungen die Royal Mines Company zu den „chimerischen" bzw. „Winckel-Compagnien".[191] Welche Sicht der Dinge Recht behalten würde, musste allerdings die Zukunft zeigen.

Probleme häuften sich für das Unternehmen hingegen schon kurze Zeit nach der Subskription. An erster Stelle stand die Bezahlung der Aktien. Im Gegensatz zu vielen anderen Neugründungen war die Royal Mines Company spät dran. Bargeld gab es auf dem Londoner Kapitalmarkt nur wenig. Aufgrund der angespannten Lage akzeptierten die Promotoren daher offenbar die Bezahlung durch Wechsel. Damit besaßen sie zwar gegenüber den Aktionären Ansprüche, aber noch kein Bargeld für den Aufbau des Unternehmens. Teile des Geschäftskapitals mussten deshalb doch zu einem späteren Zeitpunkt eingezogen werden. Die Subskribenten konnten hingegen ihre Aktien bereits verkaufen und hoffen, mit dem Ertrag den ursprünglichen Kaufpreis zu begleichen – vorausgesetzt, sie glaubten nicht an die Edelmetallsuche. In Anbetracht des schwieriger werdenden Umfelds am Aktienmarkt und des im Juli weitgehend stagnierenden Preises der South Sea Company Anteile waren solche Transaktionen aber natürlich riskant. Andere Kaufwillige scheinen wiederum zwar die Subskription unterschrieben, dann jedoch gar nicht bezahlt zu haben. Das größte Problem verursachten die Promotoren des Unternehmens schließlich allerdings selber, ohne dass sich das Ausmaß aus der fragmentarischen Quellenüberlieferung eindeutig ermessen lässt. Denn sie legten das eingehende Bargeld zwar zunächst bei der Bank of England auf ein Konto, entschieden sich dann aber, dass dies eher unproduktiv sei. Deshalb investierten sie das noch nicht benötigte Kapital in Aktien der South

---

189 Zitat nach Yamamoto, Beyond, S. 352.
190 Wöchentliche Relationen Halle 14.9.1720; Oberpostamtszeitung 24.9.1720.
191 Schlesischer Nouvellen Courier 16.9.1720; Wöchentliche Relationen Halle 14.9.1720.

Sea Company, in der Hoffnung, mit diesem Spekulationsgeschäft zusätzliche Gewinne erwirtschaften zu können.[192]

Der ‚Bubble Act' dämpfte insofern vielleicht die Entstehung zusätzlicher Kompagnien in London, doch auch im August hatte er sie noch nicht unterbunden. Stattdessen gründeten Unternehmer weiterhin Gesellschaften, die sich, freilich unter den Bedingungen eines angespannten Kapitalmarkts, erfolgreich um Anleger bemühten.

Hudson's Bay Company

Auch die Aktionäre der Hudson's Bay Company, die das Monopol für den Handel mit der gleichnamigen Region in Nordamerika besaß, hofften noch im Spätsommer von der Börseneuphorie profitieren zu können.

Das Unternehmen selbst entstand im letzten Drittel des 17. Jahrhunderts und sollte mit Pelzen, vornehmlich von Bibern, Handel treiben. Während des Pfälzischen und Spanischen Erbfolgekriegs machte es harte Zeiten durch. Seit dem Friedensschluss 1713 begannen die Direktoren jedoch zielstrebig und erfolgreich mit dem Wiederaufbau der Handelsverbindungen zu den indianischen Felllieferanten, so dass die Aktionäre 1718 erstmals seit Jahrzehnten eine Dividende erhielten. Darüber hinaus beflügelte die Euphorie der Anteilseigner seit einiger Zeit, dass die Direktoren erstens an Kupfer- und möglicherweise sogar Goldvorkommen in greifbarer Nähe ihrer Stützpunkte glaubten. Zweitens hofften sie, die Nordwestpassage und damit eine Abkürzung nach Asien entdecken zu können. Schließlich spielte drittens der Import von Walprodukten, deren Preis in den letzten Jahren erheblich gestiegen war,[193] eine kleinere Rolle. Einen neuen Stützpunkt hatte man bereits angelegt, und zur Erkundung des Erztransportweges und der Seeroute nach Indien war 1719 eine Expedition mit zwei Schiffen aufgebrochen. Welche Hoffnungen das Unternehmen in diese Maßnahmen setzte, zeigt

---

192 C.E.L., Royal Mines, S. 138; William Wood an Richard Thompson, o.O. [London] 22.8.1720. In: BL – Add. Ms. 22639, S. 46; William Wood an unbekannt, o.O. o.D. [London, Ende September]. In: Ebd., S. 72; dies., o.O. [London] 23.8.1720. In: Ebd., S. 108–109; dies., o.O. [London] 21.8.1720. In: Ebd., S. 110–111, Chambers Stan[...], Blatt zerrissen] an William Wood, o.O. [London] 24.8.1720. In: Ebd., S. 144; William Wood an unbekannt, o.O. [London] 24.8.1720. In: Ebd., S. 145.
193 Die gestiegenen Preise für Walknochen betonte eine im Frühjahr vom Komitee des Unterhauses untersuchte Aktiengesellschaft für Grönland. Vgl. Journals of the House of Commons 19, S. 344.

sich daran, dass die Kosten hierfür £8.000 bzw. den durchschnittlichen Einkaufspreis von Handelswaren für Amerika in zwei Geschäftsjahren betrugen.[194]

Mit solchen Investitionen stieß die Hudson's Bay Company freilich an ihre Grenzen. Denn im Vergleich zu anderen älteren Aktiengesellschaften war sie sehr klein. Das Stammkapital betrug lediglich £31.500 und verteilte sich 1718 auf 36 Aktionäre. Mit dem vorhandenen Kapital den Handel massiv auszudehnen, erwies sich daher im Gegensatz zur East India Company und ihrem Afrikaprojekt als kaum möglich. Um die neuen Geschäftszweige kraftvoller verfolgen zu können, strebten die Direktoren deshalb im August 1720 die Emission neuer Aktien an – also eine Emulation dessen, was unter anderem die Royal African Company praktiziert, die East India Company aber abgelehnt hatte. Das ganze erfolgte nach einem komplexen Verfahren. Zunächst erhielt jeder Aktionär anstelle von einem alten drei neue Unternehmensanteile, denn man ging davon aus, dass der tatsächliche Wert der Kompagnie £100.000 betrage und die Verdreifachung der Aktien somit zu einem ausgeglichenen Verhältnis von Nenn- und Kurswert der Anteilsscheine führe. Damit gewann man freilich noch kein frisches Kapital hinzu. Dieses wollte man durch die Ausgabe neuer Aktien im Wert von £283.500 einwerben und damit die verfügbare Aktienzahl am Ende insgesamt um etwa das Zwölffache erhöhen. Die neuen Anteilsscheine durften nur bisherige Eigentümer erwerben. Es bestand mithin ähnlich wie bei der Compagnie du Mississippi ein exklusives Bezugssystem. Die neuen Aktien mussten Investoren zudem in zehn Raten à £10 im Abstand von jeweils drei Monaten bezahlen, die erste davon im September.[195] Es bestand mithin das Bestreben, tatsächlich in vorher definierten Abständen das gesamte Geld einzunehmen und dann in den Handelsausbau zu investieren.

Die Aufspaltung der Alt- und die Ausgabe von Neuaktien hatte, neben der Ausdehnung der Geschäftsaktivitäten, den Vorteil, dass dadurch insgesamt mehr Anteilsscheine zur Verfügung standen und die bisherigen Eigentümer diese im lebhaften Spekulationsmarkt leichter verkaufen konnten. Zumal es möglich war, eine größere Anzahl von neuen Aktien zu erwerben und bereits mit Gewinn weiterzuverkaufen, bevor man überhaupt die zweite Rate bezahlen musste. Die bisherigen Anteilseigner machten von dem Angebot Gebrauch. Bereits eine Woche, nachdem eine Generalversammlung am 6. September den Plan formell ver-

---

194 Rich, E.E.: Hudson's Bay Company 1670–1870. Vol. I: 1670–1763. New York 1961, S. 416–447 u. 461–475; Wagner, Mike: Asleep by a Frozen Sea or a Financial Innovator? The Hudson's Bay Company, 1714–1763. In: Canadian Journal of History 49 (2014), S. 186–187.
195 Rich, Hudson's Bay, S. 475–478.

abschiedet hatte, ging für ein knappes Zehntel der neuen Aktien die erste Zahlung ein. Zeitgleich nahm der Handel mit den Wertpapieren der Hudson's Bay Company zu – wenn auch auf niedrigem Niveau. Verzeichnete das Eigentümerregister zwischen 1701 und 1719 jährlich zwei bis sieben Verkäufe, so stieg diese Anzahl 1720 auf 15. Etwa ein Drittel des Stammkapitals wechselte so den Eigentümer. Freilich ist dies im Vergleich zu vielen anderen Unternehmen im selben Jahr ein unbedeutender Wert.[196]

Ähnlich wie eine Reihe alter Handelsgesellschaften versuchte also auch die Hudson's Bay Company von dem lebenhaften Wertpapierhandel und der Bereitschaft zur Investition in Aktien in London 1720 zu profitieren. Ebenso wie zahlreichen weiteren Kompagnien ging es ihr dabei nicht in erster Linie um Spekulation, auch wenn sich die Möglichkeit hierzu für die Aktionäre vereinfachte, sondern die Direktoren und Aktionäre trieb bei der Subskription ganz wesentlich eine Vision für den Ausbau der geschäftlichen Aktivitäten an.

Handelsstockung auf der Themse?

In London wie in Frankreich und Hamburg zog der lebhafte Aktienhandel im Sommer weiterhin Tadel auf sich. Die reale Wirtschaft leide gegenüber dem irrealen Papierhandel unter Vernachlässigung, klagten Kritiker. So schrieb Alexander Pope im Juni 1720 an William Fortescue, die Spekulation verursache einen „Stop to all trade".[197] Diese Beschwerden bzw. Beobachtungen äußerten jedoch nicht nur Menschen vor Ort, sondern sie finden sich auch in Kontinentaleuropa und Nordamerika. Der britische Konsul Fuller in Livorno hoffte, dass „when the stock is come to its full growth our Merchants will return to their Trade againe."[198] Kapitäne, die im Sommer mit ihren Schiffen aus Nordamerika in London einliefen, hieß es, hätten sich schleunigst in den Aktienmarkt gestürzt, bevor sie sich um ihre Rückreise kümmerten.[199] James Logan aus Philadelphia schrieb an John Askew in London: „All Trade whatever that I hear of Except Stock-jobbing, lying

---

196 Ebd., S. 478; Carlos, Ann M./van Stone, Jill L.: Stock Transfer Patterns in the Hudson's Bay Company. A Study of the English Capital Market in Operation, 1670–1730. In: Business History 38 (1995), S. 15–39.
197 Alexander Pope an William Fortescue, o. O. 24.6.1720. In: Sherburn, Correspondence II, S. 48.
198 John Fuller an James Craggs, Livorno 9.9.1720. In: TNA – SP 98/24, unpag., S. 2.
199 Walsh, South, S. 114.

under discouragement".²⁰⁰ Auch der Haager *Mercure historique et politique* vermeldete im Juli 1720 aus London:

> Moreover it is to be noted that trade has completely slowed down, that more than one hundred ships moored along the river Thames are for sale, and that owners of capital prefer to speculate on shares than to work at their normal business.²⁰¹

Die Kritik nachlassenden Warenhandels findet sich darüber hinaus auch in karikierenden Zeichnungen, zum Beispiel, wenn William Hogarth eine schlafende oder tote Frau abbildete, die den Handel personifiziert.²⁰² Es ist allerdings schwierig zu bestimmen, inwiefern tatsächlich Gründe für Klagen existierten. Eine deutliche Abnahme des (Fern-)Handels und der Geschäfte innerhalb der britischen Hauptstadt lässt sich zwar zum Teil belegen – ein kausaler Zusammenhang mit dem Aktienhandel liegt als Erklärung nahe, lässt sich aber nur schwer beweisen.²⁰³

Hinter der Kritik stand aber, neben tatsächlichen ökonomischen Auswirkungen, wohl auch die Überzeugung, dass man zwischen ‚realen' und ‚papierenen' Werten unterscheiden könne. Nur erstere versprachen dauerhaften Wohlstand. Die Konzentration auf letztere stellte eine Gefahr für die Nation dar, sei eine Bedrohung ihrer wirtschaftlichen und damit mittelfristig auch politischen Macht. Doch solche Kritik verhallte bei Promotoren und Spekulanten in London im Sommer 1720 weitgehend ungehört.

Kampf den ‚Bubbles'

Der allzu lebhaften Spekulation sollte zumindest in einem Marktsegment, namentlich jenem nicht staatlich autorisierter Unternehmen, der ‚Bubble Act' Einhalt gebieten. Er hatte sich im Juni 1720 zunächst als vergleichsweise effektiv erwiesen, zumal in Verbindung mit der Ablehnung vieler Anträge auf königliche Patente durch den Privy Council. Allerdings war das Gesetz nicht gegen andere

---

200 James Logan an John Askew, Philadelphia 27.7.1720. In: HSP – Logan Family Papers, Coll. 379, Vol. 10, S. 137.
201 Zitat nach Murphy, Antoine E.: Richard Cantillon. Entrepreneur and Economist. Oxford 1986, S. 170. Ganz ähnlich Schlesischer Nouvellen Courier 22.7.1720, 25.7.1720 u. 27.7.1720; Mercuri Relation München 3.8.1720; Wöchentliche Relationen Halle 20.7.1720.
202 Banner, Stuart: Anglo-American Securities Regulation. Cultural and Political Roots, 1690 – 1860. Cambridge 1998, S. 58 – 62.
203 Menning, Daniel, The Economic Effect of the South Sea Bubble on Baltic Sea Trade. In: Condorelli/Menning, Boom, S. 161 – 178.

Formen der legalen Aktienzeichnungen einsetzbar. Immer noch konnten Promotoren auf der Grundlage von Patenten und durch die Erweiterung des Stammkapitals älterer Gesellschaften neue Anteile verkaufen. Und noch in einem weiteren Fall hatte das Gesetz nicht die gewünschte Wirkung gezeigt. Companies, die ältere Charters zu darin nicht spezifizierten Zwecken zu nutzen schienen, ließen sich durch den Act nicht beeindrucken.

Das galt unter anderem für die English Copper Company, ein älteres Unternehmen, über das Staatssekretär James Craggs aus London an seinen mit dem König in Hannover weilenden Kollegen James Stanhope berichtete:

> There is a new subscription going on for what they call smelting of copper, which I take to be refining it; they pretend a patent, which excepts them from the bubbles, destroyed by the last act of parliament; and have the opinion of some eminent lawyers, that notwithstanding that law, they may act legally under it.[204]

Craggs informierte weiter: Nachdem zunächst Thomas Fane, sechster Graf von Westmoreland, der Gouverneur der Company und damit die repräsentative Spitze gewesen sei, hätten die Unternehmer inzwischen den Prinzen von Wales für die Übernahme dieses Amtes gewonnen. Craggs Warnung, dass sich dies negativ auf seinen Ruf auswirken könne, weil manche die Gesellschaft bald „prince of Wales' Bubble" nennen würden, habe der Prinz jedoch ignoriert.[205] Trotz solch prominenter Unterstützung glaubten die in London verbliebenen Regenten, dass die Unternehmer hinter der Company gegen die Gesetze verstießen und man dies nicht länger tolerieren könne. „I have assurance enough, to move in councill, that the new attempt to evade the last law, by trumping up these old charters for smelting copper, may be prosecuted, and the methods are now under consideration."[206]

Die Beratungen zogen sich dann jedoch eine Weile hin, und erst am 17. August beschloss der Privy Council weitere Maßnahmen – inzwischen hatte man auch den Prinz von Wales zur Niederlegung seines Gouverneurspostens bewegt. Es sollten nun ‚writs of scire facias' genutzt werden. Dieses aus dem Mittelalter stammende Rechtsinstrument wurde nach Rücksprache mit den Lord Justices schließlich durch den Attorney General vier Unternehmen zugestellt: der York Buildings, Royal Lustring, English Copper und Welsh Copper Mines Company. Diese mussten nun nachweisen, dass sie sich an die in ihren Charters niederge-

---

204 James Craggs an James Stanhope, Whitehall 8.7.1720. In: Coxe, William (Hrsg.): Memoirs of the Life and Administration of Sir Robert Walpole, Earl of Orford. Bd. 2, London 1798, S. 187.
205 James Craggs an James Stanhope, Cockpit 12.7.1720. In: Ebd., S. 188.
206 Dies., Cockpit 15.7.1720. In: Ebd., S. 189.

legten Geschäftszwecke und sonstigen Rechte hielten. Dem stand die Vermutung entgegen, dass Promotoren (bankrotte) Kompagnien aufgekauft hatten, um unter deren Deckmantel Vorhaben zu verfolgen, die das Gründungsstatut nicht vorsah. Kam heraus, dass sich die Gesellschaften nicht im Einklang mit ihrer Charter verhielten, konnte diese annulliert werden.

Die betroffenen Unternehmen protestierten gegen die ‚writs' und beteuerten ihre Unschuld. Gleichzeitig arbeiteten sie ihre Verteidigungsstrategien aus. Doch für den Moment bestand erhebliche Unsicherheit hinsichtlich des Wertes der Companies.[207] Welchen Einfluss dies am Ende auf die Aktienkurse der Unternehmen hatte, ist umstritten. Während einige Forscher davon ausgehen, dass Anleger ihre Wertpapiere panikartig verkauften und die dabei entstehenden Verluste die Veräußerungen anderer Aktien nach sich zogen – also eine Kettenreaktion auslösten – geht beispielsweise Helen Julia Paul davon aus, dass die Auswirkungen nur gering waren.[208] Unabhängig von diesen Folgen machten jedoch die Regierung und der Privy Council erneut deutlich, dass sie für die Einhaltung von Recht und Gesetz Sorge tragen wollten.

Verhältnisse der South Sea Company

Die South Sea Company machte derweil bei der Konversion der Staatsanleihen weiter gute Fortschritte. In zwei Schritten forderten die Direktoren Mitte Juli und Anfang August die Inhaber kündbarer und verbliebener unkündbarer Papiere auf, diese zur Umwandlung anzumelden. Wie im April gaben sie die Bedingungen auch dieses Mal nicht im Voraus bekannt. Sie wurden stattdessen erst am 14. August veröffentlicht.[209]

Zugrunde legte die Company für unkündbare Staatsschulden einen Aktienpreis von £800 und den 36-fachen Wert der ursprünglichen Papiere. Daraus ergab sich für die Inhaber dieser Schuldtitel ein Einstandskurs für ihre Aktien, der zwar deutlich unterhalb des aktuellen Marktniveaus lag, mit etwa £300 aber nur halb so gut ausfiel wie im April/Mai. Die Inhaber kündbarer staatlicher Anleihen erhielten allerdings noch weit weniger günstige Umtauschkonditionen. Weil die Regierung ihre Schuldtitel, im Gegensatz zu den unkündbaren Papieren, jederzeit

---

[207] DuBois, Armand Budington: The English Business Company after the Bubble Act 1720–1800. New York 1938, S. 6–7; Gower, South Sea, S. 218–220.
[208] Roseveare, Financial, S. 57; Scott, Constitution III, S. 324–325; ders., Constitution I, S. 424–427; Dale, First Crash, S. 135–136; Dickson, Financial, S. 147–150. Hingegen hält Paul, South, S. 48, die Auswirkungen der writs auf das Platzen der Blase für gering.
[209] Carswell, South, S. 135.

ablösen konnte, hatten die Eigentümer aber auch keinerlei Verhandlungsmacht. Die Konversionsbedingungen ihrer Anleihen sahen vor, dass die South Sea Company £100 Staatsschulden zu einem Wert von £105 annahm – also 5% besser als notwendig. Den Aktienkurs setzte das Unternehmen für diese Papiere jedoch wie in den anderen Fällen mit £800 an. Für einen Unternehmensanteil im Nennwert von £100 mussten so insgesamt £763 Staatsschulden hergegeben werden. Sank der Wertpapierkurs der South Sea Company unter letzteren Wert, verloren die ehemaligen Besitzer kündbarer Titel Vermögen. Zum hoch angesetzten Kurswert der Aktien kam für beide Gruppen von Staatsgläubigern ein zweites Problem: Im Mai hatte man trotz Anmeldung seiner Papiere von der Konversion zurücktreten können, wenn einem die Offerte der South Sea Company nicht gefiel. Diese Option ließ das Unternehmen im August nicht mehr zu. Wer seine Schuldtitel angemeldet hatte, musste jetzt mit den gebotenen Bedingungen leben.[210]

Es konnte aber auch nicht im Interesse der Direktoren sein, die bisherigen Anleger und die neu Konvertierenden zu enttäuschen. Deshalb beobachteten sie den Preis ihrer Wertpapiere aufmerksam, zumal er im Juli langsam von £950 auf £850 sank. Zwei Tage nach Bekanntgabe der Konversionsbedingungen fiel er erstmal unter £800. Damit kam er jener Grenze gefährlich nahe, ab der ehemalige Inhaber kündbarer Staatsschulden Verluste machten. Weil mit der Wiedereröffnung der Transferbücher am 22. August zudem viele Handelsabschlüsse anstanden, was weiteren Druck auf den Kurs auszuüben drohte, entschlossen sich die Direktoren am 18. August Stützungsmaßnahmen einzuleiten. Innerhalb von zwei Tagen kauften sie Aktien im Nennwert von £159.000 auf und gaben Bonds, zinstragende Wertpapiere, der South Sea Company in Höhe von £400.000 als Kredite auf Aktien aus. Doch diese Maßnahmen genügten nicht. Einen Tag nach der Wiedereröffnung der Transferbücher wurden Anteile für £740 gehandelt. Weil die für weitere Stützungsmaßnahmen notwendigen Barreserven zur Neige gingen und auch frühere Subskriptionen zu Preissteigerungen geführt hatten, entschieden sich die Direktoren am 24. August, eine vierte Zeichnung abzuhalten.[211] Wie schon im Juni legten sie einen optimistischen Kurswert von £1.000 zugrunde.[212] Die Anzahlung betrug 20%, der Rest musste in vier gleich großen Raten im Abstand von je neun Monaten beglichen werden. Investoren erhielten somit Zahlungsbedingungen, die schlechter als bei der Zeichnung im Juni ausfielen. Trotzdem ließ der Verkauf nichts zu wünschen übrig. Insgesamt wollte die South

---

210 Scott, Constitution III, S. 322–323; Carswell, South, S. 140–141.
211 Kleer, Riding, S. 281.
212 Vgl. zu dieser Rhetorik Herring, Neither Pistols.

Sea Company 10.000 Anteile verkaufen, am Ende waren es 12.500. Zugegriffen hatten 2.590 Interessenten, die im Schnitt jeweils knapp fünf neue Anteile erwarben.[213] Der Aktienpreis kletterte im Anschluss wieder über £800, so dass der in der Preisgestaltung der Subskription ausgedrückte Optimismus noch einmal Wirkung zeigte.

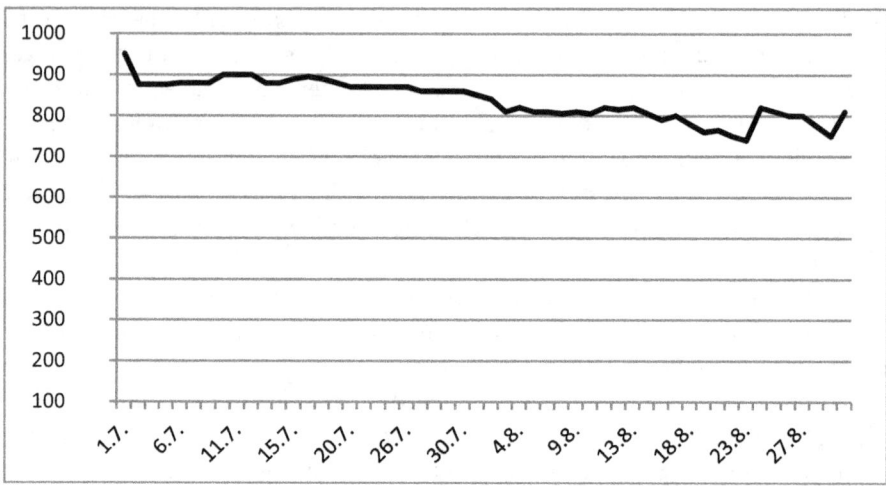

Grafik 27: Aktienpreis der South Sea Company Juli/August 1720 (£) Frehen/Goetzmann/Rouwenhorst, New Evidence. Onlinematerial: https://papers.ssrn.com/sol3/papers.cfm?abstract_id=1371007 [Stand: 15.11.2019].

Die Daten der South Sea Company sahen nach diesen weiteren Maßnahmen vor der Hand nicht ungünstig aus: 85 % der kündbaren und 80 % der unkündbaren Staatsschuldpapiere hatten Anleger in Aktien umgetauscht – dies entsprach etwa £26 Millionen von £31,5 Millionen. Auf Grundlage des Konversionsgesetzes durfte das Unternehmen für diese £26 Millionen neue Aktien ausgeben. Von diesen musste es aufgrund der Konversionsbedingungen nur £8,5 Millionen an die ehemaligen Staatsschuldner übergeben. Es verblieben mithin 175.000 Aktien zu je £100 Nennwert, über die die Direktoren frei verfügen konnten. Ein Teil hiervon ging aufgrund der vier Subskriptionen an Investoren – insgesamt Papiere im Nennwert von £10 Millionen. Unter dem Strich blieben einstweilen Anteile mit einem Nennwert von £7,5 Millionen im Besitz der Company. Die vier Aktienzeichnungen hatten zudem bereits erhebliche Summen Bargeld in die Kasse des Unternehmens gespült, auch wenn dieses momentan zum Großteil – insgesamt

---

[213] Hoppit, Myths, S. 150. Die Angaben sind dort allerdings nicht ganz richtig.

£11,2 Millionen – in Form von Krediten gegen die Hinterlegung von Anteilen ausgeliehen war, um dem Geldmangel auf dem Londoner Kapitalmarkt abzuhelfen. Innerhalb der nächsten Jahre mussten die Aktienzeichner außerdem noch insgesamt £75,25 Millionen für ihre teilerworbenen Wertpapiere bezahlen. Es standen also noch erhebliche Bargeldzuflüsse zu erwarten, aus denen unter anderem das Geldgeschenk an die Regierung zu bezahlen war. Dank des hohen Aktienkurses verlief die Konversion für das Unternehmen somit scheinbar günstig.[214]

Blickt man allerdings auf die Fundamentaldaten, so ist man ernüchtert. Die South Sea Company besaß einen Marktwert von £210 – 230 Millionen.[215] Diesem standen die sicheren jährlichen Einnahmen aus den Schuldzinsen des Staates in Höhe von etwa einem Prozent gegenüber. Hinzu kamen die weniger verlässlichen Einnahmen aus Geldverleih und Fernhandel. Nimmt man eine marktübliche Verzinsung von fünf Prozent an, so musste die Company in Zukunft aus Handel und Geldverleih insgesamt gut £8 Millionen jährlich erwirtschaften, um den hohen Aktienkurs zu rechtfertigen und eine nicht einmal spektakuläre Dividende ausschütten zu können – zumal viele Staatsschuldpapiere ihren Eigentümern deutlich höhere Erträge eingebracht hatten. Ob dies unter normalen Bedingungen jemals möglich gewesen wäre, oder ob die Direktoren von Anfang an ein Zurückgehen des Aktienpreises und eine Anpassung von Subskriptions- und Konversionsbedingungen für diesen Fall einplanten,[216] muss offen bleiben. Denn neben dem Druck auf den Wertpapierkurs und der Geldknappheit zeichneten sich spätestens im Sommer weitere Probleme ab.

Anfang August erreichten London und Hannover schlechte Nachrichten aus Spanien. König Philipp V. verweigerte die Ausfertigung der Cedulas – der Berechtigungsschreiben für das Handelsschiff der South Sea Company. Er forderte, dass das britische Parlament vorher die Rückgabe Gibraltars garantiere. Letzteres hatte sich aber schon im Frühjahr dagegen ausgesprochen. Der britische Botschafter in Madrid William Stanhope berichtete einige Wochen später über seine Bemühungen, den spanischen König umzustimmen:

> I endeavour'd by all the Argument I was Master of to convince him that the conditioning the grant of the Cedulas with the Cession of Gibraltar was absolutely injust & contrary to the Express Letter of our Treatys, that the detaining of them till the affair of Gibraltar should be settled was an absolute denial of them for this Year, that this manner of acting would be farr from procuring Gibraltar, that on the contrary it was the likeliest means to prevent their ever

---

214 Roseveare, Financial, S. 56.
215 Dale, First Crash, S. 132.
216 In diese Richtung argumentiert Kleer, Riding.

getting of it, and might possibly cool the Zeal His Majesty would otherwise have for His Cat. Mays Interest.[217]

Doch die Argumente verfehlten ihre Wirkung. Für 1720 konnte die South Sea Company ihre Handelsfahrt abschreiben. Dies war zweifelsohne keine gute Nachricht für den Aktienkurs. Ein geregelter Zugang zum südamerikanischen Kolonialmarkt, das machte die spanische Beharrlichkeit darüber hinaus deutlich, würde auch nach der erneuten Kriegsniederlage 1720 nicht wahrscheinlicher. Dies drohte die Handelsgewinne der South Sea Company erheblich zu beeinträchtigen. Hinzu kamen Gerüchte, dass John Law mit Philipp V. über Konzessionen für französische Kaufleute im spanischen Kolonialreich verhandle, woraus zusätzliche Konkurrenz und sinkende Margen resultieren konnten.[218]

Doch damit nicht genug. Anfang September schien das Verhältnis zu Spanien so schlecht, dass die britische Regierung die Garnison in Gibraltar anwies, den Kriegszustand herzustellen.[219] Die Maßnahmen waren eine Folge des Verhaltens Philipps V., der nach dem Friedensschluss im Frühjahr seine Soldaten nicht zurück in ihre Quartiere geschickt hatte. Stattdessen gab es Truppenbewegungen auf der iberischen Halbinsel, die der britischen Regierung Rätsel aufgaben. Insgesamt hätte die Armee einen ähnlichen Umfang wie 1718 bei einer gescheiterten Sizilienexpedition, schrieb Botschafter Stanhope aus Madrid. Er berichtete von verschiedenen Szenarien, mit denen sich die spanische Regierung beschäftige. Da war einmal die Situation in Europa bzw. Nordafrika. Neben einem erneuten Landungsversuch in Großbritannien zur Unterstützung eines jakobitischen Aufstands schien Gibraltar zwischenzeitlich ein mögliches Angriffsziel darzustellen. Sodann stelle aber auch die Lage in Nordamerika einen Teil der Erwägungen von Regierung und König dar. Denn am spanischen Hof liefen Berichte über militärische Expeditionen der Compagnie du Mississippi in Nordamerika und über französische Handelsexpeditionen an der Pazifikküste Südamerikas um. Die Truppenbewegungen könnten daher auch darauf hinweisen, so berichtete Botschafter Stanhope, dass sich Spanien nach dem Scheitern der Aktienspekulation in Frankreich anschicke, verlorenes Territorium in den amerikanischen Kolonien zurückzuerobern.[220] In letzterem Fall müsse sich Großbritannien jedoch keine

---

217 William Stanhope an James Stanhope, Escurial 23.9.1720. In: TNA – SP 94/89, unpag., S. 4–5.
218 Carswell, South, S. 142.
219 Ebd., S. 147–148; Williams, Stanhope, S. 430.
220 William Stanhope an James Craggs, Madrid 5.8.1720. In: TNA – SP 94/90, unpag., S. 2; dies., Madrid 12.8.1720. In: Ebd., unpag; dies., Madrid 26.8.1720. In: Ebd., unpag; dies., Madrid 28.10. 1720. In: Ebd., unpag., S. 3; ungezeichnete Notiz im Brief William Stanhopes, Madrid 19.8.1720. In: Ebd., unpag., S. 1. Hinsichtlich der Gefahr der spanischen Rüstungen für Großbritannien be-

Sorgen machen. Denn die Angst vor einer weiteren französischen Expansion in der westlichen Hemisphäre könne sich als Hilfe bei einer Annäherung zwischen Großbritannien und Spanien erweisen.[221] Diese Hoffnung erfüllte sich jedoch nicht – aber auch nicht die Sorge vor einer Belagerung Gibraltars oder einem Invasionsversuch. Die spanischen Truppen wurden am Ende nach Nordafrika verlegt, um die seit fast 30 Jahren belagerte Stadt Ceuta zu befreien. Doch diese Nachricht erreichte London wohl erst Anfang November.[222]

Einerseits gab es im August 1720 somit beachtliche Erfolge der South Sea Company bei der Umwandlung der Staatsschulden, andererseits massiven Druck auf den Aktienkurs. Im Falle stärkeren Sinkens drohte ein Aufschrei der Anleger. Die Bilanz am Kapitalmarkt war für die Handelsgesellschaft insofern schon gemischt. Die große Politik verschlechterte die Zukunftsaussichten jedoch zusätzlich. Eine adäquate Dividende aus Handelserträgen zu erwirtschaften, um den Papierwert der South Sea Company zu rechtfertigen, war vor dem Hintergrund der Verweigerung der Cedulas durch den spanischen König schwer, durch einen neuen Krieg zwischen Spanien und Großbritannien würde sie unmöglich. Weil es auch keine anderen sicheren Einnahmen gab – mit Ausnahme der Zinszahlungen des Staates – war viel Phantasie erforderlich, um den hohen Wertpapierkurs des Unternehmens zu rechtfertigen.

Karibische Stürme und Londoner Versicherungen

Nicht nur das Geschäftsmodell der South Sea Company stellten Ereignisse im August 1720 in Frage. Auch die Organisation und Rentabilität der Seeversicherungsgesellschaften erschienen in einem neuen Licht. Denn Ende August erreichte London die Nachricht, dass ein Teil der englischen Zuckerflotte voll beladen in einem Karibiksturm im Golf von Florida untergegangen war. Die Korrespondenten deutscher Zeitungen in der britischen Hauptstadt gingen von zehn

---

standen jedoch unterschiedliche Auffassungen zwischen dem in Hannover weilenden Hof und dem in London verbliebenen Teil der Regierung. Während ersterer die Gefahr eines Angriffs gering einschätzte, sah letztere sie als höher an. Vgl. Johann Philipp Hoffmann an Kaiser Karl VI., London 18.10.1720. In: HHSTA – England, Korrespondenz, Karton 60, S. 21. Zur Frage der Unterstützung der Jakobiten auch Black, Politics, S. 140 u. 145; Szechi, Daniel: The Jacobites. Britain and Europe 1688–1788. Manchester 1994, S. 107–111.
221 William Stanhope an James Craggs, Madrid 9.9.1720. In: TNA – SP 94/90, unpag., S. 2–3.
222 Storrs, Christopher: The Spanish Risorgimento in the Western Mediterranean and Italy 1707–1748. In: European History Quarterly 42 (2012), S. 557.

bis zwölf gesunkenen Schiffen aus. Ein Verlust von etwa £72.000 sei entstanden.[223]

Die London Assurance Company, eine der beiden neuen Versicherungsgesellschaften, hatte nicht unerhebliche Teile der Ladung dieser Flotte versichert. Auf das Unternehmen kamen nun erhebliche Verpflichtungen zu, und die Aktionäre mussten unter Umständen mit der Einforderung einer Zubuße rechnen, wenn sich das vorhandene Betriebskapital als nicht adäquat erweisen sollte. Die Ereignisse stellten die Idee, mit einem durch die Anteilseigner abgesicherten, aber nicht einbezahlten Stammkapital die Garantie für Versicherungspolicen zu gewährleisten, auf eine harte Probe.[224] Es gilt für die Aktionäre wohl, was Julian Hoppit allgemeiner formuliert hat: „[C]rises, most commonly financial crises, raised many questions about the usefulness of credit, for at those moments what had previously seemed only to promise good was shown to have a darker, destructive side."[225] Vielen Aktionären gefielen die Aussichten offensichtlich nicht. Nachdem die Aktienkurse der Versicherungskompagnien im ersten Halbjahr 1720 prozentual noch stärker gestiegen waren als jener der South Sea Company, sackten sie Ende August rasant ab. Viele Anleger verkauften wohl, um sich nicht vor unerwartete Zahlungsverpflichtungen gestellt zu sehen – zumal Geld in London ohnehin knapp war.[226] Der Aktienkurs der London Assurance ging so zwischen dem 30. August und dem 3. September um ein Drittel zurück, jener der Royal Exchange Assurance immerhin um gut 20%.[227]

Zu all diesen Unwägbarkeiten des Assekuranzwesens, die sich plötzlich deutlicher zeigten, kam die Zahlungsverpflichtung gegenüber dem Staat für die Gewährung der Charter hinzu. Diese Verbindlichkeit erforderte in den nächsten Monaten erhebliche Mengen Geld, dessen Aufbringung am Londoner Kapitalmarkt Schwierigkeiten bereiten würde – erst recht, wenn das Geschäftsmodell der Versicherungen auf einmal doch nicht mehr ganz so verlockend aussah.

---

223 Relations Courier Hamburg 5.9.1720; Schlesischer Nouvellen Courier 12.9.1720; Wöchentliche Relationen Halle 14.9.1720.
224 Zu den Geschäftsaktivitäten der London Assurance 1720 vgl. auch Aldous/Condorelli, An Incomplete. Leider behandeln sie die Krise im Herbst allerdings nicht und berücksichtigen allgemein die Auswirkungen der South Sea Bubble zu wenig.
225 Hoppit, Attitudes, S. 309.
226 Frehen/Goetzmann/Rouwenhorst, Evidence.
227 Dies., New Evidence. Onlinematerial: https://papers.ssrn.com/sol3/papers.cfm?abstract_id=1371007 [Stand: 15.11.2019].

Spitalsfielder Weber in Aufruhr

Zu den Schwierigkeiten am Geldmarkt und der Börse kamen andere Unruhen hinzu. Die Londoner Weber verschafften ihrer Wut auf Baumwolltextilien im Sommer 1720 erneut durch Gewalt Aufmerksamkeit und trugen damit zum sich verschlechternden Wirtschaftsklima bei.

Nach den Unruhen 1719 hatten die Woll- und Seidenweber große Hoffnungen in die Parlamentssession in Westminster im Winter 1719/20 gesetzt. Von ihr erwarteten sie ein vollständiges Verbot des Calicoimports. Allerdings arbeiteten starke Kräfte dagegen – insbesondere die East India Company selbst. Edward Harley, Sohn des früheren Chancellor of the Exchequer Robert Harley, äußerte schon am 21. April gegenüber dem Earl of Oxford die Überzeugung, dass „the calico bill, by the influence of the East India Company, is to be sunk in the House of Lords, and their old friend, Lord Treasurer [Sunderland], is made use of for this purpose."[228] Harley sollte mit seiner Vermutung Recht behalten. Das Parlament verwarf den Gesetzentwurf im späten Frühjahr. Danach flammten die gewaltsamen Proteste der Weber gegen die Einfuhr indischer Baumwolltextilien wieder auf. Das Vorgehen entsprach jenem des Vorjahres: Sie rissen Frauen die Kleidung vom Leib oder übergossen die Stoffe mit Säure.[229] Weil das Recht nicht auf ihrer Seite stand, proklamierten sie eigenes und imitierten dabei offizielle Verlautbarungen. In Handzetteln hieß es:

> Now, this is to give notice to Madam Callicoe, that if she will pass quietly out of this kingdom, she shall have free passage without molestation; but if she be seen once again in the streets, this is to command all Hang-men, Bailiffs, Yeoman and all other such officers, to secure her, and bring her to Spitalsfield [einem Ort, an dem viele Weber lebten], where she shall undergo the punishment our law in such cases provides. Given at our Court at the Three Sterv'd Lyons eating Shuttles in Spitalsfield.[230]

So wie zahlreiche Pamphletisten großes Verständnis für die Unruhen aufbrachten, zeigten auch die Gerichte in der Bestrafung der Unruhestifter ein gewisses Maß an Sympathie für die Sorgen und Nöte der Handwerker. Nur in wenigen Fällen kam es tatsächlich zu Gerichtsverhandlungen, und aus noch weniger

---

228 Edward Harley an den Earl of Oxford, o.O. 21.4.1720. In: Historical Manuscript Commission (Hrsg.): Report on the Manuscripts of His Grace the Duke of Portland. Bd. V, Norwich 1899, S. 594. Auf die Unruhen während der Börsenspekulation weisen auch hin: Roseveare, Financial, S. 57; Paul, South, S. 49.
229 Wiener Zeitung 5.6.1720; Schlesischer Nouvellen Courier 6.6.1720; Thomas, Mercantilism, S. 139.
230 Zitat nach Shoemaker, London Mob, S. 289.

Anklagen ging am Ende eine Verurteilung hervor.[231] Eine großflächige Unterstützung in der Londoner Bevölkerung gab es dennoch nicht – vielmehr müssen die Unruhen nach Robert B. Shoemaker als „attempt to generate [...] solidarity" verstanden werden.[232]

Indischer Ozean und South Sea

Vor diesem Hintergrund zahlreicher schlechter Nachrichten sind wohl indistinkte Gerüchte zu verstehen, die Ende August 1720 in London kursierten[233] und die zumindest der Bankier Middleton für zutreffend hielt. Es ging um eine Megafusion. In einem Brief an John Law in Paris, der sich wegen seiner Wette mit Lord Londonderry für die Kursentwicklung der East India Company interessierte, wusste Middleton zu berichten:

> that stock [of the East India Company] will advance pretty considerably in its price on its project [the trade to Madagascar] uniting with the South Sea, & which I as well as Lord London Derry was very apprehensive might have happened before now, & was the chief thing gave us so much uneasiness, especially since the Court by the best Accot we have responses that Union and which I really believe will happen.[234]

Warum waren solche Gerüchte bedeutsam? Auf der einen Seite hätte ein Zusammenschluss für die East India Company einen womöglich sicheren Absatzmarkt für Sklaven aus Madagaskar bedeutet, dank des Importrechts der South Sea Company ins spanische Kolonialreich. Letztere gewann auf der anderen Seite einen zuverlässigen Lieferanten, konnte doch der mögliche Partner auf eine lange erfolgreiche Geschichte zurückblicken und verfügte über Organisationswissen im Fernhandel und Ressourcen zum Aufbau neuer Geschäftszweige. All dies waren Dinge, die der Royal African Company, dem ‚natürlichen' Partner für den Sklavenhandel der South Sea Company, entweder fehlten oder in viel geringerem Maße zur Verfügung standen, unabhängig von allen Bemühungen um eine Revitalisierung im Jahr 1720. Schließlich besaß die East India Company auch das Monopol für den Handel östlich des Kaps der Guten Hoffnung, musste somit beim Sklavenkauf nicht mit innerbritischer Konkurrenz rechnen, die der Royal African Company entlang der Westküste Afrikas schon früher zu schaffen gemacht hatte. Im Gegensatz zur Afrikagesellschaft durfte die East India Company auch Edel-

---

231 Ebd., S. 294–299.
232 Ebd., S. 302.
233 Vgl. auch Relations Courier Hamburg 16.7.1720; Schlesischer Nouvellen Courier 26.8.1720.
234 George Middleton an John Law, London 18.8.1720. Zitiert nach Neal, For God's Sake, S. 47.

metalle zum Menschenkauf ausführen, was die Rentabilität weiter zu steigern versprach.

In London spekulierte man mithin über eine Union der beiden größten britischen Fernhandelsgesellschaften. Damit wurde die Idee einer maximalen Super-AG wieder aufgegriffen, die schon zu Beginn des Jahres 1720 kursierte. Die Gerüchte über eine Verknüpfung des Asien- mit dem Amerikahandel und dessen kräftige Verfolgung könnten als Hinweis an den Markt gedacht gewesen sein, dass die hohen Papierwerte der Aktien beider Unternehmen den tatsächlichen Geschäftsaussichten entsprächen.

London als Freihafen: Griff nach dem Welthandel?

In ähnliche Richtung gingen Überlegungen, die der Direktor der South Sea Company John Blunt Anfang August ins Gespräch brachte. Um dem Geldmangel und den Handelsstockungen abzuhelfen schlug er vor, London zum Freihafen zu erklären. Die britische Hauptstadt sollte dadurch zum Welthandelsknotenpunkt aufsteigen. Zölle würden in diesem Fall nur noch erhoben, wenn Waren im Land verblieben, alle re-exportierten Güter blieben hingegen von staatlichen Abgaben befreit. Als Vorbild bei den Überlegungen diente vermutlich Amsterdam.[235] Der Plan wurde an die in London weilenden Mitglieder der britischen Regierung übersandt. Gegen ihn erhob sich jedoch schnell Widerspruch. So meldete der Londoner Korrespondent des *Relations Courier Hamburg*, dass der Vorschlag „unüberwindliche Schwierigkeiten antreffe / weil solches das Reich von einer der ansehnlichsten und besten Revenüen / als das Zoll Recht ist / berauben würde / auch setzen sich alle Kaufleute sehr darwider."[236]

Kontraktion und Diffusion: Eine Zwischenbilanz

Die zügig geäußerten Zweifel an dem Projekt eines Londoner Freihafens machten die durch den Vorschlag intendierte Stimmungsaufhellung zunichte, obwohl Optimismus – den auch das Fusionsgerücht zwischen East India und South Sea Company verbreiteten sollte – nötig war. Denn auch wenn Promotoren in London und Edinburgh zwischen Juni und August 1720 noch eine letzte Welle neuer

---

235 Carswell, South, S. 142; Wöchentliche Relationen Halle 31.8.1720.
236 Relations Courier Hamburg 2.9.1720; Schlesischer Nouvellen Courier 5.9.1720; Wiener Zeitung 4.9.1720.

Subskriptionen für Aktiengesellschaften oder ihnen rechtlich nachempfundene Unternehmen auf den Weg brachten, es mithin immer noch eine Euphorie für Emulation gab: der Londoner Wertpapiermarkt stand unter erheblichem Druck, und Geld war nach den Kapitaltransfers Richtung Kontinent knapp. Gleichzeitig entstanden weitere Schwierigkeiten. Die Aktienkurse einer Reihe von Unternehmen sanken nach dem Erhalt von ‚writs of scire facias', möglicherweise stürzten sie sogar ab. Die South Sea Company hatte akute Probleme, ihren Wertpapierkurs zu stabilisieren. Darüber hinaus stellte das Verhalten Philipps V. ihre Chance auf Gewinne aus dem Kolonialhandel für die Zukunft in Frage. Damit erschien nicht zuletzt die langfristige Rentabilität zweifelhaft – ein Schicksal, welches das Unternehmen mit den Seeversicherungen teilte. Neuerliche Unruhen der Londoner Weber kamen als zusätzliche Verunsicherung der Londoner Lage hinzu, nachdem das Parlament sich im Frühjahr nicht auf ein Verbot von Baumwollstoffen geeinigt hatte.

Derweil entstanden auf dem europäischen Festland immer mehr Aktiengesellschaften in Emulation britischer und französischer Vorbilder, und Regierungen berieten über zahlreiche weitere Vorschläge. Auch wenn am Ende, teils aus spezifisch lokalen politischen und ökonomischen Erwägungen, nicht alle Pläne zur Ausführung kamen bzw. manche unterbunden wurden, hatte die kontinentale Dynamik im Sommer eindeutig ein neues Stadium erreicht. Behilflich bei der Entstehung neuer Kompagnien war unter anderem hoch bewegliches internationales Risikokapital, das mit Macht an Orte transferiert wurde, wo potenzielle Spekulationsobjekte entstehen mochten. Dieses Geld ermöglichte aber nicht nur den Handel mit Aktien – zuweilen wohl hauptsächlich fern des Firmensitzes im Ausland –, sondern die Subskriptionsbeträge ermöglichten es mehreren Promotoren und ihren Unternehmen auch, direkt mit der Verfolgung ihrer Geschäftszwecke zu beginnen.

Herbst 1720

3. September 1720

South Sea Company	750
Bank of England	225
East India Company	340
Royal African Company	123
London Assurance	60
Royal Exchange Assurance	105
York Buildings (6. Sep.)	95

Nicht datierbare Aktienpreise neuer Unternehmen[1]

	eingezahlt	Höchstpreis 1720
Puckle's machine gun	4	8
Westley for buying and selling stocks	7,5	100

London, 3. September: „Weil von unsern Herren Regenten nicht nur an den General-Procurator, die so genannten Bubbles gerichtlich zu verfolgen, sondern auch an den hiesigen Zeitungs-Schreiber, die Leute dafür zu warnen, Order ergangen, so sind alsobald viel [...] Actionisten zu diesem gelaufen [...], und haben ihm bis 30 Guineen geboten, wenn er ihnen solche Warnung ein paar Stunde vor der Publication derselben sehen lassen [...]."[2]

London, 6. September: „Die Directeurs von der Süd-Compagnie sind sehr bekümmert / weil die meisten / welche Leib-Renthen eingeschrieben / solche wieder retiriren wollen / welches dem grossen Project dieser Compagnie einen fatalen Stoß geben dörffte."[3]

London, 20. September: „Das Fallen der Actien ersterwehnter [South Sea] Compagnie wird auch zum Theil dem grossen Verlust zugeschrieben, welchen unterschiedliche fürnehme Personen durch die Auffhebung so vieler Bubeln und über gegründeten Compagnien erlitten."[4]

London, 27. September: „Verschiedene von den Directeurs der Süd-See-Compagnie und der Banco sind seither 3 Tagen in dem Wirtshause die Krone hinter der Börse mit einander versammlet gewesen / woselbst sich auch der Staats Secretaire Craggs und andere vornehme Persohnen befunden / um den projectirten Vergleich [...] einzurichten; man vernimmt aber noch nicht / daß ein fester Schluß darin gefallet worden. Inzwischen fallen die Actien berührter Compagnie immer mehr und mehr."[5]

---

1 The South Sea Bubble, S. 72.
2 Schlesischer Nouvellen Courier 19.9.1720.
3 Oberpostamtszeitung 17.9.1720.
4 Schlesischer Nouvellen Courier 3.10.1720.
5 Relations Courier Hamburg 4.10.1720.

Absturz in der Exchange Alley

Obwohl sich der Aktienpreis der South Sea Company mit der vierten Subskription im letzten Augustdrittel zunächst wieder stabilisierte, zweifelten die Direktoren des Unternehmens daran, dass diese Maßnahme allein ausreichte. Sie kauften daher zusätzlich eigene Wertpapiere im Nennwert von £76.000 auf und verliehen £0,6 Millionen gegen die Hinterlegung von Aktien. Ihre Sorgen erwiesen sich als begründet. Denn am 29. August fiel der Kurs wieder unter £800. Daraufhin vergab die South Sea Company innerhalb eines Tages weitere Darlehen in Höhe von £2,9 Millionen – wiederum mit dem Resultat eines Kursanstiegs, diesmal auf £810 am letzten Tag des Monats. Außerdem ergriffen die Direktoren zusätzliche Maßnahmen: Sie verschoben die Zahlungsfristen der Raten früherer Subskriptionen und kündigten am 31. August eine erneute Schließung der Transferbücher für etwa drei Wochen an, was den Verkauf von Unternehmensanteilen verzögern sollte. Schließlich versprachen sie Anfang September, im aktuellen Jahr eine Dividende von 30% und in den folgenden zehn Jahren von jeweils 50% zahlen zu wollen. Dies muss schon ein Mittel der Verzweiflung gewesen sein, und ob die Ankündigung irgendeinem Londoner Investor noch realistisch erschien, ist zweifelhaft. Denn im September begann eine Talfahrt der Aktie der South Sea Company, die sich nicht mehr bremsen ließ. Der zeitweilige Tiefpunkt wurde kurz vor Monatsende mit £180 erreicht.[6]

Der Absturz des Aktienpreises der South Sea Company war extrem, doch die Kurse zahlreicher anderer Unternehmen bewegten sich in dieselbe Richtung. Die Verluste beschleunigten sich, weil Londoner Bankiers ebenfalls viel Geld gegen die Hinterlegung von Wertpapieren verliehen hatten. Von ihnen sollen bis zu £600 pro Anteil der South Sea Company erhältlich gewesen sein. Als der Kurs nun im September unter diesen Wert fiel, verkauften die Verleiher die als Sicherheit hinterlegten Aktien, um möglichst viel Geld zu retten. Denn es stand nicht zu erwarten, dass die Schuldner unter diesen Umständen ihre Darlehen zurückzahlen und ihre niedriger bewerteten Wertpapiere auslösen würden. Diese Verkäufe verursachten jedoch zusätzlichen Druck auf die Börsenpreise und beschleunigten den Absturz. Auch die Maßnahmen der Direktoren der South Sea Company im Verlauf des Monats September trugen nicht (mehr) zur Beruhigung der Marktteilnehmer bei, sondern beförderten eher die Unsicherheit. Statt wie geplant am 22. September, öffneten die Transferbücher bereits am 13. wieder.

---

6 Für die Entwicklung im September im Überblick: Carswell, South, S. 144–150. Die Interpretation im Anschluss an Kleer, Riding, S. 281–282. Außerdem u. a. Roseveare, Financial, S. 57. Die deutschen Zeitungen sprechen durchgängig von einer Dividende von 50% für 12 Jahre. Vgl. u. a. Schlesischer Nouvellen Courier 30.9.1720.

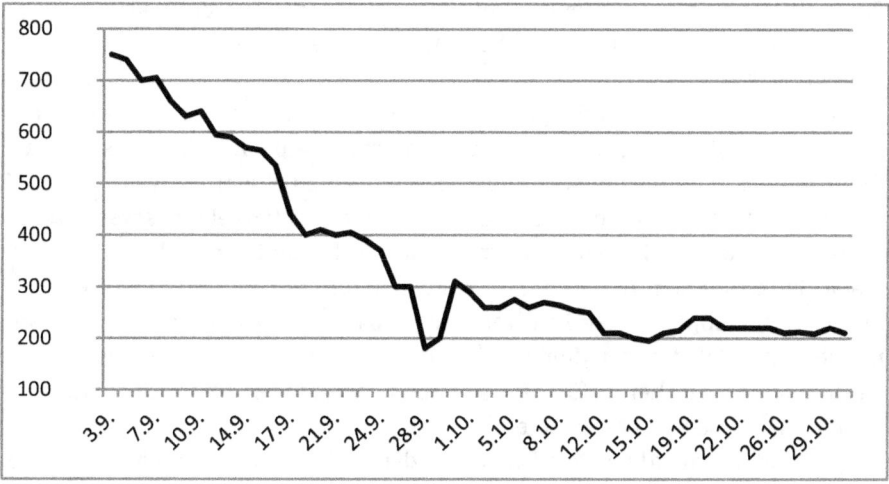

Grafik 28: Aktienpreis der South Sea Company September/Oktober 1720 (£) Frehen/Goetzmann/Rouwenhorst, New Evidence. Onlinematerial: https://papers.ssrn.com/sol3/papers.cfm?abstract_id=1371007 [Stand: 15.11.2019].

Zudem ging der South Sea Company das Bargeld aus. An neues zu kommen, erwies sich als schwierig. Darüber hinaus wusste die Südseegesellschaft, ebenso wie Privatbankiers, nicht, ob Kreditnehmer ihr Geld zurückzahlen würden. Die als Sicherheit hinterlegten Aktien konnten die Direktoren aber nicht verkaufen, denn dies hätte deren Preis noch weiter gedrückt, was nicht im Interesse des Unternehmens sein konnte. Außerdem hatte man erhebliche Schulden – £8,2 Millionen an die Regierung für das ‚Geschenk' und die Exchequer Bills, £5 Millionen für eigene Schuldpapiere, die man unter anderem an die Inhaber der ehemaligen Staatsanleihen im Zuge der Konversion ausgegeben hatte, und £1,4 Millionen Zinsen. Bemühungen der Direktoren, Kredite auf dem Markt zu bekommen, scheiterten. Die Probleme verschärften sich noch, als die Hausbank der South Sea Company, die Sword Blade Bank, am 24. September ihre Zahlungen einstellen musste. Letztere verfügte über keine Barmittel mehr, um einlaufende Forderungen begleichen zu können.[7]

Die Bank of England, Rivalin im Kampf um das Privileg der Schuldenumwandlung im Winter 1719/20, wurde gebeten, bei der Überwindung der Liquiditätsengpässe der South Sea Company behilflich zu sein. Mehrere Verhandlungen fanden zwischen den Direktoren der beiden Gesellschaften unter Hinzuziehung

---

[7] Carswell, South, S. 144–150.

Robert Walpoles als Vertreter der britischen Regierung statt. An Walpoles Engagement knüpften sich einige Hoffnungen, was zugleich ein Seitenhieb gegen die führenden Köpfe der britischen Regierung Sunderland, Aislabie, Craggs und Stanhope war.[8] Doch auch Walpole konnte die Situation nicht retten. Zwar kam es unter seiner Leitung zu einer Abmachung zwischen Bank und Südseegesellschaft. Diese sah vor, dass die erstere Aktien der letzteren zu einem Kurswert von £400 übernehmen und dadurch die Südseegesellschaft mit Bargeld versorgen sollte.[9] Als der Preis der Anteile jedoch unter diesen Wert fiel und der Bankrott der Sword Blade Bank zu einem Ansturm auf die Edelmetallreserven der Bank of England führte, verschleppten deren Direktoren die Umsetzung des Vertrags. Gleichzeitig musste die Bank für gut drei Wochen die Diskontierung von Wechselbriefen einstellen – ein Zeichen dafür, dass sich die Verwerfungen am Finanzmarkt auch bei ihr massiv bemerkbar machten.[10]

Ebenfalls verhandelten die Direktoren der South Sea Company im September mehrmals auf Generalversammlungen mit ihren Aktionären, wobei teils lautstarke und tumultartige Zustände herrschten. In Anbetracht des sinkenden Wertpapierkurses verlangten die Investoren der dritten und vierten Aktienzeichnung eine Anpassung ihres Kaufpreises. Auch die ehemaligen Staatsschuldner, die im Juli/August ihre Papiere zur Umwandlung eingeschrieben hatten, wünschten eine Nachbesserung ihrer Konversionsbedingungen. Die Direktoren lehnten diese Forderungen zunächst ab, konnten sich am Ende des Monats dann aber doch nicht länger dagegen wehren. Für im Sommer eingeschriebene Staatsschulden sollte ebenso wie für die dritte und vierte Subskription zukünftig ein Preis der Anteile von £400 angenommen werden. Doch all diese Maßnahmen hielten den weiteren Absturz des Aktienkurses der South Sea Company nicht mehr auf.[11]

Europäische Geldflüsse

Europäische Investoren zeigten sich von den geplanten Maßnahmen der South Sea Company in Kooperation mit der Regierung in London und der Bank of England ebenfalls unbeeindruckt. Zeitgleich zum Absturz der Aktienkurse verließ

---

8 William Wood an unbekannt [Richard Thompson], o.O. o.D. [London, Ende September]. In: BL – Add. Ms. 22639, S. 72.
9 Carswell, South, S. 150–155.
10 Dickson, Financial, S. 158; Neal, Rise, S. 72.
11 Carswell, South, S. 153–154.

weiterhin Kapital die britische Insel in Richtung europäisches Festland, und Zeitungen berichteten darüber regelmäßig.

In der Bevölkerung wurden Edelmetallexporte weiterhin kritisch gesehen, weil sie einen nachteiligen Einfluss auf die Aktienpreise hätten. Der Londoner Korrespondent des *Schlesischen Nouvellen Courier* stellte diesen Zusammenhang her, wenn er Ende September schrieb: „Das Geld wird bey uns je länger je klemmer, welches auch einen merklichen Verfall der Actien von der Süder Compagnie nach sich gezogen."[12] Skepsis gegenüber papierenen Formen von Vermögen – Aktien, Wechselbriefen, Banknoten – hatte zudem eine erhöhte Präferenz für Münzgeld zur Folge.[13] Dessen Umfang war jedoch zu gering, so dass das Streben nach Edelmetall den gefühlten Geldmangel noch verschärfte.[14] Dass die wahrgenommene Verknappung aber auch tatsächlich nicht unbegründet war, zeigen die niedrigen Hartgeldbestände, über welche die Bank of England 1720 im Verhältnis zu ihren Zahlungsverpflichtungen verfügte.[15] Derweil verschlimmerte die Regierung in London die Probleme am Geldmarkt im September/Oktober noch zusätzlich. Denn sie lehnte es ab, die Bezahlung der York Buildings Company für schottische Landgüter in der englischen Hauptstadt in Empfang zu nehmen. So musste sich Anfang September ein Wagen unter der Eskorte berittener Grenadiere mit £60.000 auf den Weg nach Edinburgh machen und entzog der britischen Hauptstadt weiteres dringend benötigtes Kapital.[16]

Tabelle 3: Edelmetallexporte im Herbst 1720 in Unzen nach Frankreich, in die Niederlande und mit nicht spezifiziertem Ziel in deutschen Zeitungen[17]

Datum	Quelle	Gold NL	Gold F	Gold o.O.	Silber NL	Silber F	Silber o.O.
13.9.1720	RCH 20.9.	900					[18]
20.9.1720	RCH 27.9.	557					
13.9.1720	SNC 30.9.			7.430			
20.9.1720	SNC 7.10.	5.500					

---

12 Schlesischer Nouvellen Courier 30.9.1720.
13 Ebd. 24.10.1720.
14 Carswell, South, S. 159.
15 Ashton, Economic, S. 113.
16 Relations Courier Hamburg 24.9.1720. Auch Cummings, York Buildings, S. 294.
17 RCH = Relations Courier Hamburg, SNC = Schlesischer Nouvellen Courier. Beispiele für Geldexporte auch bei Carswell, South, S. 148 u. 159–161; Dickson, Financial, S. 151.
18 Außerdem plante die East India Company 19.340 Unzen Silber auszuführen. Vgl. Relations Courier Hamburg 20.9.1720.

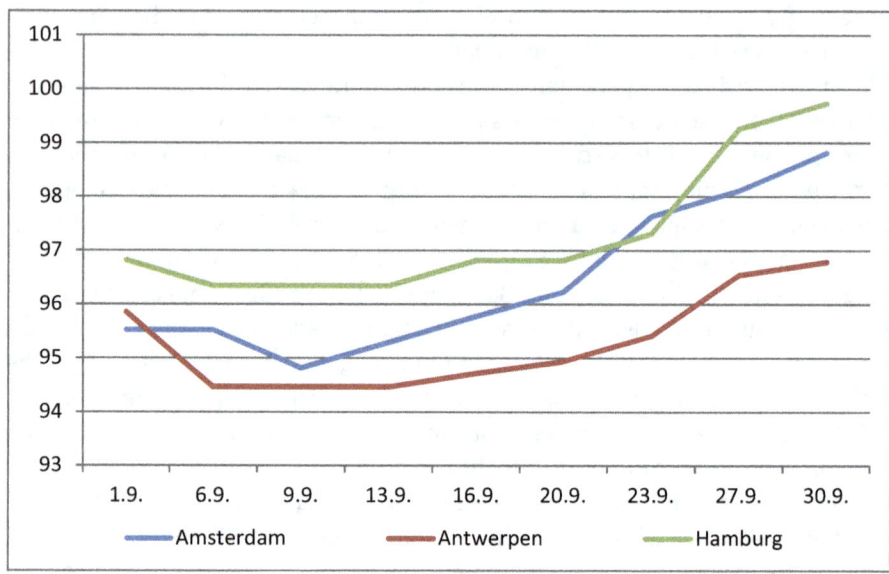

Grafik 29: Wechselkurse zwischen London und nordeuropäischen Städten September 1720 (1. Januar 1720 = 100%) Course of the Exchange 1720.

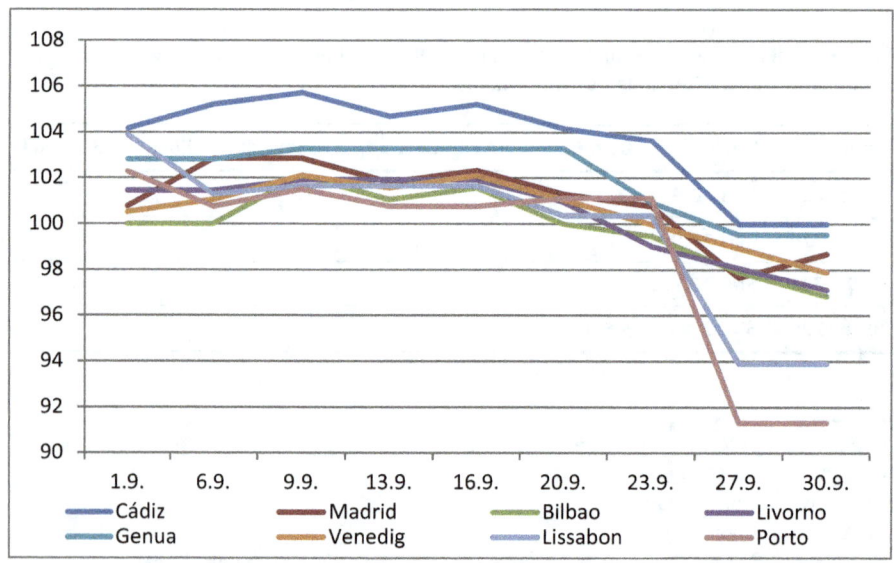

Grafik 30: Wechselkurse zwischen südeuropäischen Städten und London September 1720 (1. Januar 1720 = 100%) Course of the Exchange 1720.

Was für Hartgeld zutraf, spiegelt sich auch in Wechselkursen auf London im größten Teil des September wider. Diese lagen in Richtung Nordeuropa durchgängig unter 100% des Wertes vom Jahresbeginn, in Richtung Süden die meiste Zeit darüber. Zunächst lässt sich daher in allen Fällen ein fortwährender Geldabfluss vermuten. Erst nach dem Bankrott der Sword Blade Bank drehten die Wechselkurse stärker, und es deuten sich ein verlangsamter Ausfluss gen Nordeuropa und unter Umständen Zuflüsse aus Südeuropa an. Der Ausschlag des Wechselkurses nach Lissabon und Porto war dabei am markantesten. Von hier zeichnen sich zum Monatsende erhebliche Geldzuflüsse ab. Dabei dürfte es sich hauptsächlich um Kapital handeln, das Investoren im August zur Anlage in eine möglicherweise entstehende portugiesische Aktiengesellschaft übersandt hatten. Weil die Gründung nicht erfolgte, holten sie ihr Geld nun zurück in die Heimat. Der Korrespondent des *Relations Courier Hamburg* schätzte, dass Spekulanten durch dieses Hin-und-Her jedoch etwa 30% Verlust durch Wechselkursschwankungen und -gebühren verkraften mussten.[19]

Gegen die für London negativen Wechselkurse versuchten die Direktoren der Bank of England Maßnahmen zu ergreifen. Der *Relations Courier Hamburg* berichtete mit Datum vom 1. Oktober 1720 aus London:

> weil die Directeurs der Banco gemercket / daß die häuffige Ausfuhr des baaren Geldes nach Holland den Wechsel für Engelland nachtheilig gemacht / und der allgemeine Credit dadurch einen grossen Stoß bekommen könnte / haben sie in einer am verwichenen Freytag gehaltenen Zusammenkunft beschlossen / sich mit der Süd-See- und Ost-Indischen Compagnie zu vereinigen / um grosse Trassirungen auf Holland zu machen / in Hoffnung / die Actien der publiquen Fonds dadurch im Stande zu erhalten.[20]

Die Idee war somit, dass alle drei großen Kompagnien gleichzeitig Wechsel auf die Niederlande ziehen sollten, um dadurch Kapital nach London zu holen. Damit wollte man den Geldengpass in der britischen Hauptstadt beheben und den Wechselkurs zwischen Amsterdam und London beeinflussen – alles zur Stabilisierung der Aktienpreise. Die Bank of England setzte ihren Plan tatsächlich um.[21] Ob die beiden anderen Unternehmen mitmachten, ist unklar. Aber auch das Eintreffen der aus Lissabon kommenden Fregatte Winchester, die Gold aus der

---

19 Relations Courier Hamburg 7.10.1720. Auch der britische Gesandte sprach von erheblichen Kosten für den Geldtransfer. Thomas Burnet an James Craggs, Lissabon 14.10.1720. In: TNA – SP 89/28, S. 125.
20 Relations Courier Hamburg 8.10.1720; Kopenhagischer Post-Reuter 11.10.1720.
21 Neal, Rise, S. 72.

jüngst in Portugal angelangten Brasilienflotte mitbrachte, könnte zu einer zeitweiligen Beruhigung am Londoner Geldmarkt beigetragen haben.[22]

Die Entwicklung der Wechselkurse zeigt mithin, dass britische Investoren auf das Ausbleiben der erwarteten, aber nicht eingetretenen Subskription in Portugal durch eine Repatriierung ihres Kapitals reagierten. Währenddessen koppelten sich ausländische Anleger vom Londoner Aktienhandel fortlaufend ab. Das Platzen der britischen Spekulationsblase bedeutete allerdings nicht, dass Menschen jenseits des Kanals das Interesse an der Londoner Szenerie verloren. Der Zustand des Aktienmarkts in der britischen Hauptstadt und die sich aus seiner Entwicklung ergebenden ökonomischen und politischen Implikationen blieben in Europa nicht nur im Hinblick auf Investments in britische Aktien von Bedeutung, sondern sie warfen sowohl ökonomische als auch politische Fragen auf und förderten Erkenntnisse zu Tage, die für all jene wichtig waren, die über Emulation nachdachten.

Krise in London

In der britischen Hauptstadt selbst hatte der Absturz der Aktienkurse zunächst einmal eine fundamentale Verunsicherung zur Folge, die sich auch auf das alltägliche Handeln auswirkte. Ein Klima der Angst und Ungewissheit verbreitete sich so.

Am 16. September schrieb Robyn Hewer an Thomas Hall: „The fall of our Stocks hath ruined us all, it hath made a damnable hole in my Estate. Ten thousand Familys are utterly und[one]."[23] Zwei Dinge nahm er mit seiner Aussage in den Blick. Sein persönliches Schicksal und jenes der restlichen Londoner Bevölkerung. Seine eigene Position schien ihm unangenehm. Die vieler anderer, deren Namen er jedoch nicht nannte, katastrophal. Mit der hohen Zahl der betroffenen Familien versuchte er einerseits das Ausmaß der Katastrophe zum Ausdruck zu bringen, andererseits zeigt die mangelnde Spezifizierung, dass einstweilen unklar blieb, wen genau die Probleme betrafen – nur, dass es viele sein mussten, erschien evident. Die hohe Zahl behielt Hewer auch in seinen folgenden Schreiben bei. Doch nach und nach fielen Namen von Bankiers und

---

22 Relations Courier Hamburg 8.10.1720; Schlesischer Nouvellen Courier 17.10.1720.
23 Robyn Hewer an Thomas Hall, London 16.9.1720 (o.s.). In: TNA – C 103/132, unpag., S. 2; Peter Godfrey an John Scattergood und Thomas Harris, London 31.12.1720. In: BL – Mss. Eur. 387/3, S. 91. Wesentlich geringere Zahlen („forty men of Quality"), aber auch das Hörensagen kolportierend: Elizabeth Scattergood an John Scattergood, Lincoln 2.11.1720. In: Ebd., S. 69.

Kaufleuten, die zahlungsunfähig oder vor ihren Gläubigern aus der Stadt geflohen waren. Daneben blieb jedoch das Unbestimmte. Es seien „to[o] many to mention".[24] Oft machten erst die Flucht und die geschlossenen Geschäftsräume deutlich, wen die grassierende Seuche der Bankrotte infiziert hatte. „Our affairs", schrieb Hewer am 7. Oktober, „I dont see they mend every thing rather grows worse and worse ... This day is said several Merchants are gone of."[25] Doch auch wenn er mit der Zeit wusste, wer bankrott war, blieb die Unsicherheit, wer es noch geheim hielt: „I know not who are good men at this time a day".[26] Gleichzeitig zeigen Hewers Briefe, dass er sich jedoch auch selber darum bemühte, seine finanzielle Situation gegenüber Geschäftspartnern in London zu verschleiern. Schon am 23. September hatte er Vermögenswerte beiseitegeschafft, um im Zweifelsfall einen seiner Gläubiger bevorzugt bedienen zu können. Am 4. Oktober zeigte sich Hewer überzeugt, dass sein Bankrott nur noch durch einen sehr unwahrscheinlichen Anstieg des Aktienkurses der South Sea Company auf £500 bis £600 zu verhindern wäre. Und obwohl er seine baldige Zahlungsunfähigkeit mit Gewissheit erwartete, bat er Hall darum, diese Information für sich zu behalten.[27] Bemühungen um Verschleierung machten es so im September und Oktober oftmals unmöglich, die finanzielle Situation anderer genau zu bestimmen.[28]

Die Dinge blieben auch deshalb unklar, weil viele nicht sicher wussten, welche Verträge über Aktienlieferungen eingehalten und welche Kredite bedient würden.[29] Hewer ging in einem Brief an Hall Ende September zunächst vom Verlust seines gesamten Vermögens aus. Inzwischen habe er aber festgestellt, dass er noch mehr als £12.000 von verschiedenen Schuldnern bekommen werde. Er sei sich sicher, dieses Geld auch zu erhalten. Hiermit könne er all seine Schulden decken. Gleichzeitig bemerkte er: „none of my Contracts for Stock will be comply'd with and the difference now due to me and what I shall loose by them is upwards of £30'000 ... I have been that honest fool to comply with all my contracts and I have had but one of mine comply'd with".[30] Dass Menschen damit

---

24 Robyn Hewer an Thomas Hall, London 4.10.1720. In: TNA – C 103/132, unpag., S. 2.
25 Dies., London 7.10.1720. In: Ebd., unpag., S. 2.
26 Robyn Hewer an Thomas Hall, London 7.10.1720. In: Ebd., unpag., S. 2. Dazu auch ein Beispiel bei Glasyier, Natasha: The Culture of Commerce in England 1660–1720. Woodbridge 2006, S. 7.
27 Robyn Hewer an Thomas Hall, London 4.10.1720. In: TNA – C 103/132, unpag., S. 2.
28 Zur Unsicherheit über die finanziellen Umstände von Geschäftspartnern auch Carswell, South, S. 161.
29 Zur Nichtbedienung von Krediten vgl. die Beispiele bei Linder, Berner, S. 135–136; Neal, Master, S. 6 u. 107–122.
30 Robyn Hewer an Thomas Hall, London 22.9.1720. In: TNA – C 103/132, unpag., S. 1. Solche Aufrechnungen faktisch unsicherer Guthaben und Lasten nahmen auch die Bankiers Müller & Cie. 1720 vor. Vgl. Linder, Berner, S. 132.

begannen, Kaufverträge nicht länger einzuhalten und damit Prinzipien der kaufmännischen Ehre zu verletzen, erhöhte allerdings die Ungewissheit erheblich und untergrub die öffentliche Ordnung. Zwar stand der Klageweg wegen Nichteinhaltung von Verträgen prinzipiell offen, aber Gerichtsverfahren brauchten Zeit und zogen sich mitunter über Jahre hin, während derer der Ausgang höchst ungewiss blieb.[31] Zumal Richter in der akuten Situation im Herbst 1720 laut Korrespondenten des *Relations Courier Hamburg* zunächst keine Bereitschaft zeigten, Anfechtungen von Verträgen zu verhandeln, „indem [... sie,] wie es scheinet / erst sehen wollen / welchen Weg das Parlament desfals gehen werde."[32]

Das Abwarten vieler Privatanleger und Bankiers scheint aber auch damit zusammengehangen zu haben, dass sie noch lange auf einen deutlichen Wiederanstieg des Aktienkurses der South Sea Company hofften.[33] Laut *Schlesischem Nouvellen Courier* erwarteten manche die Rückkehr internationaler Investoren nach London, die von den niedrigen Aktienpreisen zu profitieren wünschten.[34] Ein aus verstärkten Käufen resultierender Kursanstieg konnte die individuelle Situation jedes Anlegers, aber auch der Londoner Privatbankiers grundlegend ändern. Mit Blick auf letztere schrieb William Wood am 20. September: „Four Goldsmiths have stop't payment. 'tis on acc^t of the fall of Stock and 'tis agreed if they rise they are able to pay all."[35] In der Zwischenzeit hofften die Bankiers, Gläubiger mit dem Angebot von Zinszahlungen ruhig stellen zu können. So bot beispielsweise die zahlungsunfähige Sword Blade Bank Inhabern ihrer Schuldverschreibungen wenige Tage nach ihrer vorläufigen Geschäftseinstellung eine Verzinsung von 5% an, bis zu dem Zeitpunkt, an dem das Unternehmen wieder zahlungsfähig sei. Alternativ tauschte man auch Aktien der South Sea Company zu einem Kurswert von £400 gegen die eigenen Papiere ein.[36]

Anfang Oktober begannen dann nach Auskunft des *Schlesischen Nouvellen Courier* einige Wechsler wieder damit, Gelder auszuzahlen. Andere folgten in den nächsten Wochen.[37] Mitte des Monats soll auch die Sword Blade Bank mit Zins-

---

31 Shea, Gary S.: Sir George Caswall vs. the Duke of Portland. Financial Contracts and Litigation in the Wake of the South Sea Bubble. In: Atack/Neal, Origins, S. 121–160.
32 Relations Courier Hamburg 3.12.1720, Schlesischer Nouvellen Courier 5.12.1720.
33 Ebd. 14.10.1720. Außerdem Dickson, P.G.M./Beckett, J.V.: The Finances of the Dukes of Chandos. Aristocratic Inheritance, Marriage, and Debt in Eighteenth-Century England. In: Huntington Library Quarterly 64 (2001), S. 319; Walsh, South, S. 97.
34 Schlesischer Nouvellen Courier 21.10.1721.
35 William Wood an unbekannt, o.O. [London] 20.9.1720. In: BL – Add. Ms. 22639, S. 116. Ähnlich: Relations Courier Hamburg 11.10.1720.
36 Relations Courier Hamburg 18.10.1720.
37 Schlesischer Nouvellen Courier 21.10.1720, 28.10.1720 u. 31.10.1720.

zahlungen an ihre Gläubiger begonnen haben.[38] Die Lage entspannte sich scheinbar etwas. Doch nicht für jeden ging es so glimpflich aus: „Die Hrn. Cox und Cleeves Banquers zu Cornhil / welche einige Zeit mit Bezahlung auffgehalten / haben ihre Buden heute auch geschlossen / also die Banquerots-Acte gegen sie auffgemacht wird."[39] Wenn auch das endgültige Ausmaß der Verwerfungen so zunächst unklar bleiben musste, die Situation in London war wenig beneidenswert und sicher nichts, was zur Emulation reizte.

Gebannte Blicke: Europas Höfe und die Situation in Großbritannien

Als der Absturz des Aktienkurses der South Sea Company im September an Tempo gewann, begannen auch die Gesandten und Residenten der europäischen Mächte in London über die veränderte Situation an ihre Höfe zu berichten. Sie prägten mit ihren Depeschen neben anderen Personen die Wahrnehmung der Krise, die sich in Europa verbreitete und vermittelten Wissen, das Regierungen bei der Autorisierung von Emulationsprojekten berücksichtigen konnten. Ihre Briefe sind aber darüber hinaus interessant, weil die diplomatischen Vertreter die engeren ‚politischen' Implikationen der Börsenkrise in London im Blick hatten, die für die wechselseitige Verbindung von wirtschaftlicher und politischer Macht stets von Bedeutung waren.

Den Berichten der Gesandten lässt sich eine fundamentale Infragestellung des Verhältnisses von Krone und Bevölkerung in Großbritannien entnehmen. „Aufruhr [und] Unruhe" vernahm der schwedische Resident Anders Skutenhielm schon Mitte September im „größten Teil des Volkes."[40] Einige Tage früher hatte er bereits mitgeteilt, dass sich Investoren in der britischen Hauptstadt vor einer ähnlichen Entwicklung wie in Frankreich fürchteten. Gelänge es der Regierung nicht, die Aktienpreise wieder zum Steigen zu bringen, sei im schlimmsten Fall mit einer „Revolution" zu rechnen.[41] Der Fall der Aktien, so warnten Beamte den Herzog von Braunschweig-Wolfenbüttel im November, habe eine „gefährliche empörung hinter sich gelaßen".[42] Der Habsburger Hoffmann schrieb, er habe in

---

38 Relations Courier Hamburg 22.10.1720 u. 1.11.1720.
39 Relations Courier Hamburg 3.12.1720.
40 Anders Skutenhielm an Friedrich I., London 13.9.1720. In: Diplomatica Anglica 229, unpag., S. 1–2.
41 Dies., London 6.9.1720. In: Ebd., unpag., S. 5.
42 Votum an den Herzog August Wilhelm von Braunschweig-Wolfenbüttel, Braunschweig 20.11.1720. In: NLAWF – 2 Alt 6544, S. 21.

England „revolutionen, invasionen und rebellionen erlebet, nimmer aber den Credit dießer so reichen Nation auf ein mahl so sehr Gesuncken und dieselbe in einer so allgemeinen perplex- und calamitet Gesehen".[43] Der Preuße von Wallenrod fand England nach seiner Rückkehr aus Hannover Ende November, „durch die Actien mehr ruiniret, alß ein Krieg von Zehn Jahren nicht gethan hatte, und machet der große Verlust die Leute sehr schreyen, sowohl wieder den König alß das Ministerium".[44]

„Sollte", so Johann Philipp Hoffmann in einem Brief nach Wien,

> der König wider alles verhoffen Sich nicht zu Seiner schleunigen Zuruckkunft [von seiner Sommerreise nach Hannover] Bereden lassen, sondern die Hirschyacht der Wohlfarth von dieser Nation vorziehen, so würde es mit deme Ihme Gebührenden respect so viellmehr gethan seyn, da die yezige Klage über dessen abwesenheit bereits in raßereyen und expressionen von der hohen Verrätherey verkehrt seynd.[45]

Eine Woche später berichtete er: „Mit großer Ungedult und empfindung wird die mahlen von dießer Nation betrachtet daß keine Andere in Europa, alß Sie, Jährlichen dergleichen fünf oder Sechs Monathlichen abweßenheiten Ihres Souverains, so despotisch Er auch seye, unterlieget."[46] Diese bekannte Kritik an Georg I., unter anderem hatte ja die Harburger Handelskompagnie gegen solche Empfindungen wirken sollen,[47] schien im Moment der Börsenkrise eine neue Qualität zu gewinnen. Und die Vorwürfe richteten sich nicht nur gegen Georg I., sondern, auch dies nicht neu, gegen den deutschen Einfluss insgesamt. So schrieb von Wallenrod auf seiner Rückreise von Kurhannover nach London aus Den Haag:

> Insonderheit schmähten die [dort anwesenden] Engelländer sehr wieder die Hannoveraner, daß selbige mehr Geld genommen alß nicht bekand, und insonderheit daß sie viel ge-

---

43 Johann Philipp Hoffmann an Karl VI., London 25.10.1720. In: HHSTA – England, Korrespondenz, Karton 60, S. 24.
44 Johann v. Wallenrod an Friedrich Wilhelm. I., London 15./26.11.1720. In: GSTAPK – I. HA, Rep. 11, Nr. 1908, S. 141; Anders Skutenhielm an Friedrich I., London 8.11.1720. In: RA – Diplomatica Anglica 229, unpag., S. 6–7; Ähnlich Johann Philipp Hoffmann an Karl VI., London 25.10.1720. In: HHSTA – England, Korrespondenz, Karton 60, S. 24, der sogar die beiden letzten Kriege anführte.
45 Johann Philipp Hoffmann an Karl VI., London 11.10.1720. In: Ebd., S. 19; Johann v. Wallenrod an Friedrich Wilhelm I., London 15./26.11.1720. In: GSTAPK – I. HA, Rep. 11, Nr. 1908, S. 141–142.
46 Johann Philipp Hoffmann an Karl VI., London 18.10.1720. In: HHSTA – England, Korrespondenz, Karton 60, S. 20.
47 Black, Politics, S. 27.

müntztes Geld aus Engelland geschleppet, [...] welches doch offenbahr wieder die Englischen Gesetze wäre.⁴⁸

Die Sorgen der Gesandten ob der instabilen innenpolitischen Lage in London wurden auch im Rest Europas ernst genommen, und die Besorgnis steigerte sich mit jeder neuen Nachricht. Der preußische König Friedrich Wilhelm I. erteilte seinem Botschafter Ende Oktober den Auftrag: „Auch habt Ihr fleißig zu berichten, was wegen der Actien in Engellandt ferner passiret, und wie Man dieselbe wieder in credit zu bringen gedencket, auch was das tieffe herunter fallen solcher Actien etwa vor Suiten wieder das jetzige Ministerium, und sonst nach sich ziehen könne."⁴⁹ Seine Frau Sophia Dorothea, Tochter König Georgs I., äußerte gegenüber dem englischen Gesandten in Berlin, sie sei „extreamly concerned at the unlucky accidents" in England.⁵⁰ Ende November erging an von Wallenrod dann die Weisung aus Berlin, „weil die gantze attention von Europa jetzo auf die Englische affaire gerichtet ist," regelmäßig

> von dem interieur des Königreichs [zu berichten], und wie die Nation jetzo gegen den König und das Ministerium intentioniret, und was vor revolutiones etwa in demselben entstehen könten, nach vorher deshalb eingezogenen genauen und accuraten informationen, und jedesmahl in chiffren, umbständlich allerunterthenigst Bericht einzusenden.⁵¹

Das heißt, Friedrich Wilhelm I. schätzte Nachrichten über die Lage in England und die mögliche weitere politische Entwicklung dort jetzt als so sensibel ein, dass sie codiert und damit etwaiger Briefspionage entzogen werden sollten.

Die Wut auf den König war auch deshalb nicht bedeutungslos, weil mit James III. Stuart ein Konkurrent um den britischen Thron zur Verfügung stand. Letzte Versuche einer gewaltsamen Rückkehr hatte es mit innerbritischer Unterstützung noch 1715 und 1719 gegeben. Ein Umsturz in England und die Rückkehr der katholischen Stuarts, wie sie Friedrich Wilhelm I. von Preußen offenbar befürchtete,

---

48 Johann v. Wallenrod an Friedrich Wilhelm I., Haag 15.11.1720 (n.s.). In: GSTAPK – I. HA, Rep. 11, Nr. 1908, S. 129–130. Diese Klagen fanden auch Aufnahme in den späteren Untersuchungsbericht des House of Lords. Vgl. Paul, South, S. 49. Auch die in London befindlichen Hannoveraner fürchteten eine Revolution. Vgl. Hatton, George I, S. 241 u. 254.
49 Anweisung an von Johann Wallenrod, o.O. 22.10.1720. In: GSTAPK – I. HA, Rep. 11, Nr. 1908, S. 121; Graf Starhemberg an Karl VI., Hannover 10.10.1720. In: HHSTA – England, Korrespondenz, Karton 60, S. 88.
50 Charles Whitworth an James Stanhope, Berlin 29.10./9.11.1720. In: TNA – SP 90/12, unpag., S. 1.
51 Anweisung an von Johann Wallenrod, o.O. 23.11.1720. In: GSTAPK – I. HA, Rep. 11, Nr. 1908, S. 133.

konnten aber nicht nur die britische Innenpolitik, sondern das gesamte europäische Mächteverhältnis durcheinanderwirbeln.[52]

James III. in Rom und seine englischen Anhänger

Die negative Stimmung gegenüber Georg I. und seiner Regierung versuchten James III. und seine Anhänger, die Jakobiten, auszunutzen. Wie von den Gesandten im Vergleich mit den Revolutionen angedeutet, bemühten sie sich, politisches Kapital aus dem Absturz der Aktien der South Sea Company und der entstandenen Verwirrung zu schlagen. Ziel war die Rückkehr der Stuartdynastie.

Diese sollte ein Pamphlet einleiten, das in England in großer Stückzahl verteilt und auch von einigen europäischen Gesandten in London an ihre Höfe weitergeleitet wurde.[53] Auf den 10. Oktober 1720 datiert, stammte die Schrift nicht tatsächlich vom Thronprätendenten, sondern Lord Lansdowne hatte sie in Paris verfasst.[54] Der Text brachte zunächst das Mitgefühl James' III. für das Unglück seines Volkes zum Ausdruck. Der Monarch im Exil, so konnten Interessierte lesen, wolle nicht um seiner selbst willen nach England zurückkehren, sondern um jene Ungerechtigkeiten zu beheben, welche die geplatzte Börsenspekulationsblase verursacht hatte – er wurde somit als Anwalt der Verlierer beschrieben. Bestehende Kritik aufgreifend, stellte das Pamphlet Georg I. als Fremdherrscher dar, und unter solchen sei noch nie ein Land glücklich geworden. Stets kümmerten sie sich mehr um ihr Ursprungsland. Die Schrift spiegelt insofern jene Kritik an Georg I. wider, die auch die Gesandten an ihre jeweiligen europäischen Höfe berichteten. James III. selbst beschrieb der Text als durch und durch englisch. Auf der Insel geboren, wenn auch in Frankreich aufgewachsen, habe er alles über die englische Verfassung und die guten alten englischen Gesetze gelernt. Für die Zukunft versprach das Pamphlet freie, nicht durch die Regierung beeinflusste Wahlen, so dass im Parlament tatsächlich der Wille des Volkes zum Ausdruck kommen könne. Von seinen Landeskindern erwarte James III. im Gegenzug Reue für die Absetzung seines Vaters und Treue für die Zukunft. Zudem wies das Pamphlet

---

52 Black, Politics, S. 20.
53 Johann v. Wallenrod an Friedrich Wilhelm I., London 15./26.11.1720. In: GSTAPK – I. HA, Rep. 11, Nr. 1908, S. 141–142; Johann Philipp Hoffmann an Karl VI., London 19.11.1720. In: HHSTA – England, Korrespondenz, Karton 60, S. 15.
54 Vgl. zur Flugschrift auch Cruickshanks, Eveline/Erskine-Hill, Howard: The Atterbury Plot. Houndsmill 2004, S. 62–63. Dort findet sich das Pamphlet auszugsweise im englischen Original wiedergegeben.

noch auf die kürzlich erfolgte Geburt eines Stuart-Thronfolgers hin, der die Dynastie in der ‚legitimen' direkten Linie fortsetzen könne.⁵⁵

Kurzfristige Auswirkung zeitigte das Pamphlet jedoch nicht. Zwar erschien neben den europäischen Gesandten auch den Jakobiten die Situation für einen Umsturzversuch günstig: So ging ein Mitglied des Parlaments davon aus, dass, wenn James III. im Oktober geplant hätte, Britannien zurückzuerobern, ihm auf dem Weg nach Westminster keine Gegenwehr begegnet wäre.⁵⁶ Doch niemand handelte. Worauf dies zurückzuführen ist, lässt sich nicht eindeutig ermitteln. Das hat einmal generelle Gründe: Denn so wie die englische Geschichtsschreibung vielfach dazu neigt, die Gefährdung durch die Stuarts für gering zu erachten, tendieren Historiker der Jakobiten dazu, die Anzahl der Anhänger James' III. zu überschätzen.⁵⁷ Möglicherweise gilt auch Jeremy Blacks allgemeine Beobachtung: „[A]s Jacobitism could not be assessed accurately, other than in a crisis in which the Jacobites might act, the key issue was what, in the meantime, could be believed about the Jacobites, and how far this belief would affect policy choices."⁵⁸

Doch scheint es auch praktische Gründe gegeben zu haben, warum vorerst kaum jemand öffentlich auf die Stuartmonarchie setzte. So riet Bischof Atterbury, ihr Vertreter in England, am 20. Oktober 1720 noch zur Zurückhaltung. Die Menschen würden zunächst all ihre Hoffnung in eine Wiedergutmachung ihrer Verluste durch das Parlament setzen. Solange Aussicht auf Hilfe von dieser Seite bestehe, sei niemand bereit das Risiko einzugehen, offen und möglicherweise gewaltsam die Restauration James' III. zu unterstützen.⁵⁹ Arthur Onslow, Mitglied des Parlaments, ging rückblickend davon aus, dass die Menschen, weil sie immer noch auf eine Umkehrung ihres Unglücks durch einen plötzlichen Anstieg der Aktienpreise hofften, nicht zum Handeln bereit waren. Zudem gab es keine „bold

---

55 Declaration du Roy a tous ses sujets fideles de quelque Rang ou qualité soyent, Rom 10.10. 1720. In: HHSTA – England, Karton 7, Varia, unpag. Hoffmann meinte allerdings, die Nachricht der Geburt hätte in London im Chaos nach dem Kurssturz der South Sea Company Aktie nur wenig Eindruck gemacht. Johann Philipp Hoffmann an Karl VI., London 7.2.1721. In: HHSTA – England, Korrespondenz, Karton 60, S. 18.
56 Chancellor, Devil, S. 59.
57 Die Sicht der Historiker des Jakobitismus bei Cruickshanks/Erskine-Hill, Atterbury Plot, S. 56–90. Eher belächelnd wird die Schrift von Carswell, South, S. 157–158, angeführt. Einen Überblick über die Stärke des Jakobitismus und die Implikationen für die Historiographie generell bei Szechi, Jacobites, S. 1–11. Dass sie um 1720 in anderen Debatten durchaus ein Mobilisierungspotenzial besaßen und von den Whigs ernst genommen wurden, zeigt Parrish, David: A Party Contagion. Party Politics and the Inoculation Controversy in the British Atlantic World, c. 1721–1723. In: Journal for Eighteenth-Century Studies 39 (2016), S. 41–58.
58 Black, Politics, S. 20.
59 Vgl. dazu Cruickshanks/Erskine-Hill, Atterbury Plot, S. 63.

men", welche die „advantage of the general disorder" zu nutzen verstanden.[60] Da die Krise unerwartet kam, so Paul S. Fritz, hätten die Jakobiten ferner weder einen Plan noch Waffen für einen Aufstand bereit gehabt.[61] Im Hintergrund dieser Lethargie stand zudem, dass sowohl Anhänger der Hannoveraner als auch der Stuarts zu den Verlierern der geplatzten Spekulationsblase gehörten und sich vorrangig um ihre finanziellen Probleme sorgten.[62]

Schließlich erforderte ein Aufstand, trotz großem Optimismus, aller Erfahrung nach auch Unterstützung aus dem Ausland. Europäische Mächte waren durchaus bereit, Schwächen des Gegners auszunutzen und Rebellionen in dessen Territorium zu unterstützen, wenn sie sich daraus Vorteile versprachen. Im Falle Großbritanniens fand sich im Herbst 1720 aber keine Macht dazu bereit. Die französische Regierung beschäftigten nach dem Scheitern von Laws System eigene Probleme. Zumal sie sich ohnehin wieder stärker für eine friedliche Kooperation mit Großbritannien interessierte. Spanien, das erst ein Jahr zuvor einen gescheiterten Invasionsversuch unterstützt hatte, war nicht in der Lage oder willens, noch einmal das Wagnis einzugehen – auch wenn zuweilen gegenteilige Meldungen von der iberischen Halbinsel verlauteten.[63]

König Georg I. in Hannover

Bis nach Hannover, wo König Georg I. sich seit dem Sommer aufhielt, brauchten die Nachrichten aus London im Herbst 1720 etwa 14 Tage. Die in der britischen Hauptstadt gebliebenen Mitglieder der Regierung bemühten sich im September zunächst, den König nicht zu beunruhigen. Dementsprechend sandten sie anfangs gemäßigte Nachrichten an den Hof in Hannover – zumal das ganze Ausmaß des Absturzes ja auch erst nach und nach ersichtlich wurde. Zu Beginn

---

60 Zitat nach Dickson, Financial, S. 160.
61 Fritz, Paul S.: The English Ministers and Jacobitism between the Rebellions of 1715 and 1745. Toronto 1975, S. 69; Lenman, Bruce: The Jacobite Risings in Britain 1689–1746. London 1980, S. 198.
62 Beispiel bei: George Lockhart of Carnwath an James Murray, o. O. 22.12.1720. In: Szechi, Daniel (Hrsg.): Letters of George Lockhart of Carnwath, 1698–1732. Edinburgh 1989, S. 153.
63 Aus Portugal berichtete Henry Worsley im August 1720, dass Spanien bereit wäre, James III. bei einem neuerlichen Invasionsversuch zu unterstützen. Vgl. u. a. den Brief Worsleys an James Craggs, Lissabon 5.8.1720. In: TNA – SP 89/28, S. 105. William Stanhope in Madrid hielt im August einen baldigen Invasionsversuch zwar für unwahrscheinlich, aber die Zeichen seien uneindeutig. Vgl. William Stanhope an James Craggs, Madrid 5.8.1720. In: TNA – SP 94/90, unpag., S. 3. Zur allgemeinen Notwendigkeit europäischer Unterstützung für erfolgversprechende Umsturzversuche vgl. Szechi, Jacobites, S. 85–125.

des Oktobers zeichnete sich dann aber auch im Kurfürstentum der Ernst der Lage klar ab, und dort anwesende europäische Gesandte spekulierten über eine frühere Rückkehr Georgs I. nach Britannien.[64] Zumal die Regenten in London dazu in Briefen inzwischen dringend rieten. Doch erst Ende Oktober verbreitete sich die Nachricht, dass der König tatsächlich vorzeitig abreisen wolle.[65] Das Parlament solle dadurch nach Möglichkeit eher als geplant einberufen werden. Die Abreise des Königs verzögerte sich dann allerdings, weil der Monarch zunächst noch außenpolitische Beratungen abschließen wollte. Nach dem Aufbruch hielten ihn dann zu allem Unglück noch widrige Winde im Kanal auf.[66]

Währenddessen schienen sich einige dem Monarchen treu ergebene Spekulanten daran zu klammern, dass allein die Rückkehr Georgs I. die Probleme am Aktienmarkt beheben könne: „Des Königs baldige Gegenwart in Engelland ist zu rétablirung des Credtis und Auffnahm der Actien höchst nöthig", schrieb der preußische Gesandte aus Hannover.[67] Auch der Habsburger Resident Hoffmann berichtete aus der britischen Hauptstadt von einer solchen, seiner Meinung nach

> gantz ungegründete[n] Hoffnung [...]. Anstatt aber daß der Muth von der Nation und der publique Credit wider einigermaßen dardurch erhoben worden, hatt solche [die Rückkehr] die gantz widrige folge gehabt daß so gar am selbstigen Tag von des Königs Ankunft die Actionen von der Sud See Compagnie noch mehres gefallen und seither deme noch immer zu fallen anhalten.[68]

Drei Tage später berichtete er, dass der Preis für Anteile der South Sea Company seit der Ankunft des Königs in London um £90 nachgegeben hätte. Die „Verwirrung" sei „größer als niemahlen geweßen".[69] Hier wurde der Aktienkurs zum Gradmesser der Akzeptanz des Königs stilisiert.

---

64 Johann v. Wallenrod an Friedrich Wilhelm I., Hannover 9.10.1720. In: GSTAPK – I. HA, Rep. 11, Nr. 1908, S. 115; Anders Skutenhielm an Friedrich I., London 20.9.1720. In: RA – Diplomatica Anglica 229, unpag., S. 5.
65 Cyril Wich an James Stanhope, Hamburg 22.10.1720. In: TNA – SP 82/37, S. 208–209.
66 Johann Philipp Hoffmann an Karl VI., London 8.11.1720. In: HHSTA – England, Korrespondenz, Karton 60, S. 5.
67 Johann v. Wallenrod an Friedrich Wilhelm I., Hannover 12.10.1720. In: GSTAPK – I. HA, Rep. 11, Nr. 1908, S. 116; Relations Courier Hamburg 11.11.1720; Lord Berkeley an Thomas Wentworth, o. O. 1.11.1720. In: Cartwright, Wentworth Papers, S. 449.
68 Johann Philipp Hoffmann an Karl VI., London 26.11.1720. In: HHSTA – England, Korrespondenz, Karton 60, S. 20; Johann v. Wallenrod an Friedrich Wilhelm I., London 15./26.11.1720. In: GSTAPK – I. HA, Rep. 11, Nr. 1908, S. 136.
69 Johann Philipp Hoffmann an Karl VI., London 26.11.1720. In: HHSTA – England, Korrespondenz, Karton 60, S. 25.

London in der Krise: Eine Zwischenbilanz

Nachdem zu viel Spekulationskapital die Insel verlassen hatte, sich die Versuche der Direktoren der South Sea Company, den Aktienkurs ihres Unternehmens durch Kredite zu stabilisieren, nicht mehr als erfolgreich erwiesen und auch die Notmaßnahme der Dividendenversprechung bei den Anlegern nicht verfing, kam es in London im Frühherbst zum Crash. Das Platzen der Spekulationsblase in der britischen Hauptstadt hatte zumindest aus Sicht der schreibenden Zeitgenossen dramatische Auswirkungen. Geld in Form von Edelmetall wurde knapp, weil Investoren aus dem Ausland es abzogen und Briten es horteten. Die Regentschaft Georgs I. stellten manche Londoner massiv in Frage, und eine neue Revolution hielten die europäischen Gesandten für nicht ausgeschlossen. Zwar hofften Spekulanten noch auf einen Wiederanstieg des Aktienpreises. Einstweilen ließ sich aber nicht absehen, wie es dazu kommen sollte. Konnte Großbritannien in dieser Situation noch ein Vorbild für Emulation abgeben? Musste die Begeisterung von Regierungen und Promotoren für Aktiengesellschaften jetzt, nach dem Scheitern der Projekte in Paris und London, nicht verflogen sein?

1. Oktober 1720

South Sea Company	290
Bank of England	190
East India Company	195
Royal African Company	50
London Assurance	30
Royal Exchange Assurance	45
York Buildings (17. Okt.)	16

London, 4. Oktober: „Am Dienstag und Mittwochen deliberirten die Lords Regenten über grosse und wichtige Sachen / und wurde am Mittwochen Abend ein Expresser nach Hannover abgefertigt. Man zweifelt nicht daß es nicht die Affairen der Süd-See-Compagnie betreffe / da anjetzo dieselbe die gantze Nation en general am meisten interessirt. [...] Dieweil die Süd-See-Actien / jetzt unter 400 herum gehen / welches man der grossen Anzahl Leute / welche genöthigt sind / zu was Preiß es sey selbige zu verkauffen / um den Contract welchen sie vor Oeffnung der Bücher gemacht zu vergnügen / zuschreibt. Ander Seits giebts auch wenig Käuffer am wenigsten von grossen Summen / da die Leute von ihren anversehenen Schrecken sich noch nicht besinnen können."[70]

London, 11. Oktober: „Ein Irländer ist dieser Tage von dem Pöbel in eine Pferde-Schwemme geworffen worden, weil er so frech gewesen, daß er für eine Actie der Süder-Compagnie 105 Pfund Sterling geboten; es würde ihm auch noch wol was ärgers wiederfahren seyn, wenn er nicht gestanden hätte, daß er sich von einem Wagner dazu hätte bereden lassen, der ihm zu dem Ende drey Guineen gegeben; Woraus nebst anderen Proben klärlich zu ersehen, daß die Ubelgesinnten alle Kräffte dran strecken, die Actien in Verfall und Ruin zu bringen, und dadurch den Credit der Nation zu vernichten; massen einer von den Vorstehern der Süder-Compagnie vergangenen Mittwoch öffentlich auff der Börse geschimpffet; Ein anderer von einem gewissen Lord gar wäre erstochen, wenn sich nicht eine fürnehme Person ins Mittel geschlagen, und das Unglück verhütet hätte; der dritte solle eine Wache zu seiner Sicherheit begehret haben, welche ihm aber versaget worden. Dieser Zustand nun machet, daß man die Rükkunfft des Königes mit Schmertzen erwartet."[71]

London, 15. Oktober: „Allein der Herr Walcker / ein Leinen-Händler / redete hart wider sie [die Direktoren der South Sea Company] und sagte / daß er sein Vaterland mit der äussersten Betrübnis in ein erschreckliches Elend gefallen sehe durch einen Hauffen Leute / welche vielmehr straffwürdiger wären als eine Menge Räuber / und mit Entrüstung sehe er / daß Bösewichter / die grosse Güter vieler Edelleute / welche sie ruinirt / vor ein Jahr ihre Knechte zu seyn nicht würdig gewesen / besässen; aber er zweifle nicht / daß sie würden zur Zeit und Gelegenheit / so wie sies verdienten / abgestrafft werden".[72]

---

70 Relations Courier Hamburg 11.10.1720.
71 Schlesischer Nouvellen Courier 28.10.1720.
72 Relations Courier Hamburg 22.10.1720.

Promotoren für Hessen-Kassel

Trotz der dramatischen Situation in London und auch wenn Vorschläge nicht überall Anklang fanden: Die Gründung von Aktiengesellschaften war im Herbst 1720 weiterhin populär. Emulation zeigte sich dabei in ihrer doppelten Natur: als Übernahme von Ideen und Konzepten und als Anpassung an fremde Erfahrungen und eigene Bedingungen. Das Scheitern der Spekulation in Frankreich und Großbritannien musste so nicht als Bedrohung erscheinen, sondern konnte als Inspiration zum Nachdenken über Prinzipien der Organisationsform selbst verstanden werden.

Das Interesse erwies sich im Herbst sogar weiterhin als so groß, dass es Schwierigkeiten bereitete, Fachleute für Aktiengesellschaftsgründungen anzuwerben. Dies musste Landgraf Karl von Hessen-Kassel im September 1720 erfahren. Seit der Ernennung seines Haager Gesandten von Dalwigk zum leitenden Kammerdirektor im Februar diskutierten seine Beamten wohl die europäischen Entwicklungen. Schon im Frühjahr hatte Dalwigk versprochen, nach Investoren für eine Leinenmanufaktur zu suchen. Im August und September hielt sich dann Prinz Georg in den Niederlanden auf.[73] Sein Vater beauftragte ihn, mit einem Promotor Kontakt aufzunehmen und diesen anzuwerben. Es handelt sich dabei um eben jenen George Roeters, der zuvor bei (Planungen für) Versicherungsunternehmen in London, Amsterdam und Rotterdam mitgewirkt hatte. Mit seiner Hilfe hoffte man die westeuropäischen Entwicklungen in der Landgrafschaft nachahmen zu können. Von seinem Sohn wollte Landgraf Karl am 19. August wissen, ob „Herr Roeters, van Ich es begehrte, künfftig eine Reyse anhero thun, und Mir über die einrichtung des commercy mit rath an Hand gehen will, dardurch geschiehet Mir ein großer gefalls." Gleichzeitig machte er Druck: „sehe Ich gerne, daß Er solche [Reise] je ehender je Lieber werckstellig mache."[74] Schließlich bat er darum, Roeters möge noch einen weiteren Spezialisten für den Betrieb von Leinenmanufakturen mitbringen. Offenbar stand bei dem Promotor nicht zu erwarten, dass er dauerhaft blieb, sondern er war ein Fachmann, der bei der Gründung einer Aktiengesellschaft half und Geld organisierte. Den längerfristigen Betrieb der von ihm (mit) ins Leben gerufenen Unternehmen übernahmen dann andere. Roeters beeilte sich jedoch nicht mit einer Reise nach Hessen, vermutlich hatten kleinere niederländische Städte ihn bereits engagiert.[75] Der Promotor hielt den Landgrafen stattdessen hin. So merkte letzterer in einem Brief an Prinz Georg

---

73 Er spekulierte dort nach Angaben bei Carswell, South, S. 136, auch selber mit Aktien.
74 Landgraf Karl an Prinz Georg, Kassel 19.8.1720. In: HSTAMR – 4 a 57/12, S. 50.
75 Gelderblom/Jonker, Mirroring, S. 127.

am 9. September an: „Daß Herr Roeuters noch immer fest resolviret bleibet, zu ausgang künfftigen Monaths sich hier bey Mir einzufinden, und einen tüchtigen in den Commercien sachen erfahrenen Mann mit sich anhero bringen will, das habe Ich [...] gern ersehen." Zugleich versicherte er Roeters über seinen Sohn, dass er „gegen diese Zeit alhier gewärtig" sei.[76]

Erfolgreiche Promotoren, die Wissensträger für Emulation, mussten umworben werden. Zugleich erwiesen sie sich zuweilen als schwierige Klientel. Denn für Roeters scheint es zunächst reizvollere Angebote gegeben zu haben. Nach Kassel reiste er im Herbst 1720 nicht mehr. Der Landgraf und seine Regierung blieben dennoch im Herbst/Winter weiter an Projekten für Aktiengesellschaften interessiert und warteten auf den englisch-niederländischen Promotoren.

Emdens Aktiengesellschaft und die ostfriesische Innenpolitik

Wissenstransfer stellte im Gegensatz zu Hessen-Kassel in Emden kein Problem dar. Das Platzen von Spekulationsblasen in Paris und London ebenso wenig. Vermutlich im August oder Anfang September kam der französische Kaufmann Elias Geraud in der Stadt an. Nach Berichten von Informanten des Fürsten von Ostfriesland sei er in Hamburg als Kaufmann bankrottgegangen, was die Vermutung nahelegt, dass er hugenottischer Herkunft war. Zudem geht aus den Quellen hervor, dass vermutlich Rotterdamer Kaufleute ihn mit der Reise nach Emden beauftragten.[77] Die Verbindungen in die beiden großen Handelsstädte gewinnen eine gewisse Plausibilität, weil auf einer später entstandenen Liste der größten Aktienzeichner des Emdener Unternehmens zwei Gerauds in Hamburg und einer in Rotterdam erscheinen – möglicherweise Verwandte.[78] In der ostfriesischen Handelsstadt angekommen, unterbreitete Geraud dem Rat der Stadt einen Vorschlag für die Gründung einer Aktiengesellschaft. Letztere sollte, wie viele andere, in Anpassung an die lokalen Gegebenheiten eine beschleunigte wirtschaftliche Entwicklung ermöglichen. Das Unternehmensprojekt ist darüber hinaus interessant, weil sich Adaptionen im Hinblick auf Staatlichkeit und Kapitalverfügbarkeit an ihm beobachten lassen und sich Motive zeigen, warum auch

---

76 Landgraf Karl an Prinz Georg, Kassel 9.9.1720. In: HSTAMR – 4 a 57/12, S. 52.
77 Bericht Bluhms an die fürstliche Regierung, Emden 6.10.1720. In: NLAAUR – Rep. 4, B IVe, Nr. 179, S. 43.
78 Register der Mans Personen die Eligibel syn tot Directeurs en Hooftparticipanten Van de Compagnie van Commerci, Navigatie etc. binnen de Stadt EMBDEN, Emden 18.11.1720. In: Ebd., S. 47.

nach dem Scheitern der Aktienspekulation in Großbritannien und Frankreich Obrigkeiten neue Gesellschaften privilegierten.

Wirtschaftsförderung durch ein Großunternehmen lag durchaus im Interesse des Stadtrates. Denn ökonomisch hatte Emden im 17. Jahrhundert seinen Höhepunkt erlebt. Seitdem war der Außenhandel zurückgegangen, und die Bevölkerung schrumpfte – 1724 betrug sie ungefähr 9.000 Einwohner. Die Zahl der Passagen durch den Ostseesund von bzw. nach Emden, ein Indikator für den Seehandel, verdeutlicht diese Entwicklung trotz starker Schwankungen. Nach 1690 gingen sie deutlich zurück. Zwar zeigten die Jahre 1719 und 1720 eine gewisse Wiederbelebung, doch die Werte blieben immer noch weit unter jenen des 17. Jahrhunderts. Überlegungen bzw. Bemühungen, den wirtschaftlichen Niedergang mit Hilfe einer Aktiengesellschaft umzukehren, hatte es schon 1682 gegeben, als es gelang, die brandenburgisch-afrikanische Kompagnie in Emden anzusiedeln. Deren Geschäftsaktivitäten verfielen jedoch seit den späten 1680er Jahren, ohne dass die Stadt daran schuld war.[79] Daneben gab es noch drei weitere Pläne für Emdener Handelsgesellschaften im 17. Jahrhundert, an die sich Akteure 1720 erinnerten. Eines dieser Konzepte beabsichtigte 1690 die Gründung einer Kolonie in Südamerika, in einem Landstrich, den Spanien nicht beanspruchte. Die Initiative hierzu ging von englischen und hugenottischen Kaufleuten aus und erinnert nicht wenig an andere South Sea Projektvorschläge in späteren Jahren.[80] Sowohl Wissen über als auch Interesse an Aktiengesellschaften lassen sich in Emden mithin schon vor 1720 beobachten.

Ein Prospekt der von Geraud vorgeschlagenen Gesellschaft scheint nicht mehr erhalten zu sein. Allerdings ist eine handschriftliche Zusammenstellung der Unternehmenszwecke überliefert. Demnach gab es keinen klar definierten Geschäftsbereich, sondern man wollte sich einer Vielzahl von Handelszweigen widmen. Das Unternehmen beabsichtigte, sich mit Bank- und Wechselgeschäften zu beschäftigen. Der Bau von Schiffen in Einheit mit der Produktion sämtlicher benötigter Grundstoffe stand auf der Liste geplanter Tätigkeiten der Kompagnie, ebenso der Walfang und der Handel mit seinen Produkten. Der Export von Waren aus dem Emdener Hinterland und der Reexport verschiedenster Produkte aus aller Welt kamen hinzu. Geographisch sollte der Handel der Kompagnie nach Afrika, Amerika und in die Karibik ausgreifen. In Europa wollte man mit dem

---

79 Kappelhoff, Emden, S. 33 u. 348–356.
80 Octroye van Comercien de ao 1623, Emden 23.6.1623. In: STAUR – Rep. 4, B IVe, Nr. 179, S. 88–90; Regelement van Commerce de ao 1640, Emden 26.11.1640. In: Ebd., S. 90–94. Zur Kolonie in Südamerika Kappelhoff, Emden, S. 214 u. 354. Die Orientierung auf einen wirtschaftlichen Wiederaufstieg durch die Belebung des Handels lässt sich im 18. Jahrhundert auch in Frankfurt beobachten. Vgl. Klötzer, Reichsstadt, S. 135–149.

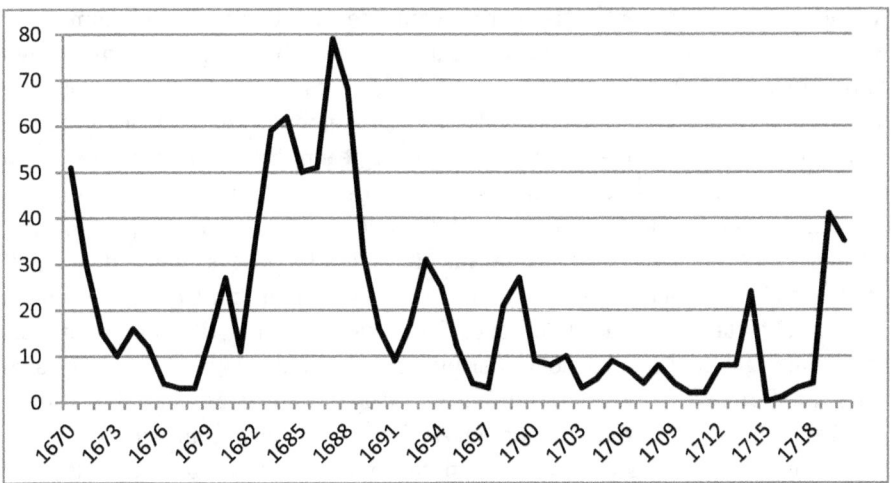

Grafik 31: Sundpassagen pro Jahr von und nach Emden (1670–1720) Die Daten aus: Sound Toll Registers. Online: http://www.soundtoll.nl/index.php/en/over-het-project/str-online [Stand: 15.11.2019].

Baltikum und Skandinavien, den Ländern entlang der Mittelmeerküste und den europäischen Atlantikanrainern sowie schließlich mit den Niederlanden und England Handel treiben. Um diese Geschäftsaktivitäten zu befördern, hoffte das Unternehmen unter anderem, die kurfürstlich-brandenburgischen Stützpunkte an der afrikanischen Küste erwerben und damit in den Sklavenhandel einsteigen zu können.[81] Denn hierdurch

> würde diese neue Embder Compagnie sehr mächtig und wohl fundiret werden, und würde in kurtzen die Actien sehr hoch steigen machen, es ist einem jedweden wohl bekandt, welchen großen Vortheil dieser Handel von Africa auf Americam und hier aufbringen kann, wenn er woll regieret und bedienet wird.[82]

---

[81] Die Stützpunkte waren eigentlich 1717 an die niederländisch-westindische Kompagnie verkauft worden. Friedrich Wilhelm I. von Preußen versuchte jedoch 1720, den Kaufpreis noch einmal hochzutreiben, unter anderem, weil auch bessere Angebote der Royal African Company und einer weiteren niederländischen Kompagnie vorlagen. Die Emdener Gesellschaft war daher nicht der einzige Interessent. Vgl. Schück, Richard: Brandenburg-Preußens Kolonial-Politik unter dem Großen Kurfürsten und seinen Nachfolgern (1647–1721). Bd. 2, Leipzig 1889, S. 286–312.

[82] Oprichting van verscheiden Handelschappen binnen en buiten Europa, die hier in Embden, door een Compagnie von Commerci, kann gedrevem worden, tot goeden provit van deselve, en seer vordeelig voor onse Stad en Land wegens de verscheiden Manufacturen die deshalven hier konde opgerichtet worden en deselve met reel minder Onkosten kunnen uitvoeren als de Hol-

Könne man die brandenburgischen Stützpunkte in Afrika nicht bekommen, so wünschte man zumindest deren ehemalige Liegenschaften auf der dänischen Karibikinsel St. Thomas zu erwerben, „umb daselbst ... beständig ein mächtig Magazin von allen [...] Europäischen Waaren zu können haben, welche die dasige bediente beständig an die Spanische Indianer gegen ihre Westindische Waaren oder für Stücken von Achten [eine spanische Silbermünze] verhandeln können".[83] Die Faszination am atlantischen Dreieckhandel stellte somit für die Emdener Gesellschaft ein wichtiges Argument für die Rentabilität des Unternehmens dar. Zumal, und das mag der Grund sein, warum Rotterdamer Kaufleute Geraud nach Emden schickten, die Neutralität der ostfriesischen Stadt und der dänischen Insel St. Thomas in Kriegszeiten noch viel höhere Gewinne versprachen, wenn sich britische, französische, niederländische sowie spanische Schiffe und Kaperfahrer gegenseitig das Leben schwer machten. Auch die Emdener Manufakturen würden schließlich von der Gesellschaft profitieren, weil sie viele Produkte aufgrund niedrigerer Lohnkosten günstiger herstellten könnten, als dies in den benachbarten Generalstaaten möglich sei. Davon versprach sich das Unternehmen Vorteile im Welthandel – auch dies für niederländische Kaufleute ebenso wie für den Stadtrat ein interessanter Aspekt.[84] Das Projekt erwies sich somit als außerordentlich umfassend. Es verknüpfte Handel, Produktion und Finanzgeschäfte miteinander und war so eine Super-AG im Miniaturformat – etwas, das in Anbetracht der Tatsache, dass Emden sich als Handelsstadt sah, durchaus Sinn machte.

Der Emdener Rat und der Magistrat zeigten sich von den Vorschlägen überzeugt und verliehen dem Unternehmen Anfang Oktober ein Privileg für die Dauer von 40 Jahren.[85] Sie verfolgten mit der Genehmigung aber nicht nur Pläne zur Wirtschaftsförderung, sondern auch politische Ziele. Das Angebot der Kompagnie stieß insofern auf eine doppelte Nachfrage, als die Stadt schon länger versuchte, sich der Oberherrschaft des Fürsten von Ostfriesland zu entziehen und den Status einer freien Reichsstadt zu erlangen. Indem Rat und Magistrat die Aktiengesellschaft autorisierten, brachten sie zum Ausdruck, dass ihnen dieses landesherrliche Recht zustehe und dass es keine übergeordnete Territorialherrschaft gebe, der dies an ihrer Stelle obläge. Man nutzte die Kompagnie somit auch, um den sich selbst zugeschriebenen staatsrechtlichen Status zum Ausdruck zu bringen.

---

landers, o. O. o. D. In: NLAAUR – Rep. 4, B IVe, Nr. 179, S. 53–58. Das Zitat aus einer auszugsweisen beglaubigten Übersetzung in: Ebd., S. 60.
83 Ebd.
84 Ebd.
85 Fürst Georg Albrecht von Ostfriesland an den Rat der Stadt Emden, Aurich 15.10.1720. In: Ebd., S. 11.

So mutig konnte man auch deshalb sein, weil sich in Emden niederländische Truppen aufhielten und die ostfriesische Regierung in Aurich in der Praxis kaum Möglichkeiten besaß, in die kommunalen Angelegenheiten hineinzuregieren.

Diese mangelnde Kontrolle über Emden zeigte sich deutlich darin, dass Fürst und Regierung erst über Umwege überhaupt von der Gründung der Aktiengesellschaft erfuhren. Die Beamten versuchten daraufhin, Näheres herauszufinden und wiesen zwei Vertrauensmänner in der Stadt an, Informationen zu übersenden. Letztere gaben vor, dass sie die Nachricht der Gründung des Unternehmens überrasche. Dennoch bemühten sie sich in der Folge, den Wünschen der Regierung in Aurich nachzukommen – wobei der Stadtrat offenbar wiederum mit allen Mitteln versuchte, sie daran zu hindern.[86] Nachdem die Regierungsbeamten in Aurich hinreichend Informationen gesammelt hatten, stand für sie fest, dass es sich bei dem Vorgehen um eine Rechtsanmaßung handle. Aus ihrer Sicht war Emden eine Landstadt. Eine Aktiengesellschaft durfte nur der Territorialherr genehmigen. Noch bevor das erste Geld der Subskribenten einging, negierte der Landesherr daher öffentlich das Recht der Stadt, die Kompagnie zu autorisieren. Das Emdener Vorgehen untergrabe die Reichsverfassung und sei ein schwerer Eingriff in seine landesfürstlichen Rechte. Den Stadtrat forderte er auf, das Privileg für nichtig zu erklären und innerhalb von acht Tagen den Vollzug dieser Anordnung an die fürstliche Regierung zu melden. Die weitere Ahndung des Vergehens behielt man sich in Aurich vor.[87] Zugleich verbot ein Dekret den ostfriesischen Untertanen die Teilnahme an der Gesellschaft. Diese Information sollten Prediger und Beamte im Land verbreiten.[88] Den landesherrlichen Agenten in Amsterdam wies der Fürst an, das Verbot der Gesellschaft an der dortigen Börse anzuschlagen und anderweit bekannt zu machen.[89] Als die Regierung in Aurich erfuhr, dass auch in Hamburg ein Werbeplakat für die Kompagnie aushänge, beauftragte sie Johann Theodor Heinson, dieses zu finden, abzureißen und einzusenden. Die Nachforschungen blieben jedoch ohne Erfolg.[90]

---

[86] Bericht von Pohlman und Bluhm an die fürstliche Regierung, Emden 1.10.1720. In: Ebd., S. 5; Bericht Bluhms an die fürstliche Regierung, Emden 6.10.1720. In: Ebd., S. 43. Außerdem Kappelhoff, Emden, S. 160–206.
[87] Fürst Georg Albrecht von Ostfriesland an den Rat der Stadt Emden, Aurich 15.10.1720. In: NLAAUR – Rep. 4, B IVe, Nr. 179, S. 11–12. Allgemein zum Dauerkonflikt zwischen Stadt und Landesherrn sowie dem spezifischen Konflikt 1720 vgl. Kappellhoff, Emden, S. 160–169 u. 214–215.
[88] Dekret Fürst Georg Albrechts von Ostfriesland, o. O. o. D. In: NLAAUR – Rep. 4, B IVe, Nr. 179, S. 14.
[89] P. Henkel an die fürstliche Regierung, Amsterdam 19.10.1720. In: Ebd., S. 34.
[90] Fürstliche Regierung an Johann Theodor Heinson, Aurich 18.11.1720. In: Ebd., S. 64; Antwortbrief Heinsons, Hamburg 29.11.1720. In: Ebd., S. 67.

Für den Fürsten ging es bei seinem Vorgehen nicht primär um die Sabotage der ökonomischen Emulation, sondern um die Verhinderung eines politischen Projekts. Sein Argwohn bezog sich nicht auf das wirtschaftliche Handeln des Gegners, sondern auf dessen staatsrechtliches Verhalten. Zumal es noch andere Streitpunkte über die jeweiligen Rechte zwischen dem Regenten und der Stadt gab, die seit dem Sommer 1720 auch den Reichshofrat in Wien beschäftigten.[91] Aus Sicht des Stadtrats lockte bei der Privilegierung der Aktiengesellschaft neben dem möglichen wirtschaftlichen im Erfolgsfall auch ein politischer Nutzen. Die Kompagniegründung stellte insofern einen weiteren Versuch dar, öffentlich Rechte zum Ausdruck zu bringen, die de facto umstritten waren. Weil es um wesentliche Fragen ging, zeigte auch der Rat keine Bereitschaft, klein beizugeben. Auf die Unterlassungsforderung des Fürsten reagierte man gar nicht erst.

Ende Oktober erschien stattdessen im *Oprechte Haerlemse Dingsdaegse Courant* eine Aufforderung an die Zeichner, die erste Rate des Aktienpreises zu bezahlen.[92] Dass dies in einer niederländischen Zeitung geschah, war kein Zufall. Denn in Emden selber existierte entweder nicht genug Kapital für die Unternehmensgründung, oder seine Besitzer scheuten vor der Investition zurück. Das verursachte aber in Anbetracht der Flüsse von Spekulationskapital im Jahr 1720 keine Probleme mehr bei der Gründung einer Kompagnie. Anhand einer Liste der zukünftigen ‚Großaktionäre', welche für das Direktorium der Gesellschaft wählbar waren, lässt sich feststellen, woher das Kapital des Unternehmens schließlich kommen sollte. Die Aufstellung verzeichnet solche Subskribenten, die mindestens 10 Aktien mit einem Nennwert von je 2.000 Gulden zeichneten. Auf die in der Liste genannten Personen entfielen knapp 7.000 Anteile oder etwa 70 % des Stammkapitals. In Emden verblieben davon nur 55 Anteile (0,55 %), wobei hier der Promotor Elias Geraud schon mit 25 Stück enthalten ist.[93] Dieser lokale Kapitalmangel oder das Desinteresse bedeuteten zunächst einmal, dass das Unternehmen im Ausland Geld einsammeln musste. Geographisch zeigen sich dabei interessante Schwerpunkte: Aus dem weiteren Deutschland kamen nur unwesentlich mehr Anleger als aus Emden selber – nämlich vier aus Hamburg und zwei aus Leipzig (insgesamt 90 Aktien oder 0,9 %). In London lebten fünf Zeichner, in Brügge in den südlichen Niederlanden zwei. Aus kleineren niederländischen

---

[91] Zum Kontext der Streitigkeiten zwischen Emden und dem Fürsten von Ostfriesland vgl. Hughes, Michael: Law and Politics in Eighteenth Century Germany. The Imperial Aulic Council in the Reign of Charles VI. Woodbridge 1988, S. 123–155.
[92] Oprechte Haerlemse Dingsdaegse Courant 29.10.1720.
[93] Register der Mans Personen die Eligibel syn tot Directeurs en Hooftparticipanten Van de Compagnie van Commerci, Navigatie etc. binnen de Stad EMBDEN, Emden 18.11.1720. In: NLAAUR – Rep. 4, B IVe, Nr. 179, S. 47.

Städten – Den Haag (18), Leiden (3), Enkhuisen (1), Zwolle (1), Delfshaven (2) und Monnickendam (3) – kamen insgesamt 28 weitere. Der Großteil der zukünftigen Aktionäre lebte hingegen in Amsterdam (186) und Rotterdam (96). Über 60 % des Stammkapitals der Emdener Gesellschaft ging an Investoren bzw. Spekulanten in den beiden letztgenannten Städten.[94] Mit der ersten Subskriptionsrate sollte somit hauptsächlich ausländisches Geld in das Unternehmen fließen, um die Umsetzung des Geschäftszwecks zu realisieren.

Das Stammkapital der ostfriesischen Kompagnie war mit 20 Millionen Gulden oder etwa £1,8 Millionen, wie bei vielen anderen Gründungen, extrem hoch. Jedoch dürften die Unternehmer ähnlich wie anderswo nicht beabsichtigt haben, das gesamte Kapital sofort einzufordern. Stattdessen planten sie vermutlich, es zunächst bei einer oder einigen kleineren Subskriptionsraten zu belassen, weil man diese leicht von Aktienzeichnern erhielt und sie in Anbetracht der Höhe des Stammkapitals aller Voraussicht nach bereits genügten, um den Geschäftsbetrieb aufzubauen. So vermeldete der fürstliche Informant am 19. November aus der ostfriesischen Stadt, dass die Korrespondenten der niederländischen Aktienzeichner in Emden bereits Vollmachten zur Zahlung der ersten Rate per Wechselbrief erhalten hätten.[95] Die Stadt gewann mithin durch die Gesellschaft ökonomisch nicht nur ein Unternehmen, sondern auch Kapital, das die lokale Wirtschaft stimulieren konnte.

Schließlich erklären die vielen ausländischen Investoren auch, warum sich Rat und Magistrat in Emden wohl nicht vor Aktienspekulationen fürchteten – denn sie hatten die Kapitalflussdynamik 1720 durchschaut, oder man hatte sie darüber aufgeklärt: Geld verschoben Investoren dorthin, wo neue Aktiengesellschaften entstanden und wo sie neben dem Geschäftszweck unter Umständen auch reiche Gewinne aus der Spekulation mit den Anteilen erwarteten. Im Gegenzug für die erste Subskriptionsrate gingen Anteilsscheine des Unternehmens an die Anleger – im Falle Emdens also in der weit überwiegenden Zahl der Fälle nach Amsterdam und Rotterdam. Die Aktien konnten dann potenziell überall dort gehandelt werden, wo sich Käufer und Verkäufer trafen. Das fiel natürlich dort am einfachsten, wo sich die meisten Anteilseigner aufhielten – also in Paris für die Compagnie du Mississippi und in London für die South Sea Company. Es schloss aber den Handel mit beispielsweise britischen Aktien in den Niederlanden nicht aus – und er fand hier auch tatsächlich regelmäßig statt, weil es dort genug Eigentümer englischer Unternehmensanteile gab.[96] Wenn somit Niederländer den

---

94 Ebd., S. 47.
95 Bluhm an die fürstliche Regierung, Emden 19.11.1720. In: Ebd., S. 50.
96 Schubert, Ties, S. 94; Neal, Rise, S. 36–43.

Großteil der Aktien an der Emdener Kompagnie zeichneten, bestand kaum eine Gefahr, dass in der ostfriesischen Stadt ein allzu lebhafter Aktienhandel entstand.[97] Hier gab es einfach nicht genug Wertpapierbesitzer. Etwaige Hyperspekulation und ein daraus resultierender Crash würden stattdessen in den Niederlanden auftreten, wo die meisten Aktionäre saßen. Emden hingegen konnte vom Zufluss des Spekulationskapitals und einem hoffentlich blühenden Großunternehmen profitieren.

Rat und Magistrat der ostfriesischen Stadt konnten mit der Gründung einer Aktiengesellschaft somit in mehrfacher Weise lokale Probleme angehen: die umstrittene Frage der territorialen Unabhängigkeit, das Problem fehlenden Risikokapitals und die wirtschaftliche Stagnation. Die kleine Super-AG versprach Wohlstand durch zusätzliche Arbeit für die Bevölkerung zu generieren, gleichzeitig aber aufgrund der weitgehend niederländischen Anleger die Risiken, die sich aus der Wertpapierspekulation ergaben, für das lokale Gemeinwesen einzuhegen. Schließlich ist auffallend, dass sich das geplante Unternehmen hinsichtlich der Investoren sowohl von der Harburger Manufakturkompagnie, in die weitgehend Engländer investierten, unterschied, als auch von Rotterdam, Paris und London, wo die lokale Bevölkerung die meisten Anteile hielt.

Gründungsfieber in den Niederlanden

Die Emdener Aktiengesellschaft stand in enger sachlicher Verbindung mit einer ganzen Reihe zeitgleicher Unternehmensgründungen in den Niederlanden. Neben der Tatsache, dass auch hier offenbar keine allzu große Sorge vor Aktienspekulation herrschte, dürften ganz ähnliche ökonomische Erwägungen wie in Ostfriesland eine Rolle gespielt haben: Der ökonomische Niedergang kleinerer Handelsstädte und die Frage, wie man diesen Prozess umkehren könne.

Nachdem städtische Obrigkeiten erste Überlegungen für neue Kompagnien schon im Frühjahr angestellt hatten und im Juni/Juli in einigen (größeren) Kommunen Versicherungsgesellschaften entstanden waren, kam es zwischen Mitte August und Ende Oktober zu einem regelrechten Gründungsboom in den Generalstaaten. Mindestens 29 neue Unternehmen erhielten im Herbst ihre Autorisierung, unter anderem in Dordrecht, Vlaardingen, Medemblik und Den Haag, Hasselt, Kampen und Brielle. Die städtischen Führungsschichten zeigten damit

---

97 Insofern liegt Stefano Condorelli, 1719–1720 Stock Euphoria, S. 38, in seiner Annahme falsch, dass die Einführung einer Aktiengesellschaft gleichzeitig die Entstehung eines Aktienhandels vor Ort bedeutet hätte.

nicht nur ihre Bereitschaft zu wirtschaftlicher Innovation,[98] sondern die kleineren Städte konkurrierten auch miteinander und nicht nur mit Amsterdam. Denn es lassen sich zeitliche und räumliche Cluster von Kompagniepromotionen im südlichen und nördlichen Holland sowie in Zeeland und Overijssel beobachten. Wo die Nachbarstadt vorausging, wollte man selber nicht zurückbleiben. Der niederländische Boom bewegte sich somit weiter in den partikularen Bahnen, den die kommunale Autorität in der Wirtschaftspolitik in den Generalstaaten und die „intercity rivalries"[99] vorzeichneten. Im Gegensatz zu Emden stand hierbei auch das Recht der Städte, Charters zu erteilen, nicht infrage.[100]

In Übereinstimmung mit der ostfriesischen Stadt wollte hingegen die weit überwiegende Zahl der Unternehmen nach Ausweis der überlieferten Quellen sehr heterogene Geschäftsfelder vereinen: Von den neuen kleinen städtischen Super-AGs erwarteten Unternehmer und Obrigkeiten, dass sie den Seehandel besser organisierten und damit belebten. Darüber hinaus sollten Handel, Manufakturen, Versicherung, Infrastrukturprojekte und Finanzdienstleistungen zu den Aktivitäten gehören. Erwies sich die jeweilige Aktiengesellschaft als erfolgreich, so wohl die Hoffnung, würde sich das auch auf die gesamte städtische Ökonomie positiv auswirken.[101] So setzte sich in vielen Orten eine Stimmung durch, die dem Wohl der Stadt mehr durch Großunternehmen als Einzelkaufleute gedient sah, denn nur erstere schienen in der Lage, der mächtigen Konkurrenz der Amsterdamer Großkaufleute und den möglichen neuen Wettbewerbern in den Nachbarstädten Paroli zu bieten.

Für viele dieser späteren niederländischen Kompagnien lassen sich allerdings oft nur sporadisch Aktienpreise finden, und diese stiegen kaum. Dort wo höhere Kurse überliefert sind, scheinen sie zuweilen nicht tatsächliche Handelsabschlüsse wiederzugeben.[102] Stattdessen vermuten Oscar Gelderbloom und Joost Jonker, dass man mit ihnen versuchte Investoren anzulocken. Denn auch in den niederländischen Städten plante man zum Teil von außen Betriebskapital anzuziehen – die Kommunen stellten Investoren zuweilen sogar das Bürgerrecht in Aussicht. Um bei vielen auswärtigen Anlegern dennoch die Kontrolle über das Unternehmen zu behalten, waren die Führungsgremien der Gesellschaften in der Regel eng mit der städtischen Administration verzahnt und dieser gegenüber verantwortlich. Solche Regeln brachten noch einmal zum Ausdruck, dass das

---

98 Zur These der „institutional sclerosis" in den Niederlanden im 18. Jahrhundert vgl. Gelderblom, Introduction, S. 5.
99 Ormrod, Rise, S. 6.
100 Für eine vollständige Auflistung siehe Gelderbloom/Jonker, Mirroring, S. 125–126.
101 Ebd.
102 Ebd., S. 131. Dem widerspricht jedoch Condorelli, The 1719–20 Stock Euphoria, S. 33.

Kapital der Kommune dienen sollte und diese den Einsatz zu kontrollieren beabsichtigte. In anderen Städten bemühten sich Obrigkeiten hingegen, den Absatz der Aktien von vornherein so zu steuern, dass sie innerhalb der Stadt verblieben. Häufig übernahmen Magistrate selbst zahlreiche Anteile und ließen dann zunächst andere führende lokale Persönlichkeiten zur Subskription zu, so dass Fremde leer ausgingen.[103]

Allerdings hatte sich das Interesse von Kapitalbesitzern zur Investition in Aktien in den Niederlanden im September erheblich abgekühlt. Während die Anteile der Rotterdamer und Delfter Versicherungskompagnien zwischen Juni und August noch guten Absatz fanden und Spekulanten auch im Folgemonat noch lebhaft mit ihnen handelten, sanken ihre Preise im September, ebenso wie in London. Vielen der neu gegründeten Gesellschaften gelang es wohl vor diesem Hintergrund nicht mehr, für alle Aktien Subskribenten zu finden – zumal sie im Gegensatz zu Emden nicht mit der Neutralität ihrer Schiffe im Kriegsfall werben konnten.[104]

Hintergedanken in Portugal?

Auch in Lissabon kursierten weiterhin Pläne zur Gründung einer Aktiengesellschaft. Der britische Generalkonsul und der Gesandte, die auf Anweisung der Regierung in London die Debatten in der portugiesischen Hauptstadt weiterhin aufmerksam verfolgten, beobachteten dabei zwei Handlungsstränge.

Beim ersten ging es weiterhin um die Frage der Kontrolle über eine mögliche Kompagnie. Nach der Ablehnung des aus Großbritannien im Sommer eingesandten Projekts habe man, so berichtete Thomas Burnet, im Spätsommer/ Frühherbst noch den Plan einer anderen Aktiengesellschaft beraten. Diese sollte sich dem Fernhandel, der Steuereinziehung, Bankgeschäften und dem Goldbergbau widmen. Gleichzeitig schloss der Plan die Gewährung eines günstigen Kredits an die Regierung ein – also wiederum eine Staatsschuldenkomponente. Um Ausländern keinen Einfluss auf das Unternehmen zu erlauben, sei die Idee aufgekommen, dass innerhalb der ersten drei Monate nur Portugiesen Aktien zeichnen dürften. Nur danach noch unverkaufte Anteile sollten an Fremde gehen dürfen. Die portugiesische Regierung überlegte mithin fortwährend, wie sich eine ausländischem Einfluss entzogene Unternehmensgründung bewerkstelligen ließe. Allerdings, so Burnet, konnte die Sorge nicht ausgeräumt werden, dass die

---

103 Gelderbloom/Jonker, Mirroring, S. 131–133.
104 Ebd., S. 122–123, 127 u. 131.

heimischen Zeichner nach den ersten Kursanstiegen ihre Aktien an Ausländer verkauften und damit der Handel doch wieder in fremde Hände fiele. Die Regelung zur Erstzeichnung bot somit scheinbar keinen hinreichenden Schutz. Das Projekt habe man deshalb aufgegeben.[105]

Beim zweiten Handlungsstrang ging es um die Frage der Kapitalflussdynamik. Nach den massiven Wechselkursschwankungen im August und September empfahl Burnet für die Zukunft: Falls sich Briten für Investitionen in Portugal interessierten, sollten sie Bargeld nach Lissabon senden. Der Markt für Wechsel sei nicht elastisch genug, als dass man mit seiner Hilfe solch hohe Summen wie im August ohne große Verluste für die Übersender transferieren könne.[106] Diese Empfehlung war sicherlich nicht das, was die britische Regierung hören wollte, die sich zuhause mit einem akuten Geldmangel konfrontiert sah. Zumindest der britische Gesandte in Lissabon, Henry Worsely, entnahm dem Brief des Staatssekretärs, dass er „allarmed" sei über die Nachrichten zur Kompagniegründung und deren Auswirkungen auf den Wechselkurs.[107] Zumal Burnet auch mögliche Hintergedanken in Portugal thematisierte. Es erstaune ihn schon, dass jedes Mal mit dem Eintreffen des Paketbootes aus England neue Gerüchte über die Gründung einer Aktiengesellschaft kursierten – ohne dass es dafür Anhaltspunkte von der Regierung selbst gebe. Es könne sich deshalb, so meinte er weiter, auch um ein „design in the Portuguese [handeln,] to keep their Gold from going out of the Countrey, and partly the Artifice of some of our Factors, in order to remit their Money from hence at as high an Exchange, as they receiv'd it at from England."[108] Zudem komme durch die Gerüchte auch der normale Goldfluss von Brasilien über Lissabon nach London zum Erliegen, was portugiesischen Kaufleuten nutze. Denn normalerweise setzte mit dem Eintreffen der Goldflotte aus Rio de Janeiro auch der Versand von Edelmetall nach Großbritannien ein.[109] Im November 1720 tat er dies jedoch nicht, „for tho the Rio Fleet arrived here the first Instant with eight Millions of Crusades in Gold registered, yet tis believed the English Men of War, that are in this port, and will sail in a day, or two will not take home 50000 Moedas".[110] Unabhängige Akteure schienen mithin die Geldflussdynamik durchschaut zu haben und streuten zu ihrem privaten Vorteil Gerüchte über Pläne der Regierung für eine Kompagniegründung.

---

105 Thomas Burnet an James Craggs, Lissabon 14.10.1720. In: TNA – SP 89/28, S. 124–126.
106 Ebd.
107 Henry Worsley an James Craggs, Lissabon 15.10.1720. In: Ebd., S. 130.
108 Thomas Burnet an James Craggs, Lissabon 14.10.1720. In: Ebd., S. 126.
109 Fisher, Portugal Trade, S. 112.
110 Henry Worsley an James Craggs, Lissabon 11.11.1720. In: TNA – SP 89/28, S. 139.

Doch nicht nur Privatleute sahen das Potenzial, Kapitalbewegungen zu beeinflussen. Auch in der Lissabonner Regierung führte die Möglichkeit, Geld aus dem Ausland anzuziehen und Gold aus Brasilien im Land zu halten, im November 1720 zu neuen Diskussionen über eine Aktiengesellschaft. Beide Handlungsstränge – ausländische Investoren und Geldflussdynamik – ließen sich nach neuem Überlegen aus ihrer Sicht möglicherweise gewinnbringend miteinander verbinden. Eine solche Strategie zeichnet sich in den Briefen Henry Worsleys ab. Er meinte, dass die Regierung die Abflüsse von Kapital aus Frankreich und Großbritannien im Zuge des Absturzes der Wertpapierkurse beobachtet habe. Nun überlege man, wie „the like ill Consequences" zu verhindern seien.[111] Eine Möglichkeit scheine der Regierung, Portugiesen bei der Aktienzeichnung zu bevorzugen. Diese würden ihre Anteile dann mit Gewinn an Ausländer weiterverkaufen, so dass der Handel des Unternehmens zwar an Fremde übergehe. Doch in der Regierung gelangte man zu der Auffassung, dass Ausländer die Ertragsfähigkeit einer Aktiengesellschaft ohnehin weit überschätzten „and so make a prey of each other, under Notions of the vast gains that are to be made in this Company."[112] Gelang dies, so kann man den Gedanken weiterführen, konnten Einheimische von den ersten Kurssteigerungen nach der Zeichnung profitieren, indem sie ihre Aktien an ausländische Investoren verkauften. Dadurch würde Spekulationskapital ins Land gezogen und dort gehalten, eben weil es ja an die portugiesischen Erstaktionäre überging. Der Geldbestand Portugals ließe sich so auf Kosten anderer Länder steigern, während Ausländer auf überbewerteten Aktien eines wenig profitablen Unternehmens sitzen blieben. Bei der Gründung der Aktiengesellschaft ging es dann aus Sicht der portugiesischen Regierung aber weniger um eine direkte Belebung der Ökonomie durch ein Großunternehmen, als um eine Falle für unvorsichtige ausländische Spekulanten.

Ob britische Investoren tatsächlich so leichtgläubig investiert hätten, wie es Worsley voraussagte? Generalkonsul Burnet konnte es sich wohl vorstellen. Er führte gegenüber seinem Freund George Duckett aus, wie man ihn anflehe, bei einer etwaigen Aktienzeichnung behilflich zu sein:

> You can scarce imagine the vast Number of People that have wrote to me to put into the Brasil Stock for them. Some who never saw me, write to me that upon all occasions they have spoke very handsomely of me; others that I may remember to have seen them when I lived in the Temple: Another that he had a vast esteem for my Father and had read some of my Writings with great pleasure. Nay, which I never was honoured with before, I have some few Letters

---

[111] Henry Worsley an James Craggs, Lissabon 15.10.1720. In: Ebd., S. 131.
[112] Dies., Lissabon 11.11.1720. In: Ebd., S. 139.

from Ladys of the first Quality to serve them on this Occasion. And all this upon the meer Report of a Stock, that never has yet come to a real Digestion.[113]

Bei letzterem sollte es zunächst auch bleiben. Denn die Beratungen der Regierung mit dem König zogen sich weiter in die Länge. Verzögerungen kamen hinzu, weil der Gesandte aus Paris, den man als Wissensträger über Aktiengesellschaften und -spekulation zurückbeordert hatte, noch nicht angekommen war.[114]

Deutlich zeigt sich aus britischer Perspektive, wie auch die portugiesische Regierung zu überlegen schien, ob sie mittels der Anziehung von Spekulationskapital die im Land verfügbare Geldmenge insgesamt erhöhen könnte. Damit unterschieden sich die Überlegungen, wie man von der Geldflussdynamik profitieren könnte, gegenüber jenen in den Niederlanden. In letzterem wollten die städtischen Obrigkeiten ihre Kontrolle über die Gesellschaft durch die Struktur des Direktoriums sicherstellen. Demgegenüber liefen die portugiesischen Diskussionen aus britischer Perspektive darauf hinaus, Ausländer entweder rauszuhalten oder zu schröpfen. Die tatsächlichen Unternehmenszwecke einer portugiesischen Aktiengesellschaft scheinen hingegen in den Diskussionen aus britischer Sicht im Herbst wesentlich weniger bedeutsam gewesen zu sein.

Wolfenbüttel und die Idee einer Aktienbank

Im Gegensatz zu den Niederlanden, Portugal, Hessen-Kassel und Emden bestand in Braunschweig-Wolfenbüttel im Spätherbst 1720 eine sehr viel größere Reserviertheit gegenüber Aktiengesellschaften – dies machen die Beratungen des aus dem Sommer stammenden Plans für eine Bank deutlich. Während man an anderen Orten trotz der Schwierigkeiten in Paris und London die Chancen sah, die sich aus der Organisationsform, der europäischen Spekulationsbereitschaft und der Geldflussdynamik ergaben, fürchteten sich die Räte in Wolfenbüttel vor dem Import einer Spekulationskrise.[115]

Das war ein bedeutender Wandel. Denn es scheint, dass die Meinungen gegenüber dem Projekt einer Bankgesellschaft im Sommer zunächst nicht grund-

---

113 Thomas Burnet an George Duckett, Lissabon 12.10.1720. In: Smith, David Nichol (Hrsg.): The Letters of Thomas Burnet to George Duckett 1712–1722. Oxford 1914, S. 171.
114 Thomas Burnet an James Craggs, Lissabon 24.12.1720. In: TNA – SP 89/28, S. 150; dies., Lissabon 1.12.1720. In: Ebd., S. 146.
115 Vgl. zu den Plänen auch die Ausführungen von Rosenhaft, Linen. Gestreift wird ein Teil der Vorschläge bei Wagnitz, Herzog August Wilhelm, S. 122–124.

sätzlich negativ ausfielen. So teilten die Räte dem Herzog in einem Schreiben Ende Juli noch mit:

> Die Erfahrung hat sattsahm ergeben, daß der Haubt-Ursachen eine, warum die manufacturen und das Commercium allhier bis daher nicht besser floriret, der Geld-Mangel gewesen. Dafernen nun selbiger, wie die mehrsten Kauff Leuthe der Meynung seyn werden, durch die in Vorschlag gebrachte Banque ersetzet werden könte; So ist wohl ohnstreitig, daß das Publicum hievon, wenn das Werk zum Stande zu bringen wäre, einen großen Vortheil zu hoffen.[116]

Die Steigerung des Kredits und Geldumlaufs erachteten die Räte mithin als Schlüssel zur Auslösung von Produktionssteigerungen. Aus letzteren gehe dann gesteigerter Wohlstand hervor. Damit machten die Beamten deutlich, dass sie verbreiteten ökonomischen Denkweisen folgten und die Rationalität hinter der Bankgesellschaft prinzipiell anerkannten.[117] Freilich, so schloss das Schreiben an den Herzog, sei noch manches genauer zu klären.[118] Und so erging am 4. November die Anweisung an eine Kommission, die Vorschläge eingehend zu prüfen.[119]

Stammte das Projekt ursprünglich aus der Phase der Aktieneuphorie, so fand die intensive Beratung vor dem Hintergrund der geplatzten Spekulationsblasen in Paris und London statt. Zwei Broschüren, die im Wolfenbütteler Archiv überliefert sind, verweisen darauf, dass sich die Kommission zunächst über die neuen Aktiengesellschaften im Ausland informierte. Eine behandelte die Versicherungsgesellschaften in den Niederlanden, die zweite die South Sea Company. Beide standen der Aktieneuphorie äußerst kritisch gegenüber.[120] Weitere Dokumente machen zudem deutlich, dass die Räte auch Zeitungsmeldungen aus Europa für

---

116 August Johann v. Mattenberg an Herzog August Wilhelm, Braunschweig 28.7.1720. In: NLAWF – 2 Alt, Nr. 6543, S. 10.
117 Gömmel, Entwicklung, S. 42 u. 48.
118 August Johann v. Mattenberg an Herzog August Wilhelm, Braunschweig 28.7.1720. In: NLAWF – 2 Alt, Nr. 6543, S. 10.
119 Schreiben Herzog August Wilhelms, o.O. 4.11.1720. In: Ebd. – 4 Alt 5, Nr. 358, unpag.
120 Zwey Schreiben, eines an Hn. N.N. zur Antwort auf des Hn. A.Z. Brief; das andre eine Replique des Hn. A.Z. an Hn. N.N. worinn die Assecurantz-Belehnungs- und andere Compagnien, in denen Süd-Holländischen, Seeländischen, Geldrischen und Overysselschen Städten, untersuchet, mithin ihr Schaden-voller Betrug klar und deutlich angezeiget wird. Amsterdam 1720; Merckwürdiger Discurs und Betrachtung des Staats und Reichthums der Süd-See Compagnie in so weit dieselbe ihr Capital, durch erneuert und erhöhete Einschreibung überkomt zwischen Nicodemo und Diego. O.O. 1720.

ihre Beratungen auswerteten.¹²¹ Alle Informationen zusammen hatten zur Folge, dass sich die ursprünglich grundsätzlich positive Stimmung gegenüber der Bank im Herbst in ihr Gegenteil verkehrte. Es wurde offensichtlich auch keine Chance für Anpassungen der Organisationsform oder für Lerneffekte aus dem Geschehen in anderen Teilen des Kontinents gesehen.

Der Entwurf des Kommissionsberichts begann mit der Feststellung: „auf diesem Fond nun entspringt der Actien-handel der gewinn der Directeurs und der Verlust sovieler tausend andrer unschuldiger Leuthe so sich mit ihm einlassen"¹²² Es folgte eine Kritik zahlreicher Einzelpunkte: Was der Promotor Corr als Anreiz zur Genehmigung des Plans gedacht hatte, die Gratisverteilung von Aktien an den Herzog und Regierungsmitglieder, kritisierten letztere. Die restlichen Aktionäre, so der Entwurf des Kommissionsberichts, müssten dafür aufkommen. Das Projekt sei zudem hauptsächlich auf den Profit von Ausländern angelegt, die ihre Gewinne aus dem Land ziehen würden und ohnehin viel zu leicht die Kontrolle über die Bank erlangen könnten. Demgegenüber schienen die garantierten Vorstandsposten für Regierungsmitglieder keinen ausreichenden Einfluss zu gewährleisten. Die Geschäftsideen der Bank, argumentierten die Räte weiter, seien hochriskant oder nicht praktikabel – besonders was die Versicherungspläne anbelange. Schließlich drohe im Krisenfall, so der Entwurf, dem gesamten Land der Verlust der Kreditwürdigkeit und der Zusammenbruch der Verfassung.¹²³ Dies könne für den Herzog dramatische Folgen haben: „In was vor embarras das von I[hrer] K[öniglichen] M[ajestä]t v. GroßBritannien übernommene Gouvernement der Süd-See-Compagnie dieselbe und die Lords regents gesezt ist so sehr eclattirt daß man nicht nöthig hat viel zu sagen, gewiß aber ein schlechtes encouragement" davon erhält.¹²⁴ Der Bericht kam so schließlich zu dem Ergebnis:

> Siehet man Aus dem Project handgreifl. daß sie [die Promotoren] nur andere ehrl. Leuths um ihr Geld zu bringen und sich damit zu bereichern suchen, und was kann man bey solcher bewandnis anders von ihne vermuthen als daß so bald sie solchen ihren Zwek erreichet und ihre 1000 actions verkauft [...] sie sich aus dem Staub machen und das hiesige gemeine Wesen in der großtn confusion und Blame stecken lassen, und werden nicht so dann Fürst Stadt und Land Zutreten und dieselbe mit dem saurn Schweis und Blut der unterthanen

---

121 Kommissionsbericht über die Vorschläge Corrs, Braunschweig 20.11.1720. In: NLAWF – 2 Alt, Nr. 6544, S. 20.
122 Anmerckungen bey dem Banco Project, o.O. o.D. In: Ebd. – 4 Alt 5, Nr. 358, unpag., S. 1.
123 Kommissionsbericht über die Vorschläge Corrs, Braunschweig 20.11.1720. In: Ebd. – 2 Alt, Nr. 6544, S. 21.
124 Anmerckungen bey dem Banco Project, o.O. o.D. In: Ebd. – 4 Alt 5, Nr. 358, unpag., S. 7.

abwischen müssen, wann sie nicht noch oben ein allewelt Fluch und Vermaledeyung ihne anoch auf den Hals Ziehn wollen.[125]

Der abschließende Bericht warf zudem die Fragen auf: Wenn man schon in großen und reichen Ländern wie England, Frankreich und den Niederlanden so schlimme Folgen des Aktienhandels beobachte – welche Auswirkungen seien dann erst für ein kleines Land wie Braunschweig-Wolfenbüttel zu erwarten?[126] Im Gegensatz zum Emdener Rat, der portugiesischen Regierung und den niederländischen Städten glaubten die Wolfenbütteler Beamten somit nicht an die Möglichkeit, Investmentkapital anzuziehen, während gleichzeitig die Spekulation mit den Aktien im Ausland verblieb – obwohl die Unternehmensanteile ja zusammen mit Lotterielosen in London verkauft werden sollten. Hier hatten sie den Geldflussnexus offensichtlich nicht durchschaut oder beurteilten ihn anders. Zudem verschlossen sie sich Emulationsplänen hinsichtlich der Corporate Governance oder schätzten sie wiederum anders ein, als die Obrigkeiten anderer Städte und Territorien. Die Sorgen vor den Folgen einer nicht eindämmbaren Aktienspekulation im eigenen Land überwogen schließlich sämtliche anderen Erwägungen.

Die Räte machten aber auch deutlich, dass sich die Kritik nicht grundsätzlich gegen die Einführung einer Bank richtete. Der Bericht fragte nämlich: „Sind denn keine honnetere und wenig gefährliche weg und Mitel mehr in der Welt Banquen auf zu richten als diese wenn man ja durchaus vor gut und nothig hält ein aufzurichten"?[127] Zumindest für den Augenblick sah man diese nicht – Corrs Projekt für eine Bankgesellschaft verschwand im Archiv.

Die Harburger Handelskompagnie

Auch der Geheime Rat in Hannover beriet im Herbst noch ein Aktiengesellschaftsprojekt. Das Konzept für eine Harburger Handelskompagnie stammte ursprünglich sogar aus dem Frühjahr 1720. Die Beamten kamen jedoch hinsichtlich der Möglichkeit zur Emulation am Ende zu völlig anderen Ergebnissen als ihre Kollegen in Wolfenbüttel, obwohl die Ausgangssituation beider Projekte Parallelen aufweist.

---

125 Ebd., S. 13.
126 Kommissionsbericht über die Vorschläge Corrs, Braunschweig 20.11.1720. In: Ebd. – 2 Alt, Nr. 6544, S. 21.
127 Anmerckungen bey dem Banco Project, o.O. o.D. In: Ebd. – 4 Alt 5, Nr. 358, unpag., S. 14.

Die Promotoren kamen aus Großbritannien, und die überlieferten Zeichnungslisten enthalten im Falle des Kurfürstentums fast durchweg die Namen von Londoner Kapitalisten.[128] Ähnlich hätte es wohl auch in Wolfenbüttel ausgesehen. Dieser ausländische Einfluss löste aber in Hannover nicht in erster Linie Sorgen aus, sondern er erschien als notwendiges Übel, wenn man wirtschaftliche Entwicklung wünschte. Der Rat von dem Bussche führte Ende September aus: „Wenn man ein Land in Commercien und folglich in allen wil floriren machen, so ist unstreitig, daß das Haubt Absehen darauf müße gerichtet werden, daß man große Capitalia und Capitalisten, die zugleich Handlungs verständige Leute seyn, in das Land ziehe."[129] Dazu war die Privilegierung einer Aktiengesellschaft eine Möglichkeit. Allerdings hieß dies nicht, sich dem Unternehmen schutzlos auszuliefern. Denn welches Maß an Privilegien und Monopolen der Harburger Kompagnie zugestanden werden sollte, blieb innerhalb der kurfürstlichen Verwaltung sowie zwischen Beamten und Promotoren zunächst umstritten.

Einige der Londoner Unternehmer trafen Mitte September in Hannover ein, um Fragen bezüglich der Charter der Handelsgesellschaft mit dem Geheimen Rat im persönlichen Gespräch zu klären. Zunächst drehten sich die Diskussionen am 17. und 21. September vorrangig um die geforderten Abgabenbefreiungen und Monopolrechte, welche die Unternehmer für den Import von Waren aus Großbritannien, Irland und den nordamerikanischen Kolonien forderten. Den Geheimen Räten widerstrebte dies. Die Vertreter der Kompagnie betonten aber, dass sie ohne das alleinige Importrecht „nimmer reussiren" könnten. Sie drohten zudem: Bleibe die Konkurrenz erhalten, würde „das Haarb. Werk über hauff gehen und die Stadt Haarb. über hundert Jahren eben dasjenige seyn, was sie jezo ist."[130] Zudem behaupteten sie, dass hannoversche Kaufleute in einem Monopol kein Problem sähen. Davon überzeugten sich die Geheimen Räte in einer Konferenz mit ebenjenen kurze Zeit später selbst. Ergebnis: Ein Importmonopol sei solange unproblematisch, wie das Unternehmen im Kurfürstentum nur als Großhändler auftrete und nicht den direkten Kontakt zu Krämern suche.[131]

Ließ sich der Geheime Rat bei der Monopolfrage letztlich überzeugen, so gab er auch in vielen anderen Punkten nach. Beispielsweise musste das Unternehmen nicht garantieren, die unter Monopolbedingungen eingeführten Güter einen gewissen Prozentsatz unterhalb der Hamburger Preise zu verkaufen – es blieb bei einer unverbindlichen Absichtserklärung. Ebenso erging es der Forderung, dass

---
128 Vgl. die verschiedenen Listen in: NLAH – Dep. 113, Nr. 22, unpag.
129 Sondergutachten des Geheimen Rats von dem Bussche, Hannover 26.9.1720. In: Ebd., unpag., S. 3–4.
130 Verhandlungsprotokoll, Hannover 21.9.1720. In: Ebd., unpag., S. 19. u. 20.
131 Konferenzprotokoll, Hannover 23.9.1720. In: Ebd., unpag.

die Gesellschaft auch für die gesamte Dauer der Charter durchhalten müsse und nicht vorher wegziehen dürfe. Zwar konnten die Räte am Ende die Promotoren zwingen, die Kosten für den Ausbau des Harburger Hafens zu übernehmen. Diese Maßnahme versprach dem gesamten hannoverschen Handel zu dienen. Die Kompagnie musste dies aber nicht auf eigene Kosten tun, sondern konnte zur Bestreitung der Baukosten eine Lotterie in Hannover abhalten. Die Tickets durften allerdings wiederum nicht im Inland verkauft werden, sondern sollten ihre Abnehmer in Großbritannien finden. Das Ergebnis beinhaltete insofern eine Reihe Kompromisse für beide Seiten.

Die Charter der Handelskompagnie wurde schließlich am 30. November ausgefertigt. Kurz vorher kündigten die Handels- und die seit dem Sommer bestehende Manufakturkompagnie für Harburg an, dass sie fusionieren wollten. Allerdings sollte es bis 1721 dauern, bis diese Super-AG ihre offizielle Genehmigung erhielt.[132] In der Zwischenzeit hofften die Promotoren, Prinz Frederik als Gouverneur und damit repräsentative Spitze für das neue Unternehmen zu gewinnen.[133] Durch diese Wahl konnte – wie im Frühjahr geplant – die Allianz aus britischem Kapital und hannoversch-britischer Monarchie sinnfällig unterstrichen werden.

Während die Geheimen Räte und Unternehmer die Charter der Handelsgesellschaft diskutierten, erreichten allerdings wie in Wolfenbüttel die Nachrichten über die Schwierigkeiten am Londoner Aktienmarkt Hannover. Sie blieben nicht ohne Einfluss auf die Beratungen, jedoch wiederum mit einem völlig anderen Resultat. Denn die Beamten reagierten auf die Ereignisse nicht mit einem Abbruch der Verhandlungen, sondern indem sie ab dem 27. September einen Absatz gegen Aktiensubskriptionen im eigenen Land in die Charter einrückten – dies im Gegensatz zum Statut der Harburger Manufakturkompagnie, der man dies im Sommer noch ausdrücklich erlaubt hatte. Der Passus zur Spekulationsvermeidung wuchs im Umfang über die nächsten Wochen immer weiter an. In der letzten überlieferten Version von Mitte November hieß es:

> Wie die Compagnie und deren Groß Britannische Mit Glieder die zu ihrem etablissement zu Haarburg nötigen Capitalien unter sich auf- und zusammen bringen wollen, das wird ihnen anheim gegeben [...]. So viel aber Unsere Teutsche unterthanen angehet, sol kein transport von der Compagnie Capitalien oder so genandte Actions ohn unsere speciale Erlaubnis auf einige von unseren Teutschen unterthanen, sie seyn dann würckliche Mitglieder der Compagnie geschehen, es sollen auch in unseren teutschen Landen überall keine Subscriptiones

---

132 Cummings, A.J.G.: The Harburgh Company and Its Lottery 1716–1723. In: Davenport-Hines, R.P.T. (Hrsg.): Business in the Age of Reason. London 1987, S. 3.
133 Schreiben der Promotoren, Hannover 7.11.1720. In: NLAH – Dep. 113, Nr. 22, unpag., S. 1–2.

worin einige unserer teutschen Unterthanen directè oder indirectè interessiert seyn mögen, im geringsten nicht bey der Sache gebrauchet werden.[134]

Es reichte den Räten in Hannover somit nicht aus, dass sie selbst den Mangel an heimischem Kapital für wesentliche ökonomische Entwicklungsmaßnahmen attestierten. Und es genügte ihnen auch nicht, dass die Subskribenten gemäß Zeichnungslisten in London saßen. Sondern sie erteilten in Anbetracht der Erfahrungen in der britischen Hauptstadt der Handelskompagnie noch ein explizites Verbot, Aktienverkäufe an kurfürstliche Untertanen ohne Kenntnis des Geheimen Rates zu ratifizieren.

Im Vergleich zur Manufakturkompagnie im Sommer wird deutlich, wie der Geheime Rat die im Herbst gewonnenen Erkenntnisse zu den Risiken der Aktiengesellschaften durch Statutenergänzungen auf eine Weise verarbeitete, die das eigene Territorium vor Spekulation zu schützen versprachen. Emulation erschien möglich. Heraus kam ein Unternehmen, das Interessen einer Gruppe britischer Kapitalisten und des Kurfürstentums mit denen der in Personalunion regierenden Dynastie zu verknüpfen suchte.

Eine Allianz für Irland

Allerdings waren die Gedanken aus Emden und Hannover, dass die Entstehung eines lokalen Aktienhandels unwahrscheinlich sei bzw. sich verbieten ließe, nicht überall realistisch. Denn diese Maßnahmen funktionierten nur dann, wenn der Sitz der Kompagnie und der Investoren nicht zusammenfielen. Doch Promotoren dachten auch darüber nach, wie sich im Falle der Entstehung eines lokalen Marktes für Unternehmensanteile, ähnlich wie in Paris und London, die dort beobachteten Folgeeffekte vermeiden ließen. Sie gingen im Kern der Frage nach, wie sich die Vorteile der Aktiengesellschaft ohne die Nachteile der Spekulation an ein und demselben Ort vereinen ließen.

Vorschläge, wie man die „Pernitious Practice of Stock-Jobbing to the ruine of the Publick"[135] verhindern könne, machte unter anderem der Bankier James Swift im Hinblick auf die Dubliner Bankprojekte im September.[136] Deren Aktien hatten im Frühjahr vorrangig anglikanische Iren gezeichnet. Während Beamte in London die Anträge der beiden Unternehmensgruppen auf Charters begutachteten,

---

134 Entwurf der Charter, o.O. 15.11.1720. In: Ebd., unpag., S. 73–75.
135 Mr. Swift about a Bank, o.O. o.D. [Herbst 1720]. Abgedruckt in: Busteed, John: Irish Private Banks. In: Journal of the Cork Historical and Archaeological Society 53 (1948), S. 37.
136 Vgl. dazu auch die kurze Anmerkung bei Walsh, South, S. 138–139.

empfahl Swift vor dem Hintergrund des inzwischen erfolgten Platzens der South Sea Bubble eine einschneidende Regelung für ein zu gründendes Unternehmen: niemand sollte befugt sein, seine Aktien für mehr als 125% des eingezahlten Kapitals zu verkaufen. Bei Zuwiderhandlung sollten die Anteile entschädigungslos an die Gesellschaft zurückfallen. Damit glaubte er den Anstieg des Kurses über diesen Betrag hinaus dauerhaft verhindern zu können. Freilich bedeutete dies in der Praxis, das Zinsgesetz außer Kraft zu setzen, das für ähnliche Renditen über unterschiedliche Anlageprodukte (unter Einschluss eines Risikofaktors) hinweg sorgte. Dies hätte nämlich im Normalfall dazu geführt, dass mit steigender Dividende der Bank auch der Preis ihrer Unternehmensanteile in die Höhe gegangen wäre. Insofern ist unklar, ob sich der Vorschlag in der Praxis hätte umsetzen lassen.

Neben einem überbordenden Aktienhandel hoffte Swift mit seiner Intervention aber auch noch zwei weitere Probleme aus der Welt zu schaffen. Einmal wollte er die Konkurrenz zwischen den beiden Vorschlägen für eine Bank in Irland beenden. Denn er vermutete, dass der Wettbewerb bei der Erlangung einer königlichen Charter eher hinderlich sei – ein interessanter Gegensatz zu den Seeversicherungsgesellschaften, die in London gerade als Wettbewerber entstanden. Swift wünschte sich stattdessen die Vereinigung beider Unternehmergruppen. Sodann versuchte er noch den Argwohn gegenüber Papiergeld abzubauen. In seinem Vorschlag betonte er, die Notwendigkeit von Papiergeld sei in Irland weiterhin so groß, „that all Objections (as to the Inconveniencys or Danger that may be conceivd to attend the Currency of it) must give way to that Necessity." Der Hartgeldmangel und der Rückgang des Handels „lowdly calls for a more Extensive Credit than we have at this day."[137] Allerdings sah Swift ein, dass die geplatzte Londoner Spekulationsblase Investmentkapital in Dublin nicht reichhaltiger machte – zumal auch Iren zu den Verlierern gehörten. Da er die Summe von £100.000 für den Geschäftsbetrieb der Bank für notwendig erachtete, schlug er vor, das Stammkapital auf £1 Million festzusetzen. In diesem Fall müssten Anleger von jeder Aktie vorerst nur 10% einzahlen, während bei einem halb so großen Grundstock jeder Aktionär direkt 20% des Nennwerts aufzubringen hätte. Die Ausdehnung des Stammkapitals bei gleichzeitiger Senkung der Ersteinlage erlaube so, die Aufbringung des Geldes auf mehr Schultern zu verteilen und den Einzelnen verhältnismäßig geringer zu belasten.[138]

Freilich war Swift nicht an führender Stelle in die Dubliner Bankpläne involviert, so dass sich keine Auswirkung seiner Stellungnahme beobachten lässt.

---

137 Mr. Swift about a Bank, o.O. o.D. [Herbst 1720]. Abgedruckt in: Busteed, Irish, S. 36.
138 Ebd., S. 37.

Sie spiegelt aber erneut das Nachdenken über Anpassungs- und Vermeidungsstrategien vor dem Hintergrund der Erfahrung der Börsencrashs in Paris und London sowie unter den Bedingungen eines möglicherweise lokal entstehenden Aktienmarkts wider.

Neuer Anlauf in Hamburg

Spekulation verhindern wollten auch die Hamburger Promotoren für Versicherungsgesellschaften. Schon im Sommer hatten sie betont, dass es ihnen in erster Linie um den Geschäftszweck gehe und nicht um den Aktienhandel. Im Oktober legten sie nach, in der Hoffnung, den Rat der Stadt doch noch einmal umstimmen zu können.

In einem neuen Konzept führte eine der Promotorengruppen den Plan für ihre Aktiengesellschaft Anfang Oktober erneut aus. Dazu reichten sie einen, wohl leider nicht mehr existierenden, Charterentwurf mit 36 Punkten ein. Dieser enthielt nach Aussage Caesar Amsincks, der das Konzept Anfang des 20. Jahrhunderts noch vorfand, „umfassende Cautelen gegen einen schwindelhaften Handel mit den Actien".[139] Es lässt sich nur vermuten, dass diese Absicherungen in ähnliche Richtungen gingen wie die Überlegungen Swifts, entsprachen doch die Probleme in Hamburg jenen, die man in Dublin befürchtete. Doch die Hamburger Promotoren versuchten ihren Plan noch auf andere Weise voranzutreiben: indem sie einen direkteren Nutzen für die Stadt versprachen. Dieser boten sie im Oktober im Gegenzug für die Autorisierung ihres Unternehmens einen Kredit in Höhe von 300.000 Mark banco zu 2% Zinsen an.[140] Die Parallele zu vielen anderen Aktiengesellschaftsvorschlägen in Europa ist evident – der günstige Kredit sollte helfen, das Interesse der Obrigkeit zu wecken. Außerdem übergaben die Promotoren ihren Plan auch der Vertretung der Kaufmannschaft, wohl in der Hoffnung, von dieser unterstützt zu werden. In einer Sitzung beschlossen deren Deputierte allerdings, sich zunächst nicht näher mit dem Projekt zu beschäftigen, da es dem Rat bereits vorliege. Man wolle abwarten, was dieser entscheide.[141] Die Oberalten der Stadt waren hingegen für eine aktivere Linie und wünschten, dass eine Beratung mit den Promotoren stattfinde. Der Senat folgte diesem Wunsch, indem er dazu drei Mitglieder benannte. Allerdings zeitigte die Zusammenkunft aus Sicht der Unternehmer nicht die ge-

---

139 Amsinck, Assecuranz-Compagnie, S. 487.
140 Ebd., S. 488.
141 Protokoll, Hamburg 3.10.1720. In: CBHH – Protocollum Commercii, Bd. 8, S. 217.

wünschten Folgen. Im Anschluss erteilte der Rat am 11. November einen endgültig ablehnenden Bescheid.[142]

Bleibende Hoffnung und neue Skepsis in Europa: Eine Zwischenbilanz

Emulation und die daraus für die eigene Wirtschaft (aber auch für die staatsrechtliche Stellung) hervorgehenden Vorteile einerseits, die Angst vor Aktienspekulation andererseits – zwischen diesen Polen bewegten sich die Diskussionen in Europa im Herbst 1720. Die Frage, die man sich an vielen Orten stellte: Ließen sich die Energie der Spekulation und die Kapitalflussdynamik für die eigenen ökonomischen und politischen Zwecke bändigen bzw. nutzbar machen? Und wenn ja, wie? Es gab ganz unterschiedliche Antworten auf diese Frage. Abhängig von den jeweiligen Bedingungen und Bewertungen sahen manche weiterhin große Chancen in der Organisationsform ‚Aktiengesellschaft' – zumal es so schien, als ließen sich die Risiken der Spekulation entweder durch gesetzliche Maßnahmen eindämmen, oder sie betrafen am Ende ohnehin andere Orte. Gerade ihre Fähigkeit ausländisches Kapital anzuziehen sprach für die Gründung einer Kompagnie. Wenn das Geld am Ende auch nicht zwangsläufig einem Großunternehmen dienen musste – es versprach lokale Kapitalengpässe zu überbrücken und die Wirtschaft des eigenen Gemeinwesens zu fördern.

---

142 Amsinck, Assecuranz-Compagnie, S. 488.

1. November 1720

South Sea Company	212
Bank of England	142
East India Company	170
Royal African Company	47
London Assurance	20
Royal Exchange Assurance	18
York Buildings	19

London, 2. November: „Die Directeurs der Süd-See Compagnie haben sich seith einigen Tagen nicht viel auff den Gassen sehen lassen / weil sie befürchten von dem Pöbel affrontiret zu werden / massen der Herr Ambrosius Page neulich von einem Officier etliche Schläge mit der breiten Klinge über den Rücken bekommen."[143]

Den Haag, 5. November: „Sowol auff der Englischen Börse zu Londen / als auch der zu Amsterdam / wird dermahlen wenig mehr in Wechsel gethan / die Ursach dessen ist der unglückliche Actien-Handel."[144]

London, 8. November: „In hiesiger Stadt stehet alles fast wegen der Actionisten in Verwirrung / und Vermuthung eines allgemeinen Auffstandes von dem Gemeinen / wessen Handel und Wandel durch die auffgekommene Actien nun gäntzlich darnieder lieget / und viele der bereicherten Actionisten sich seithero aus dem Königreich mit ihrem Reichthum retiriret haben."[145]

London, 15. November: „Der Herr Allen, ein berühmter Actionist, hat sich Donnerstags die Kehle abgeschnitten, und ist bald darauf gestorben."[146]

London, 26. November: „Der Herr Craggs, Staats-Secretair, hat Crays-Schreiben an alle Parlements-Glieder, so dem Hof zugethan sind, ergehen lassen, selbige zu ermahnen, daß sie sich zu rechter Zeit im Parlement einfinden möchten."[147]

London, 28. November: „[S]ogleich nach des Königs Ankunfft [aus Hannover] im Pallast zu St. James kamen der Printz und die Printzessin von Wallis und eine grosse Anzahl des Adels dahin / ihr Compliment / wegen dessen glücklichen Retour abzustatten / und bey der Gelegenheit machte man in der gantzen Stadt Freuden-Feuer / Illuminationes und allerhand Freudens-Bezeugungen."[148]

---

143 Relations Courier Hamburg 11.11.1720.
144 Oberpostamtszeitung 9.11.1720.
145 Ebd. 23.11.1720.
146 Schlesischer Nouvellen Courier 5.12.1720.
147 Ebd. 12.12.1720.
148 Relations Courier Hamburg 6.12.1720.

Geldflüsse in Europa

Während Promotoren und Regierungen in vielen Regionen Europas darüber nachdachten, wie sie aus der Idee der Aktiengesellschaft durch Emulation Nutzen ziehen könnten, sahen sich Londoner weiterhin mit den Folgen des Platzens der Spekulationsblase, dem Abzug von Edelmetall und starken Wechselkursschwankungen konfrontiert.[149]

Einem Promotor in der britischen Hauptstadt schien der Ausweg aus der Krise und dem Geldmangel in einer erheblichen Ausweitung des Papiergeldbestandes zu liegen, allerdings unter der Voraussetzung, dass das Parlament dieses garantiere. So berichtete es zumindest der Korrespondent der *Frankfurter Oberpostamtszeitung*:

> Zu London hat sich einer hervor gethan / welcher / um den Geld-Mangel zu ersetzen / ein Concept vorgestellet / eine neue Papierne Müntze zu machen / welche dem Gold und Silber gleich gelten / von dem Parlement authorisiret / und auff die Einkünfften des Reiches versichert werden sollte / mit dem Nahmen: Neue Species von Groß-Britannien / wovon der Urheber gar grossen Profit und Fortgang verspricht; Dieses Papierene Concept aber / dürffte wenig oder gar kein Ingreß finden.[150]

Der Korrespondent sollte Recht behalten. Die britische Regierung ging andere Wege. Statt neue Geldscheine zu schaffen, hoben die Lords der Treasury unter anderem den Zinssatz auf Exchequer Bills an, um dadurch zumindest einer älteren papierenen Geldform wieder zu weiterer Akzeptanz zu verhelfen. Gleichzeitig ergriffen sie Maßnahmen gegen den Hartgeldmangel.[151] Hierfür erhielt die Münze den Befehl, neue Geldstücke zu prägen, die dann ab Ende Oktober langsam in Umlauf kamen.[152] Diese Bemühungen unterstützten auch andere Akteure: so die Bank of England und einige Goldschmiede. Der *Relations Courier Hamburg* meldete, dass sie Edelmetall im Wert von ungefähr £300.000 an die Prägeanstalt übergaben „und man versichert / daß der König in Teutschland vor 2 Millionen desselbigen [Gold und Silber] gekaufft / welches anhero gesandt / und auch zu Gelde sollen verändert werden."[153] Letzterer, so muss man diese Nachricht wohl lesen, brachte damit seine Fürsorge für seine Untertanen zum Ausdruck – eine

---

149 Oberpostamtszeitung 29.10.1720.
150 Ebd. 9.11.1720.
151 Carswell, South, S. 160–161.
152 Ebd., S. 161; Schlesischer Nouvellen Courier 4.11.1720.
153 Relations Courier Hamburg 20.10.1720; Oberpostamtszeitung 5.11.1720; Schlesischer Nouvellen Courier 7.11.1720 u. 11.11.1720.

Maßnahme, die wohl vor dem Hintergrund der unruhigen Lage in London zu verstehen ist.

Aus verschiedenen Regionen wurden zudem aufmerksam Edelmetallimporte registriert. Über Lissabon sollen im Oktober gerüchteweise eine Million Pfund Gold und Silber aus Brasilien in Richtung London unterwegs gewesen sein. Aus Jamaika kamen im November mehrere Schiffe mit jeweils mehr als 100.000 Dollar an.[154] Auch die East India Company bemühte sich, Münzen aus den Niederlanden nach London zu importieren. Nach unterschiedlichen Berichten handelte es sich um 150.000 bis 200.000 Guineen, die Anfang November die britische Hauptstadt erreichten. Andere Kaufleute beteiligten sich nach Meldungen von Zeitungskorrespondenten ebenfalls an den Anstrengungen, „weil sie dem Banquerottiren dadurch vorzubeugen vermeynen."[155]

All diesen Bemühungen stand jedoch ein fortlaufender Transfer von Edelmetall nach Kontinentaleuropa entgegen. Die Exporte stiegen von 3.000 Unzen Gold in den letzten beiden Oktoberwochen auf über 20.000 Unzen in der ersten Novemberwoche.[156] Zeitungsredakteure vermeldeten diese Transfers weiterhin regelmäßig. Hauptzielländer der Transporte blieben die Niederlande und Frankreich. Die formelle Abschaffung von Papiergeld sorgte besonders im Bourbonenreich für einen großen Edelmetallbedarf und einen starken Sog, den ein Zeitungsredakteur auch in seiner langfristigen Entwicklung quantifizierte: „Inzwischen wollen einige rechnen / daß innerhalb 8. Monaten über 6. Millionen Gold- und Silber-Geld aus Frankreich nach Londen gekommen; Hingegen aber in 3. Monat über 41062. Untzen fremdes Gold und für 2340 Untzen fremd Silber / wiederum ausgeführet worden."[157] Wirkliche Entspannung auf dem Geldmarkt war bei solchen Bewegungen nicht in Sicht.

---

154 Relations Courier Hamburg 29.10.1720 u. 2.12.1720; Schlesischer Nouvellen Courier 4.11.1720.
155 Ebd. 21.11.1720; Relations Courier Hamburg 15.11.1720.
156 Schubert, Eric: Innovations, Debt and Bubbles. International Integration of Financial Markets in Western Europe, 1688–1720. In: Journal of Economic History 48 (1988), S. 303.
157 Oberpostamtszeitung 9.11.1720. Auch Carswell, South, S. 166.

Tabelle 4: Edelmetallexporte im Spätherbst 1720 in Unzen nach Frankreich, in die Niederlande und mit nicht spezifiziertem Ziel in deutschen Zeitungen[158]

Datum	Quelle	Gold NL	Gold F	Gold o.O.	Silber NL	Silber F	Silber o.O.
4.10.1720	SNC 21.10.	2187			5000		
11.10.1720	RCH 21.10.	2349					
18.10.1720	SNC 4.11.	4500			4000		
22.10.1720	SNC 11.11.		350				
29.10.1720	SNC 14.11.	1440					
3.11.1720	SNC 21.11.	2577					
5.11.1720	RCH 15.11.	2677					
8.11.1720	RCH 18.11.	876			6510		
8.11.1720	SNC 25.11.	472			6520		
15.11.1720	RCH 26.11.	5131			320		
15.11.1720	SNC 5.12.	612					
22.11.1720	RCH 5.12.	7008					
22.11.1720	SNC 9.12.	68662[159]	104		3000		
26.11.1720	RCH 6.12.	1601			1700		
26.11.1720	SNC 12.12.	16000			13000		

Das galt auch für den Wechselmarkt. Nachdem es Ende September noch nach einer Beruhigung ausgesehen hatte, verschärfte sich die Situation dort im Folgemonat wieder. Mit Datum vom 18. Oktober meldete der Korrespondent des *Relations Courier Hamburg*, dass die Bank of England sich in akuter Bedrängnis befinde. Kurz vorher hatte sie zu einer Notmaßnahme gegriffen, indem sie Wechselbriefe nicht länger diskontierte – sie tauschte somit keine Papierwerte für Kapital in anderen Städten mehr gegen Edelmetall in London ein. Allerdings, berichtete die Hamburger Zeitung, stritten sich die Direktoren, ob dies tatsächlich der richtige Weg sei. Und so

---

158 RCH = Relations Courier Hamburg, SNC = Schlesischer Nouvellen Courier.
159 Nach Relations Courier Hamburg 6.12.1720, müssten sich hierunter tatsächlich 60.000 Unzen Silber befunden haben.

versammleten sich die Directeurs zu berathschlagen / ob die Banco die Wechsel-Brieffe aus frembden Landen wie vorhin discontiren sollte / zumahl die Verweigerung / welche sie einige Zeit vorgethan / Ursache gewesen / daß viele Kauffleute / welche Commission gehabt / zu kauffen [gemeint sind wohl Aktien] / es nicht haben thun können / weil man aber die Gefahr / welche kommen könnte / fals eine gleiche Unordnung in den Geschäfften als dasjenige / woraus man kaum gekommen / sich zu trüge vorgestellet / sagt man / daß resolvirt worden / bemeldte Briefe nur auff 14 letzte Verfall Tage zu discoutiren.[160]

Man entschied sich somit für einen Mittelweg: Wechselbriefe wurden vorerst nur akzeptiert, wenn ihre Bezahlung kurz bevorstand. Dadurch hoffte man, dem Aktienmarkt aufzuhelfen, sich gleichzeitig aber keine längerfristigen und damit in Anbetracht der Lage unsicheren Papiere in den Tresor zu legen. Denn, so führte der *Schlesische Nouvellen Courier* mit Termin vom 25. Oktober aus:

> Das Banquerotiren hat noch kein Ende. Vor 2 Tagen hat sich ein sehr wichtiges Fallement ereignet. Sehr viel Wechsel-Brieffe, so Mittwochs die 2 Holländischen Posten mitgebracht, sind protestiret, und von unseren Kaufleuten nicht angenommen worden, welches der Handlung einen ziemlichen Stoß giebet.[161]

Während der Wechselkurs auf Hamburg den Oktober und November hindurch vergleichsweise wenig schwankte, lassen sich in jenem zwischen London und den niederländischen Städten die Schwierigkeiten deutlich erkennen. Spekulanten zogen Gelder aus der britischen Hauptstadt in großer Menge ab.[162] Das hatte auch Auswirkungen auf die Hoffnungen, die sich mit einem Wiederanstieg des Aktienpreises der South Sea Company seit September verbanden. Denn ein solcher konnte sich am Ende womöglich als zusätzliche Gefahr erweisen. So warnte Robert Walpole in einem Memorandum König Georg I.:

> An attempt to raise the stock to a higher value than it can be supported at, would only involve a new set of persons in the misfortunes, that others at present labour under, and expose the publick to the great loss, that will be sustain'd by foreigners selling out at high prices, and exporting our gold and silver.[163]

---

160 Relations Courier Hamburg 25.10.1720.
161 Schlesischer Nouvellen Courier 11.11.1720; Oberpostamtszeitung 12.11.1720.
162 Neal, Rise, S. 72.
163 Proposal Robert Walpoles an Georg I., o. O. o. D. [November 1720]. In: Coxe, Memoirs, S. 197; William Stratford an Lord Harley, o. O. 14.11.1720. In: Historical Manuscript Commission (Hrsg.): Report on Manuscripts of His Grace the Duke of Portland. Vol. VII, Norwich 1901, S. 282–283.

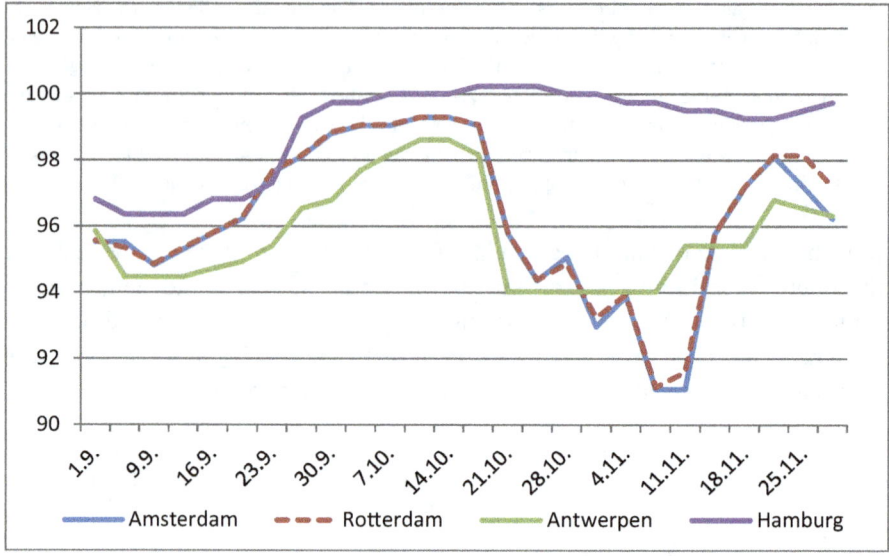

Grafik 32: Wechselkurse zwischen London und Nordseestädten Herbst 1720 (1. Januar 1720 = 100 %) Course of the Exchange 1720.

In dieselbe Richtung argumentierte William Pulteney in einem Brief an seinen Cousin Daniel Pulteney, gab dem Problem aber noch eine Wendung in Richtung des „jealousy of credit":

> I am so sensible of what you say, that foreigners have still a very great summe of money in our stocks, that I protest to you, I would rather never see it rise higher than it is, than have it raised for a little while, only by artifices and seeming advantages. This would give those foreigners an opportunity of withdrawing their money;[164]

Allerdings: Die Wechselkurse gen Südeuropa zeigen, dass zeitgleich andere, wenn auch vielleicht weniger umfang- und erfolgreiche Geldbewegungen stattfanden. Denn es hat den Anschein, als ob Londoner versuchten, aus südeuropäischen Ländern Kapital in die Heimat zu transferieren. Diese Bemühungen um Rücktransfers erlangten auch früher eine größere Intensität als die Abflüsse über den Ärmelkanal und die Nordsee. Im Moment der größten Schwankungsbreite erlangten sie aber durchaus eine ähnliche Intensität: einem Wechselkurs von gut

---

164 William Pulteney to Daniel Pulteney, London 20.11.1720. In: Coxe, Memoirs, S. 194–195; Arthur Onslow an John Molesworth, London 4.2.1721. In: Historical Manuscript Commission, Report on Manuscripts in Various Collections VIII, S. 298.

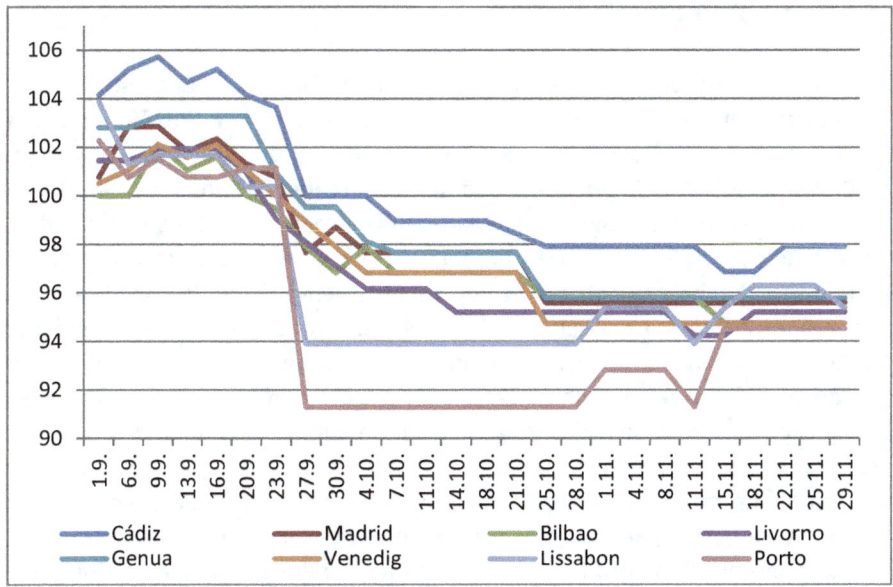

Grafik 33: Wechselkurse zwischen südeuropäischen Städten und London Herbst 1720 (1. Januar 1720 = 100%) Course of the Exchange 1720.

91% des Jahresbeginns auf Rotterdam und Amsterdam Anfang November standen Porto und Lissabon mit gut 91% und knapp 94% gegenüber. Zählt man zu diesen beiden Städten noch Cádiz hinzu, dann befanden sich ab Ende September wichtige Zentren der Verbreitung amerikanischer Edelmetalle in Europa auf Londons ‚Importliste'. Der geringere Ausschlag des Wechselkurses nach Cádiz könnte schließlich auch auf die größere Elastizität der Geldversorgung über diesen Hafen zurückzuführen sein. Da die Summen des durch Wechselbriefe transferierten Kapitals am Ende aber unbekannt sind, bleibt unsicher, ob sich die Differenz zwischen Zu- und Abflüssen tatsächlich aufhob – in Anbetracht der qualitativen Hinweise vermutlich eher nicht.

Doch egal, in welche Richtung Briten schauten, internationale Kapitalströme befanden sich im Herbst in erheblicher Unordnung[165] – und dies nicht in einem für das eigene Land durchweg förderlichen Sinne wie im Frühjahr 1720. Zugleich hatte sich das umlaufende Hartgeld massiv verknappt. Ausgestanden waren die Schwierigkeiten nach dem Platzen der Börsenblase in London daher im Spätherbst noch nicht.

---

165 Vgl. dazu auch Neal, Rise, S. 79.

Die Bank of England

Um auf das Misstrauen in Aktien zu reagieren, hatte die Bank of England nach der Vereinbarung mit der South Sea Company Ende September eine Subskription über £3 Millionen eröffnet, „zu desto mehrerer Befestigung und Unterhaltung des öffentlichen Credits".[166] Mit dem Geld sollten Unternehmensanteile der South Sea Company übernommen und letztere dadurch vor dem Bankrott gerettet werden. Mit der Zeichnung sollte nun ein Mittel, das die Spekulationsblase verursacht hatte, in der Nachahmung bei ihrer Bewältigung helfen. Weil die Bankdirektoren aber selber vielen Wertpapieren nicht trauen mochten, die auf dem Londoner Markt zirkulierten, nahmen sie für die erste Subskriptionsrate von 15 % nur Edelmetall oder wirklich sichere Wertpapiere an.[167] Um Besitzer von Guthaben anzulocken, boten sie jedoch für das investierte Kapital neben einer Verzinsung von 5 % noch eine Prämie von 3 %.[168]

Der Postmaster-General James Craggs setzte sich am 30. September vor einer Generalversammlung der Aktionäre der South Sea Company emphatisch für die Subskription der Bank of England ein und erklärte die Teilnahme zu einem patriotischen Unternehmen: „for 'tis not locking up our monies that can now give security. No, every man in England is concerned: and for my part I would not be seen at such a time as this to have more money by me than would pay for a week's expenses."[169] Zu den weiteren offiziellen Unterstützern der Subskription, über die auch Zeitungen berichteten, gehörten der Prinz von Wales, John Churchill, Herzog von Marlborough, Thomas Howard, Herzog von Norfolk, „viele andere fürnehme Personen" und die Treasury selbst.[170] Im Namen Georgs I. zeichnete „Heinrich Keisal[,] Schreiber der Schatz-Kammer [, ...] 100000 Pf. Sterling", vermeldete der *Relations Courier Hamburg*.[171] Die *Frankfurter Oberpostamtszeitung* beschrieb die Situation mit den Worten: „alle Grosse des Königreichs gehen anderen mit Löblichem Exempel vor / und greiffen der Banco mit ihren Subscriptionen unter die Arm."[172] Wie schon bei der Münzprägung traten der König und seine Anhänger auch hier medienwirksam für die Sache des Landes ein. Zumal, vor dem Hintergrund der von Botschaftern attestierten Unruhe in der Bevölkerung war dies erneut nicht nur ein ökonomisches, sondern auch ein politisches Signal.

---

166 Relations Courier Hamburg 21.10.1720.
167 Carswell, South, S. 167.
168 Relations Courier Hamburg 11.10.1720; Schlesischer Nouvellen Courier 17.10.1720.
169 Zitat nach Carswell, South, S. 155.
170 Schlesischer Nouvellen Courier 31.10.1720.
171 Relations Courier Hamburg 25.10.1720.
172 Oberpostamtszeitung 5.11.1720.

Entgegen der Erwartung einiger Zeitungskorrespondenten gelang es der Bank of England allerdings nicht, alle Subskriptionsscheine abzusetzen. Investoren zeichneten lediglich etwas über £2 Millionen. Mit der ersten Rate kam so deutlich weniger Geld ein als geplant.[173] Zeitgleich war das Geldinstitut einem Ansturm auf seine eigenen Reserven ausgesetzt. Denn Mitte Oktober mussten wieder einige Privatbankiers ihre Zahlungen einstellen und erhöhten damit die Verunsicherung in London. Die Direktoren der Bank sahen sich daher gezwungen, Edelmetall aufzukaufen und Kredite zurückzufordern, um den Forderungen gegenüber ihrem eigenen Institut gerecht werden zu können. Der zeitweilige Stopp der Wechselbriefdiskontierung fiel ebenfalls in diese Zeit. Den Druck behoben wenig später 100.000 Goldmünzen, die aus Rotterdam eintrafen.[174] Auch das öffentlich gezeigte Vertrauen der höchsten Kreise in die Subskription trug laut dem Korrespondenten des *Relations Courier Hamburg* zur Beruhigung bei.[175] Dennoch hinterließen die Ereignisse im Aktienkurs der Bank deutliche Spuren. Zwischen dem 11. und 14. Oktober fiel er von £180 auf £140. Danach stieg er zwar am 18. Oktober wieder auf £155, nur um dann in der Folgezeit erneut abzusinken.

Seeversicherungen in schwerem Wasser

Diverse andere Aktiengesellschaften kämpften ebenfalls mit der Unsicherheit und der Verwirrung am Londoner Markt. Das Verhalten der Unternehmen zeigt jedoch, dass sie sich weiterhin bemühten, ihre Geschäftsaktivitäten auf- und auszubauen bzw. dafür die notwendigen Rahmenbedingungen zu schaffen.[176] Dies verdeutlicht, dass es den Promotoren nicht um Spekulation, sondern um reale Geschäfte ging.

Die Royal Exchange und die London Assurance, die im Juni ihre Charters erhalten hatten, sahen sich in ihren Bemühungen jedoch nicht nur mit den Problemen an der Börse konfrontiert, sondern hinzu kam einmal der Untergang der britischen Zuckerflotte in der Karibik. Dieser machte die Auszahlung der versicherten Summe erforderlich und stellte das Geschäftskonzept in Frage. Sodann, und viel unangenehmer, existierten die Zahlungsverpflichtungen gegenüber dem Staat. Aufgrund des Londoner Kapitalmangels konnten die Unternehmen diesen nun kaum Folge leisten. Der ursprüngliche Plan sah die Leistung eines ersten

---

[173] Relations Courier Hamburg 11.10.1720. Auch der Korrespondent des Schlesischen Nouvellen Courier 17.10.1720, lag falsch. Vgl. zum tatsächlichen Ergebnis Carswell, South, S. 167.
[174] Ebd., S. 168.
[175] Schlesischer Nouvellen Courier 24.10.1720 u. 4.11.1720.
[176] Vgl. zu den Geschäftsaktivitäten auch Aldous/Condorelli, An Incomplete.

Teilbetrags in Höhe von £100.000 je Gesellschaft bis zum 21. Juli vor. Der Rest war in vier Raten von jeweils £50.000 bis April 1721 zu begleichen. Zusätzlich mussten die Companies zwischen dem 24. Juni und dem 1. Dezember 1720 der Regierung noch den zu gewährenden Kredit in Höhe von jeweils £156.000 auszahlen. Dafür sahen die Verträge ebenfalls vier Teilzahlungen à £39.000 vor. Insgesamt handelte es sich um eine erhebliche Belastung im Angesicht der Krise.

Das Geld hatten die Direktoren der Royal Exchange Assurance im Sommer auf verschiedenen Wegen einnehmen wollen: durch weitere Einzahlungen auf ihre Aktien, durch Ausgabe zusätzlicher Anteile sowie durch Schuldverschreibungen.[177] In der Praxis nahm man dann zunächst aber wohl einen Teil des Geldes als Kredit bei den eigenen Direktoren und der Bank of England auf, wobei letzterer im Oktober zurückgezahlt werden musste. Die Idee mit den Darlehen mag den Direktoren der Royal Exchange Assurance in der Euphorie des Sommers realistisch erschienen sein. Und tatsächlich beglich das Unternehmen so die beiden im Juli fälligen Raten problemlos. Im August verlief dann eine weitere Aktiensubskription, die Kapital einbringen sollte, ebenfalls noch günstig. Die Maßnahme versprach hohe Summen im Gegenzug für den Verkauf weniger Aktien einzunehmen. Denn der Wertpapierkurs und damit der Kaufpreis für Subskribenten betrug ein Vielfaches des bislang eingezahlten Kapitals. Die Maßnahme könnte auch bei den Altaktionären populär gewesen sein, die im Sommer vermutlich schon unter der Londoner Kapitalknappheit litten. Die Regierung untersagte dann jedoch die Emission, weil durch die Ausgabe dieser zusätzlichen Unternehmensanteile das Stammkapital über das laut Charter zulässige Maximum von £1,5 Millionen gestiegen wäre.[178] Somit mussten neue Wege gefunden werden, um an frisches Kapital zu gelangen. Noch komplizierter wurde die Situation dann durch die multiplen Krisen ab Ende August, mit denen sich die Assekuranzen konfrontiert sahen. Geld für die fälligen Raten zur Begleichung der royalen Schulden war nicht aufzutreiben, die Regierung bestand aber auf der Bezahlung. Bei Nichtzahlung drohte die Annullierung der Charter. Gleichzeitig drängte die Bank of England die Royal Exchange Assurance im Oktober zur Rückzahlung des im Sommer gewährten Kredits.

Um dennoch an frisches Geld zu gelangen, setzten die Direktoren der Royal Exchange Assuarance in Aktionärsversammlungen im Herbst verschiedene Maßnahmen durch. Eine Dividende von 5 %, zahlbar zuzüglich Zinsen im Sommer 1721, war dazu gedacht, die Attraktivität der Anteile für Investoren zu steigern.

---

177 Supple, Royal Exchange, S. 35.
178 Ebd. Die Zurechtweisung der Versicherungen wird auch berichtet in Relations Courier Hamburg 13.9.1720.

Sodann sollte die Ausgabe neuer Aktien möglich werden, ohne das zulässige Stammkapital von £1,5 Millionen zu überschreiten. Hierfür halbierte die Generalversammlung den bisherigen Nennwert der Unternehmensanteile, so dass dies de facto auch mit dem gegenwärtigen Stammkapital geschah. Der Schritt erlaubte somit die Schaffung neuer Aktien, die man auf dem Wege der Subskription absetzen wollte. Allerdings fanden sich im September und Oktober für die Anteile kaum Zeichner. Zumal die Company zunächst mit £180 annähernd den Höchstkurs aus Vorkrisenzeiten verlangte. Doch auch spätere Preisreduzierungen führten nicht dazu, dass die Zahl der Subskribenten erheblich zunahm. Für weniger als ein Fünftel der angebotenen Anteile fanden sich Interessenten. Gleichzeitig versprachen die Direktoren den bisherigen Aktionären Mitte Oktober, keine weiteren Einzahlungen auf deren Wertpapiere zu verlangen. Die London Assurance hatte dies Ende September versucht, damit aber zahlreiche Anteilseigner aufgrund des allgemeinen Geldmangels in Verlegenheit gebracht.[179] Das Mittel konnte zudem schnell kontraproduktiv wirken. Denn in Fällen, in denen Anleger die Zubuße aus Unvermögen oder Unwillen nicht bezahlten, durfte das Unternehmen zwar die Aktie einziehen und verkaufen. Aber das Interesse für diese war im Herbst am Markt nicht sehr groß. Alle Verkäufe drohten deshalb den Kurs der Papiere weiter zu drücken.[180] Insofern blieb zunächst vollkommen unklar, wo das benötigte Geld für die weiteren Raten an die Regierung herkommen sollte.

Neben den Finanzaktivitäten versuchten die Direktoren beider Versicherungsgesellschaften, durch die Erschließung neuer Geschäftsfelder ihre Unternehmen für Investoren attraktiver zu machen. Zusätzlich zu Seerisiken wollte man in Zukunft auch gegen Feuer versichern und Lebenspolicen abschließen können. Diese Bemühungen wurden in der Krise noch dringlicher, und das sah die Regierung ebenso. Schon Mitte November soll Georg I. nach Berichten des *Schlesischen Nouvellen Courier* ein entsprechendes Patent ausgefertigt haben.[181] Vermutlich wurde dieses aber als nicht hinreichend angesehen, so dass das Parlament im April 1721 zusätzliche Charters für die neuen Versicherungszweige verabschiedete. Zudem erklärte sich die Regierung schließlich mit einer Verschiebung der Zahlungsfristen einverstanden.[182] Diese Unterstützung entsprach durchaus den Interessen des Staates, denn ein Bankrott der Versicherungen hätte bedeutet, dass der Großteil der Schulden der königlichen Zivilliste unbezahlt geblieben wäre. So bestand zumindest Hoffnung für die Zukunft.

---

179 Relations Courier Hamburg 4.10.1720.
180 Supple, Royal Exchange, S. 36–41 u. 46.
181 Schlesischer Nouvellen Courier 21.11.1720.
182 Supple, Royal Exchange, S. 37–39 u. 49–50.

Die Krise in London warf die Pläne der Versicherungsgesellschaften über den Haufen. Statt jedoch ihr Geschäft abzuwickeln, kämpften die Direktoren weiter um die Existenz ihrer Unternehmen und konnten dabei auch zahlreiche Aktionäre von ihren Maßnahmen überzeugen. Erstere waren offensichtlich weiterhin von dem verfolgten Geschäftszweck und seiner grundsätzlichen Rentabilität überzeugt, für letztere galt dies ebenfalls, oder sie wollten zumindest ihre Investments nicht verlieren.

Die York Buildings Company und der ‚Bubble Act'

Die Unterstützung der Regierung schien die York Buildings Company im August verloren zu haben. Das machte der ‚writ of scire facias' deutlich, der dem Unternehmen wegen vermeintlicher Verstöße gegen seine Charter zugestellt worden war. Die dadurch ausgelösten Zweifel an der Legalität des Geschäftsbetriebs wirkten sich wohl zusätzlich zum allgemeinen Börsencrash negativ auf den Aktienkurs aus, der von £140 Anfang August auf £25 Mitte Oktober fiel.[183] Dies schränkte wiederum die Fähigkeit der Gesellschaft ein, sich am engen Geldmarkt mit den benötigten Mitteln zu versorgen. Beide Aspekte – Charter- und Kapitalfragen – hingen bei den Bemühungen der York Buildings Company eng zusammen, als es darum ging, die Krise im Herbst zu bewältigen.

Hinsichtlich des rechtmäßigen Verhaltens der Unternehmer stellte der ‚writ' die Frage in den Raum, ob die Kompagnie Land im angestrebten Umfang besitzen und neue Aktien ausgeben durfte. Die Direktoren reagierten zügig auf die Anschuldigungen. Bereits am 25. August legten sie in einem Memorandum gegenüber den Lords Justices dar, dass ihre Charter keine implizite Grenze für den Besitz von Land enthalte. Die Company betonte zudem, dass Regierung und Parlament den Kauf von konfiszierten Gütern durch Gesellschaften ausdrücklich genehmigt hätten und dass dasselbe für das Recht zur Vergabe von Pensionen und Lebensversicherungen gelte, die durch solchen Grundbesitz besichert waren. Außerdem habe das Schatzamt aufgrund des Geldmangels in London einer Verschiebung der Zahlungsfrist für die bisher erworbenen Güter zugestimmt – was die Unternehmer als ein Zeichen der Legalität ihres Vorgehens werteten. Die Lords Justices machten daraufhin am 1. September einen Rückzieher. Die York Buildings Company wurde, so wie einige Wochen später die anderen drei Gesellschaften,

---

183 Frehen/Goetzmann/Rouwenhorst, New Evidence. Onlinematerial: https://papers.ssrn.com/sol3/papers.cfm?abstract_id=1371007 [Stand: 15.11.2019].

von allen Anschuldigungen freigesprochen.[184] Juristische Argumente mögen im Falle der ersteren eine Rolle gespielt haben. Doch gab es natürlich noch andere Motive. Denn im Oktober standen neue Güterverkäufe in Schottland an. Obwohl der *Relations Courier Hamburg* zu berichten wusste, dass sich neben zwei Direktoren der York Buildings Company noch eine Reihe weiterer Interessenten auf den Weg nach Schottland gemacht hätte,[185] wollte die Regierung das Unternehmen offenbar ungern als potenziellen Käufer verlieren.[186]

Was die Maßnahmen zur Finanzierung der Aktiengesellschaft anbelangte, so nahmen die Direktoren auf Druck der Regierung jedoch zunächst von einem Plan Abstand, den die Generalversammlung im Juli beschlossen hatte. In Anbetracht der angespannten Geldlage im Sommer war das Interesse der Aktionäre gering gewesen, weitere Einzahlungen auf ihre Anteile zu leisten und damit Geld für zusätzliche Güterkäufe bzw. die vollständige Bezahlung der bisherigen zur Verfügung zu stellen. Stattdessen beschloss die Generalversammlung, dass sämtliche Aktionäre die Hälfte ihrer Papiere an das Unternehmen abgeben und diese dann am Markt verkauft werden sollten. Diese Maßnahme bedeutete, dass das eingezahlte Kapital je Altaktie sich von £10 auf £20 verdoppelte. Die Neuaktien hätten aber bei einem Verkauf zum wesentlich höheren Wertpapierkurs erheblich mehr eingebracht. Die Finanzierungsidee glich somit jener der Versicherungen. Mit dem Erlös aus Umwandlung und Verkauf wollte man dann die fälligen Rechnungen begleichen. Nach der Rücknahme dieser Maßnahme aufgrund des Drucks der Regierung im frühen Herbst blieben die Finanzierungsprobleme zunächst ungelöst. Erst im Dezember beschloss man einen neuen Plan, der jenem im Juli ähnelte – den man aber etwas offener formulierte. Die York Buildings Company forderte ihre Aktionäre jetzt zur Einzahlung von £23 pro Anteil auf. Diesen Betrag konnten Anteilseigner im Gegensatz zum Juli entweder bar oder durch den Transfer einer Aktie an das Unternehmen entrichten. Wohl auch in Anbetracht der Umstände am Aktienmarkt im frühen Winter nutzte wohl der größere Teil der Investoren diese zweite Variante. Die so übergebenen Wertpapiere hoffte das Unternehmen in der Folge am Markt verkaufen zu können.[187]

Neben der juristischen Fehleinschätzung zeigt sich auch in diesem Fall, dass die Regierung gegenüber solchen Unternehmen großzügig verfuhr, deren Unter-

---

184 So wie die York Buildings ihr Geschäft fortsetzte, beschloss auch „die Compagnie von Kupffer-Minen [...] ihre Arbeit auffs fleißigste fortzusetzen, weil, nach dem Erachten der berühmsten und geschicktesten Advocaten, so man zu Rath gezogen, ihr Diploma gut, und in Rechten gegründet wäre." Schlesischer Nouvellen Courier 3.10.1720.
185 Relations Courier Hamburg 7.10.1720.
186 Cummings, York Buildings, S. 46–47.
187 Ebd., S. 48 u. 59.

stützung sie in der Krise nicht missen wollte. Ebenso wie die Versicherungen benötigte aber auch die York Buildings Company Kreativität hinsichtlich der Refinanzierung. Aktienabtretungen entwickelten sich dabei zum Mittel der Wahl. Die Suche nach neuen Lösungen begann zwar schon während der Geldknappheit im Sommer, wurde dann aber im Herbst vor dem Hintergrund des abgestürzten Aktienmarkts mit Hochdruck fortgesetzt.

Nordwestpassage?

Deutlich geringeren Schwierigkeiten sah sich die Hudson's Bay Company gegenüber. Denn größere Zahlungen an den Staat für eine Charter oder erworbenen Grundbesitz waren nicht fällig. Sie hatte das zusätzliche Geld allein für die künftige Ausdehnung ihrer Geschäftsaktivtäten einnehmen wollen.

Die Emission neuer Wertpapiere im August erwies sich jedoch im Nachhinein als klarer Fall von schlechtem Timing. Zwar gelang es, ein Drittel der neuen Anteile zu veräußern und für diese die erste Rate von £10 einzunehmen. Danach geriet der Absatz aber ins Stocken. Auf einer Generalversammlung im November beschlossen die Aktionäre daher, mit dem Verkauf der neuen Papiere nicht fortzufahren. Gleichzeitig akzeptierte man, dass kaum die Bereitschaft bzw. Fähigkeit zur Begleichung der weiteren Raten für bereits erworbene Neuaktien bestand. Die Generalversammlung beschloss daher diese zu stornieren. Die teilweise bezahlten Anteile sollten in reguläre im Wert von drei Zehnteln umgewandelt werden. Diese Überbewertung stellte sie dann wiederum mit der Verdreifachung der Altaktien im August gleich. Wer noch über Geld verfügte, erhielt bis zum 25. März 1721 die Gelegenheit, zusätzliche Anteile aus der Emission zu den abgewandelten Bedingungen zu erwerben. Trotz dieses Anreizes kamen am Ende lediglich £3.150 ein. Damit hielt sich der erhoffte Kapitalzuwachs zum Zwecke der Entdeckung der Nordwestpassage und des Einstiegs in den Edelmetall- und Kupferhandel in engen Grenzen.[188] Wollte die Hudson's Bay Company in den nächsten Jahren geschäftlich expandieren, mussten die Direktoren andere Wege der Finanzierung finden.

Allerdings besaß die Hudson's Bay Company gegenüber anderen Unternehmen noch einen weiteren Vorteil. Konkrete Initiativen für die Ausdehnung ihres Handels waren im Spätsommer/Herbst 1720 unterblieben. Dies lässt sich einerseits dadurch erklären, dass das Meer in Nordamerika zufror, bevor weitere Schiffe dort hätten ankommen können, andererseits war schon 1719 eine Expedition zur

---

[188] Rich, Hudson's Bay, S. 478–480.

Erkundung der erhofften neuen Geschäftsfelder und Seerouten abgegangen. Einstweilen wartete man noch auf deren Rückkehr bzw. Nachrichten über ihr Verbleiben und ihren Erfolg. Bis dahin mochten sich auch neue Möglichkeiten auftun, an Investmentkapital zu gelangen.

Rebellierende Soldaten für Afrika

Für die Pläne der Royal African Company, ihren Handel aus- und Plantagen aufzubauen, hatte der Frühherbst zunächst noch vielversprechend begonnen. Darauf deutet eine Reihe Aktivitäten hin. So erhielt Ende August Captain Macnamara den Befehl, mit seinen Soldaten zum Fluss Gambia aufzubrechen.[189] Einige Wochen später sprach der *Relations Courier Hamburg* dann vom Obristen Dunbar, der die Aufsicht über alle dortigen Anlagen der Gesellschaft übernehmen werde. Zusammen mit einem Ingenieur solle er sich unverzüglich auf ein Schiff der Company auf der Themse begeben.[190] Auch wenn sich Gerüchte über das Auslaufen desselben Ende September nicht bewahrheiteten, die Royal African „thut alles was möglich / um bey gegenwärtiger Fallung der Fondsen Stand zu halten / dennoch hat eben sowohl als die andern das Ihrige davon / ob wohl ihre Unternehmung nicht so Chimerisch", meldete der *Relations Courier Hamburg* am 10. Oktober.[191] Ein Grundvertrauen in die ökonomische Vision der Afrikagesellschaft war insofern weiterhin vorhanden. Und auch die Direktoren mühten sich, die Lebensfähigkeit ihres Unternehmens unter Beweis zu stellen. Zu den ergriffenen Maßnahmen gehörten unter anderem das fortgesetzte Anwerben von Soldaten und die Anmeldung von Exportwaren beim Zollamt.[192] Es scheint jedoch auch Schwierigkeiten gegeben zu haben, denn lossegeln konnten die Schiffe einstweilen nicht.

Das Interesse der angeworbenen Soldaten am Engagement durch die Company ließ in der Zwischenzeit deutlich nach. Mitte November verlegte man sie deshalb in ein ehemaliges Gefängnis, um Desertionen zu verhindern. Dagegen protestierten laut Zeitungsberichten 60 bis 70 Mann. Als Wachtruppen gegen sie vorgingen, wurden mehrere Personen verwundet sowie drei Offiziere und vier Soldaten ins Gefängnis nach Newgate abgeführt.[193] Auf königliche Anordnung

---

189 Relations Courier Hamburg 27. 8. 1720.
190 Ebd. 24. 9. 1720.
191 Ebd. 21. 10. 1720; Schlesischer Nouvellen Courier 3. 10. 1720.
192 Ebd. 7. 11. 1720 u. 14. 11. 1720; Wiener Zeitung 11. 10. 1720.
193 Relations Courier Hamburg 26. 11. 1720 u. 27. 12. 1720; Schlesischer Nouvellen Courier 5. 12. 1720.

musste die Royal African Company die rebellierenden Männer einige Tage später aus dem Dienst entlassen. Auch hier ging es wohl darum, die vorhandene Unzufriedenheit in London möglichst nicht zusätzlich zu befeuern. Doch für das Unternehmen bedeutete die Entscheidung, dass es neue Soldaten werben musste. Damit entstanden Verzögerungen und ein erheblicher Schaden, hatte man doch für jeden Rekruten bereits £5 aufgewendet. Der Obrist Dunbar trat im Gefolge des Aufstands von seinem Posten als Truppenkommandant zurück, so dass auch für ihn Ersatz erforderlich wurde. Als Ergebnis all dieser Schwierigkeiten konnten zunächst nur zwölf Schiffe mit nicht-militärischem Personal von London gen Afrika lossegeln – aber immerhin begann damit die Umsetzung der Pläne aus dem Frühjahr. Die neuen Soldaten sollten dann später folgen.[194]

Neben Personalproblemen plagte die Royal African Company auch eine finanzielle Entscheidung aus dem Sommer. Die gegen Aktien vergebenen Kredite wurden durch die Ausleiher nicht zurückgezahlt. Um Zeit zu gewinnen entschieden sich die Direktoren, die Darlehen bis auf weiteres zu verlängern. Sie hofften, das Geld so später zurückzuerhalten. Die abgestürzten Aktienkurse und der Geldmangel in London bedeuteten allerdings nicht nur für die Rückzahlung der Kredite ein Problem. Auch die vierte Rate für die im Frühjahr neu ausgegebenen Aktien zahlten die Käufer höchstens unwillig – da ging es der Royal African Company ähnlich wie vielen anderen Unternehmen. Statt so wie letztere auf das am 1. Dezember fällige Geld zu verzichten, entschied die Gesellschaft jedoch im November, die Zahlung zu strecken. Die einmalige Rate von £7 sollten zwei in Höhe von £4 bzw. £3 ersetzen.[195]

Wie im Falle anderer Kompagnien stemmten sich die Direktoren der Royal African Company mithin gegen die schlechten Rahmenbedingungen in London und bemühten sich, trotz aller Probleme ihre ökonomischen Ziele weiter zu verfolgen. Aber weil sie bereits Personal angeworben hatten und damit unter laufenden Kosten litten, mussten sie jetzt zusehen, dass der Geschäftsaufbau auch tatsächlich voranging. Trotz aller Schwierigkeiten hierbei: Ein großer Teil der Investoren traute dies den Direktoren offenbar weiterhin zu. Immerhin 60% der Subskribenten aus der Neuemission von Aktien im Frühjahr hielten auch im November noch an ihren Anteilsscheinen fest.[196]

---

194 Relations Courier Hamburg 12.12.1720 u. 5.12.1720; Wöchentliche Relationen Halle 7.12.1720; Schlesischer Nouvellen Courier 16.12.1720.
195 Carlos/Moyen/Hill, Royal, S. 69 u. 72.
196 Shea, (Re)financing, S. 31.

Jamaikanische Minen

Ähnlich bemüht in ihren geschäftlichen Aktivitäten wie die Royal African zeigte sich im Herbst 1720 trotz des schwierigen Umfeldes die Royal Mines Company. Auch sie engagierte Personal für den Aufbau ihrer Geschäftstätigkeit, in diesem Fall allerdings keine Soldaten, sondern Bergleute in Cornwall. Diese sollten die Stollen auf Jamaika anlegen. Um sich mit den notwendigen Dingen ausrüsten zu können, wünschten sie vor der Abfahrt einen Vorschuss. Jedoch war nicht hinreichend Bargeld verfügbar, vermutlich weil die Direktoren der Company dieses im August in Aktien der South Sea Company investiert hatten, um Spekulationsgewinne zu erzielen. William Wood bemühte sich daher, unter den Inhabern des Schürfrechtepatents Geld aufzutreiben. Die Zeit drängte, weil die Fregatte Oldfield, mit der die Bergleute in die Karibik segeln sollten, abfahrbereit war.[197] Trotz der (teils selbst verschuldeten) Probleme bemühte man sich somit auch hier weiterhin, das geplante Projekt umzusetzen.

Die Startschwierigkeiten konnten ebenso überwunden werden, wie in anderen Fällen, und so meldete der Korrespondent des *Schlesischen Nouvellen Courier* am 15. November, dass „30 bis 40 Mann [...] samt [...] Werckzeug" jetzt auf dem Weg in die Karibik seien.[198] Dort trafen sie, wie ein Protokoll der Company vermerkte, im Dezember ein und begannen mit Erkundungen.[199] Anweisungen für ihre Versorgung ergingen schon Anfang Oktober an die jamaikanischen Vertreter des Unternehmens. Diese sollten sich gleichfalls um die anständige Versorgung und Unterbringung zusätzlich entsandter europäischer Arbeitskräfte kümmern. Zudem forderten die Londoner Direktoren sie auf, die mit den Arbeitern ausgehandelten Verträge einzuhalten. Schließlich engagierte man auch den Arzt und Naturforscher Henry Barnham, der die Bergleute bei der Suche nach Erzadern unterstützen sollte.[200] Europäer gedachte man aber nur als Spezialisten einzusetzen. Denn prinzipiell war das jamaikanische Klima für sie am Beginn des 18. Jahrhunderts nicht besonders gesund, und man musste ihnen hohe Gehälter zahlen. Zusätzlich wollten die Direktoren deshalb 50 „choice working Negroes" mieten oder erwerben.[201] Mittelfristig erwarteten sie allerdings, dass diese Zahl für

---

197 William Wood an unbekannt [vermutlich Richard Thompson], o.O. o.D. [Anfang November]. In: BL – Add. Ms. 22639, S. 89.
198 Schlesischer Nouvellen Courier 5.12.1720; Relations Courier Hamburg 2.12.1720.
199 Kopie des Sitzungsprotokolls, Spanish Town 19.12.1720. In: BL – Add. Ms. 22639, S. 13.
200 Entwurf des Letters of the Patentees to Their Agents, o.O. o.D. [London, Winter 1720]. In: Ebd., S. 8–9; Stearns, Science, S. 371.
201 Entwurf des Letters of the Patentees to Their Agents, o.O. o.D. [London, Winter 1720]. In: BL – Add. Ms. 22639, S. 7.

den beabsichtigten Umfang des Erzabbaus nicht ausreiche und erteilten ihren Vertretern in der Karibik vorsorglich die Genehmigung, weitere Sklaven entweder im Land selbst oder direkt von einem Schiff aus Afrika zu kaufen. Neben der europäischen Vertragsarbeit war somit geplant, unfreie Arbeitskräfte auszubeuten.

Schließlich verbanden die Londoner Unternehmer mit ihrem Projekt aber noch eine größere Vision ökonomischer Entwicklung in der Kolonie. Sie betonten in einem Schreiben, dass die Gesellschaft nicht nur Londoner Investoren, sondern Jamaika selbst nutzen solle. Durch die Übersendung von 200 Aktien zum Verkauf unter den dortigen Einwohnern könnten diese an den Erträgen der Company partizipieren.[202] Diese Maßnahme mag allerdings auch auf die Zustände in der britischen Hauptstadt zurückgehen. Es steht zu vermuten, dass die ursprünglichen Erwerber dieser Anteile den Kaufpreis in der Krise nicht beglichen hatten oder die dafür ausgestellten Wechsel geplatzt waren. Falls dies zutrifft, suchten die Direktoren nun lediglich neue Käufer. In England fanden sich jedoch zu dieser Zeit wohl keine Abnehmer. Außerdem planten die Unternehmer das aus dem Verkauf der Aktien in Jamaika eingenommene Geld als erstes Betriebskapital zu nutzen, so dass man kein weiteres Kapital aus London übersenden musste. Zumal ein Teil des in der britischen Hauptstadt eingenommenen Bargeldes ja ohnehin in Aktien der South Sea Company gebunden und damit teilweise verloren gegangen war.

Obwohl Zeitungen die Royal Mines Company im August 1720 noch als chimärisches Unternehmen bezeichneten, zeigte sich nach dem Platzen der Spekulationsblase, dass es den Promotoren doch ernst war. Mit dem Crash der Wertpapierkurse endete die Geschichte des Projekts nicht, auch die Schatzjagd verlor nicht ihren Reiz, sondern die Bemühungen um das dauerhafte Gedeihen des Unternehmens begannen erst.

Madagaskar und die Karibik

Obwohl sie über funktionierende Geschäftsaktivitäten verfügte, nicht in Aktienemissionsprojekte verwickelt oder zu Geldzahlungen an die Regierung verpflichtet war: Kapitalmangel und wirtschaftliche Unsicherheit machten schließlich auch der East India Company zu schaffen.

Im Oktober beriet das Committee of Correspondence daher noch einmal über die Eröffnung des Handels mit der Südostküste Afrikas. Skepsis hatte sich breit

---

202 Howard, Records, S. 72, gibt die für Jamaika reservierte Zahl von Aktien mit 506 an.

gemacht und setzte sich schließlich durch. Das Protokoll hielt fest: „during the present Exingency it will be for the Companys service not to proceede any further".[203] Dies bedeutete aber nicht, dass man den Plan für einen Handel mit Ostafrika verwarf. Seine Umsetzung sollte lediglich um ein Jahr verschoben werden. Im Einklang damit liefen auch die Bemühungen bei der britischen Regierung weiter, das Recht zum Direkttransport von Sklaven aus dem Indischen Ozean in die Karibik sowie nach Nord- und Südamerika zu erhalten. Bereits Ende September hatte man ein entsprechendes Gesetz erbeten.[204] Zugleich standen der Eröffnung des neuen Handelszweigs im Herbst aber auch noch weitere rechtliche Probleme entgegen. Die Company war sich in diesem Fall allerdings ihrer Position sicherer als manche andere Gesellschaft. Denn die portugiesische Regierung protestierte zwar durch ihren Botschafter in London am 29. September gegen die Pläne des Unternehmens zur Ausweitung seiner Aktivitäten. An König Georg I. ging ein Brief, der darauf hinwies, dass es sich bei Ostafrika um ein Territorium der iberischen Monarchie handle und es daher der East India Company nicht gestattet sei, dort einfach Handel zu treiben.[205] Die Direktoren der Asiengesellschaft verneinten in ihrer Antwort jedoch die Präsenz von Portugiesen in den entsprechenden Küstengebieten und beharrten auf ihrem Recht, den Warenverkehr mit dieser Region eröffnen zu dürfen.[206]

Zwar kam es zu keiner Klärung dieser Streitfrage, doch zeigt sich wiederum, dass es das Unternehmen mit der neuen Handelsverbindung tatsächlich ernst meinte. Auch wenn die Eröffnung des Warenaustauschs mit Ostafrika und der Sklavenhandel mit Madagaskar während der Krise vorerst zurückgestellt werden mussten, sollte für die Folgezeit die Rentabilität des Unterfangens schon einmal mit Hilfe der eigenen Regierung sichergestellt werden.

---

203 Protokoll des Committee of Correspondence, o. O. 18.10.1720. In: BL – IOR/D/18, S. 30.
204 Vgl. Platt, Madagascar, S. 561.
205 Portugiesischer Sondergesandter an Georg I., London 29.9.1720. In: BL – IOR/E/1/11, S. 311. Es ist allerdings unklar, ob die Initiative zu diesem Protest direkt vom portugiesischen Hof ausging oder vom Botschafter in Paris, der dann wiederum im Interesse John Laws gehandelt haben könnte, der umfangreiche Wetten gegen den Kurs der East India Company abgeschlossen hatte. Vgl. dazu Henry Worsley an James Craggs, Lissabon 24.1.1721. In: TNA – SP 89/29, S. 4; Neal, Larry: The „Money" Pitt. Lord Londonderry and the South Sea Bubble, or, How to Manage Risk in an Emerging Market. In: Enterprise and Society 1 (2000), S. 659–674.
206 Court of Directors an die Lords Justices, London 11.10.1720. In: BL – IOR/E/1/201, S. 260; dies., London 31.3.1721. In: Ebd., S. 320; Court of Directors an John Carteret, London 31.3.1721. In: BL – IOR/D/97, unpag.

London zwischen Hoffen und Bangen

Politisch schloss der November in der britischen Hauptstadt in vielem an den Vormonat an. Zwar war die Einberufung des Parlaments jetzt auf Anfang Dezember festgelegt, und König Georg I. kehrte schließlich Ende des Monats aus Hannover zurück. Doch die richtungsweisenderen Entwicklungen geschahen zunächst im Verborgenen. Wohl auch deshalb liefen Gerüchte um. So spekulierten manche über eine mögliche Fusion der South Sea mit der East India Company zur Behebung der Probleme, andere schlugen die Hinzufügung der Bank of England zu den beiden ersteren vor – mithin die Suche nach einem Ausweg aus der Krise durch die Vereinigung mehrerer Unternehmen zu einer Super-AG, die noch über das Projekt der South Sea Company hinausginge.[207]

Entscheidender war jedoch, dass in der Zwischenzeit Robert Walpole, seit dem Sommer als Paymaster General wieder Mitglied der britischen Regierung, mit der Bank of England über einen neuen Rettungsplan für die South Sea Company verhandelte. Denn die Bank hatte es am 9. November endgültig abgelehnt, die im September ausgearbeitete Vereinbarung zur Übernahme von Aktien der Südseegesellschaft einzuhalten – allein £340.000 aus der ersten Rate der Subskription der Bank im Oktober übergab man. Aus Sicht der Bankdirektoren erwiesen sich nicht nur die Konditionen der Septembervereinbarung in Anbetracht der aktuellen Aktienpreise als äußerst ungünstig. Ihnen bot sich nun auch die Möglichkeit, die South Sea Company als ehemalige Rivalin bei der Umwandlung des national debt und als Eindringling in ihre Bankgeschäfte in die Schranken zu weisen. Damit wollten sie nicht zuletzt die zentrale Stellung der Bank of England bei der Aufnahme und Verwaltung der britischen Staatsschulden re-etablieren. Walpole waren solchen Bestrebungen aufgrund seiner engen Verbindung zu Direktoren des Finanzinstituts sympathisch, zumal es im Herbst 1720 auch keine realistische Alternative zu deren Hilfe gab.[208]

Anpassungsstrategien und Lösungsversuche: Eine Zwischenbilanz

Für die Entwicklung der Aktiengesellschaftseuphorie im Herbst 1720 war zweifellos der Absturz des Londoner Marktes von größerer Bedeutung als jener in Paris. Wirkte sich letzterer nur bedingt auf die Promotion neuer Unternehmen im

---

[207] Schlesischer Nouvellen Courier 18.11.1720; Oberpostamtszeitung 19.11.1720 u. 23.11.1720.
[208] Kleer, Folly; Carswell, South, S. 169–171.

Rest Europas aus, so hatten die Ereignisse in der britischen Hauptstadt doch erheblicheren Einfluss – allerdings zum Teil anders als man zunächst erwarten würde. Denn immer noch schien territorialen Obrigkeiten die Gründung einer Kompagnie aus manchmal politischen, immer aber ökonomischen Erwägungen eine sinnvolle Idee zu sein. Sicher hielt mancher das Risiko der Hyperspekulation jetzt für zu groß, doch zahlreiche andere sahen die geplatzten Spekulationsblasen eher als Herausforderung für eine Weiterentwicklung der Aktiengesellschaft, so dass der Handel mit Unternehmensanteilen entweder gar nicht erst ein überbordendes Ausmaß annahm oder aber etwaige negative Folgen nicht das eigene Territorium betrafen. Ideen gab es genug – zumal wenn Akteure die Kapitalflussdynamik durchschaut zu haben glaubten. So sehr also die möglichen politischen Folgen der Krise in London auch Sorgen auf dem Kontinent weckten, die Begeisterung für und Emulation von Aktiengesellschaften kam nicht an ihr Ende.

Während auf dem Kontinent Anpassungen der Organisationsform Aktiengesellschaft an die beobachtete Entwicklung in der britischen Hauptstadt vorgenommen wurden, beschäftigte die Krise auch Londoner Unternehmer. Diese bemühten sich, trotz widriger Rahmenbedingungen unternehmerisch voranzukommen. Die Companies waren keine reinen Spekulationsobjekte, sondern es ging um die Verfolgung von Geschäftsideen. Weil viele Gesellschaften Geldmangel plagte, spielte die Suche nach Lösungen für das Problem, immer im Rahmen der bestehenden rechtlichen Gegebenheiten, insbesondere der Charters, eine große Rolle. Die Frage lautete: Wie ließ sich auf kreative Weise neues Geld einnehmen, um notwendige Zahlungen leisten und Investitionen tätigen zu können? Aktienteilungen, Neusubskriptionen, Zubußen, Ratenstreckungen und Aufhebungen künftiger Zahlungsverpflichtungen in mehreren Unternehmen zeigen, dass Emulation auch den Akteuren in London weiterhin möglich schien – freilich stets unter den Bedingungen eines engen Geldmarktes. Daneben konzentrierte sich in der britischen Hauptstadt im Spätherbst alle Aufmerksamkeit auf die Eröffnung des Parlaments. Würde es sich der ‚sufferers' annehmen und die ‚Schuldigen' der Krise einer gerechten Strafe zuführen?

Winter 1720/21

2. Dezember 1720

South Sea Company	192
Bank of England	144
East India Company	165
Royal African Company	46
London Assurance	12
Royal Exchange Assurance	10
York Buildings Company	18

London, 3. Dezember: „Man sagt / daß der Herzog von Portland / Gouverneur von Jamaica [...] wird; Weil nun dieses Gouvernement 10000 Pfund Sterl. Einkünffte werth / kann es diesem Herrn / den grossen Verlust / so er in den Süd-See Actien gehabt / einigermaßen ersetzen."[1]

London, 3. Dezember: „Der Hof scheinet noch immer entschlossen zu seyn, der SüderCompagnie und dem Credit des gemeinen Wesens, so viel als möglich ist, wieder aufzuhelffen, wie denn die Herren Commissarien von der Schatz-Cammer Order erhalten, mit gewissen Vorstehern gedachter Compagnie und der Bank zu dem Ende zu Rath zu gehen, und auf zulängliche Mittel bedacht zu seyn, dazu auch bereits der Anfang gemacht worden."[2]

London, 10. Dezember: „Der König hat auff die Anzeige und Ersuchen der Bischöffe beliebet in dieser betrübten Zeit keine Masquerade zu verstatten / und Se. Majest hat den Hrn Hirdegger / Meister der Masqueraden befohlen / alle Zurüstungen derselbigen zu hinterlassen".[3]

London, 24. Dezember: „Sonsten versichert man / daß hiesige Ministre mit einem andern Minister einer benachbarten Potenz verschiedene Conferentzien gehalten / betreffend den gegenwärtigen Zustand von Europa / in Ansehung des gemeinen Interesse dieser beeden Staaten / und habe man vorgestellt / daß weil der Credit und das Commercium dieser 2. Nationen in Gefahr seye / so wäre es nicht unnöthig / wann man sich zu Verhütung daß andere benachbarte Printzen nicht von ihrem Unstern profitiren sollten / aufs allergenaueste / als jemahls geschehen / verbinden thäte: und glaubet man / daß sobald das Geschäfft mit der Suder-Compagnie zu end / man zwischen dieser / wiewohl noch unbekandten / und der hiesigen Macht einen Vergleich treffen werde."[4]

London, 31. Dezember: „Unterdessen sind die Actien der Sud-Compagnie wieder auff 180. gestiegen / es ist auch kein Zweiffel / daß dieselben noch weit höher kommen werden / wenn das Parlement einen festen Schluß zu Retablirung des Credits wird genommen haben."[5]

---

1 Relations Courier Hamburg 13.12.1720.
2 Schlesischer Nouvellen Courier 19.12.1720.
3 Relations Courier Hamburg 23.12.1720.
4 Oberpostamtszeitung 7.1.1721.
5 Ebd. 17.1.1721.

Große Erwartungen an Westminster

Am 8. Dezember 1720 eröffnete König Georg I. die neue Session des Parlaments. Wie gewohnt begann diese mit der Verlesung der Thronrede, die sich in ihrem ersten Teil mit den Bemühungen um Friedensschlüsse in Europa beschäftigte – große Fortschritte habe man hierbei gemacht.⁶ „At the same Time", führte die Rede im Hinblick auf das Platzen der South Sea Bubble aus, „I can never sufficiently express my Concern for the unhappy Turn of Affairs, which has so much affected the Publick Credit at Home." Der Monarch bat das Parlament daher, über Mittel zur Lösung der Krise nachzudenken und ging in seiner Rede davon aus, dass „every Man that loves his Country, and especially [...] the several great Societies of this Kingdom" Maßnahmen zur Wiederherstellung des öffentlichen Kredits unterstützen würden. Damit unterstellte die Rede einen gefestigten Konsens zwischen Bürgern, Aktiengesellschaften, Regierung und Parlament. Gelänge Ober- und Unterhaus die Krisenbewältigung, winke ihnen ein „increase to Reputation".⁷ Den Abschluss der Rede bildete schließlich, wie im Vorjahr, die Wirtschaftspolitik in ihrer Verbindung mit der Macht Großbritanniens. Als Kontrast zur wahrgenommenen ökonomischen Krise, und wohl auch als Maßnahme zur Beruhigung der Gemüter, konstatierte Georg I. ein Handelswachstum für das Jahr 1720 und drückte seine Erwartung aus, dass sich diese Entwicklung auch in den nächsten Jahren fortsetzen werde.

Bei der Debatte der Antwortadresse im House of Commons zeichneten sich erhebliche Meinungsverschiedenheiten ab. William Pulteney drang darauf,

> to assure his Majesty that this House will, at this critical Conjuncture, wherein his Majesty's Government and the Interest of his People are so highly concern'd, proceed with all possible Care, Prudence, and Temper, to inquire in the Causes of these Misfortunes, and apply the proper Remedies for restoring and fixing Publick Credit upon such solid and lasting Foundations, as may effectually give Ease and Quiet to the Minds of his Majesty's Subjects.⁸

Die Gegenposition vertrat William Shippen. Er wollte in dem Vorschlag Pulteneys hinter „For restoring and fixing Publick Credit" einen Halbsatz eingefügt sehen. Namentlich: „As far as it is consistent with the Honour of Parliaments, the Interest of the Nation, and the Principles of Justice." Zur Begründung führte er aus, dass der Erhalt des Vertrauens in parlamentarische Entscheidungen essentiell sei,

---

6 Vgl. zum Folgenden auch Carswell, South, S. 173–175.
7 Thronrede König Georgs I. zur Parlamentseröffnung, Westminster 23.11.1719. Online: http://www.british-history.ac.uk/commons-hist-proceedings/vol6/pp218-262 [Stand 15.11.2019].
8 Diskussion der Antwortadresse, Westminster 23.11.1719. Online: http://www.british-history.ac.uk/commons-hist-proceedings/vol6/pp218-262 [Stand 15.11.2019].

> and to shew the highest Resentment against those, who, abusing the Trust repos'd in them, had given so fatal a Wound to Publick Credit, and enrich'd themselves by the Plunder of the Nation: That, in his Opinion, the Managers of the South Sea Project were not the most criminal, since there were those above them, whose Duty it was to overlook and direct their Proceedings; and had those at the Helm interpos'd in the Affair of the South-Sea, as they did in the Case of other Projects, they would have prevented that dismal Calamity which has since befallen the Nation.⁹

Shippen griff damit die Regierung frontal an und wurde hierbei von zwei weiteren Parlamentsmitgliedern unterstützt. Diese zogen eine Parallele zu den Ereignissen in Paris:

> That it would be a Disgrace to a British House of Commons, to shew, on this Occasion, less Vigour and Spirit than the Parliament of Paris, then sitting at Pontoise: That that Parliament was justly look'd upon as the Shadow of an English Parliament; and yet that very Parliament had, by their Firmness and Resolution, carry'd their Point so far, as to get that Person [John Law] remov'd from the Administration, whom they look'd upon as the Author of the present Misfortunes of France.¹⁰

Die Kontrastierung eines ‚willkürlich' regierten Frankreich mit der parlamentarischen Monarchie Großbritannien machte die anit-gouvernementale Stoßrichtung unmissverständlich. In Weiterführung dieser Überlegungen forderte Lord Molesworth, dass eine genaue Untersuchung der Vorkommnisse und Verfehlungen hastigen Maßnahmen zur Krisenbehebung vorausgehen müsse.

> That it is with the Body Politick, as with the Body Natural; and therefore they [Parliament] ought to imitate skilful Surgeons, who, in order to cure a Wound, begin with probing it, and, when they find it necessary, make Incisions and Scarifications to get the venomous Core out of it, before they apply healing Plaisters.

Wenn es keine Gesetze gebe, um die Schuldigen verurteilen zu können, so meinten weitere Unterstützer der regierungskritischen Position, so habe das Parlament die Befugnis zu ermitteln und Recht zu sprechen. All diesen Forderungen stellten sich die Unterstützer der Regierung mit der Metapher entgegen, dass man bei einem Brand auch zunächst das Feuer lösche und erst danach die Schuldigen suche und nicht umgekehrt. Gleiches gelte für die gegenwärtige Krise. Zumal die Forderungen der Regierungskritiker im Text einer Dankesadresse an den König nicht angemessen seien – eine Position, der sich schließlich die Mehrheit der Parlamentarier anschloss. Allerdings wurde am Ende zumindest

---

9 Ebd.
10 Ebd.

eine Ergänzung der Antwortadresse vorgenommen, welche die Bestrafung der Übeltäter als Erwartung formulierte.

Von einer Allianz zwischen Regierung und Parlament konnte somit keine Rede sein. Vielmehr zerfielen die Abgeordneten in drei Gruppen: Paymaster General Robert Walpole, der zunehmend zum führenden Politiker der britischen Regierung aufstieg, sowie seine Anhänger wollten vor allem die ökonomischen Folgen der Börsenkrise bekämpfen. Eine Untersuchung ihrer politischen Ursachen lehnten sie ab. Ihnen gegenüber standen Parlamentarier, die zunächst eine genaue Ermittlung forderten. Erst danach könne man sinnvoll über Lösungsmaßnahmen nachdenken. Eine dritte große Fraktion ließ sich keiner der beiden Gruppen zuordnen, sondern schwankte zwischen deren Positionen. Diese Abgeordneten sorgten schließlich dafür, dass sich in den kommenden Monaten weder die Anhänger einer nur ökonomischen Behandlung des Problems noch jene einer eingehenden politischen Untersuchung vollkommen durchsetzen konnten. Zudem standen die Parlamentarier bei ihren Entscheidungen auch stets unter erheblichem öffentlichem Druck. Unter anderem erschien am 20. Dezember eine aufgebrachte Gruppe ehemaliger Staatsschuldner in der Lobby des Parlaments, um ihren Forderungen Gehör zu verschaffen.[11]

Suche nach Problemlösungen

Jeder Plan zur Lösung der Schwierigkeiten der South Sea Company sah sich in den folgenden Monaten damit konfrontiert, dass der Absturz der Aktienkurse nicht alle Investoren gleichmäßig traf, sondern es höchst unterschiedliche Gruppierungen gab, deren Interessen sich teils diametral widersprachen.

Die Zeichner neuer Aktien wollten ihre Subskriptionen durch ein Gesetz am liebsten rückgängig gemacht sehen. Auch Menschen, die an der Börse vergleichsweise spät Anteile gekauft und nicht rechtzeitig verkauft hatten oder deren Kaufverträge für zukünftige Aktienlieferungen noch auszuführen waren, präferierten eine solche politische Maßnahme – ihre Geschäftspartner, zu deren Lasten eine solche Entscheidung zu gehen drohte, freilich nicht. Obwohl Zeichner neuer Anteile im Juni und August lange keine offiziellen Subskriptionsscheine erhielten, hatten manche dennoch ihre nur zum Teil bezahlten Aktien weiterverkauft. Deren Erwerber hofften ebenfalls auf eine Ungültigkeitserklärung der Transaktion,

---

11 Zur Rolle Walpoles und seiner Anhänger vgl. auch Hill, Brian W.: Sir Robert Walpole. „Sole and Prime Minister". London 1989, S. 107–109. In längerer Perspektive jetzt auch Swingen, Abigail: The Bubble and the Bail-Out. The South Sea Company, Jacobitism, and Public Credit in Early Hanoverian Britain. In: Condorelli/Menning, Boom, S. 139–160.

während die Verkäufer das Gegenteil forderten. Eine weitere wichtige Gruppe bildeten die ehemaligen Staatsschuldner, die je nach Eigenschaft des ehemaligen Schuldtitels unterschiedlich betroffen waren. Sie forderten durchweg die Möglichkeit, nachträglich ihre Konversion rückgängig machen zu können. Sodann gab es schließlich das Problem der Kredite gegen Aktien. Diese hatten Bankiers, die South Sea Company, aber auch andere Kompagnien vergeben. Ihnen standen Privatpersonen als Schuldner gegenüber. Während Bankiers und Companies auf der Rückzahlung der Darlehen beharrten, forderten die Kreditnehmer, ihre Schulden ersatzlos zu streichen oder zumindest erheblich zu reduzieren.[12]

Diese komplizierte Lage wurde am 20. Dezember weitgehend bereinigt, als sich Robert Walpole durchsetzte und das Parlament die Konversion der Staatsschulden und sämtliche Aktien- und Subskriptionsgeschäfte mit den im September durch die South Sea Company vorgenommenen Änderungen (Herabsetzung der dritten und vierten Subskriptionsrate sowie der Umwandlungsquote für Staatsschuldpapiere auf £400) für definitiv erklärte. Die Eintreibung von Krediten überließ das Gesetz den Beteiligten. Ihnen stand hierfür der Rechtsweg offen. Dadurch blieben die aus den unterschiedlichen Konversions-, Subskriptions- und Kaufbedingungen von Anteilen resultierenden Unterschiede weitgehend erhalten.[13] Zu klären blieb einstweilen noch der Status unausgeführter Termingeschäfte und die Rekapitalisierung der bankrotten South Sea Company.

Grundsätzlich folgte das britische Parlament damit nicht dem französischen Vorbild, das die Umwandlung der Staatsschulden rückgängig machte. Die Abgeordneten in Westminster sicherten ihrem Land so die Vorteile der Schuldenkonversion. Gleichzeitig folgte man ebenso wenig dem Hamburger Beispiel, wo der Rat alle Aktientransaktionen für ungültig erklärt hatte. Eine Rückabwicklung sämtlicher Handelsabschlüsse wäre nach acht Monaten lebhafter internationaler Spekulation jedoch ohnehin kaum möglich gewesen.

Das Schicksal der South Sea Company

Zwei Fragen stellten sich im Hinblick auf das weitere Schicksal der South Sea Company: Konnte der Staat auf der Zahlung des ‚Geschenks' von gut £7 Millionen bestehen? Und was sollte mit dem de facto bankrotten Unternehmen selber ge-

---

[12] Carswell, South, S. 220.
[13] Ebd., S. 176.

schehen, das hohe Verbindlichkeiten hatte und dessen eigene Schuldner (Aktienzeichner und Kreditnehmer) ihre Zahlungen verweigerten?[14]

Einen Lösungsvorschlag entwarf im Spätherbst 1720 Robert Walpole zusammen mit dem Bankier Robert Jacombe. Dieser sah vor, dass abgesehen von der ersten Subskription alle anderen Zeichner anteilig für den bisher bezahlten Betrag Aktien bekämen. Was danach an Anteilen im Besitz des Unternehmens verblieb, sollte auf die Aktionäre insgesamt verteilt werden, um weitere Subskriptionen unmöglich zu machen. Mit diesen Maßnahmen hoffte Walpole, den Geldmarkt zu beruhigen:

> This method, puts an end to the great demand of money, that arises from time to time, by sale of stock by subscription, which alone has put the town under such constant distress for money, upon every payment, that whilst that subsisted, it was impossible for credit to revive.[15]

Zugleich forderte Walpole die Macht der South Sea Company, die aus ihrer Verfügung über etwa 80% der Staatsschulden resultierte, zu beschneiden. Hierfür kamen die beiden anderen großen Londoner Aktiengesellschaften ins Spiel. Vom Stammkapital der South Sea Company sollten jeweils £9 Millionen in Unternehmensanteile der East India Company und der Bank of England umgewandelt werden. Der einzelne Aktionär erhielt durch diese Maßnahmen Anteile aller drei Unternehmen und partizipierte an deren jeweiligen Handelserträgen.[16]

Wie Walpole gegenüber Georg I. darlegte, stand im Hintergrund dieser Überlegungen nicht nur das Wohl der Anleger, sondern es ging ebenso um die Interessen des Staates. Die Maßnahme versprach, das Stammkapital der Bank und der Asiengesellschaft annähernd zu vervierfachen. Jenes der East India Company wäre auf £12,2 Millionen, das der Bank auf £14,5 Millionen gestiegen. Dem hätten ‚nur noch' £20 Millionen im Besitz der South Sea Company gegenübergestanden. Im Ergebnis sollte so statt einer weitgehenden Monopolisierung der Staatsschulden durch ein Unternehmen ein Gleichgewicht zwischen den drei großen Kompagnien geschaffen werden.

> [T]his distribution of this great capital, with regard to the government and the public, was almost necessary, and being now divided betwixt the three great bodies and companies of the city, establishes such a ballance of power among them, as may make them all usefull to the publick. [... A]nd as the publick has been, and frequently must be obliged to apply to

---

14 Eine Bilanz aus dem Frühjahr 1721 in ebd., S. 202.
15 Denkschrift Robert Walpoles an Georg I., o.O. o.D. [November 1720]. In: Coxe, Memoirs, S. 198–199.
16 Dazu auch Carswell, South, S. 177.

> these corporate bodies, for the support of publick credit, the public will not be under a necessity to accept the hard terms which one single powerfull body might be inclinable to impose, when all three are in a condition to aid and assist upon any emergency.[17]

Mithin glaubte Walpole auf Aktiengesellschaften für die Verwaltung von Staatsschulden nicht verzichten zu können. Die Euphorie für Super-AGs vom Anfang des Jahres war aber gründlich verflogen – große Monopolgesellschaften schienen nicht länger förderlich, sondern eher gefährlich. Der Regierung musste es stattdessen um ein Austarieren der Macht zwischen den Londoner Unternehmen gehen. Die ‚Balance of Power' aus dem europäischen Staatensystem diente dabei als Vorbild für die innenpolitische Machtverteilung.

Allerdings stellte sich aus Sicht der Altaktionäre der Bank und der East India Company die Frage, ob Walpoles Plan für sie ratsam sei. Zwar forderte letzterer, dass beide Unternehmen für ihre Hilfe bei der Überwindung der Krise „reasonable privileges and advantages" erhalten sollten.[18] Eine Ausdehnung von Monopolrechten schien mithin eine Voraussetzung, um die beiden Gesellschaften und ihre Anteilseigner für Walpoles Plan zur Krisenlösung zu gewinnen. Doch ein wesentliches Problem ließ sich dadurch nicht beheben: Die zusätzliche Verwaltung von Staatsschulden brachte den Companies zwar Einnahmen in Form der staatlichen Zahlungen, aber die Zinsen für den Staatskredit fielen vergleichsweise gering aus. Die bisherigen Erträge aus den eigentlichen Geschäftszweigen Bankwesen und Fernhandel ließen sich aber mit aller Wahrscheinlichkeit nicht in Relation zum Stammkapital erhöhen. Die bisherigen Aktionäre der beiden Unternehmen hätten daher im Gegenzug für die Erhöhung der Aktienzahl dauerhaft eine geringere Dividende akzeptieren müssen, weil die Zahl der Partizipierenden an den Erträgen des eigentlichen Geschäftszweigs erheblich gestiegen wäre. Daran konnten die bisherigen Anteilseigner kein Interesse haben.[19] Daneben gab es aber auch noch weitere Gründe für eine Ablehnung des Plans. Diese waren weniger ökonomischer als prinzipieller Natur. Daniel Pulteney brachte sie auf den Punkt, wenn er schrieb:

> It [the plan] obliges the proprietors of, and subscribers to, the South Sea, to take one-fourth of their stock in Bank and another fourth in East India stock at a fixed rate. [...] I don't like

---

17 Denkschrift Robert Walpoles an Georg I., o. O. o. D. [November 1720]. In: Coxe, Memoirs, S. 200–201. Robert Jacombe hatte in einem Brief an Walpole etwas expliziter davon gesprochen, man müsse „separate interests [schaffen], as checks on one another, and consequently [würden die Companies] lesse powerfull and lesse dangerous to the state" seien. Robert Jacombe an Robert Walpole, o. O. 11.10.1720. In: Ebd., S. 193.
18 Denkschrift Robert Walpoles an Georg I., o. O. o. D. [November 1720]. In: Ebd., S. 198.
19 Dazu auch Carswell, South, S. 177.

either of these stocks, must I take them against my will and contrary to my judgment? This is compulsive disposal of private property, which, I believe, was never practiced before by a Parliament.[20]

Als großer Entwurf scheiterte Walpoles Plan schließlich. Denn die Anteilseigner der East India Company lehnten seine Umsetzung ab, und die Bank of England übernahm weit weniger als die vorgesehenen £9 Millionen.[21] So fand sich im Winter 1720/21 zunächst keine schnelle Lösung für die Probleme der South Sea Company, bzw. sie scheiterte am Widerspruch der Anteilseigner der Aktiengesellschaften. Klar machte Walpoles Vorschlag jedoch: Eine gleichmäßigere Machtverteilung zwischen den drei großen Londoner Aktiengesellschaften erschien notwendig, die Stimmung hatte sich gegen Super-AGs gewandt. Gleichzeitig glaubte man aber weiterhin auf Companies zum Zweck der Staatsschuldenverwaltung nicht verzichten zu können.

Industry und Frugality

Die Lösung der Probleme im Zusammenhang mit der Staatsschuldenkonversion und der South Sea Company war aus Sicht von Zeitgenossen aber nur ein Aspekt der ökonomischen Krisenbewältigung. Ein prinzipieller Gesinnungswandel schien manchen nach den Ereignissen des Jahres 1720 notwendig. Zahlreiche Akteure forderten in der Krisensituation des Winters ein prinzipielles Umdenken bei den ökonomischen Prioritäten. Im Hintergrund stand die schon seit dem 17. Jahrhundert diskutierte Frage, was den Wohlstand des Landes befördere: War es der oft durch monopolistische Aktiengesellschaften betriebene Fernhandel oder das Handwerk?

Kommentatoren wie Daniel Defoe sahen die Gelegenheit, die Auseinandersetzung vor dem Hintergrund der geplatzten Spekulationsblasen mit neuen Argumenten zu führen: „Projects and Stocks are but accidents, were born of yesterday and die tomorrow; but Manufactures are the Life of the Nation."[22] In eine ganz ähnliche Richtung ging ein Kommentar Thomas Burnets: „I can more easily bear all this [den Ruin von Adligen und Kaufleuten durch den Absturz der Akti-

---

20 Daniel Pulteney an John Molesworth, Paris 18.12.1720. In: Historical Manuscript Commission, Report on Manuscripts in Various Collections VIII, S. 289.
21 Carswell, South, S. 229–230.
22 Zitat nach Plummer, London Weavers', S. 306; Daniel Pulteney an John Molesworth, Paris 8.11.1720. In: Historical Manuscript Commission, Report on Manuscripts in Various Collections VIII, S. 289.

enkurse], than to hear that our Looms are going to be laid down, for 'tis only by our Trade, that we can hope to recover [the] blow that this ill managed Project has given to [our] Credit."[23] Diese Haltung, dass nach den Spekulationen nun eine verstärkte Konzentration auf Gütererzeugung und Warenhandel erforderlich sei, griff die Kritik des Sommers am unproduktiven Aktienhandel auf. Gleichzeitig erhielt die ältere Ablehnung des Börsengeschäfts durch die Krise neue Nahrung. Das Resultat einer Konzentration auf Produktion statt Spekulation sei hingegen einfach vorherzusehen, wie Arthur Onslow ausführte: „England must be soon in a flourishing condition and have that public credit again, which it has always had till now and which from our constitution and a variety of other circumstances we are better able to maintain than any of our neighbour nations."[24]

Eine Rückkehr zu nützlichen Formen des Wirtschaftens war aber auch politisch angeraten. Denn die internationale Konkurrenz schlief nicht. Die Probleme der Londoner Wirtschaft hatten sich bis nach Schweden herumgesprochen. Besonders im Hinblick auf Handwerker weckten die Nachrichten Interesse. Magnus Julius Delagardie, Präsident des Kommerzkollegiums in Stockholm, fragte beim Gesandten in London an:

> da es ... nicht unbekannt sein dürfte, welch großer Mangel hier im Reich an guten und geschickten Manufacturisten und Handwerkern herrscht, und daher die Notwendigkeit fordert, daß man alle Mittel und Auswege bedenken muss, wodurch dieselben von fremden Orten eingezogen werden können, so habe ich bei mir den Gedanken gefasst, ob nicht beim gegenwärtigen Zustand in England ein Teil Handwerker zu finden wäre, die angesichts der dort derzeit bestehenden Misslage geneigt wären, von dort fortzuziehen und sich am Besten hier im Reich niederzulassen.[25]

Kümmerte sich die britische Politik mithin nicht um ihre Arbeiter, drohten andere Staaten zu profitieren.

Handwerk, Produktion und Einzelkaufleute schienen dem Wohle des Landes – in ökonomischer und damit auch politischer Hinsicht – wieder förderlicher zu sein als Aktiengesellschaften. Doch Kommentatoren waren skeptisch, ob sich ein solcher Politikwechsel würde durchsetzen lassen. Nicht nur weil Walpoles Plan eine Vergrößerung und Ausweitung der Privilegien der East India Company und der Bank of England vorsah, sondern auch weil John Drummond beobachtete: „The opera is very fine, and very full; and the court very rich in forrain silks

---

23 Thomas Burnet an George Duckett, Lissabon 1.3.1721. In: Smith, Letters, S. 172.
24 Arthur Onslow and John Molesworth, London 4.2.1721. In: Historical Manuscript Commission, Report on Manuscripts in Various Collections VIII, S. 298.
25 Magnus Julius Delagardie an Carl Sparre, Stockholm 15.11.1720. In: RA – Diplomatica Anglica 254, unpag., S. 2–3.

and velvets; I wish it were in good [English] broad cloth, which would keep them warmer in this season."[26] Patriotisches Verhalten bei Kaufentscheidungen, so lässt sich der Gedanke fortführen, nützte dem eigenen Land. Doch gerade die gesellschaftlich führenden Schichten bevorzugten scheinbar weiterhin importierte Luxusgüter.

Ein neuer Anlauf der Weber

Ganz auf der Linie der Diskussionen über eine Stärkung der heimischen Wirtschaft lagen zahlreiche Petitionen, die das Parlament ab dem 24. Januar 1721 erreichten. Sie berichteten von der Not der Weber, sprachen sich gegen den Export von Rohwolle und für ein Importverbot von Calicos aus.[27] In Anbetracht des Scheiterns eines ebensolchen Gesetzes im Vorjahr ist die Entwicklung nach dem Crash der South Sea Bubble aufschlussreich.

Das Parlament griff die Klagen wie schon 1720 auf, brachte aber diesmal den Gesetzgebungsprozess erfolgreich zu Ende. Am 23. März verabschiedete es den „Act to preserve and encourage the woollen and silk manufactures of this kingdom, and for the more effectual employing the poor, by prohibiting the use and wear of all printed, painted, stained, or dyed callicoes, in apparel, householdstuff, furniture, or otherwise after the 25th of December 1722."[28] Zwar dürfte die Maßnahme im Frühjahr 1721 zunächst wenig direkte Auswirkungen auf die Lage der britischen Woll- und Seidenweber gehabt haben – selbst wenn Zeitungen solche wahrzunehmen glaubten.[29] Denn erstens gab es im Gesetz großzügige Übergangsfristen, zweitens stockte der Markt ohnehin. Einmal aufgrund des Börsencrashs, sodann aber auch durch Pestausbrüche entlang der Mittelmeerküste, die Wollexporte in die Levante verhinderten.[30] Doch Parlament und Regierung zeigten ihre Bereitschaft, sich ökonomischer Schwierigkeiten anzunehmen, wirtschaftspolitisch andere Prioritäten zu setzen als im Vorjahr und nicht zuletzt eine auf Handwerker gestützte Ökonomie gegen den Einfluss der großen East India Company und deren Calicoimporte zu schützen.

Bei der Verabschiedung des Gesetzes gegen Baumwolltextilien in Großbritannien dürfte sicherlich auch die unruhige Lage in der britischen Hauptstadt eine Rolle gespielt haben – neben wütenden Aktionären und Eigentümern ehemaliger

---

26 John Drummond an Daniel Pulteney, London 24.11.1720. In: Coxe, Memoirs, S. 196.
27 Journals of the House of Commons 19, S. 407–462 passim.
28 The British Chronologist, S. 64.
29 Vgl. dazu die Hinweise bei Eacott, Making, S. 760.
30 Zu den wirtschaftlichen Auswirkungen des Crashs siehe auch Menning, Economic.

Staatsschuldpapiere hatten in den beiden Vorjahren die Weber ja immer wieder gewaltsam protestiert. Die Commissioners of Trade and Plantations schätzten 1720, dass allein im Raum London etwa 160.000 Menschen von der Woll- und Seidenproduktion abhingen.[31] Dies war ein bedeutender Teil der Bevölkerung. Zudem hatten Kommentatoren die Woll- und Seidenweberunruhen seit 1719 häufig mit dem Jakobitismus in Verbindung gebracht. Dessen Anhänger versuchten auch unter den Verlierern der South Sea Bubble Sympathisanten für einen Umsturz und eine Rückkehr der Stuarts zu rekrutieren. Das Risiko, dass sich die wirtschaftliche Unzufriedenheit der Weber gegen die Regierung und die hannoversche Erbfolge richtete und sich die Handwerker mit den antigouvernementalen Verlierern der South Sea Bubble verbündeten, konnte durch die wirtschaftspolitische Kehrtwende eingedämmt werden. Indem sich die Parlamentarier der Weber annahmen, konnten sie in einer politisch instabilen Situation zumindest einem Teil der Bevölkerung Genugtuung verschaffen und damit deren Unzufriedenheit hoffentlich die Grundlage entziehen.

Größter Leidtragender der Maßnahme war die East India Company. Eines ihrer wichtigsten Handelsgüter verlor den Zugang zum britischen Markt. Implizit zog das Gesetz sie vielleicht auch für ihr Verhalten während der South Sea Bubble zur Rechenschaft. Denn erstens hatte die Asiengesellschaft die Aktienspekulationen mit ihrem Ostafrikaprojekt selber befeuert. Zweitens weigerte sie sich, Robert Walpoles Plan zur Lösung der Krise durch eine Umverteilung von Aktienkapital von der South Sea auf die East India Company zu unterstützen.[32] Gleichzeitig hatte die ‚Bestrafung' des immerhin gut £3 Millionen Staatsschulden verwaltenden Unternehmens durch Regierung und Parlament und damit die Unterstützung der englischen Handwerker klare Grenzen. Denn der Kolonialmarkt blieb für Calicos nicht nur offen – er hatte sich über die vergangenen beiden Jahrzehnte als äußerst expansiv erwiesen –, sondern die Rechte der East India Company zum Export von Baumwollstoffen dorthin wurden sogar noch gestärkt. In der Maßnahme kommt insofern eine bedeutende Verschiebung des Blicks auf Kolonien zum Ausdruck, der sich 1700 schon angedeutet hatte. Sie stellten nicht mehr länger nur Bezugsgebiete für Rohstoffe und Absatzmärkte für britische Waren dar, sondern das Parlament sah sie zunehmend als Exportregion für Produkte, die man auf der heimischen Insel nicht wünschte. Das Gesetz erklärte somit Kolonisten zu „different types of subjects to be used to support not only

---

31 Plummer, London Weavers', S. 302.
32 Etwas zu geradlinig und die Bedeutung der South Sea Bubble für das Verbot von Calicos in Großbritannien falsch interpretierend O'Brien/Griffiths/Hunt, Political, S. 417.

private English or British shippers and manufacturers but also the East India Company."³³

So besaß der Calico Act am Ende zwei Stoßrichtungen: eine politische und eine ökonomische. Neben Bemühungen, innenpolitische Unruhen zu entschärfen, traten veränderte wirtschaftliche Prioritäten. Statt die Welt mittels Aktiengesellschaften zu erobern, sollten die kleinen heimischen Produzenten wieder stärker geschützt und gefördert sowie Arbeitslose beschäftigt werden.³⁴

Parlamentarische Untersuchungen

Im Dezember hatten sich im Unterhaus zunächst Robert Walpole und seine Anhänger mit ihrer Linie durchgesetzt: Die Lösung der durch das Platzen der Spekulationsblase verursachten Krise hatte Vorrang vor der Untersuchung der Ursachen der South Sea Bubble. Anfang Januar gewannen die Unterstützer einer rigorosen Ermittlung der politischen Hintergründe Auftrieb. Am 9. des Monats setzte das House of Commons ein Komitee ein, das die politischen Entscheidungsgänge, die zum Schuldenkonversionsgesetz im Frühjahr geführt hatten, sowie das Verhalten der Direktoren der South Sea Company im gesamten Jahr durchleuchten sollte.³⁵

Das Komitee forderte zunächst Unterlagen von der Südseegesellschaft an. Die genaue Prüfung der Geschäftsaktivitäten offenbarte Abweichungen eines Teils der Direktoren von den gemeinschaftlichen Beschlüssen. Es zeigte sich unter anderem, dass ein kleiner Zirkel um John Blunt und den Kassierer Robert Knight wesentlich mehr Geld in Form von Krediten an Investoren ausgegeben hatte, als gemeinschaftlich beschlossen. Auch die maximale Kredithöhe pro Schuldner hielten sie nicht immer ein. Zudem konnten nach dem Absturz der Wertpapierkurse im Herbst einige Aktienzeichner und ehemalige Staatsschuldner ihre Sub-

---

33 Eacott, Making, S. 733. Zur zunehmenden Bedeutung der britischen Kolonisten als Konsumenten und ihrer abnehmenden Rolle als Produzenten für das Mutterland vgl. Wellenreuther, Hermann: Britain's Political and Economic Response to Emerging Colonial Economic Independence. In: Carey/Finlay, Empire, S. 121–139.
34 Zu Robert Walpoles Nutzung von wirtschaftspolitischen Maßnahmen, um Zustimmung für seine Regierung und die hannoversche Erbfolge generell zu erzeugen, vgl. Dickinson, H.T.: Walpole and the Whig Supremacy. London 1973, S. 93–112. Schon zu Beginn des 18. Jahrhunderts wurde die Wirtschaftsgesetzgebung zum Zweck der Entschärfung von Unruhen genutzt. Vgl. Keirn, Tim: Parliament, Legislation and the Regulation of English Textile Industries, 1689–1714. In: Davison, Lee/u. a. (Hrsg.): Stilling the Grumbling Hive. The Response to Social and Economic Problems in England, 1689–1750. New York 1992, S. 3–4.
35 Carswell, South, S. 175–186.

skriptionen und Konversionen wieder rückgängig machen. Schließlich fand das Untersuchungskomitee Anhaltspunkte für die Bestechung von Regierungs- und Parlamentsmitgliedern sowie von Personen im Umfeld des Königs. Neben dem Verhalten der Direktoren ging man daher nun auch diesen Hinweisen nach. Weil aber im Vorfeld der Ablieferung der Unterlagen an das Parlamentskomitee Mitarbeiter der South Sea Company umfangreiche Vertuschungen vorgenommen hatten und andere Bücher gar nicht erst übergeben wurden, erwies es sich als schwierig, das gesamte Ausmaß der Korruption aufzudecken.[36]

Doch die gesammelten Belege genügten vorerst, um unter regierungskritischen Parlamentariern und in der Bevölkerung das Misstrauen in das Verhalten der Regierung, der Company und einer Reihe Abgeordneter zu bestärken.

Londoner Krisenzeiten: Eine Zwischenbilanz

Auf drei miteinander verwobenen Ebenen bemühte man sich in London im Winter 1720/21 um eine Bewältigung der Börsenkrise. Erstens politisch: Hier ging es einer größeren Anzahl Beteiligter darum, Konsequenzen aus den Ereignissen zu ziehen – namentlich die an der Misere mitverantwortlichen Regierungsmitglieder auszutauschen. Andere wiederum wollten gerade dies verhindern und sorgten sich eher vor Unruhen in der Bevölkerung, welche die Hannoversche Thronfolge bedrohen konnten. Daneben spielte zweitens die Frage des Umgangs mit der Spekulation und der bankrotten South Sea Company eine Rolle. Während das Parlament Aktien- und Staatsschuldentransfers nicht rückgängig machte, blieb das weitere Schicksal der Südseegesellschaft einstweilen ungeklärt. Schließlich war drittens aus der Perspektive manches Zeitgenossen nach dem Crash eine veränderte Akzentuierung ökonomischer Prioritäten notwendig. Denn die ‚Rückkehr' von einer Bevorzugung von Großunternehmen zu einer Förderung von Handwerkern und Manufakturen versprach aus Sicht von Companykritikern den Wohlstand des Landes dauerhafter zu fördern. Eine Super-AG erschien in London, ähnlich wie in Paris, nun eher als Bedrohung denn als Chance. Dass man Companies für die Staatsschuldenfinanzierung weiterhin benötigte, wurde zwar anerkannt. Aber sie sollten fortgesetzt um dieses Privileg konkurrieren, es durfte im Interesse des Staates zu keinem Zeitpunkt eine massive Bevorzugung eines Unternehmens geben.

---

36 Ebd.; Grüne, Niels: Wertpapierhandel und reflexive Frühmoderne. Verhältnisbestimmung von Wirtschaft, Politik und Moral in der englischen Finanzrevolution (ca. 1690–1735). In: Jahrbuch für Wirtschaftsgeschichte 54 (2013), S. 44.

6. Januar 1721

South Sea Company	Bücher geschlossen[37]
Bank of England	147
East India Company	Bücher geschlossen
Royal African Company	Bücher geschlossen
London Assurance	8 ½
Royal Exchange Assurance	8 ½
York Buildings (1. Jan.)	27

London, 3. Januar: „Heute wurde besagtem [Unter]Hause eine Bittschrift von der Stadt Worchester übergeben, worin selbig über den Verfall der Manufacturen durch den infamen Actien-Handel auf Zeit sich beklaget."[38]

London, 7. Januar: „Verwichenen Freytag ist in der general Versammlung der Süd-See-Compagnie grosser Streit vorgefallen. Die Directeurs hatten alle ihre Freunde ersucht, daß sie solten kommen, und ihnen beystehen. [... Es wurden] sehr harte Worte gegen sie gebraucht, so gar, daß Herr Georg Caswall, einer der Scheriffs drohete, er wolte die Proclamation gegen die auffrührischen Versammlungen verlesen. Er wurde aber ausgelacht."[39]

London, 16. Januar: „Den 16. wurde im Unter-Haus auf eine Parlaments-Acte angetragen / nach welcher der Gouverneur / der Unter-Gouverneur / der Schatz-Meister / der Zahl-Meister der Secretarius, der Buchhalter und die Directores der Süder-Compagnie vor Endigung dieser Seßion [des Parlaments] weder aus dem Reich gehen / noch etwas von ihren Gütern alieniren oder aus dem Land schaffen sollen."[40]

London, 27. Januar: „[W]hen I first arriv'd my Mother and Sister Nanny were grown so rich by the South Sea Scheme that I expected to be maintain'd by them. [B]ut they not having foresight enuff to sell out at that time, these Golden Dreams are Vanish'd, and I wish they be not sufferers at last, tho' I think their loss cannot be very great as they Came in the Stock on easy terms. I can't express to you the Madness that reign'd at that time. I could not hear of any of my India Acquaintance that was not a Plum Man, and some of 'em had gain'd their Millions. Change Ally was as much Crowded with Stars and Garters as formerly with Stock Jobbers. And all these Golden Visions Vanish'd in two Months time when the People began to Open their eyes and Search in the true Value of the Stock. Then the fall of it was as Sudden and Surprising as the rise, and now you hear nothing but the ruin of Several familys and our Credit so Sunk that no Man whatsoever is trusted for a hundred pounds."[41]

---

37 Angaben nach Daily Courant 7.1.1721.
38 Relations Courier Hamburg 16.1.1721.
39 Ebd. 20.1.1721.
40 Wöchentliche Relationen Halle 1.2.1721
41 Elihu Trenchfield an John Scattergood, London 27.1.1721. In: British Library (BL) – Mss. Eur 387/3, S. 109.

Genuesische Diplomatenwohnung und Londoner Wechsel

An zahlreichen Orten hatten Regierungen im Herbst 1720 gehofft, von den europäischen Kapitalflüssen profitieren zu können, ohne gleichzeitig die Risiken der Aktienspekulation in Kauf nehmen zu müssen. Spätestens im Winter wurden die Folgen der geplatzten Börsenblasen jedoch auch in Städten spürbar, in denen Menschen nicht oder kaum mit Aktien gehandelt hatten.

So wirkten sich Wechselgeschäfte für den Bankier Hounzigner in Genua verhängnisvoll aus. Er nahm im Herbst an, in London ein Guthaben beim Bankier Gampert zu besitzen. Um nun eine Rechnung der Kaufleute Barband und Bagshaw, die sich ebenfalls in Genua befanden, zu bezahlen, wies er Gampert an, das Geld an den Londoner Korrespondenten von Barband und Bagshaw auszuzahlen. Letztere wollten damit wohl wiederum Waren in England einkaufen und sich nach Italien schicken lassen. Doch Gampert erklärte in der Zwischenzeit seine Zahlungsunfähigkeit, vermutlich weil er mit dem Guthaben seiner Kunden entweder direkt Aktienspekulationen getätigt oder das Geld verliehen hatte. Zumindest war es weg, und er konnte Hounzigners Wechsel nicht bedienen. Das Dokument kam daher uneingelöst nach Genua zurück und Barband und Bagshaw forderten eine anderweitige Begleichung des ausstehenden Betrags. Da Hounzigner jedoch über keine weiteren Mittel verfügte, riss ihn Gamperts Bankrott mit in die Zahlungsunfähigkeit. Er flüchtete daraufhin Ende Oktober vor seinen Gläubigern in das Haus des englischen Konsuls Charles Davenant. Letzterer bot dem Kaufmann Asyl, woraufhin Barband und Bagshaw sich in einer Petition beim englischen König über das Verhalten des Konsuls beklagten. Sie forderten, er solle Hounzigner nicht länger Schutz vor seinen Gläubigern gewähren. Davenant verwies hingegen darauf, dass er rechtmäßig handle und Hounzigner „always had the reputation of a very honest man".[42] Nur der Bankrott Gamperts habe ihn in die Insolvenz getrieben.

Die Erfahrung geplatzter Wechsel machten Kaufleute überall in Europa 1720.[43] Auch Bankiers, deren Zahlungsfähigkeit den Kunden nur ungewiss erschien, sahen sich mit Anstürmen und Abhebungen konfrontiert.[44] Wie in einem Dominospiel, so teilte der österreichische Resident aus London mit, wirkten sich Bankrotte in den Niederlanden auf Bankiers in der englischen Hauptstadt aus,

---

42 Charles Davenant an James Craggs, Genua 31.12.1720. In: TNA – SP 79/12, unpag., S. 1; Petition der Kaufleute Barband und Bagshaw, o.O. o.D. In: Ebd., unpag.
43 Hinweise dazu bei Condorelli, 1719–1720 Stock Euphoria, S. 16.
44 Walsh, Patrick: Writing the History of the Financial Crisis. Lessons from the South Sea Bubble. Working Paper 2012, S. 4–5; ders., South, S. 115–116.

was wiederum nicht ohne Folgen für den Rest Europas sein könne.⁴⁵ Solche Reigen von Insolvenzen hatten zur Folge, dass Bankiers und Kaufleute bei Geldtransfers vorsichtig wurden „und die besten und vermögensten negotianten dürffen einander nicht trauen, weil sie nicht wissen wie starck ihre portiones in den actien handel wären".⁴⁶

Normalerweise bewerkstelligten Wechselbriefe den innereuropäischen und globalen Geldtransfer weitgehend reibungslos. In den Jahren 1719/20 trugen sie auch zur schnellen Verschiebung von Spekulationskapital auf dem Kontinent bei. Im Winter 1720/21 schuf der bargeldlose Geldtransfer aber auch erhebliche Probleme. Denn das gegenseitige Misstrauen im Gefolge der zahlreichen geplatzten Spekulationsblasen brachte aus Sicht der Zeitgenossen die Verwerfungen auch an solche Orte, an denen gar keine größeren Spekulationen stattgefunden hatten.⁴⁷

Het groote tafereel der dwaasheid

Am Ende des Jahres 1720 erschien in den Niederlanden ein Buch, das im Englischen mit dem Titel *The Great Mirror of Folly* übersetzt wird. Der Band versammelte satirische Zeichnungen, die im Zusammenhang mit der Börsenspekulation in Europa entstanden. Innerhalb kürzester Zeit verkauften sich drei Auflagen des relativ teuren Werks, und ebenso schnell erschienen Übersetzungen auf Englisch, Deutsch, Französisch und Latein. Der *Tafereel* stellte insofern ein Medium der internationalen Verflechtung und eine Mahnung an all jene dar, die über die Emulation von Aktiengesellschaften nachdachten. Das Ziel der Herausgeber, „as indicated on the title page [...], was to preserve a record of the recent financial crisis and issue a warning to future generations."⁴⁸ Diese Mahnung fand in viel-

---

45 Johann Philipp Hoffmann an Karl VI., London 4.10. u. 19.11.1720. In: HHSTA – England, Korrespondenz, Karton 60, S. 16 u. 14; Votum an den Herzog August Wilhelm von Braunschweig-Wolfenbüttel, Braunschweig 20.11.1720. In: NLAWF – 2 Alt 6544, S. 23; John Molesworth an Temple Stanyan, Turin 3.1.1721. In: TNA – SP 92/30, unpag. Zu den Auswirkungen auf Molesworths persönliches Einkommen in Turin auch Walsh, South, S. 104–105. Zu den Bankenpleiten in der Schweiz vgl. Linder, Berner, S. 58–64. Über uneingelöste Wechsel, die nach Spanien, Portugal und in die Niederlande zurückgingen, berichtet Dickson, Financial, S. 157–158.
46 Denkschrift über die Hamburger Aktienspekulation 1720, o. O. o. D. In: STAHH – 111–1, Cl VII, Lit. Ka No 5, Vol. 4a, unpag., S. 14; Johann Philipp Hoffmann an Karl VI., London 8.11.1720. In: HHSTA – England, Korrespondenz, Karton 60, S. 5.
47 Gelderbloom/Jonker, Mirroring, S. 122, zweifeln daran, dass es zu Bankrotten in größerer Anzahl in den Niederlanden gekommen sei. Die Zunahme zahlungsunfähiger Kaufleute sei 1720/21 unwesentlich und der Zusammenhang mit den Börsenblasen nicht immer eindeutig.
48 Goetzmann, William/u. a.: Introduction. In: Dies., Great Mirror, S. 3.

fältiger Form Ausdruck. Der Band mit seinen 69 Abbildungen lässt sich daher auch nicht auf einen einfachen Nenner bringen. Die in den Zeichnungen und begleitenden Texten geäußerte Kritik am Aktienhandel ist vielfältig – regelmäßig tritt „Folly" auf, Harlequin und der Teufel finden sich in zahlreichen Bildern. Illustrationen des niederländischen Begriffs für Aktienspekulation, „windhandel", oder die englischen „bubbles" griffen Zeichner häufig auf.[49]

Zugleich belegt der *Tafereel* aber auch die Faszination, die von den Möglichkeiten des globalen Warenaustauschs ausging und die vielen neuen Aktiengesellschaften zugrunde lag. Mehrere Abbildungen beschäftigen sich (in Ausschnitten) mit Phänomenen der Globalisierung. Es werden Handelsszenen in fremden Ländern dargestellt. Schiffe verweisen auf die transozeanische Seefahrt. Indigene übernehmen verschiedene Rollen. Dioramen erlauben dem Betrachter Blicke in die Ferne. Benjamin Schmidt ist zu dem Schluss gekommen, dass der „*Tafereel* was not a product of trade but a product *about* trade, particularly global trade, and about engagement with the world – which, as the contents of the *Tafereel* gleefully proclaim, was often an engagement with folly."[50] Folglich sahen die Zeichner in den Aktionären neben der Spekulationslaune auch eine unvernünftige Begeisterung für den Auf- und Ausbau globaler Handelsverbindungen.[51]

Der *Tafereel* enthält eine deutliche Kritik an zu viel Schwärmerei für (globales) Projektemachen, besonders wenn Aktienspekulation die Pläne antrieb. Doch die Zeichnungen stehen der Erschließung der Welt nicht prinzipiell negativ gegenüber. Vielmehr verweisen sie zugleich auf den Genuss des Exotischen, der eine Folge des Kontakts mit der Welt darstellt.[52] Projekte führen die Zeichner somit in ihrer Ambivalenz vor Augen: Als Unterfangen, die realen Wohlstand und neue Annehmlichkeiten hervorbringen können, gleichzeitig aber das Risiko von Über- und Fehleinschätzung in sich bergen.

---

49 Vgl. zu deren Deutung auch Zabel, Christine: From Bubble to Speculation – Eighteenth-Century Readings of the 1720s. In: Condorelli/Menning, Boom, S. 305–316.
50 Schmidt, Benjamin: The Folly of the World. Moralism, Globalism, and the Business of Geography in the Early Enlightenment. In: Goetzmann/u.a., Great Mirror, S. 252. Weniger als Auswirkung von folly, sondern als tatsächliche Faszination mit dem Mississippi-Gebiet auch die Analyse der französischen Pamphletliteratur bei Orain, La politique, S. 176–190.
51 Spieth, Darius A.: The French Context of Het groote tafereel der dwaasheid. John Law, Rococo Culture, and the Riches of the New World. In: Goetzmann/u.a., Great Mirror, S. 228–231; Rosenhaft, All That Glitters.
52 Schmidt, Folly, S. 258–260.

Aktienbesitzer in Rotterdam

Schon für Großbritannien hat sich gezeigt, dass manche Menschen 1720 auf Kurssteigerungen spekulierten, während andere langfristig investierten. Letztere hielten ihre Aktien soweit möglich trotz des Crashs fest, weil sie an den Geschäftszweck des Unternehmens glaubten. Kurzfristige Kapitalgewinne waren ihnen weniger wichtig. Diese Haltung lässt sich jedoch nicht nur im Vereinigten Königreich beobachten, sondern auch jenseits des Kanals. Die Subskribenten der ersten 1720 gegründeten niederländischen Versicherungsgesellschaft bieten dazu Aufschlüsse.

Der Aktienkurs von Stad Rotterdam stieg schon kurz nach der Ausgabe der Anteile auf 157,5 % des Nennwerts und erreichte Anfang September einen Höhepunkt mit 190,5 %. Er sackte dann bis Jahresende auf 113,5 % ab.[53] Ähnlich wie vielen anderen Kompagnien bereitete der Börsencrash ab September auch der niederländischen Versicherungsgesellschaft Schwierigkeiten. Investoren beglichen aufgrund von Geldknappheit die Raten für ihre erst zum Teil bezahlten Aktien nicht. An die Direktoren richteten sie eine Petition mit der Bitte, Geld gegen die Hinterlegung von Anteilen zu verleihen und so dem Markt Liquidität zuzuführen. Als Reaktion auf die Zahlungsschwierigkeiten entschieden sich die Direktoren, das Stammkapital der Gesellschaft von 15 auf 10 Millionen Gulden zu reduzieren. Wie im Falle einer ganzen Reihe von Kompagnien in London, die Hilfe von der Regierung erfuhren, unterstützte auch die niederländische Stadt ihre Assekuranz.[54] Die lokalen Führungsschichten brachten damit ihre Unterstützung für das Unternehmen zum Ausdruck, zumal sie sich von der Gesellschaft ja schon bei der Gründung im Sommer ganz praktische Vorteile für die Wirtschaft und Macht ihres Gemeinwesens erhofft hatten. Diese Erwartungen wollten sie nun offensichtlich nicht aufgeben.

Ein Bild der Konstanz gewinnt man auch, wenn man auf die Aktionäre am Jahresende 1720 blickt. Obwohl die Rotterdamer Regenten, die städtische Führungsschicht, aktiven Handel mit Unternehmensanteilen trieben, nutzte nur etwa ein Viertel von ihnen die Gelegenheit, die eigenen Anteile zu den gestiegenen Preisen des Spätsommers vollständig zu liquidieren. Ein weiteres Viertel besaß nur noch einige wenige Aktien (maximal zehn), während andere zwischen Anfang Juli und Ende Dezember sogar zukauften. Die Hälfte der Regenten hielt somit über Höhen und Tiefen des Wertpapierkurses hinweg an ihren Investments fest. Für die Direktoren des Unternehmens gilt gar, dass sie zusammengenommen über das

---

53 Gelderblom/Jonker, Mirroring, S. 135.
54 Ebd., S. 129; Go, Marine, S. 219.

zweite Halbjahr ihren Anteil am Stammkapital ausbauten. Dasselbe trifft außerdem für jene 25 Personen zu, die am häufigsten mit Aktien von Stad Rotterdam handelten. Auch sie vergrößerten ihre Bestände erheblich, und das nicht erst nach dem Crash des Aktienkurses. Obwohl die Direktoren und Großspekulanten aufgrund ihrer Stellung Vorteile bei der Informationsgewinnung besaßen, und somit die Geschäftsentwicklung und den zukünftigen Aktienkurs vermutlich besser einschätzen konnten, nutzten sie dieses Wissen nicht systematisch aus. Ihre Verkäufe korrelieren nicht positiv mit einem sinkenden Preis der Unternehmensanteile.[55]

Die Veränderung der Besitzstruktur deutet darauf hin, dass es im Winter 1720/21 immer noch eine nicht unbedeutende Kerngruppe innerhalb der Aktionäre von Stad Rotterdam gab, die dem Unternehmen verbunden blieben und zugleich mit der Stadt in engem Kontakt standen. Ihnen waren die langfristigen ökonomischen Aussichten wichtiger als kurzfristige Spekulationsgewinne.

Kleinterritoriale Verwicklungen: Emden, Aurich und Wien

Genauso wenig wie die Regenten in Rotterdam war der Rat der Stadt Emden im Winter 1720/21 bereit, seine lokale Aktiengesellschaft aufzugeben. Allerdings spielten bei ihm neben ökonomischen weiterhin staatsrechtliche Erwägungen eine Rolle, was freilich für den Fall eines Erfolgs des Unternehmens den Profit zusätzlich zu steigern versprach. Doch auch Fürst Georg Albrecht von Ostfriesland als Gegner in der Auseinandersetzung um die Zulässigkeit der Kompagniegründung zeigte keine Bereitschaft nachzugeben.

Aufgrund der niederländischen Militärpräsenz in Emden konnte die fürstliche Regierung die Kompagniepläne jedoch nicht direkt unterdrücken.[56] Deshalb wandte sie sich an den kaiserlichen Reichshofrat in Wien. Dieser war, als eine der beiden höchsten gerichtlichen Instanzen im Alten Reich, für die Aufrechterhaltung von Lehnsgesetzen zuständig. In einer am 10. Januar vorgetragenen Erklärung beklagte Fürst Georg Albrecht die Missachtung von Reichs- und Landesrecht durch die Stadt Emden. Dies beschädige sein Ansehen in der Öffentlichkeit massiv. Dass sich der Stadtrat durch die Kompagniegründung landesherrliche Befugnisse anmaße und damit aus seinem Untertanenverhältnis ausschleiche, wollte der Fürst nicht akzeptieren. Er forderte vom Reichshofrat daher ein Verbot

---

55 Gelderblom/Jonker, Mirroring, S. 129; Frehen/Goetzmann/Rouwenhorst, Evidence, S. 600–604.
56 Zur Bedeutung der niederländischen Garnison für die Auseinandersetzungen zwischen Fürst und Stadt allgemein vgl. Kappelhoff, Emden, S. 162.

des Unternehmens. Das Vorgehen stellte im Prinzip ein Eingeständnis seiner Ohnmacht gegenüber dem Verhalten Emdens dar. Um seine Oberherrschaft über die Stadt zu wahren und seine Würde als Landesherr wiederherzustellen, benötigte Georg Albrecht fremde Hilfe. Liest man die Erklärung, so scheint es aber, als ob die fürstliche Regierung die Aktiengesellschaft nicht prinzipiell ablehnte – nur: sie wünschte diese wohl selber zu genehmigen und dann auch von möglichen Anerkennungsgebühren zu profitieren.[57]

Der Emdener Rat sah die Sache freilich genau umgekehrt. Er beharrte darauf, nicht außerhalb seiner historischen Rechte gehandelt zu haben. Vielmehr warf man dem Fürsten und seiner Regierung vor, historische Rechte zu verletzen und die Landesverfassung zu untergraben. Die Maßnahmen der Beamten in Aurich bezweckten, so führte man weiter aus, die Einführung einer ‚absoluten' Herrschaft:

> Es ist nemblichen der Author [der Klageschrift] ein gewißer fürstl. Minister der ein abgesagter feind der Stände, Stätte und ganzen Landes freyheit ist, Er führt lauter Principia Despotica et Monarchica welche Er von langen zeiten her in allen seinen scriptis zu Marckt gebracht.[58]

Nicht die Stadt, sondern der Fürst verstieß somit gegen das Lehnsrecht. Der Reichshofrat möge daher Emdens Stellung sichern helfen.[59] Die Entscheidung des Wiener Hofrats, die im August 1721 erging, ließ in ihrer Eindeutigkeit jedoch keinen Interpretationsspielraum. Das Privileg der Stadt Emden für die Kompagnie sei widerrechtlich. Einer Landstadt stehe es nicht zu, Aktiengesellschaften zu autorisieren.[60]

Das Verhältnis zwischen Stadt und Fürst war so zumindest aus Sicht des letzteren wieder in das richtige Verhältnis gerückt. Stadtrat und Magistrat hatten hingegen keines der beiden mit der Aktiengesellschaft verfolgten Ziele erreicht. Weder gelang es, die Unabhängigkeit gegenüber dem Fürsten zu untermauern, noch die Ökonomie des Gemeinwesens mit Hilfe der Kompagnie zu stärken. Das Streben nach dem Ausbau internationaler Handelsverbindungen scheiterte allerdings nicht nur an innenpolitischen Konflikten. Die Verwerfungen im internationalen Geldverkehr und die Abkühlung der Spekulationslaune bei den An-

---

57 Abschrift der Anklageschrift des Fürsten von Ostfriesland, o.O. o.D. In: NLAAUR – Rep. 4, B IVe, Nr. 179, S. 69–75.
58 Hugo Xaverius Edler v. Heumilch an den Reichshofrat, Wien 13.3.1721. In: Ebd., S. 76–94, Zitat S. 82–83. Zu den Bemühungen der ostfriesischen Regierung, eine ‚absolutistische' Regierung durchzusetzen, vgl. Kappelhoff, Emden, S. 168–169.
59 Der Reichshofrat verteidigte je nach Lage der Dinge sowohl Landstände gegen Landesherren als auch umgekehrt. Vgl. Hughes, Law.
60 Dekret Karls VI., Wien 18.8.1721. In: NLAAUR – Rep. 4, B IVe, Nr. 179, S. 121.

legern hatten zur Folge, dass Gelder für die Aktiensubskriptionen offensichtlich nicht mehr im geplanten Umfang eingingen. Das internationale Interesse an der Emdener Gesellschaft war geschwunden.

Portugiesische Gerüchte

An einigen Orten hielt das Nachdenken über die Gründung einer Aktiengesellschaft im Anschluss an die Pariser und Londoner Spekulationen noch ein Jahr nach den ersten Überlegungen an. Die mit solchen Plänen verbundenen Hoffnungen, Investmentkapital ins Land zu locken, erwiesen sich jedoch Anfang 1721 als immer weniger begründet. Das musste auch die Regierung in Lissabon zur Kenntnis nehmen.

Bereits seit Dezember 1720 hatten Berichte an die britische Regierung vermeldet, dass in zunehmender Zahl Aufträge zum Einkaufen in eine etwaige portugiesische Aktiengesellschaft storniert wurden. Auch die portugiesischen Beamten bemerkten dies, meldeten die Depeschen des britischen Generalkonsuls und Gesandten.[61] Unter den örtlichen Promotoren herrsche deshalb (wieder) größere Skepsis, ob sich überhaupt Investoren für das Stammkapital eines Unternehmens finden ließen. Wohl deshalb war der geplante Umfang der Gesellschaft, über die Worsley und Burnet berichteten, deutlich auf £1,3 Millionen gesunken – im Vorjahr dachte man noch über bis zu £13 Millionen nach. Zudem zog die Regierung nun den Handel mit Indien und Afrika als Basis eines Unternehmens stärker in Betracht. Damit verschob sich die Aufmerksamkeit auf ein Geschäftsfeld, in dem Portugal ohnehin mit den Niederlanden und Großbritannien konkurrierte. So lief man zudem nicht Gefahr, das einträgliche Monopol für Importe aus Brasilien zu verlieren.[62] In einem Brief an seinen Freund George Duckett berichtete Generalkonsul Burnet zudem, dass es nun wieder Bemühungen gebe, Ausländer von der Teilnahme auszuschließen. Diese Überlegung bewegte sich auf der Linie des vergangenen Jahres, namentlich, wie man fremden Einfluss eingrenzen könne. Es war aber auch noch ein neuer Gedanke aufgekommen. Aller Voraussicht nach, so führte Burnet weiter aus, würden die Aktien nämlich unverkäuflich und nicht transferierbar sein.[63] Eine solche Regelung unterband die Spekulation mit Unternehmensanteilen vollständig und stellte ohne Zweifel eine

---

61 Henry Worsley an James Craggs, Lissabon 24.1.1721. In: TNA – SP 89/29, S. 6; dies., Lissabon 12.2.1721. In: Ebd., S. 15; Thomas Burnet an James Craggs, Lissabon 24.12.1720. In: Ebd. – SP 89/28, S. 146; dies., Lissabon 25.1.1721. In: Ebd. – SP 89/29, S. 12–13.
62 Ebd.; Condorelli, 1719–1720 Stock Euphoria, S. 67–68.
63 Thomas Burnet an George Duckett, Lissabon 1.3.1721 N.S. In: Smith, Letters, S. 172.

Reaktion auf die Börsencrashs in London und Paris dar. Ob sich Investoren für solche Aktien allerdings überhaupt noch interessieren könnten, thematisierte Burnet nicht.

Je länger die Gerüchte kursierten, desto sicherer schien sich der Generalkonsul schließlich jedoch, dass seine Vermutung aus dem Herbst zuträfe. Die Beratungen würden nicht mit dem Ziel des Handelsausbaus geführt, sondern bezweckten etwas anderes:

> [S]ince it is observable that constantly before the Dispatch of the Packet for England, some such Secret is industriously given out, to keep up the Expectations of such a Project; and perhaps by that means, as much as it is possible prevent the Exportation of Gold from hence, which can not be stopt, but by some Artifice of this Nature.[64]

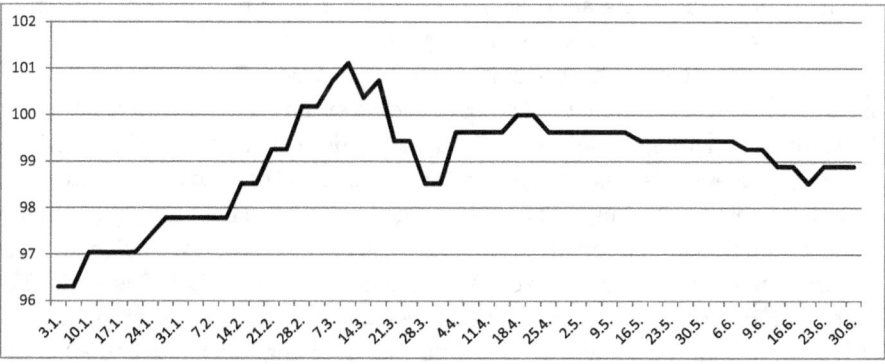

Grafik 34: Wechselkurse zwischen Lissabon und London 1721 (1. Januar 1720 = 100 %) Course of the Exchange 1721.

Es ging mithin nur noch darum, so glaubte Burnet, den gewöhnlichen Geldabfluss nach Nordeuropa zu verhindern, der das Resultat des Handelsbilanzdefizits zwischen Portugal einerseits, Großbritannien und den Niederlanden andererseits ausglich. Denn Spekulationskapital aus anderen europäischen Ländern anzuziehen, wie es im August des Vorjahrs so beeindruckend gelang, war Anfang 1721 trotz aller Pläne für eine portugiesische Handelsgesellschaft nicht mehr möglich. In diese Richtung deutet zumindest der Wechselkurs zwischen London und Lissabon, der sich im Verhältnis zu den heftigen Ausschlägen des Vorjahrs unspektakulärer entwickelte.

Am Ende betrieb die portugiesische Regierung ihre Pläne aber doch mit mehr Ernsthaftigkeit, als ihr der britische Generalkonsul zugestand. So berichtete die

---

64 Thomas Burnet an James Craggs, Lissabon 12.2.1721. In: TNA – SP 89/29, S. 20.

Europäische Fama im weiteren Verlauf des Jahres 1721 noch von der Gründung einer Aktiengesellschaft.[65] Das Interesse an Kompagnien hielt somit in manchen Teilen Europas weiterhin an. Allerdings musste die portugiesische Regierung jetzt wohl wieder hauptsächlich mit lokalen Ressourcen wirtschaften.

Europa und die Wende am Aktienmarkt: Eine Zwischenbilanz

Die Bilanz der europäischen Euphorie für Aktiengesellschaften im Winter 1720/21 erweist sich als gemischt. Nicht aus allen Projekten gingen Unternehmen hervor. Für das Scheitern gab es unterschiedliche Gründe. Konstitutionelle Schwierigkeiten behinderten den Rat der Stadt Emden. In anderen Fällen stieg die Sensibilität für Risiken. In Lissabon dachte man daher über prinzipielle Einschränkungen des Handels mit Aktien nach. Auch im europäischen Wechselverkehr rückten die Schattenseiten wohl stärker ins Bewusstsein. Denn nicht nur konnte Spekulationskapital durch bargeldlosen Transfer im positiven Sinne bei der Ausstattung von Kompagnien behilflich sein. Sondern im negativen Sinne wirkten sich aus Börsencrashs resultierende Bankrotte auch an Orten aus, an denen kaum spekuliert worden war. Zugleich erwiesen sich Besitzer von Risikokapital ohnehin nicht mehr als so investitionsfreudig, wobei unklar bleiben muss, ob sich dies auf die wirtschaftlichen Umstände von Anlegern zurückführen lässt, das Bedürfnis nach dem Reiten auf Spekulationswellen verschwunden war oder ob die neuen Gesellschaften an sich nicht (mehr) interessant genug erschienen. Doch vollkommen verschwunden war das Interesse an Kompagnien nicht: Die Faszination des Fernhandels wirkte sicher fort. Zahlreiche Promotoren und Investoren interessierten sich fortwährend für die Idee der Aktiengesellschaft. Mit Geld und Tatkraft verfolgten Unternehmer und Regierungen ihre Ziele auch noch nach den Crashs und gründeten sogar weiterhin neue Unternehmen. Schließlich gab es einen harten Kern an Investoren, der trotz aller Probleme an seinen Aktien festhielt. Dies waren Menschen, die an den Unternehmenszweck ihrer Kompagnie glaubten.

---

65 Europäische Fama 242 (1721), S. 110.

6. Februar 1721

South Sea Company	Bücher geschlossen[66]
Bank of England	140 ¾
East India Company	145 ½
Royal African Company	35
London Assurance	6 ¼
Royal Exchange Assurance	5 ⅞
York Buildings Company	23 ½

London, 7. Februar: „[Es] machte der Hr. Pengelly im Nahmen der geheimen Commission bekandt, wasmassen dieselbe den Morgen vernommen hätte, daß Robert Knight, Cassirer der Süd-See-Compagnie, nachdem er zum Theil von der geheimen Commission examiniret worden, am Sonnabend Abend aus seinem Hause weggegangen, und seine Haußgenossen seithero nichts von ihm gehöret hätte. Darauf wurde einhellig resolviret, den König durch 2 Addressen zu ersuchen, daß Sie alsobald durch eine Proclamation ein Premium versprechen möchten, demjenigen, weleche vorbemeldten Knight anhält, so daß er in des Gerichts Händen gerathe."[67]

London, 7. Februar: „Dessen ungeachtet hat die geheime Comite solche Spitzbuberey entdecket / also daß einem jeden der es höret / die Haare zu Berge stehen müssen."[68]

London, 14. Februar: „Selbigen Tages als gestern examinirten die Lords Hrn. Hawes einen der Directores der Süd-See-Compagnie und Commissarium der Schatz-Kammer, und fragten ihn, wie viel Geld oder Actien man denen Gliedern beyder Parlaments-Häuser gegeben hatte; Er bekandte nur das ihn wäre anbefohlen worden, einigen Gliedern byder Häuser Propositiones zu thun, um selbige zu verpflichten daß die Acte zum Vortheil der Süd-See Compagnie passiren möchte, auch selbst dem Hrn. Robert Walpole 20000 Pf. Sterl. an Banco-Zetteln offeriret hatte, derselbe aber sie anzunehmen geweigert."[69]

London, im Februar: „Zu Londen geht eine Liste von 71. Gliedern des Unter-Hauses herum / die für ihre Stimmen zu dem der Süder-Compagnie verlohrnen Privilegio Actien geschenckt angenommen haben: 31. Davon sind genennet / die zusammen 132000 Pf. Sterl. bekommen; die Namen der übrigen 40 hat man Ehren halber verschwiegen / aber doch specificirt / wie viel jeder bekommen / welches sich zusammen auf 146000 Pf. Sterl. beläuft. [...] Nun erwartet man auch eine dergleichen Liste der Glieder vom Ober-Haus / auf welcher so gar einige Bischöfe stehen sollen."[70]

---

66 Angaben nach Daily Courant 7.2.1721.
67 Relations Courier Hamburg 17.2.1721.
68 Oberpostamtszeitung 22.2.1721.
69 Relations Courier Hamburg 28.2.1721.
70 Wöchentliche Relationen Halle 8.3.1721.

Im Fish-Pool

So wie viele europäische Promotoren bemühten sich auch Londoner Unternehmer im Winter weiterhin, ihre durch Aktiengesellschaften verfolgten ökonomischen Visionen Wirklichkeit werden zu lassen. Während das britische Parlament über die richtigen politischen Maßnahmen in der Krise diskutierte, trafen sich die Aktionäre der Fish-Pool Gesellschaft am 24. Dezember auf einer Eigentümerversammlung, um über das künftige Vorgehen zu beraten.[71]

Der Herbst war vor dem Hintergrund des Absturzes der Wertpapierkurse und dem Geldmangel auf dem Londoner Kapitalmarkt nicht optimal verlaufen. Der *Daily Courant* vermeldete zwar Anfang September, dass die Unternehmensanteile jetzt zur Ausgabe bereitlägen und Zeichner diese bis zum 10. September abholen könnten. Zugleich teilte er in dem Artikel im Vorbeigehen mit, dass sich weitere Schiffe nach dem Fish-Pool-Prinzip im Bau befänden.[72] Die Ausbeutung der Weltmeere mit den neuen Fahrzeugen rückte damit offensichtlich näher. Doch der festgesetzte Termin für die Abholung der Aktien verstrich, ohne dass alle Subskribenten vorbeikamen. Die Frist wurde daher auf den 17. September hinausgeschoben und betont, dass Zeichner danach „will be excluded from the Profits that may arise by the Trade of the said Vessels."[73] Die Wirkung dieser Drohung blieb jedoch begrenzt. Ob aus Desinteresse oder weil es ihnen an Geld mangelte, zahlreiche Investoren ließen ihre Subskriptionen im Herbst 1720 verfallen.

Im Dezember und Januar beschäftigten sich die verbliebenen Anteilseigner dann mit Streitigkeiten, die den Verkauf des Patents für den Fish-Pool durch Richard Steele an einen Herrn Dale betrafen. Die genauen Umstände lassen sich zwar nicht mehr rekonstruieren. Klar ist aber, dass die Aktionäre auf einem weiteren Treffen Anfang Januar ein Komitee bildeten, welches mit Dale über das Patent verhandeln sollte.[74] In der Zwischenzeit herrschte zwar rechtliche Unsicherheit. Doch die Aktionäre bemühten sich, die Gesellschaft nicht an solchen Schwierigkeiten scheitern zu lassen. Am 30. Dezember, gewissermaßen als Versprechen für die kommenden Monate, veröffentlichte die *Daily Post* eine Annonce, nach welcher die Fertigstellung von zehn Schiffen des Unternehmens bevorstehe. Wohl weil diese Nachricht ähnlich klang wie jene im September, schien jetzt eine weitere Beglaubigung der Aussage notwendig. Der Werbetext ergänzte daher, dass

---

[71] Vgl. im Folgenden auch die Darstellung der Ereignisse bei Blanchard, Correspondence, S. 502–503; Aitken, Life, S. 252–254.
[72] Daily Courant 5.–10.9.1720.
[73] Ebd. 12.–17.9.1720.
[74] Vgl. den humoristischen Beitrag des London Journal 7.1.1721. Abgedruckt in Winton, Steele, S. 193–196.

alle Interessenten des Unternehmens eingeladen seien, „if they will give themselves the Trouble[,] to come to the Yards of Mr. Williamson and Mr. Burcher" in Rotherhith.[75]

Dies waren Maßnahmen, die in einem wirtschaftlich schwierigen Umfeld Vertrauen in das Unternehmen erhalten sollten, welches dasselbe durch aktiven Fischfang im Moment noch nicht gewinnen konnte. Zugleich bekräftigte der Artikel noch einmal, dass der Zweck des Unternehmens grundsätzlich lohnend sei.

London und Madagaskar

Mit dem Verbot des Imports von Baumwollstoffen nach Großbritannien musste die East India Company eine herbe Niederlage einstecken. Selbst wenn weiterhin der britische Kolonialmarkt und solche in anderen europäischen Ländern offenstanden, ging dem Unternehmen doch ein wichtiges Absatzgebiet verloren. Für verhaltenen Optimismus dürfte hingegen ein Passus gesorgt haben, den der ursprüngliche Entwurf des Calico Acts enthielt. Dieser sollte es dem Unternehmen erlauben, in Zukunft Sklaven direkt in die Karibik zu transportieren. Dieses Recht bildete einen wichtigen Baustein für die Umsetzung des aus dem Vorjahr stammenden Madagaskarprojekts.

Manche Parlamentarier in Westminster fürchteten allerdings, dass das Unternehmen ein solches Recht nicht nur für den Sklavenhandel nutzen würde, sondern dass Schiffe dann auch illegal andere Waren in Nordamerika und der Karibik ausladen und verkaufen könnten. Als Resultat einer solchen Umgehung der Zollbeamten in London drohten dem Staat herbe Einnahmeverluste und die faktische Aushöhlung der Navigation Laws. Denn diese zielten darauf ab, internationale Handelsströme zum Zweck der Verzollung über Großbritannien laufen zu lassen. Allerdings war gerade dies für Sklavenschiffe nicht rentabel, weil die verlängerte Reise die Verpflegungskosten und die Todesrate der menschlichen Ware steigen ließen. Trotz möglicher Hoffnungen der Direktoren der East India Company setzten sich die Bedenkenträger in Westminster letztlich durch. Der Madagaskarpassus kam nicht in den Calico Act. Dies machte den intendierten Sklavenhandel faktisch unmöglich. Auf Gewinne aus den anderen Teilen des ursprünglichen Projekts aus dem Sommer 1720 – Plantagen und Goldfunde – wollte sich die Unternehmensführung im Frühjahr 1721 dann ebenfalls nicht mehr länger verlassen. Sämtliche Überlegungen wurden eingestellt, und keines der gecharterten Schiffe segelte nach Afrika. Als die ursprünglichen Promotoren des

---

75 Daily Post 30.12.1720.

Projekts Gordon und Huggins im Mai 1721 anfragten, wann sie mit ihrer Belohnung rechnen könnten, lehnte das Unternehmen die Zahlung ab. In der Begründung hieß es, man habe diese nur für den Fall versprochen, dass es tatsächlich zur Eröffnung des Handels komme.[76]

Insofern waren es nicht primär ökonomische Bedenken, die dazu führten, dass die Expansion der East India Company in ein neues Geschäftsfeld unterblieb. Vielmehr gelang es den Direktoren nicht, die finanzpolitischen Zweifel des Parlaments zu überwinden. Ohne Sklavenhandel schienen aber auch die anderen Teile des Afrikaprojekts zu vage.[77]

Nordamerikanische Gefahren?

Obwohl in Paris die Börsenblase geplatzt war und die Compagnie du Mississippi in erheblichen Schwierigkeiten steckte, schien die Bedrohung durch die französische Expansion in Nordamerika nicht verschwunden zu sein – zumindest behaupteten dies die Londoner Vertreter der Festlandskolonien im Winter 1720/21.

Das Board of Trade, als Regierungsinstitution zuständig für die überseeischen Territorien, hatte im August 1720 Schritte unternommen, um sich einen Gesamtüberblick über die Lage in Amerika zu verschaffen. Hierzu forderte es die in London lebenden Agenten seiner Überseebesitzungen auf Berichte einzureichen. Sie sollten unter anderem Auskunft über die Grenzen, die Bewohner und die Wirtschaft der Ansiedlungen sowie über eine Reihe weiterer Themen liefern. Eine Frage war aber auch: „What effect have the French Settlements on the Continent of America upon H.M. Plantations?"[78] Bis alle Agenten ihre Antworten auf den Fragenkatalog eingereicht hatten, verging geraume Zeit. Sie zeichneten die Risiken allerdings in eher noch grellerem Licht, als die Klagen aus dem Jahr 1719. Am 30. November 1720 berichtete Colonel Hart über Pennsylvania. Er warnte davor, dass die Franzosen die Indianer gegen die Engländer aufhetzten. Sie würden ihnen größeren Profit bieten und obwohl Briten die Ureinwohner stets gut behandelt hätten,

---

76 Platt, Madagascar, S. 562–564; Protokoll des Court of Directors, London 27.1.1721. In: BL – IOR/B/56, S. 315; desgl., London 3.5.1721. In: Ebd., S. 298; Court of Directors an William Gorden, London 10.5.1721. In: BL – IOR/D/97, unpag.
77 Platt, Madagascar, S. 564–577.
78 Mr. Popple an die Agenten der Kolonien, Whitehall 10.8.1720. In: Headlam, Calendar of State Papers 31, S. 97. Offenbar ging auch eine Reihe von Briefen von den Gouverneuren selbst ein. Vgl. Council of Trade and Plantations an Gouverneur William Keith, Whitehall 5.7.1722. In: TNA – CO 5/1293, S. 127.

yet if the French can perswade y^m, it is their interest to destroy our Plantations they will endevour to effect it. [...] By this unfair method (during the Peace) the French will carry on, their so long projected scheme, without interruption, of securing an intercourse on the back of our Plantations from Canada to Mississipi.[79]

In dieselbe Richtung argumentierte der Bericht über New Hampshire. „The French Settlements have a very ill effect on these Provinces by continually instigating the Indians who are very numerous about Quebeck against the English."[80] Erschien die Bedrohung so schon gewaltig, so musste alles noch schlimmer kommen, wenn es den Franzosen gelänge, so Colonel Hart, spanische Silberminen in Mexiko zu erobern. Dann hätten „the acquisitions of the French in America ... the same effect on H.M. Plantations there that their conquest of Flanders and Holland, would have on Great Britain in Europe."[81] Besaß im europäischen Fall der Verlust einer Pufferzone sowie eines ökonomisch mächtigen Alliierten das Potenzial, eine massive Machtverschiebung auf dem Kontinent einzuleiten, so war es in Amerika der Zugriff auf die spanischen Edelmetallvorkommen, der drohte, Frankreich übermächtig werden zu lassen.

Vor dem Hintergrund der europäischen Entwicklung im Herbst und Winter 1720/21 wirken die Warnrufe zwar wie aus der Zeit gefallen. Dennoch fasste das Board of Trade and Plantations sie in einem Bericht an den Privy Council am 8. September 1721 noch einmal zusammen und kam zu dem Ergebnis: die Franzosen hätten „an unlimited inclination [...] to encroach upon your Majesty's territories".[82] In Nova Scotia beobachte man ein kontinuierliches französisches Vordringen, die Indianer an der Grenze New Hampshires stünden unter französischem Einfluss, im Hinterland New Yorks müsse man um den englischen Einfluss auf die indigene Bevölkerung fürchten. South Carolina sei besonders gefährdet,

considering the circumstances and situation these people are in, exposed in case of a rupture on the one side to the Spaniards, on the other to the French and surrounded by savages, who are for the most part in an interest opposite to that of Great Britain.[83]

---

79 Col. Hart an den Council of Trade and Plantations, o.O. 30.11.1720. In: Headlam, Calendar of State Papers 31, S. 211.
80 Mr. Newman an Mr. Popple, Middle Temple 12.4.1721. In: Ebd., S. 284–285.
81 Col. Hart an den Council of Trade and Plantations, o.O. 30.11.1720. In: Ebd., S. 212.
82 Council of Trade and Plantations an Georg I., Whitehall 8.9.1721. In: Ebd., S. 435.
83 Ebd., S. 425.

Allein die sämtliche Ressourcen beanspruchenden kriegerischen Auseinandersetzungen in Europa in den letzten Jahrzehnten hätten die Franzosen von weiteren Expansionen in Nordamerika abgehalten:

> [B]y one view of the Map of North America, your Majesty will see the danger your subjects are in, surrounded by the French who have robbed them of a great part of the trade they formerly drove with the Indians, have in great measure cut off their prospect of further improvements that way; and in case of a rupture may greatly incommode if not absolutely destroy them by their Indian allies.[84]

Das Board of Trade and Plantations empfahl, eine militärische Verstärkung der nördlichsten und südlichsten Ansiedlungen, den Bau zahlreicher Forts, den Abschluss von Allianzen mit möglichst vielen Indianerstämmen, die Ausdehnung der eigenen Besitzungen über die Appalachian Mountains hinaus und nach Möglichkeit die Unterbrechung der französischen Nord-Südverbindung sowie schließlich die Verbesserung der Verwaltung der Kolonien insgesamt.[85]

Mag auch Laws Projekt zur Staatsschuldenkonversion gescheitert sein – auf dem nordamerikanischen Kontinent war aus Sicht des Board of Trade die Nachahmung der französischen Expansions- und Allianzpolitik weiterhin notwendig, wollte Großbritannien nicht herbe Verluste im Rennen um ökonomische Ressourcen und damit staatliche Macht erleiden. Der Privy Council war jedoch anderer Ansicht. Er gab den Bericht zurück, ohne weitere Maßnahmen zu veranlassen.[86] Für ihn spielten die Sorgen vor den Franzosen in Nordamerika eine deutlich geringere Rolle gegenüber den Kosten, die die vorgeschlagenen Maßnahmen bedeuteten.[87] Zumal die Gefahr der französischen Expansion, befördert durch die Super-AG Compagnie du Mississippi, in Anbetracht des Pariser Börsencrashs wohl ihren Schrecken vorerst verloren hatte.[88]

Robert Knights Flucht

Das britische Parlament beschäftigten im späten Winter 1720/21 andere Probleme. Die Ermittlungen hinsichtlich des Konversionsprojekts der South Sea Company standen eindeutig im Zentrum der Aufmerksamkeit. Zumal sich der Kassierer der

---

84 Ebd., S. 439.
85 Ebd., S. 435–443.
86 Cutcliffe, Colonial Indian Policy, S. 251.
87 Ebd.; Holland Braund, Deerskins, S. 81.
88 Möglicherweise spielte auch ein Wandel der kolonialpolitischen Agenda unter Robert Walpole eine Rolle. Vgl. dazu Pincus, Guliver's Travels.

South Sea Company Robert Knight mitten während der Untersuchungen des Sonderkomitees Ende Januar mit den wichtigsten Beweisstücken abgesetzt hatte und damit die Bemühungen deutlich erschwerte, die ‚Wahrheit' ans Tageslicht zu bringen.[89]

Dies konnte der britischen Regierung, einer Reihe Parlamentarier und besonders König Georg I. nur Recht sein. Denn Knight hätte das Ausmaß an Bestechung bis hin zum König und seinen Mätressen offenlegen und damit den Anhängern der Jakobiten neue Nahrung im Kampf für das Haus Stuart liefern können. Ohne den Kassierer und seine mitgenommenen Unterlagen basierten alle Beschuldigungen nur auf Hörensagen. Bereits Zeitgenossen vermuteten, dass Robert Walpole und die britische Regierung insgesamt das Entweichen Knights deckten. Öffentlich bemühten sie sich jedoch darum, den Anschein einer tatsächlichen Flucht aufrechtzuhalten. Diese Vertuschungskampagne, zeitgenössisch als „screen" bezeichnet, bestand aus mehreren Elementen, die nach und nach über die nächsten Monate entwickelt wurden. Im Kern ging es um ein innenpolitisches Ziel: man wollte die Aufdeckung des vollständigen Ausmaßes der Korruption im Frühjahr 1720 vermeiden und dadurch den König und seine Regierung schützen.[90]

In der Praxis wurde zunächst verlautbart, dass man den Aufenthaltsort des Kassierers nicht kenne. Befreundete Regierungen auf dem Kontinent bat Georg I. in Schreiben an die britischen Gesandten und Residenten um Unterstützung bei Knights Auffindung und Festnahme. Zahlreiche Monarchen versprachen umgehend, der Bitte zu entsprechen.[91] Ganz durchdacht war die Aktion allerdings nicht. Denn James Jeffreyes berichtet zwar aus Danzig, dass der Rat der Stadt dem britischen Gesuch Folge leisten wolle. Gleichzeitig erbat er aber die Übersendung einer Personenbeschreibung – denn niemand in der Stadt kenne Knight. Weil

---

89 Zur innerbritischen Ereignisgeschichte der folgenden Ausführungen vgl. ausführlich Carswell, South, S. 187–234. Neue Deutungen zu den politischen und kulturellen Hintergründen der Aufarbeitung des Crash ergeben sich aus Swingen, The Bubble; Wahrman, Dror: Order from Chaos Springs. The Bubbles of 1720 as a Turning Point in Western Conceptualizations of Causality and Order. In: Condorelli/Menning, Boom, S. 235–260.
90 Hill, Robert Walpole, S. 109–110.
91 Charles Whitworth an George Tilson, Berlin 11./22.2.1721. In: TNA – SP 90/13, unpag., S. 2. Vgl. zur offensichtlichen Desinformation Whitworths auch die beiden in Kopie vorliegenden Briefe: Graf Bothmar an Charles Whitworth, London 14./25.2.1721. In: Ebd., unpag.; Charles Whitworth an Graf Bothmar, Berlin 4./15.3.1721. In: Ebd., unpag.; John Molesworth an James Craggs, Turin 5.3.1721. In: TNA – SP 92/30, unpag., S. 2; John Fuller an James Craggs, Livorno 28.2. 1721. In: TNA – SP 98/24, unpag., S. 1.

dieser doch wahrscheinlich nicht unter seinem wahren Namen reise, halte der Danziger Stadtrat die Gefahr für zu groß, jemand Falschen zu belästigen.[92]

Weil Teile der britischen Regierung und insbesondere Robert Walpole wohl von Anfang an wussten, wohin der Kassierer der South Sea Company geflohen war und wo sich seine König, Regierung und manchen Parlamentarier belastenden Beweise befanden, musste es ihnen aber auch darum gehen, Knight möglichst unauffällig ‚verschwinden' zu lassen. Einen ersten Schritt hierzu bildete seine Festnahme durch den stellvertretenden Statthalter der österreichischen Niederlande Ercole Giuseppe Lodovico Turinetti marchese de Prié, die auf englische Bitten erfolgte.[93] Allerdings gelang es nicht, die Festsetzung geheim zu halten. Zusammen mit der Depesche de Priés an die britische Regierung über die Verhaftung ging eine Reihe weiterer Berichte über Knights Arretierung in London ein.[94] Die Presse verbreitete sie zügig. Da man den Aufenthaltsort des Kassierers nun kannte, forderte das Parlament in immer neuen Sitzungen seine Auslieferung und Nachweise, dass sich König und Regierung dafür einsetzten. Letztere konnten sich nicht öffentlich gegen diese Forderung stellen, ohne sich selbst zu kompromittieren. Da sie aber gleichzeitig keine Auslieferung wünschten, mussten sie eine neue und diesmal geschicktere Charade inszenieren.

Hierbei half der in London anwesende österreichische Resident Hoffmann, der am 22. Februar einen Bericht per Kurier nach Wien sandte. In einem offiziellen Schreiben bat Georg I. den Habsburger Kaiser Karl VI. um die Auslieferung Knights. Parallel wurden Doppelinstruktionen an die britischen Botschafter in Wien und Brüssel erlassen und ein Sondergesandter nach Österreich geschickt.[95] William Leathes in den österreichischen Niederlanden wies man offiziell an, die Auslieferung Knights zu verlangen. Inoffiziell sollte er aber de Prié bitten, diese zu verhindern. Gleiches sollte Charles Churchill in Wien tun. Den Kaiser bat man die entsprechenden Weisungen zu erlassen. Dem Sondergesandten gelang es in Ko-

---

92 James Jefferyes an James Stanhope, Danzig 15.2. 1721. In: TNA – SP 88/27, unpag., S. 1–2.
93 Zu Knights Flucht und den Umständen der Beschlagnahmung seiner Bücher sowie der Vertuschungskampagne der britischen Regierung vgl. ausführlich Carswell, South, S. 193–200 u. 207–218.
94 Johann Philipp Hoffmann nach Wien, London 22.2.1721. In: HHSTA – England, Korrespondenz, Karton 60, S. 37–41.
95 Georg I. an Karl VI., St. James 10.2.1721. In: HHSTA – StK Große Korrespondenz, Karton 236, unpag. Dass die durch Quellen belegbare Ermittlung der Details erst Anfang der 1990er gelang, ist erstaunlich. Denn auch wenn die englischen Archive offensichtlich gereinigt wurden, so sind schon die Briefe des österreichischen Gesandten eindeutig. Vgl. besonders das Schreiben von Johann Philipp Hoffmann nach Wien, London 22.2.1721. In: HHSTA – England, Korrespondenz, Karton 60, S. 37–41. Außerdem die Schreiben Hoffmanns im Februar in: Ebd., Karton 7, Varia, S. 523–526.

operation mit dem Gesandten Georgs I., François-Louis de St. Saphorin, die Instruktionen an de Prié nicht nur zu beeinflussen, sondern in wesentlichen Teilen aufzusetzen. Gemäß Anordnung sollte Knight so lange in Haft bleiben, bis seine Auslieferung aus Sicht der britischen Regierung opportun erschien.

Das Parlament durchschaute jedoch das Doppelspiel: „yeder [wisse] mäniglich [,...] daß zwischen Höfen alle Sachen theils offentlichen theils heimblichen Gehandelt würden."⁹⁶ Besonders ärgerten sich die Abgeordneten laut dem österreichischen Resident Hoffmann, dass eine Reihe von Personen für ihre Vergehen im Vorjahr mangels Beweisen nicht verurteilt werden könne. Dies wäre

> nichts desto weniger zu des Königs und des Ministery unaussprechlichen Nachtheil, dan zugeschweigen daß solche einzig und allein des Cassirers Flucht zugeschrieben werden, mithin der Verdacht nicht benohmen wird. so gehet die allgemeine Klage dahin daß man von seithen des Hofs die Nation nicht allein plündern lassen, sondern die von demselben dependirende delinquenten darvon zu entschuldigen und der straf zu entziehen sich äußerstens bemühet.⁹⁷

Wenn der britischen Regierung nicht langsam ein probates Mittel gegen die hochverräterische Agitation einfalle, „so kann die folge nicht anderes alß über alle massen Gefährlich seyn", berichtete Hoffmann schließlich Anfang April nach Wien.⁹⁸ Der französische Gesandte ging gar davon aus, die Aufregung in England habe jetzt ein Ausmaß erreicht wie kurz vor der Revolution 1688.⁹⁹

Wut in London

Statt einer Allianz aus König, Regierungsmitgliedern und Abgeordneten lassen sich im Frühjahr deutliche Meinungsunterschiede zwischen einzelnen Personen und Gruppen beobachten. Während Georg I. um seinen Thron fürchten musste, wenn alle Details des Vorjahres an die Öffentlichkeit kamen, sorgten sich einige Regierungsmitglieder um ihre Ämter und ihr Vermögen. Gleichzeitig arbeitete Robert Walpole auf Kosten seiner Kollegen hartnäckig an seinem politischen Aufstieg und daran, den König für sich einzunehmen. Während ein Teil der Parlamentarier zu Monarch und Regierung hielt, ließen andere ihrer Wut über die

---

96 Johann Philipp Hoffmann an Karl VI., London 8.4.1721. In: HHSTA – England, Korrespondenz, Karton 60, S. 31.
97 Dies., London 28.3.1721. In: Ebd., S. 23.
98 Dies., London 8.4.1721. In: Ebd., S. 32; Charles Whitworth an George Tilson, Berlin 7./18.3.1721. In: TNA – SP 90/13, unpag., S. 2.
99 Cruickshanks/Erskine-Hill, Atterbury Plot, S. 66.

Ereignisse und teils auch über persönliche Spekulationsverluste freien Lauf. Die bekanntwerdenden Erkenntnisse des Ermittlungskomitees boten dem reichlich zusätzliche Nahrung.

Durch die Flucht Robert Knights ging zudem entscheidendes Beweismaterial für alle Bemühungen zur Aufklärung der Ursachen des Börsencrashs verloren. Das, was an Informationen vorlag und vom parlamentarischen Untersuchungskomitee dem House of Commons zuging, genügte aber, um Fehlverhalten der Direktoren der South Sea Company zu belegen. Gegen sie richtete sich daher die Rachsucht in Westminster. Ihre Vermögen ließ man beschlagnahmen und debattierte über deren Verwendung zur Entschädigung der ‚sufferers' der South Sea Bubble. Außerdem trieben Abgeordnete die Ermittlungen gegen jene Mitglieder der Regierung und des Parlaments voran, deren Bestechlichkeit man glaubte nachweisen zu können. Namhafteste Angeklagte waren der Schatzkanzler Aislabie, der Sekretär der Treasury Charles Stanhope und der erste Lord der Treasury Sunderland. Weil sich die Beweislage jedoch trotz aller Bemühungen als dünn erwies und auch Parteikonflikte zwischen Whigs und Tories eine Rolle spielten, gelang es Robert Walpole im März, eine Mehrheit der Abgeordneten zur Ablehnung der Verurteilung Sunderlands und Stanhopes zu bewegen. Allein Aislabie überließ er der Rache des Unterhauses. In Anerkenntnis seines Einflusses im Parlament übertrug Georg I. in der Folge Walpole den Posten als erster Lord der Treasury und machte ihn damit zur zentralen Person innerhalb der Regierung.[100] Todesfälle bei einer Reihe weiterer Regierungsmitglieder sorgten dafür, dass Verurteilungen nicht mehr möglich waren. James Stanhope, Staatsekretär für Nordeuropa, starb Anfang Februar an einem Schlaganfall, nachdem er sich kurz zuvor noch heftig im Parlament gegen Anschuldigungen verteidigt hatte. Der zweite Staatsekretär James Craggs Jr. entging den Untersuchungen zu seiner Bestechlichkeit ebenfalls durch Tod. Er erlag am 16. Februar den Pocken. Sein gleichfalls kompromittierter Vater, der Postmaster General, beging aller Wahrscheinlichkeit nach Selbstmord.

Zusammen mit den Direktoren der South Sea Company und den Partnern der Sword Blade Bank konnten die Abgeordneten so am Ende nur ein Regierungsmitglied für sein Fehlverhalten belangen. Die Vermögen(sgewinne) der für schuldig Befundenen wurden, gewichtet nach der Schwere ihrer Schuld, mithilfe eines eigenen Gesetzes beschlagnahmt und flossen in einen Entschädigungs-

---

100 Hill, Robert Walpole, S. 110; Swingen, The Bubble. Zu den Gründen der Personalisierung der Schuldfrage am Börsencrash siehe auch die Hinweise bei Wahrman, Order.

fonds für die ‚Opfer' der South Sea Bubble. Mehr war nicht möglich, weil eine Auslieferung Robert Knights unterblieb.[101]

Konflikte, Kontinuitäten und Perspektiven: Eine Zwischenbilanz

Die von König Georg I. bei der Öffnung der Parlamentssession im Dezember 1720 beschworene Einigkeit von Krone, Regierung, Abgeordneten und Kompagnien erwies sich in den Folgemonaten als ausgesprochen brüchig. Mit dem Calico Act stellten die Abgeordneten zwar vergleichsweise einfach die Londoner Weber zufrieden, taten dies aber auf Kosten der East India Company. Auch konnte sich die Regierung mit der Asiengesellschaft und der Bank of England nicht auf einen Plan einigen, der die bankrotte South Sea Company wiederzubeleben geeignet schien und im selben Schritt die Macht zwischen den drei großen Londoner Aktiengesellschaften gleichmäßiger verteilt hätte. Zeitgleich mussten Aktionäre und ehemalige Staatsschuldner hinnehmen, dass ihre Transaktionen aus dem Jahr 1720 vom Parlament für definitiv erklärt und ihre materiellen Verluste damit vorerst festgeschrieben wurden. In der Untersuchung der South Sea Bubble prallten schließlich die jeweiligen Interessen unvermittelt aufeinander. Monarch, Minister und manche Parlamentarier bemühten sich, ihr Ansehen in der Öffentlichkeit zu wahren und ihre Verfehlungen zu vertuschen. Einigen konnte sich eine Mehrheit in Westminster daher nur auf die Bankiers der Sword Blade Bank, die Direktoren der South Sea Company und Aislabie als Schuldige am Börsencrash. Die mehr oder weniger erfolgreichen Bemühungen eines Teils der Londoner Aktiengesellschaften, ihren Handel aufzubauen, wirken vor dem Hintergrund der innenpolitischen Auseinandersetzungen unscheinbar. Sie sprechen aber dafür, dass es Promotoren und einem Teil der Aktionäre mit ihren Unternehmen ernst meinten. Auffälliger hingegen war der ökonomische Perspektivwechsel in Westminster. Obwohl der britische Staat auf große Aktiengesellschaften nicht verzichten zu können glaubte, standen die Interessen von Handwerkern und Manufakturen jetzt doch wieder deutlich höher auf der politischen Agenda. Schließlich wirkte die Compagnie du Mississippi 1721 nicht mehr sonderlich bedrohlich, so dass die aus den Kolonien geäußerten Sorgen keinen politischen Handlungsdruck auf höchster Ebene mehr erzeugen konnten.

Die Entwicklung auf dem Kontinent zeigt sich ebenso durchwachsen. Zwar kam es abseits von Frankreich zu keinen großen politischen Krisen, zugleich

---

101 Carswell, South, S. 187–234.

scheiterte aber mancher Plan für eine Kompagnie aufgrund politischer Widerstände, ökonomischer Bedenken, dem Desinteresse von Investoren oder den Verwerfungen am Geldmarkt. Letztere erreichten schließlich auch Orte, an denen Menschen kaum spekuliert hatten. Aber nicht alle neuen Unternehmen(spläne) verschwanden. So überlebte die Versicherungsgesellschaft Stad Rotterdam den Winter, maßgeblich unterstützt von einem harten Kern ihrer Aktionäre. In Lissabon wurde im weiteren Verlauf des Jahres 1721 gar eine neue Kompagnie gegründet. Wenn auch internationales Spekulationskapital wohl nicht mehr angelockt werden konnte, so war die Faszination für den Handel, die 1720 prägte, nicht verflogen.

Ausklang

Abwicklung der South Sea Bubble

> [T]he last french fashion which has been follow'd in England costs ye publick dear, & ruines multitudes of familys.[1]
>
> This year [1720] has been fatal to systems.[2]

Die parlamentarische Untersuchung gegen verantwortliche Politiker hatte sich in Westminster im Frühling 1721 teils aus Mangel an Beweisen, teils aufgrund politisch motivierter Freisprüche weitgehend festgefressen. So stand in den Folgemonaten die finanzielle Reorganisation der South Sea Company weit oben auf der Tagesordnung des Parlamentes.[3] Weil Walpoles ursprünglicher Plan scheiterte, lediglich die Bank of England hatte sich am Ende zur Übernahme von £4 Millionen Stammkapital der South Sea Company bereiterklärt, musste nach anderen Wegen zur Wiederbelebung des bankrotten Unternehmens gesucht werden. Das abschließende Paket zur Reorganisation der Finanzstruktur der Südseegesellschaft sah fünf Maßnahmen vor:

(1.) Der britische Staat verzichtete auf die £7 Millionen, welche die South Sea Company für das Privileg der Schuldenkonversion hätte zahlen müssen. Damit erließ er dem Unternehmen einen erheblichen Teil seiner finanziellen Verpflichtungen. Das Parlament stimmte dieser Maßnahme erst nach längeren Auseinandersetzungen zu. Im Gegenzug sollte jedoch auch das Stammkapital des Unternehmens im Sommer 1722 um £2 Millionen sinken. Dies verringerte de facto die Staatsschulden, wodurch die Regierung Zinsersparnisse erwarten konnte. (2.) Wer von der South Sea Company gegen die Hinterlegung von Aktien oder Subskriptionsscheinen Geld geliehen hatte, musste 10% des Kredits an die Company zahlen, der Rest verfiel. (3.) Bei den vier Aktienzeichnungen verpflichteten sich Anleger ursprünglich, ihre Anteilsscheine in Raten, gestreckt über teils mehrere Jahre, zu bezahlen. Zudem waren die Kaufpreise bei den unterschiedlichen Zeichnungen von £300 bis auf £1.000 gestiegen. Hier entschied das Parlament, die noch ausstehenden Raten zu streichen. Zudem beschloss man für die zweite

---

[1] Henry St. John, Viscount Bolingbroke an Henrietta St. John, o.O. [Frankreich] 2.11.1720. In: Lashmore-Davies, Adrian (Hrsg.): The Unpublished Letters of Henry St. John, First Viscount Bolingbroke. Bd. 5, London 2013, S. 6.
[2] Daniel Pulteney an John Molesworth, Paris 18.12.1720. In: Historical Manuscript Commission, Report on Manuscripts in Various Collections VIII, S. 289.
[3] Vgl. zum Folgenden: Hill, Robert Walpole, S. 111; Carswell, South, S. 230–232.

bis vierte Zeichnung einen einheitlichen Preis von £400 je Aktie, wie bereits im Herbst 1720 von der Generalversammlung des Unternehmens bewilligt. Für die bereits eingezahlten Beträge bekamen die Zeichner nun Teilaktien. (4.) Diejenigen Inhaber unkündbarer Staatsschulden, die im August 1720 ihre Papiere in Unternehmensanteile umgewandelt hatten, erhielten zusätzliche Aktien, um ein Gleichgewicht zu jenen herzustellen, die ihre Titel schon im Mai konvertiert hatten – auch dies war im Prinzip bereits im September des Vorjahres beschlossen worden. (5.) Überzählige Anteile, die sich noch im Besitz der South Sea Company befanden, wollte man auf die Aktionäre verteilen.

Die Auswirkungen dieses Reorganisationsprogramms auf individuelle Investoren nachzuvollziehen ist schwierig. Für viele schrieb die endgültige Abwicklung aber nicht unerhebliche Verluste fest. Denn für Aktienzeichnungen und Staatsschuldenkonversionen hielt das Parlament an Preisen zwischen £300 und £400 pro Aktie fest, während der Kurs im Londoner Handel im Herbst 1721 unter £100 sank. Die Einbußen konnten aber noch größer sein, wenn Anleger auf dem Höhepunkt des Booms im Juni/Juli 1720 Anteile auf dem freien Markt für über £1.000 gekauft hatten. Dann blieb zunächst ein Minus von mehr als 90 %. Im Gegensatz zu Käufern von Unternehmensanteilen lassen sich die Einnahmeausfälle der ehemaligen Staatsgläubiger und Subskribenten genauer berechnen. Für sie stellte sich die Situation nicht ganz so dramatisch dar, doch auch sie mussten erhebliche Verluste hinnehmen. Aktienzeichner verloren zunächst zwischen zwei Dritteln und drei Vierteln, profitierten aber später durch die Aufteilung von noch im Unternehmensbesitz befindlichen Anteilsscheinen, so dass sie am Ende etwa die Hälfte ihres Vermögens einbüßten. Die unterschiedlichen Gruppen der Staatsschuldenpapiere erhielten schon durch die South Sea Company abweichende Konversionsbedingungen. Diese hingen mit der Länge der erwartbaren Zinszahlungen und der (Un-)Veränderlichkeit des Zinssatzes zusammen. Diese Unterschiede wurden auch bei der Reorganisation nicht angetastet und durch die Aufteilung der überschüssigen Aktien der Company noch verstärkt. So konnten ehemalige Inhaber von unkündbaren Staatspapieren je nach Laufzeit dieser Titel noch etwa über zwei Drittel bis drei Viertel ihrer Einnahmen verfügen. Frühere Besitzer kündbarer Schuldscheine traf die Reorganisation sehr viel härter. Ihnen blieb wie den Aktienzeichnern nur gut die Hälfte ihrer bisherigen Einnahmen.[4]

Während die Regierung mit dem Abschluss des Schuldentransfers von erheblich gesunkenen Zinslasten profitierte, mussten die Anleger ihre Hoffnungen verstärkt in den Handel des Unternehmens setzen. Doch für alle habe die ab-

---

4 Dickson, Financial, S. 183–187.

schließende Regelung etwas Beruhigendes, schrieb der sächsisch-polnische Gesandte Jacques LeCoq im Herbst 1721 nach Dresden:

> Jeder sieht jetzt, seitdem das Parlament Anordnungen getroffen hat, klarer in seine eignen Vermögens-Umstände. Man hat auch Zeit gehabt, klarer in die anderer zu sehen. [...] [D]as Bedürfnis, welches einer für den andrn im Handel fühlt, bewirk[t], daß man sich schon wieder etwas rühret. Dies bringt Vertrauen u. Credit zurück, sodaß in einem Land voller Hülfsquellen wie das hiesige ist, man nicht bezweifeln darf, daß die Geschäfte bald wieder ihren gewöhnlichen Gang gehen werden.[5]

Wirtschaftskrise und Petitionen

Nach den Bittschriften der Weber im Winter 1720/21 und der Verabschiedung des Calico Acts im März fühlten sich weitere Städte und Countys ermutigt, Klagen über den Zustand der Wirtschaft in Westminster vorzubringen. Gleichzeitig verknüpften sie ihre Beschwerden regelmäßig mit den Effekten der South Sea Bubble.

So sandten die Stadtoberen von Worcester, die schon im Dezember 1720 vom Parlament ein Verbot des Aktienhandels gefordert hatten,[6] erneut ein Schreiben im Namen aller Bürger nach Westminster,

> setting forth, That the Miseries of their numberless Poor, now entirely destitute of Work, call aloud for Relief; their unparalleled Injuries provoke them to petition for Justice against the late *South Sea* Directors, their Aiders and Abettors, who are the Destroyers of their Trade, and Plunderers of their Country: And praying Relief.[7]

In den Wochen bis Ende Mai erreichten 85 weitere Bittschriften das Unterhaus. In diesen forderten Bürger unter anderem die Bestrafung der Direktoren der South Sea Company. Die Verfasser klagten aber auch über eine große Verarmung, Geldmangel und den Niedergang des Handels. Immer noch wurde der Niedergang der Wollproduktion beklagt, die „once the Staple and Glory of their [Leicester's] industrious Corporation" gewesen sei.[8] Aus dem County Somerset wies man auf die gesamtwirtschaftlichen Folgen hin: „Such is the Decay of their Trade, that their Woollen Manufactures [...] are, in a manner, entirely laid down; and many

---

5 Bericht Jacques LeCoqs an König August II., London o. D. [Herbst 1721]. In: HSTADD – 10026 Geheimes Kabinett, Loc 2674–11, S. 27.
6 Journals of the House of Commons 19, S. 393.
7 Ebd., S. 503.
8 Ebd., S. 508. Ähnlich für Oakhampton, ebd., S. 523–524.

substantial and wealthy Families are reduced to Difficulties, for want of Employment in the Clothing Trade".[9] Das Problem sei nicht nur ein lokales, sondern „the Preservation of [Woolen Manufactures] is very essential to the Wealth of this Kingdom; and [...] the same is reduced by the villainous Execution of the late pernicious *South Sea* Project."[10] Die Wollproduzenten hielten ihre Sorgen somit auf der Tages- bzw. Parlamentsordnung. Andere Städte versuchten jedoch ebenfalls Aufmerksamkeit für ihre Schwierigkeiten zu erregen. Birmingham machte Probleme bei der Eisenproduktion aufgrund des Geldmangels geltend. Die Stadt Maidstone monierte, dass wegen fehlender Zahlungsmittel die Hopfensteuer nicht erhoben werden könne. Hastings und das County Caithess beschwerten sich über den Niedergang der Fischerei.[11]

Diese Petitionen lassen sich als ein klarer Hinweis auf massive ökonomische Verwerfungen im Anschluss an das Platzen der Londoner Spekulationsblasen deuten. Julian Hoppit hat diese Schlussfolgerung jedoch zurückgewiesen und die Bittschriften stattdessen als Ausdruck einer organisierten Kampagne ohne realwirtschaftliches Fundament gedeutet. Dafür spreche, dass die Petitionen erst Monate nach dem Ende der Hyperspekulation in Westminster eingingen, nur selten Kaufleute unterschrieben, sondern eher Gentlemen und führende Bürger, sowie die Tatsache, dass sie nur an das House of Commons, nicht aber an das House of Lords oder den Privy Council gingen. Schließlich, so Hoppit, enthielten die Eingaben nur in wenigen Fällen lokale Details. Er ist daher der Meinung, es sei den Autoren der Bittschriften hauptsächlich darum gegangen, die Abgeordneten zu einer angemessenen Bestrafung der Direktoren der South Sea Company zu animieren. Eine Wirtschaftskrise habe es 1721 nicht gegeben: „the politico-cultural consequences of the Bubble were driven by their own imperatives that were attached to the economy in a very confusing way."[12]

Der Hinweis auf den politischen Kontext ist wichtig: Nachdem die führenden Regierungsmitglieder in der parlamentarischen Untersuchung bis Ende März größtenteils entweder Freisprüche erlangt hatten oder einer Strafe durch Tod entgangen waren, standen im April und Mai die Verhandlungen über die Direktoren der South Sea Company an. Wenigstens diese forderten Petitionäre zur Rechenschaft zu ziehen. Warum die Autoren der Bittschriften dabei allerdings von einer Krise der Wirtschaft reden mussten, die es vermeintlich nicht gab, erscheint dann doch erklärungsbedürftig. Zumal über den Inhalt der Bittschriften das

---

9 Ebd., S. 525. Ähnlich die Petition aus Nottingham, ebd., S. 527.
10 Ebd., S. 543. Hervorhebung im Original.
11 Ebd., S. 508, 530, 537 u. 578.
12 Hoppit, Myths, S. 155. Zur komplizierten Natur von Petitionen auch Thomas, Mercantilism, S. 155.

Journal des House of Commons nur bedingt Aufschluss gibt. Denn es enthält lediglich Zusammenfassungen und keine vollständigen Wiedergaben. Die Originale sind hingegen verbrannt.

Wahrscheinlicher erscheint es daher, dass man die Petitionen noch in zwei weiteren politischen Kontexten sehen muss – der regionalen Struktur der Aktiengesellschaftsgründungen und dem Calico Act. Neue Unternehmen entstanden 1720 in *England* nur in der Hauptstadt. Hier zeigte sich eine explosive ökonomische Dynamik. Die Bittschriften können insofern als Versuch interpretiert werden, die Aufmerksamkeit des Parlaments (wieder) verstärkt auf die Situation anderer Landesteile zu lenken. Für diesen Zweck nutzten Zeitgenossen das Format der Petition regelmäßig.[13] Darüber hinaus verdeutlichte der Calico Act die Bereitschaft der Abgeordneten, in der Phase nach dem Platzen der South Sea Bubble verstärkt auf wirtschaftliche Klagen zu reagieren und sich dabei der Sorgen von Handwerkern und Manufakturbetreibern anzunehmen. Die Gelegenheit schien somit offenbar günstig, auf (gefühlte) wirtschaftliche Problemlagen aufmerksam zu machen, auch wenn diese teilweise schon älter waren und mit der Börsenkrise nur indirekt zusammenhingen.[14] Denn gleiches galt ja für die Genese des Gesetzes zum Baumwollverbot.

Man kann die Petitionen insofern nur mit großer Vorsicht als Aussagen über eine Wirtschaftskrise lesen, welche die South Sea Bubble verursachte. Sie müssen aber sicher als Mahnung an das Parlament verstanden werden, die Vergehen großer Aktiengesellschaften und ihrer Direktoren zu verfolgen und sich wieder stärker den Bedürfnissen von Handwerk und Manufakturen im ganzen Land zuzuwenden. Letztere sahen sich als Garanten des Wohlstands und damit auch der Macht des Staates und wollten wieder ganz oben auf der wirtschaftspolitischen Agenda stehen.

Oktober 1721: Parlamentseröffnung in Westminster

Die Thronrede zur Eröffnung des Parlaments im Herbst 1721, maßgeblich von Robert Walpole verfasst, liest sich wie eine Antwort auf die Petitionen des

---

13 Loft, Involving; Hoppit, Political, S. 150–162; Keirn, Parliament, S. 3–4.
14 So wurde Worcester sicher auch durch den Pestausbruch an der Levante getroffen, der den für die städtische Ökonomie wichtigen Export von Wollstoffen dorthin unterband. Vgl. Wagner, Michael: The Levant Company under Attack in Parliament, 1720–1753. In: Parliamentary History 3 (2015), S. 299.

Frühjahrs: weg von Aktiengesellschaften und -spekulation und hin zu den ‚wahren' Wohlstandsgaranten Handel, Handwerk und Manufakturen.¹⁵

> In this Situation of Affairs [the general European peace] we should be extremely wanting to ourselves, if we neglected to improve the favourable Opportunity, which this general Tranquility gives us, of extending our Commerce, upon which the Riches and Grandeur of this Nation chiefly depend. It is very obvious, that nothing would more conduce to the obtaining so publick a Good, than to make the Exportation of our own Manufactures, and the Importation of the Commodities used in the Manufacturing of them, as practicable and easy as may be; by this Means, the Balance of Trade may be preserv'd in our Favour, our Navigation increas'd, and greater Numbers of our Poor employ'd.¹⁶

Das Parlament war zumindest in Teilen bereit, an diesem Programm mitzuarbeiten. Zu den einzelnen (geplanten) Elementen gehörte die Abschaffung von Zöllen für die meisten Exportprodukte. Diese Maßnahme machte britische Waren auf internationalen Märkten günstiger und damit konkurrenzfähiger. Staatliche Ausfuhrprämien kamen bei einigen Gütern hinzu. So ergänzte eine 1722 eingebrachte Bounty auf ‚manufactured silks' den Calico Act.¹⁷ In die gleiche Richtung wirkte die Abschaffung oder zumindest Reduzierung von Importzöllen für Rohstoffe, die Handwerker und Manufakturen in Britannien benötigten, sowie schließlich das (erneute) Exportverbot für gewerblich benötigte heimische Rohstoffe, insbesondere Wolle. Hohe Zollschranken für ausländische Fertigwaren oder gar Importverbote, wie im Fall der Baumwollstoffe bereits Anfang 1721, sollten zudem Produzenten auf dem heimischen Markt schützen. Irische und koloniale Konkurrenz wurde außerdem zu unterdrücken versucht.¹⁸ Nach der Begeisterung für Aktiengesellschaften im Vorjahr zeichnete sich mit diesen Gesetzen und Verordnungen ein deutlicher wirtschaftspolitischer Kurswechsel ab. Freilich, viele Maßnahmen waren keine prinzipiellen Neuerfindungen, sondern sie lassen sich seit den 1690er Jahren finden. Doch Walpole „extended towards their logical limits some of the main lines of the protectionist system which had

---

15 Zur Rede und zur allgemeinen Wirtschaftspolitik Walpoles vgl. Pincus, Reconfiguring, S. 66; Jubb, Michael: Economic Policy and Economic Development. In: Black, Jeremy (Hrsg.): Britain in the Age of Walpole. London 1984, S. 123–132. Das heißt allerdings nicht, dass Georg I. diese Wirtschaftspolitik nicht ebenfalls unterstützte. Vgl. dazu Hatton, George I, S. 257–258.
16 Thronrede König Georgs I. zur Parlamentseröffnung, Westminster 19.10.1721. Online: https://www.british-history.ac.uk/commons-hist-proceedings/vol6/pp263–281 [Stand 23.11.2017]. Dazu auch Hill, Robert Walpole, S. 114.
17 Hoppit, Bounties, S. 157.
18 Als Überblick zur Wirtschaftspolitik Dickinson, Walpole, S. 93–104.

grown up haphazardly. [...] It consolidated and rationalized the results of thirty-two years of piecemeal, uncoordinated concessions to protectionism."[19]

Es bleibt zwar unklar, ob die umgesetzten Elemente tatsächlich die beabsichtigte Steuerungswirkung hatten und zur Belebung bestimmter Wirtschaftszweige in Großbritannien in besonderer Weise beitrugen. Britische Wirtschaftspolitik im 18. Jahrhundert, so Julian Hoppit, war immer durch eine „experimental or aspirational nature" gekennzeichnet.[20] Aber Walpole und die Abgeordneten interessierten wohl auch nicht nur die direkten Wirkungen. Interpretiert man die Maßnahmen vor dem Hintergrund der South Sea Bubble, so ging es ihnen auch um den Glauben an die Wirksamkeit der Maßnahmen, um politische Stabilität nach der Krise, um die öffentliche Manifestation der Überzeugung, dass Wohlstand durch Arbeiter und kleine Unternehmen geschaffen werde, nicht durch große Aktiengesellschaften.

South Sea Company

Die Begeisterung für Kompagnien in London nahm nach dem Platzen der Spekulationsblase zwar deutlich ab, doch sie verschwand nicht – auch weil die Regierung nicht vollkommen auf Aktiengesellschaften verzichten konnte. Das weitere Schicksal der Unternehmen war jedoch höchst unterschiedlich.

So eröffneten sich für die South Sea Company im Sommer 1721 neue Hoffnungen auf Erträge aus dem Fernhandel. Ende Juni kam ein Kurier aus Madrid in London an. Im Gepäck hatte er gute Nachrichten. Es existierte nun eine Vereinbarung zwischen den Kronen Spaniens und Großbritanniens über die Beilegung der noch seit dem letzten Krieg schwelenden Streitigkeiten.[21] Wenige Tage später erhielt der spanische Gesandte in London von seiner Regierung den Auftrag, der South Sea Company die sie betreffenden Verträge auszuhändigen. Darin wurde auch eine baldige Wiedereröffnung des Handels versprochen.[22] Die britische Regierung hatte sich mithin wiederum für die Interessen des Unternehmens gegenüber Philipp V. eingesetzt. Die nach der Krise neu gewählten Direktoren der Company begannen umgehend mit Vorbereitungen für die Entsendung von

---

19 Davis, Ralph: The Rise of Protection in England, 1698–1786. In: Economic History Review 19 (1966), S. 313; Rashid, Political Balance, S. 2–3.
20 Hoppit, Britain's, S. 216. Er zeigt am Beispiel der Gesetze zum Verbot von Wollexporten, dass sie vermutlich nicht viel bewirkten. Vgl. ebd., S. 219–248; Dickinson, Walpole, S. 104–112.
21 Relations Courier Hamburg 4.7.1721.
22 Oberpostamtszeitung 15.7.1721; Relations Courier Hamburg 15.7.1721.

Schiffen.²³ Wenig später kamen auch erste Waren aus Südamerika auf Rechnung des Unternehmens in London an. Diese hatten spanische Kolonialbeamte während des Krieges festgehalten gehabt.²⁴ Die guten Nachrichten und der nahende Abschluss der parlamentarischen Abwicklungsgesetze zur Schuldenkonversion wirkten sich auch kurzzeitig positiv auf den Aktienkurs der South Sea Company aus. Erste Spekulanten, so berichtete der Londoner Korrespondent der *Frankfurter Oberpostamtszeitung*, sahen schon wieder einen Preis von £200 je Anteil als möglich an, so dass der „Verlust nicht so groß seyn würde / als sie gefürchtet haben".²⁵ Hoffnungen in den globalen Handel des Unternehmens existierten somit weiter, auch wenn sie, abzulesen am erhofften Kursziel, jetzt wesentlich gemäßigter ausfielen. Allerdings erwies sich selbst diese zurückgeschraubte Erwartung als verfrüht. Schon im September ging es mit dem Börsenpreis wieder abwärts.²⁶

Zwar versuchte das Unternehmen sich in den folgenden beiden Jahrzehnten auf den Handel zu konzentrieren. Hierbei war ihm auch einiger Erfolg beschieden. Die hohen Erwartungen hat es aber nie erfüllen können, zumal die South Sea Company immer wieder in Auseinandersetzungen zwischen den Kronen Spaniens und Großbritanniens hineingeriet oder sie sogar anheizte. Im Jahr 1750 ging schließlich der direkte Zugang zum südamerikanischen Markt verloren. Danach blieb die Gesellschaft das, was sie in wesentlichen Teilen immer schon war – eine Organisation zur Verwaltung von Staatsschulden. Als solche existierte sie bis ins 19. Jahrhundert fort.²⁷

Frischwasser für London, schottische Güter und Lebensversicherungen

Vor erheblichen Problemen beim Ausbau der Geschäftstätigkeit stand die York Buildings Company. Für die Güterkäufe der Vorjahre hatte das Unternehmen bislang nur Anzahlungen geleistet, über die restliche Kaufsumme existierten Schuldverschreibungen. Nun stand im Frühjahr 1721 eine neue Zahlungsfrist an,

---

23 Relations Courier Hamburg 8. u. 19.8.1721; Oberpostamtszeitung 23.8.1721. Zur Fahrt: Walker, Geoffrey J.: Spanish Politics and Imperial Trade 1700–1789. London 1979, S. 228; Brown, Vera L.: The South Sea Company and Contraband Trade. In: American Historical Review 31 (1926), S. 662–678.
24 Hamburger Reichspostillion, Veröffentlichungsdatum fehlt [August 1721], S. 2.
25 Oberpostamtszeitung 26.8.1721.
26 Zur Kursentwicklung vgl. die Aufstellung bei Neal, Rise, S. 235.
27 Paul, South, S. 107–111.

aber Geld ließ sich nicht auftreiben. Gegen die Aufnahme eines größeren Kredits am Londoner Finanzmarkt sprachen erhebliche Bedenken. Der Kaufvertrag mit den Kommissaren der beschlagnahmten Güter sah jedoch vor, dass der Erwerb für nichtig erklärt würde, sollte die Zahlung nicht pünktlich erfolgen. Aus Eigeninteresse akzeptierte die Regierung zwar 1721 eine zeitweise Stundung. Mittelfristig beseitigte dies das Problem aber nicht. Die Direktoren mussten Geld auftreiben.[28]

Erfolgversprechende Maßnahmen zur Refinanzierung gab es allerdings in Anbetracht der immer noch angespannten Lage am Londoner Geldmarkt im Frühjahr/Sommer 1721 nur wenige. Weitere Einzahlung auf Aktien von den Anteilseignern zu fordern, schien kaum erfolgversprechend. Die York Buildings Company hatte dies zuletzt im Dezember versucht. Weil Aktionäre die Zahlung damals alternativ durch die Abgabe der Hälfte ihrer Unternehmensanteile begleichen konnten, kam jedoch wenig Geld ein. Stattdessen traten viele lieber ihre Aktien ab. Es erwies sich allerdings wiederum als kaum möglich, diese zu verkaufen, ohne den Wertpapierkurs erheblich unter Druck zu setzen und dadurch am Ende wenig Geld für eine große Zahl von Wertpapieren zu erlangen.[29]

Zur Refinanzierung rückte daher 1721 ein neues Mittel ins Zentrum der Aufmerksamkeit. Durch eine Lotterie hofften die Direktoren zusätzliches Kapital einnehmen zu können. Solche Glücksspiele kannten Zeitgenossen bislang eher von der Staats- als von der Unternehmensfinanzierung.[30] Allerdings hatte es auch schon eine Verknüpfung im Braunschweig-Wolfenbütteler Vorschlag 1720 gegeben, in dem allerdings die Lotterieteilnahme die Voraussetzung für die Berechtigung zum Aktienerwerb bildete. Die Ziehung der York Buildings Company drehte die Bedingungen um. Aktien waren bei ihr Trostpreise für jene, die am Ende der Auslosung mit einer Niete dastanden. Als tatsächliche Preise bot das Unternehmen Pensionen und Lebensversicherungen an, die im Jahr 1719 den eigentlichen Ausgangspunkt des Unternehmens gebildet hatten. Die Direktoren hofften mit der Lotterie unter dem Strich einen Gewinn zu machen und damit die nächste Rate an die Regierung zahlen zu können. So entwickelten sie die Idee der Aktiengesellschaft weiter, indem sie Glücksziehungen für die Finanzierung privater Unternehmen verwendeten. Dies schien vor dem Hintergrund des mangelnden Interesses von Investoren an Aktien einen Ausweg aus der Finanzmisere darzustellen.[31] Aktionär wurde man so freilich nur noch im Unglücksfall.

---

28 Cummings, York Buildings, S. 292–293.
29 Ebd., S. 69–70.
30 Murphy, Origins, S. 217.
31 Es ist unklar, ob und wie viele das Unternehmen davon 1720 absetzte. Beworben wurden sie in der Presse jedenfalls. Vgl. z. B. Daily Courant 9.2.1720; Cummings, York Buildings, S. 110–115.

Für die Abhaltung der Lotterie besorgte sich das Unternehmen die parlamentarische Zustimmung. Am 22. Juni 1721 wurde ein Gesetz dahingehend mit einer deutlichen Mehrheit verabschiedet.[32] Wie bereits bei der Stundung der Zahlung kam darin die Bereitschaft Westminsters zum Ausdruck, Aktiengesellschaften in der schwierigen Phase nach der South Sea Bubble zu helfen – auch wenn sich sonst eher Skepsis gegenüber Großunternehmen breit machte. Gleichzeitig wollte das Parlament so aber wohl auch sicherstellen, dass das Unternehmen den noch ausstehenden Anteil des Kaufpreises für die Güter in Schottland beglich – es handelte somit wesentlich im Eigeninteresse. Das Angebot, das die Company Glücksspielern dann im August unterbreitete, überzeugte jedoch nicht. Zu schlecht seien die Gewinnchancen, kritisierte eine Tory-Zeitung. Eine zeitgleiche Regierungslotterie biete eine höhere Wahrscheinlichkeit vom Glück zu profitieren.[33] Obwohl die Möglichkeit bestand, auch nur einen Teil eines Loses für die Lotterie der York Buildings Company im Ratenkauf zu erwerben, was Kleinspekulanten ansprechen sollte, konnte nur etwa die Hälfte der Scheine abgesetzt werden. Die Einnahmen des Unternehmens fielen dadurch erheblich geringer aus, als erhofft – mit Folgen für die Bezahlung der erworbenen Landgüter. Weitere Lotterien in den Folgejahren schlugen ebenfalls fehl, so dass die Gesellschaft chronisch unter Geldmangel litt.[34]

Zudem bewiesen die Direktoren auch im Betrieb der Wasserversorgung in London, dem ursprünglichen Geschäftszweig des Unternehmens, sowie in der Bewirtschaftung der gekauften Güter in Schottland kein Geschick. Die Hoffnungen in die Erträge der letzteren waren wohl auch zu hoch gespannt. Einzelunternehmer vor Ort erwiesen sich in der Güterbewirtschaftung als überlegen gegenüber den im fernen London lebenden Direktoren der Company, die zugleich noch andere Geschäftsaktivitäten verfolgten. Nicht zuletzt scheint sich die Unternehmensführung oft mehr mit der Manipulation von Aktienkursen als dem tatsächlichen Geschäft beschäftigt zu haben. Ab Mitte der 1720er Jahre galt die York Buildings Company daher als skandalträchtiges und unprofitables Unternehmen, das von seinen Aktionären immer wieder Geldnachschüsse verlangte, um den nötigsten Verpflichtungen nachkommen zu können. Im Jahr 1724 standen

---

32 The York-Buildings Company Impower'd to Dispose of Part of the Forfeited Estates, Which They Had Purchas'd, by Way of Lottery, Westminster 22.6.1721. Online: http://www.british-history.ac.uk/commons-hist-proceedings/vol6/pp218-262#h3-0083 [Stand: 15.11.2019].
33 Zur Kritik an den niedrigen Gewinnen der York Buildings Lotterie vgl. Cummings, York Buildings, S. 115.
34 Ebd., S. 112–149.

so noch immer mehr als £100.000 für die Güterkäufe in Schottland aus.³⁵ Als Vorbild für die Fähigkeiten der Aktiengesellschaft gegenüber dem Einzelunternehmer erwies sich die York Buildings Company damit sicher nicht.

Hoffnungen auf Harburg

Zur Gruppe der unter Geldmangel leidenden und in Skandalen untergegangenen Aktiengesellschaften des Jahres 1720 gehört auch die Harburgh Company. Nachdem die York Buildings Company schon 1721 versucht hatte, Betriebskapital durch eine Glücksziehung einzunehmen, beschritt die Harburger Gesellschaft im Folgejahr denselben Weg. Dies war wenig erstaunlich, denn zwischen den führenden Persönlichkeiten der beiden Unternehmen bestanden enge Verbindungen und Überlappungen. Konkret entwarf Case Billingsley in beiden Fällen den Plan der Lotterie.

Nachdem allerdings die Ziehung der York Buildings Company nicht genug Interesse bei Glücksspielern geweckt hatte und die Hälfte der Tickets unverkauft geblieben war, sollten die Gewinne der Harburger Gesellschaft mehr Spekulanten anlocken. Bei einem Preis von £3 pro Los und insgesamt 500.000 Gewinnscheinen beabsichtigte man £1,5 Millionen einzunehmen. Davon planten die Unternehmer zwei Drittel wiederum auszuschütten. Der Rest sollte beim Ausbau des Harburger Hafens Verwendung finden. Die aus diesem Bauprojekt erwachsenden Profite finanzierten dann die Trostpreise jener, die keinen Lotteriegewinn erhielten. Dazu bedachte die Company Besitzer von Nieten anteilsmäßig mit Aktien. Weil das Unternehmen allerdings keine englische Charter besaß, bestanden Zweifel hinsichtlich seiner Berechtigung, Lotteriescheine in England überhaupt verkaufen zu dürfen. Das Parlament eröffnete nach Bekanntwerden des Plans eine Ermittlung und verabschiedete zügig ein Gesetz zum Verbot der Ziehung.³⁶ Danach versank die Harburgh Company in Rechtsstreitigkeiten, die unter anderem im Parlament in London ausgetragen wurden, aber auch im Archiv in Hannover einen umfangreichen Aktenbestand hinterlassen haben. Seinen Unternehmenszweck – Handel mit und Manufakturen in Harburg aufzubauen – erfüllte die Kompagnie nicht. Die englischen Handwerker, die im Sommer 1720 in der

---

35 Ebd., S. 16–29, 77–188 u. 287–393; Cummings, A.J.G.: Industry and Investment in the Eighteenth Century Highlands. The York Buildings Company of London. In: Ders./Devine, T.M. (Hrsg.): Industry, Business and Society in Scotland Since 1700. Edinburgh 1994, S. 24–42.
36 Cummings, Harburgh Company, S. 8–13.

norddeutschen Stadt angekommen waren, um Manufakturen zu errichten, verschwanden wieder. Dies zeigt eine Bevölkerungszählung aus dem Jahr 1725.[37]

Während Promotoren noch neue Ideen für die Finanzierung von Aktiengesellschaften hatten, zeigten sich Kapitalbesitzer nach dem Platzen der Spekulationsblasen 1720 sehr viel skeptischer, und das britische Parlament wachte aufmerksamer über die Geschehnisse am heimischen Finanzmarkt.

Kabeljau, Makrelen und Lachs im Fish-Pool

Auch die Fish-Pool Gesellschaft stemmte sich im Frühjahr 1721 weiter gegen die schlechten Rahmenbedingungen, wobei wohl eine kleine aktive Gruppe innerhalb der Aktionäre die Dinge vorantrieb.[38] Darunter Richard Steele, der von seiner Idee weiterhin so überzeugt war, dass er im April 15 zusätzliche Anteile kaufte.[39]

Mit positiven und werbenden Nachrichten in der Presse blieb das Unternehmen zudem in der Öffentlichkeit präsent.[40] Eine Neuauflage des ‚Account of the Fish-Pool' kündigte die *Daily Post* am 13. März 1721 an. Die Schrift sollte wohl wiederum auf die Vorzüge der neuen Schiffsbauweise und das daraus resultierende Ertragspotenzial aufmerksam machen.[41] Zugleich liefen die Vorbereitungen für die Fangsaison. Hierzu vereinbarten die auf einer Versammlung anwesenden Aktionäre eine Zubuße von £5 je Aktie bis Ende März. Allerdings, dies deuten Zeitungsmeldungen ebenfalls an, scheint die Resonanz darauf begrenzt geblieben zu sein. Mehrfach schob man die Zahlungsfrist hinaus.[42] Wie andere Unternehmen im Vorjahr erfuhr auch der Fish-Pool, dass sich Nachzahlungen von vorhandenen Aktionären kaum eintreiben ließen. Doch schon Anfang April gab es wieder gute Nachrichten. Vier weitere Schiffe des Unternehmens liefen vom Stapel – ein Ereignis, zu dem man Interessierte einlud. Anfang Mai stachen die Segler in See.[43]

Die Hoffnung auf einen erfolgreichen Fischfang blieb damit erhalten und wurde auch von *Applebee's Original Weekly Journal* noch einmal unterstrichen. Es

---

37 Richter, Klaus: Harburg in der Volkszählung von 1725. In: Zeitschrift des Vereins für Hamburgische Geschichte 70 (1984), S. 11–36; NLAH – Harburg 74, Nr. 1420–1422/2.
38 Darauf deutet ein Hinweis im Daily Courant 28.2.1721 hin.
39 Richard Steele's Journal 1720–1. In: Blanchard, Correspondence, S. 541.
40 Daily Post 19.1.1721 u. 14.3.1721; Weekly Journal or Saturday's Post 18.2.1721; Daily Courant 24.3.1721.
41 Daily Post 13.3.1721; Blanchard, Correspondence, S. 503.
42 Daily Post 31.3.1721.
43 Ebd. 31.3. u. 29.4.1721; Mist's Weekly Journal 8.4.1721 u. 15.4.1721.

berichtete im Nachrichtenteil Mitte März 1721 über die Vorarbeiten des Fish-Pool und der Fishmonger's Company für die anstehende Kabeljausaison. Damit verband der Redakteur die Hoffnung „to see Billingsgate the best Market in Europe for Fish".[44] Gleichzeitig wies die Zeitung aber darauf hin, dass die Vorbereitungen der Londoner Fischergilde Konkurrenz für die Aktiengesellschaft bedeuteten: Denn die bisherigen Fischer hätten die Bauform des Fish-Pool in einem Prozess der „Vertue of Emulation" kopiert.[45] Die kleinen Unternehmer gaben sich insofern nicht einfach der neuen Aktiengesellschaft geschlagen, sondern übernahmen offenbar deren technische Entwicklung. Der Wettbewerb zwischen Einzelfischern und Fischfanggesellschaft ging so in die nächste Runde. Der Ausgang blieb zunächst offen: Im Juli 1721 liefen, soweit ermittelbar, die ersten Schiffe der Company im Hafen ein. Sie hätten solche Mengen Fisch mitgebracht, dass die Preise auf dem Markt bereits drastisch gefallen seien, vermeldete das *Weekly Journal*.[46] Wenige Wochen später hieß es im *London Journal*, die „most sanguine Expectations of the Gentlemen concerned" hätten sich erfüllt. Die Gesellschaft fahre mit „great Vigour" fort und habe „considerable Improvements" an ihren Schiffen vorgenommen. Auch bestehe inzwischen ein Überblick über die laufenden Kosten, was für jede Gewinnkalkulation wichtig sein musste.[47] Doch was hoffnungsvoll klang, endete schnell. Denn schon Anfang Januar 1722 versuchte die Aktiengesellschaft ihre Schiffe gegen eine Gewinnbeteiligung zu verchartern, wollte sie also nicht mehr selber betreiben. Wenige Tage später berichtete der *Daily Courant*, die „Fishpool bubble is quite run aground. The Barking fishermen can bring all sort of fish alive to the market as cheap and with more profit to themselves than the undertakers can; so that the Bubble Stock seems at present to ebb mighty low."[48]

So wurde ein Projekt zur Luftblase, das sich über die Schwierigkeiten des Herbsts 1720 und des Frühjahrs 1721 hinweggerettet und einige Aktivität entwickelt hatte. Der Konkurrenz der traditionellen Fischer, die womöglich durch technische Emulation aufholten und über eine günstigere Kostenstruktur verfügten, erwies sich die Aktiengesellschaft als nicht gewachsen.

---

44 Applebee's Original Weekly Journal 18.3.1721.
45 Ebd. 18.3.1721.
46 Weekly Journal or British Gazetteer 15.7.1721; Daily Post 15.7.1721; Weekly Packet 15.7.1721.
47 London Journal 12.8.1721.
48 Daily Courant 3.1.1722; Applebee's Original Weekly Journal 6.1.1722.

Royal Mines Company

Die Royal Mines Company blieb ebenfalls ohne Erfolg und versank in den Jahren nach den Börsenspekulationsblasen wie manch anderes Unternehmen in Skandalen. Die Anlage eines Teils des Stammkapitals in Aktien der South Sea Company im August 1720 bildete den Ausgangspunkt für Klagen über finanzielles Missmanagement der Patentinhaber für die Schürfrechte. Beschwerden hierüber brachten Unternehmensteilhaber spätestens ab 1721 vor. Einige planten deshalb zu Beginn des Jahres 1722 ein Gerichtsverfahren gegen die Promotoren anzustrengen.[49] Insgesamt zogen sich die Streitigkeiten zwischen Unternehmern und Investoren noch Jahrzehnte hin.[50]

William Wood, der als Verbindungmann zwischen Patentinhabern und Aktionären fungierte, bemühte sich zwar nach eigenen Aussagen kontinuierlich um eine Lösung. Er wurde dabei aber selber zur Zielscheibe von Vorwürfen, die eine Parallele zwischen Royal Mines und South Sea Company zogen und das Diffamierungspotenzial des Verweises auf die Ereignisse 1720 beleuchten. In einem Brief aus dem Jahr 1725 klagte er, es sei unglaublich

> what I [...] have undergone in the opinion of so great a part of Mankind for Five Years past, how I have been Treated even to my Face by numbers of People concerned and how late last Term in the Court of the Exchequer I was compared to Mr. Knights & gone to France on such like Account as he went, which was not made matter of Conversation only here, but in Paris, and had pass'd for Truth, had not Mr. Walpole been so kind at his own Table to undeceive many Gentlemen that it was real Business that had brought me to France.[51]

Entscheidend für das Scheitern der Company war allerdings, dass die Bergleute auf Jamaika kein Edelmetall fanden. In Anbetracht der Tatsache, dass die Suchbemühungen laut einem Bericht insgesamt £35.415 auffraßen, kann man den Unternehmern aber wohl kaum mangelnden Willen vorwerfen. Abgesehen vom Missmanagement erwiesen sich am Ende vielmehr mangelnde Ortskenntnis und nicht hinreichendes naturkundliches Wissen als jene Faktoren, an denen die Company scheiterte.[52]

---

49 Vgl. den Schriftverkehr in: BL – Add. Ms. 22639.
50 Vgl. zu einigen Details Howard, Records, S. 72–74.
51 William Wood an unbekannt [Richard Thompson], London 27.10.1725. In: BL – Add. Ms. 22639, unpag.
52 William Wood an unbekannt, o.O. [London] 10.1.1722. In: Ebd., S. 121; Stearns, Science, S. 371; Howard, Records, S. 72.

Royal African Company

Für eine Zeit wirkte es so, als ob die Royal African Company erfolgreich reorganisiert aus der South Sea Bubble hervorginge. Doch auch sie scheiterte an den Grenzen des naturkundlichen Wissens, Widerständen gegen ihr Geschäftsgebaren in Afrika und an Fehleinschätzungen des Managements.

Immerhin, der Aktienkurs des Unternehmens blieb 1721 noch deutlich über dem Niveau von 1719, Investoren besaßen auf dem Papier somit ein Plus, wenn sie ihre Anteile über das Spekulationsjahr hinweg gehalten hatten. Die hohe Bewertung der Anteile legt nahe, dass sich Investoren einen dauerhaften Erfolg vom Wiederaufbau des Unternehmens versprachen, als es bei der South Sea Company der Fall war.[53] Zahlreiche Aktivitäten deuteten auch darauf hin, dass das Unternehmen sich redlich bemühte, im Sinne des Geschäftsplans aus dem Jahr 1720 zu agieren. Die Direktoren sandten Botaniker aus, um den Anbau von Nutzpflanzen zu begleiten und neue zu entdecken. Explorationsteams gingen auf Goldsuche und schlossen Verträge mit indigenen Herrschern.[54] Dies alles folgte der Maxime, in Zukunft weniger auf den Sklavenhandel als auf den britisch-afrikanischen Warenaustausch und eine neu aufzubauende Plantagenwirtschaft zu setzen.[55] Die sichtbare Vermehrung der Exporte nach Afrika auf über £100.000 bis 1723, den höchsten jemals erreichten Wert in der Geschichte des Unternehmens, ist gleichfalls ein Indiz für die Bemühungen um eine Expansion des Geschäfts. Selbst im weniger geschätzten Sklavenhandel gab es vorzeigbare Erfolge. Zwischen 1721 und 1723 fuhren deutlich mehr Schiffe der Company zwischen Afrika und der Karibik als zuvor. Ihr Anteil am britischen Gesamtsklavenhandel, der im Vorjahrzehnt mit einer Ausnahme unter 14 % gelegen hatte, stieg auf 20 bis 39 %.[56]

All dies erwies sich jedoch als Strohfeuer. Die hochgespannten Erwartungen an den Warenaustausch mit Afrika erfüllten sich nicht, weil die Direktoren die Bedingungen für Exportgüter falsch einschätzten. Andere britische Kaufleute bewiesen mehr Geschick in der Bewertung der Marktbedingungen – der Einzelkaufmann war der Aktiengesellschaft im Afrikahandel doch wieder überlegen. Piraten setzten der Royal African Company ebenfalls zu, und lokale Herrscher und Zwischenhändler wehrten sich erfolgreich gegen Versuche der kolonialen Durchdringung. Ebenso wenig führte die Goldexploration durch Bergarbeiter aus Cornwall zum Erfolg. So musste die Royal African Company erfahren, dass einer

---

53 Vgl. dazu auch Shea, (Re)financing, S. 37–38.
54 Mitchell, Legitimate, S. 557, 560–561.
55 Pettigrew, Freedom's, S. 169.
56 Mitchell, Legitimate, S. 573.

kolonialen Erschließung Afrikas durch Europäer im frühen 18. Jahrhundert noch unüberwindliche Schwierigkeiten entgegenstanden. Die Expansion im Warenaustausch und der Sklavenverschiffung zwischen 1720 und 1723 ließ sich angesichts solcher Probleme nicht lange durchhalten, denn sie fraß das Stammkapital auf. Im Jahr 1724 wurden nur noch Güter für gut £57.000 exportiert, im Folgejahr schon nicht mehr für £4.000. Auch der Sklavenhandel sank zurück in die Bedeutungslosigkeit. Als zusätzliche Belastung erwies sich, dass das 1720 in Form von Krediten auf Aktien verliehene Geld sich nicht mehr eintreiben ließ. Dadurch ging dem Unternehmen weiteres wichtiges Betriebskapital verloren.

Der Aufforderung an die Aktionäre 1722, eine Nachzahlung auf ihre Anteile zu leisten, kamen viele schon nicht mehr nach.[57] Die Royal African Company sank in den folgenden Jahren wieder in jene Inaktivität zurück, die den Großteil ihrer Unternehmensgeschichte seit 1700 gekennzeichnet hatte.

Hudson's Bay Company

Längerfristig erfolgreich, dabei aber wenig spektakulär, entwickelte sich die Hudson's Bay Company – freilich war ihr Einkaufsgebiet durch ein Monopol vor jeglicher nationaler Konkurrenz geschützt.

Aber zu einer raschen Expansion des Handels kam es nach dem Scheitern der Aktienemission am Ende der South Sea Bubble ebenfalls nicht. Hierzu fehlte zunächst das Geld. Doch auch die Seeexpedition auf der Suche nach der Nordwestpassage war gescheitert, die beiden dazu entsandten Schiffe samt Mannschaften verschollen. Zwar unternahm man in der Folgezeit noch kleinere Entdeckungsfahrten. Die Risiken großer Erkundungen schätzten die Direktoren aber als zu hoch, die Gewinnerwartungen als zu ungewiss ein. Auch die Hoffnungen auf die Erschließung von Kupfervorkommen gab man 1725 auf. In den Folgejahrzehnten konzentrierte sich die Gesellschaft stattdessen auf ihr Kerngeschäft: den Pelzhandel. Dieser brachte einigermaßen sichere Gewinne. Zwar sank auch hier seit den 1730er Jahren der Umfang. Den Rückgang verursachte vor allem die französische Konkurrenz, die im Hinterland der britischen Forts immer mehr Indianer als Lieferanten an sich binden konnte. Somit bedrohte im Kern ein internationaler Wettbewerber das nationale Monopol der Hudson's Bay Company. Um das bisherige Warenvolumen halten und die Konkurrenz ausstechen zu können, hätte das britische Unternehmen neue Forts bauen müssen. Weil ein

---

57 Mitchell, Legitimate, S. 564–571; Pettigrew, Freedom's, S. 171 u. 220; Davies, Kenneth G.: The Royal African Company. New York 1975, S. 344.

solcher Schritt aber zusätzliche laufende Kosten implizierte, ohne dass man einen im Verhältnis entsprechenden Gewinnzuwachs erwarten konnte, unterblieb dies. Solche Maßnahmen erschienen auch deshalb nicht nötig, weil die Gewinne der Company trotz sinkender Importe nach Großbritannien stabil blieben. Denn für die geringere Anzahl an Pelzen, die London erreichte, erzielte das Unternehmen einfach höhere Preise. So waren alljährlich Dividenden zwischen 8 und 10% möglich, was die Aktionäre zufriedenstellte.[58] Eine Expansion konnte auch deshalb ausbleiben, weil die Zahl der Aktien sowie das gebundene Betriebskapital und damit die Zahl der möglichst zu verzinsenden Unternehmensanteile im Jahr 1720 nicht wesentlich zugenommen hatten.[59]

Auch wenn sie im Gegensatz zu manch anderer Company ein solides Unternehmen war, als Motor zur Expansion des Handels – und damit als Vorbild für wirtschaftliche Entwicklung – erwies sich die Hudson's Bay Company in den Jahrzehnten nach der South Sea Bubble somit nicht. Eher bestätigte sie das Negativbild eines klassischen Monopolisten.

Seeversicherungen und royale Schulden

So wie Regierung und Parlament im Sommer 1721 der South Sea und York Buildings Company geholfen hatten, unterstützten sie auch die beiden Seeversicherungsgesellschaften weiter. Denn sowohl die Royal Exchange Assurance als auch die London Assurance vermochten es nicht, die noch ausstehenden Gelder für die Begleichung des Defizits der königlichen Zivilliste aufzutreiben, die sie für die Gewährung der Charter im Frühjahr 1720 zugesichert hatten. Von den ursprünglich je £300.000 schuldeten sie 1721 jeweils noch £188.750.

Als Hilfe in bedrängten Zeiten erhielten die Unternehmen zwar Ende April 1721 vom Parlament das Recht, in Zukunft zusätzlich zu den See- auch Lebens- und Feuerversicherungen zu vertreiben. Diese Maßnahme zur Rentabilitätssteigerung genügte aber offensichtlich nicht. Denn in einem Schreiben im Sommer führte die Royal Exchange Assurance aus, dass man alle Möglichkeiten erdacht habe, um die fällige Rate des Geschenks zu bezahlen, „which they have unhappily entered into". Die Schuld für ihre Unfähigkeit zur Zahlung

> may be owing, in great measure, to the calamity of the times and low ebb of public credit, but more especially from a general opinion, that it is impossible for this Corporation, from the

---

58 Rich, Hudson's Bay, S. 447–451 u. 457; Wagner, Asleep.
59 Rich, Hudson's Bay, S. 448; Wagner, Asleep.

uses of their Charter, to support themselves under the weight of so large a sum as £300,000 stipulated to be paid to the government, without interest.[60]

Der Geschäftsbetrieb erwies sich im Verhältnis zum unproduktiv gebundenen Kapital mithin als weniger einträglich, als man in der Euphorie des Vorjahres erwartet hatte, und es drohte die Gefahr, den Investoren keine angemessene Dividende ausschütten zu können.[61]

In der Folge baten die Direktoren darum, man möge ihnen die noch ausstehenden Gelder erlassen. Sie zogen hierbei eine Parallele zur South Sea Company, die von der Zahlung des Geschenks von gut £7 Millionen für das Recht der Staatsschuldenumwandlung entbunden worden war. Die Anträge hatten offensichtlich Erfolg. Denn das Parlament, das darüber zu entscheiden hatte, befreite schließlich beide Versicherungen von der Zahlung von jeweils £150.000. Die Assekuranzen mussten jetzt nur noch jeweils £38.750 auftreiben, was mit einiger Mühe gelang.[62] Regierung und Parlament hätten natürlich auch auf die Zahlung der Gesamtsumme bestehen und die Unternehmen in die Insolvenz schicken können. In der aufgeregten Situation 1721, in der es immer wieder zu Protesten von South Sea Company Aktionären und ehemaligen Besitzern von Staatsschuldtiteln und jetzigen Neuaktionären kam, konnte aber wohl niemandem an einem weiteren Unruheherd durch Verlierer in den Versicherungskompagnien gelegen sein. Erst recht nicht, wenn diese das Parlament und die Regierung für ihre Verluste verantwortlich machten.

Nachdem die Frage der Geldzahlung an den Staat aus Sicht der Assekuranzen geklärt war, lag das Hauptaugenmerk der Unternehmen auf dem Ausbau des Vertriebs von Policen. Die Erfolge hielten sich jedoch in den Folgejahren in Grenzen, so dass sich die Skepsis ob der Höhe der Geldzahlung an die Regierung als berechtigt erwies. Denn im Bereich der Feuerversicherung hielten sich Konkurrenzunternehmen, und aus dem Markt für Seerisiken wurden individuelle Versicherer nicht verdrängt, wie 1717/18 von diesen befürchtet. Die Assekuradeure nutzten vielmehr die Schwierigkeiten der Aktiengesellschaften 1720/21, um Marktanteile zurückzugewinnen und konnten ihre Stellung dann über die

---

60 Zitat nach Supple, Royal Exchange, S. 42.
61 Im Kern war allerdings schon 1718 vor einem zu hohen Stammkapital gewarnt worden, weil dann der Gewinn pro Anteil zu klein werde. „Had the South Sea Stock been but one Million instead of ten, it might have been a noble Trade; whereas now, their Profit can never be great, we doubt scarce worth their while to Trade." Briefe von Bradley und Billingsley an Attorney General Edward Northey und Solicitor General William Thompson, Mercers Hall 10.3.1718. In: The Special Report, S. 29–31.
62 Supple, Royal Exchange, S. 43–51.

nächsten 100 Jahre verteidigen. Hinzu kam eine höhere Risikoaversion, die sich im Falle der London Assurance nachweisen lässt und die man zum einen auf Probleme der Corporate Governance zurückführen kann.[63] Zum anderen dürfte sich auch die stärkere Wahrnehmung des Risikos eines auf dem Aktionärskredit basierenden Stammkapitals ausgewirkt haben. Die beiden Unternehmen zeichneten deshalb bis ins 19. Jahrhundert stets nur einen kleinen Teil der Policen am Londoner Markt.[64]

Das große Versprechen der Companies, sie würden es im Gegensatz zu den Einzelversicherern vermögen, Geschäft und Geld aus den Niederlanden nach Britannien herüberzuziehen, erfüllte sich so aller Wahrscheinlichkeit nach nicht. Aber im Gegensatz zu vielen anderen Neugründungen des Jahres 1720 überlebten die Assekuranzen in Großbritannien ebenso wie ihre Rotterdamer Konkurrentin nach Fusionen bis ins 21. Jahrhundert.

Umkämpfter Asienhandel

Die Krise nach den Börsencrashs in London, Paris und den Niederlanden hatte auch Folgen für den Kampf um Marktanteile im Asienhandel. Hier stießen die französischen, niederländischen und britischen Kompagnien unmittelbar aufeinander, und die unabhängig segelnden Schiffe aus Ostende verursachten zusätzlichen Wettbewerb.

Nicht jeder Konkurrent erschien den Direktoren der East India Company in London jedoch nach dem Börsencrash als gleich gefährlich. Sie gingen davon aus, dass der Geldmangel den französischen Handel erheblich beeinträchtige. Anfang 1722 ließen die Direktoren ihre Mitarbeiter in Fort St. George wissen: Weil die französische Kompagnie sehr hohe Gehälter zahle und mit umfangreichen Baumaßnahmen an ihren asiatischen Stützpunkten beschäftigt sei, scheine es „very plain to Us that their real imports to the East Indies will soon be drain'd so as not to afford sufficient for their Trade which is the hearts blood of every Company and only can cause them to flourish." Die französische Konkurrenz werde daher vermutlich „nothing near so considerable [seien,] as at present may be apprehended".[65] Sehr viel mehr Sorgen machten sich die Londoner Direktoren zeitgleich im

---

63 Aldous/Condorelli, An Incomplete.
64 Kingston, Christopher: Marine Insurance in Britain and America, 1720–1844. In: Journal of Economic History 67 (2007), S. 379–409; John, A.H.: The London Assurance Company and the Marine Insurance Market of the Eighteenth Century. In: Economica 25 (1958), S. 126–141.
65 General Letter to Fort St. George, London 16. 2.1722. In: Records of Fort St. George – Despatches from England, 1717–1721, S. 115.

Hinblick auf Schiffe aus Ostende. Sie forderten daher von ihren Angestellten in Asien noch explizitere Methoden in deren Bekämpfung als bislang. Im General Letter vom 16. Feburar 1722 hieß es:

> We have already herein told you what we expect from you to defeat the new Upstart Traders who endeavour'd as you write to obtain a settlement at Covelon. We have Assurances which we believe we can depend on that none of them will come on your side this approaching season. If so it will give you the better handle with good mannagement of getting those new Erected or intended Foundations and Buildings entirely demolisht. And the persons if any yet remain as pretending to keep Possession and all appearances of such Possession remov'd by such ways and means as may best answer our desires, and your endeavours at the same time preventing the Proof of your being indeed concern'd therein.[66]

Als andererseits ein übermotivierter Vertreter des britischen Unternehmens das unter Habsburger Flagge in asiatischen Gewässern segelnde Schiff La Flandria kaperte, verneinten die Direktoren in London, ihren Mitarbeitern den Auftrag hierzu erteilt zu haben. Dennoch mussten sie auf Beschwerde des österreichischen Gesandten in London die Besitzer schließlich entschädigen.[67] Allerdings ließ sich die Gründung einer Asiengesellschaft auf solche Weise ohnehin nicht verhindern und so fertigte Karl VI. Ende 1722 die Charter der Kaiserlich Ostendischen Kompagnie aus.

Mit Monopolrechten ausgestattet, erschienen Aktiengesellschaften für den Asienhandel trotz aller Verwerfungen der Mississippi und South Sea Bubble sowie der anderen Spekulationen der Jahre 1719 bis 1721 weiterhin als angemessene Organisationsform. Der Ostendischen Kompagnie war jedoch nur ein kurzes Leben beschieden. Dies hatte allerdings weniger wirtschaftliche als politische Gründe. Denn als Konzession für die Anerkennung der weiblichen Erbfolge im Habsburgerreich setzte Karl VI. im Jahr 1727 die Charter des Unternehmens für sieben Jahre aus, 1731 folgte schließlich eine Auflösungsverfügung.[68]

Wien und die Levante

Im Gegensatz zum Ostender Asienhandel, der schon seit 1714 internationales Kapital anzog, hatte die Kaiserlich-Orientalische Kompagnie erheblich größere

---

66 General Letter to Fort St. George, London 16. 2.1722. In: Ebd. – Despatches from England, 1717–1721, S. 121.
67 General Letter to Fort St. George, London 21.12.1721. In: Ebd., S. 75; dies., London 14. 2.1723. In: Ebd. – Despatches from England, 1721–1724, S. 50.
68 Hertz, England.

Schwierigkeiten an Geld zu kommen. Schon 1719 fanden sich nur wenige Investoren, eine neuerliche Subskription im Herbst des Folgejahres verlief ebenfalls nicht besonders erfolgreich. Von ursprünglich 75.000 Gulden wuchs das Stammkapital bis September 1720 zwar auf 217.000 Gulden. Das war aber immer noch eine bescheidene Summe und weit entfernt von den Zielen. Zumal unklar ist, ob der Betrag schon einen Kredit der Wiener Stadtbanco einschloss, den das Institut zu eben jener Zeit auf Anweisung des Kaisers dem Unternehmen gewährte und der allein 100.000 Gulden betrug.[69]

Weil das Stammkapital der Orientalischen Kompagnie auch 1721 nicht auszureichen schien, wurden dem Unternehmen Ende April erstens weitere Privilegien und Monopole eingeräumt, um es als Anlageobjekt attraktiver zu machen. Wohl mit demselben Ziel erklärten die Direktoren zweitens eine achtprozentige Dividende für 1720, und drittens scheint eine neue Subskription angesetzt worden zu sein, deren 1.500 in Raten bezahlbare Aktien nach Angaben Joseph Dullingers guten Absatz fanden. Schließlich ermächtigte der Kaiser das Unternehmen viertens, eine Lotterie zu veranstalten – wie dies auch die York Buildings Company wenig später tat. Diese sollte insgesamt 100.000 Lose umfassen und aus 100 Ziehungen im Abstand von jeweils drei Monaten bestehen. Die Teilnahmescheine kosteten zunächst einen Gulden, mussten aber nach jeder dritten Ziehung wiederum mit demselben Betrag verlängert werden. Die Gewinne verteilten sich nach einem hochkomplizierten Modus. Die Lotterie blieb insofern mit dem Unternehmen verknüpft, als man auch hier über den Losbesitz zum Aktionär werden konnte. Denn wer innerhalb der ersten 20 Ziehungen mindestens 100 Lose kaufte und für diese bis zur 50. Ziehung jeweils die Verlängerungsgebühr zahlte, erhielt als Bonus einen Unternehmensanteil, gewissermaßen als Treueprämie.[70]

So gut der Plan den Direktoren und der Regierung in Wien erschienen sein mag und so positiv er sich in den ersten Jahren auswirkte, indem die Kompagnie mit dem eingenommenen Geld bestehende Fabriken kaufen und neue eröffnen konnte: Zum Ende der 1720er Jahre wurden aus ungeklärten Gründen die Ziehungen beschleunigt, woraus Schwierigkeiten bei der Auszahlung der Gewinne resultierten. Das Unternehmen litt in der Folge unter Kapitalmangel und musste nach und nach seine geschäftlichen Aktivitäten einstellen sowie seine Fabriken verkaufen.[71]

---

69 Dullinger, Handelskompagnien, S. 51–52.
70 Ebd., S. 52–58.
71 Ebd., S. 58–74.

Krise(nbewältigung) in Irland

Dass Kapitalmangel schlecht für das Geschäft war, wusste man auch in Irland. Wie für 1720 sind auch für das Folgejahr zahlreiche Klagen überliefert, dass es an Geld mangele, um die Wirtschaftstätigkeit in Gang zu halten bzw. zu beleben. Grundbesitzer hatten Schwierigkeiten, Pachtgelder zu erheben. Kredite ließen sich kaum eintreiben. Der Bischof von Derry beobachtete im Sommer 1721, dass die Ausfuhr von Leinen nach Manchester seit dem letzten Winter stark eingebrochen sei. Die Zolleinnahmen, klagten andere, betrugen in der Woche vor Weihnachten 1720 nur einen Bruchteil des Normalen. Im März 1721 seien in Dublin zahlreiche Leinen- und Seidenweber arbeitslos gewesen, behauptete Bischof William King. Deshalb benötige etwa die Hälfte der städtischen Bevölkerung Unterstützung. Die Verarmung wurde auch als Grund für eine Zunahme der Auswanderung in die britischen Kolonien in Nordamerika angeführt.[72] Geldabflüsse nach London im Jahr 1720 und die dortige wirtschaftliche und politische Verunsicherung im Frühjahr 1721 schienen sich so mindestens in der Wahrnehmung der Zeitgenossen negativ auf Irland auszuwirken und vorhandene Probleme zu verstärken.

Da war es für manche eine gute Nachricht, dass die Pläne für eine Dubliner Bankgesellschaft in London langsam die Verwaltung durchliefen. Abhilfe für den Hartgeldmangel und damit Schmierstoff für die Wirtschaft war in Sicht. Die beiden Lord Justices von Irland hatten die beiden Anträge für eine Bankcharter seit September 1720 beraten. Anfang Januar 1721 empfahlen sie, das Projekt von Lord Abercorn anzunehmen. Den Ausschlag gaben jene Elemente, welche die beiden Projekte jenseits der normalen Bankfunktion in Aussicht stellten: niedrigere Zinsen im einen, die Abzahlung der irischen Staatsschulden im anderen Fall. Die Lord Justices versprachen sich von der angebotenen Senkung des Kreditzinses durch die Abercorn-Bank nennenswerte Vorteile für die Wirtschaft. Beim Alternativvorschlag befürchteten sie, dass die Regierung in London in Zukunft bei Geldbedarf die hart erkämpften Fiskalrechte des Dubliner Parlaments mit Hilfe der Bank umgehen könnte und dann die Einberufung der Kammern insgesamt unterbliebe. Auf die Entscheidung der Lord Justices hin gab Lord Forbes bekannt,

---

[72] Walsh, South, S. 111–123; Archbishop King an Archbishop Wake, Dublin 23.3.1721. In: Woolley, David (Hrsg.): The Correspondence of Jonathan Swift. Bd. 2, Frankfurt 2001, S. 369; Jonathan Swift an Charles Ford, Dublin 15.4.1721. In: Ebd., S. 371. Zu den Folgen für Irland auch Carswell, South, S. 172; Viscount Molesworth an John Molesworth, London 9.1.1721. In: Historical Manuscript Commission, Report on Manuscripts in Various Collections VIII, S. 289. Vorhandene statistische Daten deuten an, dass die Wahrnehmung tatsächlich eine empirische Basis hatte. Vgl. Dobbs, Arthur: An Essay on the Trade and Improvement of Ireland. Dublin 1729, S. 8.

dass das von ihm angeführte Konsortium seine Pläne nicht weiter verfolge – offenbar mit dem Ziel, dass zumindest eine Bank für Irland entstehe.[73]

Die Ausfertigung der Charter für das Abercorn-Projekt zog sich in London jedoch hin. Als sie am 27. Juli 1721 fertig war, sah sie mehrere Absicherungen gegen Spekulation vor. Die britische Regierung verarbeitete insofern die Lehren des Vorjahres. So durften nur „natural-born subjects"[74] Aktien besitzen – Ausländer sollten dadurch keinen Einfluss auf die Bank gewinnen können. Die Charter hatte eine Gültigkeit von 12 Jahren, so dass niemand sie nach einem möglichen Bankrott dauerhaft missbrauchen konnte. Zugleich bestand so die Möglichkeit, nach Ablauf der Charter von der Bankgesellschaft neue Konzessionen für eine Wiedergewährung fordern zu können. Schließlich mussten mindestens 5 % des Nennwertes der Aktie eingefordert werden. Das erhöhte die notwendige Anfangsinvestition und sollte wohl allzu unsolide Spekulanten ausschließen. In dieselbe Richtung zielte, dass Aktionäre eine Schuldverschreibung für den verbleibenden Betrag zeichnen mussten – dies mochte nicht nur die Sicherheit der Bank erhöhen, sondern erschwerte auch Aktientransfers. Die Subskription des Stammkapitals von £500.000 musste bis zum 10. November erfolgen. Das größte Hindernis bestand allerdings darin, dass die Charter eine Bestätigung durch das irische Parlament benötigte – vielleicht eine Fernwirkung der Auseinandersetzung um den ‚Bubble Act' in Großbritannien im Vorjahr.[75]

Die Promotoren waren von der letzten Anforderung wenig begeistert – zumal nach den langen Verzögerungen, die es ohnehin seit den ersten Planungen gegeben hatte. Nach der Eröffnung des irischen Parlaments am 25. September 1721 zeichnete sich außerdem schnell ab, dass es erhebliche Widerstände gegen die Bestätigung der Bankcharter gab. Die breite politische Unterstützung des Vorjahres war verflogen. Außer in den Kammern tauschten Gegner und Befürworter ihre Argumente über die nächsten Monate auch in Pamphleten aus. Diesen lassen sich die zentralen Argumente entnehmen. Zunächst einmal grundierte die Wahrnehmung des Aktienhandels in Paris und London im Vorjahr die Sichtweisen der Kontrahenten. Die Kritiker der Bankpläne bemühten sich, eine Analogie zwischen South Sea Company, Compagnie du Mississippi und den irischen Entwürfen herzustellen, während die Befürworter dies als unzutreffende Behauptung abtaten.[76] Deutlich zeigte sich in den Debatten darüber hinaus, dass die Gruppen entlang unterschiedlicher parteipolitisch grundierter ökonomischer Visionen argumentierten. Während die einen Wohlstand aus Grund und Boden hervorgehen

---

73 Ryder, Bank; Walsh, South, S. 139–142; Hall, Bank, S. 17.
74 Ebd., S. 18.
75 Ryder, Bank, S. 563–564; Hall, Bank, S. 373.
76 Diese Argumentationslinie betont besonders Walsh, South, S. 163–180.

sahen, glaubten die anderen, dass Handwerk und Manufakturen wirtschaftliches Wachstum generieren würden.[77]

Im Vorjahr hatten auch jene Personen noch Vorteile in einer Bank sehen können, die Land als wesentliche gesellschaftliche Wertressource betrachteten. Doch nun lehnten sie das geplante Unternehmen ab, denn es handle sich um ein Produkt zur Förderung eines falschen Verständnisses der Generierung von Reichtum. Sie verbanden diesen Gedanken mit der Überzeugung, dass Papiergeld nur imaginäre Werte repräsentiere, Land und Edelmetall demgegenüber reale Güter darstellten.[78] Hierbei bezog sich ein Pamphlet explizit auf die Entwürfe des Vorjahres, wenn es hieß:

> [I]f, according to the First Proposal, a sufficient *Real Estate* had been engaged as Security in behalf of the Bank, this would have been not only a Fund of Value, but a Permanent one also. For in case that a War, Rebellion, or any Publick Calamity should overrun the Kingdom, the Land would remain.[79]

Land oder Realhypotheken seien nun für die Bank aber nicht mehr erforderlich – sie verliere damit ihr solides Fundament. Eine Reihe weiterer Argumente gruppierten Kritiker hinzu: So werde nach der Einführung von Papiergeld auch das letzte Edelmetall das Land verlassen. Die Bank könne darüber hinaus den Einfluss des Parlaments, besonders des Unterhauses, verringern, indem das Unternehmen Wahlen durch Geld beeinflusse oder direkt Kredite an die Regierung vergebe und damit das Etatrecht der Kammern aushöhle.[80] Die Macht im Lande läge dann am Ende in den Händen einiger weniger Direktoren. Wenn es dann noch

---

[77] Vgl. dazu Pincus, Rethinking. Zu den unterschiedlichen parteipolitischen Position in Irland auch Pincus, Gulliver's Travels.

[78] Die Ausführungen zu den irischen Bankplänen folgen Ryder, Bank, S. 569–582. Im Gegensatz zu ihm hat Moore, Seán D.: Satiric Norms, Swift's Financial Satires and the Bank of Ireland Controversy of 1720–1. In: Eighteenth-Century Ireland 17 (2002), S. 26–56, zwar behauptet, dass die Gegner der Bank Argumente nutzten, die sich gegen Papierwerte richteten und Edelmetall sowie einen auf Grundbesitz aufbauenden Reichtum befürworteten. Diese seien aber gleichzeitig selber Aktieninvestoren gewesen. Sie hätten gegen eine irische Bank opponiert, damit keine Konkurrenz zur Bank of England entstehe. Diese lehnten sie ab, weil sie hofften, dass ihre Aktien der South Sea Company zumindest teilweise in solche der Bank of England umgewandelt werden könnten. Die empirischen Belege für diese These, sind zwar aus der Perspektive der Pamphletautoren (besonders Jonathan Swifts) nachvollziehbar. Dass diese Argumentation auch für die Rezipienten und die im Parlament Abstimmenden galt, wird aber letztlich nicht belegt. Vielmehr erscheinen die Ausführungen am Ende als zu umständlich.

[79] Zitat nach Ryder, Bank, S. 572. Hervorhebung im Original.

[80] Diese Sorgen spiegeln Bedenken in Massachusetts wider. Vgl. Newell, Dependency, S. 145–155; Pincus/Wolfram, Proactive, S. 48.

reichen Katholiken gelang, sich in die Bank einzukaufen, dann erlangten diese die Kontrolle über das Kapital im Land und könnten damit den Weg für eine Invasion der Stuarts ebnen. Der irische Parlamentarismus, so kann man die Vorwürfe zusammenfassen, liefe Gefahr, durch eine Oligarchie oder einen ‚Absolutismus' ersetzt zu werden. Wenn es sich denn in Anbetracht der Rechte Westminsters überhaupt um einen richtigen Parlamentarismus handelte. Denn aus dem Letztentscheidungsrecht der britischen Kammern zogen einige Kritiker den Schluss, dass eine Bank in Irland auf Dauer nicht bestehen könne, weil solche Institute nur in Republiken und in wirklich parlamentarisch regierten Ländern von Dauer seien.[81] Für Irland müsse man zweifeln, ob nicht früher oder später die britische Regierung die Bank dem Protest Londoner Kaufleute opfern würde – ähnlich wie beim Verbot des Wollexports nach England 1699:

> [I]f the intended *Bank* prove advantageous to us, by increasing our Trade and encouraging our Manufactures [...] and should in the least interfere with or hinder the Trade of *England*, then we may expect they will procure a Repeal of the Charter; or, if that cannot be done, so cramp our Trade and discourage our Manufactures, as to render them impracticable[82]

Koloniale Unterordnung statt Ebenbürtigkeit kennzeichne am Ende das Verhältnis Irlands zu Großbritannien. Die Wirtschaft müsse aus britischer Sicht im Interesse des Mutterlandes produzieren und dürfe keine Konkurrenz darstellen. Eine Auflehnung gegen die britische ‚jealousy of trade' sei zwecklos, mithin eine Bank auch unter Berücksichtigung der Stellung des Landes innerhalb der Monarchie nicht ausführbar.

Die Unterstützer der Aktiengesellschaft versuchten den Nachweis zu erbringen, dass eine ‚National'-Bank auch den Interessen der Grundbesitzer diene. Der Wert ihres Landes, argumentierten sie, steige durch allgemeinen Wohlstand ebenfalls. Im Hinblick auf ihre ökonomische Vision betonten sie: „Commerce and Manufactures, *only*, can make great and Populous Cities."[83] Zudem hebe das Geldinstitut die Moral im Land. Denn ohne dieses würden arme Menschen entweder auswandern, verhungern oder kriminell.

> The Erecting a Bank which will restore Credit, encrease and give a quicker Circulation to our Stock in Manufactures, and lower Interest to the Manufacturer, must encrease our Manu-

---

81 Dieser Gedanke findet sich auch andernorts: Vgl. Pincus, 1688, S. 395; Newell, Dependency, S. 123; Magnusson, Political, S. 59–60.
82 Zitat nach Caffentzis, C. George: The Failure of Berkeley's Bank. Money and Libertinism in Eighteenth-Century Ireland. In: Carey/Finlay, Empire, S. 233. Hervorhebungen im Original.
83 Zitat nach Ryder, Bank, S. 576. Hervorhebung im Original.

factures to a greater height, than ever they were before; and, in proportion as our Manufactures encrease, our Poor will be better Employ'd, better Fed, and better Cloath'd.[84]

Doch die Wirkung gehe über soziale und ökonomische Vorteile hinaus, wie das englische Vorbild beweise. Dort habe sich die Bank of England eben gerade als Hilfe im Kampf gegen jakobitische Invasionen erwiesen, nicht als deren Unterstützerin oder Wegbereiterin.

Doch die auf Wohlstand aus Produktion und Handel aufgebauten Argumente fruchteten bei der Mehrheit der Abgeordneten nicht. Nach einer ersten Abstimmungsniederlage im Parlament versuchten die Befürworter der Bank deshalb durch eine neue Subskription öffentliche Unterstützung zu mobilisieren und damit Druck auf gegnerische Parlamentarier aufzubauen. Die neue Zeichnung war jedoch auch deshalb notwendig, weil nur noch ein kleinerer Teil der Subskribenten aus dem Jahr 1720 das Bankprojekt unterstützte. Der größere Teil konnte oder wollte dies nicht mehr tun. Es fanden sich jedoch auch im Herbst 1721 noch genug Investoren. Ein Exemplar der überlieferten neuen Zeichnungsliste zeigt, dass von den insgesamt 209 Personen, die im Oktober 1721 für Unternehmensanteile unterschrieben, nur 87 schon im Vorjahr ihre Bereitschaft zum Aktienerwerb bekundet hatten. Demgegenüber kamen trotz der geplatzten Spekulationsblasen in Europa 122 neue Investoren hinzu. Während sich das soziale Profil im Vergleich zum Vorjahr nur wenig änderte, immer noch waren Mitglieder der gesellschaftlichen Führungsschichten stark vertreten, zeigte sich politisch eine starke Verschiebung hin zu Anhängern der Whigs. Auch der Anteil von Hugenotten stieg von unter 4 % in den beiden Listen des Vorjahres auf fast 15 %, was einen erheblichen Einflussgewinn von Handelskapital andeutet. Die neuen Zeichner spiegelten insofern die inner- und außerparlamentarischen Debatten des Herbstes wider, in denen Kaufleute und Whigs vorrangig für die Idee von Wohlstand aus Arbeit und Manufakturen und damit für das Bankprojekt eintraten. Diese Subskribenten ermöglichten es zugleich, dass auch in der Phase nach dem Platzen der Börsenblasen das Stammkapital der Gesellschaft in Irland Abnehmer fand.[85]

Am Ende half dies alles jedoch nicht weiter. Die Geschichte der Dubliner Bankprojekte beendete eine Mehrheit der Parlamentsabgeordneten Anfang Dezember. Damit setzte sich im Winter 1721 jene Mehrheit durch, die Wohlstand aus Grund und Boden hervorgehen sah. Papierwerten standen die Gegner der Company (wieder) skeptisch bis feindlich gegenüber. Doch es zeigt sich nicht nur die

---

84 Ebd.
85 Ebd., S. 565–566; Walsh, South, S. 158–161.

Sorge vor den Auswirkungen einer anderen ökonomischen Vision, dem damit einhergehenden Papiergeld und einem möglichen Aufstieg neuer Gesellschaftsgruppen in Irland. Das Ergebnis offenbart auch die eigenartige, semikoloniale Stellung der Insel innerhalb der britischen Monarchie, wenn mit einer Bank fortwährend die Sorge vor Gesetzen aus Westminster bzw. einer Umgehung des Etatrechts durch die Londoner Regierung verbunden wurde. Das Parlament in Dublin und die in ihm repräsentierte irisch-protestantische Nation war eben nur indirekt Teil des britischen Staates, und so gab es am Ende Kapitalisten in Dublin (zum Teil im dortigen Parlament vertreten), die eine Aktienbank zu gründen wünschte, sowie eine Regierung in London, die prinzipiell zugestimmt hatte. Dazwischen stand aber eine Mehrheit des irischen Parlaments, die den eigenen Einfluss gegenüber Westminster und den heimischen Kapitalisten zu wahren suchte und deshalb die Bank verhinderte.

Bleibt die Frage, warum trotz der gegenüber Companies skeptischen Stimmung in London die britische Regierung im Sommer 1721 bereit war, eine Dubliner Bankgesellschaft zu autorisieren. Eindeutig lässt sich dies bislang nicht klären. Aber vielleicht erschien das Projekt gerade deshalb akzeptabel, weil es Handwerk und Manufakturen zu fördern versprach – ähnlich wie es die Bank of England tat und wie es Walpole mit seinen Gesetzesmaßnahmen im Winter 1721 versuchte. Denn durch diese Eigenschaft war die Bank, im Gegensatz zu vielen anderen Plänen für Kompagnien, auch nach dem Platzen der Spekulationsblase noch kompatibel mit einer stärkeren Betonung der Rolle von Einzelkaufleuten und Produktion. Dies dürfte der Grund sein, warum die britische Regierung sie genehmigte, zumal sie wohl meinte, der Spekulation durch Anpassungen der Charter an die Erfahrung der Hyperspekulation einen Riegel vorgeschoben zu haben.

Eine Bank für Hessen-Kassel

Landgraf Karl von Hessen-Kassel war im Hinblick auf die Möglichkeiten zur Modifikation von Charters offenbar ebenfalls zuversichtlich, als er im April 1721 eine Kompagnie privilegierte. Nachdem sich für das Frühjahr und den Sommer 1720 vor allem Pläne für die Leinenfabrikation aus den Quellen erschließen lassen, wurde im Folgejahr zunächst eine Bankgesellschaft gegründet – die „Leyh- und Commercien-Compagnie". Das Ziel war jenem in Irland ganz ähnlich – die Förderung von Handwerk und Manufakturen durch besseren Kredit. Dass man trotz der geplatzten Börsenblasen den Schritt wagte, dürfte sich erstens aus der Hoffnung in die Fähigkeit der Aktiengesellschaft zu beschleunigter ökonomischer

Entwicklung erklären und zweitens aus ihrem Vermögen, internationales Kapital ins Land zu ziehen.

Neben dem gut ein Jahr zuvor nach Kassel zurückberufenen Kammer-Beamten Reinhard von Dalwigk wirkte an der Gründung der Bank auch Jacques Maudry mit. Seine Anwerbung verlief, im Gegensatz zu der Roeters, den man im Vorjahr um Ratschläge für die Leinenproduktion ersucht hatte, nicht über die Niederlande, sondern über Paris. Ob sich Maudry und von Dalwigk bereits vor ihrer Zusammenkunft in Kassel persönlich kannten, lässt sich aus den Quellen nicht erschließen. Möglich ist, dass sich die beiden im Rahmen von Geldtransfers für den Landgrafen in früheren Jahren begegnet waren. Auch bestand unter Umständen schon eine Verbindung zwischen Maudrys Bruder Abraham und Bewohnern der Landgrafschaft.[86] Jacques Maudry selber stammte ursprünglich aus Genf und betätigte sich während der Mississippispekulation als Bankier in Paris.[87] Die Genfer Gemeinde in der französischen Hauptstadt war aufgrund ihrer religiösen Außenseiterrolle vergleichsweise klein und eng vernetzt. Neben Kaufleuten und Bankiers gehörte ihr auch der Genfer Gesandte in Frankreich, Daniel de Martine, an, der zugleich als Vertreter Hessen-Kassels und Kurhannovers bei der französischen Krone wirkte.[88] Die Vermittlung Maudrys könnte daher ebenso gut über ihn gelaufen sein.[89]

Laut Statut sollte die 1721 gegründete Bankgesellschaft vorrangig der innerterritorialen Wirtschaftsförderung dienen. Wesentliche Aufgabe war die Vergabe von Krediten an Kaufleute, die dafür Waren oder andere Wertgegenstände hinterlegen mussten. Wer Geld für weniger als eine Woche benötigte, zahlte keine Zinsen, danach stiegen sie je nach Höhe und Dauer des Darlehens und der Herkunft des Kreditnehmers und lagen zwischen 6 und 18%. Landesuntertanen

---

86 Rommel, Chr. v.: Zur Geschichte der französischen Colonie in Hessen-Kassel. Kassel 1857, S. 58.

87 Vgl. dazu insgesamt Lüthy, Herbert: La banque protestante en France. De la Révocation de l'Edit de Nantes à la Revolution. I. Dispersion et regroupement (1685–1730), II. De la banque aux finances (1730–1794). Paris 1959–1961. Der Name Jacques (Jacob) Maudry taucht in Band I auf den Seiten 261 und 274, in Band II auf Seite 788 auf, ohne dass jeweils klar ist, ob es sich um den Onkel oder Neffen handelt.

88 Ebd., S. 383. Außerdem Schmidt, Hans: Die deutschen diplomatischen Vertreter bei der französischen Krone im 18. Jahrhundert. In: Mondot, Jean/Valentin, Jean-Marie/Voss, Jürgen (Hrsg.): Deutsche in Frankreich, Franzosen in Deutschland 1715–1789. Institutionelle Verbindungen, soziale Gruppen, Stätten des Austausches. Sigmaringen 1992, S. 32.

89 Unglücklicherweise sind aus dem Herbst 1720 keine Berichte von Martines nach Kassel überliefert, wobei unklar ist, ob diese verlorengegangen sind oder aus anderen Gründen keine geschrieben wurden. Etwa in dieser Zeit hätte aber wohl die Anwerbung Maudrys erfolgen müssen, wenn sie über den Gesandten gelaufen ist. Vgl. dazu HSTAMAR – 4f, Frankreich, 1582.

fanden fast durchweg eine Bevorzugung.[90] Die Pfande konnten Schuldner entweder auslösen oder der Leihbank den Auftrag erteilen, sie gegen 2% Provision zu verkaufen. Darüber hinaus durfte die Kompagnie ein Rohstoffdepot zum Nutzen der Manufakturen des Landes anlegen. Wenn all dies das Kapital der Bank nicht ausschöpfte, gestattete ihr das Statut auch, selber ein „commercium" zu treiben, solange sie damit nicht andere Handwerker und Manufakturbesitzer schädige. In all diesen Aspekten zeigt sich, dass es vorrangiges Ziel der Bank sein sollte, die „in Unsern Landen befindliche und aufzurichtende Manufacturen zu erhalten und zu vermehren, wie weniger nicht zu Etablierung eines Lombards in Unserer Residentz-Stadt Cassel (wie dergleichen an verschiedenen andern Orten eingeführet worden)", beizutragen.[91] Es ging mithin um einen Ausbau der gewerblichen Produktion und damit zugleich um die verbesserte Ausnutzung der Ressourcen des Landes durch die vereinfachte Möglichkeit, an Kredite zu gelangen.

Allerdings gab es eine Reihe Einschränkungen bzw. Dinge, die in der Charter nicht enthalten waren. Diese lassen sich erneut als Rezeption der europäischen Ereignisse und deren Verarbeitung deuten. So durfte die Bank keine Wechselbriefe diskontieren. Dadurch lief das Unternehmen nicht Gefahr, durch geplatzte Wechsel selber in wirtschaftliche Schieflage zu geraten – beispielsweise im Gegensatz zur Bank of England im Herbst 1720. Papiergeld durfte die Hessen-Kasseler Bank ebenfalls nicht ausgeben. Sie war daher für ihre Maßnahmen auf Münzgeld angewiesen und konnte nicht mittels Druck von Scheinen eine leichte, die Wirtschaft belebende Inflation auslösen – wie es vielleicht in Irland erwogen wurde und John Law es in Frankreich versucht hatte. Auch verbot ihr das Statut, Kredite auf Immobilien zu vergeben. Im Gegensatz zur vorgeschlagenen Bank für Braunschweig-Wolfenbüttel war das Statut mithin deutlich enger umrissen, und traditionelle Kreditgeber mussten weniger Konkurrenz fürchten.[92] Freilich fehlten damit aber auch wesentliche Elemente des Bankgewerbes im 18. Jahrhundert, so dass die Wirkungsmöglichkeiten zum Nutzen der Wirtschaft bei der Hessen-Kasseler Bankgesellschaft erheblich eingeschränkt waren. Wohl auch um dem zu

---

90 Lasch, Untersuchungen, S. 270.
91 Fürstliches Privilegium welches der Leyh- und Commercien-Compagnie zu Etablierung eines Lombards in der Residentz-Stadt Cassel ertheilt worden, Schmalkalden 19.4.1721. In: Sammlung Fürstlich-Hessischer Landes-Ordnungen und Ausschreiben. 3. Theil: 1671–1729. Kassel 1777, S. 853.
92 Ebd. Diese Regelung wurde 1722 noch einmal betont. Siehe: Gründlicher und zuverlässiger Bericht von der Beschaffenheit des ... Lomberts oder Publiquen Leyh- und Commercien Banco, Kassel 1722. In: HHSTAWI – 300, Nr. 180, S. 2. Wilder, Colin: „The Rigor of the Law of Exchange". How People Changed Commercial Law and Commercial Law Changed People (Hesse-Cassel, 1654–1776). In: Zeitschrift für Historische Forschung 42 (2015), passim, missversteht die Rationalität hinter der Bank.

begegnen, räumte der Landgraf dem neuen Institut zumindest ein Monopol für sein Territorium und die Zoll- und Abgabenfreiheiten ein. Zusätzlich erhielt die Kompagnie Gerichtsfunktionen in Kommerzangelegenheiten, selbst wenn diese sie nicht direkt betrafen. Es wurden somit Privilegien gewährt, die der Ertragsfähigkeit dienen und eine gute rechtliche Stellung ermöglichen sollten.

Die Detailbestimmungen des Aktiengesellschaftsstatuts enthielten aber noch weitere Besonderheiten. Sie müssen vor dem Hintergrund der Erfahrungen des Vorjahres als zusätzliche Anpassungsmaßnahmen verstanden werden. So sah die Gründungsurkunde beispielsweise die Ausgabe von 5.000 Aktien zu je 100 Gulden vor – ein recht niedriger Nennwert. Weil Investoren den Betrag aber voll einzahlen mussten, versprach diese Regelung wohl Spekulanten fernzuhalten, die nur eine erste kleinere Subskriptionsrate zu riskieren bereit waren. Darüber hinaus sah man auch die Notwendigkeit, die Unabhängigkeit der Bank von der Regierung zu betonen. So hieß es, dass „Wir die gantze Direction von der Compagnie und Ihren effecten denen Interessenten gnädigst überlassen".[93] Damit schloss das Statut an zeitgenössische Diskussionen an, die die Sicherheit und den Kredit einer Bank nur gewährleistet sahen, wenn Monarchen keinen Einfluss auf ihre Geschäfte hatten. Zugleich schloss die Regelung damit auch eine zu enge Verquickung von Staatsinteresse und Unternehmen vor der Hand aus – zumal die Bank keine Staatsschulden übernahm oder sich zu anderen finanziellen Gegenleistungen für ihr Statut verpflichtete. Das französische Vorbild spielte bei all diesen Punkten als Negativbeispiel wohl eine wesentliche Rolle.

Deutliche Abweichungen zu anderen Aktiengesellschaften des Jahres 1720 zeigen sich zudem darin, wie man das Konzept ‚Aktie' spezifizierte. Der Text kündigte eine garantierte Verzinsung von 5% für jeden Anteil an – statt einer allein vom Gewinn abhängigen Dividende. Dies sollte wohl Unsicherheiten über die Rentabilität des Unternehmens beseitigen. Zugleich versprach das Statut, dass im Falle höherer Gewinne diese ebenfalls auf die Teilhaber verteilt werden konnten. Außerdem blieben Aktien bis zur Ausgabe der Maximalzahl jederzeit für 100 Gulden von der Bank erwerbbar. Damit schloss man aus, dass eine Anpassung des Verkaufspreises durch das Unternehmen bei steigendem Aktienkurs stattfand, wie beispielsweise bei der South Sea Company in London. Andererseits hemmte dies natürlich die Spekulationsmöglichkeit, solange sich nicht sämtliche Anteilsscheine im Umlauf befanden. Schließlich versprach die Bank, Aktien auf Wunsch auch zurückzukaufen und dabei nie einen Preis unterhalb des Nennwerts

---

[93] Fürstliches Privilegium welches der Leyh- und Commercien-Compagnie zu Etablierung eines Lombards in der Residentz-Stadt Cassel ertheilt worden, Schmalkalden 19.4.1721. In: Sammlung Fürstlich-Hessischer Landes-Ordnungen, S. 854.

zu zahlen. Diese Maßnahme schützte potenzielle Anleger vor Kapitalverlusten in Krisenzeiten – zumindest solange die Bank zahlungsfähig blieb.[94] Den Akteuren in Hessen-Kassel war wohl bewusst, dass die Gründung von Aktiengesellschaften nach den Blasen 1719/20 Risiken barg. Doch sie hofften, diese durch ihre Anpassungen bannen zu können. Die *Europäische Fama* zeigte sich von der Richtigkeit der Maßnahmen jedenfalls überzeugt. Sie sprach von einem „herrlichen Privilegio". Es wurde lediglich einschränkend angemerkt, dass „die Zeit lehren [müsse], ob man durch diese Handels-Gesellschaft diejenigen Vortheile erhalten werde, mit denen man sich [...] geschmeichelt hat".[95]

Zunächst mussten allerdings die Investoren entscheiden, ob sie das Unternehmen und die Maßnahmen zum Anlegerschutz überzeugten. Um sie warben die Hessen-Kasseler Promotoren in internationalen Zeitungen. Dies verdeutlicht eine Werbeanzeige, die am 16. Mai 1721 in der *Gazette d'Amsterdam* erschien und in der das gesamte Statut der Gesellschaft wiedergegeben wurde.[96] Sehr bewusst versuchten die Unternehmer somit, die in den beiden Vorjahren durch Europa fließenden Ströme an Spekulationskapital zum Nutzen des eigenen Landes anzuzapfen – ganz im Gegensatz zu den Plänen der britischen Regierung für Irland. Freilich, die internationale Spekulationslaune war 1721 weitgehend verflogen und/oder das Angebot der Kasseler Bank nicht attraktiv genug. Bis zum 17. Juni fanden sich nur 46 Aktienzeichner – wie viele von den 5.000 Aktien das Unternehmen verkaufte, lässt sich nicht mehr ermitteln, sicherlich aber bei weitem nicht alle.[97] Von den Investoren sind anhand der Unterlagen 29 namentlich identifizierbar, und für einige ist auch die gezeichnete Stückzahl bekannt.[98] An der Spitze der Liste stand Landgraf Karl mit 300 Anteilen. Seine Tochter Wilhelmine zeichnete ebenfalls, wobei unklar ist wieviel. Die weiteren namentlich bekannten Investoren lassen sich größtenteils zwei Gruppen zuordnen: Regierungsbeamten und Mitgliedern der Kasseler Hugenottengemeinde.[99] Diese Besitzstruktur spiegelt sich auch in der Besetzung des Direktoriums wider. Als Präsidenten der Bank wählte man Reinhard von Dalwigk, zu den zehn Deputierten gehörten fünf Beamte und fünf Kaufleute.

Trotz internationaler Ideen und Vorbilder, in ihrer Anlegerschaft und damit der Kapitalbasis gelang es der „Leyh- und Commercien-Compagnie" in Kassel

---

94 Ebd., S. 855.
95 Europäische Fama 248 (1721), S. 667.
96 Gazette d'Amsterdam 16.5.1721.
97 Protokoll der Versammlung, Kassel 17.6.1721. In: StAK – S3, Nr. 171, S. 2.
98 Ebd.; Zeichnungsliste, Schmalkalden 19.4.1721. In: Ebd, S. 21–22.
99 Zur Hugenottengemeinde vgl. Kadell, Franz-Anton: Die Hugenotten in Hessen-Kassel. Darmstadt 1980, S. 566–589.

nach ihrer Gründung nicht, an europäische Kapitalströme anzuschließen. Ebenso wenig vermochte sie es, bis 1722 alle Aktien zu verkaufen. Dies bedeutet jedoch nicht, dass die Leihbank ohne Erfolg blieb. Ein Jahr nach ihrer Entstehung hatte sie sich offenbar zu einer erfolgreichen Pfandleihanstalt für den lokalen Kreditmarkt entwickelt und vergab hauptsächlich kleine und kurzfristige Darlehen.[100] Auch konnte die Bank problemlos die festgelegte Dividende auszahlen. Indem man für die Zukunft eine Zinssenkung statt einer Gewinnmaximierung für die Aktionäre vorsah, wandelte sich die Unternehmensidee in Richtung einer stärker gemeinnützig orientierten Institution.[101] Eine solche Entwicklung wäre mit einer größeren Zahl internationaler profitorientierter Investoren wahrscheinlich nicht möglich gewesen.

Zugleich endeten mit dem vergleichsweise mäßigen Erfolg der Aktienzeichnung in Hessen-Kassel alle Bemühungen, eine weitere Kompagnie ins Leben zu rufen. Als der im Jahr 1720 umworbene Promotor George Roeters im Herbst des Folgejahres endlich in der Landgrafschaft eintraf, ging aus den Beratungen keine Leinenmanufakturgesellschaft mehr hervor. Die niederländischen Kapitalbesitzer, die von Dalwigk im Frühjahr 1720 zur Investition in ein solches Unternehmen hatte bewegen wollen, gab es im Moment nicht mehr.

Ausklang: Eine Schlussbilanz

Die durch die Kurssprünge in Paris im Sommer 1719 ausgelöste Euphorie für die Emulation von Aktiengesellschaften gelangte mit den zeitweiligen Errungenschaften der Ostender Kompagnie, dem eingeschränkten Erfolg in Hessen-Kassel und dem Fehlschlag in Irland an ihr Ende. Ideen zur Abwandlung von Charters waren zwar noch vorhanden, besonders auch im Hinblick darauf, wie man weiterhin Investoren anlocken und ihnen Sicherheit für ihre Investments suggerieren könnte. Hierbei entfernte sich die Idee der Aktie aber sehr weit von einem durch interessierte Anleger frei handelbaren Investmentpapier. Das Verbot für Ausländer, Aktien der irischen Bank zu kaufen, ist hierfür ebenso ein Beispiel wie die Bestandteile des Statuts der Hessen-Kasseler Kompagnie. Zudem floss Spekula-

---

[100] Kunden mag die Bank auch aus einer Wiederholung des Wucherverbots für Juden und der Aufforderung zu verschärfter Ahndung solcher Vergehen gewonnen haben. Vgl. Regierungs-Ausschreiben wider die Foeneratores, welche mit Geldausleihen usurariam pravitatem oder schändlichen Wucher treiben, Kassel 10.6.1721. In: Sammlung Fürstlich-Hessischer Landes-Ordnungen, S. 863.
[101] Gründlicher und zuverlässiger Bericht von der Beschaffenheit des ... Lomberts oder Publiquen Leyh- und Commercien Banco, Kassel 1722. In: HSTAWI – 300, Nr. 180, S. 2.

tionskapital weniger freudig durch Europa und in Aktiengesellschaften hinein, so dass Unternehmer auf die Idee verfielen, Geld durch Lotterien einzuwerben. Aber war diese wirklich ein zielführenderer Weg, wenn Unternehmensanteile zum Wertgegenstand zweiter Klasse in einem Glücksspiel wurden?

Jedenfalls fiel die Zahl der Aktiengesellschaftsgründungen nach den frühen 1720er Jahren wieder auf das Niveau der Zeit vor den Börsenblasen zurück und verharrte dort über die nächsten Jahrzehnte.[102] Dazu beigetragen haben dürfte auch der mäßige Erfolg vieler Unternehmen. Während die Bank im deutschen Mittelstaat weitgehend unspektakulär ihrer Arbeit nachging, bemühten sich viele britische Aktiengesellschaften um ihre Geschäfte – freilich mittelfristig oft mit geringem Erfolg und zahlreichen Skandalen. Ähnlich erging es zahlreichen europäischen Kompagnien. Vielfach scheiterten die Unternehmen somit am Nachweis, dass Companies längerfristig besondere Fähigkeiten für beschleunigte wirtschaftliche Entwicklung besaßen und deshalb Einzelkaufleuten überlegen waren – zumal trotz aller Unterstützung im Einzelfall auch das britische Parlament eher wieder auf Handwerker und Manufakturen als Garanten von Wohlstand setzte.

Doch die Entwicklung im Jahr 1721 verdeutlicht: So wie das Großereignis ‚South Sea Bubble und Co.' nicht mit einem dramatischen Auftakt begann, so bildete der Crash an den Börsen nicht ein dramatisches Finale. Vielmehr gab es einen längeren polyphonen Ausklang. Chronologisch schwand dabei zunächst die dynamisierende Kraft der Spekulation mit dem Platzen der verschiedenen Blasen. Dafür wirkten einige Zeit lang wirtschaftliche Probleme, Bankrotte und Wechselkursschwankungen, das weiterhin verbreitete Interesse an Aktiengesellschaften sowie die Erinnerungen an die ‚Fehler' von 1720 fort. Schließlich verlor sich das Ereignis in den meisten europäischen Gesellschaften in einem vielstimmigen Ausklang weitestgehend. Hauptsächlich in Frankreich und Großbritannien vernahmen Menschen die Nachklänge der Spekulationsblase 1720 jedoch noch Jahrzehnte später bzw. riefen sie sich immer wieder ins Gedächtnis, was zur Folge hat, dass die Ereignisse meist von ihrem Ende interpretiert wurden und dadurch den Charakter als einmal offene Zukunft verloren.[103]

---

102 Condorelli, 1719–20 Stock Euphoria, S. 54.
103 Für Großbritannien: Froide, Amy: The Long Shadow of the South Sea Bubble. Memory, Financial Crisis, and the Charitable Corporation Scandal of 1732. In: Condorelli/Menning, Boom, S. 179–197. Für Frankreich: Zabel, From Bubble.

‚South Sea Bubble und Co.' in Perspektive: Ein Fazit

Die Einleitung dieser Arbeit hat zwei Konzepte des 18. Jahrhunderts zur Analyse des Geschehens im Jahr 1720 eingeführt: ‚Jealousy of trade' und ‚Emulation'. Sie hat außerdem vier Problemkomplexe benannt, die mit dem Ziel eines besseren Verständnisses von ‚South Sea Bubble und Co.' untersucht werden sollten. Hierbei handelte es sich erstens um zeitgenössische wirtschaftstheoretische Grundsatzdebatten, insbesondere im Hinblick auf das Konzept der Aktiengesellschaft. Zweitens ging es um eine Untersuchung der geschäftlichen Aktivitäten und Ziele neuer Kompagnien im Verhältnis zur Aktienspekulation. Als drittes Element spielte ‚South Sea Bubble und Co.' als europäisches Ereignis eine Rolle und damit verbunden die Einpassung der Aktiengesellschaftseuphorie in ganz unterschiedliche regionale und politisch-ökonomische Kontexte. Schließlich ist viertens die Frage nach der Chronologie der Ereignisse und damit zusammenhängend der Organisationsform ‚Aktiengesellschaft' gestellt worden. Ziel dieses Schlusskapitels ist es, die im Laufe der Arbeit gesammelten Erkenntnisse zu den beiden Konzepten und vier Fragekomplexen zusammenzutragen und in größere (Forschungs-)Zusammenhänge einzuordnen.

‚Jealousy of trade'

Der spanische König und seine Regierung hatten im Jahr 1720 mindestens zehn Vorschläge für Aktiengesellschaften erhalten. Hauptsächlich handelte es sich bei den Projekten um Fernhandelskompagnien, manche enthielten zusätzlich Bankkomponenten. Die Entwürfe stammten von Promotoren, unter anderem aus Frankreich, England, den Niederlanden, der Schweiz und Italien. Diese hofften, sich und zum Teil auch ihren Staaten jeweils auf Kosten der Konkurrenz Marktanteile im spanischen (Kolonial-)Reich sichern zu können. So meinte der britische Gesandte in Madrid, William Stanhope, zu einem französischen Entwurf, „the whole Project seems levelled at the entire Destruction of the British & Dutch Commerce."[1] Die spanische Regierung lehnte die Konzepte jedoch allesamt ab.[2] Dies bedeutet keinesfalls, dass sich der König und seine Berater nicht um den Handel und damit die staatliche Macht sorgten. Stattdessen wird in den Briefen

---
1 William Stanhope an James Craggs, Madrid 28.10.1720. In: NA – SP94/90, unpag., S. 2.
2 Condorelli, 1719–20 Stock Euphoria, S. 71–73.

Stanhopes eine gewisse Skepsis in Madrid gegenüber den Vorgängen im Ausland deutlich.[3] Die Zweifel erwiesen sich Ende 1720 als Vorteil, nachdem in Europa die Spekulationsblasen geplatzt waren. Denn es hatte sich zum einen gezeigt, dass Versuche der Emulation immer ein Risiko bargen. Sodann konnte Passivität beim Scheitern der Konkurrenz aber auch zum eigenen Vorteil gereichen. Über diese Sichtweise auf die Ereignisse berichtete zumindest Stanhope Mitte November aus Spanien:

> the People at Court here [are] fully perswaded that Spain considering the Circumstances of her Neighbours was never so powerfull as she is at present. They are of the Opinion that France betwixt the Plague & Mr. Law's Project is absolutely disabled to attempt any thing or even defend itself if attack'd, & that the present disorders in England have put us at least in as bad a condition, & that the Dutch will soon be in a not much better Situation.[4]

Obwohl sich der spanische Optimismus im Hinblick auf die Entwicklung der nächsten Jahre als verfrüht erweisen sollte, ist diese Perspektive doch noch einmal ein deutlicher Hinweis darauf, dass 1720 für viele mehr auf dem Spiel stand als Gewinne und Verluste aus Aktienspekulationen: es ging um staatliche Macht, wirtschaftliche Interessen und den unlösbaren Zusammenhang beider miteinander. Um diese Verbindung als Motor der Entwicklung während ‚South Sea Bubble und Co.' zu beschreiben, ist auf das zeitgenössische Konzept der ‚jealousy of trade' zurückgegriffen worden: der „tendency of nations to look with hostility on the commercial success of their rivals."[5]

Ohne Zweifel lässt sich in vielen Projekten die Idee der ‚jealousy of trade' gegenüber einem Konkurrenten finden – zuweilen in Verbindung mit der Sonderform der „jealousy of credit",[6] die eine Grundbedingung für die Staatsschuldenkonversionen bildete. Die Gesellschaften verschiedener Länder entstanden sehr bewusst aus der Idee eines harten politischen *und* ökonomischen Wettbewerbs, bzw. die Promotoren bewarben sie innerhalb eines solchen Interpretationsrahmens. Als Repräsentanten ihrer Heimat arbeiteten sie auch sehr bewusst gegeneinander und fürchteten sich vor Sabotageakten, die aus dem Neid des Wettbewerbers resultieren mochten. John Law sah feindliche Bestrebungen aus Großbritannien kommen und bemühte sich zurückzuschlagen. Die Direktoren der South Sea Company fürchteten sie ebenfalls und griffen vielleicht auch deshalb

---

3 Vgl. die Schreiben in NA – SP 94/90.
4 William Stanhope an James Craggs, Madrid 18.11.1720. In: Ebd., unpag., S. 3–4.
5 Shovlin, War, S. 314. Alternativ hat Philipp R. Rössner von „economic reasons of state" gesprochen. Rössner, Philipp R.: New Inroads into Well-Known Territory? On the Virtues of Re-Discovering Pre-Classical Political Economy. In: Ders., Economic, S. 3–25.
6 Shovlin, Jealousy.

immer wieder durch Kredite und Aktienkäufe in den Markt ein, wenn der Kurs ihres Unternehmens abzurutschen drohte. Die Besatzungen der Schiffe aus Ostende erfuhren den britischen Neid auch ganz körperlich.

Allerdings ist die in der Forschung stark betonte Verbindung des Konzepts mit internationaler Konkurrenz und ‚Nationen' allein für das Jahr 1720 nicht hinreichend. Denn natürlich waren es oft Staaten und ihre Führungsschichten, die Neid gegenüber anderen empfanden – aber nicht nur. ‚Jealousy' konnten Unternehmer ebenso gut gegenüber Inländern verspüren. Dies galt beispielsweise in den Fällen, wo sich durch die neue Organisationsform der Aktiengesellschaft der bisherige modus operandi eines Geschäftsfelds veränderte und traditionelle Unternehmer Nachteile fürchteten. Zudem konnte Neid sich nicht nur gegen andere Personen und ‚Nationen' richten, sondern auch gegen Städte oder Territorien, die man als Konkurrenten wahrnahm. Die Entwicklung in den Niederlanden ist hier das offensichtlichste Beispiel. Doch die irischen Anglikaner waren genauso wenig eine ‚nation', trieben vielmehr mit ihren Aktiengesellschaftsplänen ihre Nationswerdung voran. Außerdem erweist sich ‚jealousy of trade' nicht nur als ein Konzept, mit dem Befürworter Kompagnien forderten. Gegner von Inkorporierungen beriefen sich ebenfalls darauf und versuchten, die Bemühungen um Charters zu sabotieren, indem sie bei Regierungen protestierten und ihre ‚wesentlich besser' begründeten Überzeugungen vorbrachten. Wer bei einer Aktiensubskription nicht zum Zug gekommen war, versuchte unter Umständen durch die Gründung einer zweiten Gesellschaft zum selben Geschäftszweck den Vorsprung des Widersachers einzuholen, um selber zu profitieren. Konkurrenten um eine Charter innerhalb eines Territoriums griffen aber auch auf das Mittel der Intrige zurück, indem sie schlechte Nachrichten über die Konkurrenz verbreiteten.[7] In Frankreich argumentierten Vertreter alter Aktiengesellschaften, die Übernahme durch die Compagnie du Mississippi erfolge, weil man ihnen ihre Profite neide.[8]

Die Komplexität im Miteinander spiegelt sich in der Beziehung der Promotoren zu den Regierungen wider. Eine simple „Allianz aus Staat und Kapital", wie sie Sven Beckert in seiner Geschichte des auf Baumwolle aufgebauten Kriegskapitalismus umschreibt, gab es nicht.[9] Obrigkeiten verhielten sich während ‚South Sea Bubble und Co.' ganz unterschiedlich gegenüber Äußerungen der ‚jealousy of trade' von Seiten ihrer Untertanen und den damit verbundenen Handlungsaufforderungen. Im Falle der York Buildings Company und der Seeversicherungsgesellschaften brachte die britische Regierung auf verschiedene Weise zunächst

---

7 Vgl. dazu die vielzähligen Beispiele in: The Special Report.
8 Orain, La politique, S. 229–232.
9 Beckert, Sven: King Cotton. Eine Globalgeschichte des Kapitalismus. München 2014.

eine stille Zustimmung zum Ausdruck. Andere Verwaltungen und Obrigkeiten reagierten mit Desinteresse auf Vorschläge zur Gründung von Kompagnien oder fürchteten eine Bedrohung ihrer Herrschaft(-steilhabe), der Unabhängigkeit oder der Landesökonomie. Weitere ergriffen die sich bietende Gelegenheit und brachten ihre Unterstützung durch demonstrative Aktienkäufe zum Ausdruck. In Großbritannien mit seiner Machtverteilung zwischen Krone und Parlament konnten auch das Recht zur Autorisierung von Companies und die daran hängenden Geldquellen zum Gegenstand der Auseinandersetzung werden.

Deutlich ist darüber hinaus geworden, dass Regierungen eher selten die treibenden Kräfte waren. Diese Erkenntnis deckt sich insofern mit der neueren Forschung zu Deutschland, Frankreich und Großbritannien, die gezeigt hat, dass Obrigkeiten und Parlamente wirtschaftspolitisch oftmals eher auf Einzelvorschläge und Petitionen reagierten, als selbstständig zu agieren.[10] Ein entscheidenderer Unterschied innerhalb Europas war jedoch, ob sich die staatlichen Institutionen einer breiteren Gruppe unabhängiger aktiver lokaler Unternehmer gegenüber sahen wie zum Beispiel in London oder Hamburg. Oder ob sie auf der Grundlage von Vorschlägen berieten, die Einzelne oftmals von außerhalb machten, ohne dass eine lokale Dynamik schon existierte oder überhaupt jemals entstand. Letztere Form erhöhte die Abhängigkeit von ‚Fremden', brachte aber möglicherweise auch nicht vorhandenes und mitunter dringend benötigtes Fachwissen ins Land. Doch welche personellen Konstellationen auch immer anzutreffen waren: ‚Jealousy of trade' diente in der Kommunikation als Argument, das für alle Beteiligten verständlich war.

Ohne Zweifel zeigt sich ‚jealousy of trade' im 18. Jahrhundert in der internationalen Arena am deutlichsten. Dadurch, dass Handelsneid seit der Jahrhundertmitte auch zum Auslöser für Kriege werden konnte, offenbarte das Konzept seine destruktivste Seite. Doch die staatspolitischen Debatten und großen Auseinandersetzungen sollten die kleinen konkreten Situationen und Projekte nicht aus dem Blick geraten lassen, in denen ‚Verlierer' und ‚Nachzügler' ihre ‚jealousy' zum Ausdruck brachten.[11] Auch diese kleinen Äußerungen des Neids hatten das Potenzial, auf die großen Debatten und die staatliche Konkurrenz zurückzuwirken, indem der Einzelfall wiederum in ein Gesamtsystem des Ringens um die Stellung im europäischen Mächtesystem gestellt und von Konkurrenten in

---

10 Dazu auch Diest, Wirtschaftspolitik, S. 368. Wakefield, Andre: The Disordered Police State. German Cameralism as Science and Practice. Chicago 2009, betont, dass zwischen kameralistischem Anspruch bzw. Traktaten und Praxis eine immense Lücke klaffte. Kearney, Political, S. 495; Sokoll, Thomas: Kameralismus. In: Enzyklopädie der Neuzeit, Bd. 6, Stuttgart 2007, Sp. 292; Hoppit, Britain's; Roper, Advancing.
11 Hont, Jealousy, S. 62.

diesem Zusammenhang interpretiert werden konnte. Gerade wegen dieser internationalen Dimension entfachte ‚jealousy of trade' nicht nur in einem Land, sondern auf dem gesamten Kontinent im Jahr 1720 eine beachtliche und längerfristig eine kontinuierliche wirtschaftliche Dynamik.

Strukturen der Emulation

Emulation stellte eines der Mittel dar, mit dem Zeitgenossen versuchten, einen Konkurrenten einzuholen und wenn möglich zu überrunden. Schaut man über die Befunde dieser Arbeit, so lässt sich das Konzept jedoch nicht auf eine einzelne Erscheinungsform verengen, sondern es gab im Hinblick auf Aktiengesellschaften vier verschiedene Formen, die während ‚South Sea Bubble und Co.' von Bedeutung für die Akteure waren und mitunter auch vermischt auftraten.

Eine erste Möglichkeit bestand darin, sich beim ‚Gegner' ein Geschäftsfeld abzuschauen, es aber durch die Organisationsform der Aktiengesellschaft rentabler und qualitativ höherwertiger betreiben zu wollen. Unterstützer versprachen sich davon, den jeweiligen Handel unter die eigene Kontrolle zu bringen. Dieses Prinzip lag zum Beispiel den Plänen der Seeversicherungsgesellschaften in London, Hamburg und Rotterdam, aber auch den Fischfanggesellschaften in Großbritannien zugrunde. Eine zweite Option war, sich beim ‚Gegner' oder bei anderen die Aktiengesellschaft als Organisationsform abzuschauen. Diese verwendete man dann jedoch für eigene Zwecke bzw. passte sie an die eigene Situation an – die Unterschiede im Geschäftszweck konnten dabei groß oder marginal sein. Die Compagnie du Mississippi fällt ebenso in diese Kategorie wie die Gesellschaften in den kleineren niederländischen Städten und zahlreiche andere Kompagnien. Eine dritte Form der Emulation bestand in der Weiterentwicklung existierender Technologien und der Ausnutzung einer neuen ‚Maschine' durch eine Aktiengesellschaft. Der Fish-Pool ist dafür ein Beispiel. Schließlich trifft man viertens immer wieder die Abwandlung der organisatorischen Struktur der Aktiengesellschaft selbst an – bis hin zum Wechsel der Rechtsform zur Co-Partnership. Für die Zeitgenossen standen keine letztgültigen Prinzipien der Kompagnie fest, sondern Anpassungen an lokale Begebenheiten und Bedürfnisse sowie beobachtete (Fehl-)Entwicklungen schienen ihnen prinzipiell möglich.

Aus der zwischen 1719 und 1721 beobachtbaren Emulationsbegeisterung ergeben sich eine Reihe weiterführender Beobachtungen. Die europäische Dimension von ‚South Sea Bubble und Co.' verweist zunächst darauf, ökonomische

Debatten nicht nur in einem ‚nationalen' Rahmen zu sehen[12] und keine allzu scharfen Trennlinien zwischen einem mitteleuropäischen Kameralismus und einem (westeuropäischen) Merkantilismus zu ziehen. Mag auch in der Theorie und Genese ein Unterschied zwischen beiden existieren: in der hier untersuchten Praxis gab es einen Diskursraum für wirtschaftspolitische Ideen, der Europa und seine Kolonien umschloss.[13] „[S]omething akin to a market for economic ideas was being woven into existence in the eighteenth century, its threads delineating a transnational civil society of political economists."[14] Dieser Markt bestand ganz offensichtlich schon, bevor die Zahl der sprachlichen Übersetzungen ökonomischer Traktate und damit die Möglichkeit zur verstärkten Wissensrezeption ab den 1750er Jahren erheblich zunahm.[15] Zeitungen sind eine Vorform, mittels derer das Interesse für wirtschaftliche Ereignisse in anderen Ländern immer wieder greifbar wird, Gesandtenberichte stellen ein weiteres Medium dar. Darüber hinaus nahmen Promotoren nicht nur im Jahr 1720 die Rolle von Spezialisten für die innereuropäische und transatlantische Verbreitung von Ideen und deren Übersetzung in spezifische Sprachen und Kontexte ein. Sie entwarfen neue Projekte, erläuterten die Prinzipien der Aktiengesellschaft und entwickelten sie weiter. Mit anderen Worten: Wir begegnen in ihnen den Meistern der Emulation, die zuweilen sorgsam umworben werden mussten.[16]

---

12 Eine starke Konzentration darauf findet sich z.B. bei Pincus, Rethinking; ders./Wolfram, Proactive.
13 So behauptet bei Braeuer, Walter: Kameralismus und Merkantilismus. In: Jahrbuch für Wirtschaftsgeschichte (1990), S. 107–111; Wakefield, Andre: Cameralism. A German Alternative to Mercantilism. In: Stern/Wennerlind, Mercantilism, S. 134–150; Simon, Thomas: Merkantilismus und Kameralismus. Zur Tragfähigkeit des Merkantilismusbegriffs und seiner Abgrenzung zum deutschen „Kameralismus". In: Isenmann, Merkantilismus, S. 65–82. Die Parallelen zwischen Merkantilismus und Kameralismus betonen hingegen Rössner, New Inroads; Magnusson, Lars: Was Cameralism Really the German Version of Mercantilism? In: Rössner, Economic, S. 57–71. Auch Rosenhaft, All That Glitters, betont das Übergreifende.
14 Reinert, Empire, S. 107. In diesem Sinne hat Sophus Reinert, Translating, S. 233 u. 282, vom Kameralismus in der Mitte des 18. Jahrhunderts auch als „a tradition" gesprochen, „that was both local and cosmopolitan, both idiosyncratic and well versed in the European literature on the subject." Diese gemeinsame Sprache betont auch Magnusson, Political, S. 9–10 u. 79–84. In diesem Sinne hat auch Grafe, Polycentric, S. 243, die Behauptung zurückgewiesen, spanische Beamte und Intellektuelle seien noch im 18. Jahrhundert scholastischem Denken verbunden gewesen.
15 Reinert, Empire, S. 110.
16 Eine Geschichte des Promotoren als ‚Experte' wäre noch zu schreiben. Hinweise dazu bei Ash, Eric H.: By any Other Name. Early Modern Expertise and the Problem of Anachronism. In: History and Technology 35 (2019), S. 1–28.

Die ersten drei Formen der Emulation legen darüber hinaus nahe, dass es in diesem ‚market for economic ideas' 1720 kein eindeutiges Vorbild gab. John Law und andere Reformer in Frankreich schauten nach Großbritannien, einige Briten wiederum zurück über den Kanal, wenn es um die South Sea Company ging, oder in die Niederlande auf der Suche nach Vorbildern für Versicherungsgesellschaften und den Fischfang. Manche Niederländer blickten bei Assekuranzkompagnien dann wiederum unter Mithilfe von Londoner Promotoren in die umgekehrte Richtung, aber auch auf Amsterdam. Kleinere niederländische Städte beäugten sich gegenseitig. Vorbilder für eine Ostender Asienkompagnie fanden sich in den englischen und niederländischen Gesellschaften. Die York Buildings Company und die späteren britischen Seeversicherungen orientierten sich ebenso wie der Fish-Pool an Beispielen im eigenen Land, während die Promotoren einer Baumwollgesellschaft indische Stoffe nachzuahmen wünschten. Die französische Entwicklung war für die lokalen Promotoren in Hannover exemplarisch, aber auch die Regierung in Lissabon hielt die Compagnie du Mississippi eine Zeitlang für vorbildlich. Dann orientierte man sich aber zunehmend an London. Von hier gingen auch die Vorschläge für die späteren Harburger und Braunschweig-Wolfenbütteler Kompagnien aus, und in Dublin hatte man ebenfalls die britische Hauptstadt im Blick, obwohl auch Banken im Rest Europas als Beispiele angeführt wurden. Vorbilder für Emulation wechselten zudem je nach Entwicklung des Aktienmarktes – besonders im Fall der Crashs in Paris und London. Schließlich konnte Emulation eine Feedback-Schleife zurück zum Ausgangspunkt in Gang setzen. Dort mochte man sich durch die neue Konkurrenz bedroht fühlen, wie im Fall der Compagnie du Mississippi und der South Sea Company, der Asiengesellschaften und der Ostender Fahrten oder der Fischergilden und des Fish-Pool. Ein „two-speed Europe", wie es Stefano Condorelli im Hinblick auf sämtliche Kompagniegründungen 1720 aus der Rückschau konturiert, in dem in verschiedenen Ländern mehr oder weniger fortschrittliche Unternehmenszwecke verfolgt wurden, existierte somit aus Sicht der Akteure 1720 aller Wahrscheinlichkeit nach nicht – die Landkarte der Fortschrittlichkeit war von der Blickrichtung im Einzelfall und dem jeweiligen Projekt abhängig und daher in der Gesamtschau diffus.[17]

Diese Multiperspektivität im Hinblick auf Emulationsvorbilder ist kein Spezifikum der Situation 1720, sondern lässt sich schon zuvor und in den Folge-

---

[17] Condorelli, 1719–20 Stock Euphoria. In diese Richtung deutet auch die Analyse von europäischen Reiseberichten durch Großbritannien aus der ersten Hälfte des 19. Jahrhunderts von Riello, Giorgio/O'Brien, Patrick K.: The Future is Another Country. Offshore Views of the British Industrial Revolution. In: Journal of Historical Sociology 22 (2009), S. 1–29.

jahrzehnten feststellen. Briten bewunderten bis weit in die zweite Hälfte des 18. Jahrhunderts die Qualität indischer Calicos. Gleichzeitig fürchteten „protectionist writers [...] the possibility of French political and economic expansion outstripping that of the British."[18] Franzosen suchten Vorbilder zur Wirtschaftsentwicklung sowohl in Großbritannien als auch in den Niederlanden. Letztere nahmen im 17. Jahrhundert zahlreiche europäische Regierungen als vorbildlich wahr.[19] In der zweiten Hälfte des 18. Jahrhunderts fanden portugiesische und spanische Beamte Reformideen in so unterschiedlichen Ländern wie Großbritannien, Neapel, Dänemark, Preußen, Frankreich und den Niederlanden. Für Überseereiche waren jedoch besonders die Briten mustergültig. Doch auch Italiener blickten ab 1750 nach England.[20] Diese Vielfältigkeit der Blickrichtungen hatte wiederum damit zu tun, dass mit einem Land sehr unterschiedliche Aspekte verbunden werden konnten, die zur Emulation anregten oder davor abschreckten.[21] Auch wenn Großbritannien dank der Industrialisierung am Ende des 18. Jahrhunderts als Exempel für Emulation immer wichtiger wurde, in den 1730er Jahren importierte es noch mehr ökonomische Traktate aus dem Ausland, als es exportierte, wenn man sich die Anzahl von Übersetzungen ansieht.[22] Möglicherweise spricht dies jedoch für eine grundsätzlich höhere Bereitschaft zur Emulation auf der Insel als andernorts.[23]

Gegenseitige Beobachtung und vor allem Emulation in ihren verschiedenen Facetten waren somit konstitutive Bestandteile des ökonomischen Wettbewerbs für Europäer am Rande des industriellen Zeitalters.[24] Die zeitliche Verdichtung von ‚South Sea Bubble und Co.' macht den Nachweis der Prozesse einfach. Doch auch in einem weiteren zeitlichen Rahmen und bei anderen Themen nach ihnen zu suchen, kann dabei helfen, die Gültigkeit scheinbar ‚nationaler' ökonomischer Diskurse für die Praxis zu hinterfragen und Verinselungen der Historiographie zu überwinden.[25] Erstaunliche Erkenntnisse lassen sich dann im Hinblick auf die Entwicklung der europäisch-globalen Wirtschaft zu Tage fördern.

---

18 Morgan, Mercantilism, S. 166.
19 Reinert, Emulating.
20 Parthasarathi, Prasannan: Why Europe Grew Rich and Asia Did Not. Global Economic Divergence, 1600–1850. Cambridge 2011, S. 106. Reinert, Translating, S. 22; Davids, De la Court, S. 245; Paquette, Views, S. 77–78 u. 88.
21 Ebd., S. 88, zeigt dies für den spanischen Blick auf Großbritannien in der zweiten Hälfte des 18. Jahrhunderts.
22 Reinert, Empire, S. 116.
23 Allerdings lässt sich dies für das späte 18. und frühe 19. Jahrhundert nicht beobachten, wenn man sich die Beobachtungen bei Riello/O'Brien, The Future, ansieht.
24 Vgl. dazu auch die Zitate in ebd., S. 11–12.
25 Dies als notwendige Forschungsperspektive betont bei Shovlin, Commerce, S. 195.

Nirgendwo haben Historiker die Konsequenzen der Emulation in den letzten Jahren eindrücklicher vorgeführt als im Hinblick auf die Mechanisierung der britischen Baumwollindustrie. Durch die Erfindung von Spinn- und Webmaschinen in Großbritannien, so betonen Sven Beckert, Giorgio Riello und Prasannan Parthasarathi, entstand das erste industriell gefertigte Massenprodukt. Dies war nicht nur der Anfang der Industriellen Revolution, sondern die neuen Maschinen kehrten auch etablierte Handelsströme um. An die Stelle eines auf Indien ausgerichteten Produktionssystems verlagerte sich die Herstellung von Calicos nach Europa, wo ein permanenter technischer Wettbewerb entstand, der Entwicklungskräfte ungekannten Ausmaßes freisetzte. Unabhängig davon, ob man dies als Ausgangspunkt der Great Divergence zwischen Europa und Asien sehen möchte oder nur als eine Folge anderer Ursachen der Gabelung:[26] Emulation, wie 1720 beobachtbar, und in gewisser Weise auch das Platzen der South Sea Bubble selbst, standen am Anfang dieses Prozesses, der die globale Wirtschaft fundamental veränderte.

Das weitgehende britische Verbot des Baumwollimports, zunächst 1701, dann verschärft 1721 im Anschluss an den Börsencrash, sollte die heimischen Woll- und Seidenweber vor der Konkurrenz aus Asien schützen. Das Ziel wurde jedoch verfehlt, denn britische Konsumenten wünschten weiterhin Calicos. Nachdem Einfuhren nicht mehr länger erlaubt waren, entstanden dank des Schutzes vor der indischen Konkurrenz Spielräume für eine heimische Produktion. Diese gab es im Prinzip schon seit dem frühen 17. Jahrhundert, sie war aber sehr klein geblieben, und ihre Produkte entsprachen qualitativ nicht den indischen Vorbildern. Spätestens seit der Zeit um 1700 dachten Europäer darüber nach, wie sie Calicos in indischer Qualität selber herstellen und dafür Rohbaumwolle aus den amerikanischen Kolonien verwenden könnten. Eine eigene hochwertige Calico-Produktion zu günstigen Preisen versprach nicht nur den heimischen Markt, sondern auch afrikanische und amerikanische Abnehmer zu bedienen. Darin lag ein erhebliches Gewinnpotenzial. Die Erlernung indischen Wissens zwecks Emulation war ein Schritt zur Erfüllung solcher Wünsche – die Vorschläge für eine Baumwollaktiengesellschaft 1719/20 ein Ausfluss solcher Überlegungen.

Auf dem Weg der Emulation des indischen Vorbildes gelang es zunächst, den Baumwolldruck nachzuahmen und durch Maschinen die Qualität und Arbeitseffizienz erheblich zu steigern. Das war sicher ein Erfolg, doch blieb man immer noch auf die indischen Spinner und Weber angewiesen. Denn bei der Tuchproduktion existierte weiterhin ein praktisches Problem. Europäer vermochten es

---

26 Beckert, King; Riello, Giorgio: Cotton. The Fabric that Made the Modern World. Cambridge 2013; Parthasarathi, Why.

nicht, Baumwollfasern fest genug zu spinnen, so dass sie sich für die Kette der Textilien eigneten. In Abwandlung indischer Calicos griffen britische Unternehmer daher lange Zeit auf eine Mischung aus einer Leinenkette und einem Baumwollschuss zurück – sogenannte Fustians – die man dann den asiatischen Vorbildern folgend bedruckte. Dies gab zwar der Baumwoll- und Leinenindustrie Auftrieb, doch das Ergebnis blieb im Verhältnis zum Original unbefriedigend. Deshalb suchte man weiter nach Lösungen für das Problem des Spinnens.[27] Ein entscheidender Entwicklungsschritt gelang jedoch erst nach der Jahrhundertmitte. Nicht Handarbeit, sondern Maschinen ermöglichten die Herstellung von Garn in ausreichender Festigkeit für die Kette. Folgt man der neueren Forschung, kam es beim Versuch der Nachahmung der Qualität indischer Baumwollstoffe zur Mechanisierung. Als ein bedeutsamer Nebeneffekt erwiesen sich die massiven Produktivitätsgewinne durch Maschinen. Erst mehrere Faktoren zusammen – Güte, Stückzahl und Preis – ermöglichten dann den Aufstieg Großbritanniens zum Weltmarktführer in der Baumwollproduktion. Doch Versuche zur Emulation der indischen Qualität standen am Anfang des Prozesses.[28]

Für die erfolgreiche europäische Calicoherstellung war die Bereitschaft zur Nachahmung erforderlich, die ‚South Sea Bubble und Co.' allgemeiner verdeutlichen. Und diese existierte nicht nur in Großbritannien.[29] Für die Industrialisierung wiederum erweist sich die permanente technologische Fortentwicklung als bedeutsam. Auch der Wille zur kontinuierlichen Weiterentwicklung von Ideen und Konzepten lässt sich 1720 verbreitet beobachten. Die Organisationsform der Aktiengesellschaft, wie in London während des Börsenbooms vorgeschlagen, war jedoch für die Baumwollherstellung nicht notwendig. Dass eine Kompagnie den technischen Entwicklungssprung hätte forcieren können, der zur Industriellen Revolution führte, erscheint unwahrscheinlich. Stattdessen beförderte das (auch) aus der Dynamik der South Sea Bubble hervorgegangene Verbot des Calico-Imports in Großbritannien langfristig mittelbar die Industrialisierung. Regierung und Parlament wollten vor allem der ‚jealousy of trade' der Woll- und Seidenweber in einer politisch heiklen Situation nachgeben. Doch ihre Entscheidung hatte dramatische, wenn auch nicht intendierte Folgeeffekte, welche trotz aller Skepsis gegenüber der Macht des Staates die Bedeutung von Regierungshandeln für die wirtschaftliche Entwicklung Europas verdeutlichen.[30]

---

[27] Siehe dazu auch Harte, Rise, S. 110–112.
[28] Riello, Cotton, S. 211–227; Thomas, Mercantilism, S. 129 u. 163; Beckert, King, S. 52–54 u. 59–63; Parthasarathi, Why, S 89–114 u. 125–131; O'Brien/Griffiths/Hunt, Political.
[29] Takeda, Junko Thérèse: Silk, Calico and Immigration in Marseille. French Mercantilism and the Early Modern Mediterranean. In: Isenmann, Merkantilismus, S. 241–262.
[30] Dazu auch Rössner, New Inroads.

Europas politisch-ökonomische Strukturen

Anfang April 1720 sah sich Jonathan Swift vor ein Rätsel gestellt, das er nur durch Pathologisierung zu lösen wusste: „I cannot understand the South-Sea Mystery, perhaps the Frolick may go round, and every Nation (except this [Ireland] which is no Nation) have it's Mississippi."[31] Nicht nur unterschätzte er damit die Dynamik der Emulation, die sich in den kommenden Monaten entfalten sollte, er lag auch in seiner Einschätzung falsch, an welche politischen Strukturen sich die Aktiengesellschaft würde anpassen können.[32]

Zunächst gab es vergleichsweise stark zentralisierte Staaten, in denen sich die wesentlichen Ereignisse in den Jahren 1719 bis 1721 an einem Ort abspielten und den Regierungen eine wichtige Rolle als Gatekeeper zuerkannt wurde. In Frankreich, Spanien und Schweden diskutierten Unternehmer und Beamten die jeweiligen Projekte in den Hauptstädten, und hier entstanden die Gesellschaften im Zweifelsfall auch.[33] Häufig kam am Ende, wenn überhaupt, nur eine Fernhandelskompagnie zustande, möglicherweise um eine Bank ergänzt. Auch wenn regionale Sonderrechte bestanden – Regina Grafe spricht für Spanien von einem „polycentric state"[34] – scheint es, dass diese auf die Kompagnieeuphorie wenig Einfluss hatten. London erwies sich ebenfalls als Zentrum der englischen Aktiengesellschaftsgründung. Doch die Zahl der hier entstandenen Unternehmen war erheblich größer und die avisierten Geschäftszwecke wesentlich vielfältiger als andernorts – von der Koloniegründung und Urproduktion über Manufakturen bis hin zu Dienstleistungen. Zudem akzeptierten Promotoren zunächst nicht die Gatekeeper-Funktion von König und Parlament. Subskriptionen für Companies fanden auch ohne deren Zustimmung statt.

Freilich darf man die Zentralisierung in der britischen Monarchie nicht überbetonen. Die Abgeordneten des Unterhauses zeigten sich an einer Fischfanggesellschaft besonders interessiert, die ihre Anteile regional zu streuen und damit den Fischerstädten im weiteren Land zu helfen versprach. In Irland und Schottland deuten sich Peripherie-Zentrum-Konflikte an. Weder in Dublin noch in Edinburgh akzeptierte man die Unterordnung unter die Wirtschaftsdynamik und -politik Londons. Das gilt im Prinzip auch für Portugal, das zwar politisch unabhängig war, aber ökonomisch doch von England extrem abhing. Aus Sicht der Promotoren in den beiden Teilen der britischen Monarchie sowie der Regierung in

---

31 Jonathan Swift an Charles Ford, Dublin 4.4.1720. In: Williams, Harold (Hrsg.): Correspondence of Jonathan Swift. Vol. 2: 1714–1726. Oxford 1963, S. 342.
32 Allgemeine Anregungen zu den folgenden Beobachtungen finden sich bei Grafe, Polycentric.
33 Condorelli, 1719–20 Stock Euphoria, S. 71–74.
34 Grafe, Polycentric.

Lissabon konnte die Aktiengesellschaft einen Weg darstellen, größere ökonomische Unabhängigkeit zu gewinnen bzw. diese zu verteidigen. Das schien aufgrund der Außenhandelskontrolle durch Westminster in Dublin eher mit einer Bank möglich, in Portugal durch den britischen Einfluss auf den Kolonialhandel mit einer Handelskompagnie wahrscheinlicher. Eine Zentrum-Peripherie-Situation ist auch im Habsburgerreich ersichtlich, wo einerseits Akteure in den österreichischen Niederlanden Pläne entwarfen, andererseits in Wien der Kaiser mit seinen Beratern über Kompagnien beriet. Damit bestritt man allerdings ebenso wenig wie im Falle Irlands und Schottlands die Berechtigung der Zentralregierung, Aktiengesellschaften zu autorisieren.

Demgegenüber waren die Kompetenzen der Generalstaaten in den Niederlanden im Vergleich zu jenen der einzelnen Provinzen und Städte schwach ausgeprägt. Eine ‚nationale' Handelspolitik gab es nur in Ansätzen. Im Gegensatz zu London zeigt sich Amsterdams „dominance [... as] far from complete."[35] Viele mittlere und kleinere Städte hatten zwar seit dem 17. Jahrhundert einen ökonomischen Niedergang erfahren, dies schien aber nicht das Ende sein zu müssen. Deshalb spielte in der als „city-centered staple system" organisierten Wirtschaft die Konkurrenz zwischen den einzelnen Gemeinwesen eine entscheidende Rolle.[36] Die jeweiligen lokalen Eliten dachten bei den Aktiengesellschaftsgründungen in diesem Rahmen. Im Gegensatz zu stärker ‚zentralistischen', ‚polyzentrischen' oder ‚peripheren' Regionen kann man für die Niederlande insofern von einer ‚polykratischen' Grundstruktur der Promotion von Kompagnien 1720 sprechen.[37] Doch die niederländischen Gesellschaften erweisen sich nicht nur als regionale oder lokale Projekte, sondern es entstanden auch viele den Geschäftszwecken nach ähnliche Unternehmen, die dann wiederum in Konkurrenz zueinander traten. Insofern nutzten städtische Obrigkeiten neue Kompagnien kaum, um aus überkommenen wirtschaftspolitischen Ordnungsmustern auszubrechen.[38]

In Mitteleuropa gab es ebenfalls keine starke Zentralgewalt. Auch ein wirtschaftlich integrierender „Reichsmerkantilismus" entwickelte sich nicht. Die Gründung von Aktiengesellschaften war das Recht der Landesherren. Die Struktur ist daher wie in den Niederlanden polykratisch – allerdings vor dem Hintergrund

---

35 Ormrod, Rise, S. 13.
36 Ebd., S. 6.
37 Im Gegensatz zu Grafe, Polycentric, S. 256, die für die Niederlande von einer ‚polyzentrischen' Struktur ausgeht, scheint hier gegenüber ihrem anderen Beispiel Spanien die Zentralgewalt doch deutlich schwächer ausgeprägt. Die ‚polykratische' Struktur zeigt sich auch auf anderen Feldern wie der Steuererhebung. Vgl. dazu O'Brien, Patrick: Mercantilism and Imperialism in the Rise and Decline of the Dutch and British Economies 1585–1815. In: De Economist 148 (2000), S. 492–497.
38 Gelderblom/Jonker, Mirroring, S. 126.

ganz anderer Ausgangsbedingungen. Denn im Alten Reich existierten nebeneinander größere und kleinere Flächenterritorien ebenso wie freie Reichsstädte. Für Hamburg und Emden sind die Parallelen zu den Niederlanden und Großbritannien bei der Aktiengesellschaftsgründung zwar auf den ersten Blick offensichtlich: einmal die Geschäftszwecke, dann im Falle der ehemaligen Hansestadt aber auch die aus der Kaufmannschaft kommende Dynamik, die London ähnelt; in Emden dagegen, wie in den Niederlanden, das Gefühl, zu kommunaler Aktiengesellschaftsgründung berechtigt zu sein und die vielfältigen geplanten Unternehmensaktivitäten. Doch in beiden Gemeinwesen war der staatliche Ordnungsrahmen viel gefährdeter als in den anderen Ländern – politische Unabhängigkeit existierte entweder gar nicht oder schien im Falle eines Fehlschlags der Aktienspekulation massiv bedroht.

Im Gegensatz dazu verfügten die anderen untersuchten Territorien im Alten Reich zwar über eine hinreichend gesicherte Eigenständigkeit, aber im Unterschied zu vielen anderen Beispielen über keinen Zugang zum Meer oder zumindest keine brauchbaren Häfen. Fernhandelsgesellschaften ließen sich deshalb ebenso wie Kolonisationsprojekte praktisch kaum umsetzen – der Plan einer Australienkompagnie scheint nicht einmal weiter diskutiert worden zu sein. Überhaupt erschweren die schlechten Wegeverhältnisse den Anschluss an internationale Handelsströme. Schließlich: Im Gegensatz zu den entstehenden westeuropäischen Nationalstaaten waren viele der Territorien klein – Fragmentierung stellte für die jeweiligen Regierungen ein alltägliches Problem dar.[39] Sophus Reinert hat deshalb argumentiert, dass ökonomische Entwicklungspolitik in Mitteleuropa vor allem lokales Ressourcenmanagement bedeutete, etwas, das er als „Ersatz-Imperialism"[40] bezeichnet. Ohne Zweifel erscheinen die (geplanten) Bankgesellschaften und Manufakturkompagnien in Hannover 1719 und 1720, in Braunschweig-Wolfenbüttel 1720 und Hessen-Kassel 1721 in diesem Rahmen verständlich. So strebten die Geldinstitute eine interne Dynamisierung des Zahlungsmittelumlaufs und damit eine Belebung der Wirtschaft insgesamt an. Die Produktionsbetriebe setzten sich hingegen eine bessere Ausnutzung der Arbeitskraft und der natürlichen Rohstoffe des jeweiligen Landes zum Ziel. Doch neben der Ressourcenausbeutung wollten Kompagnien in allen drei Regionen auch die Einbindung in europäische Handelsnetzwerke fördern. Besonders deutlich wird dies an der Harburger Handelsgesellschaft. Insofern lässt sich 1720

---

39 Backhaus, Jürgen: Mercantilism and Cameralism. Two Very Different Variations of the Same Theme. In: Rössner, Economic, S. 72–78.
40 Reinert, Translating, S. 235 u. 238–245.

neben dem „Ersatz-Imperialism" doch auch ein Bemühen erkennen, durch die Überwindung der Grenzen des eigenen Wirtschaftsraums Profite zu generieren.[41]

Die Gesamtschau politisch-ökonomischer Strukturen mag zunächst wenig erstaunlich erscheinen. Doch sie macht deutlich, dass die Idee der Kompagnie während ‚South Sea Bubble und Co.' sehr unterschiedlichen Rahmenbedingungen in verschiedenen Ländern und Territorien begegnete. Die regionalen Ausprägungen der Gründungen von Kompagnien bleiben ohne Berücksichtigung der jeweiligen politisch-rechtlichen Gegebenheiten unverständlich. Nicht nur Nationen, wie von Swift erwartet, sondern ganz vielfältig organisierte Gemeinwesen gründeten Aktiengesellschaften. Sodann zeigt sich die aus Sicht der Zeitgenossen hohe Anpassungsfähigkeit der Organisationsform an unterschiedliche ökonomische Rahmenbedingungen, und auch die Geschäftszwecke konnten an die jeweiligen Voraussetzungen und Bedürfnisse angepasst werden. Und diese Flexibilität war nicht nur eine scheinbare. Wenn man auf jene Gesellschaften schaut, die zwischen 1719 und 1721 entstanden und bis ins 19. oder 20. Jahrhundert einigermaßen erfolgreich existierten, so gehörten dazu die Seeversicherungen in London und Rotterdam ebenso wie die Bank in Hessen-Kassel und die Middelburgsche Commercie Compagnie.

Gleichzeitig sticht aber doch die Dynamik in London hervor und dies noch viel stärker, wenn man nicht nur nach Zahlen und ‚Staaten' unterscheidet. In der britischen Hauptstadt zeichnet sich eine Breite der Geschäftszwecke für Kompagnien ab wie nirgendwo anders. Der Respekt vor dem Autorisierungsanspruch von König und Parlament war zudem lange Zeit erheblich schwächer ausgeprägt als an den allermeisten anderen Orten. Peripherie-Kompagnien in Irland und Schottland konnten die Dominanz der britischen Hauptstadt nicht beeinträchtigen. Wenn auch langfristig nur wenige neue Companies überlebten, sehen wir in London doch eine Investitions- und Risikobereitschaft, die in anderen Teilen Europas (noch) keine Parallele hatte. Ohne Zweifel erblicken wir darin mentale Entwicklungen, auf welche die spätere Industrialisierung aufbauen konnte.

Das Konzept der Aktiengesellschaft und die Wirtschaftstheorie

Die Gründung von Aktiengesellschaften und damit auch die Entstehung von Spekulationszyklen wie 1720 war weder im 18. Jahrhundert, noch in den ersten Dekaden nach dem Wiener Kongress eine Selbstverständlichkeit. Um die Orga-

---

41 Dies ergänzt die Erkenntnisse Eve Rosenhafts, All That Glitters, die für die deutsche Mississippi-Pamphletliteratur zeigt, dass diese zwischen lokaler und globaler Perspektive changierte.

nisationsform der Kompagnie drehten sich zeitweilig vielmehr hitzige Debatten.[42] Nach ‚South Sea Bubble und Co.' sehen wir dies unter anderem bei Adam Smith deutlich. Dieser sollte 1776 in seinem *Inquiry into the Nature and Causes of the Wealth of Nations* die ökonomischen Glaubenssätze für kommende Generationen niederschreiben und behandelte dabei auch die Company ausführlicher.

Smith stand Aktiengesellschaften ausgesprochen skeptisch gegenüber. Im fünften Buch seines Werks gab er vor, gut 200 Jahre Erfahrung mit dieser ökonomischen Organisationsform zusammenzufassen.[43] Für Fernhandelsgesellschaften kam er zu einem Urteil, das Vorteile am Anfang nicht negierte, sie aber den langfristig erheblichen Nachteilen gegenüberstellte:

> These companies, though they may, perhaps, have been useful for the first introduction of some branches of commerce, by making, at their own expense, an experiment which the state might not think it prudent to make, have in the long run proved, universally, either burdensome or useless, and have either mismanaged or confined the trade.[44]

Es sei „contrary to all experience" [45] – und Smith zählte im Verlaufe seines Textes eine ganze Reihe gescheiterter Unternehmen auf –, dass sich eine Handelskompagnie ohne Monopolrechte auf Dauer dem Einzelkaufmann überlegen erweise. Privilegierte Gesellschaften wären daher nur für eine Anfangsphase akzeptabel, danach müsste der Nutzen eines Handels allen Mitgliedern der Nation offenstehen. Andernfalls beraube man sie des menschlichen Grundrechts auf freien Warenverkehr und akzeptiere die Ausbeutung des Konsumenten.[46] Im Hinblick

---

42 Für das 19. Jahrhundert vgl. Taylor, James: Creating Capitalism. Joint-Stock Enterprise in British Politics and Culture, 1800–1870. Woodbridge 2006.

43 Es wird allerdings korrekterweise darauf hingewiesen, dass sich Smith in wesentlichen Teilen mit der East India Company und deren Entwicklung zur Territorialherrin beschäftigte, die während der Niederschrift des *Wealth of Nations* stattfand und von hieraus Schlüsse zog. Vgl. Anderson, Gary M./Tollison, Robert D.: Adam Smith's Analysis of Joint-Stock Companies. In: Journal of Political Economy 90 (1982), S. 1249–1254. Allerdings sind nicht alle ihre Ergebnisse nachvollziehbar. Vgl. außerdem Muthu, Sankar: Adam Smith's Critique of International Trading Companies. Theorizing ‚Globalization' in the Age of Enlightenment. In: Political Theory 36 (2008), S. 198–202. Deutliche Skepsis ist gegenüber Smiths historischem Narrativ angebracht, das er zur Geschichte der East India Company im 17. Jahrhundert entwirft. Vgl. dazu Stern, Companies.

44 Smith, Adam: An Inquiry into the Nature and Causes of the Wealth of Nations. Bd. 2, 1. Aufl., London 1776, hier London 1999, S. 321–322.

45 Ebd., S. 335.

46 Die falschen Anreizstrukturen betont Ortmann, Andreas: The Nature and Causes of Corporate Negligence, Sham Lectures, and Ecclesiastical Indolence. Adam Smith on Joint-Stock Companies, Teachers, and Preachers. In: History of Political Economy 31 (1999), S. 297–315. Die Argumentation im Hinblick auf Handel bei Muthu, Adam Smith's, S. 190–194.

auf Manufakturen lehnte Smith Companies ohnehin strikt ab. Denn auch wenn die Promotoren den ehrlichsten Intentionen „for the public-spirited purpose of promoting some particular manufacture" folgten, so hätten sie doch einen negativen Einfluss auf andere Einzelunternehmer. Denn letztere würden entmutigt durch die nur Aktiengesellschaften mögliche Verzerrung der „natural proportion"[47] zwischen Fleiß und Profit.

Verantwortlich für das regelmäßige Scheitern von Companies war gemäß *Wealth of Nations* erstens, dass Aktionäre von der Verwaltung und dem Geschäftsgang kein Verständnis benötigten um zu investieren. Zweitens lebten sie in der Gewissheit, dass sie nur im Rahmen ihres Aktienkapitals hafteten. Das beförderte die mangelhafte Kontrolle des Geschäftsbetriebs. Drittens wachten auch die Direktoren in der Regel nicht mit Sorgfalt über die Geschäfte: „being the managers rather of other people's money than of their own".[48] Als Folge müssten „[n]egligence and profusion [...] always prevail, more or less, in the management of the affairs of such a company."[49]

Die einzigen Geschäftszwecke, die Aktiengesellschaften ohne Monopol und mit Erfolg betreiben könnten, waren nach Ansicht Smiths daher solche, „of which all the operations are capable of being reduced to what is called a Routine, or such uniformity of method as admits of little or no variation."[50] Dazu gehörten seiner Meinung nach Banken, See- und Feuerversicherungen sowie Kanalbau- und Wasserversorgungsunternehmen. Von all diesen beobachtete er in Großbritannien einige schon länger erfolgreich operierende Beispiele. Mit Blick auf die Zukunft sei, so Smith, das Betätigungsfeld für Companies daher erheblich zu beschränken. Außer der Ausführbarkeit der Geschäftsgänge in Routineabläufen müssten zweckmäßige Aktiengesellschaften noch zwei weitere Voraussetzungen erfüllen: Eine sei der Bedarf für ein großes Kapital, das aufzubringen Einzelkaufleute oder Partnerships nicht in der Lage wären; eine andere: „[that it] appear[s] with the clearest evidence that the undertaking is of greater and more general utility than the greater part of common trades".[51] „Except for the four trades above mentioned, I have not been able to recollect any other in which all the [...] circumstances requisite for rendering reasonable the establishment of a joint stock company concur."[52] Smith war Aktiengesellschaften gegenüber mithin

---

47 Smith, Inquiry 2, S. 347.
48 Ebd., S. 330.
49 Ebd., S. 331.
50 Ebd., S. 345.
51 Ebd., S. 346.
52 Ebd., S. 347.

nicht vollkommen feindlich eingestellt, doch die meisten möglichen Betätigungsfelder schienen ihm sehr bedenklich.

Vielen seiner Argumente hätten Zeitgenossen im frühen 18. Jahrhundert sicher zugestimmt. Die Angst vor der Bildung schädlicher Monopole und Preissteigerungen findet sich in Großbritannien und den Niederlanden bei den Versicherungen, in Harburg bei der örtlichen Bevölkerung und in Hannover im Geheimen Rat. In anderen Ländern scheint man sie im Sinne eines Startmonopols akzeptiert zu haben, weil die Gesellschaften die Auslösung einer breiteren wirtschaftlichen Dynamik versprachen – etwa in Hessen-Kassel. Dass das Ausmaß des Beitrags zum Gemeinwohl eine kompensatorische Funktion für Monopole biete, meinte Richard Steele im Hinblick auf seinen Fish-Pool. Auch die Prinzipal-Agenten-Probleme sahen die Hamburger Räte voraus.

Eine andere Schwierigkeit, welche die Menschen im frühen 18. Jahrhundert bewegte, beschäftigte Smith interessanterweise nicht. ‚Stock-jobbing' war seit den 1690ern ein wesentliches Argument gegen die Gründung von Companies in Großbritannien, im Rest Europas aber galt dies sicher um 1720. Und dies nicht nur wegen des Handels und seiner Begleitumstände, sondern auch wegen der attestierten negativen Auswirkungen auf das Geschäft mit ‚echten' Produkten. Denn der Verfall von Warenumschlag und -herstellung schädigte zunächst die Wirtschaft. Er schien dann, wie in Hamburg besonders deutlich betont, mittelfristig aber auch das Staatswesen insgesamt zu bedrohen. Diese Aspekte tauchen bei Smith praktisch nicht auf.[53] Für die Auslassung des Themenkomplexes scheint es mehrere Gründe zu geben. Erstens mag eine Rolle gespielt haben, dass sich der Aktienhandel im Laufe des 18. Jahrhunderts zurückentwickelte.[54] Zweitens setzt Smith Wissen voraus. So hieß es über die South Sea Company: „The knavery and extravagance of their stock-jobbing projects are sufficiently known". Drittens war die Hyperspekulation für Smith, im Gegensatz zur Wahrnehmung der Zeitgenossen in verschiedensten Ländern am Anfang des 18. Jahrhunderts, aber auch nicht das wesentliche Problem an der Aktiengesellschaft. „The explication of them [the stock-jobbing projects of 1720] would be foreign to the present subject."[55] Neben zahlreichen Parallelen gingen die Menschen zu Beginn des 18. Jahrhunderts somit im Prinzip in ihrer kritischen Haltung gegenüber Aktiengesellschaften noch über Smith hinaus.

---

53 Ebd., ergibt sich die Lektüre von Anderson, Historical III, S. 101. Dies war eine der ersten Darstellungen zur South Sea Bubble.
54 Mirowski, Philip: The Rise (and Retreat) of a Market. English Joint Stock Shares in the Eighteenth Century. In: Journal of Economic History 41 (1981), S. 576–577.
55 Smith, Inquiry 2, S. 333.

Allerdings: Vor diesem Hintergrund ist die Entwicklung 1720 – die plötzlich überall in Europa einsetzende Bewerbung von und in vielen Teilen auch die Begeisterung für Companies – umso erstaunlicher. Geht man zunächst davon aus, dass es keine einheitliche Wirtschaftsdoktrin gab, wie sie Adam Smith rückblickend als ‚Merkantilismus' konstruierte, sondern im Sinne Lars Magnussons ein Diskursfeld existierte,[56] so muss man die Euphorie für Aktiengesellschaften 1720 als Positionsverschiebung innerhalb des Feldes verstehen. Ökonomische Überzeugungen waren dann in der Praxis vergleichsweise flexibel und anpassungsfähig. Mindestens Einzelelemente, wie zum Beispiel die kritische Haltung gegenüber Aktiengesellschaften, ließen sich bei hinreichender Evidenz kurzfristig durch ihr Gegenteil ersetzen. Wenn man wie David Ormrod annimmt, dass sich die Beseitigung von Monopolen und privilegierten Gesellschaften in Großbritannien nach 1689 als wichtiger Schritt zum Vorsprung gegenüber dem Kontinent erwies, dann deutet sich im Verhältnis zur South Sea Company 1720 an, wie unsicher sich Briten ob der Richtigkeit dieses Entschlusses waren.[57] ‚South Sea Bubble und Co.' sind insofern geeignet, vor allzu langen Kontinuitätslinien ökonomischer Überzeugungen und Praktiken zu warnen und die Kontingenz im Blick zu behalten.[58]

Ganz wesentlich erweist sich für Bewegung innerhalb des Feldes ökonomischer Überzeugungen die gegenseitige Beobachtung und Konkurrenz in Europa – die ‚jealousy of trade'. Der erstaunliche ‚Erfolg' der Compagnie du Mississippi in Frankreich schien aus Sicht der Zeitgenossen den ökonomischen Glaubensgrundsatz zu widerlegen, dass Aktiengesellschaften schlecht für den Staat und die Wirtschaft seien. Die aus verschiedensten Teilen des britischen Empires in London einlaufenden Beobachtungen der Ereignisse in Frankreich zeigen, wie fragil ökonomische ‚Gewissheiten' unter dem Druck einer scheinbar massiven Doppelbedrohung waren – namentlich dem wahrgenommenen wirtschaftlichen Erfolg der Compagnie du Mississippi und der in Aussicht stehenden Abzahlung der französischen Staatsschulden. Der ‚Erfolg' eines Wettbewerbers im europäischen Handels- und Mächtesystem dank des Mittels der Aktiengesellschaft führte bei einer ganze Reihe von Untertanen Georgs I. zum grundsätzlichen Überdenken der eigenen Ablehnung gegenüber Companies. Statt in einer solchen Situation an den eigenen Grundsätzen festzuhalten, wählten eine Parlamentsmehrheit und die Regierung in Großbritannien den Weg der Emulation.

---

56 Magnusson, Political.
57 Ormrod, Rise, S. 343. In ähnlicher Weise Morgan, Mercantilism, S. 178–181.
58 So geht Perry Gauci auch davon aus, dass es keine langfristige Liberalisierung in der britischen Wirtschaftspolitik im 18. Jahrhundert gab. Gauci, Perry: Introduction, S. 18. Vgl. auch das Beispiel der Levante Company in der Jahrhundertmitte: Wagner, Levant.

Doch es war nicht nur die Bedrohung durch die fremde Aktiengesellschaft, sondern auch die plötzliche Aufladung der Organisationsform mit Hoffnungen, die für ihre Popularität 1720 sorgte. Diese basierten auf der Beobachtung der offensichtlich multiplen Fähigkeiten der Kompagnie: Sie schien eine beschleunigte ökonomische Entwicklung und damit die Generierung von Unternehmensgewinnen (auf Kosten der Konkurrenz) zu ermöglichen. Offenbar konnte sie hilfreich sein bei der Abtragung von Staatsschulden,[59] der Erschließung von Kolonien, (Edel-)Metallvorkommen und von zusätzlichen Handelsverbindungen. Sie erlaubte die Einführung neuer Manufakturzweige und die Substitution eigener für importierte Produkte. Jenseits ihres konkreten Geschäftsfeldes versprachen die neuen Unternehmen die Erzeugung ökonomischer knock-on-Effekte. Monopole, so glaubten zumindest zahlreiche Briten, seien vielfach gar nicht nötig – ‚economies of scale' allein würden den Kompagnien zum Erfolg verhelfen.

Während sie für Investoren und Promotoren Einkommen versprach, konnten Regierungen dank der Aktiengesellschaft auf den Zuwachs oder mindestens Erhalt politischer Macht gegenüber Konkurrenten hoffen. Die Organisationsform stellte mithin auch einen politischen Zugewinn in Aussicht: Für abhängige oder periphere Territorien wie Portugal versprach sie gar die Wiedererlangung der Kontrolle über den eigenen Außenhandel, für Irland zumindest einen stärkeren Einfluss auf die Binnenwirtschaft, für Schottland die Sicherung und Förderung von Regionalinteressen, für Emden die politische Unabhängigkeit, für Hannover den besseren Zugang zum britischen Markt. Zu all dem trug die erstaunliche Mobilität von Investmentkapital bei, dessen Besitzer auch in kleinsten Orten die Chance auf Spekulations- und Handelsgewinne sahen. Regierungen und Promotoren bemühten sich, Kapitalströme für das eigene Land/Projekt anzulocken, um damit einen unter Umständen existierenden lokalen Geldmangel zu überbrücken.

Damit ging der denkbare Nutzen der Aktiengesellschaft deutlich über das hinaus, was sich Adam Smith 50 Jahre später vorstellen mochte. Kompagnien schienen für die Zeitgenossen während ‚South Sea Bubble und Co.' für einen kurzen Moment ein zentrales Element auf der Suche nach dem Weg in die ökonomische Zukunft zu sein. Doch nach dem Platzen der Londoner Spekulationsblase wandte sich die britische Politik unter Robert Walpole schleunigst wieder von der Organisationsform ab. Auch wenn Regierung und Parlament die bestehenden Unternehmen stützten, legislative Maßnahmen förderten wieder stärker Manufakturen und Handwerker. Zwischen den Staatsschulden verwaltenden

---

59 Zur Vielzahl der Vorschläge im Jahr 1720, mittels Aktiengesellschaften Staatsschulden abzutragen: Condorelli, 1719–1720 Stock Euphoria, S. 24–26.

Unternehmen sollte ein Gleichgewicht geschaffen werden, statt des von der South Sea Company angestrebten Monopols.[60] Andere englische Gesellschaften hatten zwar keine Ausschlussrechte gefordert, doch nach dem Ende der Börseneuphorie konnten sie sich nicht vom Verdacht der Spekulation als Gegenkonzept zur ehrlichen Arbeit befreien. Auch im weiteren Europa schlief das Interesse an der Kompagnie nach den multiplen Crashs wieder weitgehend ein. Sicher: bestehende Aktiengesellschaften verschwanden nicht. Aber die Zahl der Neugründungen war im Vergleich zu den Jahren 1719 bis 1721 über die nächsten Jahrzehnte verschwindend gering.[61]

Der Wandel weg von der Company hing eher mit ökonomischen Überzeugungen und dem Scheitern vieler Unternehmen als mit gesetzlichen Maßnahmen zusammen. Der britische ‚Bubble Act' wird zwar als Grund für die geringe Nutzung der Organisationsform der Aktiengesellschaft im weiteren 18. Jahrhundert angeführt. Ob er neue Companies tatsächlich unterdrückte, scheint jedoch äußerst ungewiss. Zumal er außerhalb des Vereinigten Königreichs nicht galt und beispielsweise auch in den Niederlanden kaum Kompagnien entstanden.[62] Gleichzeitig nahm über die nächsten Jahrzehnte zumindest in London, möglicherweise aber ebenfalls in den Niederlanden, auch der Handel mit Aktien ab. Im Ergebnis beobachte man, so Philip Mirowski, die „degeneration of a previously functioning market organization. The share market was increasingly not used, as the eighteenth century progressed, and other institutions acted to channel funds toward businesses in its stead."[63] Wie Mirowski weiter ausführt, widerspricht dies der These von einer zwangsläufigen Durchsetzung des Aktienmarktes.[64]

Die Aktiengesellschaft schien sich nach 1720 im Sinne Adam Smiths schlichtweg als Irrweg für die meisten, allerdings nicht alle, Unternehmenszwecke und Gemeinwesen erwiesen zu haben. Der Einzelkaufmann war schlicht erfolgreicher. Insofern hatten ‚South Sea Bubble und Co.' lange Prägewirkungen.[65] Freilich zeigt die Gegenwart, dass auch im *Wealth of Nations* im Hinblick auf Companies keine überzeitlichen Wahrheiten enthalten sind. Smiths Ausführun-

---

60 Diesen Bruch ignoriert Barth, Reconstructing, S. 282, wenn er auf Grundlage der Thronrede Georgs I. im Oktober 1721 eine Kontinuität eines „industrial-capital mercantilism" seit 1714 betont.
61 Condorelli, 1719–20 Stock Euphoria, S. 54.
62 Frehen/Goetzmann/Rouwenhorst, Evidence, S. 605.
63 Mirowski, Rise, S. 576–577.
64 Ebd. Die Gegenposition bei Patterson/Reifen, Effect.
65 Frehen, Goetzmann und Rouwenhorst, Evidence, stellen die These auf: „Despite its obvious benefits for capital formation and risk-sharing, the new issue market proved to be a fragile institution that could disappear as quickly as it sprang up, evidently rejected as a failed financial experiment." Es wäre vielleicht zutreffender, dass die Zeitgenossen jene ‚obvious benefits' nicht sahen, die heutige Finanzmarktwissenschaftler mit Aktiengesellschaften verbinden.

gen erweisen sich eher als Teil einer kontinuierlichen Debatte über den Nutzen und Schaden der Aktiengesellschaft, denn als Bruch. Sowohl ‚South Sea Bubble und Co.' als auch Adam Smith sind somit Momente in der Auseinandersetzung um die Rolle von Kompagnien. Die Debatte hierüber wurde im 18. Jahrhundert in einem europäisch-atlantischen Raum mit Blick in eine offene Zukunft geführt. Ein doktrinäres Verständnis von Wirtschaft, einen ‚Merkantilismus' wie von Adam Smith entworfen und von manchen in der Folge vertreten, gab es nicht.[66] Vielmehr scheint der Vorschlag eines Diskursfeldes zutreffend, allerdings unter der Betonung, dass in der Praxis Menschen ihre Position innerhalb desselben hinsichtlich einzelner Elemente wechseln konnten, auch wenn dies vielleicht selten so abrupt erfolgte wie 1719/20, als die Aktiengesellschaft plötzlich als *der* Weg in die ökonomische Zukunft erschien.[67] Flexibilität im Hinblick auf ökonomische Überzeugungen war auch deshalb notwendig, weil nicht von vornherein feststand, welche Maßnahme konkrete ökonomische Fortschritte erlaubte, sondern sich dies nur situativ und im Nachhinein feststellen ließ.

Unternehmensideen

Wenn die Aktiengesellschaft das Mittel war, so lassen sich die konkreten Projekte als der Inhalt verstehen. Historiker haben sich schon seit über 200 Jahren der Schwierigkeit gegenübergesehen, die Unternehmensvorschläge während ‚South Sea Bubble und Co.' zu beurteilen. Manche haben die gescheiterten Entwürfe als vertane Chancen aufgefasst, andere interpretieren sie ohne Unterscheidung als

---

66 Zur Herstellung einer Gegenfolie zu seinem eigenen Entwurf bei Adam Smith vgl. Stern/ Wennerlind, Introduction, S. 3; Magnusson, Political, S. 2–7.
67 Die Unsicherheit über ‚richtige' ökonomische Prinzipien in den niederländischen Diskussionen der 1720er und 30er zeigt Stapelbroek, Between. Dass man sich nicht in Gegensatzpaaren verheddern und auf konkrete Situationen schauen sollte, betont auch Garner, Guillaume: Le mercantilisme: un faux ami? L'economie entre discours, politique et practiques (Allemange, 1750–1820). In: Isenmann, Merkantilismus, S. 265–288; Matson, Imperial, S. 37. Isenmann, Moritz: War Colbert ein „Merkantilist"? In: Ders., Merkantilismus, S. 143–167, zeigt, dass Teile von Colberts Wirtschaftspolitik, die als typisch ‚merkantilistisch' bezeichnet worden sind, weniger aus seinen Grundüberzeugungen als aus spezifischen Konstellationen der britisch-französischen Beziehungen verstanden werden müssen. Die Notwendigkeit genau auf das Einflussfeld von Einzelakteuren und Companies zu sehen betont Pettigrew, William A.: Political Economy. In: Ders./Veevers, David (Hrsg.): The Corporation as a Protagonist in Global History, c. 1550–1750. Amsterdam 2018, S. 43–67.

Ausdruck von Innovation.[68] Viele schlossen sich jedoch mehr oder weniger einer Kritik an, die Gary Hentzi nachträglich auf die prägnante Formel bringt:

> A symptomatic episode – and the *reductio ad absurdum* of fly-by-night tactics – is the case of the company whose prospectus announced its intention to carry on ‚an undertaking of Great Advantage but no one to know what it is.' Advertising five thousand shares at one hundred pounds each (a two pound deposit per share was accepted), its founder sold a thousand shares in his first business day and then promptly left the country. This is an extreme example; however, what is revealing about it is not so much the boldness of the swindle as the eagerness of investors to risk their money on so dubious a venture. Such was the prevailing mood in Exchange Alley during the summer of 1720.[69]

Gerissene und verlogene Projektemacher standen demnach gutgläubig gierigen, ja naiven Investoren gegenüber.[70]

Diese Arbeit hat sich um eine unvoreingenommenere Bewertung der zahlreichen Vorschläge für Companies bemüht und dazu das Problem der Entscheidung zwischen ‚klugen' und ‚betrügerischen' Projekten in fünffacher Weise zu umgehen versucht: Indem erstens Projekte verortet wurden. Hierbei hat sich die hochgradige Anschlussfähigkeit von Fernhandels- und Kolonialprojekten, von Versicherungen, Manufakturunternehmen und Banken an zeitgenössische breitere ‚ökonomische' Diskussionen herausgestellt. In anderen Fällen zeigten sich die Aktiengesellschaften als institutionelle Fortentwicklung existierender Geschäftsaktivitäten.[71] Sowohl Befürworter als auch Gegner gingen, wenn sie die Projekte nicht in Bausch und Bogen verwarfen, auf deren ökonomische Argumente ein. Zweitens sind, soweit heute noch ermittelbar, ‚Experten' zu Wort gekommen, die sich für die Rentabilität und grundsätzliche Ausführbarkeit von Projekten aussprachen.[72]

---

68 Püster, Möglichkeiten; Frehen/Goetzmann/Rouwenhorst, Evidence.
69 Hentzi, Gary: „An Itch of Gaming". The South Sea Bubble and the Novels of Daniel Defoe. In: Eighteenth-Century Life 17 (1993), S. 33.
70 Dies auch die Kernaussage eines Aufsatzes über den 1720er Promtoren Case Billingsley. Cummings, A.J.G./Stewart, Larry: The Case of the Eighteenth-Century Projector. Entrepreneurs, Engineers, and Legitimacy at the Hanoverian Court in Britain. In: Moran, Bruce T. (Hrsg.): Patronage and Institutions. Science, Technology, and Medicine at the European Court 1500–1750. Rochester 1991, S. 235–261.
71 Das Aufgreifen ‚ökonomischer' Diskussionen in Projektvorschlägen betont auch Diest, Wirtschaftspolitik, S. 368. Dem Zusammenhang von Theorie und Praxis im deutschen Kameralismus geht auch: Wakefield, Disordered, ausführlicher nach. Die Schwierigkeiten, die sich bei einer Anpassung ‚ökonomischer' Gedanken an staatsrechtliche Bedingungen ergeben konnten, bei Grafe, Polycentric.
72 Der Begriff des ‚Experten' ist freilich anachronistisch. Vgl. dazu Ash, By any.

Während die ersten beiden Ansätze eher danach fragen, ob man die Projekte als ‚klug' im Sinne zeitgenössischer ökonomischer Debatten verstehen kann, ist in einer dritten Weise dem ‚betrügerischen' Charakter nachgegangen worden. Auch wenn Unternehmer manche Investorengelder unvorsichtig und möglicherweise auch widerrechtlich verwendeten: ernsthafte Bemühungen in der Umsetzung der Pläne lassen sich immer wieder nachweisen. Dies gilt, obwohl viele Gesellschaften mittelfristig scheiterten, weil sich die Grundüberlegungen als falsch erwiesen und/oder die Hindernisse größer waren als erwartet. Viertens machten Promotoren Vorschläge, die Aktienspekulation verhindern bzw. eingrenzen sollten. Sie suchten für ihre Unternehmen daher häufig eher langfristige Investoren als kurzfristige Spekulanten. Schließlich ist fünftens das verbreitete Festhalten von Aktionären an Unternehmensanteilen gezeigt worden. Auch dies scheint dagegen zu sprechen, dass sie nur spekulieren wollten oder sich im Hinblick auf den Unternehmenszweck betrügen ließen.

Damit sind allerdings am Ende die meisten Probleme nicht wirklich gebannt, denn die fünf Elemente führen in einem Zirkelschluss in wesentlichen Teil doch stets wieder zurück zum Ausgangsproblem. Will man Befürwortern oder Gegnern glauben? „[W]ho ‚counts' as an economic thinker"?[73] Ist das Scheitern nicht doch ein Beleg der Abstrusität der meisten Projekte? Sind Versuche zur Begrenzung von Spekulation nicht nur rhetorische Strategien? Hat das Festhalten an Aktien nicht hauptsächlich damit etwas zu tun, dass die Eigentümer den rechten Zeitpunkt zum Verkauf verpassten? Was wurde somit am Ende an wirklicher Erkenntnis gewonnen?

Um die letzte Frage zu beantworten, ist es zunächst notwendig, die Genese der Meinungen der Kritiker der Aktiengesellschaftsprojekte nachzuvollziehen. Dazu muss man sich mit einer der vielleicht schillerndsten Figuren der Wirtschaft und Gesellschaft der Frühen Neuzeit beschäftigen: dem englischen ‚projector' bzw. dem ‚Projektemacher'. Beides sind zeitgenössische Begriffe, wobei letzterer erst im 18. Jahrhundert vermehrt auftaucht, während ersterer schon im 17. Jahrhundert seine charakteristische Ausdeutung erfuhr. Der ‚projector' war eng verbunden mit dem ‚project', ein Begriff, der aus der lateinischen in die englische Sprache überging und seit dem späten 16. Jahrhundert die Bedeutung eines schriftlichen konkreten Entwurfs mit großen Zielen gewann. Allerdings war der ‚projector' nicht auf geschäftliche Aktivitäten beschränkt, sondern seine Pläne und Erfindungen konnten sich auch auf die militärische, gesellschaftliche oder staatliche Entwicklung erstrecken. Der Begriff des ‚projects' erhielt jedoch bald vorrangig negative Konnotationen. Er wurde in der Mitte des 17. Jahrhunderts mit

---

73 Stern/Wennerlind, Introduction, S. 7.

Eigennutz, Korruption, Bedrückung der Armen und Betrug in Verbindung gebracht. Auch im 18. Jahrhundert griffen Kritiker ‚projectors' an, indem sie diese ältere Kritik fortführten. Sie beklagten ein sinnloses, für manche Bevölkerungsteile schädliches Streben nach Neuerung und attestierten dem ‚projecting', eine ansteckende Krankheit zu sein.[74] Eine ähnliche Entwicklung zeigt sich in der deutschen Sprache im 18. Jahrhundert: „Glaubt man den Haupteinträgen zu Projektemachern in den Enzyklopädien von Zedler und Krünitz, dann handelte es sich um unseriöse Personen, die es darauf anlegten, Investoren um ihr Kapital zu prellen und gutgläubige Fürsten zu betrügen."[75] An solche, zeitgenössisch von Gegnern ventilierten, stereotypen Deutungen schließen Ausführungen wie die von Gary Hentzi zu ‚betrügerischen' Aktiengesellschaften 1720, ob bewusst oder nicht, zunächst einmal an.

Damit privilegieren sie jedoch einseitig einen Teil der Diskussion im frühen 18. Jahrhundert. Denn zahlreiche Zeitgenossen in Großbritannien hatten spätestens seit den 1690er Jahren ein differenzierteres Verständnis von Projekten. So argumentierte Daniel Defoe in seinem ‚Essay on Projects' 1697:

> There is, 'tis true, a great difference between *New Inventions* and *Projects*, between Improvement of Manufactures or Lands, which tend to the immediate Benefit of the Publick, and Imploying of the Poor; and Projects fram'd by subtle Heads, with a sort of *Deceptio Visus*, [...] to bring People to run needless and unusual hazards: I grant it, and give a due preference to the first, and yet Success has so sanctifi'd some of those other sorts of Projects, that 'twould be a kind of Blasphemy against Fortune to disallow 'em.[76]

Projekte waren somit aus Defoes Sicht etwas, das man verachten konnte, aber doch auch wegen der möglichen Chancen akzeptieren sollte. Aus einer solchen Sicht lässt sich eine positive Bewertung der Aktiengesellschaftsprojekte 1720 rechtfertigen. Denn in vielen Details spiegelt sich die positive Konzeption des ‚project' in den Entwürfen für Aktiengesellschaften 1720 wider. Die Betonung der

---

[74] Novak, Maximilian E.: Introduction. In: Ders. (Hrsg.): The Age of Projects. Toronto 2008, S. 4–6. Zur Kritik des 17. Jahrhunderts vgl. ausführlicher Keller, Vera/McCormick, Ted: Towards a History of Projects. In: Early Science and Medicine 21 (2016), S. 433–434; Ratcliff, Jessica: Art to Cheat the Common-Weale. Inventors, Projectors, and Patentees in English Satire, ca. 1630–1670. In: Technology and Culture 53 (2012), S. 337–365. Im Gegensatz zum Begriff des „projectors" entwickelte sich „Improvement" in derselben Zeit zu einem überaus positiv besetzten Begriff für Fortschritt. Vgl. Slack, Paul: The Invention of Improvement. Information and Material Progress in Seventeenth-Century England. Oxford 2015.
[75] Brakensiek, Stefan: Projektemacher. Zum Hintergrund ökonomischen Scheiterns in der Frühen Neuzeit. In: Ders./Claridge, Claudia (Hrsg.): Fiasko – Scheitern in der Frühen Neuzeit. Beiträge zur Kulturgeschichte des Misserfolgs. Bielefeld 2015, S. 40.
[76] Zitat nach Novak, Introduction, S. 3.

Chancen findet sich stets bei den Unterstützern. Gefahren gab es ohne Zweifel, doch Befürworter neuer Unternehmen kontrastierten diese zuweilen mit den Risiken des Unterlassens von Handlungen. So wiesen die Promotoren einer Seeversicherung in Amsterdam darauf hin, dass das Geschäftsfeld verlorengehen könne, wenn man nicht die institutionelle Entwicklung in London nachvollziehe. Sicher standen hinter den Plänen aller Unternehmen Projektemacher, die etwas verkaufen wollten, weil ihr eigener Wohlstand davon abhing oder sich dadurch befördern ließ. Die Übernahme von Aktien ohne Bezahlung war vielleicht der häufigste Weg, wie sie aus ihren Vorschlägen zu profitieren suchten. Das wussten die Zeitgenossen von ‚South Sea Bubble und Co.' aber regelmäßig, und viele waren bereit dies zu akzeptieren. Jener, der ein erfolgreiches Projekt entwarf, sollte auch daran verdienen.[77]

Es ist auch kaum zu bestreiten, dass Projektemacher für Aktionäre und Regierungen Bilder von idealen Zuständen zeichneten, die sie verwirklichen wollten. Es handelt sich insofern bei den Unternehmensentwürfen immer um zielgerichtete Texte, mit denen Promotoren etwas bei der Obrigkeit erreichen wollten.[78] Dennoch wiesen sie 1720 den Vorwurf des ‚projecting' regelmäßig zurück und betonten stattdessen die ‚wahren' Werte hinter ihren Konzepten. Freilich zeigt sich an der South Sea Company, wie umstritten die Berechnung der letzteren in der Praxis sein konnte. Auch an einem anderen Themenkomplex zeigt sich die Vielschichtigkeit der Diskussion. So führten Unternehmer stets aus, dass aus dem eigenen Entwurf der Nutzen des Einzelnen, der Obrigkeit und der Allgemeinheit insgesamt hervorgehe. Dies bedeutete jedoch nicht, dass Projektemacher einen Schaden für Einzelpersonen ausschlossen.[79] Die Londoner Assekuradeure

---

[77] Yamamoto, Koji: Medicine, Metals and Empire. The Survival of a Chiymical Projector in Early Eighteenth-Century London. In: British Journal for the History of Science 48 (2015), S. 607–637; Novak, Introduction, S. 8 u. 12; Feingold, Mordechai: Projectors and Learned Projects in Early Modern England. In: The Seventeenth Century 32 (2017), S. 63–79; Leng, Thomas: Epistemology. Expertise and Knowledge in the World of Commerce. In: Stern/Wennerlind, Mercantilism, S. 102–107.

[78] Hier bieten sich interessante Parallelen zu den deutschen ‚Kameralisten', wie sie Wakefield, Disordered, beschreibt.

[79] Birger P. Priddat hat für Mitteleuropa argumentiert, dass wirtschaftliche Ordnungsvorstellungen in Ideen „doppelten Profits' [eingebettet wurden]: für den Handel wie für den Staat." Priddat, Birger P.: Kameralismus als paradoxe Konzeption der gleichzeitigen Stärkung von Markt und Staat. Komplexe Theorielagen im deutschen 18. Jahrhundert. In: Berichte zur Wissenschaftsgeschichte 31 (2008), S. 260; Gömmel, Entwicklung, S. 44; Pohl, Hans: Economic Powers and Political Powers in Early Modern Europe. Theory and History. In: Journal of European Economic History 28 (1999), S. 139. Als stärker einen deutschen Kameralismus auszeichnendes Phänomen sieht dies Press, Merkantilismus, S. 7. Dagegen aber auch Harris, Towards, S. 83–84.

konnten sich zu Recht durch die Companies, die alten Fischergilden durch den Fish-Pool bedroht fühlen. Doch Promotoren betonten stets, dass der insgesamt größere allgemeine Nutzen den privaten Schaden aufwiege. Und überhaupt: Ohne eine „articulation of public purpose" war die Gewährung der Bitten von Promotoren um staatliche Autorisierung immer unwahrscheinlich.[80] Mit einer solchen erschien sie jedoch vielen Menschen akzeptabel, nicht nur 1720.[81]

Die Kunst von Monarchen und Regierungen bestand dann darin zu erkennen, ob es sich bei Promotoren um Betrüger oder ehrliche Menschen handelte. Freilich waren sie dabei stets mit dem Risiko konfrontiert, entweder von den vorgespiegelten Veränderungen und Gewinnen geblendet zu werden und die notwendige kühle Abwägung zu unterlassen. Oder sie konnten bei zu viel Skepsis und Zeitverzug eine möglicherweise günstige Gelegenheit verpassen.[82] Viele Obrigkeiten machten sich die Entscheidung um 1720 deshalb nicht leicht und wogen die Argumente auch vor dem Hintergrund der sich entwickelnden Börsenspekulationsblasen sehr sorgfältig ab. Damit beweisen sie jedoch, dass sie Aktiengesellschaften als Chancen ansahen – wenn auch nicht immer nur für den ökonomischen Zweck. Es gibt mithin gute Argumente, die Konzepte für Kompagnien der Jahre 1719 bis 1721 auch als Teil einer gegenüber Projekten aufgeschlossenen Diskussion darzustellen, die sich im Rahmen dessen bewegte, was im 17. und 18. Jahrhundert üblich war. Dass nach dem Platzen der Spekulationsblasen viele Vorkommnisse der letzten Monate nach Betrug aussahen und entsprechend interpretiert wurden, dass zumal mit wachsendem zeitlichem Abstand zahllose Details und auch das Wissen der Zeitgenossen in Vergessenheit gerieten, erscheint zwar verständlich – doch die Aufgabe des Historikers sollte es sein, die Projekte zunächst einmal unabhängig von ihrem Ende und aus der Intention ihrer Promotoren zu erforschen. Eine solche Leseweise erlaubt erhebliche Erkenntnisgewinne, denn: „The history of projects [, thus, ...] redirects our attention from the teleology of linear narratives to the context of posited futures."[83] Unter Berück-

---

80 Roper, Advancing, S. 3, die dies für Großbritannien im 17. Jahrhundert beobachtet.
81 Keller/McCormick, Towards, S. 435–436; Latta, Kimberly: ‚Wandring Ghosts of Trade Whymsies'. Projects, Gender, Commerce, and Imagination in the Mind of Daniel Defoe. In: Novak, Age, S. 141–165.
82 Brakensiek, Projektemacher. Einige weiterführende Überlegungen zum Verhältnis von Monarchen und Experten auch bei Füssel, Marian: Höfe und Experten. Relationen von Macht und Wissen in Mittelalter und Früher Neuzeit. In: Ders./Stolz, Michael/Kuhle, Antje (Hrsg.): Höfe und Experten. Relationen von Macht und Wissen in Mittelalter und Früher Neuzeit. Göttingen 2018, S. 7–18.
83 Keller/McCormick, Towards, S. 443, auch S. 436. Damit entgeht man auch der Falle, die Stefan Brakensiek, Projektemacher, S. 54, beschrieben hat: „Die vielen, die scheiterten, galten den

sichtigung einer solchen offenen Zukunft erscheinen dann die im Laufe der Arbeit gesammelten Argumente doch für ein ernst zu nehmendes Interesse der Promotoren, Obrigkeiten und zahlreicher Investoren an den Aktiengesellschaften zu sprechen.

Aber die Privilegierung der optimistischen Projektdiskussion und des Promotoren ermöglicht nicht nur Zugewinne vis-à-vis des kritischen Diskurses. Es lassen sich weitere Erkenntnisse aus der zeitgenössischen Diskussion über ‚projects' gewinnen. Diese weisen gleichzeitig über die Frage nach ‚Sinn' und ‚Unsinn' der konkreten Unternehmensideen hinaus. Denn Daniel Defoe und jene, die seiner Ansicht folgten, verbanden mit Projekten nicht nur die Hoffnung auf pekuniäre Profite, sondern allgemeiner schien der Projektemacher so etwas wie ‚Fortschritt' zu ermöglichen: „the spirit of the projector – the belief that human thought and action could transform society – was a vital force of change."[84] Damit kommt den Promotoren eine entscheidende Rolle für mentale Veränderungen unabhängig von ihren konkreten Vorschlägen zu. „Denying the limitations of circumstance was essential to the identity of the seventeenth-century projector."[85] Das war bedeutsam, zumal in einer Welt, in der Wachstum für viele, wenn überhaupt vorstellbar, oft nur langsam und auf Kosten anderer in einem Nullsummenspiel möglich schien. Projektemacher versprachen den planbaren außeralltäglichen Sprung: beschleunigte Entwicklung.

Vor diesem Hintergrund lohnt es, noch einmal auf die größere Dynamik der Kompagniepromotion in London zurückzukommen, die im Vergleich zum Rest des Kontinents auffällt. Neben anderen Rahmenbedingungen dürfte dies auf die Person des ‚projectors' und die Idee des ‚projects' zurückzuführen sein. Sie hatte sich in England bereits deutlich ausgeprägt, als man im 17. Jahrhundert noch mit Neid auf den Wohlstand der Niederländer schaute. Insofern lassen sich 1720 unterschiedliche Startbedingungen finden. Zur englischen Begriffsgeschichte des ‚projectors' und den damit verbundenen Konzepten gab es im Rest Europas im 17. Jahrhundert noch keine Parallele. Eine Folge könnte gewesen sein, dass der Geist des ‚projecting' in Großbritannien im Vorfeld der South Sea Bubble weiter verbreitet war. Dies würde auch erklären, warum Briten 1720 so viele Unternehmensentwürfe für den Rest Europas niederschrieben. Abseits der Insel schmiedeten hingegen häufiger Beamte oder staatsnahe Personen Pläne für wirtschaftliche Entwicklung. Diese verstanden aber oft von der Gründung und Organisation einer Kompagnie nur wenig oder nichts.

Zeitgenossen, und gelten auch heute noch als Projektemacher. Die wenigen, deren Projekte glückten, nennt man Staatsmann, Industriepionier, Gründergestalt."
84 Novak, Introduction, S. 7.
85 Keller/McCormick, Towards, S. 429.

Die Welle an Aktiengesellschaftsprojekten und Spekulation im Rahmen von ‚South Sea Bubble und Co.' wirkte dann allerdings für den Rest Europas als Katalysator. In den 1720er Jahren lassen sich das Eindringen des Subjekts ‚Projektemacher' und des Objekts ‚Projekt' sowie seine inhaltliche Ausdifferenzierung in verschiedenen europäischen Sprachen beobachten. Damit einher gingen die Übernahme der im Englischen bei Defoe angelegten Ambivalenz zwischen Gewinnaussicht und Risiko sowie die Einbettung des Gedankens des ‚Fortschritts'.[86] Mit Projekten wurden so auch im Deutschen im weiteren Verlauf des 18. Jahrhunderts „nicht nur negative Elemente verbunden" – mit ihnen konnte man auch eine „Verbesserung [...] der] Ordnung" erreichen.[87] Schon Paul Jacob Marperger wies 1720 darauf hin: „Es ist zwar nicht alles Gold / was gleißt / hingegen seynd auch nicht alle Columbische Projecta so gleich zu verwerfen".[88] Auch die Abbildungen des *Mirror of Folly* verdeutlichen die in den Niederlanden verstandene Ambivalenz von Risiko und Chancen von Projekten einerseits, Fortschritt andererseits.

So lässt sich mithilfe des zeitgenössischen Konzepts des ‚project' zeigen, dass man Ideen für Aktiengesellschaften um 1720 nicht vorschnell als ‚unklug' oder ‚betrügerisch' abtun sollte. Denn Investoren und Promotoren konnten ihre Geschäftszwecke im Rahmen des zeitgenössischen Wissens und mit Blick in eine ungewisse Zukunft glaubhaft machen. Sie hielten an ihren Unternehmenszielen fest, nachdem die Aktienkurse abgestürzt waren oder die Obrigkeiten die Gesellschaften verboten hatten, eben weil sie von den Geschäftsaktivitäten überzeugt waren. Deshalb verkauften sie ihre Aktien auch nicht, als die Kurse ihren Höchststand erreichten, sondern blieben längerfristig investiert. Promotoren erwiesen sich darüber hinaus als zentrale Figuren für die Übersetzung von Projekten in andere Sprachen und als Anpasser derselben an die lokalen Gegebenheiten anderer Territorien. Hat die Organisationsform der Aktiengesellschaft die fundamentale Unsicherheit ob der Mittel auf dem Weg ökonomischer Entwicklung deutlich gemacht, so wird in der Idee des ‚project' die sich verbreitende Gewissheit deutlich, dass ‚Fortschritt' nicht nur möglich, sondern durch Planung herbeiführbar sein könnte und dass dies auch eine akzeptable Vorgehensweise darstelle. Joel Mokyr hat diese Haltung, allerdings im Hinblick auf etwas andere Akteure, als „economic enlightenment" bezeichnet. Für ihn stellt dieses die

---

[86] Ebd., S. 437–442. Für Frankreich besonders auch Orain, La politique, S. 233–235.
[87] Brakensiek, Projektemacher, S. 46. Zur Zukunftsorientierung im Kameralismus vgl. Sandl, Marcus: Development as Possibility. Risk and Chance in the Cameralist Discourse. In: Rössner, Economic, S. 139–155.
[88] Marperger, Fortsetzungen. Ich verdanke den Hinweis auf dieses Zitat Rosenhaft, All That Glitters, S. 80.

zentrale Voraussetzung der Industrialisierung dar.[89] Auch wenn man nicht so weit gehen möchte:[90] Das Interesse an Aktiengesellschaften und der zeitlich nachfolgende lexikalische Befund zum Projektemacher verdeutlichen, dass sich die Idee eines planbaren ökonomischen Fortschritts in Europa 1720 verstärkt ausbreitete.

Aktienwissen und Spekulationswellen

In einem sehr anregenden Aufsatz haben Rik Frehen, William N. Goetzmann und K. Geert Rouwenhorst die Preisentwicklung von 45 Londoner Aktiengesellschaften im Jahr 1720 miteinander verglichen. Sie können zeigen, dass diese sich zwischen verschiedenen Branchen erheblich unterschied. So erreichten Versicherungskompagnien einen Kursanstieg von bis zu 2.117 %, während jene von Banken und Finanzdienstleistern ‚nur' um 335 % anwuchsen. Daraus schließen sie, dass erstens die Wertentwicklungen vier unterschiedliche Innovationen widerspiegeln – „government finance", „global trade", „maritime insurance" und „future powers of the corporation". Zweitens folgern sie, dass Investoren die Gewinnaussichten in den mitunter neu erschlossenen Geschäftsfeldern sehr unterschiedlich beurteilten, was die abweichenden Kursanstiege in verschiedenen Sektoren erkläre.[91] Der Vergleich der knapp vier Dutzend Kompagnien in der vorgenommenen Form setzt jedoch voraus, dass erstens Investoren die Promotoren nicht als Persönlichkeiten sahen – wie zum Beispiel im Fall Humphrey Morice'. Zweitens erfordert der Ansatz von Frehen, Goetzmann und Rouwenhorst, dass es sich bei der ‚Aktie' selber, auf die jedes Unternehmen aufbaute, um ein weitgehend standardisiertes Produkt handelte, dessen wesentliche Eigenschaften sich zwischen Unternehmen nicht unterschieden. Nur dann wäre die einzige Variable zwischen den Gesellschaften der Geschäftszweck.

Die Ergebnisse dieser Arbeit lassen diese Grundprämisse aus einer Reihe von Gründen fraglich erscheinen.[92] Denn der ‚Charakter' einzelner Unternehmen

---

[89] Mokyr, Joel: The Enlightened Economy. Britain and the Industrial Revolution 1700–1850. London 2009.
[90] Vgl. die Kritik bei Ash, By any.
[91] Frehen/Goetzmann/Rouwenhorst, Evidence.
[92] Es ist bereits darüber gestritten worden, ob sich die dritte Subskription der South Sea Company rechtlich von den beiden vorhergehenden unterschied und dies unterschiedliche Preisentwicklungen der Subskriptionen im Verhältnis zueinander und zur Unternehmensaktie erklärt. Allerdings scheint der Auseinandersetzung im Wesentlichen ein Lesefehler zugrunde zu liegen.

unterschied sich nicht nur im Hinblick auf das zukünftige Tätigkeitsfeld, sondern zahlreiche andere Aspekte konnten voneinander abweichen.[93] Die Idee der Aktie, und davon abhängig auch jene der Subskription, waren nicht normiert, sondern beide unterlagen selber Prozessen der Emulation: Es gab Kompagnien, die bei Bekanntgabe ihrer Anteilszeichnung Zahlungstermine für mehrere Raten festlegten – beispielsweise die Compagnie du Mississippi sowie die South Sea und Royal African Company. Andere verlangten nur einen niedrigen Zeichnungsbetrag und wollten Zubußen lediglich bei Bedarf einfordern – unter anderem die Seeversicherungen und eine Fischfanggesellschaft. Doch auch diese Gesellschaften unterschieden sich. Die Assekuranzen beabsichtigten vor allem den Kredit ihrer Aktionäre auszuschöpfen. Dies war der National Fishery nicht möglich, denn sie musste ihren Kunden nicht Sicherheit bieten, sondern Fisch. Um diesen zu fangen, standen hohe Ausgaben für Betriebsmittel an. In ihrem Fall sollte aber dank des großen Stammkapitals die erste Rate schon genug Geld einbringen. Der Rest blieb dann zunächst einfach offen und ungenutzt. Ähnliches dürften sich die Promotoren vieler Aktiengesellschaften auf dem Kontinent im Herbst 1720 gedacht haben, die mit einem geringen ersten Zeichnungsbetrag der Spekulanten ganze Unternehmen aufbauen wollten. Hohe Stammkapitale darf man deshalb 1720 nicht als Ausdruck des tatsächlich für nötig erachteten Betriebskapitals interpretieren, sondern die Beträge erfüllten ganz unterschiedliche Zwecke. Schließlich gab es verschiedene Regelungen, wie die Zahlungen zu begleichen waren. Die South Sea Company erwartete Bargeld, John Law nahm zeitweise weitgehend entwertete Staatsschuldpapiere an. In Irland dachte man zunächst für ein Bankprojekt an die Übergabe von Hypotheken. All diese Dinge konnten nicht ohne Einfluss auf den Aktienpreis bleiben.

Aktiengesellschaften sprachen zudem unterschiedliche Investorenkreise an bzw. erlaubten ihnen Zugang zur Subskription. Die National Fishery gab vor, eine Volksaktie sein zu wollen, die sich viele leisten könnten und die den Einzelnen finanziell nur mäßig belastete. Mit ähnlicher Argumentation wurde in Irland im September 1720 ein größeres, dafür aber breiter gestreutes Stammkapital empfohlen: dadurch wollte man dem einzelnen Investor nicht zu viel abverlangen. Auch der Nennwert der Anteilsscheine der Hamburger, Emdener, Hessen-Kasseler und Braunschweig-Wolfenbütteler Gesellschaften unterschied sich erheblich. Ein daraus unter Umständen resultierender gesellschaftlich unterschiedlich fragmentierter Aktienbesitz, wie er sich auch in den Investoren der Seeversicherungen

---

Vgl. Dale/Johnson/Tang, Financial; Shea, Financial. Außerdem die Erläuterungen bei Kleer, Riding, S. 277 u. 281.
93 Dazu auch Condorelli, 1719 – 1720 Stock Euphoria, S. 39 – 40.

im Verhältnis zu jenen der Royal African Company andeutete, könnte sich ebenfalls auf die Preisbildung ausgewirkt haben. Andere Elemente förderten zusätzlich das Zerfallen der Investorenschaft in Untergruppen. Politik spielte in London in den Jahrzehnten vor der South Sea Bubble noch eine entscheidende Rolle bei der Investition in eine Company. Tories kauften andere Aktien als Whigs.[94] In Irland spalteten sich die Meinungen 1721 ebenfalls entlang politischer und damit zusammenhängender ökonomischer Überzeugungen. Die Damen-Calico-Gesellschaft, vielleicht Satire,[95] wollte nur Frauen zulassen. In Portugal diskutierte man, nur inländische Anleger zur Zeichnung für fähig zu erklären. Allerdings drohte konvertierten Juden die Enteignung durch die Inquisition. Man ging daher davon aus, dass sie sich mit Geldanlagen zurückhalten würden. In Irland beabsichtigen 1721 die Unterstützer der Bank, das Stammkapital ebenfalls lokal aufzutreiben. Gleichzeitig sorgten sich die Gegner der Bankgesellschaft, dass Katholiken die Kontrolle über das Unternehmen erlangen könnten. Eine regionale Streuung der Anteile zur Verhinderung der Dominanz von Londoner Investoren schlugen Fischereigesellschaften in England vor. Andere Kompagnien wiederum suchten gezielt auswärtige Anleger, um einen lokalen Kapitalmangel zu überbrücken und/oder die Aktienspekulation andernorts erfolgen zu lassen. Das fremde Investmentkapital wollten Regierung und Promotoren dann mit Hilfe des Unternehmens im eigenen Land einschließen. Durch die 1721 erstmals angewandte Idee, Lotterien zur Finanzierung von Aktiengesellschaften zu nutzen und Aktien als Prämien für viele Loskäufe oder als Trostpreise beim Ausbleiben eines Ziehungserfolgs zu verteilen, sprachen Promotoren noch einmal andere Spekulanten an. All diese Unterschiede dürften sich auf die Preise von Aktien ausgewirkt haben.

Daran hängt ein weiteres Problem bei der Beurteilung von Kursen 1720. Denn die Aktienspekulation unterschied sich im Hinblick auf die ‚Märkte', an denen Anteile gehandelt werden konnten. In London, Paris, Hamburg und in Teilen der Niederlande existierten sie lokal. Bei Aktien von Unternehmen in anderen Ländern und Städten stand zu erwarten, dass sie hauptsächlich fern ihres Firmen-

---

[94] Für die 1690er Jahre: Pincus/Wolfram, Proactive, S. 54–59. Für 1712: Carruthers, Bruce: *Homo Economicus* and *Homo Politicus*. Non-Economic Rationality in the Early 18th Century London Stock Market. In: Acta Sociologica 37 (1994), S. 165–194.

[95] Julian Hoppit hat von Ironie als der „common weapon" der Zeit um 1700 gesprochen. Hoppit, Julian: A Land of Liberty? England 1689–1727. Oxford 2000, S. 5. Dass es sich teilweise um ironische Projekte handelte, vermuten auch Carswell, South, S. 116; Chancellor, Devil, S. 71–72; Paul, South, S. 48; Dale, First Crash, S. 107.

sitzes in fremden Territorien gehandelt würden.[96] Informationsasymmetrien zwischen Investoren konnten unter letzteren Bedingungen höher sein und stärkere Auswirkungen auf Preise haben. Doch auch dort, wo Märkte vor Ort existierten, waren diese nicht unbedingt frei. Der Erwerb neuer Anteile der Hudson's Bay Company, zum Teil aber auch der Compagnie du Mississippi, setzte den Besitz von Altaktien voraus. Das trieb zu bestimmten Zeiten die Aktienkurse aufwärts.

Zusätzlich wurde 1720 die Frage aufgeworfen, ob sich eine Aktiengesellschaft besser auf einen engen Geschäftskreis beschränken oder eher als Super-AG in vielen Unternehmensfeldern aktiv sein sollte. Ließen sich durch die breite Ausdehnung der Aktivitäten möglicherweise Synergien und daraus folgende Gewinne erzeugen, die einer spezialisierten Kompagnie verschlossen bleiben mussten? Konnten ökonomisch schwächere Territorien mit einem Unternehmenskonglomerat gegenüber Wettbewerbern aufholen? Diese Idee war neu und ihre Popularität sicher ein Ergebnis des zeitweiligen Erfolgs der Compagnie du Mississippi in Frankreich. Länger existierte hingegen schon der Monopolgedanke. Manche neuen Unternehmen erhielten solche 1720 oder hatten sie bereits aus früheren Jahren, während andere sie nicht bekamen bzw. insbesondere in Großbritannien diese auch offiziell gar nicht wünschten. Doch im Falle ihrer Existenz musste sich das letztlich ebenfalls im Preis niederschlagen.

Weitere Gründe sprechen für künstliche Preisverzerrungen: Königliche Patente, parlamentarische oder der Kauf alter Charters sowie die Anwendung des Rechtsinstituts der Co-Partnership schienen in London unterschiedliche Wege zum selben Ziel zu sein – einem joint-stock. Doch sie verursachten in ihrer Entstehung ganz unterschiedliche Kosten. Am höchsten waren diese beim Weg über das Parlament, das für seine Zustimmung entsprechende Gegenleistungen verlangte. Diese konnten die Kapitalstruktur eines Unternehmens erheblich verzerren, wie die Seeversicherungen schmerzhaft erfuhren, die jeweils £300.000 zahlen sollten. Die alte Charter der York Buildings Company wechselte hingegen für ‚nur' £7.000 den Besitzer. Die Co-Partnership kostete noch weniger. Man benötigte nur einen Juristen, der bei der Ausarbeitung des Vertrages half. Allerdings schuf diese Organisationsform – auch wenn man eine Nachahmung der Aktiengesellschaft anstrebte – doch wieder andere Schwierigkeiten für den Handel mit den Anteilen. So erforderte der Transfer des eigenen Investments bei der Schottischen Fischerei-Partnership die Zustimmung der Direktoren des Unternehmens. Die

---

96 Insofern geht Stefano Condorelli, 1719–1720 Stock Euphoria, S. 38, in seiner Annahme falsch, dass die Einführung einer Aktiengesellschaft zwangsläufig die Entstehung eines Aktienhandels vor Ort bedeutet hätte.

daraus resultierende gehemmte Liquidität musste sich wiederum auf den Preis der Anteile auswirken.

Weitere Aspekte mögen hinzugekommen sein. So scheint zum Beispiel die Erlangung eines royalen Patents in den 1690er Jahren häufiger als Zeichen offizieller Überprüfung eines Projekts auf seine Tauglichkeit verstanden worden zu sein. Eine solche Kontrolle konnte erfolgen, wie im Fall der Versicherungen durch den Attorney und Solicitor General zwischen 1718 und 1720. Sie musste es aber nicht – wie im Falle der Royal Mines Company.[97] Auch die Tatsache, dass eine Gesellschaft einen namhaften Gouverneur als repräsentative Unternehmensspitze besaß, könnten manche Investoren als Ausdruck von dessen Vertrauen in den Unternehmenszweck gedeutet haben. Sodann ermöglichte sie unter Umständen den Zugang zu Unterstützung und Protektion durch die Regierung. So stand zunächst Thomas Fane, sechster Graf von Westmoreland, als Gouverneur der English Copper Company vor. Zugleich war er Mitglied des königlichen Privy Council und als First Lord of Trade führender Verwaltungsbeamter. Auf ihn folgte der Prince of Wales. Sein Vater König Georg I. war repräsentative Spitze der South Sea Company. In eine ähnliche Richtung mag die Förderung der Aktiengesellschaften durch lokale Obrigkeiten in den niederländischen Städten gewirkt haben. In Braunschweig-Wolfenbüttel sollte die Bank, neben dem Gouverneursposten für den Landesherrn, auch durch die Direktoren eng mit der Regierung verzahnt werden. Währenddessen betonte man in Hessen-Kassel in der Zeit nach den Crashs gerade die Unabhängigkeit des Unternehmens von der Regierung, was wohl ebenfalls Vertrauen bei Investoren schaffen sollte. In der Praxis erfolgte die Trennung dann jedoch nach der Gründung nicht. Hinter dem Label ‚Aktie' konnten sich so unterschiedlichste Charakteristika verbergen, die unabhängig waren vom Geschäftsfeld des Unternehmens. Die zahlreichen Emulationen der Idee ‚Aktiengesellschaft' lassen sich insofern zu einem guten Teil als Antworten auf je geschäftsfeld-, investoren- und landesspezifische Überlegungen verstehen. Diese hatten, zusammen mit Strukturen der Märkte, auf denen die Anteile gehandelt werden konnten, Einfluss auf die Preisbildung.

Doch erlaubt die genauere Analyse nicht nur simplifizierende Interpretationen zurückzuweisen. Vielmehr erklären Nachahmungen und Abwandlungen der Idee ‚Aktie' auch die spezifische Signatur von ‚South Sea Bubble und Co.' mit der a-synchronen Entwicklung und dem zeitversetzten Platzen von Spekulationsblasen in verschiedenen Ländern Europas. In der älteren Literatur zunächst eher auf Grundlage anekdotischer Beobachtungen dargestellt, haben vor allem die quantitativen Forschungen von Larry Neal wesentlich dazu beigetragen, die

---

[97] MacLeod, 1690s.

Börsenblasen 1719/20 in Paris, London und den Niederlanden als seriell aufeinander folgend und gleichzeitig miteinander zusammenhängend verständlich zu machen. Risikokapital floss von einem Ort an den nächsten, wenn sich neue Investmentoptionen ergaben. Die Transfers lösten an dem Platz, von dem das Geld fortzog, den Crash aus, während sie gleichzeitig den Aktienhandel am Zielort befeuerten. Aus Sicht ‚rationaler' Spekulanten, die mit anwachsenden Blasen Papiergewinne erzielen wollten, um ihre Aktien dann möglichst nah am Höhepunkt zu verkaufen, erscheint das Verhalten durchaus rational.[98] Der Blick auf die Spekulanten kann aber nicht erklären, warum Regierungen Kompagnien autorisierten, obwohl ihnen das damit einhergehende Risiko der Hyperspekulation und des Crashs ab dem Sommer 1720 nicht mehr entgehen konnte.

Zwei Argumente haben sich jedoch im Laufe dieser Arbeit ergeben, warum Obrigkeiten trotz der bekannten Gefahren Aktiengesellschaften in ihrem Territorium zuließen. Das erste betrifft die Geldflussdynamik in Anlehnung und Erweiterung der Erkenntnisse Neals. Spätestens im Sommer 1720 wussten Promotoren, dass Spekulanten auch in Aktiengesellschaften in kleineren Orten und Ländern investierten. Anlagekapital floss dorthin, wo Kompagnien entstanden. Das bedeutete aber nicht, dass am Sitz des Unternehmens ein lokaler Aktienmarkt entstehen musste. Vielmehr stand zu erwarten, dass Anleger Anteile dort handelten, wo sich die meisten Aktionäre befanden. Für die Emdener Gesellschaft hieß dies aller Wahrscheinlichkeit nach eher Amsterdam und Rotterdam als die ostfriesische Stadt selber. Für eine Braunschweig-Wolfenbütteler Bank lag die Vermutung nahe, dass Aktien hauptsächlich in London Abnehmer finden würden. Wer zweifelte, ob die Kapitalflussdynamik genügende Sicherheit biete, konnte die geographische Trennung von Firmensitz und Aktienbesitzern auch im Unternehmensstatut festschreiben. Hatte die Hannoveraner Manufakturkompagnie aus dem Sommer 1720 noch Aktienzeichnungen im Inland erlaubt, so untersagte das Statut der Handelskompagnie diese aus Angst vor Spekulation einige Monate später ausdrücklich. Wollten Inländer Anteile erwerben, war die Zustimmung der kurfürstlichen Regierung erforderlich. An den Wohnorten der Investoren und Spekulanten wären die Folgen einer geplatzten Spekulationsblase eher zu spüren gewesen als am Sitz des jeweiligen Unternehmens. Räumliche Trennung stellt sich als ein Grund dar, warum Regierungen auch nach den Crashs in Paris und London Aktiengesellschaften autorisierten.

Ein zweites Argument betrifft die Emulation von Charters. Die Risiken von Hyperspekulation in London sahen vielleicht die Direktoren der Bank of England zuerst voraus. Deshalb wollten sie einen festen Austauschkurs zwischen Staats-

---

98 Neal, Rise, S. 62–117.

schuldpapieren und eigenen Aktien im Januar 1720 festlegen. Dies hätte eine Obergrenze für Spekulation geschaffen, obwohl deren Wirksamkeit ungewiss war, wie John Law mit seinem Verkauf von Aktienoptionen in Frankreich zeitgleich feststellen musste. Die Direktoren der Bank of England unterlagen allerdings mit ihrem Angebot der South Sea Company, die sich eben gerade weigerte, die Konversionsbedingungen im Vorhinein festzulegen. Doch auch in anderen Städten dachten Promotoren über Maßnahmen zur Spekulationsbegrenzung nach. In Hamburg überlegten sie im Sommer und Herbst 1720 vor dem Hintergrund der geplatzten Pariser und Londoner Aktienblasen, ob eine Kompagnie ganz ohne den Handel mit Unternehmensanteilen möglich sei. In Irland schlug James Swift einen Maximalpreis für die Papiere einer Bankgesellschaft vor. Jenseits desselben sollte ein Verkauf mit der Enteignung des Anteils bestraft werden. In Portugal plante die Regierung im Frühjahr 1721 den Transfer von Aktien überhaupt auszuschließen. Die Co-Partnership in Edinburgh erschwerte den Verkauf von Anteilen. In Hessen-Kassel hieß 1721 Aktie, was heute einer Obligation entspricht. Ganz unterschiedliche Wege der Statutenemulation schienen mithin denkbar. Sie erlaubten, so die Hoffnung, die weiterhin gesehenen Vorteile der Aktiengesellschaft zu nutzen, aber gleichzeitig die Risiken der Spekulation zu bannen.

Die Idee ‚Aktie' war 1720 nicht standardisiert. Ihre Popularität während ‚South Sea Bubble und Co.' dürfte sich gerade aus der durch die Zeitgenossen wahrgenommenen Offenheit für Emulation erklären. ‚Aktien' und die Organisationsform ‚Aktiengesellschaft' konnten erstens an lokale Bedürfnisse angepasst werden. Zweitens schien es möglich, das Konzept unter Berücksichtigung eigener und fremder Erfahrungen fortzuentwickeln.[99] Die verbreitete Bereitschaft, mit der ‚Aktie' zu spielen, war ein wesentliches Moment des Jahres 1720.[100] Standardisierungen sollten eher ein Ergebnis der Gesetzgebung des 19. und 20. Jahrhunderts sein. Allerdings erfolgte auch dann, wie die neuere Forschung für Großbritannien zeigt, die Durchsetzung des ‚modernen' Aktienrechts nicht als gesetzgeberischer Nachvollzug unausweichlicher ökonomischer ‚Notwendigkeiten'. „Legislation [in the 19th century] was not a pragmatic attempt to maximise economic efficiency, [...] instead it was] an ideological intervention."[101] Nimmt man Eingriffe und Emu-

---

99 Konkrete Erfahrungen über eine Reihe von Jahren als Ausgangspunkt für die Fortentwicklung der rechtlichen Charakteristika der niederländischen Ostindiengesellschaft zu Beginn des 17. Jahrhunderts betonen Gelderblom, Oscar/Jong, Abe de/Jonker, Joost: The Formative Years of the Modern Corporation. The Dutch East India Company VOC, 1602–1623. In: Journal of Economic History 73 (2013), S. 1050–1076.
100 Die Erkenntnisse unterstützen insofern die Beobachtungen von Condorelli, 1719–1720 Stock Euphoria, S. 38–40.
101 Taylor, Creating, S. 3.

lationen ernst, so kann man die Geschichte der Aktiengesellschaft aus dem 18. Jahrhundert heraus als Ergebnis eines komplexen Ausprobierens mit der Organisationsform konzipieren. Manche Anpassungen führten in die Irre, andere in die Katastrophe, einige zum Erfolg. Jede gibt uns Auskunft über lokale Bedingungen und Bedürfnisse sowie die Bemühungen der Menschen, die ökonomische Energie der Organisationsform für ihre Zwecke zu bändigen.

An der Schwelle zum industriellen Zeitalter

Die Aufmerksamkeit von der Aktienspekulation abzuwenden und sich stattdessen auf die ‚Ökonomie' des Jahres 1720 zu konzentrieren, hat unbestreitbare Nachteile: Der Nervenkitzel der Spekulation, den so viele Zeitgenossen verspürten oder kritisierten, geht verloren. Einfache, aber a-historische Narrative und Lehrstücke über die menschliche Gier und Irrationalität verlieren ebenfalls an Bedeutung. Die seit knapp 300 Jahren wiederholten Episoden von Betrug, Bestechung und manipulierten Märkten, ob wahr oder falsch, sind nicht mehr entscheidend. Doch die Hoffnung ist, dass die vergangenen Seiten deutlich gemacht haben, dass sich unter den viel erzählten Ereignissen von ‚South Sea Bubble und Co.' eine mindestens ebenso spannende Geschichte verbirgt.

Denn wenn man hinter das Epiphänomen der Aktienspekulation schaut, wird die europäisch-globale Wirtschaft an der Schwelle zum industriellen Zeitalter sichtbar. Und dies nicht in einer abstrakten Form: Es waren Projektemacher, die versuchten, ihre Mitmenschen zu der Einsicht zu bringen, dass so etwas wie ökonomischer Fortschritt möglich und planbar sei. Die davon zu überzeugen suchten, dass ihre Mittel dorthin führen würden. Nach 1720 mochten viele Menschen lange Zeit nicht mehr glauben, dass die Aktiengesellschaft eine gute Erfindung darstelle, dass sie hinreichend angepasst werde könnte, um die Spekulationsrisiken einzuhegen und doch Vorteile zu bringen. Aber ab und an machten Promotoren dennoch Entdeckungen und Vorschläge, die den Lauf der Geschichte veränderten. Die Spinnmaschine sollte einige Jahrzehnte später so eine Erfindung sein. Sie setzte eine Dynamik frei, die permanente Innovation zum Grundmodus der Wirtschaft werden ließ. Nicht technologisch, aber organisatorisch kann man eine solche Bereitschaft zu Innovation schon in ‚South Sea Bubble und Co.' entdecken. Bereits 1720 bestand der ausgeprägte Wille, Erfahrungen und neues Wissen in die Idee der ‚Aktie' einfließen zu lassen und die Organisationsform der ‚Aktiengesellschaft' dadurch zu perfektionieren. In Großbritannien war diese Dynamik ohne Zweifel am stärksten ausgeprägt, doch auch in anderen Ländern Europas lässt sich die Bereitschaft zur Emulation finden.

Als wesentlicher Motor der Entwicklung 1720 und der Wirtschaft an der Schwelle zum industriellen Zeitalter insgesamt erweist sich ‚jealousy of trade'. Viele potenzielle Investoren, Unternehmer, Staatsmänner und Monarchen neideten anderen ihren Handel und ihre Unternehmen. Dies galt zumal, wenn es sich um ein scheinbar einträgliches Produkt, einen rentablen Geschäftszweig oder ein ergiebiges Anbau- oder Abbaugebiet handelte. Denn dessen Besitz versprach Vermögen für Individuen und damit zugleich auch wachsenden Wohlstand für das Gemeinwesen. Den Reichtum des letzteren verbanden die Zeitgenossen untrennbar mit Macht. Politische Stärke, richtig eingesetzt, konnte wiederum neue Absatzwege eröffnen. Außerdem brauchte es ein Gefühl der Unterlegenheit oder des Zurückbleibens gegenüber dem Konkurrenten. Dies war ein wichtiger Antrieb. Das Streben nach ‚Fortschritt' ging insofern im 18. Jahrhundert nicht aus einem friedlichen Impetus hervor, sondern aus der kompetitiven Grundstruktur des Staatensystems und der Menschen, die in ihm lebten. Der Auf- und Abstieg einzelner Länder drohte beständig und war permanente Verheißung.

Emulation konnte ein Lösungsweg sein, wenn ‚jealousy' zu groß wurde. Die Wettbewerber konnten sich sowohl inner- als auch außerhalb Europas befinden. Hatten sie mit neuen oder anderen Mitteln größeren Erfolg als man selbst, konnten eigene ökonomische Überzeugungen angepasst werden. Der Zyklus der Begeisterung für die Aktiengesellschaft, ihre Unterstützung durch Menschen an ganz unterschiedlichen Orten, haben dies deutlich gemacht. Damit folgte man, wenn es erforderlich schien, dem Weg des Rivalen, versuchte ihn einzuholen oder auch zu überholen, mindestens aber nicht noch weiter zurückzufallen. Das Interesse an Aktiengesellschaften in Europa und in seinen weltweiten Kolonien und Handelssitzen 1720 unterstreicht, dass es sich um einen Raum handelt, in dem die einzelnen Teile eng miteinander verflochten waren. Die Fähigkeit zur Nachahmung an so vielen Orten auf dem Kontinent macht deutlich, dass trotz aller Differenzen in der staatlichen Struktur und trotz unterschiedlicher ökonomischer Wissensgenesen, es im 18. Jahrhundert doch ein geteiltes Fundament ökonomischer Überzeugungen gab. Neue Ideen und Erfahrungen ließen sich so mit lokalen Wissensbeständen verknüpfen.

Niemand konnte 1720 wissen, dass sich Europa an der Schwelle zum industriellen Zeitalter befand. Und doch: in der explosiven Dynamik von ‚South Sea Bubble und Co.' entdecken wir rückblickend Grundstrukturen einer neuen ökonomischen Ära.

Anhang

Verzeichnis der Grafiken und Tabellen

Grafik 1: Wechselkurs zwischen Paris und London 1719 —— 39
Grafik 2: Prozentualer Anteil der Fell-an den Gesamtexporten aus New York, Pennsylvania und Carolina nach London —— 64
Grafik 3: Wechselkurs zwischen Paris und London 1719 —— 85
Grafik 4: Wert der Edelmetall- (Unzen) und Korallenexporte (£) nach Indien durch die East India Company —— 89
Grafik 5: Diamantenimporte durch die East India Company (£) —— 89
Grafik 6: Wechselkurs zwischen Paris und London Anfang 1720 —— 114
Grafik 7: Wechselkurse zwischen Portugal und London Anfang 1720 —— 115
Grafik 8: Aktienpreis der South Sea Company November 1719 bis März 1720 (£) —— 124
Grafik 9: Wechselkurse zwischen London und Nordseehäfen Anfang 1720 —— 127
Grafik 10: Wechselkurse zwischen Mittelmeerhäfen und London Anfang 1720 —— 128
Grafik 11: Wechselkurse zwischen Spanien und London Anfang 1720 —— 129
Grafik 12: Wechselkurs zwischen London und Dublin Anfang 1720 —— 130
Grafik 13: Aktienpreis der South Sea Company Anfang 1720 (£) —— 135
Grafik 14: Wechselkurs zwischen London und Dublin April/Mai 1720 —— 175
Grafik 15: Aktienpreis der South Sea Company Frühling 1720 (£) —— 179
Grafik 16: Wechselkurse zwischen London und Nordseehäfen April/Mai 1720 —— 180
Grafik 17: Wechselkurse zwischen südeuropäischen Städten und London April/Mai 1720 —— 181
Grafik 18: Wechselkurs zwischen Paris und London April/Mai 1720 —— 182
Grafik 19: Aktienpreis der East India Company Sommer 1720 (£) —— 198
Grafik 20: Aktienpreis der South Sea Company Mai/Juni 1720 (£) —— 201
Grafik 21: Preis für Gold in London Sommer 1720 (Pence pro Unze) —— 207
Grafik 22: Preis für Silber in London Sommer 1720 (Pence pro Unze) —— 208
Grafik 23: Wechselkurse zwischen London und nordeuropäischen Städten Sommer 1720 —— 209
Grafik 24: Wechselkurse zwischen südeuropäischen Städten und London Sommer 1720 —— 210
Grafik 25: Wechselkurs zwischen London und Dublin Sommer 1720 —— 213
Grafik 26: Wechselkurs zwischen Portugal und London Sommer 1720 —— 231
Grafik 27: Aktienpreis der South Sea Company Juli/August 1720 (£) —— 250
Grafik 28: Aktienpreis der South Sea Company September/Oktober 1720 (£) —— 261
Grafik 29: Wechselkurse zwischen London und nordeuropäischen Städten September 1720 —— 264
Grafik 30: Wechselkurse zwischen südeuropäischen Städten und London September 1720 —— 264
Grafik 31: Sundpassagen pro Jahr von und nach Emden (1670–1720) —— 281
Grafik 32: Wechselkurse zwischen London und Nordseestädten Herbst 1720 —— 306
Grafik 33: Wechselkurse zwischen südeuropäischen Städten und London Herbst 1720 —— 307
Grafik 34: Wechselkurse zwischen Lissabon und London 1721 —— 343

Tab. 1: Langfristige britische Staatsschulden (Ende September 1719) —— 54
Tab. 2: Edelmetallexporte im Sommer 1720 in Unzen nach Frankreich, in die Niederlande und mit nicht spezifiziertem Ziel in deutschen Zeitungen —— 212
Tab. 3: Edelmetallexporte im Herbst 1720 in Unzen nach Frankreich, in die Niederlande und mit nicht spezifiziertem Ziel in deutschen Zeitungen —— 263
Tab. 4: Edelmetallexporte im Spätherbst 1720 in Unzen nach Frankreich, in die Niederlande und mit nicht spezifiziertem Ziel in deutschen Zeitungen —— 304

Ungedruckte Quellen

Bank of England Archive (BEA)
– Humphrey Papers 532, 542

British Library (BL)
– Add. Ms. 22639
– Mss. Eur 387/2–3
– IOR/B/56 u. 255
– IOR/D/18 u. 97
– IOR/E/1/11 u. 201
– IOR/E/3/98–102

Commerzbibliothek Hamburg (CBHH)
– Protocollum Commercii, Bd. 8
– S/653

Geheimes Staatsarchiv Preußischer Kulturbesitz (GSTAPK)
– HA, Rep 81, Nr. 14
– HA, Rep. 11, Nr. 1908

Hauptstaatsarchiv Dresden (HSTADD)
– 10026 Geheimes Kabinett, Loc 2674–11

Haus-, Hof- und Staatsarchiv Wien (HHSTA)
– England, Karton 7, Varia
– England, Korrespondenz, Karton 60
– StK Große Korrespondenz, Karton 236

Hessisches Hauptstaatsarchiv Wiesbaden (HHSTAWI)
– 300, Nr. 180

Hessisches Staatsarchiv Marburg (HSTAMAR)
– 4 a 57/12
– 4 f, Frankreich, 1582
– 4 f, Niederlande, Nr. 641

Historical Society of Pennsylvania (HSP)
– Logan Family Papers, Coll. 379, Vol. 10

The National Archives, London (TNA)
- C 103/132
- C 108/416, Nr. 11
- CO 5/1293
- CUST 3/12–22
- SP 79/12, 82/37, 88/27, 89/28–29, 90/12–13, 92/30, 94/89–90, 96/20, 98/24

Niedersächsisches Landesarchiv Aurich (NLAAUR)
- Rep. 4, B IVe, Nr. 179

Niedersächsisches Landesarchiv Hannover (NLAH)
- Dep. 113, Nr. 22
- Hann. 93, Nr. 1436–1437
- Harburg 74, Nr. 1420–1422/2

Niedersächsisches Landesarchiv Wolfenbüttel (NLAWF)
- 2 Alt, Nr. 6543–6544
- 4 Alt 5, Nr. 358

Stadtarchiv Kassel (StAK)
- S3, Nr. 171

Riksarkivet Stockholm (RA)
- Diplomatica Anglica 229, 254

Staatsarchiv Hamburg (STAHH)
- 111–1, Cl VII, Lit. Ka No. 5, Vol. 4a

Gedruckte Quellen

Anderson, Adam: An Historical and Chronological Deduction of the Origin of Commerce, from the Earliest Accounts. 4 Bde., London 1787.
Articles of the Copartnerey of the Freemen-Burgess of the Royal Burrows of Scotland for Carrying on a Fishing Trade. Dated at Edinburgh, 8th, 9th, 10th, 11th & 12th August. 1720. Edinburgh 1720.
Betrachtung des Neuen Finanz-Wercks. Allwo der Schade angezeiget wird, welcher aus Errichtung der Compagnien entstehet. Alles auff die Erfahrung und vernünfftige Folge gegründet. Hamburg 1720.
Blanchard, Rae (Hrsg.): The Correspondence of Richard Steele. London 1941.
Ders.: Tracts and Pamphlets by Richard Steele. Baltimore 1944.
Britain's Golden Mines Discover'd. Or, the Fishery Trade Considered. London 1720.
The British Chronologist. Bd. II, London 1775.
Cartwright, James J. (Hrsg.): The Wentworth Papers 1705–1739. London 1883.
The Case of the Company of the Royal Fishery of England. London 1720.
C.E.L.: Royal Mines Company, 1720. In: Gentleman's Magazine 38 (1852), S. 137–139.

Cowper, Mary Countess: Diary of Mary Countess Cowper. Lady of the Bedchamber to the Princess of Wales 1714–1720. London 1864.
Coxe, William (Hrsg.): Memoirs of the Life and Administration of Sir Robert Walpole, Earl of Orford. Bd. 2, London 1798.
The Diary of John Hervey, First Earl of Bristol 1688 to 1742. London 1894.
A Discourse Concerning the Fishery Within the British Seas, and other His Majesty's Dominions. Edinburgh 1720.
Dobbs, Arthur: An Essay on the Trade and Improvement of Ireland. Dublin 1729.
Flacourt, Étienne de: Histoire de la grande isle Madagascar. O.O. 1661.
Geographische Beschreibung der Provinz Louisiana in Canada, von dem Fluß St. Lorenz bis an den Ausfluß des Flusses Missisipi [...]. Leipzig 1719.
Gordon, Thomas: Considerations Offered upon the Approaching Peace and upon the Importance of Gibraltar to the British Empire. London 1720.
Graham, John Murray (Hrsg.): Annals and Correspondence of the Viscount and the First and Second Earls of Stair. Vol. II, Edinburgh/London 1875.
Headlam, Cecil (Hrsg.): Calendar of State Papers, Colonial, America and West Indies. Bd. 31–32, London 1933.
Historical Manuscript Commission (Hrsg.): Report on the Manuscripts of his Grace the Duke of Portland. Bde. V–VII, Norwich 1899–1901.
Dies. (Hrsg.): Report on Manuscripts in Various Collections. Bd. VIII, London 1913.
Hodges, Nath.: Loimologia or, an Historical Account of the Plague in London in 1665, with Precautionary Directions against the Like Contagion. London 1720.
Howard, Robert Mowbray (Hrsg.): Records and Letters of the Family of the Longs of Longville, Jamaica, and Hampton Lodge, Surrey. Bd. 1, London 1925.
The Importance and Management of the British Fishery Consider'd. In a Letter to a Friend. London 1720.
Irwin, John: To the Nobility, Gentry and Commonalty of this Kingdom of Ireland. Dublin 1720.
Journals of the House of Commons. Bd. 19: 1718–1721. London 1803.
Lashmore-Davies, Adrian (Hrsg.): The Unpublished Letters of Henry St. John, First Viscount Bolingbroke. Bd. 5, London 2013.
MacKinney, Gertrude (Hrsg.): Pennsylvania Archives. Eighth Series, Vol. 2, Philadelphia/PA 1931.
Marperger, Paul Jacob: Kurtze Remarques über den jetziger Zeit Weitberuffenen Missisippischen Actien-Handel in Paris [...]. o.O. o.J. [1719 oder 1720].
Ders.: Fortsetzungen der Remarquen über den noch immer anhaltenden Weltberühmten Missisippischen Actien-Handel in Paris. Leipzig 1720.
Mead, Richard: A Short Discourse Concerning Pestilential Contagion and the Methods to Be Used to Prevent It. London 1720.
Merckwürdiger Discurs und Betrachtung des Staats und Reichthums der Süd-See Compagnie in so weit dieselbe ihr Capital, durch erneuert und erhöhete Einschreibung überkomt zwischen Nicodemo und Diego. o.O. 1720.
Minutes of the Provincial Council of Pennsylvania. Bd. 3, Harrisburg/PA 1840.
O'Day, Rosemary (Hrsg.): Cassandra Brydges (1670–1735). First Duchess of Chandos. Life and Letters. Woodbridge 2007.
Raleigh, Sir Walter: Observations on the British Fishery. London 1720.

Reasons Humbly Offered to the Honourable House of Commons, for Carrying on a National Fishery. O.O., o.J. [London 1720].
Records of Fort St. George – Despatches from England, 1717–1721. Madras 1927.
Records of Fort St. George – Despatches from England, 1721–1724. Madras 1928
Records of Fort St. George – Despatches to England, 1714–1718. Madras 1929.
Records of Fort St. George – Despatches to England, 1719–1727. Madras 1929.
Records of Fort St. George – Diary and Consultation Book, 1720. Madras 1930.
Records of Fort St. George – Diary and Consultation Book, 1721. Madras 1930.
Rommel, Chr. v.: Zur Geschichte der französischen Colonie in Hessen-Kassel. Kassel 1857.
Sammlung der von E. Hochedlen Rathe der Stadt Hamburg so wol zur Handhabung der Gesetze und Verfassungen als bey besonderen Eräugnisse ... ausgegangenen allgemeinen Mandate, bestimmten Befehle und Bescheide. 1. Teil, Hamburg 1767.
Sammlung Fürstlich-Hessischer Landes-Ordnungen und Ausschreiben. 3. Theil: 1671–1729. Kassel 1777.
Sherburn, George (Hrsg.): The Correspondence of Alexander Pope. Vol. II: 1719–1728. Oxford 1956.
Sliford, Thomas: A Brief Account of What Hath Been Done towards Making a Settlement of Trade at Harburg [...]. London 1717.
Smith, Adam: An Inquiry into the Nature and Causes of the Wealth of Nations. 1. Aufl., London 1776, hier London 1999.
Smith, David Nichol (Hrsg.): The Letters of Thomas Burnett to George Duckett 1712–1722. Oxford 1914.
Some Considerations on the Consequences of the French Settling Colonies on the Mississippi, with Respect to the Trade and Safety of the English Plantations in America and the West Indies. London 1720.
The South Sea Bubble and the Numerous Fraudulent Projects to Which It Gave Rise in 1720 [...]. London 1825.
The Special Report from the Committee Appointed to Inquire into and Examine the Several Subscriptions for Fisheries, Insurances, Annuities for Lives, and All Other Projects Carried on by Subscription, in and about the Cities of London and Westminster; and to Inquire into all Undertakings for Purchasing Joint-Stocks, or Obsolete Charters. London 1720.
Steele, Richard: The Crisis of Property [...], London 1720. In: Blanchard, Tracts, S. 557–572.
Ders.: A Nation a Family. Being the Sequel of the Crisis of Property [...], London 1720. In: Blanchard, Tracts, S. 573–590.
Ders./Gillmore, Joseph: An Account of the Fish-Pool [...]. London 1718.
Szechi, Daniel (Hrsg.): Letters of George Lockhart of Carnwath, 1698–1732. Edinburgh 1989.
Tinling, Marion (Hrsg.): The Correspondence of the Three William Byrds of Westover, Virginia 1684–1776. Vol. 1, Charlottesville/VA 1977.
Unvorgreifliche Gedancken, das Assecurans-Wesen, hauptsächlich aber die in Hamburg auffgerichtete Assecurans-Compagnie betreffend. Hamburg 1720.
Verney, Margaret Maria Lady (Hrsg.): Verney Letters of the Eighteenth Century from the MSS at Claydon House. London 1930.
Virginia Historical Society (Hrsg.): The Official Letters of Alexander Spotswood. Bd. 2, Richmond 1885.
Williams, Harold (Hrsg.): Correspondence of Jonathan Swift. Vol. 2: 1714–1726. Oxford 1963.

Wood, William: The Assiento Contract Consider'd. As Also the Advantages and Decay of Trade of Jamaica and the Plantations with the Causes and Consequences Thereof. London 1714.
Ders.: A True State of Mr. Aylmer's Brief Narrative. London 1716.
Ders.: A View of the Proceedings of the Assemblies of Jamaica, for Some Years Past. With Some Considerations on the Present State of the Island. London 1716.
Ders.: Occasional Papers on the Assiento, and the Affairs of Jamaica. London 1716.
Woolley, David (Hrsg.): The Correspondence of Jonathan Swift. Bd. 2, Frankfurt 2001.
Yorke of Hardwick, Philip (Hrsg.): Miscellaneous State Papers. From 1501 to 1726. Bd. 2, London 1777.
Z***: Raisonnement einiger Curiösen Personen, über das ungemein-reiche Gold-Bergwerck in Africa welches unlängst von zwey Engländern erfunden, und der Ost-Indischen Compagnie daselbst, gegen einen grossen Recompens, eröffnet worden […]. Leipzig 1720.
Zwey Schreiben, eines an Hn. N.N. zur Antwort auf des Hn. A.Z. Brief; das andre eine Replique des Hn. A.Z. an Hn. N.N. worinn die Assecurantz-Belehnungs- und andere Compagnien, in denen Süd-Holländischen, Seeländischen, Geldrischen und Overysselschen Städten, untersuchet, mithin ihr Schaden-voller Betrug klar und deutlich angezeiget wird. Amsterdam 1720.

Onlinematerial

Frehen, Rik/Goetzmann, William N./Rouwenhorst, K. Geert: New Evidence on the First Financial Bubble. Onlinematerial: https://papers.ssrn.com/sol3/papers.cfm?abstract_id=1371007 [Stand: 24.11.2019].
Proceedings of the House of Commons 1719: http://www.british-history.ac.uk/commons-hist-proceedings/vol6/pp198-218 [Stand: 15.11.2019].
Proceedings of the House of Commons 1720: http://www.british-history.ac.uk/commons-hist-proceedings/vol6/pp218-262 [Stand: 15.11.2019].
Proceedings of the House of Commons 1720: https://www.british-history.ac.uk/commons-hist-proceedings/vol6/pp263-281 [Stand: 15.11.2019].
Sound Toll Registers. Online: http://www.soundtoll.nl/index.php/en/over-het-project/str-on line [Stand: 15.11.2019]

Zeitungen und Zeitschriften

Applebee's Original Weekly Journal
Course of the Exchange
Daily Courant
Daily Post
Europäische Fama
Gazette d'Amsterdam
Hamburger Reichspostillion
Kopenhagischer Post-Reuter
London Journal
Mercuri Relation München

Mist's Weekly Journal
Oberpostamtszeitung
Oprechte Haerlemse Dingsdaegse Courant
The Political State of Great Britain
Relations Courier Hamburg
Schlesischer Nouvellen Courier
Weekly Journal or British Gazetteer
Weekly Packet
Wiener Zeitung
Wöchentliche Relationen Halle

Literatur

Adair, E.R.: Anglo-French Rivalry in the Fur Trade During the 18th Century. In: Bumsted, J.M. (Hrsg.): Canadian History before Confederation. Essays and Interpretations. 2. Aufl., Georgetown/Ont. 1979, S. 135–153.

Ahn, Doohwan: From Hanover to Gibraltar. *Cato's Letters* (1720–23) in International Context. In: History of European Ideas 42 (2016), S. 1042–1054.

Aitken, George A.: The Life of Richard Steele. Bd. 2, New York 1968.

Aldous, Michael/Condorelli, Stefano: An Incomplete Revolution. Corporate Governance Challenges of the London Assurance Company and the Limitations of the Joint-Stock Form. In: Enterprise & Society 34 (2019), S. 1–32.

Alpers, Edward A.: The Indian Ocean in World History. Oxford 2014.

Altorfer, Stefan: Bulle oder Bär? Der bernische Staat und die „South Sea Bubble" von 1720. In: Gilomen/Müller/Veyrassat, Globalisierung, S. 61–86.

Amsinck, Caesar: Die ersten hamburgischen Assecuranz-Compagnien und der Actienhandel im Jahre 1720. In: Zeitschrift des Vereins für Hamburgische Geschichte 9 (1894), S. 465–494.

Anderson, Gary M./Tollison, Robert D.: Adam Smith's Analysis of Joint-Stock Companies. In: Journal of Political Economy 90 (1982), S. 1237–1256.

Ash, Eric H.: By any Other Name. Early Modern Expertise and the Problem of Anachronism. In: History and Technology 35 (2019), S. 1–28.

Ashton, T.S.: Economic Fluctuations in England 1700–1800. Oxford 1959.

Åsträm, Sven-Erik: English Timber Imports from Northern Europe in the Eighteenth Century. In: Scandinavian Economic History Review 18 (1970), S. 57–71.

Atack, Jeremy/Neal, Larry (Hrsg.): The Origins and Development of Financial Markets and Institutions. From the Seventeenth Century to the Present. Cambridge 2009.

Baasch, Ernst: Hamburg und die Compagnie von Ostende. In: Zeitschrift für Social- und Wirthschaftsgeschichte 5 (1897), S. 309–319.

Backhaus, Jürgen: Mercantilism and Cameralism. Two Very Different Variations of the Same Theme. In: Rössner, Economic, S. 72–78.

Banerji, R.N.: Economic Progress of the East India Company on the Coromandel Coast (1702–1746). Nagpur 1974.

Banner, Stuart: Anglo-American Securities Regulation. Cultural and Political Roots, 1690–1860. Cambridge 1998.

Barback, R.H.: The Political Economy of Fisheries. From Nationalism to Internationalism. In: Bulletin of Economic Research 19 (1967), S. 71–84.
Barth, Johanthan: Reconstructing Mercantilism. Consensus and Conflict in British Imperial Economy in the Seventeenth and Eighteenth Centuries. In: William & Mary Quarterly 73 (2016), S. 257–290.
Bartlett, Thomas: Ireland, Empire, and Union, 1690–1801. In: Kenny, Kevin (Hrsg.): Ireland and the British Empire. Oxford 2004, S. 61–89.
Beckert, Sven: King Cotton. Eine Globalgeschichte des Kapitalismus. München 2014.
Bell, Stuart: „A Masterpiece of Knavery"? The Activities of the Sword Blade Company in London's Early Financial Markets. In: Business History 54 (2012), S. 623–638.
Bender, Eva: Karlshafen – Ein Vorhaben des wirtschaftspolitischen Landesausbaus. In: Fenner, Landgraf Karl, S. 40–67.
Berg, Maxine: From Imitation to Invention. Creating Commodities in Eighteenth-Century Britain. In: Economic History Review 55 (2002), S. 1–30.
Bernecker, Walther L./Herbers, Klaus: Geschichte Portugals. Stuttgart 2013.
Bialuschewski, Arne: Pirates, Slavers, and the Indigenous Population in Madagascar, c. 1690–1715. In: International Journal of African Historical Studies 38 (2005), S. 401–425.
Ders.: Greed, Fraud, and Popular Culture. John Breholt's Madagascar Schemes of the Early Eighteenth Century. In: McGrath, Charles Ivar/Fauske, Chris (Hrsg.): Money, Power, and Print. Interdisciplinary Studies on the Financial Revolution in the British Isles. Newark/DE 2008, S. 104–114.
Black, Jeremy: The Anglo-French Alliance 1716–1731. A Study in Eighteenth-Century International Relations. In: Francia 13 (1986), S. 295–310.
Ders.: Continental Commitment. Britain, Hanover and Interventionism 1714–1793. New York 2005.
Ders.: Trade, Empire and British Foreign Policy, 1689–1815. The Politics of a Commercial State. London 2007.
Ders.: Politics and Foreign Policy in the Age of George I, 1714–1727. Farnham 2014.
Bochove, Christiaan van: The „Golden Mountain". An Economic Analysis of Holland's Early Modern Herring Fisheries. In: Abreu-Ferreira, Darlene/Sicking, Louis (Hrsg.): Beyond the Catch. Fisheries in the North Atlantic, the North Sea and the Baltic, 900–1850. Leiden 2009, S. 209–243.
Ders./Zanden, Jan Luiten van: Two Engines of Early Modern Economic Growth? Herring Fisheries and Whaling During the Dutch Golden Age (1600–1800). In: Cavaciocchi, Ricchezza, S. 557–574.
Bogatyreva, Anastasia: England 1660–1720. Corporate or Private? In: Leonard, Marine, S. 179–203.
Braeuer, Walter: Kameralismus und Merkantilismus. In: Jahrbuch für Wirtschaftsgeschichte (1990), S. 107–111.
Brakensiek, Stefan: Projektemacher. Zum Hintergrund ökonomischen Scheiterns in der Frühen Neuzeit. In: Ders./Claridge, Claudia (Hrsg.): Fiasko – Scheitern in der Frühen Neuzeit. Beiträge zur Kulturgeschichte des Misserfolgs. Bielefeld 2015, S. 39–58.
Brewer, John: The Sinews of Power. War, Money and the English State, 1688–1783. London 1989.
Brown, Vera L.: The South Sea Company and Contraband Trade. In: American Historical Review 31 (1926), S. 662–678.

Buchholz, Robert O./Ward, Joseph P.: London. A Social and Cultural History 1550–1750. Cambridge 2012.
Burmeister, Friedrich-Karl: Der Merkantilismus im Lande Braunschweig-Wolfenbüttel im 16. bis 18. Jahrhundert. Frankfurt 1929.
Burnard, Trevor: Making a Whig Empire Work. Transatlantic Politics and the Imperial Economy in Britain and British America. In: William & Mary Quarterly 69 (2012), S. 51–56.
Busteed, John: Irish Private Banks. In: Journal of the Cork Historical and Archaeological Society 53 (1948), S. 32–38.
Caffentzis, C. George: The Failure of Berkeley's Bank. Money and Libertinism in Eighteenth-Century Ireland. In: Carey/Finlay, Empire, S. 229–248.
Carey, Daniel/Finlay, Christopher J. (Hrsg.): The Empire of Credit. The Financial Revolution in the British Atlantic World, 1688–1815. Dublin 2011.
Carlos, Ann M./Moyen, Nathalie/Hill, Jonathan: Royal African Company Share Prices During the South Sea Bubble. In: Explorations in Economic History 39 (2002), S. 61–87.
Dies./Van Stone, Jill L.: Stock Transfer Patterns in the Hudson's Bay Company. A Study of the English Capital Market in Operation, 1670–1730. In: Business History 38 (1995), S. 15–39.
Carruthers, Bruce: *Homo Economicus* and *Homo Politicus*. Non-Economic Rationality in the Early 18th Century London Stock Market. In: Acta Sociologica 37 (1994), S. 165–194.
Ders.: City of Capital. Politics and Markets in the English Financial Revolution. Princeton/NJ 1996.
Carswell, John: The South Sea Bubble. Dover/NH 1993.
Cavaciocchi, Simonetta (Hrsg.): Ricchezza del Mare, Ricchezza dal Mare. Secc. XIII.–XVIII. Florenz 2006.
Chancellor, Edward: Devil Take the Hindmost. A History of Financial Speculation. London 1999.
Chaudhuri, K.N.: Trade with India. In: Raychaudhuri, Tapan/Habib, Irfan (Hrsg.): The Cambridge Economic History of India. Bd. 1: c. 1200 -c. 1750. Cambridge 1982, S. 382–406.
Clark, Geoffrey: Betting on Lives. The Culture of Life Insurance in England, 1695–1775. Manchester 1999.
Coleman, D.C.: Politics and Economics in the Age of Anne. The Case of the Anglo-French Trade Treaty 1713. In: Ders. (Hrsg.): Trade, Government and Economy in Pre-Industrial England. London 1976, S. 187–211.
Condorelli, Stefano: The 1719–20 Stock Euphoria. A Pan-European Perspective. Working Paper 2015.
Ders./Menning, Daniel: Wirtschaftspolitik in Zeiten der europäischen Börseneuphorie. Die Gründung der Leyh- und Commercien-Compagnie und die Reform der Tuchproduktion in Hessen-Kassel 1721. In: Hessisches Jahrbuch für Landesgeschichte 68 (2018), S. 99–114.
Dies. (Hrsg.): Boom, Bust, and Beyond. New Perspectives on the 1720 Stock Market Bubble. München 2019.
Dies.: Chartering Companies. A Dialogue about the Timeline and the Actors of the Pan-European 1720 Stock Euphoria. In: Dies. (Hrsg.): Boom, S. 45–66.
Coull, James R.: Fishery Development in Scotland in the Eighteenth Century. In: Scottish Economic and Social History 21 (2001), S. 1–21.
Cruickshanks, Eveline/Erskine-Hill, Howard: The Atterbury Plot. Houndsmill 2004.

Cullen, L.M.: Landlords, Bankers and Merchants. The Early Irish Banking World, 1700–1820. In: Murphy, Antoin E. (Hrsg.): Economists and the Irish Economy from the Eighteenth Century to the Present Day. Dublin 1983, S. 25–44.
Ders.: Economic Development, 1691–1750. In: Moody/Vaughn, New History, S. 123–158.
Cummings, A.J.G.: The York Buildings Company. A Case Study in Eighteenth-Century Corporation Mismanagement. Diss. phil., Strathclyde 1980.
Ders.: The Harburgh Company and Its Lottery 1716–1723. In: Davenport-Hines, R.P.T. (Hrsg.): Business in the Age of Reason. London 1987, S. 1–18.
Ders.: Industry and Investment in the Eighteenth Century Highlands. The York Buildings Company of London. In: Ders./Devine, T.M. (Hrsg.): Industry, Business and Society in Scotland Since 1700. Edinburgh 1994, S. 24–42.
Ders./Stewart, Larry: The Case of the Eighteenth-Century Projector. Entrepreneurs, Engineers, and Legitimacy at the Hanoverian Court in Britain. In: Moran, Bruce T. (Hrsg.): Patronage and Institutions. Science, Technology, and Medicine at the European Court 1500–1750. Rochester 1991, S. 235–261.
Cutcliffe, Stephen H.: Colonial Indian Policy as a Measure of Rising Imperialism. New York and Pennsylvania, 1700–1755. In: Western Pennsylvania Historical Magazine 64 (1981), S. 237–268.
Dale, Richard S.: The First Crash. Lessons from the South Sea Bubble. Princeton 2004.
Ders./Johnson, Johnnie E.V./Tang, Leilei: Financial Markets Can Go Mad. Evidence of Irrational Behaviour During the South Sea Bubble. In: Economic History Review 58 (2005), S. 233–271.
Davids, Karel: From De la Court to Vreede. Regulation and Self-Regulation in Dutch Economic Discourse from c. 1660 to the Napoleonic Era. In: Journal of European Economic History 30 (2001), S. 245–289.
Davies, Kenneth G.: The Royal African Company. New York 1975.
Davis, Ralph: The Rise of Protection in England, 1689–1786. In: Economic History Review 19 (1966), S. 306–317.
Degryse, K./Parmentier, J.: Maritime Aspects of the Ostend Trade to Mocha, India and China (1715–1732). In: Bruijn, Jaap R./Gaastra, Femme S. (Hrsg.): Ships, Sailors and Spices. East India Companies and Their Shipping in the 16th, 17th and 18th Centuries. Amsterdam 1993, S. 139–175.
Denzel, Markus A.: Die Seeversicherung als kommerzielle Innovation im Mittelmeerraum und in Nordwesteuropa vom Mittelalter bis zum 18. Jahrhundert. In: Cavaciocchi, Ricchezza, S. 575–609.
Deringer, William: For What It's Worth. Historical Financial Bubbles and the Boundaries of Economic Rationality. In: ISIS 106 (2015), S. 646–656.
Dewhurst, Kenneth/Doublet, Rex: Thomas Dover and the South Sea Company. In: Medical History 18 (1974), S. 107–121.
Dickinson, H.T.: Walpole and the Whig Supremacy. London 1973.
Dickson, P.G.M.: The Financial Revolution. A Study in the Development of Public Credit, 1688–1756. London 1967.
Ders./Beckett, J.V.: The Finances of the Dukes of Chandos. Aristocratic Inheritance, Marriage, and Debt in Eighteenth-Century England. In: Huntington Library Quarterly 64 (2001), S. 309–355.

Diest, Johann v.: Wirtschaftspolitik und Lobbyismus im 18. Jahrhundert. Eine quellenbasierte Neubewertung der wechselseitigen Einflussnahme von Obrigkeit und Wirtschaft in Brandenburg-Preußen und Kurhannover. Göttingen 2016.

Downes, Melissa K.: Ladies of Ill-Repute. The South Sea Bubble, The Caribbean, and *The Jamaica Lady*. In: Studies in Eighteenth-Century Culture 33 (2004), S. 23–48.

DuBois, Armand Budington: The English Business Company after the Bubble Act 1720–1800. New York 1938.

Duchhardt, Heinz: Das Zeitalter des Absolutismus. 3. Aufl., München 1993.

Dugaw, Dianne: High Change in ‚Change-Alley'. Popular Ballads and Emergent Capitalism in the Eighteenth Century. In: Eighteenth-Century Life 22 (1998), S. 43–58.

Dullinger, Josef: Die Handelskompagnien Österreichs nach dem Oriente und nach Ostindien in der ersten Hälfte des 18. Jahrhunderts. In: Zeitschrift für Social- und Wirthschaftsgeschichte 7 (1900), S. 44–83.

Eacott, Jonathan P.: Making an Imperial Compromise. The Calico Acts, the Atlantic Colonies, and the Structure of the British Empire. In: William & Mary Quarterly 69 (2012), S. 731–762.

Eccles, W.J.: The Fur Trade and Eighteenth-Century Imperialism. In: William & Mary Quarterly 40 (1983), S. 341–362.

Ellermeyer, Jürgen/Richter, Klaus/Stegmann, Dirk (Hrsg.): Harburg. Von der Burg zur Industriestadt. Beiträge zur Geschichte Harburgs 1288–1938. Hamburg 1988.

Erikson, Emily/Hamilton, Mark: Companies and the Rise of Economic Thought. The Institutional Foundations of Early Economics in England, 1550–1720. In: American Journal of Sociology 124 (2018), S. 111–149.

Feingold, Mordechai: Projectors and Learned Projects in Early Modern England. In: The Seventeenth Century 32 (2017), S. 63–79.

Fenner, Gerd (Hrsg.): Landgraf Karl und die Gründung von Karlshafen 1699–1999. Kassel 1999.

Fisher, H.E.S.: The Portugal Trade. A Study of Anglo-Portuguese Commerce 1700–1770. London 1971.

Flinn, Michael W.: Sir Ambrose Crowley and the South Sea Scheme of 1711. In: Journal of Economic History 20 (1960), S. 51–66.

Fredona, Robert/Reinert, Sophus A. (Hrsg.): New Perspectives on the History of Political Economy. London 2018.

Frehen, Rik G.P./Goetzmann, William N./Rouwenhorst, K. Geert: New Evidence on the First Financial Bubble. In: Journal of Financial Economics 108 (2013), S. 585–607.

Friedeburg, Robert v.: Europa in der Frühen Neuzeit. Frankfurt 2012.

Fritz, Paul S.: The English Ministers and Jacobitism Between the Rebellions of 1715 and 1745. Toronto 1975.

Froide, Amy: Silent Partners. Women as Public Investors During Britain's Financial Revolution, 1690–1750. Oxford 2017.

Dies.: The Long Shadow of the South Sea Bubble. Memory, Financial Crisis, and the Charitable Corporation Scandal of 1732. In: Condorelli/Menning, Boom, S. 179–197.

Frykman, Niklas: Pirates and Smugglers. Political Economy in the Red Atlantic. In: Stern/Wennerlind, Mercantilism, S. 218–238.

Füssel, Marian: Höfe und Experten. Relationen von Macht und Wissen in Mittelalter und Früher Neuzeit. In: Ders./Stolz, Michael/Kuhle, Antje (Hrsg.): Höfe und Experten. Relationen von Macht und Wissen in Mittelalter und Früher Neuzeit. Göttingen 2018, S. 7–18.

Garber, Peter: Famous First Bubbles. The Fundamentals of Early Manias. Cambridge/MA 2000.

Garner, Guillaume: Le mercantilisme: un faux ami? L'economie entre discours, politique et practiques (Allemange, 1750–1820). In: Isenmann, Merkantilismus, S. 265–288.

Gauci, Perry: Regulating the British Economy, 1660–1850. Oxford 2011.

Ders. (Hrsg.): Introduction. In: Ders., Regulating, S. 1–23.

Gelderblom, Oscar (Hrsg.): The Political Economy of the Dutch Republic. Farnham 2009.

Ders.: Introduction. In: Ders., Political Economy, S. 1–17.

Ders./Jong, Abe de/Jonker, Joost: The Formative Years of the Modern Corporation. The Dutch East India Company VOC, 1602–1623. In: Journal of Economic History 73 (2013), S. 1050–1076.

Ders./Jonker, Joost: Mirroring Different Follies. The Character of the 1720 Bubble in the Dutch Republic. In: Goetzmann/u. a., Great Mirror, S. 121–139.

Ghachem, Malick W.: The Mississippi Bubble in Saint-Domingue (Haiti). In: Condorelli/Menning, Boom, S. 95–116.

Gillespie, Raymond: Economic Life, 1550–1730. In: Ohlmeyer, Cambridge History, S. 531–554.

Gilomen, Hans-Jörg/Müller, Margrit/Veyrassat, Béatrice (Hrsg.): Globalisierung – Chancen und Risiken. Die Schweiz in der Weltwirtschaft 18.–20. Jahrhundert. Zürich 2003.

Glasyier, Natasha: The Culture of Commerce in England 1660–1720. Woodbridge 2006.

Go, Sabine: Marine Insurance in the Netherlands 1600–1870. A Comparative Institutional Approach. Amsterdam 2009.

Dies.: Amsterdam 1585–1790. Emergence, Dominance, and Decline. In: Leonard, Marine Insurance, S. 107–129.

Gömmel, Rainer: Die Entwicklung der Wirtschaft im Zeitalter des Merkantilismus 1620–1800. München 1998.

Goetzmann, William N./u. a. (Hrsg.): The Great Mirror of Folly. Finance, Culture, and the Crash of 1720. New Haven/CT 2013.

Dies.: Introduction. In: Dies., Great Mirror, S. 3–18.

Gower, L.C.B.: A South Sea Heresy? In: Law Quarterly Review 68 (1952), S. 214–225.

Grafe, Regina: Polycentric States. The Spanish Reigns and the „Failures" of Mercantilism. In: Stern/Wennerlind, Mercantilism, S. 241–262.

Greene, Jack P.: „The Principal Cornucopia of Great-Britain's Wealth". The Languages of Commerce, Liberty, Security, and Maritime Supremacy and the Celebration of Empire. In: Ders.: Evaluating Empire and Confronting Colonialism in Eighteenth-Century Britain. Cambridge 2013, S. 20–49.

Grüne, Niels: Wertpapierhandel und reflexive Frühmoderne. Verhältnisbestimmung von Wirtschaft, Politik und Moral in der englischen Finanzrevolution (ca. 1690–1735). In: Jahrbuch für Wirtschaftsgeschichte 54 (2013), S. 27–48.

Hall, F.G.: The Bank of Ireland 1783–1946. Dublin 1949.

Harris, Bob: Scotland's Herring Fisheries and the Prosperity of the Nation, c. 1660–1760. In: Scottish Historical Review 79 (2000), S. 39–60.

Ders.: Towards a British Political Economy. An Eighteenth-Century Scottish Perspective. In: Gauci, Regulating, S. 83–106.

Harris, J.R.: Industrial Espionage and Technology Transfer. Britain and France in the Eighteenth Century. Aldershot 1998.
Harris, Ron: The Bubble Act. Its Passage and Its Effects on Business Organization. In: Journal of Economic History 54 (1994), S. 610–627.
Harrison, Paul: Rational Equity Valuation at the Time of the South Sea Bubble. In: History of Political Economy 33 (2001), S. 269–281.
Harte, N.B.: The Rise of Protection and the English Linen Trade, 1690–1790. In: Ders./Ponting, K.G. (Hrsg.): Textile History and Economic History. Manchester 1973, S. 75–112.
Hatton, Ragnhild: George I. Elector and King. London 1978.
Hauer, Kirsten: Landgraf Karl von Hessen-Kassel und seine Zeit. In: Fenner, Landgraf Karl, S. 14–39.
Hayden, Judy A.: Of Windmills and Bubbles. Harlequin Faustus on the Eighteenth-Century Stage. In: Huntington Library Quarterly 77 (2014), S. 1–16.
Henige, David: „Companies Are Always Ungrateful". James Phipps of Cape Coast, a Victim of the African Trade. In: African Economic History 9 (1980), S. 27–47.
Hentzi, Gary: „An Itch of Gaming". The South Sea Bubble and the Novels of Daniel Defoe. In: Eighteenth-Century Life 17 (1993), S. 32–45.
Hermann, Robin: Money and Empire. The Failure of the Royal African Company. In: Carey/Finlay, Empire, S. 97–119.
Herring, William R.: Neither Pistols nor Sugar-plumbs. The Rhetoric of Finance and the 1720 Bubbles. In: Advances in the History of Rhetoric 21 (2018), S. 147–162.
Hertz, Gerald B.: England and the Ostend Company. In: English Historical Review 22 (1907), S. 255–279.
Hill, Brian W.: Sir Robert Walpole. „Sole and Prime Minister". London 1989.
Holland Braund, Kathryn E.: Deerskins and Duffels. The Creek Indian Trade with Anglo-America 1685–1815. 2. Aufl., Lincoln/NB 2008.
Holmes, Geoffrey S.: The Making of a Great Power. Late Stuart and Early Georgian Britain. London 1993.
Hont, Istvan: Jealousy of Trade. International Competition and the Nation-State in Historical Perspective. Cambridge/MA 2005.
Hoppit, Julian: Attitudes to Credit in Britain, 1680–1790. In: The Historical Journal 33 (1990), S. 305–322.
Ders.: A Land of Liberty? Britain 1689–1727. Oxford 2000.
Ders.: The Myths of the South Sea Bubble. In: Transactions of the RHS 12 (2002), S. 141–165.
Ders.: Bounties, the Economy and the State in Britain, 1689–1800. In: Gauci, Regulating, S. 139–160.
Ders.: Britain's Political Economies. Parliament and Economic Life 1660–1800. Cambridge 2017.
Horn, Jeff: Lessons of the Levant. Early Modern French Economic Development in the Mediterranean. In: French History 29 (2015), S. 76–92.
Hu, Yang/Oxley, Les: Exuberance in Historical Stock Prices During the Mississippi and South Sea Bubble Episodes. Working Paper 2017.
Dies.: Do 18th Century „Bubbles" Survive the Scrutiny of 21st Century Time Series Econometrics? Working Paper 2017.
Hueber, Anton: Was haben die „Grande Peur" und das Spekulationsfieber der „South Sea Bubble" gemeinsam? In: Innsbrucker Historische Studien 14/15 (1994), S. 77–96.

Hughes, Michael: Law and Politics in Eighteenth-Century Germany. The Imperial Aulic Council in the Reign of Charles VI. Woodbridge 1988.
Huisman, Michel: La Belgique commerciale sous l'empereur Charles VI. La Compagnie d'Ostende. Brüssel 1902.
Ingrassia, Catherine: Authorship, Commerce, and Gender in Early Eighteenth-Century England. A Culture of Paper Credit. Cambridge 1998.
Dies.: The Pleasure of Business and the Business of Pleasure. Gender, Credit, and the South Sea Bubble. In: Studies in Eighteenth-Century Culture 24 (1995), S. 191–210.
Isenmann, Moritz (Hrsg.): Merkantilismus. Wiederaufnahme einer Debatte. Stuttgart 2014.
Ders.: War Colbert ein „Merkantilist"? In: Isenmann, Merkantilismus, S. 143–167.
Jochmann, Werner/Loose, Hans-Dieter (Hrsg.): Hamburg. Geschichte der Stadt und ihrer Bewohner. Bd. 1, Hamburg 1982.
John, A.H.: The London Assurance Company and the Marine Insurance Market of the Eighteenth Century. In: Economica 25 (1958), S. 126–141.
Johnson, Joan: Princely Chandos. James Brydges 1674–1744. Gloucester 1984.
Johnson, Richard R.: John Nelson. Merchant Adventurer. A Life Between Empires. New York/ Oxford 1991.
Jubb, Michael: Economic Policy and Economic Development. In: Black, Jeremy (Hrsg.): Britain in the Age of Walpole. London 1984, S. 121–144.
Kadell, Franz-Anton: Die Hugenotten in Hessen-Kassel. Darmstadt 1980.
Kappelhoff, Bernd: Geschichte der Stadt Emden. Bd. II: Emden als quasiautonome Stadtrepublik 1611 bis 1749. Leer 1994.
Kaufhold: Die Wirtschaft in der frühen Neuzeit. Gewerbe, Handel und Verkehr. In: Heuvel, Christine van den/Boetticher, Manfred v. (Hrsg.): Geschichte Niedersachsens. Bd. 3.1: Politik, Wirtschaft und Gesellschaft von der Reformation bis zum Beginn des 19. Jahrhunderts. Hannover 1998, S. 351–574.
Kausche, Karl Heinrich: Pläne zur Erweiterung Harburgs um 1700. In: Ellermeyer/Richter/ Stegmann, Harburg, S. 107–119.
Kearney, H.F.: The Political Background to English Mercantilism, 1695–1700. In: Economic History Review 11 (1959), S. 484–496.
Keirn, Tim: Parliament, Legislation and the Regulation of English Textile Industries, 1689–1714. In: Davison, Lee/u.a. (Hrsg.): Stilling the Grumbling Hive. The Response to Social and Economic Problems in England, 1689–1750. New York 1992, S. 1–24.
Keller, Vera/McCormick, Ted: Towards a History of Projects. In: Early Science and Medicine 21 (2016), S. 423–444.
Kessler, Marlene: „L'on entend tant dire pour et contre, que le plus habile doit agir au pure hasard". A Case Study on one Investor's Decision-making in the Mississippi Bubble. In: Condorelli/Menning, Boom, S. 201–234.
Kingston, Christopher: Marine Insurance in Britain and America, 1720–1844. In: Journal of Economic History 67 (2007), S. 379–409.
Kleer, Richard: „The Folly of Particulars". The Political Economy of the South Sea Bubble. In: Financial History Review 19 (2012), S. 175–197.
Ders.: Riding a Wave. The Company's Role in the South Sea Bubble. In: Economic History Review 68 (2015), S. 264–285.
Klötzer, Wolfgang: Reichsstadt und Merkantilismus. Über die angebliche Industriefeindlichkeit von Frankfurt a.M. In: Press, Städtewesen, S. 135–155.

Koot, Christian J.: Balancing Center and Periphery. In: William & Mary Quarterly 69 (2012), S. 43–46.
Kopitzsch, Franklin: Zwischen Hauptrezeß und Franzosenzeit 1712–1806. In: Jochmann/Loose, Hamburg, S. 351–414.
Krieger, Martin: Geschichte Hamburgs. München 2006.
Kuethe, Allan J./Andrien, Kenneth J.: The Spanish Atlantic World in the Eighteenth Century. War and the Bourbon Reforms 1713–1796. Cambridge 2014.
Lasch, Manfred: Untersuchungen über Bevölkerung und Wirtschaft der Landgrafschaft Hessen-Kassel und der Stadt Kassel vom 30jährigen Krieg bis zum Tode Landgraf Karls 1730. Diss. wiwi., Mannheim 1969.
Latta, Kimberly: „Wandring Ghosts of Trade Whymsies". Projects, Gender, Commerce, and Imagination in the Mind of Daniel Defoe. In: Novak, Age, S. 141–165.
Laurence, Anne: Lady Betty Hastings, Her Half-sisters, and the South Sea Bubble. Family Fortunes and Strategies. In: Women's History Review 15 (2006), S. 533–540.
Dies., Women Investors. „That Nasty South Sea Affair" and the Rage to Speculate in Early Eighteenth-Century England. In: Accounting, Business & Financial History 16 (2006), S. 245–264.
Leng, Thomas: Epistemology. Expertise and Knowledge in the World of Commerce. In: Stern/Wennerlind, Mercantilism, S. 97–116.
Lenman, Bruce: The Jacobite Risings in Britain 1689–1746. London 1980.
Leonard, Adrian B. (Hrsg.): Marine Insurance. Origins and Institutions, 1300–1850. Houndsmill 2016.
Ligthart, Henk/Reitsma, Henk: Portugal's Semi-peripheral Middleman Role in Its Relations with England, 1640–1760. In: Political Geography Quarterly 7 (1988), S. 353–362.
Linder, Nikolaus: „Diess Jahr hat das grosse Unglück so allerorten in Franckreich, Engelland, Holland, Genf um sich gegriffen ...". Zu den Gründen für den Bankrott der ersten Berner Bank 1720. In: Gilomen/Müller/Veyrassat, Globalisierung, S. 87–98.
Ders.: Die Berner Bankenkrise von 1720 und das Recht. Eine Studie zur Rechts-, Banken- und Finanzgeschichte der Alten Schweiz. Zürich 2004.
Loft, Philip: Involving the Public. Parliament, Petitioning and the Language of Interest, 1688–1720. In: Journal of British Studies 55 (2016), S. 1–23.
Loose, Hans-Dieter: Zeitalter der Bürgerunruhen und der großen europäischen Kriege 1618–1712. In: Jochmann/Loose, Hamburg, S. 259–350.
Lüthy, Herbert: La banque protestante en France. De la Révocation de l'Edit de Nantes à la Revolution. I. Dispersion et regroupement (1685–1730), II. De la banque aux finances (1730–1794). Paris 1959–1961.
MacLeod, Christine: The 1690s Patents Boom. Invention or Stock-Jobbing? In: Economic History Review 39 (1986), S. 549–571.
Magnusson, Lars: Mercantilism. The Shaping of an Economic Language. London 1995.
Ders.: The Political Economy of Mercantilism. London 2015.
Ders.: Was Cameralism Really the German Version of Mercantilism? In: Rössner, Economic, S. 57–71.
Malone, Joseph J.: Pine Trees and Politics. The Naval Stores and Forest Policy in Colonial New England 1691–1775. Seattle 1964.

Mandelblatt, Bertie: How Feeding Slaves Shaped the French Atlantic. Mercantilism and the Crisis of Food Provisioning in the Franco-Caribbean During the Seventeenth and Eighteenth Centuries. In: Reinert/Røge, Political, S. 192–220.

Markley, Robert: The Far East and the English Imagination, 1600–1730. Cambridge 2006.

Matson, Cathy: Imperial Political Economy. An Ideological Debate and Shifting Practices. In: William & Mary Quarterly 69 (2012), S. 35–40.

Mayer, Franz Martin: Die Anfänge des Handels und der Industrie in Österreich und die orientalische Compagnie. Innsbruck 1882.

Mays, Andrew/Shea, Gary S.: East India Company and Bank of England Shareholders During the South Sea Bubble. Partitions, Components and Connectivity in a Dynamic Trading Network. Working Paper 2011.

McGrath, Charles Ivar: „The Public Wealth is the Sinew, the Life, of Every Public Measure". The Creation and Maintenance of a National Debt in Ireland, 1716–1745. In: Carey/Finlay, Empire, S. 171–207.

Ders.: Politics, 1692–1730. In: Ohlmeyer, Cambridge History, S. 120–143.

Mendheim, Max: Gottfried Zenner. In: ADB, Bd. 45, Berlin 1900, S. 65–66.

Menning, Daniel: The Economic Effect of the South Sea Bubble on the Baltic Sea Trade. In: Condorelli/Menning, Boom, S. 161–178.

Menschel, Robert: Markets, Mobs & Mayhem. A Modern Look at the Madness of Crowds. Hoboken 2002.

Mirowski, Philip: The Rise (and Retreat) of a Market. English Joint Stock Shares in the Eighteenth Century. In: Journal of Economic History 41 (1981), S. 559–577.

Mitchell, Matthew David: „Legitimate Commerce" in the Eighteenth Century. The Royal African Company of England Under the Duke of Chandos 1720–1726. In: Enterprise and Society 14 (2013), S. 544–578.

Mokyr, Joel: The Enlightened Economy. Britain and the Industrial Revolution 1700–1850. London 2009.

Monter, William: Swiss Investment in England 1697–1720. In: Revue internationale d'histoire de la banque 2 (1969), S. 285–298.

Moody, T.W./Vaughan, W.E. (Hrsg.): A New History of Ireland. Vol. IV: Eighteenth-Century Ireland 1691–1800. Oxford 1986.

Moore, Seán: Satiric Norms, Swift's Financial Satires and the Bank of Ireland Controversy of 1720–1. In: Eighteenth-Century Ireland 17 (2002), S. 26–56.

Morgan, Kenneth: Mercantilism and the British Empire, 1688–1815. In: Winch, Donald/ O'Brien, Patrick K. (Hrsg.): The Political Economy of British Historical Experience, 1688–1914. Oxford 2002, S. 165–191.

Murphy, Anne L.: The Origins of English Financial Markets. Investment and Speculation before the South Sea Bubble. Cambridge 2009.

Dies.: Financial Markets: The Limits of Economic Regulation in Early Modern England. In: Stern/Wennerlind, Mercantilism, S. 263–281.

Dies.: „We Have Been Ruined by Whores". Perceptions of Female Involvement in the South Sea Scheme. In: Condorelli/Menning, Boom, S. 261–284.

Murphy, Antoin E.: Richard Cantillon. Entrepreneur and Economist. Oxford 2002.

Ders.: John Law. Ökonom und Visionär. Düsseldorf 1997.

Mussen, Susan D.: Political Economy and Imperial Practice. In: William & Mary Quarterly 69 (2012), S. 47–50.

Muthu, Sankar: Adam Smith's Critique of International Trading Companies. Theorizing „Globalization" in the Age of Enlightenment. In: Political Theory 36 (2008), S. 185–212.
Nagel, Jürgen: Abenteuer Fernhandel. Die Ostindienkompagnien. Darmstadt 2014.
Neal, Larry: The Rise of Financial Capitalism. International Capital Markets in the Age of Reason. Cambridge 1990.
Ders.: „For God's Sake, Remitt me". The Adventures of George Middleton, John Law's London Goldsmith-Banker, 1712–1729. In: Business and Economic History 23 (1994), S. 27–60.
Ders.: The „Money" Pitt. Lord Londonderry and the South Sea Bubble, or, How to Manage Risk in an Emerging Market. In: Enterprise and Society 1 (2000), S. 659–674.
Ders.: „I Am Not Master of Events". The Speculations of John Law and Lord Londonderry in the Mississippi and South Sea Bubbles. New Haven/CT 2012.
Newell, Margaret Ellen: From Dependency to Independence. Economic Revolution in Colonial New England. Ithaca/NY 1998.
Dies.: Putting the „Political" Back in Political Economy (This Is Not Your Parents' Mercantilism). In: William & Mary Quarterly 69 (2012), S. 57–62.
North, Michael: Geschichte der Ostsee. Handel und Kulturen. München 2011.
Norton, Thomas Elliot: The Fur Trade in Colonial New York 1686–1776. Madison/WI 1974.
Novak, Maximilian E. (Hrsg.): The Age of Projects. Toronto 2008.
Ders.: Introduction. In: Ders., Age of Projects, S. 3–26.
O'Brien, Patrick K.: The Political Economy of British Taxation, 1660–1815. In: Economic History Review 41 (1988), S. 1–32.
Ders.: Mercantilism and Imperialism in the Rise and Decline of the Dutch and British Economies 1585–1815. In: De Economist 148 (2000), S. 469–501.
Ders./Griffiths, Trevor/Hunt, Philip: Political Components of the Industrial Revolution. Parliament and the English Cotton Textile Industry, 1660–1774. In: Economic History Review 44 (1991), S. 395–423.
Odlyzko, Andrew: Newton's Financial Misadventures in the South Sea Bubble. Working Paper 2018.
Ohlmeyer, Jane (Hrsg.): Cambridge History of Ireland. Vol. 2: 1550–1730. Cambridge 2018.
Opitz, Eckardt: Programmierte Stagnation. Harburg und der Merkantilismus der Welfen im 17. und 18. Jahrhundert. In: Zeitschrift des Vereins für Hamburgische Geschichte 83 (1997), S. 269–284.
Ders.: Vielerlei Ursachen, eindeutige Ergebnisse. Das Ringen um die Vormacht im Ostseeraum im Großen Nordischen Krieg 1700 bis 1721. In: Wegner, Bernd (Hrsg.): Wie Kriege entstehen. Zum historischen Hintergrund von Staatenkonflikten. Paderborn 2000, S. 89–107.
Orain, Arnaud: La politique du merveilleux. Une histoire culturelle du Système de Law (1695–1795). Paris 2018.
Ormrod, David: The Rise of Commercial Empires. England and the Netherlands in the Age of Mercantilism, 1650–1770. Cambridge 2003.
Ortmann, Andreas: The Nature and Causes of Corporate Negligence, Sham Lectures, and Ecclesiastical Indolence. Adam Smith on Joint-Stock Companies, Teachers, and Preachers. In: History of Political Economy 31 (1999), S. 297–315.
Paquette, Gabriel: Views from the South. Images of Britain and Its Empire in Portuguese and Spanish Political Economic Discourse, ca. 1740–1810. In: Reinert/Røge, Political, S. 76–104.

Parkinson, Giles: War, Peace and the Rise of the London Stock Market. In: Reinert/Røge, Political, S. 131–146.
Parrish, David: A Party Contagion. Party Politics and the Inoculation Controversy in the British Atlantic World, c. 1721–1723. In: Journal for Eighteenth-Century Studies 39 (2016), S. 41–58.
Parthasarathi, Prasannan: Why Europe Grew Rich and Asia Did Not. Global Economic Divergence, 1600–1850. Cambridge 2011.
Patterson, Margaret/Reiffen, David: The Effect of the Bubble Act on the Market for Joint Stock Shares. In: Journal of Economic History 50 (1990), S. 163–171.
Paul, Helen J.: The South Sea Bubble. An Economic History of Its Origins and Consequences. London 2011.
Pettigrew, William A.: Freedom's Debt. The Royal African Company and the Politics of the Atlantic Slave Trade, 1672–1752. Chapel Hill/NC 2013.
Ders.: Political Economy. In: Ders./Veevers, David (Hrsg.): The Corporation as a Protagonist in Global History, c. 1550–1750. Amsterdam 2018, S. 43–67.
Ders./Cleve, George W. van: Parting Companies. The Glorious Revolution, Company Power and Imperial Mercantilism. In: Historical Journal 57 (2014), S. 617–638.
Philippi, Hans: Landgraf Karl von Hessen-Kassel. Ein deutscher Fürst der Barockzeit. Marburg 1976.
Pincus, Steven: 1688. The First Modern Revolution. New Haven/CT 2009.
Ders.: Rethinking Mercantilism. Political Economy, the British Empire, and the Atlantic World in the Seventeenth and Eighteenth Centuries. In: William & Mary Quarterly 69 (2012), S. 3–34.
Ders.: Reconfiguring the British Empire. In: William & Mary Quarterly 69 (2012), S. 63–70.
Ders.: Addison's Empire. Whig Conceptions of Empire in the Early 18th Century. In: Parliamentary History 31 (2012), S. 99–117.
Ders.: Gulliver's Travels, Party Politics, and Empire. In: Fredona/Reinert, New Perspecitves, S. 131–169.
Ders./Wolfram, Alice: A Proactive State? The Land Bank, Investment and Party Politics in the 1690s. In: Gauci, Regulating, S. 41–62.
Platt, Virginia B.: The East India Company and the Madagascar Slave Trade. In: William & Mary Quarterly 26 (1969), S. 548–588.
Plumb, John H.: Sir Robert Walpole. Bd. 1: The Making of a Statesman. London 1956.
Plummer, Alfred: The London Weavers' Company 1600–1970. London 1972.
Pohl, Hans: Economic Powers and Political Powers in Early Modern Europe. Theory and History. In: Journal of European Economic History 28 (1999), S. 139–170.
Prange, Carsten: Handel und Schiffahrt im 18. Jahrhundert. In: Stephan, Inge/Winter, Hans-Gerd (Hrsg.): Hamburg im Zeitalter der Aufklärung. Berlin 1989, S. 42–55.
Press, Volker (Hrsg.): Städtewesen und Merkantilismus in Mitteleuropa. Köln 1983.
Ders.: Der Merkantilismus und die Städte. Eine Einleitung. In: Ders., Städtewesen, S. 1–14.
Priddat, Birger P.: Kameralismus als paradoxe Konzeption der gleichzeitigen Stärkung von Markt und Staat. Komplexe Theorielagen im deutschen 18. Jahrhundert. In: Berichte zur Wissenschaftsgeschichte 31 (2008), S. 249–263.
Püster, Klaus: Möglichkeiten und Verfehlungen merkantiler Politik im Kurfürstentum Hannover unter Berücksichtigung des Einflusses der Personalunion mit dem Königreich Großbritannien. Diss. wiwi., Hamburg 1966.

Rashid, Salim: The Interpretation of the „Balance of Trade". A „Wordy" Debate. BEBR Working Paper 1989.
Ders.: The Political Balance of Trade ...?? BEBR Working Paper 1989.
Ratcliff, Jessica: Art to Cheat the Common-Weale. Inventors, Projectors, and Patentees in English Satire, ca. 1630–1670. In: Technology and Culture 53 (2012), S. 337–365.
Rauscher, Peter/Serles, Andrea: Die Wiener Niederleger um 1700. Eine kaufmännische Elite zwischen Handel, Staatsfinanzen und Gewerbe. In: Österreichische Zeitschrift für Geschichte 26 (2015), S. 154–182.
Rawley, James A.: London, Metropolis of the Slave Trade. Columbia 2003.
Ray, Indrani: The French Company and the Merchants of Bengal (1680–1730). In: Subramanian, Lakshmi (Hrsg.): The French East India Company and the Trade of the Indian Ocean. Calcutta 1999, S. 77–89.
Reinert, Erik S.: Emulating Success. Contemporary Views of the Dutch Economy before 1800. In: Gelderblom, Political, S. 19–39.
Reinert, Sophus A.: Rivalry. Greatness in Early Modern Political Economy. In: Stern/Wennerlind, Mercantilism, S. 348–370.
Ders.: Translating Empire. Emulation and the Origins of Political Economy. Cambridge/MA 2011.
Ders.: The Empire of Emulation. A Quantitative Analysis of Economic Translations in the European World, 1500–1849. In: Ders./Røge, Political, S. 105–128.
Ders./Røge, Pernille (Hrsg.): The Political Economy of Empire in the Early Modern World. Basingstoke 2013.
Dies.: Introduction. In: Dies., Political Economy, S. 1–7.
Rich, E.E.: Hudson's Bay Company 1670–1870. Vol. I: 1670–1763. New York 1960.
Richter, Klaus: Harburg in der Volkszählung von 1725. In: Zeitschrift des Vereins für Hamburgische Geschichte 70 (1984), S. 11–36.
Riello, Giorgio: Cotton. The Fabric That Made the Modern World. Cambridge 2013.
Robinson, Robb: The Fisheries of Northwest Europe, c. 1100–1850. In: Starkey, David J. (Hrsg.): A History of the North Atlantic Fisheries. Bd. 1: From Early Times to the Mid-nineteenth Century. Bremen 2009, S. 127–171.
Rössner, Philipp R.: Mercantilism as an Effective Resource Management Strategy? Money in the German Empire, c. 1500–1800. In: Isenmann, Merkantilismus, S. 39–64.
Ders. (Hrsg.): Economic Growth and the Origins of Modern Political Economy. Economic Reasons of State, 1500–2000. London 2016.
Ders.: New Inroads Into Well-known Territory? On the Virtues of Re-discovering Pre-classical Political Economy. In: Ders., Economic Growth, S. 3–25.
Rogers, Nicholas: Popular Protest in Early Hanoverian London. In: Past and Present 79 (1978), S. 70–100.
Rogers, Pat: „This Calamitous Year". A Journal of the Plague Year and the South Sea Bubble. In: Ders. (Hrsg.): Eighteenth-Century Encounters. Studies in Literature and Society in the Age of Walpole. Brigthon 1985, S. 151–167.
Roider Jr., Karl A.: Reform and Diplomacy in the Eighteenth-Century Habsburg Monarchy. In: Ingrao, Charles W. (Hrsg.): State and Society in Early Modern Austria. West Lafayette/IN 1994, S. 312–323.
Rommelse, Gijs/Downing, Roger: Anglo-Dutch Mercantile Rivalry, 1585–1688. Interests, Ideologies, and Perceptions. In: Isenmann, Merkantilismus, S. 169–196.

Roper, L.H.: Advancing Empire. English Interests and Overseas Expansion 1613–1688. Cambridge 2017.
Rosenhaft, Eve: „All That Glitters Is Not Gold, But ...". German Responses to the Financial Bubbles of 1720. In: Lindemann, Mary/Poley, Jared (Hrsg.): Money in the German-Speaking Lands. New York 2017, S. 74–95.
Dies.: Linen and Lotteries. The Anatomy of an English Bubble Company in Germany. In: Condorelli/Menning, Boom, S. 67–94.
Roseveare, Henry: The Financial Revolution. London 1991.
Ryder, Michael: The Bank of Ireland, 1721. Land, Credit and Dependency. In: Historical Journal 25 (1982), S. 557–582.
Sandl, Marcus: Development as Possibility. Risk and Chance in the Cameralist Discourse. In: Rössner, Economic, S. 139–155.
Satsuma, Shinsuke: Britain and Colonial Maritime War in the Early Eighteenth Century. Silver, Seapower and the Atlantic. Woodbridge 2013.
Sayous, André-E.: L'affaire de Law et les Genevois. In: Revue d'histoire suisse 17 (1937), S. 310–340.
Schaffer, Simon: The Show That Never Ends. Perpetual Motion in the Early Eighteenth Century. In: British Journal for the History of Science 28 (1995), S. 157–189.
Schmidt, Benjamin: The Folly of the World. Moralism, Globalism, and the Business of Geography in the Early Enlightenment. In: Goetzmann/u.a., Great Mirror, S. 249–262.
Schmidt, Hans: Die deutschen diplomatischen Vertreter bei der französischen Krone im 18. Jahrhundert. In: Mondot, Jean/Valentin, Jean-Marie/Voss, Jürgen (Hrsg.): Deutsche in Frankreich, Franzosen in Deutschland 1715–1789. Institutionelle Verbindungen, soziale Gruppen, Stätten des Austausches. Sigmaringen 1992, S. 27–38.
Schubert, Eric: The Ties That Bound. Market Behavior in Foreign Exchange in Western Europe During the Eighteenth Century. Diss. wiwi., Urbana/IL 1986.
Ders.: Innovations, Debt and Bubbles. International Integration of Financial Markets in Western Europe, 1688–1720. In: Journal of Economic History 48 (1988), S. 299–306.
Schück, Richard: Brandenburg-Preußens Kolonial-Politik unter dem Großen Kurfürsten und seinen Nachfolgern (1647–1721). 2. Bd., Leipzig 1889.
Schulte Beerbühl, Margrit: Zwischen Selbstmord und Neuanfang. Das Schicksal von Bankrotteuren im London des 18. Jahrhunderts. In: Köhler, Ingo/Rossfeld, Roman (Hrsg.): Pleitiers und Bankrotteure. Geschichte des ökonomischen Scheiterns vom 18. bis 20. Jahrhundert. Frankfurt/New York 2012, S. 107–128.
Schumpeter, Elizabeth Boody: English Overseas Trade Statistics 1697–1808. Oxford 1960.
Scott, W.R.: The Constitution and Finance of English, Scottish and Irish Joint-Stock Companies to 1720. 3 Bde., Cambridge 1910–1912.
Sgard, Jérôme: Bankruptcy, Fresh Start and Debt Renegotiation in England and France (17th to 18th century). In: Safley, Max (Hrsg.): The History of Bankruptcy. Economic, Social and Cultural Implications in Early Modern Europe. London 2013, S. 223–235.
Shea, Gary S.: Financial Market Analysis Can Go Mad (in the Search for Irrational Behaviour During the South Sea Bubble). In: Economic History Review 60 (2007), S. 742–765.
Ders.: Understandig Financial Derivatives During the South Sea Bubble. The Case of the South Sea Subscription Shares. In: Oxford Economic Papers 59 (2007), S. 73–104.
Ders.: Sir George Caswall vs. the Duke of Portland. Financial Contracts and Litigation in the Wake of the South Sea Bubble. In: Atack/Neal, Origins, S. 121–160.

Ders.: (Re)financing the Slave Trade with the Royal African Company in the Boom Markets of 1720. Working Paper 2011.
Sheehan, Jonathan/Wahrman, Dror: Invisible Hands. Self-Organization and the Eighteenth Century. Chicago 2015.
Shoemaker, Robert B.: The London „Mob" in the Early Eighteenth Century. In: Journal of British Studies 26 (1987), S. 273–304.
Shovlin, John: War and Peace. Trade, International Competition, and Political Economy. In: Stern/Wennerlind, Mercantilism, S. 305–327.
Ders.: Jealousy of Credit: John Law's „System" and the Geopolitics of Financial Revolution. In: Journal of Modern History 88 (2016), S. 275–305.
Ders.: Commerce, Not Conquest: Political Economic Thought in the French Indies Company, 1719–1769. In: Fredona/Reinert, New Perspectives, S. 171–202.
Simms, J.G.: The Establishment of Protestant Ascendancy, 1691–1714. In: Moody/Vaughn, New History, S. 1–30.
Simon, Thomas: Merkantilismus und Kameralismus. Zur Tragfähigkeit des Merkantilismusbegriffs und seiner Abgrenzung zum deutschen „Kameralismus". In: Isenmann, Merkantilismus, S. 65–82.
Slack, Paul: The Invention of Improvement. Information and Material Progress in Seventeenth-Century England. Oxford 2015.
Smith, Chloe Wigston: „Callico Madams". Servants, Consumption, and the Calico Crisis. In: Eighteenth-Century Life 31 (2007), S. 29–55.
Snow, Sinclair: Naval Stores in Colonial Virginia. In: Virginia Magazine of History and Biography 72 (1964), S. 75–93.
Sokoll, Thomas: Kameralismus. In: Enzyklopädie der Neuzeit, Bd. 6, Stuttgart 2007, Sp. 290–299.
Ders.: Merkantilismus. In: Enzyklopädie der Neuzeit, Bd. 8, Stuttgart 2008, Sp. 380–387.
Sperling, John G.: The South Sea Company. An Historical Essay and Bibliographical Finding List. Cambridge/MA 1962.
Spieth, Darius A.: The French Context of Het groote tafereel der dwaasheid. John Law, Rococo Culture, and the Riches of the New World. In: Goetzmann/u. a., Great Mirror, S. 219–233.
Stapelbroek, Koen: Between Utrecht and the War of the Austrian Succession. The Dutch Translation of the *British Merchant* of 1728. In: History of European Ideas 40 (2014), S. 1026–1043.
Stearns, Raymond P.: Science in the British Colonies of America. Urbana/IL 1970.
Stern, Philip J.: Companies: Monopoly, Sovereignty, and the East Indies. In: Ders/Wennerlind, Mercantilism, S. 177–195.
Ders./Wennerlind, Carl (Hrsg.): Mercantilism Reimagined. Political Economy in Early Modern Britain and its Empire. Oxford 2014.
Dies.: Introduction. In: Dies., Mercantilism, S. 3–23.
Storrs, Christopher: The Spanish Risorgimento in the Western Mediterranean and Italy 1707–1748. In: European History Quarterly 42 (2012), S. 555–577.
Stratmann, Silke: Myths of Speculation. The South Sea Bubble and 18th-Century English Literature. München 2000.
Sturgill, Claude: Philip of Orleans „No Colonies" Policy, 1715–1722. In: Proceedings of the Meeting of the French Colonial Historical Society 10 (1985), S. 129–137.

Supple, Barry: The Royal Exchange Assurance. A History of British Insurance 1720–1970. Cambridge 1970.
Suter, Andreas: Ereignisse als strukturbrechende und strukturbildende Erfahrungs-, Entscheidungs- und Lernprozesse. Der schweizerische Bauernkrieg von 1653. In: Ders./ Hettling, Struktur, S. 175–207.
Ders./Hettling, Manfred (Hrsg.): Struktur und Ereignis. Göttingen 2001.
Dies.: Struktur und Ereignis – Wege zu einer Sozialgeschichte des Ereignisses. In: Dies., Struktur, S. 7–32.
Swingen, Abigail L.: Competing Visions of Empire. Labor, Slavery, and the Origins of the British Atlantic Empire. New Haven/CT 2015.
Dies.: The Bubble and the Bail-Out. The South Sea Company, Jacobitism, and Public Credit in Early Hanoverian Britain. In: Condorelli/Menning, Boom, S. 139–160.
Szechi, Daniel: The Jacobites. Britain and Europe 1688–1788. Manchester 1994.
Takeda, Junko Thérèse: Silk, Calico and Immigration in Marseille. French Mercantilism and the Early Modern Mediterranean. In: Isenmann, Merkantilismus, S. 241–262.
Taylor, James: Creating Capitalism. Joint-Stock Enterprise in British Politics and Culture, 1800–1870. Woodbridge 2006.
Temin, Peter/Voth, Hans-Joachim: Riding the South Sea Bubble. In: American Economic Review 94 (2004), S. 1654–1668.
Thomas, P.J.: Mercantilism and the East India Trade. London 1926.
Tschugguel, Helga: Österreichische Handelskompagnien im 18. Jahrhundert und die Gründung der Orientalischen Akademie als ein Beitrag zur Belebung des Handels mit dem Orient. Diss. phil., Wien 1996.
Turner, John D.: The Development of English Company Law before 1900. Working Paper 2017.
Velde, François R.: Was John Law's System a Bubble? The Mississippi Bubble Revisited. In: Atack/Neal, Origins, S. 99–120.
Vietta, Silvio: Rationalität – Eine Weltgeschichte. Europäische Kulturgeschichte und Globalisierung. München 2012.
Wagner, Michael: The Levant Company under Attack in Parliament, 1720–1753. In: Parliamentary History 3 (2015), S. 295–313.
Wagner, Mike: Asleep by a Frozen Sea or a Financial Innovator? The Hudson's Bay Company, 1714–1763. In: Canadian Journal of History 49 (2014), S. 179–202.
Wagnitz, Friedrich: Herzog August Wilhelm von Wolfenbüttel (1662–1731). Fürstenleben zwischen Familie und Finanzen. Wolfenbüttel 1994.
Wahrman, Dror: Order from Chaos Springs. The Bubbles of 1720 as a Turning Point in Western Conceptualizations of Causality and Order. In: Condorelli/Menning, Boom, S. 235–260.
Wakefield, Andre: The Disordered Police State. German Cameralism as Science and Practice. Chicago 2009.
Ders.: Cameralism. A German Alternative to Mercantilism. In: Stern/Wennerlind, Mercantilism, S. 134–150.
Walker, Geoffrey J.: Spanish Politics and Imperial Trade 1700–1789. London 1979.
Walsh, Patrick: The Bubble on the Periphery. Scotland and the South Sea Bubble. In: Scottish Historical Review 91 (2012), S. 106–124.
Ders.: Writing the History of the Financial Crisis. Lessons from the South Sea Bubble. Working Paper 2012.

Ders.: The South Sea Bubble and Ireland. Money, Banking and Investment, 1690–1721. Woodbridge 2014.
Ders.: Irish Money on the London Market. Ireland, the Anglo-Irish, and the South Sea Bubble of 1720. In: Eighteenth-Century Life 39 (2015), S. 131–154.
Wellenreuther, Hermann: Britain's Political and Economic Response to Emerging Colonial Economic Independence. In: Carey/Finlay, Empire, S. 121–139.
Wellington, Donald C.: French East India Companies. A Historical Account and Record of Trade. Lanham 2006.
Wennerlind, Carl: Casualties of Credit. The English Financial Revolution 1620–1720. Cambridge/MA 2011.
Ders.: Money. Hartlibian Political Economy and the New Culture of Credit. In: Ders./Stern, Mercantilism, S. 74–94.
Werner, Michael/Zimmermann, Bénédicte: Vergleich, Transfer, Verflechtung. Der Ansatz der *Histoire croisée* und die Herausforderung des Transnationalen. In: Geschichte und Gesellschaft 28 (2002), S. 607–636.
Werth-Mühl, Martina: Zwischen Mittelalter und neuer Zeit. Die Harburger Zuckersiederei als Beispiel merkantilistischer Wirtschaftsplanung. In: Ellermeyer/Richter/Stegmann, Harburg, S. 120–143.
Wilder, Colin: „The Rigor of the Law of Exchange". How People Changed Commercial Law and Commercial Law Changed People (Hesse-Cassel, 1654–1776). In: Zeitschrift für Historische Forschung 42 (2015), S. 629–659.
Williams, Basil: Stanhope. A Study in Eighteenth-Century War and Diplomacy. Oxford 1932.
Williams, Glyndwr: The Great South Sea. English Voyages and Encounters 1570–1750. New Haven/CT 1997.
Williams, Justin: English Mercantilism and Carolina Naval Stores, 1705–1776. In: Journal of Southern History 1 (1935), S. 169–185.
Winton, Calhoun: Sir Richard Steele, M.P. The Later Career. London 1970.
Ders.: Steele, Sir Richard. In: Oxford Dictionary of National Biography, Bd. 52, Oxford 2004, S. 358–364.
Yamamoto, Koji: Medicine, Metals and Empire. The Survival of a Chiymical Projector in Early Eighteenth-Century London. In: British Journal for the History of Science 48 (2015), S. 607–637.
Ders.: Beyond Rational vs. Irrational Bubbles. James Brydges the First Duke of Chandos During the South Sea Bubble. In: Nigro, Giampiero (Hrsg.): The Financial Crises. Their Management, Their Social Implications and Their Consequences in Pre-Industrial Times. Florenz 2016, S. 325–358.
Yogev, Gedalia: Diamonds and Coral. Anglo-Dutch Jews and Eighteenth Century Trade. Leicester 1978.
Zabel, Christine: From Bubble to Speculation – Eighteenth-Century Readings of the 1720s. In: Condorelli/Menning, Boom, S. 302–332.

Register

Absolutismus 8, 57, 381
Acton, Francis 87
Afrika 38, 92f., 96–98, 176, 187f., 193, 196f., 199, 256, 280, 282, 315f., 318, 342, 347, 371f.
Aislabie, John 76f., 262, 354f.
Alberoni, Giulio 108
Altona 222, 228
Amsterdam 11, 22, 40, 42, 86, 90, 116f., 122, 125f., 210, 214–217, 224, 230, 257, 265, 278, 283, 285, 287, 292, 301, 307, 396, 401, 410, 414, 423
Anderson, Adam 1f., 10, 152, 404, 406
Andrews, Joseph 189f.
Anhalt-Zerbst 176
Anne I., Königin von England/Großbritannien 35
Antillen 177
Antwerpen 210, 233
Anwerbung 65, 72f., 121, 384
Appalachian Mountains 350
Applebee's Original Weekly Journal 192, 368f.
Arithmetik, politische 7
Ashton-Effekt 180, 182, 209
Ashton-Kindleberger-Effekt 114
Asiento 35
Askew, John 245f.
Atterbury, Francis 272f., 353
Attorney General 22–24, 26, 48, 98–101, 146f., 154f., 187, 247, 374
August Wilhelm, Herzog von Braunschweig-Wolfenbüttel 224–227, 269, 291f., 337
Aurich 282f., 340f., 429
Ayscough, John 240

Bagshaw (Kaufmann) 336
Bahamas 110
balance of power 328
balance of trade 13f., 153, 362
Baltikum 152f., 158, 281
Bank 5, 11, 20, 32–34, 36f., 67, 79, 99, 166, 169, 171–174, 179, 193, 224–227, 262, 280, 291–294, 297f., 309, 320, 322, 327f., 378–389, 396, 400f., 403, 405, 411, 418, 420, 422f.
Bankier 20, 232, 256, 260, 266–268, 297, 326f., 336f., 355, 384
Bank of England 3, 20, 26, 34, 51, 54, 58, 78–80, 83f., 86, 94, 99, 107, 113, 123, 125f., 132, 141, 160, 179, 185, 187, 193, 199, 205, 237, 242, 259, 261–263, 265, 277, 301f., 304, 308–310, 320, 322, 327, 329f., 335, 345, 355, 357, 380, 382f., 385, 423f., 428
Bankrott 5, 24, 32, 66, 196, 248, 262, 265, 267, 308, 311, 326, 334, 336f., 344, 355, 357, 379, 389
Banque Générale 33f.
Banque Royale 37, 71, 79, 86f., 111, 183
Barband (Kaufmann) 336
Barham, Henry 241
Baumwolle 96, 101f., 159, 195, 392
Berlin 53, 126, 271, 351, 353
Bern 5, 17, 65, 126, 133f., 211, 267, 337
Bessler, Johann 10
Bestechung 55, 80, 129, 136, 155, 334, 351, 425
Betrug 2, 43, 49, 54, 90, 94, 125f., 135, 137, 186, 227, 234, 244, 249, 280, 292, 310, 377f., 413, 415, 425
Bilbao 210
billets d'état 33, 36
Billingsgate 369
Billingsley, Case 24f., 367, 374, 411
Birmingham 360
Blei 165
Blunt, John 35, 76, 257, 333
Board of Trade and Plantations 349f.
Bombay 87
Bottomree Company 160
Bottomry 150, 156, 158
bounties 31, 153f., 239, 362
Bourges, Thomas 163f., 228
Brasilien 116, 177, 229f., 232, 289f., 303, 342

Braunschweig-Wolfenbüttel 6, 11, 224–226, 236, 269, 291, 294, 337, 365, 385, 396, 402, 419, 422 f.
Bremen 28, 166, 168
Bremen-Verden 168
Brielle 286
Brügge 284
Brüssel 40, 42, 233, 352
Brydges, Cassandra, Herzogin von Chandos 93
Brydges, James, Herzog von Chandos 40, 93, 96, 192, 241
Bubble Act 145, 156, 158, 174, 186–188, 190, 193, 204, 239 f., 243, 246, 248, 312, 379, 409
Bubble Companies 5
Buenos Aires 35, 194
Building ships to let to freight 160
Burnet, Thomas 162, 229 f., 232, 265, 288–291, 329 f., 342 f.
Bussche, von dem (Rat) 295

Cádiz 108, 129, 210, 307
Caithess 360
Calico Act 102, 333, 347, 355, 359, 361 f.
Cardigan, E. (Aktienzeichner) 189
Cartagena de Indias 109
Caswall, Sir George 35, 268, 335
Ceuta 253
Ceylon 177
Charter (siehe auch Patent) 20, 22, 24 f., 27, 35, 47–49, 55, 93, 95, 97, 99, 117, 144–146, 149–152, 154–156, 158, 164, 166 f., 173, 186–188, 197, 204, 214, 227, 239, 247 f., 254, 287, 295–298, 309–312, 314, 321, 367, 373 f., 376, 379, 381, 383, 385, 388, 392, 421, 423
Child, Joshua 9
China 38, 42, 196
Churchill, Charles 352
Churchill, John, Herzog von Marlborough 308
Cleeves (Bankier) 269
Cochineal 96
Colbert, Jean-Baptiste, Marquis de Seignelay 32, 410
Colebrook's Coffee House 26

Commissioners of Trade 72, 103 f., 332
Committee of the Treasury 197
Compagnie d'Occident 36
Compagnie du Mississippi 1, 3, 36–40, 44 f., 50, 56, 59, 66, 68, 70 f., 74–78, 86, 91, 101, 105, 110–112, 114, 116, 121, 127, 134, 161, 176, 182 f., 192, 229, 234, 244, 252, 285, 348, 350, 355, 379, 392, 394, 396, 407, 419, 421
Compagnie Perpétuelle des Indes 38
Convention of the Royal Burghs 238
co-partnership 47, 150, 164, 188–190, 192, 204, 239, 394, 405, 421, 424
Cornwall 232, 317, 371
Corr, Ebenezer 225–227, 293 f.
Council of Trade and Plantations 61 f., 74, 348 f.
Course of the Exchange 39, 51, 85 f., 114 f., 127–130, 175, 180–182, 207–210, 213, 231, 264, 306 f., 343
Court of Assistants 155
Covelon 234, 376
Cowper, Lady Mary 145, 149, 157
Cox (Bankier) 247, 269, 305 f., 327 f., 331
Craggs, James jr. 65, 67, 74, 76, 110, 123, 129, 149, 162, 211, 229 f., 232, 245, 247, 252 f., 259, 262, 265, 274, 289–291, 301, 308, 319, 336, 342 f., 351, 354, 390 f.
Craggs, James sr. 308

Daily Courant 335, 345 f., 365, 368 f.
Daily Post 192, 211 f., 346 f., 368 f.
Dale (Unternehmer) 3, 32, 34 f., 39, 143, 178, 248, 251, 346, 419 f.
Dalrypmple, John, Graf Stair 67, 74, 138
Dalwigk, Johann Reinhard von 120–122, 278, 384, 387 f.
Dänemark 152, 397
Danzig 126, 351 f.
Davenant, Charles 9, 336
Decker, Matthew 197
Declaratory Act 170
Defoe, Daniel 102, 329, 411, 413, 415–417
Delafaye, Charles 190
Delagardie, Magnus Julius 330
Delfshaven 285

Delft 216, 288
Den Haag 120, 133, 270, 285f., 301
Deutschland 2, 11, 121, 126, 194, 221, 284, 384, 393
Diamanten 88, 90f., 105, 112, 142
Dordrecht 286
Dresden 359, 428
Drummond, John 330f.
Dublin 1, 93, 130–132, 169–175, 213, 226, 238, 297–299, 378, 382f., 396, 400f., 427
Duckett, George 290f., 330, 342
Dunbar (Obrist) 315f.

East India Company 19, 25, 42f., 51, 54, 67–71, 76, 78, 80, 83f., 86, 88–90, 93, 101, 104f., 107, 123, 125f., 141, 160, 185, 193–199, 205, 219, 233–237, 240, 244, 255f., 259, 263, 277, 301, 303, 318–320, 322, 327–333, 335, 345, 347f., 355, 375, 404, 424, 427
Eckhard, Johann Friedrich von 45
economies of scale 49, 408
Edelmetall 5, 14, 28–30, 33, 45, 49, 59, 69, 88f., 93, 96, 101, 105, 112, 116, 127, 129, 131, 144, 162, 172, 176, 180, 183f., 188, 194–197, 206–208, 211f., 214, 232, 234, 240, 257, 263, 265, 276, 289f., 302–305, 307–309, 314, 335, 343, 370, 380, 385, 417, 427
Edinburgh 27, 74, 132, 238f., 257, 263, 274, 367, 400, 424
Elbe 168, 217, 220
Elfenbein 96, 188
Emden 5, 11, 279–288, 291, 294, 297, 340–342, 344, 402, 408, 419, 423, 427
Emulation 12, 14–16, 18, 22, 26, 31, 36, 40, 43f., 49, 72, 74–76, 79f., 87, 92, 100f., 104–106, 121f., 142, 144, 158, 161f., 164, 169, 172, 175, 177, 183f., 186f., 190, 196, 214–216, 218, 221, 229, 233, 236, 238f., 244, 258, 266, 269, 276, 278f., 284, 294, 297, 300, 302, 321, 337, 369, 388, 390f., 394–400, 407, 419, 422–426
English Copper Company 237, 247, 422
Enkhuisen 285

Europäische Fama 91, 232, 343f., 387
Exchange Alley 186, 260, 411
Exchequer 34, 76f., 255, 370
exchequer Bills 138, 201, 261, 302

Falmouth 232
Fane, Thomas, Graf von Westmoreland 247, 422
Felle (siehe auch Pelze) 60, 63
Ferguson, Adam 12
Fernhandel 19, 37f., 42, 54, 71, 77, 82, 94, 119, 251, 256, 288, 328f., 344, 363, 411
Feuerversicherung 373f., 405
Financial Revolution 4, 6, 32, 34, 55, 93, 195
Fisch 28f., 31, 142, 165f., 191, 369, 419
Fischerei 27–31, 84, 144, 163, 238f., 347, 360, 386, 396, 421
Fischer von Erlach, Joseph Emmanuel 10
Fishmonger's Company 369
Fish-Pool Company 190–193, 205, 346f., 368f., 394, 396, 406, 415
Flachs 142f., 154, 160
Flacourt, Étienne de 195
Flandern 41
Florida 109f., 253
Forbes, Alexander Lord 174, 378
Fortescue, William 245
Frankreich 3, 5f., 19f., 31–33, 38, 40, 44–46, 51f., 56–62, 65–68, 70–80, 85–87, 90–92, 98, 103, 105, 108f., 112f., 116f., 121, 133, 136–139, 183f., 192, 211f., 214, 217, 221, 245, 252, 263, 269, 272, 278, 280, 290, 294, 303f., 324, 349, 355, 357, 384f., 389f., 392f., 396f., 400, 407, 417, 421, 424, 428
Frederik, Prinz von Wales 247, 296, 308, 422
Friede von Passarowitz 41
Friede von Utrecht 35, 57, 71, 133, 138
Friedrich Wilhelm I., König von Preußen 80, 123, 141, 185, 270–272, 275, 281
Frischwasser für Liverpool 185
Fuller, John 211, 245, 351
fustians 399

Gambia 315

Gambie 199
Gampert (Bankier) 336
Gazette d'Amsterdam 387
Geheimer Rat (Hannover) 44, 46, 163, 228 f., 294 f., 297
Geldknappheit 180, 231, 240, 251, 314, 339
Geldumlauf 37, 45, 166, 175, 227, 292
Gender 7, 139, 142 f., 162, 415
Genf 5, 125 f., 384
Gent 189, 233
Genua 210, 336
Georg Albrecht, Fürst von Ostfriesland 282 f., 340 f.
Georg I., König von Großbritannien und Kurfürst von Hannover 31, 43, 45, 52 f., 55, 57, 80, 103, 134 f., 138, 145–149, 164–169, 173, 197, 203, 206, 227 f., 240, 270–272, 274–276, 305, 308, 311, 319 f., 323, 327 f., 349, 351–355, 362, 407, 409, 422
Georg, Prinz von Hessen-Kassel 278
Geraud, Elias 279 f., 282, 284
Gesandte 40, 43, 57 f., 65, 67, 71, 73, 80, 120, 133, 138, 148, 161 f., 211, 230, 251 f., 265, 269, 271–273, 275 f., 278, 288 f., 291, 308, 319, 330, 342, 351–353, 359, 363, 376, 384, 390
Gewürze 195
Gibbons, John 189
Gibraltar 59, 109, 138, 251–253
Gillmore, Joseph 191
Globe Permit 160
Golkonda 87 f.
Gordon, Thomas 59 f.
Gordon, William 193–196, 348
Görtz, Wilhelm Balthasar von 120
Gouda 216
Grenville, George, Lord Lansdowne 272
Grundbesitz 154 f., 171, 175, 199, 207, 240, 312, 314, 378, 380 f.
Guinea 177

Hall, Thomas 24, 71, 96, 104, 107, 152, 172, 196, 242, 246, 254, 257, 266 f., 316, 335, 345, 374, 379
Hamburg 5, 11, 25, 31, 39–41, 46, 70 f., 77, 86, 125–127, 163 f., 166, 168, 210, 217–223, 225, 227 f., 236, 245, 275, 279, 283 f., 295, 299, 304 f., 326, 337, 364, 393 f., 402, 406, 419 f., 424, 428 f.
Hamilton, James, Graf Abercorn 19, 173
Handelsbilanz 28, 63, 153
Handelskompagnie 11, 38, 41, 45 f., 66, 68, 90, 118, 161, 163, 167, 229, 232 f., 245, 257, 270, 280, 294–297, 343, 377, 401 f., 404, 423
Handwerker 71–73, 102 f., 172, 206, 227 f., 255, 330–332, 334, 355, 361 f., 367, 385, 389, 408
Hannover 44–46, 117, 121, 126, 163–165, 167–169, 175, 197, 203 f., 222, 224, 227–229, 247, 251, 253, 270 f., 274 f., 277, 294–297, 301, 320, 367, 396, 402, 406, 408, 429
Harburg 46, 163–169, 222, 226–229, 233, 236, 270, 294–296, 367 f., 396, 402, 406, 429
Harburg Company 185
Harburger Manufakturkompagnie 227, 286, 296
Harburgh Company 296, 367
Harley, Edward 255
Harley, Sir Robert, Graf von Oxford 255
Harris, Thomas 27, 31, 53, 72 f., 87 f., 90, 145, 157, 170, 238 f., 266, 414
Hart, John 5, 61 f., 112, 145, 168, 243, 254, 277, 335, 344, 348 f., 356, 378, 391, 399
Harz 153
Hasselt 286
Hastings 4, 360
Heinson, Johann Theodor 283
Hering 29, 31, 167
Heringsfischerei 27, 117
Hessen-Kassel, Landgrafschaft 6, 10 f., 119–121, 278 f., 291, 383–385, 387 f., 402 f., 406, 419, 422, 424
Hewer, Robyn 266 f.
histoire croisée 16, 18
Hoffmann, Johann Phillip 228, 253, 269 f., 272 f., 275, 337, 352 f.
Hogarth, William 246
Holland 5, 28 f., 46, 62 f., 67, 117 f., 126, 143, 212, 216, 237, 265, 287, 349 f.
Holz 165, 195

Hopfen 193
Hounzigner (Bankier) 336
House of Commons 30, 35, 52, 55 f., 77, 80, 109, 124, 135, 143 f., 146–148, 151, 154, 157 f., 186, 243, 323 f., 331, 333, 354, 359–361, 432
House of Lords 80, 135, 255, 271, 360
Howard, Thomas, Herzog von Norfolk 240 f., 272, 308, 318, 370
Hoyle, Edmond 215 f.
Hudson's Bay Company 243–245, 314, 372 f., 421
Hugenotten 119, 382, 387
Huggins, John 193, 195 f., 348
Hume, David 12
Hummer 192
Hurst, Oliver 104
Hutcheson, Archibald 156

Improvement of Land 237
Indianer 37, 61, 63 f., 282, 348 f., 372
Indien 37, 42 f., 66, 68–70, 88–90, 101 f., 105, 176, 196, 235, 243, 342, 398, 427
Indigo 96, 195
Indischer Ozean 256
Industrielle Revolution 398 f.
industrielles Zeitalter (Industrialisierung) 8, 15, 425
Ingoldsby, Henry 213
Innovation 3, 21, 26, 171, 287, 303, 411, 418, 425
Irland 5, 126, 130 f., 169–172, 174, 213, 238, 295, 297 f., 378–383, 385, 387 f., 400 f., 403, 408, 419 f., 424
Irrationalität 3, 6, 425
irredeemable debt 53–55, 81 f., 100, 137, 178, 248, 250, 358
Irwin, John 171 f.
Italien 41, 172, 336, 390, 397

Jacombe, Robert 327 f.
Jakobiten 103, 253, 272–274, 351
Jamaika 240 f., 303, 317 f., 370
Java 177
Jealousy of Credit 32, 59, 76, 137, 306, 391
Jealousy of Power 59

Jealousy of Trade 12 f., 15, 22, 29, 31, 49, 66, 117, 121, 161, 164, 174, 195 f., 215 f., 218, 222, 238, 381, 390–394, 399, 407, 426
Jeffreyes, James 351
Juden 90, 162, 230, 388, 420

Kaffee 195
Kaiserlich-Orientalische Kompagnie 41, 122, 163, 233, 236, 376
Kaiserlich Ostendische Kompagnie 376
Kalikut 69
Kameralismus 393, 395, 411, 414, 417
Kampen 286
Kanton 5, 43, 87, 125, 133
Kap der Guten Hoffnung 43, 66, 193, 195, 219, 235, 256
Karibik 37, 92, 188, 196 f., 280, 309, 317–319, 347, 371
Karl VI., deutscher Kaiser 41, 228, 253, 270–273, 275, 337, 341, 352 f., 376
Karl X., Landgraf von Hessen-Kassel 119–121, 278 f., 383, 387
Kassel 119, 121, 278 f., 384 f., 387 f., 429
Keisal, Heinrich 308
Keith, William 61–63, 74 f., 348
Kindleberger-Effekt 183
King, William 52 f., 378, 392, 398 f.
Knight, Robert 80, 192, 201, 333, 345, 350–355, 370
Knollys, Henry 189
Kolonialprojekte 97, 411
Kolonie 28, 35, 44, 60–66, 70 f., 74 f., 92 f., 96 f., 102, 109 f., 116, 133, 142, 152–154, 159, 161, 165, 171–173, 176, 194, 196, 252, 280, 295, 318, 332, 348, 350, 355, 378, 395, 398, 408, 426
Konversion (von Staatsschulden) 36, 76–79, 81, 129, 133, 136 f., 178, 248 f., 251, 261, 326, 334
Kredit 7, 25, 33–35, 37, 39, 45, 53, 55, 78, 93, 111, 132, 136, 149 f., 158, 173, 199–202, 210, 214, 218, 226 f., 249, 251, 261, 267, 276, 288, 292, 299, 309 f., 316, 323, 326, 333, 357, 365, 372, 377 f., 380, 383–386, 392, 419

Kupfer 243
Kutschen 206

Lahn 119
Lambert, Sir John 141, 161
Landsberg-Vehlen, Alexander Otto von 40f.
Law, John 6, 31–41, 44f., 51, 56, 58f.,
    66–68, 70–76, 83, 86f., 91, 105, 111–
    113, 121, 136–138, 157, 182f., 189, 191–
    193, 198, 201, 206, 226, 228, 233, 247,
    252, 255f., 284, 319, 324, 338, 341, 350,
    385, 391, 396, 419, 424
Law, Nicholas 242
Leathes, William 352
Lebensversicherung 46–49, 99–101, 155,
    312, 364f.
Lechmere, Sir Nicholas 98–101, 146f.,
    154f., 187
LeCoq, Jacques 359
Leicester 88, 359
Leiden 10, 28, 285
Leinen 168, 277, 378
Leinenmanufaktur 121, 278
Leipzig 91, 194, 281, 284
Levante 41, 331, 361, 376, 407
Lissabon 115f., 161–163, 229–232, 236,
    265, 274, 288–291, 303, 307, 319, 330,
    342–344, 356, 396, 401, 427
Livorno 210f., 245, 351
Logan, James 61, 63, 154, 245f., 428
London Assurance 26, 84, 107, 123, 141,
    160, 185, 188, 205, 237, 254, 259, 277,
    301, 309, 311, 322, 335, 345, 373, 375
London Journal 126, 192, 346, 369
Long, Charles 240
Long, Samuel 240
Lord Justices 173, 247, 312, 319, 378
Lord Lieutenant 173
Lord of the Treasury 302, 308, 354
Lotterie 6, 163, 226f., 296, 365–367, 377,
    389, 420
Louisiana 36, 60, 91
Lowe, Samuel 118, 240, 381
Ludwig XIV., französischer König 32, 57

Mächtesystem 13, 57, 393, 407
Macnamara (Captain) 315

Madagaskar 193–195, 197, 256, 318f., 347
Madras 66, 68–71, 87–90, 234f., 375f.
Madrid 108, 129, 133, 203, 210, 251–253,
    274, 363, 390f.
Mahe 69
Maidstone 360
Malz 193
Manchester 47, 168, 253, 378
Manufaktur 20, 29, 33, 63, 72, 92, 116, 120,
    163f., 166, 224, 229, 282, 287, 334, 355,
    361f., 367f., 380, 382f., 385, 389, 400,
    405, 408
Marperger, Paul Jacob 91, 417
Marsaut (Unternehmer) 41
Martine, Daniel de 384
Massachusetts 63, 172, 174, 380
Maudry, Abraham 384
Maudry, Jacques 384
Maurice, Adriene 32
Medemblik 286
Mercure historique et politique 246
Merkantilismus 7f., 12, 28, 45f., 164, 222,
    224–226, 395, 399, 407, 410, 414
Mexiko 110, 349
Middelburg 117f., 216
Middelburgsche Commercie Compagnie
    403
Middleton (Bankier) 73, 193, 256
Mirror of Folly 337–339, 417
Mississippi 3f., 33, 36f., 60–62, 70f., 73f.,
    87, 91, 110, 112, 171, 229, 338, 376, 400,
    403
Mokka 219
Molesworth (Lady) 131
Molesworth, Sir John 40, 131, 306, 324,
    329f., 337, 351, 357, 378
Monnickendam 285
Monopol (Monopolrechte) 9, 19f., 26, 30f.,
    35f., 38, 42, 54, 75, 81, 83, 88, 92, 98f.,
    101, 118, 122, 134, 150, 165–167, 187,
    190, 195, 225, 233, 240, 243, 256, 295,
    328, 342, 372, 376f., 386, 404–409
Morice, Humphrey 98, 187–190, 418

National Fishery 30, 143, 419
National Permits for a Fishery 141
naval stores 142, 152–154

Navigation laws 70, 347
Neapel 17, 397
Neid 28, 31, 44, 49, 56, 137, 391–393, 416
Nennwert 1, 24, 26, 33, 35f., 39, 49, 78, 94, 125, 134, 136, 142f., 148, 174, 219, 249f., 260, 284, 298, 311, 339, 379, 386, 419
Neuchâtel 65
Newcastle 142
Newgate 315
New Hampshire 349
Newton, Isaac 4, 10
New York 5, 62–65, 80f., 244, 248, 333, 349, 372, 427
Niederlande 1, 3, 5, 22, 28, 31, 40–42, 72, 74, 86, 92, 98, 108, 117f., 120–122, 125–127, 131, 133, 172, 211f., 214–217, 219, 224, 232f., 236, 263, 265, 278, 281, 284–288, 291f., 294, 303f., 336f., 342f., 352, 375, 384, 390, 392, 396f., 401f., 406, 409, 417, 420, 423, 428
Nightingale, Robert 87, 197
Nordafrika 252f.
Nordamerika 59f., 62, 65f., 74, 92, 97, 110, 138, 154, 171, 173, 243, 245, 252, 314, 347f., 350, 378
Nordischer Krieg 52, 56, 152, 168
Nordwestpassage 243, 314, 372
Northey, Sir Edward 22–24, 147, 374
Norwegen 152, 192
Nova Scotia 154, 349

Oberpostamtszeitung 212, 232, 242, 259, 301–303, 305, 308, 320, 322, 345, 363f.
Öl 193
Old Insurance 148
Onslow, Arthur 273, 306, 330
Oprechte Haerlemse Dingsdaegse Courant 284
Orkney Fishery 141
Osmanisches Reich 41, 233
Ostafrika 193–196, 319
Ostende 40–44, 49, 177, 233–236, 375f., 388, 392, 396
Österreichische Niederlande 40, 42, 126, 23f., 352, 401

Ostfriesland 279, 282–284, 286, 340f.
Ostindien 38, 41, 219
Overijssel 287

Pagoda 69, 88
Pamphlet 5, 19, 27, 30, 59, 61, 74, 81f., 91, 138, 163, 165f., 171, 176, 191f., 240, 272f., 379f.
Papier 5, 54f., 78, 135–137, 167, 171, 207, 222, 248–250, 262, 268, 305, 311, 313f., 358, 371, 424
Papiergeld 33f., 39f., 77, 111–113, 136, 138, 171f., 175, 183, 201, 298, 303, 380, 383, 385
Paris 1, 11, 39–41, 44, 50, 56–58, 67, 70, 73–75, 85f., 91f., 101, 105, 108f., 111, 113–117, 122, 127f., 130, 134, 138, 140, 144, 161, 181–184, 192, 217, 229, 233, 256, 272, 276, 279, 285f., 291f., 297, 299, 319f., 324, 329, 334, 342f., 348, 350, 357, 370, 375, 379, 384, 388, 396, 420, 423f., 427
Patent (siehe auch Charter) 20, 23, 25, 27, 31, 97–101, 104f., 144, 146–148, 158, 186f., 190–193, 204, 228, 240, 246f., 311, 346, 421f.
Patronage 20, 411
Pelze (siehe auch Felle) 63f., 243, 373
Pennsylvania 61–64, 74, 154, 160, 348, 427f.
Pennsylvania Hemp and Flax Company 154
Péray, du (Unternehmer) 41
Perpetuum Mobile 1, 10
Peru 177
Petition 23, 26, 98, 100, 104, 144, 154, 173, 186f., 238, 331, 336, 339, 359–361, 393
Pfandleihanstalt 45, 388
Pfeffer 96
Philippinen 177
Philip II., Herzog von Orléans, französischer Regent 32, 34, 38, 67, 183
Philip V., König von Spanien 57, 108, 133, 251f., 363
Phipps, James 87, 96f.
Piraten 194f., 199, 218, 371
Piraterie 21, 194

Pitt, Thomas Jr., Lord Londonderry 66 – 68, 195, 198, 256
Pitt, Thomas Sr. 66 f.
Plantage 96, 188, 199, 241, 315, 347
Politische Ökonomie 4
Pondicherry 69, 234
Pope, Alexander 160, 245
Porto 115 f., 231, 265, 307
Portugal 11, 15, 115 f., 122, 128 f., 161 f., 175, 229 – 232, 236, 266, 274, 288 – 291, 337, 342 f., 400 f., 408, 420, 424, 427
Potosi 242
Prié, Erocle Giuseppe Lodovico Turinetti Marquis de 42, 352 f.
Privy Council 73, 98, 146, 187, 246 – 248, 349 f., 360, 422
projector 411 – 414, 416
Projektemacher (projector) 411 – 418, 425
Promotoren 1 f., 6, 9 – 11, 21 – 26, 30 f., 41, 44, 46 – 50, 92 – 95, 97 – 100, 104 – 106, 122, 142 – 146, 149 – 151, 158, 164 – 166, 173 f., 176, 186 f., 193, 199, 204, 215 – 220, 224 – 227, 230, 236, 239 – 242, 246 – 248, 257 f., 276, 278 f., 293, 295 – 297, 299, 302, 309, 318, 342, 344, 346 f., 355, 368, 370, 379, 387, 390 – 392, 395 f., 400, 405, 408, 412, 414 – 420, 423 – 425
Puckle's machine gun 259
Pulteney, Daniel 306, 328 f., 331, 357
Pulteney, William 306, 323

Quebec 61

Raising Hemp and Flax 160
Ram's Insurance 148
Ram, Stephen 26
Ratenzahlung 38, 49, 66, 94, 135 – 137, 143 f., 200 f., 244, 249, 260, 284 f., 308 – 311, 314, 316, 320 f., 326, 339, 357 f., 365 f., 373, 377, 386, 419
Rationalität 3 f., 6, 292, 385
redeemable debt 54 f., 77, 82, 248 – 150, 358
Reichshofrat 284, 340 f.
Reis 42 f., 66, 120, 161, 165, 194, 219, 278 f., 347, 352

Relations Courier Hamburg 70, 73, 76 f., 84 f., 107 f., 123, 141, 157, 186 f., 192, 194, 196 f., 199, 205 – 207, 210, 212 f., 237, 254, 256 f., 259, 263, 265 f., 268 f., 275, 277, 301 – 305, 308 – 311, 313, 315 – 317, 322, 335, 345, 363 f.
Revolution 8 f., 33, 102, 188, 269 – 272, 276, 353, 384, 396, 418
Rio de Janeiro 289
Roeters, George 214, 216, 278 f., 384, 388
Rotterdam 11, 117, 210, 214 – 218, 220, 236, 278 f., 282, 285 f., 288, 307, 309, 339 f., 375, 394, 403, 423
Royal African Company 19 f., 24, 51, 77, 84, 86, 92 – 97, 107, 123, 141, 143, 160, 185, 187 f., 196, 198, 200, 205, 237, 241 f., 244, 256, 259, 277, 281, 301, 315 f., 322, 335, 345, 371 f., 419 f.
Royal Exchange Assurance 21, 24, 107, 123, 141, 160, 185, 237, 254, 259, 277, 301, 310, 322, 335, 345, 373
Royal Fishery Company 27, 141 f.
Royal Lustring Company 247
Royal Mines Company 240, 242, 317 f., 370, 422
Royal Navy 29, 151 – 153, 199
Russe, Markus 219
Russland 52, 152, 159

Sabotage 73, 137, 284
Salt to be made at Holyhead 237
Salz 54, 165
Savoyen, Eugen von 40
Scattergood, John 87 f., 90, 206, 235, 266, 335
Schiedam 216
Schiff 21, 29 f., 42 – 45, 66, 68 – 71, 73, 87 f., 92, 108, 110, 116, 118, 127, 142, 144, 150, 152, 166, 187 f., 191 f., 194, 197, 199, 217 – 219, 225, 234 f., 243, 245, 254, 280, 282, 288, 303, 314 – 316, 318, 338, 346 f., 364, 368 f., 371 f., 375 f., 392
Schiffbarmachung des Dougals 185
Schiffbau 70 f., 195
Schlesischer Nouvellen Courier 51, 65, 71, 77, 85, 108, 160, 185, 187, 194, 197, 199, 205 f., 208, 211 f., 214, 230 – 232, 237,

239, 241f., 246, 254–257, 259f., 263, 266, 268, 277, 301–305, 308f., 311, 313, 315–317, 320, 322
Schottland 48, 84, 154, 238, 313, 366f., 400f., 403, 408
Schulenburg, Melusine von der, Herzogin von Kendall 80
Schweden 52, 57, 152, 177, 330, 400
Schweiz 5, 125f., 337, 390
scramble for liquidity 181, 209
Seeleute 28f., 43, 63f., 70, 101
Seide 101
Seife 167, 228
self-organization 7
Settling the Bahamas 205
'sGravesande, Willem 10
Shale's Insurance 26
Shippen, William 323f.
Sizilien 1
Skandinavien 158, 281
Sklaven 93, 95, 194–197, 256, 318f., 347
Skutenhielm, Anders 206, 269f., 275
Sliford, Thomas 163–166
Sloane, Sir Hans 96, 241
Smith, Adam 8, 103, 291, 330, 342, 404–410
Soldaten 65, 119, 199, 252, 315–317
Solicitor General 22–24, 27, 146f., 186, 374, 422
Somerset 359
Sophia Dorothea, Königin von Preußen, Tochter Georgs I. 271
South Carolina 349
Spanischer Erbfolgekrieg 32, 34f., 42, 56, 66, 117, 243
Spencer, Charles, Graf Sunderland 255, 262, 354
Spörcke, Georg Friedrich von 228f.
Spotswood, Alexander 61, 64, 110
Staatsbildung 8
Staatsschulden (kündbar, unkündbar) 1, 20, 32, 34–37, 50, 53–56, 58–60, 67, 74, 76–79, 81–83, 100f., 110, 115, 129, 132, 134, 137, 161f., 184, 203, 226, 230, 248f., 253, 262, 320, 326–328, 332, 357f., 378, 386, 407f., 428
Stad Rotterdam 339f., 356

Stammkapital 21, 24, 26, 33f., 36, 38, 41, 46, 48f., 54, 93f., 125, 132, 142–144, 147, 154, 166, 171–173, 175, 184, 196, 218, 225, 227, 241, 244f., 247, 254, 284f., 298, 310f., 327f., 339f., 342, 357, 370, 372, 374f., 377, 379, 382, 419f.
Stanhope, Charles 354
Stanhope, James 71, 74, 108, 123, 133, 190, 220, 247, 262, 271, 275, 354
Stanhope, William 129, 133, 251f., 274, 390f.
Stärke 193
St. Augustine 110
St. Marks 110
St. Petersburg 1
St. Saphorin, François-Louis de 43, 353
St. Thomas 282
Steele, Richard 81–83, 190–193, 346, 368, 406
Stockholm 1, 330, 429
stock-jobbing 22, 75, 81–83, 101, 156, 221, 245, 297, 406
Stuart, James III. 35, 103, 168, 246, 271, 273, 351
Stuarts 57, 138, 203, 271, 273f., 332, 381
Subsidien 119f., 225
Südamerika 35, 109, 116, 161f., 176, 230, 252, 280, 319, 364
Südostafrika 240
sufferers 321, 335, 354
Sumatra 177
Super-AG 38, 50, 76, 78, 80, 82f., 118, 132, 134, 257, 282, 286, 296, 320, 334, 350, 421
Swift, James 297–299, 424
Swift, Jonathan 380, 400, 403
Sword Blade Bank 261f., 265, 268, 354f.
Sword Blade Company 35
Système de Law 6, 31

Tabak 35, 60, 93, 165
Teer 153
Temple Mills brass works 185
The Company of the Grand Fishery of Great Britain 27
Thompson, Richard 240, 243, 262, 317, 370
Thompson, Sir William 24, 147, 374

Thronrede 52f., 55, 76, 203f., 206, 323, 361f., 409
Tories 8, 19, 103, 145, 354, 420
Tory 20, 97, 103, 366
Treasury board 76

Uhren 206

Venedig 128, 210
Vereenigde Oostindischen Compagine 42
Verflechtung 11f., 16, 337
Versicherer 21f., 26, 215, 219, 222, 374, 414
Versicherungsgesellschaft 19, 21–24, 26f., 47f., 98f., 101, 143, 146–150, 157, 186f., 214–222, 225, 236, 254, 286, 292, 299, 310–312, 339, 356, 374f., 396, 419
Versicherung (siehe auch Seeversicherung, Lebensversicherung) 22, 24–26, 31, 47, 85, 95, 98, 142, 149, 158, 217–219, 223, 227, 253f., 287, 310f., 313f., 374, 406, 411, 422
Vlaardingen 286
Volksaktie 144, 158, 419

Wal 145, 247, 308, 422
Wallenrod, Johann von 80, 123, 141, 185, 270–272, 275
Walpole, Horatio 190
Walpole, Sir Robert 146, 148f., 190, 240, 262, 305, 320, 325–330, 332f., 345, 350–354, 357, 361–363, 370, 383, 408
Weber 69, 72, 102f., 255, 258, 331f., 355, 359, 398
Wechselkurs 16, 22, 39, 78f., 85f., 113–116, 125, 127–132, 174f., 180–184, 209–211, 213, 226, 231–233, 262–266, 289–291, 294, 302–307, 343, 389, 423, 427
Weekly Journal 368f.
Wein 35, 116
Weißenstein 10
Welsh Copper Company 237
Wentworth, Thomas, Graf Strafford 231f., 275
Weser 119
Westley for buying and selling stocks 259
Westminster 20, 22, 31, 43, 52f., 56, 78, 92, 104, 115, 124, 126, 144–147, 153f., 157, 170, 203, 206, 240, 255, 273, 323, 326, 347, 354f., 357, 359–362, 366, 381, 383, 401
Whale-fishery 141
Which, Cyril 1, 13, 43, 52f., 59, 62, 68, 74, 87, 96, 100, 118, 141, 149f., 160, 171, 191, 195f., 203, 212, 216, 232, 247, 256, 273, 290, 323f., 327–331, 338, 343, 357, 362, 366, 370, 373, 375f., 381, 400, 404f., 413
Whigs 8, 19f., 36, 59, 76, 103, 145f., 148f., 190, 273, 333, 354, 382, 420
Whitehall 58, 72, 76, 87, 123, 138, 247, 348f.
Wich, Cyril 71, 220, 275
Wien 41, 43f., 49, 73, 117, 122, 163, 232f., 270, 284, 340f., 352f., 376f., 401, 403, 428
Wiener Zeitung 51, 65, 70, 73, 77, 85, 107f., 123, 212, 214, 216f., 230, 255, 257, 315
Wilhelmine, Prinzessin von Hessen-Kassel 387
windhandel 10, 338
Wissenstransfer 12, 15, 17, 30, 72, 167, 236, 279
Wood, William 240f., 243, 262, 268, 317, 370
Worcester 359
Worsely, Henry 232, 289
Wrightson, Richard 104
writ of scire facias 247, 258, 312

Yanam 69
York Buildings Company 46–49, 99–101, 154–156, 158, 193, 247 263, 312–314, 322, 345, 364–367, 373, 377, 392, 396, 421

Zeeland 287
Zeichnung 1, 26, 48, 94, 135f., 143, 147f., 172, 186, 189, 219, 246, 249, 290, 308, 337f., 357f., 382, 420
Zeitungen 5, 11, 16f., 66, 73, 76, 91, 103, 106, 142, 191f., 199, 211f., 233, 242,

253, 260, 263, 304, 308, 318, 331, 387, 395, 428, 432
Zenner, Gottfried 91, 176f.
Zimt 96
Zinn 165

Zivilliste 145f., 148f., 157, 311, 373
Zubuße 21, 254, 311, 321, 368, 419
Zucker 60, 93, 165
Zwolle 285

www.ingramcontent.com/pod-product-compliance
Lightning Source LLC
Chambersburg PA
CBHW051553230426
43668CB00013B/1831